SPORTunterricht
sport UNTERRICHTEN

SPORTunterricht
sportUNTERRICHTEN

Ein Handbuch
für Sportlehrer

WOLFGANG SÖLL

unter Mitarbeit
von
Ute Kern

hofmann.

Bibliografische Information der Deutschen Nationalbibliothek
Die Deutsche Nationalbibliothek verzeichnet diese Publikation in der Deutschen Nationalbibliografie; detaillierte bibliografische Daten sind im Internet über http://dnb.d-nb.de abrufbar.

Bestellnummer 3807

© 1996 by Hofmann-Verlag, Schorndorf

7., überarbeitete Auflage 2008

Alle Rechte vorbehalten. Ohne ausdrückliche Genehmigung des Verlags ist es nicht gestattet, die Schrift oder Teile daraus auf fototechnischem Wege zu vervielfältigen. Dieses Verbot – ausgenommen die in § 53, 54 URG genannten Sonderfälle – erstreckt sich auch auf die Vervielfältigung für Zwecke der Unterrichtsgestaltung. Dies gilt insbesondere für Übersetzungen, Vervielfältigungen, Mikroverfilmungen und die Einspeicherung und Verarbeitung in elektronischen Systemen.

Gesamtherstellung: Druckerei Hofmann, Schorndorf
Umschlagentwurf: Barbara Rau
Printed in Germany · ISBN 978-3-7780-3807-9

Inhalt

Vorwort 7

Kapitel 1

Was hat die Theorie der Praxis zu sagen? 9

1 Zum Verhältnis von Theorie und Praxis 11
2 Ziele und Inhalte im Sportunterricht 17
3 Lernziele oder Bildungsziele? 23
4 Das „Sportartenkonzept" in der Sportdidaktik 28
5 Bundesjugendspiele und „Jugend trainiert ..." 44
6 Lehrpläne – moderne Märchenbücher? 49
7 Motivation – was ist das eigentlich? 52
8 Unterrichtsbeobachtung – Unterrichtsbeurteilung 56

Kapitel 2

Sportunterricht organisieren und gestalten 71

1 Wann fängt eine Sportstunde an? 73
2 Müssen die Schüler im Sportunterricht mitmachen? 76
3 Entschuldigungen und Atteste – das ewige Ärgernis 80
4 Die „neue" Klasse 86
5 Was hat der Sportlehrer in seiner Sporttasche? 89
6 Was machen die Schüler „vor" der Sportstunde? 90
7 Wer baut die Geräte auf? 92
8 Anwesenheitskontrolle 95
9 Stundeneröffnung – Stundenschluss 96
10 Die organisatorische Gestaltung des Sportunterrichts 98
11 Gruppenbildung 103

Kapitel 3

Sportunterricht planen und durchführen 107

1 Was heißt „Unterricht planen und vorbereiten"? 109
2 Wie sieht die „richtige" Sportstunde aus? 117
3 Einzel- oder Doppelstunden? 121
4 Vorsicht, methodische Übungsreihe! 123
5 Gibt es einen Standardablauf methodischen Handelns? 128
6 Allgemeine Leitsätze für das unterrichtliche Handeln 132
7 „Können wir nicht ...?" 137
8 Was heißt „spielerisch"? 141
9 Aufwärmen – warum und wie? 145
10 Funktionsgymnastik oder Zweckgymnastik? 148

11	Differenzierung im Sportunterricht	153
12	Leistungsbewertung und Notengebung im Fach Sport	168

Kapitel 4

Methoden und Methodenkonzeptionen 193

1	Was ist und was will die Methodik?	195
2	Methoden	198
3	Bewegungsanweisung – Bewegungskorrektur	210
4	Vom Sinn des Vormachens	215
5	Zum Medienbegriff im Sport	219
6	Methodische Hilfen	224
7	Zum methodischen Stellenwert von Imitationsübungen	234
8	„Spielvermittlungsmodelle"	239

Kapitel 5

Lernen – Üben – Trainieren 249

1	Was heißt „trainieren"?	251
2	Kleines ABC der Trainingslehre	258
3	Üben	264
4	Lernen	268

Kapitel 6

Praxis reflektiert 277

1	Wurf und Stoß	279
2	Die Stützsprünge	298
3	Der Handstand	319
4	Methodische Probleme im Anfänger-Schwimmunterricht	324
5	Die Veränderung des Regelwerks der großen Spiele	331

Kapitel 7

Spiel – Sportspiel – Sport 335

1	„Fangerles" – Analyse eines „kleinen" Spiels	337
2	Völkerball – Anmerkungen zu einem beliebten Schulspiel	340
3	Spiel – pädagogischer Ideal- oder Problemfall?	342
4	Hat die Leichtathletik in der Schule noch eine Chance?	347
5	Warum Geräteturnen in der Schule?	353
6	Trendsportarten in die Schule – und dann?	363
7	„Leistung" im Sport	374
8	Was ist Sport?	379

Stellennachweis	391
Änderungen gegenüber der 1. bis 4. Auflage	392

Vorwort

Dieses Buch ist die Summe langer Erfahrungen, gewonnen in eigener Unterrichtstätigkeit, in der Lehrerausbildung und Lehrerfortbildung, und es ist zugleich das Ergebnis langjähriger und intensiver Auseinandersetzung mit den theoretischen und praktischen Fragen des Sportunterrichts in Wort und Schrift.

Dieses Buch versteht sich mehr als Lese- denn als Lehrbuch, obwohl es auch belehrend wirken will. Es versucht, in einer eher lockeren Folge von in sich abgeschlossenen Einzelbeiträgen das Berufsfeld des Sportlehrers abzutasten und auf das Kennzeichnende und Wesentliche hin zu befragen. Es geht somit um eine „angewandte Sportdidaktik" im weitesten Sinne dieses Begriffs.

Dieses Buch möchte dem praktizierenden Sportlehrer Handlungssicherheit vermitteln, indem es die immer wiederkehrenden didaktischen und methodischen Probleme des Schulsports und des Sportunterrichts aufgreift, nach übergeordneten Kriterien beurteilt und auf diese Weise versucht, allgemeingültige Begründungs- und Argumentationszusammenhänge herzustellen. Sportwissenschaftlich orientierte Fragestellungen und methodische Probleme der Schulsportarten werden in ausgewählten Einzelbeispielen behandelt.

Dieses Buch enthält zum Teil Originalbeiträge, zum Teil auch schon veröffentlichte Beiträge, diese aber durchweg in überarbeiteter Form. Die Stellennachweise darüber sind im Anhang beigefügt. Inhaltliche Überschneidungen sind, dem Charakter des Buches entsprechend, unvermeidbar. Solche Doppelbearbeitungen erfolgen jedoch stets aus einer anderen Sichtweise heraus. Wo immer angezeigt, ist durch Querverweise darauf hingewiesen.

Im Interesse einer besseren Lesbarkeit wurde im fortlaufenden Text auf Stellennachweise verzichtet, zumal überwiegend sportwissenschaftliches Präsenzwissen geboten wird. Den zentralen Beiträgen ist die verwendete Literatur angefügt.

Die nunmehr vorliegende 7. Auflage ist die Fortschreibung der erweiterten und zusammen mit Ute Kern neu bearbeiteten 5. Auflage von 2003, mit der versucht worden ist, einige Lücken zu schließen und die jüngste Entwicklung zu berücksichtigen.

Weiterhin sind einige Verweise eingearbeitet, die auf zwei weitere, speziell auf die Belange der Sportlehreraus- und -fortbildung ausgerichtete Veröffentlichungen der Autoren Bezug nehmen. Es sind dies:

KERN, U./SÖLL, W.: Praxis und Methodik der Schulsportarten. Schorndorf 2005^3 (zitiert als: „Praxis und Methodik").

SÖLL, W./KERN, U.: Alltagsprobleme des Sportunterrichts. Schorndorf 2005^2 (zitiert als: „Alltagsprobleme").

Gleichfalls im Sinne einer Leseerleichterung haben wir Begriffe wie „Lehrer" und „Schüler" als Gattungsbezeichnungen ohne Differenzierung nach dem Geschlecht verwendet. Hierfür bitten wir unsere Leserinnen (und ebenso die nicht erwähnten Schülerinnen) um Nachsicht und Verständnis. Wir haben uns bemüht, stets auch ihre Interessen mitzubedenken.

Dieses Buch entstand nicht zuletzt aus dem ständigen Dialog mit vielen Kollegen und Kolleginnen, Referendaren und Referendarinnen. Ihnen allen haben wir für die zahllosen Anstöße und Anregungen, die daraus erwachsen sind, vor allem aber für die freundliche Aufnahme unserer bisherigen Veröffentlichungen zu danken.

Wolfgang Söll

Kapitel 1

Was hat die Theorie der Praxis zu sagen?

In diesem Kapitel sollen, um einen Begriff aus der Fachsprache zu gebrauchen, die Mindestvoraussetzungen geschaffen werden, die zum Verständnis der folgenden Kapitel notwendig sind. Dies entspricht der alten Erkenntnis, dass es nichts Praktischeres gibt als eine gute Theorie. Woran sollte sich das praktische Handeln denn auch messen und bewerten lassen, wenn nicht an einer Theorie? Sie ist Richtschnur und Kontrollinstanz zugleich.

Diese Funktion der Theorie soll – gleichsam zum Aufwärmen – im ersten Beitrag herausgearbeitet werden, bevor in den beiden anschließenden Beiträgen über „Ziele und Inhalte" sowie „Lernziele oder Bildungsziele?" eine Begründung des Sportunterrichts aus lernzielorientierter und bildungstheoretischer Sicht versucht wird. Dabei soll vor allem gezeigt werden, dass beide Sichtweisen, jede an ihrer Stelle, ihre Berechtigung haben.

In dem nachfolgenden zentralen Beitrag dieses Kapitels wird unter dem Stichwort „Sportartenkonzept" ein „integratives Schulsportmodell" vorgestellt, das als Basiskonzept für alle weitergehenden Erwartungen an den Schulsport, z. B. persönlichkeitsbildender oder sozialerzieherischer Art, dienen kann.

Am Beispiel der Bundesjugendspiele und des Schulsportwettbewerbs „Jugend trainiert" soll gezeigt werden, dass der Schulsport von heute auch das Ergebnis historischer Entwicklungen ist und dass die Vergangenheit einige Erkenntnisse zu seiner Standortbestimmung beizusteuern hat.

Der anschließende Beitrag über die Lehrpläne soll einerseits Verständnis für die Notwendigkeit solcher Vorgaben wecken, andererseits einige Hinweise zum richtigen Umgang mit ihnen geben.

Die Ausführungen zum Problem der Motivation sollen dazu beitragen, diesen Begriff etwas zurückhaltender zu gebrauchen, als dies in den vergangenen Jahrzehnten der Fall war (und noch ist).

Im abschließenden Beitrag über „Unterrichtsbeobachtung – Unterrichtsbeurteilung" geht es, etwas verkürzt formuliert, um die Qualitätskriterien für Unterricht, vorwiegend aus der Sicht der Fremdbeurteilung, aber auch in der Selbstbeurteilung. In diesem Zusammenhang wird auch das Wahrnehmungsproblem angesprochen.

Eine eingehende Analyse wesentlicher Schulsportinhalte unter pädagogischen und didaktischen Gesichtspunkten wird im letzten, siebten Kapitel „Spiel – Sportspiel – Sport" dieses Buches vorgelegt (S. 335 ff.).

Spezielle Fragen zur inhaltlichen Gestaltung des Sportunterrichts werden im Rahmen des Kapitels „Unterricht" der „Alltagsprobleme" (insbesondere S. 186 ff.) angesprochen. Dort, nämlich im Kapitel „Konzeptionen" (S. 249 ff.), wird auch ein kurzer Überblick über die wichtigsten sportdidaktischen Modelle gegeben. Zum Problemkomplex „Unterrichtsbeobachtung – Unterrichtsbeurteilung" finden sich einige Ergänzungen und Erweiterungen im Kapitel „Lehrer" (S. 81 ff.).

1 Zum Verhältnis von Theorie und Praxis

Theorie und Praxis, oder besser gesagt Theoretiker und Praktiker, sind sich sehr oft nicht grün. Die Praktiker werfen der „Theorie" hauptsächlich vor, dass sie Thesen vertrete und Forderungen stelle, die angesichts der „rauen" Wirklichkeit utopisch seien, die Theoretiker bemängeln vor allem, dass die „Praxis" unreflektiert an überholten Gewohnheiten festhalte.

Ist das wirklich so?

Um an das Problem näher heranzukommen, ist vielleicht ein kurzes *Gedankenexperiment* recht nützlich:

Nehmen wir an, wir könnten veranlassen, dass zwanzig Sportlehrer zur gleichen Zeit in derselben Klassenstufe über dasselbe Thema eine Sportstunde abhalten. Mit Sicherheit würden wir zwanzig verschiedene Stunden sehen, denn immerhin handelt es sich um zwanzig verschiedene Lehrer, zwanzig verschiedene Klassen und zwanzig verschiedene Konstellationen hinsichtlich der materiellen Voraussetzungen.

Mit größter Wahrscheinlichkeit würden wir aber auch eine bemerkenswerte Übereinstimmung in den Grundstrukturen des Unterrichts und im Allgemeinen unterrichtlichen Vorgehen erkennen. Ganz offensichtlich ist die Theorie also in der Lage, Prinzipien, Regeln und Rezepte vorzugeben, die es ermöglichen, das vielschichtige und vielfältige Unterrichtsgeschehen so weit zu ordnen und zu systematisieren, dass es durchschaubar und beherrschbar wird.

Dennoch hört man immer wieder Aussprüche wie: „Was nützt mir die ganze Theorie, wenn sie mir nicht genau sagen kann, was ich jeweils zu tun habe." Wer so denkt, übersieht zweierlei, nämlich

- dass man, bevor man für einen bestimmten Fall, also im Einzelfall, eine Entscheidung treffen kann, zunächst die Bedingungen und Umstände eben dieses Einzelfalls kennen muss (was als juristischer Grundsatz übrigens eine der Grundlagen unserer Rechtsordnung ist),
- dass es Sache des Lehrers ist, sich aus der jeweiligen Situation heraus für eine bestimmte Handlungsmöglichkeit zu entscheiden.

Auch dazu ein *Beispiel*:

Wenn ein Referendar zu seinem Mentor kommt und fragt: „Bitte sagen Sie mir, was ich zu tun habe: Ein Schüler hat einem anderen ein Bein gestellt, und der hat sich sehr wehgetan", wird dieser vermutlich antworten: „Zunächst muss ich noch einiges mehr über den Fall wissen, beispielsweise in welcher Situation die Sache passiert ist, ob beim Waldlauf oder beim Fußballspielen, was die beiden Kontrahenten eigentlich für Leute sind, was eventuell vorausgegangen ist, wie überhaupt in dieser Stunde die Stimmung in der Klasse war und noch einiges mehr. Erst dann kann ich – vielleicht – sagen, welche Maßnahmen, angefangen von dem einen Extrem, den ganzen Vorfall einfach zu übersehen, über die obligatorische Frage: ‚Was war denn eigentlich los?' bis hin zum anderen Extrem, kommentarlos zwei Stunden Arrest zu verordnen, in Frage kommt. Und auch dann kann ich nur sagen, was *ich* tun würde, entscheiden müssen *Sie.*"

Solche Entscheidungsprozesse müssen in der Unterrichtspraxis aber blitzschnell ablaufen. Dies ist nur unter der Voraussetzung zu leisten, dass ein Lehrer auf der Basis der oben genannten Prinzipien, Regeln und Rezepte ein kritisch reflektiertes und verstandesmäßig kontrolliertes *Handlungsrepertoire* entwickelt, das ihm ein sicheres – auch vom Schüler in etwa berechenbares – und doch flexibles unterrichtliches Handeln ermöglicht. Im Grunde ist dies Sache einer lebenslangen aktiven Auseinandersetzung mit der Theorie.

Pädagogik wird so zu einer „handwerklichen Kunst", die das mühselige Geschäft des Unterrichtens erleichtern (und nicht, wie es gelegentlich den Anschein hat, erschweren) soll. Eine „Knopfdruck-Pädagogik" mit vorprogrammierten Wenn-dann-Entscheidungen gibt es jedenfalls nicht, und jeder Versuch in dieser Richtung wäre zutiefst inhuman.

Soviel zum Grundsätzlichen des Theorie-Praxis-Problems.

An dieser Stelle aber sollte etwas genauer definiert werden, worum es geht. Ansonsten könnte das eintreten, was man bei manchen Diskussionen erlebt, dass nämlich die Teilnehmer fortwährend aneinander vorbeireden und -hören, weil jeder unter dem Thema etwas anderes versteht.

Was ist das also, die „Theorie"?

Zunächst und ganz allgemein sind darunter *wissenschaftliche Erkenntnisse* oder, wie ein Lexikon genauer sagt, die „wissenschaftliche Begründung einer Erkenntnis oder eines Erkenntnisbereiches" zu verstehen. Dabei lassen sich, formal gesehen, zwei Kategorien unterscheiden, die in etwa der gängigen Unterscheidung von Natur- und Geisteswissenschaften entsprechen. Auch dazu jeweils ein Beispiel:

(1) Die Frage nach der optimalen Kugelstoßtechnik lässt sich auf Grund physikalischer und physiologischer Überlegungen relativ genau beantworten. Die hier festgestellten Gesetzmäßigkeiten und Prinzipien gelten – mit gewissen individuellen Toleranzen – durchgängig. Zum Teil sind sie durch Naturgesetze eindeutig festgelegt. Ein Problem liegt allenfalls darin, dass die für einen Hochleistungssportler als optimal festgestellte Technik sich nicht ohne Weiteres auf einen Schüler übertragen lässt.

(2) Die Feststellung, dass Frauen eine erheblich höhere Lebenserwartung haben als Männer, ist dagegen eine – empirisch gewonnene – statistische Aussage. Sie gilt nur, wenn man eine genügend große Anzahl von „Betroffenen" betrachtet. Im konkreten Einzelfall kann sehr wohl das genaue Gegenteil der Fall sein. Der Umgang mit statistischen Aussagen ist nicht ganz einfach. So darf beispielsweise ein statistischer Zusammenhang nicht ungeprüft als Kausalzusammenhang interpretiert werden. Die Feststellung, dass Frauen im Allgemeinen älter werden als Männer und dass Frauen

zumeist weniger Sport treiben als Männer, kann also nicht so gedeutet werden, dass Frauen älter werden, *weil* sie weniger Sport treiben.

Wissenschaftliche Erkenntnisse, wie sie eben angesprochen worden sind, bilden einen großen Teil unseres Alltagswissens. Vor allem aber stellen sie das Basis- und Hintergrundwissen für unsere Berufsarbeit dar. Davon kann man nie genug haben.

Wenn Lehrer sich aber über die „Theorie" äußern, meinen sie in aller Regel nicht die Wissenschaft selbst, sondern die auf diese Weise apostrophierte „pädagogische Theorie", wobei zumeist nicht weiter unterschieden wird, ob im aktuellen Fall nicht eher der didaktische oder gar der methodische Bereich angesprochen ist.

Die *Pädagogik* als „Wissenschaft und Lehre vom Erziehen" ist, gleich ob sie sich als „reine" Geisteswissenschaft oder als empirische Wissenschaft versteht, unweigerlich in das Normen- und Wertesystem der Gesellschaft eingebunden. Dabei lässt sich generell eine mehr konservative und eine mehr progressive Richtung unterscheiden. Daran sollte man aber keinen Anstoß nehmen. Die Pädagogik als Ganzes ist schon um ihres wissenschaftlichen Wahrheitsanspruchs willen auf das richtige Verhältnis von Bewahrung und Fortschritt angewiesen. Es hat zwar niemand die „ewige Wahrheit" gepachtet, aber niemand will doch wissentlich etwas Übles.

Was kann eine so verstandene Theorie der Praxis sagen?

Von den Bedürfnissen der Praxis aus gesehen – es gibt ja auch eine „reine", nicht anwendungsbezogene Wissenschaft – kann die pädagogische Theorie vor allem auf drei Ebenen wirksam werden:

(1) Die Theorie bestimmt die *Prinzipien* unterrichtlichen Handelns.

Pädagogische Prinzipien sind *Leitideen* für den Unterricht. Als solche besitzen sie einen hohen Abstraktionsgrad und beinhalten noch keine konkreten Handlungsanweisungen. Diese müssen vielmehr erst aus ihnen abgeleitet werden. Ihre wichtigste Funktion ist die von *allgemeinen Regulativen*, an denen der Lehrer rückkoppelnd seinen Unterricht messen und kontrollieren kann.

Differenzierung ist beispielsweise ein solches Prinzip. Es besagt nicht mehr und nicht weniger, als dass der Lehrer bei allem, was er tut, die unterschiedliche Leistungsfähigkeit seiner Schüler bedenken sollte. *„Erziehender Unterricht"* ist ein anderes, noch umfassenderes Prinzip. Darin drückt sich aus, dass der Lehrer mit allem, was er tut oder auch unterlässt, in irgendeiner Weise erziehend auf die Schüler einwirkt und dass solche Prozesse keineswegs ungeplant und unreflektiert ablaufen dürfen.

Wie nun aber solche Prinzipien in die Tat umgesetzt werden, ist Sache bestimmter Modellvorstellungen und Verfahrensweisen. Damit kommen wir zum nächsten Punkt:

(2) Die Theorie entwickelt *Modelle* für die Unterrichtspraxis.

Ein Modell ist das idealtypische Abbild der Wirklichkeit, nicht die Wirklichkeit selbst. Relativ abstrakt, stark vereinfachend und verallgemeinernd setzen solche Modelle die Richtpunkte für das praktische Vorgehen. Sie werden damit im eigentlichen

Sinne des Wortes zum Vor-Bild für das unterrichtliche Handeln, was zugleich bedeutet, dass sie – fast unvermeidlich – etwas Ideales, Perfektes und geradezu Unerreichbares an sich haben. Modelle lesen sich leicht; ihre praktische Umsetzung ist zumeist recht mühsam. Die Wirklichkeit ist eben differenzierter, komplizierter und aufreibender, als es sich je beschreiben lässt. Wer das weiß, tut sich im Umgang mit Modellen schon wesentlich leichter.

Das Prinzip der Differenzierung lässt sich beispielsweise nach dem Modell der *Neigungs- oder Niveaugruppen* oder nach den verschiedenen Modellen der *inneren Differenzierung* verwirklichen. Für den erziehenden Unterricht werden vor allem Modelle des *offenen Unterrichts* empfohlen.

Es gibt Modelle für den *Stundenaufbau und -ablauf*, für die *Planung* von Unterrichtseinheiten sowie für bestimmte *methodische Verfahrensweisen*. Allgemein bekannt sind hier z.B. die verschiedenen *Spielvermittlungsmodelle.*

Auch eine *methodische Übungsreihe* ist, gleich zu welcher „Zielübung" sie führen soll, letztlich nur eine Modellvorstellung, nicht die Realität, sosehr dies bisweilen auch vorgetäuscht wird.

Modelle können durchaus in Form von *Unterrichtsbeispielen* gegeben werden, doch ist nicht jedes Unterrichtsbeispiel nach dem Muster: „Wie ich einmal Weitsprung, Handball, Jazztanz ... unterrichtete", ein Modell. Solche Beispiele, Berichte und Vorschläge, die ja die Hauptmasse der sogenannten methodischen Literatur ausmachen, haben sicher darin ihren Sinn, dass sie Anregungen geben und Einsichten vermitteln.

Modellcharakter erlangen sie dann, wenn sie
– theoretisch begründet oder zumindest auf Grund allgemeiner Plausibilitätserwägungen einsichtig sind,
– zu wissenschaftlichen Erkenntnissen und anerkannten Prinzipien nicht im Widerspruch stehen,
– ein Mindestmaß an Allgemeingültigkeit und Transferierbarkeit aufweisen.

So gesehen, ist nicht alles, was geschrieben wird, allein schon deshalb „Theorie".

(3) Die Theorie zeigt *Handlungsmöglichkeiten* auf.

Es gibt kaum ein unterrichtliches Problem, das nur eine einzige und perfekte Lösungsmöglichkeit zuließe. Zumindest für die Standardsituationen des Unterrichts die wesentlichen Handlungsmöglichkeiten aufzuzeigen, zu systematisieren und auf ihre jeweiligen Vor- und Nachteile hin zu untersuchen, ist eine der Aufgaben der Unterrichtsforschung, die noch in den Anfängen steckt. Lohnende Themen aus dem organisatorischen und methodischen Bereich, bei der Schülerbeurteilung, bei der Konfliktbewältigung usw. gibt es mehr als genug.

Dies bedeutet keineswegs, dass aus der Literatur keine Handlungsanweisungen zu gewinnen seien; im Gegenteil, unsere Bücher und Zeitschriften quellen über davon. Vieles ist aber zu allgemein, als dass sich daraus eine konkrete Anleitung gewinnen ließe („Die Schüler üben selbständig in Gruppen"), anderes wieder zu speziell, um auf vergleichbare Situationen übertragen werden zu können („Die Schüler setzen sich im Mittelkreis nieder"), das meiste wird recht zufällig und unreflektiert mitgeteilt. Notwendig sind also Anweisungen und Empfehlungen „mittlerer Reichweite", die noch eine gewisse Generalisierbarkeit besitzen.

Das Problem solcher *„generalisierbarer Handlungsanleitungen"* lässt sich vielleicht an dem eingangs angeführten Beispiel des aggressiven Schülers verdeutlichen. Danach kämen als mögliche Maßnahmen bei manifest aggressivem Schülerverhalten unter anderem folgende in Frage, wobei hier nur der hauptsächlich zu bedenkende Nachteil mit angegeben wird:

(1) In vielen Fällen verschwindet aggressives Verhalten von selbst, wenn man es übersieht. – Der Schüler könnte aber seine Absicht, Aufmerksamkeit zu erregen und seinen Machtbereich auszudehnen, bei seinen Mitschülern schon erreicht haben und annehmen, auch in Zukunft auf diese Art erfolgreich zu sein.

(2) Es ist immer empfehlenswert, den Beteiligten das Problem bewusst zu machen. – Die Schüler könnten dies aber als „Sonntagspredigtverhalten" oder als Schwäche des Lehrers auslegen, was die Aggressivität möglicherweise erhöht.

(3) In manchen Fällen wird man um eine Bestrafung nicht herumkommen. Diese sollte aber der Untat auf dem Fuß folgen. – Einmal als Bösewicht abgestempelt, könnte ein Schüler diese Rolle bewusst übernehmen.

Es geht hier keineswegs um eine kurzgefasste Theorie der Konfliktbewältigung, sondern um ein bestimmtes *Denkmuster*, das sich wie folgt darstellen lässt:

Fast alle unterrichtlichen Probleme lassen mehrere Lösungen zu. Diese werden zwar von unterschiedlicher Qualität sein, doch darf man deshalb nicht von vornherein von „richtig" und „falsch" ausgehen.

Als „richtig" ist die Lösung anzusehen, von der man die meisten Vorteile erwarten kann und die wenigsten Nachteile befürchten muss.

Wie sich Vor- und Nachteile jeweils verteilen werden, kann der Lehrer nur aus der aktuellen Situation heraus beurteilen, bisweilen nur vermuten.

Die drei hier aufgezeigten Bereiche erziehungswissenschaftlicher Theoriebildung, nämlich Prinzipien bestimmen, Modelle entwickeln und Handlungsmöglichkeiten aufzeigen, lassen sich, sofern man die Begriffe nicht allzusehr presst, der pädagogischen, didaktischen und methodischen Ebene zuordnen.

Was aber besagen diese Überlegungen für das *unterrichtliche Handeln* des Lehrers, für seine „Praxis"? Unseres Erachtens folgendes:

Jeder Lehrer muss für jeden Einzelfall, d.h. für ein bestimmtes Thema mit bestimmten Lernzielen in einer bestimmten Klasse, eine bestimmte *Konzeption* entwerfen. Dabei wird er in aller Regel
– sich an ein ihm bekanntes Modell anlehnen und es für seine Zwecke adaptieren, es also erweitern, verkürzen, verändern oder mit Teilen anderer Modelle vermischen,

- sich für das praktische Vorgehen einen flexiblen Katalog von Handlungsmöglichkeiten zurechtlegen,
- das alles anhand wissenschaftlicher oder durch Erfahrung gesicherter Erkenntnisse und der gültigen pädagogischen Prinzipien überprüfen.

Natürlich ist das ein Idealbild. Aber Ideale müssen sein, und sei es nur deshalb, dass man etwas hat, woran man sich halten kann. Schlimm wird es nur, wenn man sie nicht mehr als solche erkennt!

Soviel zur Funktion pädagogischer Theorie, aber:

Was könnte die „Theorie" besser machen?

(1) *Zunächst sollte sie Prinzipien ausdrücklich als solche kennzeichnen*, nämlich als allgemeine Leitvorstellungen für den Unterricht, und nicht so tun, als sei mit ihrer Postulierung die Realität bereits bewältigt („Man muss auf die Bedürfnisse und Interessen der Schüler eingehen"). Auch die Formulierung spielt eine große Rolle. Ein Satz wie: „Disziplinschwierigkeiten sind im allgemeinen Lehrer-, nicht Schülerprobleme", bewirkt je nach Temperament entweder nur Widerspruch oder ein schlechtes Gewissen. Die Formulierung: „Wenn Probleme auftreten, sollte der Lehrer mit der Ursachenforschung bei sich selbst beginnen", ist hier schon hilfreicher.

(2) *Sodann sollte sie in Modellen wirklich nur Modelle sehen,* nämlich weitgehend abstrahierte und formalisierte Handlungsmuster. Vor allem sollte man nicht den Anschein erwecken, als gäbe es nur dieses eine „richtige" Modell, sondern Geltungsbereich und Reichweite etwas genauer angeben. Je abstrakter ein Modell ist, desto wichtiger wäre es zu wissen, in welchen Varianten es in welchen Zielgruppen erprobt worden ist. Dies wäre nicht nur ein Gebot der Redlichkeit, sondern auch eine gute Anleitung für den Umgang mit Modellen.

(3) Schließlich sollte sie sich, wie bereits gesagt, mehr darum bemühen, das unterrichtliche Handeln in *differenzierten „Maßnahmenkatalogen" zu fassen*. Hier kommt es vor allem darauf an, von dem weitverbreiteten „Richtig-falsch-Denken" weg- zu einem „Sowohl-als-auch-Denken" hinzukommen. Der entscheidende Satz ist dabei stets: „Es kommt darauf an ..." (welche bestimmte Situation gerade vorliegt, welche bestimmten Ziele und Absichten verfolgt werden usw.).

Wer die *praxisorientierte Literatur* sich etwas genauer ansieht, wird feststellen, dass darin viel von Unterrichtsentwürfen, Vorhaben und Projekten, nur selten von Problemen, Schwierigkeiten und Misserfolgen und kaum jemals von konkreten und nachprüfbaren Ergebnissen die Rede ist. Darin drückt sich der zuvor schon angesprochene Sachverhalt aus, dass vieles, was geschrieben wird, schlichtweg zu kurz greift, also nicht „Praxis reflektiert" ist, und damit auch nicht „Theorie" in dem hier angesprochenen Sinne. Theorie aber, d.h. rational begründete und kritisch reflektierte Theorie, ist die notwendige Voraussetzung für eine Lehr- und Unterrichtspraxis, die mehr sein will als vordergründige, von unklaren Vorstellungen und diffusen Gefühlen gesteuerte Betriebsamkeit.

2 Ziele und Inhalte im Sportunterricht

Wir Sportlehrer sehen im Lehrplan normalerweise nur einen *Stoffplan*. Dort steht schließlich, was wir konkret im Unterricht zu tun haben, welche „Ziele" im praktischen Handeln erreicht werden sollen. Bezeichnenderweise spricht die Sportmethodik hier auch von „Zielübungen". Das „Kleingedruckte", das zumeist dem Stoffkatalog vorangestellt ist, interessiert kaum.

Damit erfahren wir aber allenfalls, pointiert ausgedrückt, *was* wir zu tun haben, nicht aber, *warum* wir es tun. Was berechtigt uns eigentlich dazu, um in dieser Richtung weiter nachzufragen, den Schüler schlichtweg zu zwingen, den Flop, den Handstandüberschlag oder den Schmetterschlag zu lernen? Sind wir sicher, dass er jetzt oder später schlechter lebt, wenn er dergleichen nicht kann?

Es gibt in der Tat keine sportliche Übung, Fertigkeit oder Disziplin, die völlig unverzichtbar wäre, vielleicht mit Ausnahme des Schwimmens, um nicht zu ertrinken, falls man einmal ins Wasser fallen sollte. Aber einerseits ist bloßes Schwimmenkönnen nicht unbedingt ein sportliches Problem und andererseits scheinen die zahlreichen (erwachsenen) Nichtschwimmer unter diesem Defizit nicht sonderlich zu leiden.

Auch der in diesem Zusammenhang regelmäßig zu hörende Einwand, dass die Beherrschung dieser oder jener Sportart notwendig sei, um eine sinnvolle Freizeitgestaltung zu ermöglichen, ist kaum mehr als ein Verlegenheitsargument. Was für die Freizeitgestaltung nämlich „sinnvoll" ist, bemisst sich nur nach den individuellen Bedürfnissen, und selbst für Dinge, die in der gängigen gesellschaftlichen Einschätzung als sinnvoll gelten, gibt es Hunderte von Alternativen.

Diese Überlegungen zeigen, dass es sehr schwierig, wenn nicht unmöglich ist, die *Stoffe*, *Gegenstände* oder *Inhalte* des Sportunterrichts – ebenso wie die aller anderen Fächer – direkt, d.h. aus sich selbst heraus zu rechtfertigen. Je mehr man darüber nachdenkt, desto deutlicher wird es, dass sie nur *Mittel* sind, bestimmte *Ziele* zu erreichen. Diese Ziele bestehen in der Vermittlung von bestimmten *Fähigkeiten* oder *Qualifikationen* und sind damit allgemeiner und gleichsam höherwertiger Natur.

Die Ziele stehen gewissermaßen „hinter" den Inhalten, die ihrerseits ihre Berechtigung von ihnen ableiten. In Analogie zum Begriff der Lerninhalte, also dem, was tatsächlich getan, geübt und gelernt wird, hat sich hier die Bezeichnung „Lernziele" durchgesetzt, was nur verständlich ist, wenn man einen sehr weiten Lernbegriff voraussetzt. Deshalb spricht man neuerdings auch von „Kompetenzen".

Bisweilen – dies ist aber eher die Ausnahme als die Regel – lassen sich zwischen den Lerninhalten, also bestimmten Tätigkeiten oder Fertigkeiten, und den Lernzielen, also bestimmten Fähigkeiten, relativ eindeutige Beziehungen herstellen, wie das Beispiel einiger leichtathletischer Disziplinen zeigen kann: Dem Dauerlauf lässt sich die Ausdauer, dem Kurzstreckenlauf die Schnelligkeit, den Sprüngen und Würfen die Schnellkraft zuordnen.

Dieses Beispiel kann zu einer doppelten Erkenntnis verhelfen:

(1) Lernziele sind etwas Abstraktes, materiell nicht Greifbares. Im Grunde sind sie theoretische Konstrukte. Ausdauer beispielsweise kann man nicht „lernen", man muss etwas dafür tun, nämlich eine geeignete Tätigkeit wie Laufen, Schwimmen, Radfahren lange genug ausführen. Unter diesem Aspekt kann man formulieren: *„Keine Ziele ohne Inhalte"*.

(2) Bestimmte Ziele anzustreben, bedeutet also, etwas zu tun, was in ihre Richtung wirkt. Wer sich Kraft oder Ausdauer aneignen will, muss Tätigkeiten ausführen, die Kraft oder Ausdauer erfordern. Natürlich ist dies ein allmählicher Annäherungsprozess, im Grunde ergibt sich aber die fast paradoxe Situation, *dass man etwas tun muss, was man (eigentlich) nicht kann.*

Über beide Feststellungen wird sich freilich nur jemand wundern, der keinerlei Zugang zu dialektischen Denkweisen hat. Letztlich ist das gesamte pädagogische Handeln ein solch dialektischer Vorgang: Man verlangt vom Schüler etwas, was er (noch) nicht kann. Dabei nützt das bloße „Herantragen" der Sache an den Schüler nicht viel, er muss sie sich seinerseits aktiv „aneignen".

Bislang war nur von Lernzielen der untersten Ebene die Rede, die noch eine relativ klare Zuordnung erlauben. Jedermann ist aber überzeugt davon, dass im Sportunterricht auch „höhere" Zielsetzungen erreicht werden können und sollen.

Wie nun die verschiedenen *Lernzielebenen* aufeinander aufbauen, kann vielleicht durch die folgende Überlegung verdeutlicht werden: Die oben genannten Fähigkeiten Kraft, Schnelligkeit, Ausdauer lassen sich zum Begriff der konditionellen Fähigkeiten zusammenfassen. Sie konstituieren zusammen mit vielen anderen motorischen Fähigkeiten die körperliche Leistungsfähigkeit. Diese schließlich bildet neben einer Vielzahl weiterer Fähigkeiten einen Teil dessen, was hier sehr pauschal mit den Begriffen Gesundheit, Arbeitsfähigkeit, „Freizeitfähigkeit" umschrieben werden soll (Abb. 1).

```
Gesundheit, Arbeitsfähigkeit; „Freizeitfähigkeit"
                    |
      ┌─────────────┴─────────────┐
     ...          körperliche Leistungsfähigkeit
                    |
              ┌─────┴─────────────┐
             ...        konditionelle Fähigkeiten
                              |
                    Kraft, Schnelligkeit, Ausdauer (u.a.)
```

Abb. 1

Natürlich ist dies ein viel zu einfaches Modell; es stößt zu schnell zu den obersten Ebenen durch und lässt die fast unübersehbare Vielfalt der Bezüge außer Acht. Dennoch kann es einige *grundsätzliche Einsichten* vermitteln:

(1) Zunächst ist zwischen *fachspezifischen*, z.B. Ausdauer, und *allgemeinen Lernzielen*, z.B. Gesundheit, zu unterscheiden.

Für die fachspezifischen Lernziele ist ein bestimmtes Fach *allein* zuständig; sie können also nur mit den Mitteln des jeweiligen Faches erreicht werden.

Allgemeine Lernziele sind zum einen solche, die ein Fach *zusammen* mit anderen Fächern anstrebt, zum anderen aber auch solche, für die auch die Schule nicht mehr allein, sondern zusammen mit dem Elternhaus und der übrigen sozialen Umwelt des Schülers verantwortlich ist.

Dabei ergeben sich die unterschiedlichsten Beziehungen: Betrachtet man die Schule für sich, ist der Sport *allein* für die körperliche Leistungsfähigkeit zuständig. Bezieht man jedoch die gesamten Lebensumstände eines Schülers in die Betrachtung ein, leistet der Schulsport nur einen – mehr oder weniger bedeutsamen – *Beitrag* dazu.

Hinsichtlich der für das Fach Sport formulierten Lernziele fällt auf, dass eine fast unübersehbare Zahl von Zielen als „fachspezifisch" reklamiert wird, die, wie z.B. Anstrengungsbereitschaft und Kooperationsfähigkeit, in Wirklichkeit allgemeine sind.

Ob sich dahinter eine gewisse Überheblichkeit verbirgt – Sport als Allheilmittel für die Gebrechen der Zeit – oder eher Minderwertigkeitsgefühle – Sport als „unernste" Sache mit entsprechend geringem Eigenwert –, soll hier offenbleiben. Wahrscheinlich spielt beides eine Rolle.

Weiterhin fällt auf, dass auf der obersten Lernzielebene – zumindest im Bereich der alten Bundesrepublik – kaum jemals von Arbeitsfähigkeit die Rede ist (obgleich hiervon doch die Existenzfähigkeit des Einzelnen und der Fortbestand der Gesellschaft abhängig ist), aber sehr viel von „Freizeitfähigkeit" (was hiermit keineswegs als bedeutungslos eingestuft werden soll).

Hier zeigt sich eine eigentümliche Schieflastigkeit sportpädagogischen Denkens, was sich nur so erklären lässt, dass man in „Arbeit" einen emotional negativ besetzten Begriff sieht, den man im Umkreis des Sports besser meidet, in „Freizeit" aber einen positiven Begriff, der als geeignetes Aushängeschild für den Sport dienen kann.

(2) Betrachtet man das in Abb. 1 dargestellte Schema „von oben", also von den allgemeinen Lernzielen her, wird klar, dass auch ein scheinbar problemloser Begriff wie „Gesundheit" mehrere Dimensionen hat.

Ganz offensichtlich geht es hier nicht nur um einen physiologischen Sachverhalt, sondern auch um bestimmte Gewohnheiten, Haltungen und Einstellungen, auch um Wissen. Entsprechend hat man Gesundheit auch als physisches, psychisches und soziales Wohlbefinden definiert.

Will man also Dinge wie Gesundheit „lernbar" machen, so ergibt sich daraus die bekannte Aufgliederung in *motorische, kognitive, affektive und soziale Lernziele*.

Diese Kategorien lassen sich durchweg bis auf die unterste Lernzielebene „herunterziehen", was wiederum am Beispiel der Ausdauer aufgezeigt werden soll (Abb. 2).

Lernziele, die dem Lerninhalt Dauerlauf zugeordnet werden können:

fachspezifische	allgemeine		
motorische	kognitive	affektive	soziale
Ausdauer als Leistungsfähigkeit des Herz-Kreislauf-Systems	Kenntnisse über die Wirkungen von Ausdauerbeanspruchungen	Bereitschaft zu einem entsprechenden Trainingsprogramm	Einwirkung auf die Leistungsbereitschaft der Gruppe

Abb. 2

Wollte man nun aber jedem Lerninhalt der unteren Ebenen eine solche Kategorientafel zuordnen, käme man in endlose Wiederholungen. Zudem sind, wie schon gesagt, die Beziehungen nicht immer so eindeutig wie in diesem Beispiel. In der Regel muss man eher von einem vielschichtigen und unübersichtlichen Beziehungsgeflecht ausgehen. Man hat sich deshalb angewöhnt, die Lernziele, und zwar fachspezifische wie allgemeine, zusammenzufassen und als eine Art Vorwort dem Stoffkatalog voranzustellen. Dies aber mindert das „Lernzielbewusstsein" von Lehrern und von Schülern: Ausdauerschulung beispielsweise erscheint ihnen nicht mehr als Problem, Aufgabe und Verpflichtung, sondern als ein Unterrichtsstoff wie viele andere, den man möglichst schnell hinter sich zu bringen versucht.

(3) Betrachtet man das Schema in Abb. 1 „von unten" her, so ergibt sich das Problem, wie man die Lernziele dieser untersten Ebene mit entsprechenden Inhalten quantitativ verknüpfen kann, oder anders ausgedrückt, wann man annehmen kann, *dass mit Hilfe bestimmter Inhalte ein Lernziel erreicht ist*. Es ist dies das Problem der *Operationalisierung von Lernzielen*. Darüber ist schon einiges Papier bedruckt worden. Was dabei herausgekommen ist, nämlich dass sich übergeordnete Lernziele, wenn überhaupt, nur schwer operationalisieren lassen, soll hier durch zwei Beispiele verdeutlicht werden:

Die Formulierung: „Das Lernziel Ausdauer ist dann erreicht, wenn der Schüler fähig ist, zwölf Minuten ohne Unterbrechung zu laufen und dabei mindestens eine Strecke von 2000 Metern zurückzulegen", ist zwar unvollständig (es fehlen z.B. Alters- und Geschlechtsbestimmungen), gibt aber doch – neben anderen möglichen – eine einsichtige und vor allem handhabbare Beschreibung von „Ausdauer".

Würden wir dagegen formulieren: „Das Lernziel Hilfsbereitschaft ist dann erreicht, wenn ein Schüler gerne Hilfestellung gibt", wäre das ziemlich unsinnig. Jeder Sportlehrer weiß schließlich, dass „Hilfestellungstehen" oft als ausgesprochene Drückebergerposition missbraucht wird. Aber auch die Formulierung: „Wenn er gerne Hilfestellung gibt, obwohl er lieber turnen würde", hilft nicht viel weiter, denn zum einen lässt sich objektiv nicht nachweisen, wann jemand etwas „gerne" oder „lieber" tut, zum anderen ist nicht jeder gleichermaßen für diese Aufgabe geeignet. Wer zu schwach oder zu ungeschickt ist, sollte es lieber bleibenlassen.

Der entscheidende Punkt liegt darin, dass man Lernziele dieser Art nur an spontanen, nicht aber vorgegebenen Verhaltensweisen festmachen kann, denn sobald die Schüler wissen oder auch nur vermuten, dass der Lehrer diese Ziele anhand eines bestimmten Verhaltens gewissermaßen abprüft, sind sie *gezwungen*, ein solches Verhalten zu zeigen oder gar vorzutäuschen. Dieses Beispiel kann zugleich deutlich machen, dass man im Hinblick auf eine explizite, d.h. die Sportnote beeinflussende Berücksichtigung von affektiven und sozialen Lernzielen mehr als vorsichtig sein muss.

(4) Nimmt man ein so komplexes Lernziel wie beispielsweise „Arbeitsfähigkeit" etwas näher in Augenschein, erkennt man sehr bald, dass dieses sich als ein fast *unübersehbares Geflecht von bisweilen widersprüchlichen Anforderungen* darstellt. Dieses Problem soll an einem Teilaspekt von Arbeitsfähigkeit, der *Kooperationsfähigkeit*, etwas näher aufgezeigt werden:

Als geeignetes Mittel, das Lernziel Kooperationsfähigkeit anzusteuern, erscheinen vor allem die Mannschaftsspiele. Spielfähigkeit ist in einigen Aspekten identisch mit Kooperationsfähigkeit. Methodisch gesehen, muss es dabei vor allem darum gehen, auch die schwächeren Spieler in den Ablauf einzubeziehen und die Spielanteile möglichst gleichmäßig zu verteilen. Didaktisch gesehen, geht es aber auch darum, *sachgerecht* zu spielen, also die vorhandenen technischen und taktischen Mittel möglichst effektiv für den Mannschaftserfolg einzusetzen.

Daraus kann man geradezu eine Tabelle von Gegensatzpaaren bilden, z.B.:

die eigene Chance zielstrebig nutzen – den Mitspieler ins Spiel bringen

sich im Zweikampf durchsetzen – Rücksicht auf den Gegner nehmen

... ...

Dabei ist es keineswegs gerechtfertigt, die eine Seite der Tabelle für „pädagogischer" zu erklären als die andere. Zum einen drückt sich in diesen Gegensatzpaaren die dialektische und antithetische Grundstruktur des Phänomens „Spiel" aus: Es ist kein „Ernstfall", muss aber ernst genug genommen werden (sonst wird es langweilig), der Gegenspieler ist zugleich Mitspieler (wenn er nicht mehr mitmacht, ist das Spiel aus), der Erfolg der einen ist der Misserfolg der anderen Mannschaft usw. Zum anderen entspricht dies der Grundstruktur unseres Bildungswesens, in dem sich die integrative Funktion (möglichst alle sollen möglichst viel lernen) und die differenzierende Funktion (jeder soll so weit wie möglich gefördert werden) gegenüberstehen.

Nicht anders ist dies in der Arbeitswelt: Kooperation ist keine karitative Veranstaltung, sondern heißt – bei voller gegenseitiger Anerkennung des Einzelbeitrags – in differenzierten und hierarchisch gegliederten Systemen tätig zu werden. Wer bei einem Brückenbau keinen Plan lesen kann, sollte nicht im Baubüro sitzen, wer nicht schwindelfrei ist, nicht auf das höchste Gerüst klettern.

(5) Das oben gegebene Strukturschema kann schließlich einen Hinweis darauf geben, *wie man zu Lernzielen kommt*. Hier lassen sich zwei Verfahrensweisen unterscheiden:
– Man versucht, die Lernziele von ganz allgemeinen und obersten Richtzielen, nämlich den gesellschaftlich als notwendig anerkannten Grundqualifikationen *abzuleiten*. Dies wäre die *Curriculumstrategie*. Sie hat sich – außer in Teilbereichen – als

undurchführbar erwiesen: Zu vielschichtig, differenziert und unübersichtlich, zum Teil auch widersprüchlich sind die Beziehungen, zu dominant sind Eigenstruktur und Eigenanspruch der Fächer.
- Wenn nun aber die einzelnen Fach- und Wissensgebiete ein einsichtiges und funktionsfähiges Struktur- und Anforderungsprofil haben, ist es erfolgversprechender, von ihren Stoffen, Gegenständen oder Inhalten auszugehen und diesen bestimmte Lernziele *zuzuordnen*. Es ist dies die *Lehrplanstrategie*. Diese kann aber nur funktionieren, *wenn jeder einzelne Lehrer mitdenkt und mitmacht*.

Was aber könnte ihm diese Aufgabe erleichtern?

Die Antwort ist durch die vorangegangenen Überlegungen im Grunde schon gegeben:
- Man sollte die Lernziele anschaulicher strukturieren, um so ein Modell für das „induktive" Aufsuchen von Lernzielen und ihre „deduktive" Begründung zu geben.
- Man sollte den Lernzielen der mittleren Ebenen, z.B. der „körperlichen Leistungsfähigkeit", die einzelnen Lernzielkategorien (motorisch, kognitiv, affektiv, sozial) etwas konkreter zuordnen.
- Man sollte ihre teilweise recht antithetische Struktur sichtbar machen, d.h. neben den unzweifelhaft positiven auch die negativen (im Sinne von *auch* bedenkenswerten) Aspekte benennen.

Ausblick

Wir haben uns in diesem Beitrag recht vehement für ein bestimmtes *Denkmuster* eingesetzt, das man deshalb beherrschen sollte, weil es in einer auf Rationalität und Nützlichkeit bedachten Welt Handlungssicherheit und Überzeugungskraft verleihen könnte. Auch kann es zweifellos dazu beitragen, in der Unterrichtspraxis besser zwischen wichtig und unwichtig zu unterscheiden (was wiederum, wie eine Betrachtung der Lehrpläne zeigt, eines der Grundprobleme des Sportunterrichts ist). Man kann dieses Denk- und Argumentationsmuster in folgender These zusammenfassen, dass der Sport als Schulfach, wie alle anderen Fächer auch, seine Notwendigkeit für die Existenzsicherung und Lebensbewältigung des Einzelnen und für den Fortbestand der Gesellschaft nachzuweisen habe.

So verbreitet und – scheinbar – selbstverständlich diese Meinung ist, sie stellt dennoch nur die „halbe Wahrheit" dar. Warum? Man kann nämlich auch umgekehrt fragen, ob man Sport, ebenso wie auch Musik, Mathematik, Geschichte und anderes mehr, nicht *um seiner selbst willen* betreiben könnte und sollte. Die oben proklamierten *Ziele* des Sportunterrichts, wie konditionelle Fähigkeiten, Gesundheit, Kooperationsfähigkeit usw., wären dann ganz selbstverständliche *Voraussetzungen* für eine erfolgreiche sportliche Betätigung. Man kann weiterhin fragen, ob man sich mit Sport wie mit allem anderen, was die Schule fordert, nicht einfach deshalb beschäftigen müsste, weil er einen Teil unserer gesellschaftlichen und kulturellen Umwelt darstellt.

Auf diese und die damit zusammenhängenden Fragen soll im nächsten Beitrag eingegangen werden.

3 Lernziele oder Bildungsziele?

Wir haben im vorangegangenen Beitrag darzulegen versucht, dass sich der Sportunterricht, wie der Unterricht in den übrigen Fächern auch, nicht unmittelbar von den *Inhalten* her begründen lässt (diese sind weitgehend austauschbar und hinsichtlich ihres späteren Nutzens nicht unmittelbar einsichtig zu machen), sondern allenfalls von den *Zielen* her, die damit erreicht werden sollen.

Dabei hat sich zweierlei ergeben, nämlich dass dieses Denkmuster
- innerhalb eines bestimmten Bereichs, z.B. einer Sportart, einsichtige Begründungs- und Argumentationszusammenhänge aufzeigen kann,
- darüber hinaus aber zu einem unübersichtlichen und teilweise widersprüchlichen Geflecht von allgemeinen Zielbeschreibungen führt, die wiederum auf unbewiesenen Fernwirkungen und Transfererwartungen beruhen.

Die entscheidende Erkenntnis in diesem Zusammenhang besteht jedoch darin, dass auch die Argumentation über die Lernziele vom *Nutzen* ausgeht, den die einzelnen Fächer und ihre Gegenstände für das „spätere Leben" der Schüler haben sollen. *Gerade das ist aber prinzipiell fragwürdig*: Zu unterschiedlich und differenziert sind die Anforderungen aus der späteren Lebens- und Berufssituation der Schüler, als dass die Schule sich jemals darauf einstellen könnte; zu wenig vorhersehbar sind nicht nur die Fortschritte in Wissenschaft und Technik, sondern auch die Veränderungen im Lebensstil und im Freizeitverhalten.

In der Tat haben die meisten Schulfächer, allen voran die sogenannten wissenschaftlichen Fächer, eine bemerkenswerte Resistenz gegenüber allen „Verzweckungs-" und „Vernützlichungsversuchen" bewiesen: Mathematik war schon immer mehr als kaufmännisches Rechnen (sie lässt sich, wie auch die Naturwissenschaften, nur von ihren Grundlagen und Voraussetzungen her verstehen), das Erlernen einer Fremdsprache mehr als die Aneignung des für eine Hotelbuchung notwendigen Mindestwortschatzes (eine Sprache lässt sich nur aus ihrem geistigen Zusammenhang heraus verstehen).

Eine Ausnahme scheint der Sport zu machen. Die Geschichte der Sportpädagogik ist geradezu die Geschichte der Verzweckung des Sports, in deren Verlauf er für alle möglichen, vermeintlich „höheren" Ziele gebraucht, verbraucht und gelegentlich sogar missbraucht worden ist: Sport als Mittel der Gehorsamserziehung, der vormilitärischen Ausbildung, des sozialen Lernens, der sinnvollen Freizeitgestaltung u.a.m. Diese Tendenzen sind unter dem Stichwort der „Instrumentalisierung" neuerdings wieder in das Blickfeld der Sportdidaktik getreten (1).

Was sind die Konsequenzen einer Instrumentalisierung des Sports?

Das lässt sich am Beispiel des ältesten und zugleich modernsten Instrumentalisierungsmusters, der *Gesundheit*, aufzeigen, wobei hier nur die beiden Kernpunkte in Stichworten angesprochen werden sollen:

(1) Nicht alles im Sport ist „gesund". Es sind im Gegenteil nur wenige Gegenstände, von denen angenommen werden kann, dass sie in einem direkten Zusammenhang zur Gesunderhaltung stehen, im Grunde nur das Kraft- und Ausdauertraining. Sport würde damit, volkstümlich formuliert, auf Funktionsgymnastik und Jogging reduziert.

Wäre damit aber nicht das „Eigentliche" am Sport verloren gegangen? Dies führt zur ersten Erkenntnis, die an beliebigen anderen Beispielen ebenso erbracht werden könnte: *Jede Art von Instrumentalisierung verkürzt und verändert den Sport bis hin zum völligen Verlust seiner Identität.*

(2) Gesundheit und Gesunderhaltung sind primär keine Angelegenheit des Sports, sondern einer vernünftigen Lebensführung. Das dazu notwendige Mindestmaß an Bewegung und Belastung kann auch durch Alltags- oder Arbeitsbewegungen gewährleistet werden.

Daraus folgt die zweite Erkenntnis: *Instrumentalisierung macht Sport austauschbar.* Dies trifft gerade auf die gegenwärtig am heftigsten propagierten Zielsetzungen zu: Eigenaktivität, Kreativität, soziales Lernen, sinnvolle Freizeitgestaltung u.ä. *müssen* nicht am Sport exemplifiziert werden; dafür gibt es jeweils Dutzende, wenn nicht Hunderte von Alternativen.

Wenn aber der Sport nur noch eine weitgehend austauschbare Manövriermasse für alle möglichen Zwecke ist, warum verbannen wir ihn dann nicht aus der Schule und vielleicht auch aus unserem Privatleben? Ich glaube, die Antwort ist relativ einfach: *Wir wollen das nicht,* und zwar deshalb, weil der Sport einen Teil unseres gesellschaftlichen und kulturellen Systems, und damit auch unserer eigenen Lebensführung und Lebenseinstellung darstellt.

Damit kommen wir zur Kernthese dieser Betrachtung:

Sport hat, wie alle anderen Schulfächer auch, eine Eigenstruktur, einen Eigenwert und einen Eigenanspruch, die das „Eigentliche" an ihm, sein Wesen sozusagen, ausmachen. Dieser Anspruch leitet sich aus dem gesellschaftlichen und kulturellen Gesamtzusammenhang ab, in dem er steht.

Die sogenannten wissenschaftlichen Fächer beziehen sich auf die Wissenschaften, die musischen Fächer auf die Kunst, also zwei konkrete Kulturphänomene (wobei unter „Kultur" die Gesamtheit der geistigen und künstlerischen Lebensäußerungen einer Gesellschaft verstanden werden soll). Dasselbe gilt auch für den Sport, wie folgende Überlegung zeigen kann:

Bewegung ist ein existentielles Grundphänomen des Menschseins mit tiefgreifenden anthropologischen, gesellschaftlichen und kulturellen Bezügen. Entsprechend hat jede Gesellschaft eine ihr eigene *Bewegungskultur* entwickelt. Historische Konkretisierungsformen im europäischen Kulturraum waren insbesondere *Turnen, Sport* und *Gymnastik,* die sich im Laufe der Zeit abgelöst, zum Teil überschnitten und gegenseitig beeinflusst haben. Von ihnen hat sich das sportliche Verhaltensmuster schließlich als das dominante erwiesen.

Lernziele oder Bildungsziele? 25

Worin besteht nun das „Eigentliche" des Sports?

Hier sind zwei komplementäre Aspekte hervorzuheben:

(1) Sport ist zunächst *aktive Auseinandersetzung mit der Bewegung.* Als solche besteht sie im nachhaltigen Bemühen um die *bestmögliche Lösung von Bewegungsproblemen* („Bewegungsproblemen" im weitesten Sinne dieses Begriffs). Sportliche Bewegungsprobleme sind prinzipiell willkürlich gewählt und können dem „natürlichen" Bewegungsrepertoire des Menschen entnommen oder auch „künstlich" ersonnen sein. In einer so verstandenen „Auseinandersetzung" mit der Bewegung lassen sich *drei Grundmuster sportlichen Verhaltens* unterscheiden:

– das sportliche im engeren Sinne, das darauf ausgeht, mit Hilfe der Bewegung ein objektiv nachweisbares Resultat zu erzielen,

– das sportlich-künstlerische, das auf Optimierung der Bewegungsschwierigkeit und der Bewegungsqualität gerichtet ist,

– das sportlich-spielerische, das mit Hilfe der Bewegung den fortgesetzten Vergleich mit einem unmittelbaren Gegenüber erlaubt.

Auf diese Strukturierung des „Kulturphänomens Sport" und die aus didaktischer Sicht daraus zu ziehenden Konsequenzen wird im nächsten Beitrag noch näher einzugehen sein. An dieser Stelle ist aber darauf hinzuweisen, dass der Sport mit seiner gewaltigen Spannweite körperlicher Betätigungs- und Präsentationsmöglichkeiten zwar nicht das Ganze der menschlichen Bewegungskultur, aber doch einen repräsentativen und für unseren Kulturbereich kennzeichnenden Ausschnitt daraus darstellt.

Wie jede kulturelle Tätigkeit ist der Sport – und darin liegt die in diesem Zusammenhang entscheidende Erkenntnis – vom Ansatz her nicht auf bestimmte Zwecke gerichtet: *Er genügt sich selbst* und bedarf keiner weiteren, z.B. aus Nützlichkeitserwägungen folgenden Begründung (2).

(2) Sport als Kulturphänomen stellt an den, der ihn betreiben möchte, einen bestimmten *Anspruch.* Er ist Herausforderung schlechthin. Nur wer sich diesem Anspruch stellt, handelt sportlich. Sport ist somit weit mehr als nur körperliche Betätigung; er besteht in der *Einheit von sportlichem Handeln, sportlicher Haltung und sportlicher Einstellung.* Genau hier liegt auch der Grund, weshalb „Sport", „sportlich" und „Sportsmann" nach wie vor eine gesellschaftliche Norm und einen ethisch-moralischen Standard darstellen.

Die beiden dargestellten Aspekte zusammengenommen, *das nachdrückliche Bemühen um die Bewegung mit dem Bestreben, einem bestimmten Anspruch zu genügen,* machen das aus, was man gemeinhin unter dem *Leistungsaspekt* des Sports versteht (3). Wer ihn – unabhängig davon, dass „Leistung" ein vielschichtiger und häufig missverstandener Begriff ist – aus dem Sport herausnehmen will, spricht nur von Sport, meint aber etwas anderes. Und wer einen „Schulsport ohne Leistung" propagiert, handelt vielleicht in gutem Glauben, aber dennoch leichtfertig, denn er trägt dazu bei, dass der Sport aus unserer gesellschaftlichen und kulturellen Landschaft verschwindet.

Selbst wer eine solche Entwicklung für unvermeidlich hält, muss wohl zugeben, dass wir damit etwas verlieren.

Was aber hat das damit zu tun, dass wir die Schüler gleichsam zwingen, sich in der Schule, wie mit Mathematik, Geschichte und Musik, auch mit Sport zu beschäftigen? Abgesehen davon, dass Erziehung nicht mit Zwang gleichzusetzen ist, nicht wenig: Die Schule, ihre Fächer, Themen und Gegenstände haben den Auftrag, die Schüler zur Teilhabe an der kulturellen Umwelt, verstanden als die „Kulturgüter" in ihrem sozialen Zusammenhang, zu befähigen. *Dieses „Teilhaben" ist aber genau das, was man unter Bildung versteht.*

„Bildung" meint also in erster Linie den nie abgeschlossenen Prozess der Auseinandersetzung mit der gesellschaftlichen und kulturellen Umwelt, in zweiter Linie aber auch das Produkt im Sinne eines „überdauernden Besitzes". Sie zielt nicht unmittelbar auf einen bestimmten Nutzen, sondern auf die Person selbst. *Bildung ist somit immer Persönlichkeitsbildung.* Ihr Ziel ist, wie schon die Urväter der modernen Pädagogik formuliert haben, die „mündige", d.h. informierte, vernünftig und selbstbestimmt handelnde und dennoch in die soziale Umgebung integrierte Persönlichkeit.

„Curriculumtheorie" oder „Bildungstheorie"?

Die beiden in diesem und im vorangegangenen Beitrag vorgestellten Positionen lassen sich, wenn man die Begriffe etwas verallgemeinernd von bestimmten pädagogischen Denkrichtungen loslöst, als „Curriculumtheorie" einerseits und als „Bildungstheorie" andererseits bezeichnen.

Beiden gemeinsam ist die Erkenntnis, dass sich Schule und Unterricht nicht von ihren Inhalten her begründen lassen, sondern von dem her, was damit erreicht werden soll.

Die *Curriculumtheorie* versucht, zwischen Inhalten und Zielen, also sozusagen von Sache zu Sache, eine unmittelbare Verbindung herzustellen. Die Ziele werden vom späteren Nutzen abgeleitet („Curriculumstrategie") oder auf ihn ausgerichtet („Lehrplanstrategie"). Diese Verfahrensweise hat den Vorteil, dass sich damit bestimmte, für Schüler, Eltern und Öffentlichkeit einsichtige Begründungs- und Argumentationszusammenhänge herstellen lassen: Wer gesund bleiben will, sollte Sport treiben. Schaut man aber etwas näher hin, zeigt sich, dass die Beziehungen, sobald sie über den Rahmen von einfachen Ursache-Wirkungs-Zusammenhängen hinausgehen, doch sehr allgemein, unscharf und bisweilen fragwürdig sind.

Dieses Modell hat also, so verbreitet es ist, im wahrsten Sinne des Wortes nur eine begrenzte Reichweite.

Die *Bildungstheorie* geht – zunächst jedenfalls – vom *Eigenwert* der Fächer und Unterrichtsgegenstände aus. Sie stellen die *Bildungsinhalte* dar, denen wiederum bestimmte *Bildungsgehalte* innewohnen. Als solche zielen sie auf Persönlichkeitsbildung im Sinne von Allgemeinbildung. Die Verbindung läuft sozusagen von der Sache zur Person, von der dann das Weitere abhängt.

Dabei ergibt sich ein interessanter Zusammenhang: Wer sich mit einer Sache beschäftigen will, braucht dazu bestimmte Voraussetzungen. Wer z.B. erfolgreich Sport treiben möchte, sollte genügend Kraft und Ausdauer haben, auf seine Gesundheit achten und mit anderen kooperieren können.

Andererseits kann man davon ausgehen, dass die Beschäftigung mit dem Gegenstand in einer Art Rückkopplungsprozess gerade dieses Voraussetzungspotential verbessert: Wer Sport treibt, wird seine körperlichen Fähigkeiten fördern und – vielleicht – auch seine Gesundheit stärken.

Hier manifestiert sich die an anderer Stelle bereits angesprochene Antithese, dass Bildung und Erziehung, konkretisiert in Schule, Unterricht und bestimmten Unterrichtsgegenständen, vom Schüler etwas verlangen, was er (eigentlich) nicht kann, sich in der Auseinandersetzung mit der Sache aber erwirbt.

Damit ist zugleich aber der springende Punkt dieser Überlegungen angesprochen: Diese Auseinandersetzung muss, wenn sie „etwas bringen" soll, *ernsthaft, nachdrücklich und sachgerecht* erfolgen, freilich ohne dabei die Bedürfnisse der Schüler zu vernachlässigen. Das ist das Anspruchsvolle an der Bildungstheorie. Sie hat außerdem den Nachteil, dass sie trotz ihrer großen Tradition und ihres (zeitweise) hohen Ansehens in einer auf Nutzen und Erfolg orientierten Zeit einer breiteren Öffentlichkeit nur schwer verständlich gemacht werden kann.

Deshalb versucht man auch immer wieder, ihr gewissermaßen zu entgehen, entweder – wie dargestellt – durch den Verweis auf den konkreten Nutzen der Gegenstände, z.B. Gesundheit oder Freizeitrelevanz (4), oder durch den Rückzug auf soziologische und psychologische Kategorien, z.B. Geselligkeit, „Motivation" oder Spaß.

Sicherlich drücken sich darin berechtigte und beachtenswerte Bestrebungen aus, doch bleibt demgegenüber festzustellen, dass nur die Bildungstheorie in der Lage ist, Erziehung und Bildung „an sich" zu begründen und vor der Verzweckung und manipulierenden Vereinnahmung durch andere Instanzen zu bewahren. Das ist aber *auch* ein gesellschaftspolitisches Anliegen.

Anmerkungen

(1) Vgl. SCHALLER, H. J.: Instrumentelle Tendenzen in der Sportpädagogik. In: Sportwissenschaft 1992/1. Dort auch die weiteren Literaturhinweise.
(2) Genau hierin liegt auch der tiefere Grund, weshalb aktive Sportler – und gerade auch Hochleistungssportler – so nachdrücklich darauf beharren, dass sie Sport nur „aus Spaß" betreiben. Ganz offensichtlich wird „aus Spaß" hier als Synonym für „etwas um seiner selbst willen tun" gebraucht. Eben daraus erwächst für den Ausführenden auch die unmittelbare Befriedigung.
(3) Vgl. den Beitrag: „Leistung" im Sport, S. 374.
(4) Sport ist nicht Mittel zu einer mehr oder weniger sinnvollen Freizeitgestaltung; man braucht vielmehr freie Zeit, um Sport zu treiben. „Gesundheit" ist nicht gleich Fitness, sondern erwächst aus einer vernünftigen Lebensführung.

4 Das „Sportartenkonzept" in der Sportdidaktik

Entwurf eines „integrativen Schulsportmodells"

Das „Sportartenkonzept" in der Kritik

Seit langem ist das sogenannte Sportartenkonzept in die Kritik geraten. Vor allem durch die Veröffentlichung von BALZ (1992) ist diese auch einer breiteren, fachlich interessierten Öffentlichkeit zum Bewusstsein gebracht worden: Das Sportartenkonzept gehe von einem engen Sportverständnis aus, pflege einen geschlossenen Vermittlungsansatz und habe eine mehr affirmative gesellschaftliche Funktion (womit es natürlich veraltet sei).

Dabei hat man offensichtlich übersehen, dass das so angesprochene „Sportartenkonzept" kein theoretisch begründetes, möglicherweise auf einen bestimmten Autor oder eine Autorengruppe zurückgehendes Modell darstellt, sondern das *Produkt einer historischen Entwicklung* ist.

Seine Anfänge liegen in den ausgehenden 20er und beginnenden 30er Jahren des gerade vergangenen 20. Jahrhunderts, als das „Schulturnen" allmählich von der „Leibeserziehung" abgelöst wurde und der internationale Sport im deutschen Sprachraum seinen endgültigen Durchbruch erlebte. Die Olympischen Spiele von 1928, 1932 und 1936 (letztere in Berlin) sind Meilensteine auf diesem Weg.

Bereits in den um 1930 erschienenen Lehrplänen sind die Stoffpläne der gymnasialen Oberstufe eindeutig nach Sportarten gegliedert, eine Entwicklung, die sich im reichseinheitlichen Lehrplan von 1937, vor allem in den sehr eingehenden Wertungsvorschriften, fortsetzt. Hier erscheinen Leichtathletik, Gerätturnen und im Wesentlichen auch Schwimmen als Sportarten im heutigen Sinne; unter den Spielen haben Fußball und Handball eine herausgehobene Position; auch die Anfänge des Basketball- und Volleyballspiels werden sichtbar.

In der Nachkriegszeit knüpfte man an den damit erreichten Stand an: Die 1951 eingerichteten Bundesjugendspiele lassen in ihrer ursprünglichen, auf die Einheit von Sommer- und Winterspielen abzielenden Form zwei „Hauptsportarten" (Leichtathletik und Gerätturnen) und zwei „Nebensportarten" (Schwimmen und Gymnastik) erkennen. In der Folgezeit trat auch das Sportspiel aus seiner – hauptsächlich durch den Wegfall des sogenannten Spielnachmittags bedingten – Nebenrolle heraus und wurde zum gleichberechtigten Schulsportinhalt.

Zugleich hatte sich die „Leibeserziehung" immer deutlicher zu einer bildungstheoretisch ausgerichteten „Theorie des pädagogischen Überbaus" gewandelt. In der Praxis bezog man sich auf das, was unter den damaligen gesellschaftlichen und materiellen Voraussetzungen als selbstverständlich erschien.

Die *Sportdidaktik*, die sich nach dem um 1970 erfolgten Übergang von der „Leibeserziehung" zum „Schulsport" etablierte, setzte diese Tradition fort. Auch sie konzentrierte sich vor allem auf die Diskussion der erzieherischen Möglichkeiten des Sports und die Entwicklung entsprechender didaktischer Modelle. Die Inhalte des Schulsports wurden – im Unterschied zu den Fachdidaktiken der übrigen Fächer – grundsätzlich als beliebig angesehen.

Dies führte in der Folgezeit, in erster Linie unter dem Einfluss interessierter Fachverbände, aber auch als Folge neuer technischer Entwicklungen, zu einem nahezu ungebremsten Einströmen neuer Schulsportinhalte, vorwiegend in den Wahl- und Ergänzungsteil der Lehrpläne. Für den Kernbereich des Schulsports, den obligatorischen Sportunterricht, blieb es im Wesentlichen bei dem von der „Leibeserziehung" übernommenen, nunmehr bereits als „traditionell" geltenden *„Kanon der Schulsportarten"*, den vier „Individualsportarten" Gerätturnen, Gymnastik/Tanz, Leichtathletik und Schwimmen und den vier „Mannschaftssportarten" Basketball, Fußball, Handball und Volleyball. Unabhängig von den tatsächlichen, davon möglicherweise weit abweichenden Verhältnissen an den einzelnen Schulen, entspricht dies bis heute, von wenigen Ausnahmen abgesehen, den in den Lehrplänen und Bildungsstandards ausgewiesenen Vorgaben für den Schulsport.

Angesichts dieser Sachlage stellt sich die Frage, ob das von der Sportdidaktik so kritisch beurteilte „Sportartenkonzept" nicht eine nachträgliche Konstruktion ist, die gewissermaßen als Hintergrund dienen soll, vor dem sich die neueren, pädagogisch begründeten und sich selbst als modern verstehenden sportdidaktischen Modelle um so vorteilhafter abheben könnten.

Dies gilt auch für das neuerdings anzutreffende Schlagwort, dass „Sport mehr als die Summe der Sportarten" sei. Eine solche Formulierung ist sicher gerechtfertigt, wenn sie das „Wesentliche" am Sport, den „Sinn des Sporttreibens" ansprechen soll. Sie wird aber zur absoluten Leerformel, wenn es um die konkrete sportliche Betätigung geht. Dann muss man sich, ob man will oder nicht, einer bestimmten Sportart oder einer Tätigkeit zuwenden, die sich in den Umkreis einer Sportart einordnen lässt.

Dennoch sollte man die gegen das „Sportartenkonzept" vorgebrachte Kritik nicht von vornherein als gegenstandslos abtun. In der Tat waren gerade die Anfänge des „Schulsports" durch zwei *sportdidaktische Fehlentwicklungen* gekennzeichnet, deren Auswirkungen bis in die Gegenwart reichen (1):

- durch die Abkehr von den in der Zeit der „Leibeserziehung" formulierten pädagogischen Ansprüchen an den Schulsport, die von weiten Teilen der Sportlehrerschaft als überzogen angesehen wurden, eine Entwicklung, die von KURZ (1977, 43) als „Didaktik reduzierter Ansprüche" bezeichnet wird,
- durch die von außen herangetragene „technokratische Sichtweise" des Schulsports, die in ihm nur den verlängerten Arm des Vereins- und Leistungssports sieht und ihn sowohl inhaltlich als auch methodisch auf die Wettkampfsysteme der Fachverbände reduzieren will.

Trotz solcher möglicher Missverständnisse dürfte ein irgendwie geartetes „Sportartenkonzept" unverzichtbar sein, wie folgende Überlegung zeigen kann:

Auch die „alternativen" didaktischen Modelle beziehen sich – mehr oder weniger explizit – auf Sportarten, sehen diese aber, wie bereits gesagt, als beliebig austauschbar und unter bestimmten didaktischen und pädagogischen Vorgaben auch als beliebig veränderbar an. Allein schon diese beiden „Beliebigkeitspostulate" sollten doch zu Bedenken Anlass geben, vor allem deshalb, weil damit auch die Sache selbst, nämlich der Schulsport, sehr schnell als beliebig, wenn nicht als austauschbar angesehen werden könnte. Entsprechende Bestrebungen, die im Schulsport kaum mehr als eine bildungspolitische Manövriermasse sehen, sind bereits sichtbar.

Dem lässt sich nur entgegenwirken, indem man zeigt,
- dass die Sportarten eine *didaktisch relevante Funktion* haben,
- dass sie im Rahmen bestimmter Kategorien gerade *nicht austauschbar* sind,
- dass sie innerhalb einer gewissen didaktischen und methodischen Bandbreite *sachgerecht*, d.h. gemäß ihrer Eigenstruktur und ihres Eigenanspruchs, unterrichtet werden müssen.

Ein darauf aufbauendes *Schulsportmodell* ist auch am ehesten geeignet, der oben bereits erwähnten Gefahr einer *Instrumentalisierung* des Schulsports, also seiner Verzweckung aus ideologischen, gesellschaftspolitischen oder sozialpädagogischen Gründen, zu begegnen. Damit wird es auch zur Grundlage für eine *eigenständige Begründung des Schulsports*, und hier vor allem für seinen Kernbereich, den obligatorischen Sportunterricht (2). Vorwiegend auf diesen Bereich und mit besonderem Blick auf die Sekundarstufe I sollen sich die folgenden Ausführungen beziehen.

Entwurf eines „integrativen Schulsportmodells"

Im zweiten Teil dieses Beitrags soll versucht werden, ein eigenes, im Folgenden als „Schulsportmodell" bezeichnetes, didaktisch begründetes Sportartenkonzept vorzulegen. Dies soll in drei Anläufen geschehen, von denen die beiden ersten nur sehr verkürzt erfolgen können:
- durch die Nennung der biologischen und historischen Anknüpfungspunkte,
- durch die Darlegung der sportdidaktischen Grundpositionen,
- durch die Strukturierung des „Lernfeldes Sport" unter didaktischen und curricularen Gesichtspunkten.

Biologische und historische Anknüpfungspunkte

Zu dem kulturellen und gesellschaftlichen Bereich, den man als *Körperkultur, Bewegungskultur* oder auch, in der neuerlichen – recht problematischen – Ausweitung dieses Begriffs, als *Sport* bezeichnen kann, gibt es *zwei Zugänge*, den über den *Menschen* und den über die *Bewegung* (Abb. 1).

Mensch und Bewegung stehen dabei in einem *Wechselverhältnis*, insofern als einerseits Bewegung ein Merkmal biologischer, und damit auch menschlicher Existenz ist und es andererseits eine „Bewegung an sich" nicht gibt. Sie entsteht gewissermaßen dadurch, dass sich jemand bewegt.

```
        KÖRPERKULTUR  −  SPORT  −  BEWEGUNGSKULTUR
                   ↗            ↖
                  ╱              ╲
                 ╱                ╲
             Mensch  ←−−−−→  Bewegung
               ╱                    ╲
              ╱                      ╲
         „gymnastischer"         „turnerisch-sportlicher"
             Zugang                    Zugang
```

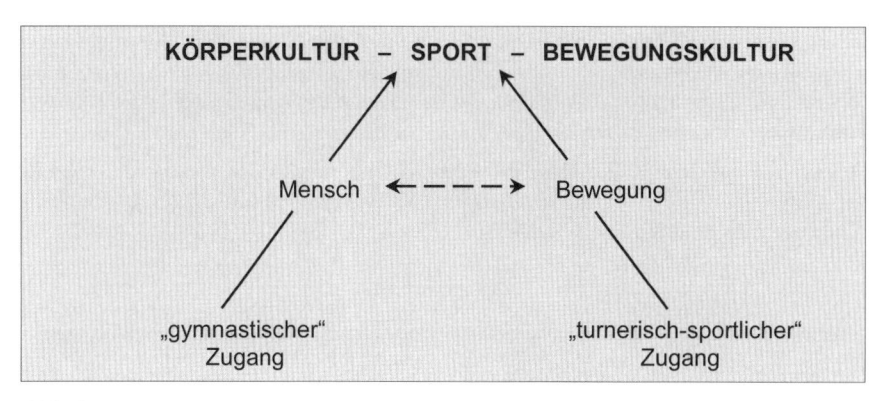

Abb. 1

Diese beiden Zugänge zum „Kulturgut Bewegung" haben auch ihre *historischen Konkretisierungsformen* gefunden (3):

(1) Die erste Form, auch in der zeitlichen Abfolge, war die *Gymnastik* (Gymnastik in ihrem ursprünglichen Sinne als Wirkungs- oder Funktionsgymnastik verstanden). Das Ziel der Gymnastik war (und ist) die „Verbesserung der Körperlichkeit" des Menschen, was sich mit Begriffen wie Fitness, Gesundheit und Wohlbefinden, aber auch Haltung, Aussehen und Schönheit wiedergeben lässt.

(2) Die zweite historische Erscheinungsform war das *Turnen*. Dessen Ziel war (und ist) das „Beherrschen" des Körpers und der Umwelt durch Bewegung. Dabei stand zunächst die Beherrschung der Gegenstandswelt durch Laufen, Springen, Klettern, Balancieren u.a. im Blickpunkt, sodann (in originaler historischer Ausdrucksweise) die „Herrschaft des Geistes über den Körper", bis sich das Interesse auf die Bewegung selbst richtete, vor allem hinsichtlich der Bewegungsvielfalt, der Bewegungsschwierigkeit und der Bewegungsqualität.

(3) Der zeitlich jüngste Zugang, der *Sport*, geht am deutlichsten von der Bewegung aus, indem er das „Leisten durch Sich-Bewegen" in den Vordergrund stellt, vor allem als Zeit- und Distanzoptimierung und als Überwindung eines Gegenüber (wie bei den Sportspielen). Damit gewinnt auch der „gymnastische" Faktor der Verbesserung körperlicher Voraussetzungen wieder eine erhöhte Bedeutung.

Die zeitliche Abfolge stellt also kein bloßes Nacheinander dar. Alle diese Erscheinungsformen wirken vielmehr weiter, wobei sich stark vereinfachend feststellen lässt, dass die jeweils folgende die vorangegangenen Formen in sich aufgenommen hat.

Didaktische Grundpositionen

Geht man von der historischen zur didaktischen Sichtweise über, zeigt sich,
– dass der „Zugang über den Menschen" zur *Körperbildung*,
– dass der „Zugang über die Bewegung" zur *Bewegungsbildung* führt.

Diese beiden Begriffe entstammen der Theorie der Leibeserziehung. Sie bringen am prägnantesten zum Ausdruck, worum es im Sport und im Schulsport eigentlich geht: *Körperbildung und Bewegungsbildung sind als „didaktische Zielbereiche" die beiden Grundpfeiler des Schulsports.*

Sie dürfen aber nicht isoliert gesehen werden, sondern stets im Zusammenhang mit den *allgemeinen Aufgaben des Bildungswesens*. In einer absoluten Kurzformel zusammengefasst, sind dies die Folgenden:

- *Ausbildung* als Erwerb von lebensnotwendigen (oder auch nur nützlichen) Fertigkeiten und Fähigkeiten,
- *Persönlichkeitsbildung* als Entwicklung bestimmter Haltungen und Einstellungen,
- *Erziehung* als Eingliederung in die soziale Umwelt.

Alle diese Bereiche lassen sich nur analytisch voneinander trennen. In der Realität bilden sie, wie auch die Abb. 2 zeigen soll, ein nur schwer zu entwirrendes Beziehungsgeflecht. Dabei lässt sich jedoch recht deutlich zwischen einer *Zieldimension* und einer *Inhaltsdimension* unterscheiden.

	INHALTSDIMENSION	
	Körperbildung	Bewegungsbildung
ZIELDIMENSION — Ausbildung	→↓	→↓
Persönlichkeitsbildung	→↓	→↓
Erziehung	→↓	→↓

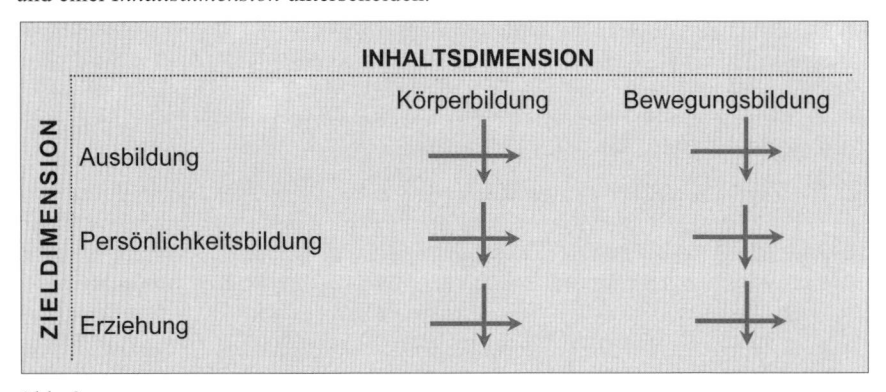

Abb. 2

Den beiden Zugängen zur „Welt der Bewegung", die zur Körperbildung einerseits und zur Bewegungsbildung andererseits führen, entspricht auf der didaktisch-methodischen Ebene das Begriffspaar *Fähigkeiten – Fertigkeiten*.

Fertigkeiten sind das, was man im konkreten Vollzug sieht, *Fähigkeiten* das, was als theoretisches Konstrukt sozusagen dahinter steht. Eine Fähigkeit, wie beispielsweise Ausdauer, kann man nicht „sehen", sondern nur aus bestimmten Verhaltensweisen erschließen oder mit Hilfe medizinischer Apparaturen nachweisen.

Zwischen Fähigkeiten und Fertigkeiten besteht ein ähnliches *Wechselverhältnis* wie zwischen Körperbildung und Bewegungsbildung, insofern als das eine ohne das andere nicht existent ist, als didaktische Akzentuierung aber sehr wohl wirksam werden kann: Wer einen Klimmzug machen will, braucht Kraft; wer Kraft erwerben will, muss einen Klimmzug oder eine ähnliche Übung ausführen.

Körperliche Fähigkeiten lassen sich weiter untergliedern in *konditionelle* und *koordinative*, die wiederum in spezifischen Affinitäten zu den didaktischen Zielbereichen der Körper- und Bewegungsbildung stehen.
Die Abb. 3 soll diese Zusammenhänge noch einmal verdeutlichen.

```
Körperbildung  ←--------→  Bewegungsbildung

Fähigkeiten    ←--------→  Fertigkeiten

            Konditionelle Fähigkeiten
              (z.B. Kraft und Ausdauer)

Körperbildung                    Bewegungsbildung
Entwicklung und Verbesserung     Erlernen und Vervollkommnen
körperlicher Fähigkeiten         sportlicher Fertigkeiten

            Koordinative Fähigkeiten
            (z.B. motorische Steuerungs-
             und Anpassungsfähigkeit)
```

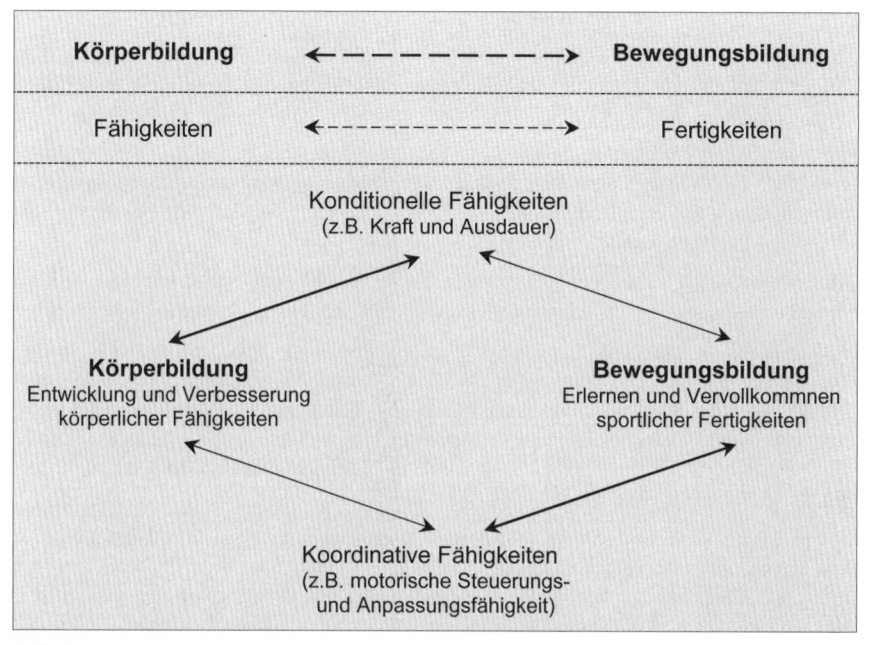

Abb. 3

Wenn man nun noch einen Schritt weitergeht und einige generelle inhaltliche Zuordnungen vornimmt, zeigt sich, dass die Körperbildung sich vorwiegend einfacher und wenig komplexer Fertigkeiten bedient, während die Bewegungsbildung auf komplizierteren Fertigkeiten und differenzierten sportlichen Bewegungs- und Handlungsfolgen aufbaut.

Mit dem Hinweis auf die *sportliche Bewegung* ist zugleich der Übergang zum dritten Anlauf erfolgt. Er soll sich mit der *grundsätzlichen Orientierung des Schulsports* befassen, dem derzeit wohl umstrittensten sportdidaktischen Problem.

Bedingungen und Strukturen des „Schulsportmodells"

An dieser Stelle ist eine *Vorklärung* notwendig:

Wenn der Schulsport einen eigenen Wert und einen eigenen Sinn haben soll – und damit auch eine eigenständige Begründung vorweisen will –, muss er das leisten, was andere Instanzen, z.B. die Vereine oder die kommerziellen Sportanbieter, *nicht* leisten können, weil diese

- erstens nicht alle Kinder und Jugendlichen, unabhängig von ihrer materiellen und sozialen Situation, erreichen können,
- zweitens die Kinder und Jugendlichen für sich vereinnahmen wollen, indem sie – in durchaus verständlichem Eigeninteresse – ihre Klientel einseitig und vorzeitig auf bestimmte Aktivitäten festlegen.

Die Schule muss sich – zunächst und vor allem – dem zuwenden, was allgemein und grundlegend ist, was mehreren sportlichen Aktivitäten gemeinsam ist und was auf andere sportliche und außersportliche Lebensbereiche übertragen werden kann.

Man kann dieses Problem drehen und wenden, wie man will, es kommt immer dasselbe heraus, was schon vor vielen Jahrzehnten in den sportpädagogischen Modellen unterschiedlichster gesellschaftlicher Systeme formuliert worden ist: *Die Schule ist vor allem für eine allgemeine körperlich-sportliche Grundausbildung zuständig* (4).

Das heißt weiterhin, dass der Schulsport sich auf das *Einfache* und *Elementare* konzentrieren muss und nur in ausgewählten Teilbereichen darüber hinausgehen sollte.

„Allgemein", „grundlegend", „einfach", „elementar" bedeuten jedoch nicht „leicht" und „anspruchslos": Das Fangen eines Balles, zumal in der Bewegung und unter Zeitdruck, ist für Kinder, die in einer bewegungsarmen Umwelt großgeworden sind, nicht leicht (eine Tatsache, die viele Sportlehrer, die sich am Vereinssport orientieren, nicht sehen wollen), und ein 1000-m-Lauf in einer akzeptablen Zeit ist nicht anspruchslos. Da muss man schon etwas dafür tun.

Gerade dieses „Etwas-dafür-Tun" ist auch der Kernpunkt jeglicher pädagogischer Einwirkung: Bildung und Erziehung, zumal im körperlichen Bereich, ereignen sich nicht von selbst, sondern nur in der *ernsthaften und nachdrücklichen Auseinandersetzung mit der Sache.* Auf diesen Gesichtspunkt wird unten noch einzugehen sein.

Wie aber – und das war die anstehende Frage – soll diese Sache aussehen? Die Antwort darauf soll in vier Schritten erfolgen:
- durch ein Plädoyer für eine sportliche Ausrichtung der schulischen Körper- und Bewegungserziehung,
- durch die inhaltliche Strukturierung des „Lernfeldes Sport" unter primär didaktischen Gesichtspunkten,
- durch die Benennung konkreter Schulsportinhalte anhand bestimmter Kriterien,
- durch die Formulierung der davon abzuleitenden Unterrichtsprinzipien.

Zur sportlichen Ausrichtung der körperlichen Bildung und Erziehung

Für die generelle Ausrichtung des Bildungsbereichs, der hier mit Körper- und Bewegungserziehung bezeichnet werden soll, gibt es zwei konkurrierende Modelle (5):
- das Modell „Bewegungspädagogik",
- das Modell „Schulsport".

(1) Das *Modell „Bewegungspädagogik"* führt, wie einige Beispiele aus der „neuen Lehrplangeneration" zeigen, sehr schnell zu einer Auflistung alles bewegungsmäßig

nur Denk- und Machbaren, das nur oberflächlich von einer fragwürdigen Systematik zusammengehalten wird (6).

Aber selbst wenn es gelingen sollte, ein theoretisch in sich schlüssiges Konzept zu erarbeiten, würde dies doch eine recht künstliche Konstruktion bleiben, sozusagen ein physiotherapeutisches Beschäftigungsprogramm ohne konkreten Realitätsbezug.

(2) Für ein *Modell „Schulsport"* sprechen zwei Argumente:

Die *Bewegungsumwelt* der Kinder und Jugendlichen von heute ist weder von Arbeitsbewegungen noch vom freien Kinderspiel, sondern vom Sport geprägt. Er ist es, der ihnen in der Freizeit, im Verein und im Fernsehen allgegenwärtig ist. Warum sollte man daran nicht anknüpfen?

Die Anbindung an sportliche Grundmuster gibt zugleich eine *erste didaktische Orientierung:* „Leichtathletik" besagt, dass möglichst schnell gelaufen oder weit gesprungen werden soll; im Gerätturnen geht es darum, möglichst schwierig und zugleich schön zu turnen, im Sportspiel darum, möglichst effektiv und erfolgreich zu spielen. All das ist für Schüler und Lehrer unmittelbar einsichtig.

Die Problematik eines solchen „Sportartendenkens" liegt darin, dass es – wie die Vergangenheit gezeigt hat – sehr leicht zu einer Addition unverbunden nebeneinanderstehender Sportarten führt. (Bis zu 28 werden in den Lehrplänen der einzelnen Bundesländer genannt!) Die bloße Aufzählung von Möglichkeiten kann aber noch keine tragfähige Grundlage für eine umfassende oder auch nur zureichende körperlich-sportliche Ausbildung abgeben.

Beide Grundmodelle der schulischen Körper- und Bewegungserziehung sind also nicht ohne Probleme. Es bietet sich vielmehr ein mittlerer Weg an. Dieser wird hier gesehen in einem *integrativen, durch das umfassende Band der Körperbildung zusammengehaltenen „Schulsportmodell".*

Zur didaktischen Struktur des „Lernfeldes Sport"

Mit diesem Stichwort ist das zentrale Problem dieses Beitrags angesprochen, was einige ausführlichere Darlegungen notwendig macht.

„Sport" ist ein recht abstrakter Begriff, der sich nur schwer definieren und in seinem Bedeutungsumfang abgrenzen lässt. Er bezeichnet letztlich ein bestimmtes Verhältnis des Menschen zur Bewegung, nämlich die *Auseinandersetzung mit der Bewegung um ihrer selbst willen.* Dieser Charakter des Zweckfreien, Spielerischen und nicht Lebensnotwendigen hebt die Sportwelt deutlich von der Arbeitswelt ab. Sport wird damit zu einer – in der modernen Industriegesellschaft sogar zur dominierenden – *Ausdrucksform der menschlichen Bewegungskultur.*

Sport konkretisiert sich in den Sportarten. Inhaltlich gesehen, ist der Sport nichts weiter als die Summe der Sportarten: Wer schnell und geradeaus läuft, betreibt offensichtlich Leichtathletik; wer schön und in Kurven läuft, Gymnastik; wer Laufen und Werfen in einer bestimmten Weise kombiniert, spielt Basketball oder Handball. Dies ist auch dem Handelnden bewusst, unabhängig von den Vorstellungen, die er sonst noch damit verbindet.

Aus dieser Sicht werden die *Sportarten zu den maßgeblichen Funktions- und Bedeutungsträgern des Kulturbereichs „Sport"*. Sie sind es, die in ihren Handlungs- und Leistungszielen die typischen Verhaltensweisen, Einstellungen und Haltungen sozusagen zum Abnehmer transportieren.

Für die Sportdidaktik ergibt sich daraus die Aufgabe, aus der Vielzahl der Sportarten eine *didaktisch begründete Auswahl* vorzunehmen. Hierfür müssen die Sportarten zunächst in ein *Ordnungssystem* eingereiht werden. Dies erfordert eine *Strukturanalyse des „Lernfeldes Sport"*.

Schon ein erster Überblick zeigt, dass es in der eben gekennzeichneten „Auseinandersetzung mit der Bewegung" drei typische Verhaltensweisen oder *Grundmuster sportlichen Verhaltens* gibt. Sie sollen hier an je einem Beispiel dargestellt werden:

(1) In der *Leichtathletik* geht es darum, möglichst schnell zu laufen oder weit zu springen und zu werfen. Das aber sind keine willkürlich auf die Leichtathletik aufgeprägte Leistungsziele, sondern ergibt sich aus der Natur der Sache, wie die folgende Überlegung zeigen kann:

Wenn jemand auf einer Rundbahn 400 m gelaufen ist, steht er wieder am Ausgangspunkt. Außer der Tatsache, dass er außer Atem ist, hat sich dadurch in der Welt nichts verändert. Es leuchtet unmittelbar ein, dass ein solches Tun nur dann einen Sinn hat (genauer gesagt: für den Ausübenden sinnerfüllt wird), wenn man dabei so schnell wie möglich läuft. Und zum Sport wird ein solches Unterfangen erst dann – und das ist auch in pädagogischer Hinsicht der springende Punkt –, wenn man das immer wieder tut und dabei versucht, immer besser zu werden.

Die Leichtathletik ist somit – darin steht sie stellvertretend für den Sport im Ganzen – in besonderer Weise auf *Optimierung der Bewegung* angelegt. Diese Optimierung kann erfolgen durch die Verbesserung der Technik oder durch Verbesserung der physischen Leistungsfaktoren, wie Kraft, Schnelligkeit und Ausdauer, wobei die grundlegende Bedeutung des zweiten Bereichs offensichtlich ist.

Die „Strukturformel" der Leichtathletik besteht, auf den kürzesten Nenner gebracht, darin, körperliche Leistungsfähigkeit möglichst verlustfrei in messbare Leistung umzusetzen. Hier und in allen vergleichbaren Sportarten haben wir Sport im eigentlichen und engen Sinne vor uns.

(2) Beim *Gerätturnen* liegen die Leistungsziele in der Bewegung selbst. Wenn man beispielsweise vor einer waagerecht eingespannten Stange steht, bietet es sich an auszuprobieren, was daran alles möglich ist. Auf diese Weise gelangt man zu einer nahezu unbegrenzten Zahl von Bewegungsmöglichkeiten, wie sie z.B. in den älteren Turnbüchern noch verzeichnet ist.

Eine solche *Bewegungsvielfalt* fordert aber fast zwangsläufig dazu heraus, eine *Schwierigkeitsrangfolge* festzulegen. Will man nun die darin aufgelisteten Übungen miteinander vergleichen, zeigt sich sehr schnell, dass dies letztlich nur unter der Voraussetzung einer *perfekten Ausführung* möglich ist. Man kann nämlich die unvollkommenen Versuche des Anfängers nicht mit der mühelos und elegant dargebotenen Bewegung des Könners in Beziehung setzen, selbst wenn sie die gleiche bewegungsstrukturelle Schwierigkeit aufweisen.

Im Gerätturnen geht es also darum, Bewegungsvielfalt, Bewegungsschwierigkeit und Bewegungsqualität unter einen Hut zu bringen, indem der Turner im entscheidenden Versuch die größtmögliche Schwierigkeit zeigt, die er noch perfekt beherrscht und zugleich einen Einblick in das ihm verfügbare Bewegungsrepertoire vermittelt. Dies gelingt nur, wenn bei der Bewertung die Bewegungsqualität, also die ästhetische Komponente, den Ausschlag gibt. Gerätturnen wird damit zu einer *Kunstsportart*.

(3) Das *Sportspiel* als eine große und eigenständige Gruppe von Sportarten ist auf den *direkten Vergleich mit einem unmittelbaren Gegenüber* gerichtet. Das Spiel steht also unter dem Spannungsverhältnis, dass der „Gegenspieler" zugleich „Mitspieler" ist, was auch den Kernpunkt des Fairnessproblems ausmacht.

Im Rahmen dieser strukturellen Vorgaben geht es nun darum, einen *Vorteil* über den anderen, den „Gegner", zu erringen, wobei natürlich genau vereinbart sein muss, was dabei erlaubt und nicht erlaubt sein soll. Das Sportspiel unterliegt somit im besonderen Maße dem Gebot der *Effektivität* in der Anwendung sowohl der technischen als auch der taktischen Mittel.

Wenn man nun diese drei Grundmuster sportlichen Verhaltens, stellvertretend für jeweils eine große Gruppe von Sportarten, auf einem Kontinuum anordnet, das von der Kunst über den Sport zum Spiel reicht (und sozusagen auf der Rückseite vom Spiel wieder zur Kunst führt) – ein Kontinuum, das die menschliche *Bewegungskultur* darstellen soll –, erhält man folgendes Bild:

Kunst	Sport	Spiel
	"Sport"-Sportarten	
z.B.	z.B.	z.B.
Tanz Gymnastik Kunst-	Leichtathletik Sport-	Kleine Geschicklich-
Ballett sportarten	Rudern spiele	Spiele keitsspiele
Panto-	Sportschwimmen	Kinderspiele
mime	Gewichtheben	Darstellungsspiele

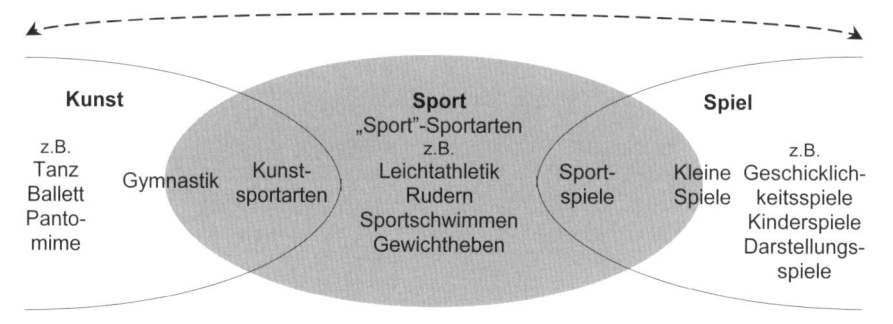

Abb. 4

In der Mitte steht das, was unwidersprochen und im *engsten Sinne Sport* ist, „Sport pur" sozusagen, repräsentiert durch Sportarten wie Leichtathletik, Sportschwimmen, Rudern und Gewichtheben.

Auf der einen Seite schließt sich der sportlich-künstlerische Bereich an mit den *Kunstsportarten*, der seinerseits mit der rhythmisch-musischen Gymnastik in den außersportlichen Bereich der Bewegungskunst übergeht.

Auf der anderen Seite steht der sportlich-spielerische Bereich mit den *Sportspielen*. Hier bilden die kleinen Spiele den Übergang zum außersportlichen Bewegungsspiel.

Aus diesem Strukturmodell lassen sich unmittelbar die beiden bereits angesprochenen *Kernthesen* des „Schulsportmodells" ableiten:

> *(1) Die drei Sportartengruppen der „Sport-Sportarten, der Kunstsportarten und des Sportspiels sind gegenseitig nicht austauschbar. Nur in ihrer Gesamtheit können sie das Ganze unserer Bewegungskultur wiedergeben und als Bildungsgut weitergeben.*

Welche Sportarten repräsentativ dafür stehen sollen, darüber müssen sich die Experten erst wieder einigen, da der Konsens verloren gegangen ist.

> *(2) Jede Sportart besitzt eine eigene, aus den Bedingungen der übergeordneten Strukturgruppe abzuleitende Grundstruktur und muss entsprechend den ihr immanenten Tätigkeits- und Leistungszielen unterrichtet werden.*

Formelhaft verkürzt ausgedrückt, bedeutet dies, dass die Leichtathletik mehr auf Training orientiert, das Gerätturnen mehr auf Bewegungsqualität bedacht und das Sportspiel mehr auf Effektivität ausgerichtet sein muss.

Auf diese Aspekte wird noch genauer einzugehen sein. Zunächst ist aber das Problem der Schulsportinhalte, ob sie nun als unverzichtbar, geeignet oder wünschenswert anzusehen sind, vollends zu klären.

Zum Problem der „richtigen" Schulsportarten

Die eben vorgelegte Strukturanalyse des Sports kann den *Rahmen* für die Bestimmung von Schulsportinhalten abgeben; offen bleibt das Problem der konkreten *Auswahl*. Sicher waren die Beispiele nicht zufällig gewählt, doch könnte es hierfür auch eine Reihe von Alternativen geben.

Schaut man sich, um diese Frage zu beantworten, in der sportdidaktischen Literatur um, findet man kaum eine konkrete Aussage. Die Sportdidaktik hat sich, etwas überspitzt formuliert, bisher um eine Antwort herumgedrückt, jedenfalls hat sie nicht vermocht, objektive und allgemein anerkannte Kriterien für die anstehenden inhaltlichen Entscheidungen zu entwickeln (ein Problem, das in den Fachdidaktiken anderer Unterrichtsfächer sehr intensiv diskutiert wird). Deshalb sei hier ein bereits an anderer Stelle (SÖLL 1988) veröffentlichter Versuch wiederholt:

> Eine Sportart ist dann als Schulsportart geeignet, wenn sie
> – möglichst *vielseitige und erreichbare*, dabei aber für jeden Schüler zumutbare *körperliche Anforderungen* stellt,
> – ein möglichst breites und differenziertes Spektrum an *Bewegungsmöglichkeiten* und *sportlichen Handlungsmöglichkeiten* bietet,
> – aber dennoch einen möglichst *leichten Zugang* für alle gewährleistet.

Außerdem sollte sie keine zu speziellen *materiellen Voraussetzungen* erfordern, in *größeren Gruppen* unterrichtet werden können, keine unvertretbaren *Risiken* enthalten, möglichst *umweltverträglich* sein und sich einer gewissen *Bekanntheit* erfreuen. Geht man von dem obigen Strukturmodell aus, müssten im Grunde *drei Sportarten* für eine „vollständige", jedenfalls aber zureichende körperliche Bildung und Erziehung ausreichen: eine „Sport"-Sportart, eine Kunstsportart und ein Sportspiel.

Zieht man zusätzlich den eben genannten Kriterienkatalog heran, richtet sich der Blick in erster Linie auf die Sportarten, die sich selbst – und dies wohl mit einem gewissen Recht – als *„Grundsportarten"* bezeichnen:

(1) Aus dem zentralen Bereich kann mit Sicherheit die *Leichtathletik* ihren Anspruch erheben, baut sie doch auf den Grundtätigkeiten Laufen, Springen und Werfen auf, die auch für viele andere sportliche Aktivitäten konstitutiv sind.

(2) Im sportlich-künstlerischen Bereich kann man am *Gerätturnen* nicht vorbeigehen, weil es die einzige Sportart ist, die Grundtätigkeiten wie Hängen, Stützen, Schwingen, Klettern, Rollen und Balancieren in die körperlich-sportliche Grundausbildung einbringen kann. Man braucht nur die einfache Frage zu stellen, was wohl fehlen würde, wenn man darauf verzichten wollte.

(3) Im sportlich-spielerischen Bereich müsste die Entscheidung für ein *Spiel* fallen, das mit der *Hand* gespielt wird. Im Zweifelsfall wäre hier, z.B. aus Gründen des Raumbedarfs, dem Basketballspiel der Vorzug zu geben.

Mit Sicherheit wird sich gegen ein solches *„Drei-Sportarten-Modell"* Widerspruch erheben, vor allem mit der Begründung, dass dies doch zu wenig sei, selbst wenn man die hier nahezu unbegrenzte methodische Vielfalt in Rechnung stellt und alle Spiel-, Übungs- und Trainingsformen einbezieht, die den Randbereichen der genannten Sportarten zuzuordnen sind. (Als mögliche Beispiele seien hier nur der spielerische Umgang mit leichtathletischen Bewegungen, das sogenannte normfreie Turnen und die vielen Lauf- und Wurfspiele genannt.)

Dennoch sind diese Einwände nicht ganz unberechtigt, da der Schulsport auch im Pflichtbereich eine angemessene *Breite der Ausbildung* aufweisen sollte.

Versucht man, den genannten „Hauptsportarten" jeweils eine „Nebensportart" zuzuordnen, ergeben sich sowohl im Sinne einer inhaltlichen Ergänzung als auch aus Gründen der Tradition fast von selbst die Kombinationen *Leichtathletik/Schwimmen* und *Gerätturnen/Gymnastik*.

Im Bereich des Spiels wäre auf ein entsprechendes, möglichst *strukturverschiedenes Gegenstück*, z.B. Fußball oder Volleyball, abzuheben (7). Darüber wäre noch zu befinden, ebenso wie über die selbstverständliche Forderung, dass auch Unterrichtszeit für die freie Wahl durch Lehrer und Schüler reserviert werden muss.

Notwendig erscheint auch der Hinweis, dass für den *außerunterrichtlichen Schulsport* andere Maßstäbe, im Wesentlichen das Prinzip der *Gestaltungsfreiheit* durch die einzelne Schule, gelten müssen.

Zur Frage allgemeiner Unterrichtsprinzipien

Wie an verschiedenen Stellen dieses Beitrags bereits angemerkt, sind *Sachorientierung* und *Nachhaltigkeit* unabdingbare Prinzipien eines pädagogisch sinnvollen Unterrichts. Beide Prinzipien könnten aber auch zu Missverständnissen Anlass geben, weshalb hier etwas näher darauf eingegangen werden soll.

Sachorientierung bedeutet, dass die Unterrichtsinhalte gemäß den ihnen immanenten Tätigkeits- und Leistungszielen unterrichtet werden müssen. Das hat nichts mit einem engen Sportartendenken zu tun. Man kann aus didaktischer Sicht sehr wohl ein sachbezogenes, in der praktischen Umsetzung aber sehr „weites", sowohl „turnerische" wie „gymnastische" Elemente einbeziehendes Sportverständnis vertreten.

Sach- und Zielorientierung bedeuten auch nicht die Reduktion des Sportunterrichts auf die standardisierten Wettkampfdisziplinen der Fachverbände.

Weitsprung und Hochsprung sind beispielsweise nur Ausschnitte aus dem umfangreichen und differenzierten Stoffkomplex „Hüpfen und Springen"; sie sind gleichsam Indikatoren für den dort erreichten Leistungsstand. Letztlich geht es dabei um das Bewegungsproblem „Transport des Körpergewichts mit den Beinen".

Ebenso sind Handstand und Hüftaufschwung nur Indikatoren für den Leistungsstand im Stoffkomplex „Hängen, Stützen, Schwingen". Hier geht es um das Bewegungsproblem „Bewältigung des Körpergewichts mit den Armen".

Nachhaltigkeit des Unterrichts heißt, dass die „Auseinandersetzung mit der Bewegung" *ernsthaft, nachdrücklich* und *kontinuierlich* erfolgen muss.

Das bedeutet nicht, dass „immer wieder dasselbe getan wird", der Unterricht also an Eintönigkeit und Langeweile erstickt. Es ist vielmehr notwendig, bei aller Zielstrebigkeit *Vielfalt, Variation* und *Abwechslung* sowohl in der Wahl der methodischen Mittel als auch in der inhaltlichen Gestaltung des Unterrichts zu wahren.

„Leichtathletik unterrichten" heißt also nicht, die Schüler gelegentlich nach der Stoppuhr laufen oder über eine immer höher aufgelegte Latte springen zu lassen, sondern sie in diesem Bereich unter Einsatz aller gegebenen Möglichkeiten körperlich und bewegungsmäßig so weit wie möglich zu fördern.

Noch deutlicher wird das Problem, wenn es um Übungen geht, die bestimmte Mindestvoraussetzungen erfordern. Wenn z.B. die am Reck mögliche Bewegungsvielfalt auf Hüftaufschwung und Hüftumschwung reduziert wird, wie soll der Schüler diese Übungen mit einiger Aussicht auf Erfolg bewältigen? Und wie kann er irgendeinen Gewinn daraus ziehen, wenn er sonst nie mit einem Reck oder etwas Ähnlichem zu tun bekommt? Das kann er nur, wenn er sich immer wieder mit den hier gegebenen Bewegungsmöglichkeiten auseinandersetzt.

Die Einhaltung der beiden eben formulierten Grundsätze ist auch die Voraussetzung für weitergehende *pädagogische Erwartungen*, z.B. hinsichtlich der Persönlichkeitsbildung oder der Sozialerziehung. Pädagogisches Wirken ist kein Sandkastenspiel, sondern zielstrebige Arbeit an und mit Hilfe eines bestimmten Gegenstands.

Pädagogische Relevanz ist auch nicht an eine bestimmte *Vermittlungsstrategie*, z.B. an eine prinzipiell offene Konzeption, gebunden. Es mag vielleicht verständlich sein, dass ein Lehrer bei einem „neuen" Gegenstand, von dem er selbst nicht viel versteht, zu einem mehr „offenen" Unterricht neigt, doch zeigt die Erfahrung, dass eigentlich nur der Experte sich einen solchen Zugang zur Sache erlauben kann. Umgekehrt ist das starre Festhalten an Rezepten sehr oft ein Zeichen fachlicher Unsicherheit (oder auch pädagogischer Rückständigkeit).

Solche Entscheidungen lassen sich nur im Hinblick auf die jeweilige Sache und die jeweils angestrebten pädagogischen Zielsetzungen treffen; sie müssen aber auch auf die Fähigkeiten der Schüler und des Lehrers Rücksicht nehmen.

Das „Schulsportmodell" steht somit auch einer *Schülerorientierung des Unterrichts* nicht im Wege. Es setzt einen solchen „Blick auf den Schüler" geradezu voraus, indem es konsequent an seinen Voraussetzungen und Bedürfnissen anknüpft. „Bedürfnisse" sind dabei allerdings in einem doppelten Sinne zu verstehen: zum einen als das, was der Schüler, objektiv gesehen, braucht, zum anderen als das, was er aus seiner Sicht für bedeutsam hält.

„Gegenwartserfüllung" ist ein ebenso wichtiges pädagogisches Prinzip wie Zukunftsorientierung, d.h. die Ausrichtung des Unterrichts auf das „spätere Leben" der Schüler. Für den Lehrer ist die Bewältigung dieser widersprüchlichen Doppelaufgabe ein schwieriger Balanceakt. „Pädagogik" besteht aber nicht nur in der Umsetzung „großer Konzeptionen"; sie ist auch die „Kunst des Möglichen".

Körperbildung und Bewegungsbildung, die Grundpfeiler des Schulsports

An dieser Stelle soll noch einmal auf das zentrale Anliegen dieses Beitrags, den „dialektischen", d.h. auf einer Wechselwirkung beruhenden *Zusammenhang von Körperbildung und Bewegungsbildung* – in anderer, vielleicht vertrauterer Terminologie von *Konditionsschulung und Technikschulung* – hingewiesen werden.

Wenn es um die Auswahl bestimmter Schulsportinhalte geht, ist vordergründig der didaktische Zielbereich der *Bewegungsbildung* angesprochen.

Bewegungsbildung ist zu verstehen als Einführung in die menschliche Bewegungskultur durch die Vermittlung grundlegender und übertragbarer sportlicher Handlungs- und Verhaltensmuster.

Bewegungsbildung wird aber fragwürdig, wenn sie nicht auf dem Fundament einer sowohl sportartspezifischen als auch sportartübergreifenden und streckenweise sportartunspezifischen *Körperbildung* aufbaut.

Körperbildung ist zu verstehen als allgemeine körperliche Grundlagenbildung durch die Entwicklung und Verbesserung der wesentlichen motorischen, d.h. konditionellen und koordinativen Fähigkeiten.

Körperbildung und Bewegungsbildung werden so zu den beiden Grundpfeilern eines sowohl sachgerechten und zielstrebigen als auch schülergemäßen Sportunterrichts.

Abbildung 5 kann dies noch einmal verdeutlichen:

```
Körperbildung                                    Bewegungsbildung
         ＼＼＼                              ／／／
              ＼＼＼                   ／／／
                   ↘              ↙
              in der Auseinandersetzung
              mit Bewegungsproblemen
              aus dem Kulturbereich Sport
              in systematischer Auswahl
                      aus den
           ／／／         ↓         ＼＼＼
      ↙                                      ↘
KUNSTSPORTARTEN    „SPORT"-SPORTARTEN    SPORTSPIELEN
   auf der Basis einer übergreifenden körperlichen Ausbildung
```

Abb. 5

Schlussbemerkungen

Die Vielfalt der in diesem Beitrag behandelten Gesichtspunkte legt es nahe, abschließend die Gründe zusammenzufassen, die für ein „Schulsportmodell" sprechen:

(1) Das Schulsportmodell kann *Ordnung* in die fast unübersehbare Fülle von Sportarten bringen und zugleich die Bezüge des Sports zu den außersportlichen Bereichen der Bewegungskultur verdeutlichen.

(2) Das Schulsportmodell kann eine erste *didaktische Orientierung* vermitteln, indem es die Vielzahl der sportlichen Betätigungsmöglichkeiten auf einige wenige typische Handlungsmuster reduziert.

(3) Das Schulsportmodell garantiert die *Vollständigkeit* der körperlich-sportlichen Ausbildung. Es verhindert vor allem willkürliche Verkürzungen, die sich zumeist daraus ergeben, dass bestimmte, bei der heutigen Schuljugend mehr oder weniger durchgängige Defizite als „naturgegeben" hingenommen werden und man sich damit der Pflicht enthoben fühlt, dagegen anzugehen.

(4) Das Schulsportmodell sichert die *Ernsthaftigkeit* in der Auseinandersetzung mit der Sache. Es kann vor allem der Tendenz entgegenwirken, unbequemen Anforderungen – tatsächlichen oder nur vermeintlichen – von vornherein aus dem Weg zu gehen.

(5) Das Schulsportmodell wahrt die *Kontinuität* im inhaltlichen „Angebot" der Schule. Diese hängt in erster Linie von der Kontinuität in der Sportlehrerausbildung ab, was allein garantiert, dass alle Schüler an allen Schulen mit vergleichbaren Anforderungen konfrontiert werden.

(6) Das Schulsportmodell kann den Schulsport am ehesten vor *instrumentalisierender Vereinnahmung* bewahren. Einseitige Anforderungen, die zum Teil aus guter Absicht (z.B. Gesundheitserziehung, Freizeitbewältigung, soziales Lernen), zum Teil auch aus politischen Gründen (z.b. Wehrfähigkeit, nationales Prestigedenken) an den Schulsport herangetragen werden, können so am ehesten erkannt und abgeblockt werden.

(7) Das Schulsportmodell lässt sich als *„Basiskonzept"* verstehen, auf dem gesellschaftlich notwendige Anforderungen an den Schulsport aufbauen können. Ein sachgerechter Sportunterricht lässt zweifellos auch zu, z.b. gesundheitliche, freizeitrelevante und sozialerzieherische Aspekte zu thematisieren.

(8) Das Schulsportmodell gibt durchaus auch Raum für *unterschiedliche Sinngebungen,* unter denen sportliches Handeln stehen kann, und trägt damit auch den *Motiven* Rechnung, aus denen heraus die Schüler zum Sporttreiben veranlasst werden.

(9) Das Schulsportmodell ist offen für *unterschiedliche Vermittlungsansätze,* die sich aus übergeordneten pädagogischen Intentionen ergeben. Die hier bestehenden Handlungsspielräume sind entsprechend den strukturellen Bedingungen der Sportarten allerdings recht verschieden.

(10) Das Schulsportmodell kann der *Entfremdung zwischen Theorie und Praxis* entgegenwirken. Indem die Sportdidaktik – auch – konkrete inhaltliche Vorgaben macht, trägt sie zu mehr Interesse an didaktischen Fragestellungen bei und verhilft damit der Sportlehrerschaft zu größerer Handlungssicherheit.

Anmerkungen

(1) Vgl. den Beitrag: Fachdidaktische Entwicklungen und Fehlentwicklungen, „Alltagsprobleme" S. 251.
(2) Vgl. den Beitrag: Zur eigenständigen Begründung des Sportunterrichts, „Alltagsprobleme" S. 311.
(3) Grundlegend dazu: BERNETT 1975.
(4) Im Ansatz entspricht dies dem Modell der „Körperlich-Sportlichen Grundlagenbildung" von HUMMEL 1997.
(5) Vgl. KRÜGER/GRUPE 1998.
(6) Vgl. den Beitrag: Die neue Lehrplangeneration, „Alltagsprobleme" S. 301.
(7) Von ähnlichen Überlegungen waren die Lehrpläne der ehemaligen DDR bestimmt.

Literatur

BALZ, E.: Fachdidaktische Konzepte. In: Sportpädagogik 2/1992.
BERNETT, H.: Grundformen der Leibeserziehung. Schorndorf 1975.
HUMMEL, A.: Die Körperlich-Sportliche Grundlagenbildung – immer noch aktuell? In: BALZ, E./NEUMANN, P.: Wie pädagogisch soll der Schulsport sein? Schorndorf 1997.
KRÜGER, M./Grupe, O.: Sport oder Bewegungspädagogik? In: sportunterricht 5/1998.
KURZ, D.: Elemente des Schulsports. Schorndorf 1977.
SÖLL, W.: Didaktische Vorüberlegungen als Grundlage methodischen Handelns. In: CZWALINA, C. (Red.): Methodisches Handeln im Sportunterricht. Schorndorf 1988.

5 Bundesjugendspiele und „Jugend trainiert ..."
Welche Vorstellungen über den Schulsport stehen dahinter?

Die Bundesjugendspiele und der Schulsportwettbewerb „Jugend trainiert für Olympia" waren über Jahrzehnte hinweg – und sind es zum Teil noch – wesentliche Bestandteile des Schulsports, geprägt ebensosehr von Zustimmung und begeistertem Einsatz wie von Ablehnung und skeptischer Distanz. Was aber können sie über die Ziele des Schulsports aussagen, welche pädagogischen Intentionen und ideologischen Positionen stehen hinter ihnen?

Die Antwort darauf soll eine *Strukturanalyse* dieser beiden Veranstaltungen liefern, verbunden mit der Frage nach ihrer *Herkunft*. Die Begründung für eine solche historisierende Betrachtungsweise liegt darin, dass man wesentliche Aufschlüsse über den Sinn des eigenen Handelns gewinnen kann, wenn man die ursprünglich damit verknüpften Absichten kennt, kurzum dass man das, was ist, besser versteht, wenn man weiß, woher es kommt. Selbstverständlich kann es hier nicht um eine problemgeschichtliche Aufarbeitung der beiden Themenkomplexe gehen, sondern nur um einige allgemeine Hinweise dazu. Der besseren Erkenntnismöglichkeiten wegen analysieren wir die Bundesjugendspiele in einem sehr frühen, „Jugend trainiert" in seinem gegenwärtigen, relativ späten Stadium.

Bundesjugendspiele

Die Bundesjugendspiele wurden 1951 von der Bundesregierung (unter Federführung des Bundesinnenministeriums), der KMK, der kommunalen Spitzenverbände, dem DSB und den Jugendorganisationen als „Gemeinschaftswerk der Schulen, einschließlich der Berufsschulen, der Sportorganisationen und der Jugendverbände" ins Leben gerufen. Nach einer kurzen Phase des Experimentierens erreichten sie 1954 in der von den amtlichen Erlassen nachdrücklich empfohlenen vollständigen (später aber mehrfach geänderten) Form folgende inhaltliche Gestalt:

Sommerspiele: Vierkampf aus drei leichtathletischen (Lauf, Sprung, Wurf) und einer schwimmerischen Disziplin.

Winterspiele: Vierkampf aus vier turnerischen (Jungen) bzw. drei turnerischen und einer gymnastischen Übung (Mädchen), jeweils als vorgegebene Pflichtübungen.

Die Bewertung erfolgte in allen Sportarten nach einer 20-Punkte-Altersstufenwertung. Es handelte sich also um eine relative Wertung, bei der in jedem Geburtsjahrgang (Sommerspiele) bzw. in jeder, zwei Jahrgänge umfassenden Altersstufe (Winterspiele) bei jeder Übung die Höchstpunktzahl von 20 Punkten erreicht werden konnte. Ab 1956 konnte bei den Winterspielen jeder Schüler seine Übungen aus drei Schwierigkeitsstufen auswählen. Die „Siegerpunktzahlen" waren so festgelegt, dass für eine „normale" Siegerurkunde etwa zwei Drittel, für eine „Ehrenurkunde" 80% (Sommer) bzw. 90% (Winter) der erreichbaren Höchstpunktzahlen notwendig waren.

Sowohl die Sommer- als auch die Winterspiele sollten, wie die Ausschreibungen besonders betonen, in einer eigens dafür organisierten, festlich ausgestalteten Wettkampfveranstaltung – umrahmt von „Lied, Spiel und Tanz" und mit einer abschließenden Siegerehrung „in feierlicher Form" – durchgeführt werden (was natürlich bei den Winterspielen von Anfang an auf Schwierigkeiten stieß). Außerdem sollten die Leistungen als Mannschaftswettkämpfe gewertet werden und dies auch über den Rahmen einer einzelnen Schule hinaus (was gleichfalls mit einigen praktischen Problemen verbunden war).

Fasst man den – weitgehend intendierten – Charakter der Bundesjugendspiele zusammen, ergibt sich folgendes:
- Die Bundesjugendspiele sollen ein *Wettkampf für alle* sein.
- Dieser Wettkampf soll ein *großes, gemeinsames Fest* sein.
- Bei diesem Fest gibt es *viele Sieger*.
- Die Bundesjugendspiele sind prinzipiell ein *Mehrkampf*.
- Dieser Mehrkampf umfasst *alle* an der Schule pflichtgemäß gelehrten *Individualsportarten* (bei den Jungen drei, bei den Mädchen vier), wobei zwei „Hauptsportarten" (Leichtathletik und Gerätturnen) und zwei „Nebensportarten" (Schwimmen und Gymnastik) unterschieden werden können.
- Die dabei erreichten Punktzahlen lassen sich zusammenzählen und erlauben die Feststellung einer *„sportlichen Gesamtleistung"* (1).
- Es sollen *Mannschaftswertungen* als Klassen-, Schul- und Bezirkswertungen vorgenommen werden (2).

Schon die bloße Auflistung der Merkmale ergibt einen eindeutigen Hinweis auf die *Herkunft* dieser Konzeption: Sie entspricht (mit Ausnahme des letzten Punktes, der sich in der Tat als Fremdkörper erweist) der *„Turnfestidee"*, die nach einigen Vorläufern vor der Revolution von 1848 seit dem 1. Deutschen Turnfest 1860 in Coburg von der Deutschen Turnerschaft entwickelt worden ist und an der auch der Deutsche Turnerbund bis heute mit Nachdruck festhält.

Es ist hier nicht der Platz, auf die geistigen und gesellschaftlichen Grundlagen des deutschen Turnens einzugehen. Darüber gibt es kompetente Literatur (3). Hier sei nur soviel dazu bemerkt:

„Turnen" verstand sich selbst als „Volkserziehung durch Leibesübungen" mit den beiden Grundpfeilern
- der lebenslangen, vielseitigen und (nach der heutigen Terminologie) „breitensportlichen", d.h. nicht auf Höchstleistung bedachten, körperlichen Betätigung,
- dem prinzipiellen, alle Bevölkerungsschichten und Altersstufen umfassenden Gemeinschaftsbezug dieses Tuns.

Man sollte nicht mit leichter Hand über solche Vorstellungen hinweggehen, versuchen sie doch, das in der Zeit der Aufklärung entwickelte, auf individuellen Nutzen und Tüchtigkeit „für das spätere Leben" ausgerichtete Erziehungsideal (an dem die Turner trotz vieler Gegenströmungen im Kern bis heute festhalten) mit den sozialen und kulturellen Bezügen körperlicher Betätigung (wobei die Turner trotz gelegentlicher nationalistischer Übersteigerungen sich stets eine liberale Grundhaltung bewahrt haben) in Einklang zu bringen.

„Jugend trainiert für Olympia"

Der Schulsportwettbewerb „Jugend trainiert für Olympia" wurde 1969 durch Privatinitiative, nämlich durch den „Stern"-Herausgeber Henri Nannen, ins Leben gerufen, aber noch im selben Jahr durch eine Vereinbarung des Bundes, der Länder, des DSB, der Fachverbände und der Sporthilfe institutionalisiert. Diese Initiative hatte einen politischen Hintergrund: 1968 trat bei den Olympischen Spielen in Mexiko die DDR erstmals mit einer eigenen Mannschaft an, gegenüber der das Abschneiden der bundesdeutschen Athleten als unbefriedigend empfunden wurde. Dies hatte einige geradezu hektische *Talentsuchaktionen* zur Folge, in die sich, wie der Name schon sagt, auch die Aktion „Jugend trainiert für Olympia" einreihte.

Seit einigen Jahren umfasst dieser Schulsportwettbewerb 14 Sportarten, nämlich Badminton, Basketball, Fußball, Gerätturnen, Handball, Hockey, Judo, Leichtathletik, Rudern, Schwimmen, Skilanglauf, Tennis, Tischtennis und Volleyball, die bis auf Bundesebene durchgeführt werden, und einige „gleichgestellte" Sportarten (in Baden-Württemberg: Fechten, Judo und Rhythmische Sportgymnastik), die auf Landesebene enden. Er wird in vier altersgestuften Wettkampfklassen ausgetragen, wobei die Grund- und Hauptschulen eigene Wettkämpfe haben. Die Mannschaftsstärken entsprechen überall da, wo dies möglich ist, den amtlichen Wettkampfbestimmungen. Für die „Individualsportarten" gelten entsprechende Regelungen. In der Leichtathletik können z.B. drei Teilnehmer pro Disziplin starten, wobei zwei (und eine Staffel) gewertet werden. Die Wettkampfdisziplinen entsprechen den in der Schule üblichen (Kurz- und Mittelstrecke, Weit- und Hochsprung, Kugelstoß, Ball- oder Speerwurf).

Die Kennzeichen dieses – auch amtlich so benannten – Schulsportwettbewerbs lassen sich wie folgt zusammenfassen:
- „Jugend trainiert" ist ein *Mannschaftswettbewerb*. (Einzelstarter sind – bislang – nicht zugelassen.)
- Es starten *Auswahlmannschaften*, die im Vergleich zur Gesamtschülerzahl einer Schule relativ klein sind.
- Es handelt sich um einen *Ausscheidungswettbewerb*, der mit dem „Bundesfinale", de facto mit der deutschen Schulmannschaftsmeisterschaft, endet.
- Er umfasst sowohl die traditionellen *Schulsportarten* als auch – und zwar zahlenmäßig überwiegend – Sportarten, die in der Schule *nicht* gelehrt werden oder nur eine Randstellung einnehmen.

„Jugend trainiert für Olympia" ist zu einem eigenständigen, höchst differenzierten und mit erheblichem Organisationsaufwand verbundenen Wettkampfsystem geworden. Dabei war es offensichtlich unerheblich, dass es die ihm ursprünglich zugedachte Funktion der Talentsuche aus verschiedenen Gründen nie erfüllen konnte. Es dominieren vielmehr – mit geringfügigen Unterschieden zwischen den Sportarten – die im

Verein bereits engagierten Jugendlichen. Entsprechend muss die pädagogische Bewertung durchaus ambivalent ausfallen:

„Jugend trainiert" ist
- einerseits eine Möglichkeit, sich, auch emotional, für „seine Schule" einzusetzen,
- andererseits eine offensichtliche Verdoppelung des Wettkampfsystems des im Verein betriebenen Sports.

„Jugend trainiert" repräsentiert eine durch und durch *sportliche Konzeption*: Es sollen die Besten gegeneinander antreten und dabei den Besten ermitteln. Somit ist es auch kein Zufall, dass dieser „Schulsportwettbewerb" genau zu dem Zeitpunkt in Erscheinung trat, als die „Leibeserziehung" allgemein in „Schulsport" umbenannt wurde. Als pädagogische Komponente kann einerseits der Charakter als Mannschaftswettbewerb gelten, andererseits die Tatsache, dass auf den unteren Wettkampfebenen doch eine erhebliche Anzahl von Schülern – auch Nichtvereinssportlern – mobilisiert wird.

Zur pädagogischen Bewertung

Die beiden exemplarisch dargestellten Wettkampfkonzeptionen, die eher „turnerische" und die eher „sportliche", lassen sich schematisch etwa so darstellen:

„turnerisch"	„sportlich"
Nichtspezialisierung	Spezialisierung
Angebot an alle	Ausscheidung
(auf einer Wettkampfebene)	(in gestuftem Wettkampfsystem)
Erwerb einer allgemeinen	
Qualifikation	Meisterschaft

Die turnerische Konzeption appelliert mehr an Selbstdisziplin und Einordnung, die sportliche mehr an Selbstentfaltung und Erfolgsstreben. Die erste kann nur funktionieren, wenn alle bereitwillig mitmachen (eine *Teilnahmepflicht*, wie in der Schule üblich, wird schnell zum unerträglichen Zwang), die zweite hat auch dann noch Sinn, wenn sie zur Aufspaltung in eine Minderheit von „Akteuren" und eine Mehrheit von „Zuschauern" führt. Eine Entscheidung fällt schwer, zumal man jeder der beiden Konzeptionen auch Merkmale der jeweils anderen zuschreiben kann.

Interessanter als das Problem des „richtigen" Schulsportwettkampfes ist vielleicht die Frage, welche *Vorstellungen über den Schulsport* im ganzen hinter diesen beiden Konzeptionen stehen. Stark verkürzt und vereinfacht dargestellt, zeichnet sich dabei folgendes Bild ab:

(1) Eine Konzeption ist eher als „turnerisch" zu bewerten,
- wenn sie einen festen Bestand obligatorischer Grund- oder Kernübungen, die – nach heutigem Verständnis – mehreren Sportarten zuzurechnen sind, in den Mittelpunkt stellt (4),
- wenn sie einen hohen Anteil „allgemeinbildender", d.h. körperbildender oder körperschulender Übungen aufweist.

(2) Eine Konzeption ist eher als „sportlich" einzuordnen,
- wenn die Inhalte nach Sportarten geordnet sind, die als untereinander austauschbar oder wählbar angesehen werden,
- wenn sie sich auf die „sportlich wertvollen" und attraktiven Übungen konzentriert.

Als Kernproblem ergibt sich dabei,
- dass die erste Konzeption sehr leicht zu einem starren System degeneriert, was wiederum einen öden Paukbetrieb zur Folge hat (und das ursprüngliche Anliegen kaum mehr erkennen lässt),
- dass die zweite Konzeption sehr schnell zu einem unverbindlichen „Spaßsport" führt, der vorwiegend das anbietet, was gerade „in" ist (und damit den Nachweis seiner pädagogischen Relevanz erst noch zu erbringen hat).

Das hinter der ersten Konzeption stehende Menschenbild ist das des „homo educandus", des erziehungsbedürftigen, auf lebenslanges Lernen verwiesenen Menschen; die zweite geht eher von einem autarken Menschen aus, der gewohnt ist, über sich selbst zu bestimmen und frei zu entscheiden.

Ganz offensichtlich sind beide Menschenbilder idealtypische Überzeichnungen, und die jeweils davon abgeleiteten Konzeptionen erweisen sich als einseitig und unvollständig. In der gegenwärtigen sportpädagogischen Diskussion ist dieser konzeptionelle Gegensatz zwar wiederholt thematisiert, bei weitem aber noch nicht ausdiskutiert worden (5). Somit erhebt sich die Frage, ob eine Konzeption denkbar ist, die – vom modernen Sport ausgehend – in der Lage wäre, hier einen Ausgleich zu finden. Davon war im vorangegangenen Beitrag bereits die Rede.

Anmerkungen

(1) Die theoretisch mögliche Ermittlung eines Gesamtsiegers wird dadurch jedoch fraglich, dass es möglich war, bei den Sommerspielen Überpunkte zu erreichen, bei den Winterspielen aber nicht.
(2) Dabei handelt es sich freilich nicht um Mannschaften im eigentlichen Sinne. Gemeint ist eine – rein rechnerisch ermittelte – kollektive Durchschnittsleistung.
(3) Hier ist vor allem auf das höchst informative Buch von H. BERNETT: Grundformen der Leibeserziehung (Schorndorf 1975) und den zweiten Band der „Einführung in die Geschichte der Leibeserziehung und des Sports" von M. KRÜGER mit dem bezeichnenden Untertitel „Turnen für das Vaterland" (Schorndorf 2005^2) hinzuweisen.
(4) Diese konzeptionelle Grundposition geht bis in die Anfänge des Turnens zurück: Schon JAHN hat gefordert, dass „jeder Turner in einer Reihe von Turntagen die Schule von sämtlichen Turnübungen durchmacht".
(5) Die neueren Lehrpläne versuchen, dieses Problem dadurch zu lösen, dass sie – wie zuvor die Theorie der „Leibeserziehung" – bestimmte pädagogische Leitbilder oder „Perspektiven" in das Blickfeld unterrichtlichen Handelns rücken. Vgl. dazu den Beitrag: Handlungsfähigkeit und Mehrperspektivität, „Alltagsprobleme" S. 291.

6 Lehrpläne – moderne Märchenbücher?

Märchen sind teils nette, teils böse, immer aber unwirkliche Geschichten, die unaufhaltsam einem glückseligen Ende entgegenstreben. An sie wird man unwillkürlich bei der Lektüre von Lehrplänen erinnert.

Als besondere Fundgrube erweist sich regelmäßig das Volleyballspiel: Da fliegen die Flatteraufgaben heran, werden zielgenau hechtgebaggert, so dass der Angriffsaufbau beginnen kann, der mit kraftvollem Schmetterschlag abgeschlossen wird, perfekte Angriffssicherung nach bewährtem System eingeschlossen.

Interessant ist auch, was über das besonders „motivationale Gerät" der Schaukelringe berichtet wird (die Fundstelle tut hier nichts zur Sache): Schwungstemme, Felgschleudern, Salto und Überschlag rückwärts gestreckt werden nicht nur gekonnt, sondern auch zu einer Kürübung verbunden.

Ärgerlich, dass es immer die anderen Lehrer sind, die ihren Schülern dergleichen beizubringen verstehen!

Aber, so könnte man sagen, das ist doch eine überholte Gattung von Lehrplänen. Es geht doch mehr um die Fähigkeiten, Qualifikationen und Kompetenzen, die sich die Schüler aneignen sollten.

Wer aber tritt uns hier entgegen?

Ein Schüler, der selbstsicher und selbstbestimmt, bereitwillig und zielstrebig, dabei aber sozial, kommunikativ, verantwortungsbewusst und hilfsbereit, nicht zu vergessen spontan, phantasievoll und kreativ seine Handlungsfähigkeit erweitert, Körpergefühl, Gesundheits- und Umweltbewusstsein entwickelt, dies alles aber im Bezug auf den gesamtgesellschaftlichen Kontext kritisch hinterfragt und auf seinen zukünftigen Lebensweg bezieht, kurzum ein Schüler, der in besonderem Maße sachkompetent, selbstkompetent und sozialkompetent sich eines vollendeten körperlichen, geistigen und seelischem Wohlbefindens erfreut und im Einklang mit der sozialen Umgebung, der Natur und der Umwelt lebt.

Doppelt ärgerlich, dass immer nur die anderen Lehrer solche idealen Schüler unterrichten dürfen!

Vielleicht sollte man die ganze Sache aber auch von einem anderen, entgegengesetzten Standpunkt aus betrachten:

Gibt es nicht auch Klassen bzw. in vielen Klassen eine Gruppe, die Volleyball auf einem so hohen Niveau spielen können oder vielleicht auch vom Turnen so viel verstehen? Warum sollte dies in den Lehrplänen keine Berücksichtigung finden? Erkennen wir nicht bei jedem unserer Schüler die eine oder andere der guten Eigenschaften, die in dem obigen „Tugendkatalog" beschrieben sind? Aufaddiert ergeben sie fast zwangsläufig den besagten idealen Schüler. Lehrpläne sind schließlich nicht dafür da, zu beschreiben, was Schüler *nicht* können sollen oder was sie *nicht* sein sollen.

Diese Feststellung führt uns zu einem weiteren Gesichtspunkt:

Wer es selbst schon probiert hat, wird wissen, dass es sehr schwer, ja nahezu unmöglich ist, einen unvollkommenen Zustand zu beschreiben. Ein Volleyballspiel läuft im Idealfall eben in der beschriebenen Weise ab (und gelegentlich gelingt dies sogar), beim Gerätturnen denkt man an attraktive Kunststücke, und in der Leichtathletik läuft man eben schnell und springt weit (auch wenn man oft genug von „Spaziergängen" und „Nahsprüngen" sprechen müsste).

Damit ist die obligatorische Frage: „Was nützen uns die ganzen Lehrpläne, wenn sich alle Beteiligten darüber im Klaren sind, dass die darin beschriebenen Ziele nur von einem Teil der Schüler, und auch von diesen nicht überall, wirklich erreicht werden können?" zu einem erheblichen Teil bereits beantwortet.

Eine weitere Überlegung kommt hinzu: Die Tatsache, dass die Mehrzahl der Schüler die Integralrechnung nicht wirklich begreift, mit der Lateingrammatik Schwierigkeiten hat, in der Rechtschreibung unsicher ist oder nie eine Kippe lernen wird, bedeutet noch nicht, dass man den entsprechenden Bereich oder gar das ganze Fach aus den Lehrplänen streichen muss.

Angesprochen ist hier das Problem der *Verbindlichkeit der Lehrplaninhalte*. Wer unter „verbindlich" versteht, dass *alle* Schüler *alle* Ziele erreichen müssen, benützt eine irreale Definition. Formulieren wir dagegen: „Verbindlich bedeutet, dass der betreffende Inhalt im Unterricht behandelt werden muss und dass alle Schüler darin so weit wie möglich fortschreiten sollen", haben wir eine pragmatische Definition.

Das eben Gesagte bedeutet keineswegs, dass unsere Lehrpläne gut sind. Im Gegenteil, wenn man sehr kritisch ist, könnte man sagen, dass sie einen effektiven Sportunterricht mehr behindern als fördern. Eine einfache Überlegung kann dies verdeutlichen:

In unseren Lehrplänen sind durchweg acht Sportarten als verbindlich festgeschrieben und mindestens ein Dutzend weitere werden – zumeist wegen ihrer besonderen „Freizeitrelevanz" – dem Sportlehrer wärmstens empfohlen. Wählt er auch nur eine einzige davon aus, sind es neun Sportarten. Bei drei Wochenstunden Sport bedeutet dies, dass in jeder Stunde – Einzelstunde wohlgemerkt – drei Sportarten zu bewältigen sind. An diesem Durchschnittswert können auch Blockbildungen, Epochenunterricht und Ähnliches nicht das geringste ändern.

Und was kommt dabei heraus? Es ist das nur allzu bekannte Strickmuster: je eine Stunde Sprint, 1000 m, Weitsprung, Kugelstoßen und zwei Stunden Notenmachen. Der Widersinn einer solchen Konzeption wird nur dadurch verdeckt, dass die Schüler das, was sie wirklich können – der eine hier, der andere da –, zumeist außerhalb der Schule erworben haben.

Die Schüler haben sich auf die beschriebene Situation auf ihre eigene Weise eingestellt: Sie hüpfen munter von Thema zu Thema. Und wir alle kennen doch die obligate Schülerfrage: „Können wir heute nicht ...?", gemeint ist: etwas anderes machen als das letzte Mal. Am treffendsten ist dieses Problem von einer jungen Kollegin nach ihren ersten Erfahrungen im selbständigen Unterricht formuliert worden: „Mir fällt

Lehrpläne – moderne Märchenbücher? 51

auf", sagte sie, „dass meine Schülerinnen immer dann etwas anderes machen wollen, wenn eine Sache anfängt, anspruchsvoll zu werden."

Was aber ließe sich bei den Lehrplänen besser machen?
Was die Inhalte betrifft – und um diese geht es hier –, ist eine deutliche Konzentration notwendig. Dies wird sich im Rahmen des üblichen Sportartendenkens wohl kaum erreichen lassen. Allzu festgefügt erscheint der Kanon der Pflichtsportarten, und selbst wenn man sich hier zu einer Reduktion durchringen sollte, erhebt sich die Gefahr von Schieflastigkeiten. Erfolgversprechender erscheint der Weg über die konsequente Unterscheidung zwischen einem *„Fundamentum"*, also dem, was gründlich geübt und bis zu einer gewissen Vollkommenheit entwickelt werden muss, und einem *„Additum"*, also dem, was sonst noch getan werden kann, soll oder darf. Das Fundamentum sollte – im Rahmen bestimmter „Grundsportarten", aber unter Vernachlässigung starrer Sportartengrenzen – vor allem aus relativ einfachen *Fertigkeiten* bestehen, die für bestimmte *Fähigkeiten* repräsentativ sind.

Von einem Schüler, der neun oder zehn Jahre Sportunterricht hatte, sollte man beispielsweise erwarten können, dass er imstande ist,
– viermal in kurzer Folge 50 m zu sprinten,
– 20 Minuten in angemessenem Tempo zu laufen,
– in einem Mehrfachsprung eine bestimmte Weite zu erreichen,
– einen Ball zielgenau über die Breite des Hallenhandballfeldes zu werfen und ihn aus derselben Entfernung sicher zu fangen,
– am reichhohen Reck einen „Bauchaufzug" auszuführen
und natürlich noch einiges mehr.
Es geht hier nur um *Beispiele*, gleichgültig, ob diese gut oder schlecht sind.

Infolge des von den Lehrplänen initiierten „Schubladendenkens" sind wir in der Tat zu sehr auf sporttechnische Fertigkeiten wie Flop, Handstandüberschlag und Schmetterschlag fixiert, scheuen uns aber, die *einfachen Dinge qualitativ und quantitativ zu konkretisieren*. Deshalb wird es auch kaum etwas bringen, wenn man sagt, es sei Sache des einzelnen Lehrers, hier die notwendigen Akzente zu setzen. Was dieser nämlich braucht, ist *Handlungssicherheit*. Die Voraussetzung dazu ist ein Mindestmaß an einsichtig strukturierten *Vorgaben*. Schließlich ist hier auch das Problem einer gewissen Rechtssicherheit und Beurteilungskonstanz für die Schüler angesprochen.

Die hier vertretene Position steht in direktem Gegensatz zu der heute vorherrschenden, dass im Sportunterricht den Schülern eine „Einführung" in möglichst viele Sportarten gegeben werden solle, zumeist in der ausgesprochenen oder unausgesprochenen Erwartung, dass sie damit zu einem lebenslangen Sporttreiben angehalten würden. Unabhängig davon, dass solche Erwartungen in keiner Weise bewiesen sind, führt dies lediglich zu dem oben beklagten „Häppchen- und Pröbchenunterricht".

Nicht zu beanstanden ist diese sportdidaktische Position dagegen, wenn man „einführen" im Sinne von „bekanntmachen mit" oder „informieren über" versteht. Für die sogenannten Natursportarten, wie Skifahren, Surfen und Klettern, können solche Informationsveranstaltungen ohnehin nur im Zusammenhang mit Projekttagen, Schulsporttagen oder Landheimaufenthalten angeboten werden, für andere, wie Tennis und Judo, kann man vielleicht die Zusammenarbeit mit den örtlichen Vereinen nutzen, für einige, wie Hockey und Badminton, wird man einige Sportstunden aufwenden.

Es geht ja nicht darum, die Initiative der Sportlehrer an die Kette zu legen, sondern das Pflichtpensum so weit einzugrenzen, dass einerseits etwas Vernünftiges dabei herauskommt und andererseits auch Zeit für das Übrige bleibt!

7 Motivation – was ist das eigentlich?

Wenn man sich umhört, was allgemein, z.B. unter Lehrern oder Trainern, unter „Motivation" verstanden wird, erkennt man bald, dass damit vor allem bestimmte Strategien, Vorgehensweisen, Tricks oder Redensarten gemeint sind, die bewirken sollen, dass man jemand anderen, in diesem Zusammenhang also Schüler oder Sportler, genau dahin bringt, wohin man sie haben will, und dies – z.B. bei einer Schulklasse – bei jedem vorgegebenen Stoff und bei allen Schülern zugleich. Solcherlei Erwartungen sind letztlich nur Ausfluss eines *magischen Denkens*, also der Vorstellung, dass es bestimmte Beschwörungs- oder Zauberformeln geben müsse, mit deren Hilfe man Macht und Einfluss auf andere gewinnen oder doch aus einer Herde widerwilliger und träger Schüler lauter lernbegierige Energiebündel machen könne.

Soviel fürs erste zur volkstümlichen Auffassung von „Motivation".

Was aber ist wirklich unter Motivation zu verstehen?

Dazu ist es notwendig, zunächst den Begriff des Motivs zu klären:

Motive sind, ganz allgemein formuliert, die *inneren Beweggründe* unseres Handelns. Unter einem Motiv versteht man die einer Person eigene und für sie typische Disposition, Bereitschaft oder Tendenz, sich in bestimmten Situationen in einer bestimmten Weise zu verhalten. Motive sind also nicht direkt beobachtbar; sie lassen sich lediglich aus dem tatsächlichen Verhalten eines Menschen erschließen. Sie sind „theoretische Konstrukte", die es ermöglichen, das Verhalten eines Menschen besser zu verstehen, in gewissem Umfang auch zu erklären und vorherzusagen. Sie können beispielsweise einsichtig machen, warum ein und derselbe Mensch sich in verschiedenen Situationen bemerkenswert gleich, verschiedene Menschen in derselben Situation aber recht unterschiedlich verhalten.

Was ist nun *Motivation*?

Hier sind zwei Aspekte zu unterscheiden:

Motivation – was ist das eigentlich?

(1) Unter Motivation im engeren Sinne versteht man den jeweils aktuellen Vorgang der *Anregung oder Aktivierung eines Motivs* mit dem Ergebnis einer erhöhten Aktions- oder Handlungsbereitschaft.

Dazu ein Beispiel: Ein Motiv, von dem das Handeln vieler Leute gesteuert wird, ist die *Neugier*. Auf solche Leute üben also alle Situationen, die in irgendeiner Weise neu, überraschend oder sensationell erscheinen, eine geradezu magische Anziehungskraft aus (1), während andere, weniger neugierige Menschen darauf kaum oder doch sehr viel weniger deutlich reagieren.

(2) Unter Motivation im weiteren, auch fachwissenschaftlichen Sinne ist der *gesamte Prozess* der Aktivierung eines Menschen zu einer Handlung, des Erlebens während des Handelns und der Selbstbewertung des Handlungsergebnisses unter dem Aspekt eines bestimmten Motivs zu verstehen.

Auch dazu ein Beispiel: Das Verhalten und Handeln vieler, wenn nicht der meisten Leute ist vom *Erfolgsstreben* bestimmt. Solche Menschen haben einen bemerkenswerten „Riecher" für alle Situationen, die Aussicht auf materiellen Gewinn, Steigerung des persönlichen Ansehens oder Verbesserung des Selbstbildes eröffnen. Sie bedenken jeweils im Voraus, was für sie herausspringen könnte, und registrieren auch im Nachhinein sehr genau, was für sie – sowohl rational als auch emotional – übrig geblieben ist, während andere in derselben Situation sehr viel weniger an sich, als vielleicht an andere denken.

Selbstverständlich ist unser Handeln nicht nur von *einem* Motiv bestimmt, sondern von einem mehr oder weniger deutlich strukturierten Geflecht von Motiven. Diese höchst individuelle Motivstruktur eines jeden Menschen zu durchschauen (und möglicherweise für seine eigenen Zwecke einzuspannen), ist an sich schon eine schwierige Sache. Es kommt hinzu, dass Motive recht zähe, stabile und überdauernde Persönlichkeitsmerkmale sind, die sich – wenn überhaupt – nur sehr langfristig und durch gezielte Einwirkung verändern lassen. Zum Teil sind sie durch Vererbung angelegt, zum Teil werden sie im frühen Kindes- und Jugendalter durch Milieu- und Umwelteinflüsse entwickelt und ausgeformt.

Der langen Rede kurzer Sinn: *Motivation ist etwas, was man hat* – und zwar jeder für sich in höchst unterschiedlicher Weise –, und nichts, was man von jetzt auf nachher an jemanden herantragen kann. Entsprechend ist auch die Erwartung, dass man bei einer Schulklasse die eine, alles bewirkende Motivation anknipsen könnte wie das Licht in einem dunklen Klassenzimmer, schlichtweg absurd.

Natürlich ist Motivation nichts ein für alle Mal Gegebenes, aber die recht diffuse Motivationslage einer Klasse in Richtung auf eine gesellschaftlich erwünschte „Normalstruktur" zu verschieben, ist – wie Erziehung überhaupt – ein sehr langwieriges, mühsames und von vielen Misserfolgen begleitetes Unterfangen.

Der eben dargelegte Sachverhalt ist die eine Seite des Problems. Die andere Seite besteht in der einfachen Frage, ob es nicht bestimmte, weitverbreitete oder gar in jedem Menschen angelegte Motive gibt, die man bei Bedarf aktivieren könnte.

In der Tat findet sich in der meist recht unreflektierten „Gebrauchspädagogik" der sportpraktischen Fachliteratur ein Berg von Vorschlägen und Anregungen, die vorwiegend die Motivkomplexe *Neuigkeit/Neugier* und *Ehrgeiz/Erfolgsstreben* ansprechen (und insofern sind die beiden obigen Beispiele auch nicht zufällig gewählt).

Dazu wäre folgendes zu sagen:

(1) Wer nach der Devise: „Abwechslung macht Freude" oder: „Öfter mal was Neues" seinen Unterricht gestalten will, sollte bedenken, dass er damit seine Schüler gewissermaßen an eine Droge gewöhnt und diese in immer höheren Dosen verabreichen muss: Er muss geradezu zwanghaft immer etwas Neues, Modisches und Attraktives bieten, um das schnell erlahmende Interesse der Schüler wachzuhalten.

(2) Wer darauf ausgeht, nach dem bekannten Motto: „Nichts ist motivierender als der Erfolg", seinen Schülern die vielzitierten „Erfolgserlebnisse" zu vermitteln, sollte bedenken, dass Erfolge nicht immer und überall garantiert werden können. Wenn sie früher oder später einmal ausbleiben, z.B. weil die Sache allmählich anspruchsvoller wird oder ein Schüler an die Grenzen seiner Möglichkeiten stößt, bricht die „Erfolgsmotivation" wie ein Kartenhaus in sich zusammen (2).

Beide Strategien sind also nur „Motivationen von begrenzter Reichweite". Sie sind deshalb weder falsch noch ehrenrührig. Im Gegenteil, im richtigen Umfang und an geeigneter Stelle eingesetzt, sorgen sie für einen lebendigen und abwechslungsreichen Unterricht. Wer sie aber zum durchgehenden Prinzip seines Unterrichts macht, erweist weder sich als Lehrer und Erzieher noch seinen Schülern einen Gefallen.

Was ist also zu tun?

(1) Man sollte bestrebt sein, das gerade bei jüngeren Schülern sehr ausgeprägte *Neugierverhalten* allmählich in *stabile Interessensbildungen* zu überführen, die dann wiederum zur Grundlage von bestimmten Haltungen und Einstellungen werden können.

Das Stichwort hierfür heißt *Information*, etwa nach folgendem Schema (3):
- „Wir werden uns in der nächsten Zeit mit diesem und jenem beschäftigen..."
- „Das ist deshalb notwendig oder nützlich, weil ..."
- „Dabei geht es vor allem darum, dass ..."
- „Die Schwierigkeit wird dabei sein, dass ..."
- „Ich möchte, dass wir so weit kommen, dass ..."
- „Ich nehme an, dass wir dazu so und solange brauchen; in jedem Fall werden wir aber bei der Sache bleiben, bis etwas dabei herausgekommen ist."

All das aber nicht in Form einer ausufernden Sonntagspredigt, sondern in knappen Sätzen und gegebenenfalls auf mehrere Gelegenheiten verteilt. Es wird auch notwendig sein, die Schüler immer wieder an das Gesagte zu erinnern.

(2) Man sollte sich bemühen, das wahrscheinlich in jedem Menschen angelegte *Erfolgsstreben* zu einem echten *Leistungsstreben* umzuformen, und damit die immer etwas launische Erfolgsmotivation in eine stabile Leistungsmotivation zu überführen.

Die Stichworte hierfür sind *Relativierung des Erfolgs* bei gleichzeitiger *Stärkung des Selbstwertgefühls*. Man sollte den Schülern also an geeigneten, selbst erlebten oder beobachteten Beispielen klarmachen, dass Erfolg – auch und gelegentlich – etwas Unverdientes und Zufälliges sein kann, sehr oft von einer bestimmten Begabung abhängt und im ganzen doch recht vergänglich ist, während „Leistung bringen" bedeutet, gleich um was es geht, „seine Sache so gut wie möglich zu machen".

Die Erfahrung zeigt eindeutig, dass so einfache Feststellungen wie: „Wenn wir etwas tun, tun wir es richtig, sonst macht es gleich gar keinen Spaß", gerade bei jüngeren Schülern auf oft spontane Zustimmung stoßen. Und ältere Schüler kann man darauf hinweisen, dass Gleichgültigkeit, Unlust und Null-Bock-Verhalten ganz einfach davon kommen, dass man sich nicht ernsthaft mit einer Sache auseinandersetzt, eine Erscheinung, die ja nicht nur für den Sport gilt. Auf dieser Basis lassen sich auch (die mehr oder weniger unvermeidlichen) Misserfolge leichter verarbeiten und (das gesellschaftlich notwendige Maß an) Frustrationstoleranz besser aufbauen.

Was kann der Lehrer selbst zur Motivation der Schüler beitragen?

Vordergründig geht es hier um das Problem der *Begeisterungsfähigkeit*. Dass ein Lehrer seine Schüler mitreißen und begeistern soll, ist ein allseits anerkanntes Ideal. Dagegen ist auch nicht das Geringste einzuwenden. Aber Begeisterung darf kein Strohfeuer sein; sie muss Bestand haben. „Begeisternd wirken" wird damit zu einem Teilaspekt des Problems „Vorbild-Sein".

Was heißt das, dass ein Lehrer *Vorbild* sein muss? Für den vorliegenden Zusammenhang möchten wir dieses komplexe Thema auf drei Gesichtspunkte reduzieren:

Man muss von seiner Sache überzeugt sein.

Wer als Lehrer nicht überzeugt ist, dass er etwas Wichtiges, Nützliches, ja Wertvolles „zu verkaufen hat", wird dies auch seinen Schülern nicht „rüberbringen" können. Kinder und Jugendliche merken sehr schnell, was echt und was unecht ist. Das bedeutet für den Sportlehrer, dass er zu allem, was er seinen Schülern beizubringen hat, entweder emotional (was bei der Lieblingssportart ganz leicht ist) oder rational (was bei Dingen, die einen weniger berühren, recht schwer ist) oder am besten auf beiden Ebenen ein positives Verhältnis gewinnen und entsprechend an sich arbeiten muss.

Man muss konsequent sein.

Selbstverständlich sollte man einen sachlich-freundlichen Unterrichtsstil, gewürzt mit gelegentlicher Emotionalität, pflegen, und selbstverständlich muss man gerade bei Kindern und Jugendlichen auch mal „fünf gerade sein lassen", aber von der großen Linie darf man sich nicht abbringen lassen. Was nützen Überzeugung und guter Wille, wenn sie nicht zielstrebig in die Tat umgesetzt werden?

Man muss auf die Rahmenbedingungen des Unterrichts achten.

Pünktlichkeit, ein gewisses Maß an äußerer und innerer Ordnung und vor allem die Fähigkeit, zuhören und sich konzentrieren zu können – jeweils gleichermaßen beim

Lehrer und bei den Schülern – signalisieren, dass das, was im Unterricht dargeboten wird, auch wirklich wichtig und wertvoll ist. Vielleicht kann so die äußere Form auch die innere Einstellung prägen.

Anmerkungen

(1) Vielleicht liegt in solchen Beobachtungen die Erklärung für den eingangs angesprochenen Glauben, dass jemand, der die „Kunst der Motivation" beherrscht, über geradezu übernatürliche Kräfte verfügt.
(2) Die Anwendung bestimmter „Motivationsstrategien" ist auch auf dem Hintergrund der gesellschaftlich wünschenswerten Zielsetzungen für den Sportunterricht zu sehen: Sollen die Schüler beispielsweise auf Ehrgeiz, Erfolgsstreben und Durchsetzungsvermögen orientiert werden oder eher auf Hilfsbereitschaft und Kooperationsfähigkeit oder auf beides im richtigen Verhältnis? Vgl. die Beiträge: „Leistung" im Sport, S. 374, und: Über das „Erfolgserlebnis", „Alltagsprobleme" S. 216.
(3) Damit geht natürlich eine gewisse Verlagerung der Motivation von der emotionalen auf die kognitive Ebene einher, die sicherlich nur teilweise möglich und wünschenswert ist. Es bedeutet dies aber auch, dass man den Schüler ernst nimmt und ihn nicht primär als Objekt manipulierender Strategien ansieht, ein Problem, das sich unter dem Schlagwort des „mündigen Athleten" auch für den Leistungssport stellt.

8 Unterrichtsbeobachtung – Unterrichtsbeurteilung

Zur Absicht dieses Beitrags

Es könnte für unsere Leser, gleich ob sie sich noch in der Ausbildung befinden oder schon etabliert sind, vielleicht von Interesse sein, etwas darüber zu erfahren, wie Unterricht „von außen", also von den Ausbildern, Prüfern, Gutachtern und Beratern, mit denen man im Verlauf der Dienstzeit zu tun hat, gesehen wird (oder doch gesehen werden sollte).

Wenn dazu im Folgenden einige – zwangsläufig recht allgemeine und deshalb möglicherweise als abstrakt empfundene – Ausführungen gemacht werden, dann geschieht dies in der Überzeugung, dass sich daraus auch Erkenntnisse für eine gezielte Selbstbeobachtung und Selbstbeurteilung gewinnen lassen.

Entsprechend dieser doppelten Zielsetzung ist der Beitrag zweigeteilt: In einem ersten, grundsätzlichen Teil werden Beobachtung und Beurteilung von Unterricht zum Zwecke der *Bewertung* oder *Beratung* behandelt. Dieser bildet zugleich die Grundlage für den zweiten Teil über *Selbstbeobachtung* und *Selbstbeurteilung*. In diesem Zusammenhang wird auch das *Wahrnehmungsproblem* aus psychologischer Sicht angesprochen, was – sozusagen rückwirkend – auch für den ersten Teil von Bedeutung ist.

In beiden Teilen wird Unterrichtsbeurteilung „an sich" dargestellt, also losgelöst von konkreten Vorstellungen über „guten" oder „schlechten" Unterricht und ohne Bezug auf bestimmte Lehrmeinungen. Es soll gezeigt werden, dass eine solche *Abstrahierung des Beurteilungsprozesses* möglich und notwendig ist und dass hier der Schlüssel zur Lösung des *Objektivierungsproblems*, d.h. der Forderung nach Vergleichbarkeit und Transparenz der Beurteilungskriterien, zu suchen ist.

Unterrichtsbeurteilung als Fremdbeurteilung

In diesem Teil des Beitrags steht die Unterrichtsbeurteilung zum Zwecke der *Bewertung*, z.B. in einer Prüfungssituation, im Mittelpunkt. Einige Hinweise zur Beobachtung und Beurteilung zum Zwecke der *Beratung* werden sich anschließen.

Im Folgenden soll versucht werden:
- das Problem der Beurteilungskriterien zu klären,
- den Beobachtungs- und Beurteilungsvorgang etwas näher zu betrachten,
- die Frage nach den Gütekriterien zu beantworten.

Zum Problem der Beurteilungskriterien

In einem (nicht mehr aktuellen) amtlichen Vordruck zur Beurteilung von Lehrern erscheint unter der Kategorie „Leistungsbeurteilung" eine Auflistung von Kriterien:

                     Vorbereitung und Planung
                     fachlich-methodisch-didaktisches Vorgehen
schülergerechte Behandlung des Lehrstoffes
individuelle   Förderung der Schüler
                     Beachtung der Unterrichtsziele
                     Leistungskontrolle und Notengebung
                     Einhaltung des Lehrplans
angemessener Medieneinsatz

Diese Zusammenstellung kann – ungeachtet ihrer Vollständigkeit und Angemessenheit – eine wesentliche Erkenntnis vermitteln: Beurteilungskriterien bestehen offensichtlich aus zwei Teilen, einem Substantiv, das den zu beurteilenden Bereich angibt, und – zumindest gelegentlich – einem Adjektiv, das eine Wertung ausdrückt.

Im ersten Fall handelt es sich um mögliche *Beurteilungsgesichtspunkte*. Um das vielschichtige Unterrichtsgeschehen möglichst vollständig abzudecken, könnte man eine beliebig lange Liste solcher Gesichtspunkte mit immer feiner werdenden Unterteilungen anfertigen. Die Frage ist nur, ob eine solche Auflistung noch handhabbar ist.

Im zweiten Fall geht es um ein Qualitätsurteil, also um den *Beurteilungsmaßstab*, der misst, wie weit ein bestimmter Gesichtspunkt erfüllt worden ist. Es ist zwar auch hier jedem Beurteilenden unbenommen, sich eine Liste von wertenden, beschönigenden oder verschleiernden Beiwörtern anzulegen, doch werden diese immer auf einer Skala zwischen „hervorragend" und „unzureichend" liegen.

Vielleicht ist an dieser Stelle eine *allgemeine Bemerkung* angebracht: Das griechische Wort *kriterion* bedeutet „Prüfstein" und bezeichnet ein Mineral bestimmter Härte zur Feststellung des Edelmetallgehaltes von Legierungen: War dieser hoch genug, hinterließ der Prüfstein einen Kratzer, andernfalls nicht.

Ganz im Sinne dieser ursprünglichen Bedeutung hat man unter den Schlagworten der Objektivität und Transparenz von Prüfungsentscheidungen vor einigen Jahrzehnten versucht, alle Beurteilungsvorgänge, ob sie nun Lehrer oder Schüler betrafen, in eine endlose Kette von solchen „Ja-nein-Entscheidungen" aufzulösen. Dieses Unternehmen musste scheitern, weil es weder der Natur des Menschen noch den gesellschaftlichen Verhältnissen entspricht. Diese Bereiche sind, von einigen wenigen Grundgegebenheiten abgesehen (z.b. schwanger – nicht schwanger), nicht von einem „Entweder-Oder", sondern eher von einem „Mehr-oder-Weniger" (z.B. arm oder wohlhabend) bestimmt. Auch in unserer Rechtsordnung wird nicht nur nach Schuld oder Unschuld, sondern auch nach dem Ausmaß der Schuld gefragt.

Diese Bemerkungen machen eines deutlich: *An der viel gerügten „Subjektivität" der Beurteilungsmaßstäbe führt kein Weg vorbei.* Diese „Messlatte" muss der Beurteilende sozusagen mit sich führen (und verantworten).

Mit der eben getroffenen grundsätzlichen Unterscheidung von Beurteilungsgesichtspunkten und Beurteilungsmaßstäben ist das Kriterienproblem jedoch noch nicht gelöst. Je länger und detaillierter die Auflistungen möglicher Beurteilungsgesichtspunkte, die sogenannten *Kriterienkataloge*, nämlich werden, desto deutlicher stellt sich das Problem, welche der darin enthaltenen Kriterien für die Beurteilung einer Unterrichtsstunde und der mit ihr ausgedrückten Lehrerleistung überhaupt herangezogen werden dürfen, oder genauer gesagt, welche davon den ausgewiesenen Stundenzielen und Stundeninhalten jeweils angemessen sind.

Es ist also zwischen den möglichen Beurteilungsgesichtspunkten und den tatsächlich herangezogenen *Beurteilungsgrundlagen* zu unterscheiden.

Dieses Problem soll hier anhand eines Beispiels aus dem Alltag des Sportunterrichts verdeutlicht werden.

Beispiel: Vormachen als Lehrerdemonstration

Auf einer ersten und übergeordneten Ebene ist das *Vorwissen* des Beurteilenden gefragt. Er muss z.B. genaue Kenntnisse und praktische Erfahrungen darüber besitzen, welche Funktion das Vormachen an welcher Stelle des Lern- und Übungsprozesses übernehmen kann, welche Formen des Vormachens es gibt, welche Vorteile diese im Allgemeinen haben und welche Nachteile zu bedenken sind. Weiterhin muss er eine Vorstellung davon haben, welche Rolle das Vormachen im Selbstbild und in der Fremdeinschätzung des Sportlehrers spielt, vor allem aber, welche unterrichtlichen Konzeptionen ein Vormachen in welchem Ausmaß erfordern und welche nicht.

Zwischenergebnis: Vormachen ist ein Beurteilungsgesichtspunkt, der sowohl für die Person des Lehrers als auch für den Unterricht eine nicht zu unterschätzende Rolle spielt. Ob aber „vorgemacht" werden muss (oder sollte), hängt von der zugrunde liegenden didaktischen Konzeption ab.

Im Hinblick auf den *Beurteilungsvorgang* ergibt sich daraus das folgende (oder ein ähnliches) *Frage- und Beobachtungsraster*:

(1) Es wird/wurde nicht vorgemacht:
 – Ist/war der Verzicht auf das Vormachen begründet (berechtigt, angebracht)?
 – Wäre Vormachen notwendig (ratsam, nützlich) gewesen?
 – Wann und an welcher Stelle?
 – Warum ist es wohl unterblieben?

(2) Es wird/wurde vorgemacht:
 – Ist/war Vormachen von der Konzeption her notwendig (angezeigt, vorteilhaft)?
 – Ist/war Vormachen „richtig" (sachgerecht, situationsangemessen)?
 – Ist/war Vormachen „gut" (gekonnt, beeindruckend)?
 – Ist/war Vormachen methodisch und/oder psychologisch wirkungsvoll?

(3) Falls eine oder mehrere dieser Fragen negativ zu beantworten sind:
 Warum wohl?
 – Aus sachbezogenen (didaktischen, methodischen) Gründen?
 – Aus Gründen, die in der Person des Lehrers liegen?

Dieses Beispiel kann nicht nur den Unterschied zwischen Beurteilungsgesichtspunkten und Beurteilungsgrundlagen verdeutlichen, es erlaubt auch eine doppelte Auswertung hinsichtlich des Beurteilungsvorgangs und hinsichtlich des Problems der Beurteilungsmaßstäbe.

Bemerkungen zum Beurteilungsvorgang

Beurteilung setzt *Beobachtung* voraus. Der Beurteilende nimmt gewissermaßen am Unterricht teil. Dabei richtet er seine Aufmerksamkeit beispielsweise darauf, wie der Lehrer mit dem Stoff umgeht, welche Beziehung er zu den Schülern aufbaut und wie die Schüler mit dem Stoff zurechtkommen. Er tastet sozusagen die Seitenlinien des altbekannten „didaktischen Dreiecks" ab.

Was er aber tatsächlich sieht, sind Einzelhandlungen und Einzelvorgänge. Diese sind zu *ordnen*, zu *gewichten* und auf ihre voraussichtliche Bedeutung für den Unterrichtsfortgang zu *beurteilen*. Dabei ist das, was der Lehrer unterlässt, mindestens ebenso wichtig wie das, was er tut.

Beobachten und Beurteilen stellen also einen kontinuierlichen Prozess dar, in dessen Verlauf der Beobachtende in einer Art „Regelkreis mit Rückkopplungseffekt" fortlaufend Hypothesen aufstellt, diese verifiziert oder verwirft, bis mit dem Ende des Beobachtungsvorgangs zugleich auch das Beurteilungsergebnis vorliegt.

Die weithin übliche Sicht dieser Tätigkeit, dass *nach* der Unterrichtsbeobachtung „die Note festgesetzt wird", entspricht, abschließende Korrekturen ausgenommen, also nicht der Wirklichkeit.

Selbstverständlich ist der hier geschilderte *integrierte Beobachtungs- und Beurteilungsprozess* einer Reihe von *Störfaktoren* im Sinne von verfälschenden Einflüssen ausgesetzt. So ist beispielsweise der Einfluss des Schülerverhaltens auf die Leistung des Lehrers nie endgültig bestimmbar, womit zugleich gesagt ist, dass dieser Faktor im negativen Fall nur näherungsweise „herauskorrigiert" werden kann.

Zwei weitere Probleme liegen in der Person des Beurteilenden selbst:

Das erste ist ein *Wahrnehmungsproblem*: Man sieht, grob vereinfacht gesagt, nur das, was man sehen will. Die Beobachtungstätigkeit wird weitgehend von den Erwartungen des Beobachtenden gesteuert. Hier hilft nur ein bewusstes Wahrnehmungs- und Beobachtungstraining anhand eines nicht zu umfangreichen, aber möglichst breit gestreuten Rasters im Sinne der oben genannten Beurteilungsgesichtspunkte. Darauf wird im zweiten Teil noch näher einzugehen sein.

Das zweite Problem ist ideologischer Natur: Es kann kein Zweifel daran bestehen, dass Beobachtung und Beurteilung sowohl in der Auswahl, Gewichtung und Wertung der einzelnen Gesichtspunkte als auch im Gesamturteil sehr stark bestimmt sind durch das *„Bild vom guten Unterricht"*, das der Beobachtende hat (und mit dem er möglicherweise beste Erfahrungen gemacht hat). Hier sind Offenheit und Toleranz gegenüber divergierenden pädagogischen Ansätzen und Vorstellungen gefragt (abgesehen vom Festhalten an dem bewährten Grundsatz, dass der, der ausbildet, auch prüft).

Die entscheidende Erkenntnis für die Unterrichtsbeurteilung liegt darin, dass *jede Beobachtungs- und Beurteilungstätigkeit grundsätzlich von der Konzeption und der Zielsetzung des Beobachteten auszugehen hat* (wobei „grundsätzlich" heißt, dass dies immer gilt, solange nicht konkrete Gegengründe geltend gemacht werden müssen).

Das führt direkt zum Kernpunkt des Problems: Wenn es nicht möglich ist, allgemein gültige und verbindliche Vorgaben für „guten" Unterricht zu machen, wie lässt sich dann feststellen, ob und wann Unterricht gut ist? Dass dies möglich sein muss, kann ein bereits an anderer Stelle angesprochenes *Gedankenexperiment* verdeutlichen:

Nehmen wir an, wir könnten veranlassen, dass zwanzig Lehrer zur gleichen Zeit in derselben Klassenstufe dasselbe Thema, z.B. Weitsprung, behandeln. Mit Sicherheit würden wir zwanzig verschiedene Stunden sehen, denn es handelt sich ja um zwanzig verschiedene Lehrer und zwanzig verschiedene Klassen. Und dennoch könnte es sein, dass alle zwanzig Stunden gut sind, jede eben auf ihre Art. Wie aber lässt sich dies „messen"? Welches sind die adäquaten „Maßstäbe"?

Zum Problem der Beurteilungsmaßstäbe

Beurteilungsmaßstäbe oder *Gütekriterien* für Unterricht lassen sich, wie sowohl das oben angeführte Beispiel als auch die Erkenntnisse aus dem vorgelegten Gedankenexperiment zeigen, nur auf einer sehr *allgemeinen und abstrakten Ebene* formulieren.

Verfolgt man die hier möglichen Begriffe bis zur höchsten Abstraktionsstufe, gelangt man sehr schnell zum Hauptgütekriterium der *Zweckmäßigkeit* im Hinblick auf die angestrebte Zielsetzung.

Die entscheidende Frage lautet:

Ist das, was der Unterrichtende tut, zweckmäßig im Hinblick auf das, was er will oder vorgibt zu wollen? Dabei kann es durchaus zu Widersprüchen kommen zwischen dem, was der Lehrer vorgibt, und dem, was er tut.

Da es im Unterricht – auch und vor allem – darum geht, Schüler und Stoff „zusammenzubringen", lässt sich die pauschale Frage nach der Zweckmäßigkeit in zwei detailliertere Fragestellungen aufspalten:

Ist das, was der Lehrer tut,
- *sachgerecht* im Hinblick auf Struktur und Eigenart des Unterrichtsgegenstandes,
- *angemessen* im Hinblick auf die Voraussetzungen und Bedürfnisse der Schüler?

Zweckmäßigkeit, Sachgerechtigkeit und *Angemessenheit* sind also die Bezugspunkte, unter denen sich das unterrichtliche Handeln eines Lehrers überprüfen lässt.

Bloße Zweckmäßigkeit könnte aber sehr leicht zu einem reduzierten, in Routine und Formalismus versinkenden Unterricht führen; sie könnte Kreativität und Risikobereitschaft verhindern. „Alles richtig" bzw. „nichts falsch" zu machen, das allein genügt nicht: „Guter" Unterricht muss auch auf seinen verschiedenen Ebenen erfolgreich und emotional ansprechend sein.

„Erfolgreich sein" in dem hier angesprochenen Sinne heißt nicht einfach, „das Lernziel erreichen", sondern „etwas darüber hinaus" im Unterricht zu zeigen, z.B. über der Sache zu stehen, die Vielfalt der Möglichkeiten zu nutzen oder Phantasie zu entwickeln. Wirklich guter Unterricht ist – das weiß im Grunde jeder – ein Balanceakt zwischen Routine und Risiko, und wer dabei Erfolg hat, der hat auch irgendwie recht.

„Emotional ansprechend" ist Unterricht dann, wenn er bei aller Konzentration auf die Sache in einer entspannten Atmosphäre stattfindet. Das liegt zwar nicht allein in der Hand des Lehrers, doch kommt es entscheidend darauf an, dass er sich auch als Persönlichkeit in den Unterricht einbringt und dabei in irgendeiner Weise *Ausstrahlung* entwickelt. Damit kommt man zwar in Bereiche, die sich – als „pädagogische Fähigkeiten" – nicht mehr eindeutig definieren lassen, aber den Gesamteindruck des Unterrichts ebensosehr bestimmen wie fachliche und methodische Kompetenz.

Die hier vorgebrachten Überlegungen haben allerdings eine eindeutige, aus anderer Sicht bereits angesprochene Konsequenz: *Eine „gerechte" Beurteilung von Unterricht ist nur möglich in Kenntnis der Ziele und Absichten des Unterrichtenden.* Diese können in einem Unterrichtsentwurf ausgewiesen, in einem Vorgespräch ermittelt oder (notfalls) aus dem Unterrichtsverlauf erschlossen worden sein.

Dabei ist es bedeutsam, dass der Unterrichtende über *klare Zielvorstellungen* verfügt, die notwendigen *didaktischen Schwerpunkte* setzen und die wichtigsten *methodischen Leitlinien* aufzeigen kann.

Die gelegentlich geübte Praxis, „erst mal zu sehen, was der Unterrichtende zu bieten hat", führt oft zu Missverständnissen und vermeidbaren Konflikten.

Wieweit die angegebenen *Zielsetzungen* selbst Gegenstand der Beurteilung sind, ist auf einer übergeordneten Ebene zu klären. Die Ziele und Inhalte des Unterrichts müssen nicht nur formal dem Lehrplan entsprechen, sondern auch frei sein von groben Verzerrungen und unangemessenen Gewichtungen (es sei denn, es wird im Ausnahmefall in begründeter Kritik zum Lehrplan gehandelt).

Eine Forderung bleibt aber unabdingbar: *Das gewählte Stundenthema muss im Rahmen der lang- oder zumindest mittelfristigen Unterrichtsplanung liegen.* Alles andere wäre eine einstudierte, und damit pädagogisch fragwürdige „Schauveranstaltung".

Es erscheint angebracht, an dieser Stelle eine stichwortartige Zusammenfassung des bisher Gesagten zu geben und dann noch auf zwei spezielle Probleme einzugehen.

Zusammenfassung

Hinsichtlich der *Beurteilungskriterien* ist zu unterscheiden in:
- (mögliche) Beurteilungsgesichtspunkte,
- (tatsächliche) Beurteilungsgrundlagen,
- (subjektive) Beurteilungsmaßstäbe.

Der *Beurteilungsvorgang* ist ein „Regelkreis" mit den „Stationen":

```
        ┌──────► Beobachten ──────┐
        │                         ▼
   Beurteilen                   Ordnen
        ▲                         │
        └────────── Gewichten ◄───┘
```

Beurteilungsmaßstäbe oder *Gütekriterien* sind:
- als Hauptkriterien:
  Zweckmäßigkeit, unterteilt in Sachgerechtigkeit und Angemessenheit,
- als Nebenkriterien:
  „Erfolg" und „Ausstrahlung" (beide in einem weiten Sinne verstanden).

Zur Frage nach dem „guten" Unterricht

Es könnte sich der Einwand erheben, dass entgegen der erklärten Absicht im Verlauf der Darstellung doch einige Aussagen über „guten" Unterricht gemacht worden sind. Bei genauerem Hinsehen wird sich aber zeigen, dass diese rein formaler Natur waren.

Sobald es aber um konkrete Festlegungen geht, zeigt sich ein eigenartiges Phänomen: Es lässt sich eher sagen, wann Unterricht *nicht* gut ist.

Sportunterricht ist mit hoher Wahrscheinlichkeit nicht gut, wenn er
- keine Zielorientierung aufweist,
- absolut bewegungsarm ist,
- die Schüler deutlich über- oder unterfordert,
- die Sicherheit der Schüler gefährdet,
- negative Auswirkungen auf Sozialverhalten und Motivation der Schüler hat.

Will man nun aber entsprechende Kriterien für „guten" Unterricht formulieren, kommt man in Schwierigkeiten. Es zeigt sich nämlich sehr schnell, dass es gar nicht möglich ist, einen allgemein gültigen Katalog von „richtigen" unterrichtlichen Maßnahmen und Verhaltensweisen aufzustellen.

Was in der einen Situation richtig ist, kann in einer anderen grundverkehrt sein. Auf dieses Problem ist in anderem Zusammenhang noch näher einzugehen.

Unbestritten ist lediglich, dass Unterricht etwas bewirken soll, nämlich Veränderungen beim Schüler, z.B. in körperlicher, motorischer, emotionaler oder sozialer Hinsicht. Sofern diese insgesamt in eine positive Richtung laufen, ist Unterricht „gut".

Somit lässt sich vielleicht folgende Formulierung wagen:

Sportunterricht ist gut, wenn er etwas bewirkt hat und sowohl der Lehrer als auch die Schüler einigermaßen zufrieden aus ihm herausgehen.

Zum Problem der „Persönlichkeitsbeurteilung"

Unterrichtsbeobachtung und -beurteilung wird, ob man will oder nicht, auch in die tieferen Schichten des Unterrichtsgeschehens vordringen und dabei einige Erkenntnisse über die *Person* des Beurteilten zutage fördern. Dabei geht es beispielsweise um die praktischen Fertigkeiten, fachlichen Kenntnisse und intellektuellen Fähigkeiten, aber auch um Persönlichkeitsmerkmale und Charaktereigenschaften.

Selbstverständlich wird man – im negativen Fall – die letztgenannten Gesichtspunkte nur dann in die Beurteilung einbeziehen, wenn sie eine bestimmte Toleranzschwelle überschreiten. Ebenso unbestritten ist aber auch, dass sie dann weder ausgeklammert werden können noch dürfen, selbst wenn dies zum unangenehmeren Teil des Beurteilungsvorgangs gehört.

Besondere Beachtung verdienen dabei die *pädagogischen Leitbilder*, die – großenteils unbewusst – das unterrichtliche Handeln eines Lehrers bestimmen. Zwar ist es mehr die Aufgabe der Beratungstätigkeit, diese aufzudecken und auf mögliche Widersprüche zwischen Ideal und Wirklichkeit oder zwischen vorgegebenem und tatsächlichem Handeln hinzuweisen, doch kann auch eine Beurteilung im Sinne einer Bewertung davon nicht gänzlich unberührt bleiben.

Mit diesem Hinweis ist zugleich das spezielle Problem des Zusammenhangs von Beurteilung und Beratung (als Gegenpol zur Bewertung) angesprochen. Dazu können hier nur einige grundsätzliche Anmerkungen gemacht werden.

Unterrichtsbeurteilung als Unterrichtsberatung

Unterrichtsberatung setzt wie die Unterrichtsbewertung voraus, dass tatsächlich gehaltener Unterricht beobachtet und beurteilt wird. Hier liegt vermutlich auch der Grund, warum Prüfungs- und Beratungstätigkeit sehr oft (und zum Teil auf Grund amtlicher Vorgaben) kombiniert werden.

Dagegen sind jedoch Bedenken anzumelden, vor allem aus folgenden Gründen:

Beratung setzt zwar Beurteilung voraus, hat aber andere Ziele als eine Bewertung. Das kann nicht ohne Rückwirkungen auf den gesamten Beobachtungs- und Beurteilungsprozess bleiben. In Kurzfassung lässt sich dies etwa so beschreiben:
- Die Unterrichtsbewertung muss primär davon ausgehen, „was da ist", vor allem was positiv zu vermerken ist (wobei konkrete Fehlleistungen natürlich nicht außer Betracht bleiben dürfen).
- Die Unterrichtsberatung muss vor allem darauf gerichtet sein, „was noch fehlt", wo also Defizite vorliegen, die behoben werden sollten (ohne freilich die positiven Aspekte auszublenden).

Diese *Perspektivenverschiebung* bestimmt auch die anschließenden Gespräche. Dies wirkt sich, sehr verkürzt formuliert, dahingehend aus,
- dass beim Abschlussgespräch nach einer Prüfungssituation darauf abgehoben werden sollte, warum eine Stunde beispielsweise „gut" war,
- dass bei einem Beratungsgespräch herausgearbeitet werden muss, warum sie „nicht (oder noch nicht) sehr gut" war.

Die „Begründung" eines Prüfungsergebnisses allein anhand einer „Mängelliste" führt nur allzu leicht zu – meist sehr vordergründigen – „Gegendarstellungen".

Wenn jedoch ein Kandidat (auch) eine Begründung der letztgenannten Art wünscht, ist es besser, dieses Gespräch erst mit einem gewissen zeitlichen Abstand zu führen. Im unmittelbaren Anschluss an die Prüfung, die für beide Teile eine gewisse Stresssituation darstellt, ist nicht immer mit der notwendigen Gelassenheit zu rechnen.

In jedem Fall sollten für eine solche „Nachbereitung" aber zwei Voraussetzungen gegeben sein: Es muss Klarheit darüber bestehen, dass ein einmal mitgeteiltes Prüfungsergebnis nicht mehr revidiert werden kann, selbst wenn sich neue Aspekte ergeben sollten (ein Prüfungsergebnis kann nur auf dem Beschwerdeweg angefochten werden, wobei in der Regel ein Verstoß gegen die Prüfungsordnung geltend gemacht werden muss), und es muss die Bereitschaft vorhanden sein, aus diesem Gespräch wirklich einige Erkenntnisse zu gewinnen (und nicht nur „nachkarten" zu wollen).

Zum Verhältnis von Ausbildungs- und Prüfungsfunktion

Das hier vorgelegte Modell einer offenen und wertneutralen Unterrichtsbeurteilung könnte zu der Vermutung Anlass geben, dass ein Prüfer in seiner Funktion als Ausbilder keine bestimmte Lehrmeinung vertreten dürfe. Das ist keineswegs der Fall. Ein Ausbilder ist nicht nur berechtigt, sondern auch verpflichtet, sowohl das notwendige theoretische Grundlagenwissen zu vermitteln als auch erfahrungsorientiertes Handlungs- und Anwendungswissen weiterzugeben; er darf sich durchaus als engagierter Vertreter bestimmter pädagogischer Leitideen und didaktischer Konzepte darstellen.

All das ist völlig legitim, solange eine schlichte Tatsache nicht aus dem Blick gerät, nämlich dass *alle pädagogischen Leitbilder und didaktischen Modelle, alle unterrichtlichen Prinzipien, Regeln und Ratschläge nicht von sich aus „gut" sind, sondern erst durch ihre gekonnte und situationsadäquate Anwendung dazu werden.*

Die Forderung, für den „perfekten" Unterricht und speziell zur erfolgreichen Bewältigung anstehender Prüfungssituationen ein immer und allzeit „richtiges" Handlungsmuster vorzugeben, würde auf die Konstruktion eines Unterrichtsroboters hinauslaufen. Ebenso kann die Berufung auf irgendwelche Autoritäten nicht als Rechtfertigung für missglückten Unterricht dienen.

Dennoch kann ein Auszubildender, sei er Student, Praktikant oder Referendar, erwarten, dass ihm – allein um die Vielfalt der unterrichtlichen Anforderungen bewältigen zu können – konkrete Handlungs- und Verhaltensregeln vorgegeben werden.

Solche aus der Erfahrung gewonnene und kritisch reflektierte *„generalisierbare Handlungsanleitungen"* sind dem Bereich der Fachkenntnisse zuzuordnen und bilden damit ein Repertoire, aus dem der Lehrer auswählen kann und das guten Unterricht überhaupt erst ermöglicht. Unterrichten ist auch eine „handwerkliche Kunst", die wie jede Kunst zwar viel Sensibilität und Kreativität voraussetzt, aber erlernbar ist.

Um jedoch mögliche Konflikte zwischen der Ausbildungs- und Prüfungsfunktion derselben Person zu vermeiden, wäre auf Folgendes zu achten:

(1) Es sollte darauf hingewiesen werden, dass alle „großen" *pädagogischen und didaktischen Entwürfe* von ihrem ursprünglich erhobenen Absolutheitsanspruch abgehen und ihren Gültigkeitsbereich deutlich einschränken mussten.

Im Grunde können sie nur *Versuche* darstellen, die fast unendliche Vielfalt pädagogischer Handlungs- und Wirkungsmöglichkeiten in überschaubare Bahnen zu lenken.

(2) Es sollte herausgearbeitet werden, dass alle unterrichtlichen *Handlungs- und Verhaltensregeln Möglichkeiten sind, die nicht nur Vorteile, sondern auch Nachteile haben.* „Richtig" ist also jeweils das, was in einer bestimmten Situation mehr Vorteile als Nachteile zu versprechen scheint. Wer hierfür ein feineres Gespür hat, ist auf Dauer auch der bessere Lehrer.

(3) Es sollte darauf geachtet werden, dass *persönliche Erfahrungen*, ob sie den gerade „gültigen" Lehrmeinungen entsprechen oder nicht, auch als solche gekennzeichnet werden, z.B.: „Im Allgemeinen bin ich damit ganz gut hingekommen, aber ..."

Fasst man die genannten Aspekte zusammen, ergibt sich als grundsätzliche Erkenntnis, dass *Ausbildung letztlich nicht mehr sein kann als Hilfestellung zum selbständigen und selbstverantwortlichen Weiterdenken.*

Dabei ist es ebenso wichtig, allzu festgefahrene Vorstellungen aufzubrechen wie neue Perspektiven aufzuzeigen. Insofern sollte „Ausbildung" auch ein gewisses Maß an Skepsis vermitteln gegenüber allem, was gesagt, geschrieben und verordnet worden ist oder wird.

Einige Hinweise für die „Betroffenen"

In den bisherigen Darlegungen sind Unterrichtsbeobachtung und -beurteilung vorwiegend aus der Sicht des Beurteilenden betrachtet worden. Es verbleibt, einen Blick auf die Situation des Beurteilten zu werfen.

Welche Möglichkeiten sind ihm gegeben, welche Chancen bieten sich dabei?
Hier sind vor allem *drei grundsätzliche Gesichtspunkte* hervorzuheben:
(1) *Vor der Stunde* sollte der Unterrichtende, sei es durch den vielleicht obligatorischen Unterrichtsentwurf, sei es in kurzer mündlicher Mitteilung deutlich machen, welche *Ziele und Absichten* er mit dieser Stunde verfolgt und mit welchen unterrichtlichen *Mitteln* er sie umzusetzen gedenkt.

(2) Bei der *Durchführung der Stunde* sollte der Unterrichtende nicht zögern, *vom Entwurf abzuweichen,* wenn es notwendig oder angebracht erscheint. Selbstverständlich müssen die Abweichungen dann auch begründet werden können. Solche Gründe sind beispielsweise gegeben, wenn die Schüler bislang unbekannte Vorkenntnisse besitzen oder gravierende Defizite aufweisen, wenn sie auf einen Unterrichtsgegenstand besonders ansprechen, wenn sie beachtenswerte Vorschläge und Ideen in den Unterricht einbringen, wenn der Unterricht schneller fortschreitet als erwartet oder wenn eine an sich einleuchtende Übungsform sich als ungeeignet erweist. Sportunterricht ist so vielen Einflussfaktoren unterworfen, dass Verlauf und Ergebnis auch bei sorgfältigster Vorbereitung nicht immer vorausgesehen werden können.

(3) *Nach der Stunde,* beim Gespräch, sollte der Unterrichtende sich nicht so sehr auf die „Widerlegung" möglicher Kritikpunkte konzentrieren, als vielmehr um eine möglichst *nüchterne Einschätzung* des Unterrichtsverlaufs und -ergebnisses bemüht sein. Dabei sollte er ebenso auf das abheben, was den Erwartungen entsprach und ihm besonders gelungen schien, wie Problempunkte ansprechen, die vielleicht ein weiteres Nachdenken erfordern. Diese positiv-kritische Distanz zum eigenen Handeln ist schließlich die Grundlage dessen, was man als Erfahrung bezeichnet.

Hinweise zur Anfertigung eines Unterrichtsentwurfs

Ein Unterrichtsentwurf sollte deutlich zwischen Wichtig und Unwichtig unterscheiden. Es geht also in erster Linie darum, die *Eckpunkte des unterrichtlichen Handelns* festzulegen. Dies betrifft, in welcher Reihenfolge sie auch angeordnet werden, gleichermaßen die *Ziele,* die *Inhalte* und das *methodische Vorgehen.* Mögliche Alternativen und Zusatzstoffe sollten ausdrücklich als solche gekennzeichnet sein, ebenso die für die Schüler vorgesehenen Freiräume. Der organisatorische Rahmen sollte ausreichend deutlich werden, ein vorgesehenes Abweichen von den „allgemein üblichen" Verfahrensweisen sollte angemerkt werden.

Anmerkungen zur Stellungnahme nach der Stunde

Die Stellungnahme des Unterrichtenden zu „seiner Stunde" ist ein wesentlicher *Bestandteil des Beurteilungsvorgangs.* Deshalb ist sie für bestimmte Vorgänge, z.B. Prüfungen und dienstliche Beurteilungen, in den Bestimmungen ausdrücklich festgelegt. Aber auch in den übrigen Fällen, z.B. bei einem „reinen" Beratungsgespräch, sollte der Unterrichtende nicht darauf verzichten. Umgekehrt sollte der Beurteilende einer solchen Stellungnahme nur in Ausnahmefällen vorgreifen, beispielsweise wenn es ihn geradezu drängt, Anerkennung auszusprechen, oder wenn er – auch um überflüssigen Selbstzweifeln des Beurteilten zuvorzukommen – den „kritischen Punkt" der Stunde durch eine kurze Bemerkung emotional entschärfen möchte.

Neben den bereits genannten Gesichtspunkten, einer allgemeinen Einschätzung des Stundenverlaufs und -ergebnisses und einer Begründung für Abweichungen vom Entwurf, kann die Stellungnahme noch folgende Punkte enthalten: eine relative, auf den Stand der Klasse bezogene Bewertung des Erreichten (und Nichterreichten), Anmerkungen zur spezifischen Problematik des Unterrichtsgegenstandes, Auskunft über mehr improvisatorisch getroffene Entscheidungen, z.B. zusätzliche Hilfen oder besondere organisatorische Maßnahmen, zusätzliche Aussagen zur Methodenwahl, zu möglichen Alternativen sowie zur vorgesehenen Weiterführung des Themas und nicht zuletzt eine Erklärung darüber, warum man bei auffälligem Schülerverhalten in einer bestimmten Weise reagiert (oder auch nicht reagiert) hat. Dies und anderes kann, muss aber nicht unbedingt angesprochen werden. Eine Stunde kann ja allseits zufriedenstellend verlaufen sein (was man dann auch zum Ausdruck bringen sollte).

Anmerkungen zum Beratungsgespräch

Liegt der Schwerpunkt des nachunterrichtlichen Gesprächs auf der Beratung, sollte der Unterrichtende nicht versäumen, die Punkte anzusprechen, die seiner Meinung nach vergessen worden sind, ihm aber wichtig erscheinen. Dabei sollte er auch offenlegen, worin er sich unsicher fühlt und vordringlich einer Beratung bedarf. Es ist nicht mehr als recht und billig, dass der Beobachter seine Erfahrungen, die er mit bestimmten Gegenständen und Problemen gemacht hat, an den Beobachteten weitergibt. Er sollte sie ihm aber auch nicht voreilig aufdrängen. Letztlich geht es nämlich nur um den *Erkenntnisgewinn*, der aus einer Stunde erwachsen kann.

Unterrichtsbeurteilung als Selbstbeurteilung

Die im ersten Teil dieses Beitrags herausgearbeiteten Prinzipien und Regeln zur Fremdbeurteilung gelten grundsätzlich auch für die Selbstbeurteilung. Auch hier kann es nicht darum gehen, eine bestimmte didaktische Konzeption sozusagen maßstabgetreu umzusetzen oder vorgegebene Rezepte für „guten Unterricht" zu befolgen, sondern herauszufinden, welche Maßnahmen und Verhaltensweisen sich in einer bestimmten Situation als *zweckdienlich* und *erfolgversprechend* erwiesen haben.

Voraussetzung hierfür ist, dass man, schlagwortartig zusammengefasst, in der Lage ist, *„zu sehen, was im Unterricht wirklich läuft"*.

Das aber ist offensichtlich leichter gesagt als getan. Wie oft kommt es doch vor, dass wir von einem Problem oder Vorfall überrascht werden oder dass Schüler angelaufen kommen und uns von dergleichen berichten?

Meist entschuldigen wir uns damit, dass wir „nicht hingesehen" hätten. Aber einige Zweifel bleiben: Wie kommt es, dass wir in vielen Fällen ein Vorkommnis geradezu heraufziehen sehen, in anderen aber, trotz gespannter Aufmerksamkeit, eben nicht?

„Sehen, was ist" – das wäre eine erste allgemeine Erkenntnis – hat also offensichtlich etwas mit Erfahrung zu tun.

Noch deutlicher wird das hier angesprochene Problem, wenn man den Unterricht eines anderen beobachtet: Wie viele Dinge gibt es, die der andere übersieht, so dass sich unwillkürlich die Frage stellt: Kann er oder will er nicht sehen, was da los ist? Die Antwort ist vielleicht überraschend, aber eindeutig: *Er kann nicht.* Warum das so ist, wird ein Blick auf die Theorie der Wahrnehmung zeigen, die hier natürlich nur in fast unzulässig verkürzter Form wiedergegeben werden kann.

Anmerkungen zum Wahrnehmungsproblem

„Wahrnehmung" ist nicht einfach eine 1:1-Abbildung der Wirklichkeit in den Sinnesorganen und im Gehirn, sondern letztlich eine Rekonstruktion dieser Wirklichkeit in den Wahrnehmungs- und Gedächtniszentren. Damit dieser „Umsetzungsprozess" gelingen kann, bedarf es einer Reduktion der Reizvielfalt, die potentiell von den Sinnesorganen aufgenommen werden könnte.

Wahrnehmung ist also immer *unvollständige Wahrnehmung*, die bestimmten Gesetzmäßigkeiten unterliegt, im Wesentlichen den folgenden:
- Wahrnehmung ist vorwiegend *strukturierte* Wahrnehmung: Etwas Ganzes und Geschlossenes, etwas, was Form und Gestalt hat, wird eher wahrgenommen als etwas Ungeordnetes und Unstrukturiertes.
- Wahrnehmung ist vorwiegend *bedeutungsvolle* Wahrnehmung: Was wir deuten und in unser Weltbild einordnen können, nehmen wir eher wahr als das, was für uns „bedeutungslos" ist.
- Wahrnehmung ist vorwiegend *gerichtete* Wahrnehmung: Was wir wahrgenommen oder „übersehen" haben, hängt weitgehend davon ab, was uns interessiert, worauf wir „aufmerksam" sind.

Was folgt daraus für ein *„Wahrnehmungstraining"*, speziell für den Sportlehrer? Es empfiehlt sich, bei den beiden letztgenannten Punkten, den Problemen der „Bedeutungserschließung" und der „Aufmerksamkeitssteuerung" anzusetzen.

(1) Das Problem der *Erschließung neuer Bedeutungszusammenhänge* lässt sich vielleicht durch einen Vergleich erläutern: Ein Fußballfan wird vorwiegend den Weg des Balles verfolgen, am liebsten auf und in das gegnerische Tor; ein Spielereinkäufer wird einen bestimmten Spieler auf seine Stärken und Schwächen hin beobachten; ein Fußballtheoretiker wird versuchen, die taktischen Systeme beider Mannschaften zu entschlüsseln. Dementsprechend verschieben sich auch die jeweiligen Beobachtungs- und Bedeutungsfelder.

Ein Sportlehrer sollte alles in einem sein: engagierter Fan, kritischer Beobachter und scharfer Analytiker seines eigenen Unterrichts, wenn nicht zugleich, so doch wechselweise zu gegebener Zeit.

Diese Aufgabe kann nur gelöst werden durch einen bewussten *Perspektivenwechsel*, z.B. von der Lehrer- zur Schülersicht des Unterrichts, von der methodischen auf die emotionale Ebene des Unterrichtens, von den kurzfristigen auf die (möglichen) langfristigen Auswirkungen des Lehrerhandelns.

(2) Bei der *Aufmerksamkeitssteuerung* geht es vor allem darum, dem bekannten „Zuschauerverhalten" zu entgehen, d.h. mit dem Blick nicht ständig bei der unmittelbaren Aktion hängenzubleiben, sondern die Aufmerksamkeit auch auf die übrigen Bereiche des Unterrichts zu lenken.

Dies setzt einen ständigen (aber keineswegs hektischen) *Blickwechsel* voraus, z.B. von den übenden zu den nichtübenden Schülern, vom Gelingen oder Misslingen einer Übung zum Ordnungsrahmen, von einer unruhigen zu den ruhigeren Schülergruppen.

In der Unterrichtspraxis äußern sich die hier angesprochenen Probleme zumeist in zwei *typischen Lehrerverhaltensweisen*:

(1) Recht häufig ist zu beobachten, dass ein Lehrer, sobald er durch entsprechende Anweisungen das Üben in Gang gesetzt hat, sozusagen in die Klasse eintaucht und von Gruppe zu Gruppe oder gar von Schüler zu Schüler geht, um Anregungen zu geben oder Korrekturen anzubringen. Abgesehen davon, dass dieses Verfahren unrationell ist – in aller Regel muss man immer wieder dasselbe erzählen –, geht dabei jede Übersicht verloren. Die Aufmerksamkeit wird zu punktuell; sie irrt gleichsam von Problempunkt zu Problempunkt.

Es ist daher empfehlenswert, zunächst eine geeignete, den Gesamtüberblick vermittelnde Beobachtungsposition einzunehmen (normalerweise an der Längsseite der Halle oder eines entsprechenden Übungsfeldes bzw. schräg zur Längsachse eines Geräteaufbaus) und die Aufmerksamkeit möglichst breit zu streuen.

Sollte es notwendig sein, sich auf einen bestimmten Punkt zu konzentrieren oder gar dorthin zu gehen, ist es besser, anschließend wieder – im wörtlichen und übertragenen Sinne – auf diesen „neutralen" Standort zurückzugehen und die Aufmerksamkeit wieder zu „öffnen", bevor man sie auf das nächste Problem richtet.

(2) Die Praxis zeigt weiterhin, dass Sportlehrer sich sehr oft recht einseitig auf den inhaltlich-methodischen Bereich des Unterrichts konzentrieren, und hier wiederum auf die Bewegungsabläufe und die dabei auftretenden Fehler.

Damit erhebt sich aber die Gefahr, dass andere, vielleicht sogar wesentlichere Bereiche ausgeblendet bleiben, ganz abgesehen davon, dass die Effektivität von Bewegungskorrekturen und vergleichbaren Anweisungen, strukturell bedeutsame Fehler ausgenommen, keineswegs erwiesen ist.

Es ist also ratsam, die Aufmerksamkeit auch in dieser Hinsicht offen zu halten und zu versuchen, ein möglichst breites Beobachtungsspektrum abzudecken. Ein geeignetes Beobachtungsraster kann dabei sicherlich sehr hilfreich sein.

Ein Beobachtungsraster für den Sportunterricht

Unterricht, namentlich Sportunterricht, ist ein komplexer *Prozess*, dessen Faktoren sich in vielfältiger Weise durchdringen und gegenseitig beeinflussen.

Um ihn analysierend durchschaubar zu machen, ist es notwendig, das (scheinbar) einheitliche Geschehen in seine verschiedenen *Ebenen* oder *Bereiche* aufzugliedern.

Das nachfolgende, durch einige *Leitfragen* verdeutlichte *Modell* soll einerseits die notwendige Breite der Aufmerksamkeit gewährleisten, andererseits aber so knapp gefasst sein, dass es noch praktikabel bleibt.
Es soll außerdem möglichst offen und neutral formuliert sein, um eine dreifache Funktion zu erfüllen:
– als Aufmerksamkeits- und Beobachtungsraster zur *Selbstbeurteilung*,
– als Beobachtungs- und Analysehilfe für *Unterrichtshospitationen*,
– als „Kriterienkatalog" im Sinne von möglichen Beurteilungsgesichtspunkten für eine *Fremdbeurteilung*.

Inhaltlich-methodischer Bereich
Wird die gestellte Aufgabe von den Schülern bewältigt? Gibt es welche, die deutlich über- oder unterfordert sind? Welches sind die Hauptschwierigkeiten? Welche hauptsächlichen Fehler treten auf, und welche Ursachen haben sie? Sind Lernfortschritte festzustellen, oder zeigen sich bereits Ermüdungserscheinungen, oder deutet sich ein Lernplateau an?

Organisatorischer Bereich
Halten die Schüler – gleichgültig, ob freie oder gebundene Formen vorgegeben sind – den vorgesehenen Ordnungsrahmen ein? Drängen sich welche vor bzw. halten sich zurück? Machen überhaupt alle mit? Was treiben die Schüler, die gerade nicht üben? Werden die angegebenen Raumwege und Ablauffolgen eingehalten? Treten irgendwo Sicherheitsprobleme auf?

Sprachlich-kommunikativer Bereich
Haben die Schüler verstanden, was ich meine? Haben sie überhaupt richtig zugehört? Können die Schüler sich untereinander in angemessener Weise verständigen, oder kommt es andauernd zu Streitereien? Wie reden sie mit mir, dem Lehrer?

Affektiver und sozialer Bereich
Können die Schüler sich auf die Aufgabe konzentrieren? Machen sie wirklich mit, oder albern sie herum? Ist offene oder versteckte Ablehnung festzustellen? Nehmen die Schüler aufeinander Rücksicht? Wird jemand ausgelacht oder schikaniert? Können die Schüler beim Üben und Spielen kooperieren und Arbeitsabläufe (z.B. beim Geräteaufbau) rationell organisieren?

Literatur
BOVET, G./FROMMER, H.: Lehrerberatung – Lehrerbeurteilung. Hohengehren 1999.
TREUTLEIN, G./JANALIK, H./HANKE, U.: Wie Sportlehrer wahrnehmen, denken, fühlen und handeln. Köln 1996[4].

Kapitel 2

Sportunterricht organisieren und gestalten

Im zweiten Kapitel wird der organisatorische Bereich des Sportunterrichts betrachtet, dies aber in einem weiten Sinne des Begriffs, nämlich unter Einschluss der wichtigsten schulrechtlichen Vorgaben. Wir stellen dieses Kapitel an den Anfang der praxisorientierten Teile dieses Buches, weil die Beachtung organisatorischer Faktoren wesentlich mehr zu einem effektiven und zufriedenstellenden Sportunterricht beitragen kann, als dies im Allgemeinen in der Fachliteratur zum Ausdruck kommt.

Dieser Absicht entsprechend wird im ersten Beitrag nicht nur das Problem der Pünktlichkeit behandelt, sondern auch ein erster Hinweis auf die Aufsichts- und Sorgfaltspflicht des Sportlehrers gegeben. Im zweiten Beitrag soll die Frage der Anwesenheitspflicht der Schüler in ihrem für den Sportunterricht entscheidenden Aspekt der Teilnahmepflicht geklärt werden. Der anschließende Beitrag versucht, zu dem – bisweilen recht unerquicklichen – Problem der Entschuldigungen und Atteste einige praxiserprobte Vorschläge zu machen.

Es folgt ein Block von Beiträgen, die sich dem unterrichtsorganisatorischen Bereich zuwenden. Im ersten von ihnen wird unter dem Stichwort der „neuen" Klasse darauf hingewiesen, dass im Sportunterricht verbindliche Regeln vorgegeben und Absprachen mit den Schülern getroffen werden müssen, um einen reibungslosen und unfallfreien Verlauf der Stunde zu gewährleisten. Mehr beiläufig wird im nachfolgenden Beitrag angemerkt, dass das Mitführen einiger privater Ausrüstungsgegenstände bisweilen recht nützlich sein kann. In den anschließenden Beiträgen über die Beschäftigung der Schüler vor dem „offiziellen" Stundenbeginn und über den Geräteaufbau soll herausgearbeitet werden, dass es für die Lösung unterrichtlicher Probleme stets mehrere Möglichkeiten gibt, die je nach den vorliegenden Umständen mehr oder weniger erfolgversprechend sind. Die Anmerkungen zur Anwesenheitskontrolle sowie zur Stundeneröffnung und zum Stundenschluss sollen vor allem zu einem kritischen Umgang mit Routinehandlungen anhalten.

Mit den Darlegungen zur organisatorischen Gestaltung des Sportunterrichts ist der Hauptbeitrag dieses Kapitels erreicht. Ausgehend von einigen allgemeinen Prinzipien wird hier versucht, einen knappen Überblick über die organisatorischen Grundformen und die Maßnahmen zur Steuerung des Übens zu geben und durch einen kurzen Blick auf „alternative" Unterrichtsformen zu ergänzen.

Das Thema „Gruppenbildung" wird im abschließenden Beitrag getrennt behandelt, weil hier ein pädagogisch sensibles Thema angesprochen ist. Dabei wird vor allem versucht, die möglichen Problem- und Konfliktpunkte zu benennen und pragmatische Lösungen anzubieten.

Einige wesentliche Ergänzungen zum schulrechtlichen und unterrichtsorganisatorischen Themen- und Problemkomplex finden sich im Kapitel „Unterricht" der „Alltagsprobleme", und zwar in den Abschnitten „Rahmenbedingungen" (S. 111 ff.) und „Sport im Schulleben" (S. 233 ff.).

Rechtliche und organisatorische Fragen werden in demselben Buch auch im Kapitel „Schüler" (S. 9 ff.) bei der Betrachtung schwieriger und kritischer Unterrichtssituationen berührt. Unter den Aspekten des Lehrerverhaltens und der Intensivierung des Unterrichts kommen organisatorische Probleme im Kapitel „Lehrer" (S. 81 ff.) zur Sprache.

1 Wann fängt eine Sportstunde an?

Gemeinhin wird man auf diese Frage antworten: „Wenn der Lehrer die Schüler versammelt hat und seine erste Anweisung gibt."
Das aber ist ein Irrtum, der einige nicht unwesentliche juristische und pädagogische Probleme aufwirft.

Auf Grund der rechtlichen Rahmenbedingungen für den Schulbesuch minderjähriger Kinder und Jugendlicher ist von einer *ununterbrochenen Aufsichtspflicht der Schule während der Schulzeit*, also vom morgendlichen Betreten bis zum mittäglichen oder nachmittäglichen Verlassen des Schulgeländes, auszugehen. Unter diesem Aspekt beginnt die Sportstunde bereits dann, wenn die Schüler aus dem „Gesichtskreis" des vorhergehenden Lehrers treten, also spätestens, wenn sie das Schulgebäude verlassen haben und sich auf den Weg zur Sporthalle oder zum Sportgelände begeben. Es ist somit zweierlei notwendig:

(1) Es sind *Anweisungen* über das Verhalten auf den sich ergebenden Wegstrecken zu geben. Im einfachsten Fall, wenn die Sportstätte auf dem Schulgelände liegt, könnte eine solche Anweisung lauten: „Ihr kommt so schnell wie möglich aus dem Klassenzimmer zur Sporthalle und zieht euch um."

(2) Die gegebenen Anweisungen sind stichprobenweise zu *kontrollieren*. Der Sportlehrer sollte sich also gelegentlich vergewissern, ob seine Schüler nicht doch einen kleinen Umweg, vielleicht sogar außerhalb des Schulgeländes, machen.

Schwieriger wird es, wenn zwischen Schule und Sportstätte größere Entfernungen liegen. Welche Maßnahmen dann im Einzelnen zu treffen sind, hängt vom *Alter der Schüler* und dem gegebenen *Gefahrenpotential* ab. Bei sehr jungen Schülern und schwierigen Verkehrsverhältnissen kann es beispielsweise notwendig werden, die Klasse zur Sportstätte zu führen (was andererseits wieder bestimmte Probleme mit sich bringt), oder es kann ein Umweg über eine Fußgängerampel oder -zone zur Auflage gemacht werden u.a.m.

Solche Regelungen können schuleinheitlich festgelegt, für einen begrenzten Zeitraum vereinbart oder in das Ermessen des einzelnen Lehrers gestellt werden. Allgemein verbindliche Vorgaben dazu gibt es nicht (und sind auch nicht wünschenswert).

Je länger nun aber die Wegstrecken sind, desto ausgeprägter wird das Problem der – bewussten oder unbewussten – *Trödelei* einzelner Schüler oder ganzer Klassen. Generell wäre hierzu folgendes zu sagen:
– Trödelei zu ignorieren, heißt letztendlich nur, neue und unkontrollierte Trödelei zu provozieren.
– Trödelei nachzugeben, bedeutet *auch*, die Arbeitszeit (die eigene und die der Schüler) ungerechtfertigt zu verkürzen.
– Trödelei hat zumeist konkrete Ursachen, die sich zwar nicht beseitigen, aber in ihren Auswirkungen in Grenzen halten lassen.

Speziell zum letzten Punkt wäre festzustellen:
Wenn ein Schüler von Natur aus langsam und gemütlich ist, lässt sich daran wenig ändern. Es liegt aber meist in der üblichen Bandbreite des Zeitbedarfs, wenn er seine Schnürsenkel etwas langsamer knüpft als andere. Etwas anders liegt der Fall, wenn die Schüler sich immer wieder ablenken lassen, fortgesetzt herumalbern oder andauernd miteinander streiten. Solche Verhaltensweisen lassen sich willentlich beeinflussen, meist aber nur unter sanftem Nachdruck von Seiten des Lehrers.

Dazu bedarf es zweier Voraussetzungen:
- Der Lehrer muss über die benötigten *Wegzeiten* informiert sein. Mit der Stoppuhr den Weg der Schüler abzuschreiten, bringt hier Klarheit.
- Der Lehrer muss konkrete Vorstellungen über angemessene *Umkleidezeiten* haben. Diese werden natürlich je nach Alter der Schüler und Jahreszeit ziemlich schwanken, doch sind die hier allgemein üblichen fünf Minuten recht reichlich bemessen.

Aus der Addition der üblichen „Verzugszeit" beim Abschluss der vorangegangenen Stunde, der benötigten Wegzeit und der angemessenen Umkleidezeit lässt sich der *tatsächliche Stundenbeginn* auf die Minute genau festlegen.
Wer dann nicht da ist, kommt zu spät.
Damit aber beginnt erst das eigentliche Problem:
Wir alle kennen ja den Typ des notorischen *„Zuspätkommers"*, sei es aus Sorglosigkeit, Leichtfertigkeit oder gar Böswilligkeit. Was ist hier zu tun?

Zunächst sollte das Problem allgemein, also Betroffenen wie Nichtbetroffenen, *bewusst gemacht* werden, beispielsweise dadurch, dass man demonstrativ wartet, bis auch der letzte eingetrudelt ist. (Als Dauermaßnahme nicht geeignet, weil damit der Anreiz entfällt, sich überhaupt zu beeilen.) Wenn es daraufhin klappt, sollte man dies ausdrücklich feststellen, wie man überhaupt einen pünktlichen Stundenbeginn immer wieder lobend hervorheben sollte.

Wer dennoch zu spät kommt, ist zu einer *Erklärung* zu veranlassen, falls er eine solche nicht von sich aus abgibt. In besonders hartnäckigen Fällen wird auch das nicht viel nützen. Dann ist es besser, die Zahl der versäumten Minuten ohne jeden Kommentar auf einer besonderen Liste zu notieren. Erfahrungsgemäß werden dadurch auch recht robuste Gemüter sehr bald zum Einlenken veranlasst.

Alle anderen „Tricks", z.B. „Nacharbeiten" des versäumten Unterrichtsstoffes (meist des Aufwärmens) oder Aufräumen nach Stundenende, haben – vor allem wegen der recht lästigen Kontrollmaßnahmen – nur eine begrenzte Reichweite.

Wie die bisherigen Ausführungen erkennen lassen, vertreten wir hier die Meinung, dass Pünktlichkeit ein Rechts- und Formalproblem ist, für das der Lehrer zuständig ist und das nicht in fragwürdigen Diskussionen zerredet werden sollte. Nach aller Erfahrung werden damit nur Emotionen geweckt und keine Lösungen aufgezeigt. Dies bedeutet wiederum nicht, dass die Schüler gar nicht fähig wären, diese Frage nicht auch von sich aus und unter sich zu lösen. Es ist dies auch das erstrebenswerte pädagogische Ideal.

Als Lehrer jedenfalls sollte man in Sachen Pünktlichkeit generell nicht kleinlich und im Einzelfall auch bei dürftigen Erklärungen eher großzügig sein. Pünktlichkeit ist schließlich keine absolute Norm (welcher Lehrer ist schon mit Ende des Pausenzeichens in seiner Klasse?); es geht vielmehr darum, die Normabweichung, und zwar die zwangsläufige (z.B. durch die Verkehrsverhältnisse bedingte) und die selbstverschuldete gleichermaßen, in einem sozial tragbaren Rahmen zu halten.

Dazu gehört auch eine gewisse „Berechenbarkeit" des Lehrerverhaltens. Wenn man schon als Lehrer nicht als erster da sein kann (weil man z.B. vorher selbst Unterricht hat), sollte man sich angewöhnen, stets zur selben Zeit zu kommen. Sollte dies einmal nicht gelingen, steht es dem Lehrer gut an, seinen Schülern darüber eine Erklärung abzugeben, gleichgültig ob dienstliche oder private Gründe vorliegen.

Mit diesen und anderen – nur scheinbaren – „Kleinigkeiten" ist das *Vorbild* des Lehrers angesprochen. „Erziehen" heißt ja nicht, im Unterricht gelegentlich (und weil der Lehrplan es vielleicht verlangt) ein „pädagogisches Thema" zu behandeln, sondern bestimmte Haltungen und Einstellungen auch persönlich zum Ausdruck zu bringen. Daraus kann man als Lehrer dann das Recht ableiten, einem Schüler, wenn angezeigt, zu sagen: „Ich verlange von dir nur, was ich auch selbst tue."

Probleme bereiten gelegentlich die *Pausen,* genauer gesagt, die Frage, „wem die Pausen gehören". Hier gibt es eine eindeutige Antwort:

Die sogenannten kleinen Pausen sind organisatorische Pausen. Sie sind dazu da, dass Lehrer und Schüler sich auf die nächste Stunde einstellen können. Beide sind also verpflichtet, solche Pausen für Weg- und Umkleidezeiten zu verwenden bzw. mitzuverwenden, wenn sie alleine nicht ausreichen. Die sogenannten großen Pausen sind dagegen Erholungspausen, die den Schülern gehören. Allerdings ist fast immer, z.B. durch ein Klingelzeichen, ein organisatorischer Teil davon abgetrennt. Für ihn gilt das eben Gesagte.

Eine Quelle ständigen Ärgers ist das Zuspätkommen – meist ganzer Klassen – zur Stunde *nach der Sportstunde.* Hier muss man zunächst ganz nüchtern davon ausgehen, dass eine Klasse sich kaum noch beeinflussen lässt, wenn sie den „Machtbereich" des abgebenden Lehrers verlassen hat.

Wenn also ein Kollege in leicht gekränktem Ton feststellt: „Herr Kollege, Ihre Schüler sind mal wieder zu spät in meine Stunde gekommen", kann man durchaus mit Recht – mehr oder weniger wörtlich – zu ihm sagen: „Ich sorge dafür, dass *meine* Schüler pünktlich in *meine* Stunde kommen, und Sie sorgen dafür, dass *Ihre* Schüler pünktlich in *Ihre* Stunde kommen".

Letzteres hat zwar mit der eingangs gestellten Frage nichts mehr zu tun, ist aber ein Hinweis darauf, dass die Überlegungen für den Beginn einer Stunde entsprechend auch für ihre Beendigung gelten. Schließlich hat man ja auch als Lehrer im Normalfall eine „nächste Stunde", an die zu denken wäre.

2 Müssen die Schüler im Sportunterricht mitmachen?

Um die Antwort gleich vorwegzunehmen: Grundsätzlich müssen die Schüler mitmachen, wobei „grundsätzlich" bedeutet, dass dies ganz allgemein, selbstverständlich und unbedingt gilt, sofern nicht zwingende, in jedem Einzelfall besonders zu begründende Ausnahmen gemacht werden müssen. Daraus ergeben sich für die folgenden Betrachtungen zwei Fragestellungen:
- Welches sind die rechtlichen bzw. gesetzlichen Grundlagen dieses „Zwangs zum Mitmachen"?
- Welches sind die allgemeinen Kriterien für eventuell notwendige Ausnahmen?

Zu den rechtlichen Grundlagen

Die Allgemeinheit oder *Gesellschaft*, repräsentiert durch den Staat und seine Organe, hat durchaus und unbestritten das Recht, ihren Mitgliedern bestimmte *Pflichten* aufzuerlegen, beispielsweise Steuern zu zahlen, Wehr- oder Ersatzdienst zu leisten oder sich eine bestimmte Schulbildung anzueignen.

Eine solche *Schulpflicht* liegt sowohl im *allgemeinen*, d.h. den Fortbestand der Gesellschaft sichernden, als auch im *individuellen*, d.h. die Existenzfähigkeit des Einzelnen betreffenden, *Interesse*. Für diejenigen Schüler, die einen über das gesetzliche Mindestmaß hinausgehenden „höheren" Schulabschluss und damit eine höhere Qualifikation, z.B. die Studienberechtigung, anstreben, kommt als weiterer Gesichtspunkt hinzu, dass sie ein *Recht* oder eine *Berechtigung* für sich in Anspruch nehmen, für das sie als Gegenleistung eine *Pflicht* oder *Verpflichtung* zu erbringen haben, und zwar ganz und ungeteilt, so etwa wie jemand, der eine Wohnung bewohnen will, dafür auch Miete zahlen muss.

Der Lehrer ist also nicht nur berechtigt, sondern auch verpflichtet, die Schüler im Unterricht zum Mitmachen zu veranlassen, notfalls sogar zu zwingen. Er handelt dabei im gesamtgesellschaftlichen Auftrag, und nicht zuletzt deshalb ist er Beamter.

Wir haben bisher bewusst von „Mitmachen" gesprochen, weil sich darin ein spezifisches Problem des Sportunterrichts ausdrückt. Im allgemeinen und amtlichen Sprachgebrauch steht hierfür der Begriff der *Teilnahme*. Diese Teilnahmepflicht hat aber zwei qualitativ unterschiedliche Aspekte:

Zum einen geht es um die *Anwesenheitspflicht*. Von ihr kann, um eine amtliche Formulierung zu verwenden, nur aus „zwingenden Gründen" und in „besonders begründeten Ausnahmefällen" abgewichen werden. Die sich daraus ergebenden Probleme werden im nächsten Beitrag behandelt.

Zum anderen geht es um die *Teilnahmepflicht im engeren Sinne*, also um die Pflicht zur aktiven Beteiligung am Unterricht, eben und auch um das „Mitmachen". Eine so verstandene Teilnahme lässt sich nun aber in den sogenannten wissenschaftlichen Fächern nur bedingt kontrollieren. Es ist durchaus möglich, dass auch in einem sehr lebendig erscheinenden Unterricht die Mehrheit der Schüler „abgetaucht", d.h. nur körperlich anwesend, nicht aber geistig beteiligt ist. Auch bei einer nur scheinbaren Beteiligung der Schüler ist also in den meisten anderen Fächern, formal gesehen, immer noch Unterricht möglich.

Sportunterricht würde unter solchen Bedingungen – und darin liegt das Problem – *schlichtweg zusammenbrechen.*

Gelegentlich werden wir von Kollegen um dieses Phänomen der *unmittelbaren Rückmeldung* über das, was die Schüler verstanden, gelernt und erreicht haben, kurzum was sie tun und was sie nicht tun, beneidet. Im Gegenzug handeln wir uns damit aber auch einen Berg von Problemen ein. Es ist dies genau der Punkt, der Sportunterricht psychisch und physisch so anstrengend macht.

Nun kann man davon ausgehen, dass Schüler, vor allem im jüngeren Schulalter, gerne Sport treiben und relativ leicht zum Mitmachen zu veranlassen sind. Wir alle wissen aber auch, dass dies nicht immer bei allen Schülern und allen Gegenständen der Fall ist. Die Probleme, die sich hier ergeben, können im „Nicht-Können" oder im „Nicht-Wollen" liegen. Davon soll im Folgenden die Frage des Nicht-Könnens angesprochen werden. Das Nicht-Wollen, wenn etwa die Schüler – tatsächlich oder vorgeblich – „keinen Spaß" haben oder „nicht motiviert" sind, soll hier außer Betracht bleiben (1).

Wann sind Ausnahmen von der Teilnahmepflicht möglich?

Die generelle Antwort auf diese Frage ist ebenfalls recht schnell gegeben: Der Lehrer kann – oder muss gelegentlich sogar – einen Schüler vom Mitmachen freistellen, wenn Anzeichen für eine *deutliche Überforderung* vorliegen. Eine solche Überforderung kann drei Ursachen haben:
- Defizite im körperlichen oder motorischen Bereich,
- psychische Hemmungen, vor allem Angst,
- Hemmungen aus emotionalen oder sozialen Ursachen.

Wie diese grobe Auflistung bereits zeigt, sind die sich hier ergebenden Detailprobleme nicht immer leicht zu lösen. Dazu zunächst eine allgemeine Vorbemerkung: Wie überall bestehen auch im Sportunterricht erhebliche Unterschiede in der Leistungsfähigkeit der Schüler. Vielleicht sind sie hier sogar größer als in anderen Fächern, da unser Schulwesen keinen Ausleseanspruch hinsichtlich der körperlichen Leistungsfähigkeit verfolgt. Hier liegt ein spezifisches Problem des Sportunterrichts vor.

Unabhängig von der Frage, ob die allgemein in der Menschheit feststellbaren Leistungsunterschiede im körperlichen Bereich ebenso groß sind wie im geistigen, verbleibt die Tatsache, dass die einem Schüler zur Verfügung stehenden Mittel, naturgegebene Defizite auszugleichen, im Sport durchweg geringer sind als in anderen Bereichen unseres Schulwesens (2).

Damit aber stellt sich die Frage nach der *Zumutbarkeit der Anforderungen* im Sportunterricht in ganz besonderem Maße. Art und Höhe der Anforderungen sind auch in den Lehrplänen nur grob beschrieben. Es bleibt der Erfahrung und dem Fingerspitzengefühl des Lehrers überlassen, ihre Zumutbarkeit allgemein und im Einzelfall immer wieder zu überprüfen. Daraus darf aber nicht die Berechtigung abgeleitet werden, bestimmte Lehrplanvorgaben generell oder partiell außer Kraft zu setzen. Was im Lehrplan als verbindlich bezeichnet ist, muss auch behandelt werden, und es sollte das Bestreben des Lehrers sein, jeden Schüler entsprechend seinem Leistungsvermögen darin so weit wie möglich zu fördern.

Die didaktische Konsequenz aus diesem Problem besteht darin, dass *Differenzierung zum durchgehenden Prinzip des Sportunterrichts* wird (3). Hier sei nur soviel dazu gesagt, dass überall da, wo Geräte von unterschiedlicher Höhe, Größe und Gewicht, verschiedene Übungen unterschiedlichen Schwierigkeitsgrades und dieselbe Übung in unterschiedlichen Schwierigkeitsstufen angeboten werden können, dies auch zu geschehen hat.

Unter diesem allgemeinen Aspekt sind auch die folgenden Punkte zu sehen:

(1) Hemmnisse infolge *körperlicher* (z.B. erhebliches Übergewicht) oder *motorischer*, d.h. koordinativer und/oder konditioneller *Defizite* sind zunächst also mit differenzierenden Maßnahmen aufzufangen. Die Erfahrung zeigt aber, dass dies nicht immer oder nur mit einem unverhältnismäßig hohen unterrichtlichen Aufwand möglich ist. Warum sollte beispielsweise ein Schüler, der ein Hindernis nicht bewältigen kann, an diesem nicht vorbeilaufen? Dies stört den Unterricht nicht im geringsten, und der Schüler kann irgendwie doch noch mitmachen.

Solche speziellen und partiellen Befreiungen – und nur um diese geht es hier – werden üblicherweise von den Schülern ja auch stillschweigend in Anspruch genommen. Werden sie vom Lehrer ausgesprochen, sollten sie nicht den Anschein einer Zurückweisung haben. Wenn z.B. ein Schüler, der bei einem Mannschaftswettbewerb oder in einem Volleyballturnier die Chancen seiner Mannschaft von vornherein zunichte machen würde, dennoch von seinen Mitschülern akzeptiert wird, sollte man ihn mitmachen und mitspielen lassen, wenn nicht, könnte man ihn vielleicht mit einer Sonderaufgabe beschäftigen.

Körperliche und motorische Defizite dürfen andererseits für den Schüler aber nicht zum Freibrief werden, sich vor allen ihm unbequemen Anforderungen zu drücken. Sehr oft sind ja gerade diejenigen, die es am nötigsten hätten, die ersten, die „auf Tauchstation gehen". Als Lehrer hier jeweils die richtige Mitte zwischen Großzügigkeit und Konsequenz zu finden, ist nicht immer leicht. Das aber liegt in der Natur pädagogischer Entscheidungen.

(2) Auch wenn *Angst* im Spiel ist, muss es zunächst darum gehen, dem Schüler zu ermöglichen, dieselbe oder eine vergleichbare Situation unter möglichst angstfreien Bedingungen zu bewältigen. Bei Stützsprüngen kann man beispielsweise niedrigere Geräte, besondere Absicherungen oder Hilfe durch den Lehrer selbst einsetzen; ein Kopfsprung ins Wasser lässt sich auch vom Beckenrand oder gar von der Treppe ausführen. Wenn aber ein Schüler gänzlich unfähig ist, mit dem Kopf voran ins Wasser zu springen oder auf das Drei-Meter-Brett zu steigen, verbietet es sich wohl von selbst, ihn dazu zu zwingen (4).

Hier ist es wichtig, mit dem Schüler zu reden, um ihm bei der *Bewältigung seiner Angst* einige Hilfen zu geben (was für ihn wiederum zu einem entscheidenden Erfolgserlebnis werden könnte).
Dabei muss man ihm klarmachen,
- dass Angst eine allgemeine menschliche Erscheinung und kein „schuldhaftes" Verhalten eines Einzelnen ist,
- dass eine solche naturgegebene Angst immer wieder und in vielen Situationen auftritt, sich im speziellen Fall aber allmählich „wegtrainieren" lässt.

Nur bedingt dem Phänomen Angst zuzurechnen ist die allgemeine Scheu vor dem Neuen und Unbekannten. Wenn die Schüler also Angst vortäuschen, um sich lediglich davor zu drücken, etwas Neues probieren zu müssen, sollte man eher konsequent bleiben, ohne im Einzelfall die notwendige Rücksicht vermissen zu lassen.

(3) Neben der Angst spielen, wie mit dem letzten Hinweis schon angedeutet, auch andere *psychische Hemmungen* im Sport eine nicht unbedeutende Rolle. Üble Vorerfahrungen, Erziehungseinflüsse und andere aus der sozialen Umgebung einwirkende Faktoren können im Einzelfall zu so tiefsitzenden *emotionalen Sperren* führen, dass ein Schüler, ob bewusst oder unbewusst, lieber zur totalen Verweigerung greift, als sich einer bestimmten Situation auszusetzen.

Eine besondere Rolle spielt hier die sogenannte *soziale Angst*, die Angst vor Versagen und Bloßstellung vor den Augen der anderen, und nicht immer ist daran ein „schlechtes Klassenklima" schuld. So mancher Schüler würde vielleicht seinen 1000-m-Lauf zu Ende bringen oder den Handstandüberschlag riskieren, wenn er dies allein mit dem Lehrer und unbeobachtet von den übrigen tun könnte!

Versucht man, die vorstehenden Betrachtungen zu einer Generalregel zusammenzufassen, wäre es diese:

Nicht alle Schüler müssen alles mitmachen, aber jeder Schüler muss veranlasst werden, soweit irgend zumutbar, auch tatsächlich mitzumachen. Im Einzelfall wird man ihm dabei sehr weit entgegenkommen, doch ist es nicht angebracht, ihn von jeder Unbequemlichkeit oder jeder Art von Selbstüberwindung freizustellen.

Anmerkungen

(1) Vgl. dazu die Beiträge: Muss ein Sportlehrer seine Schüler motivieren? und: Muss Sportunterricht Spaß machen? „Alltagsprobleme" S. 83 und 189.
(2) Vgl. dazu den Beitrag: Der leistungsschwache Schüler im Sportunterricht, „Alltagsprobleme" S. 162.
(3) Vgl. dazu den Beitrag: Differenzierung im Sportunterricht, S. 153.
(4) Vgl. dazu den Beitrag: Angst und Angstbewältigung im Sportunterricht, „Alltagsprobleme" S. 117.

3 Entschuldigungen und Atteste – das ewige Ärgernis

Schulbesuch ist Pflicht; wer verhindert ist, muss sich entschuldigen. Dies steht sinngemäß in allen entsprechenden Gesetzen und Verordnungen. Wer aber gewohnt ist, mit Begriffen sorgsam umzugehen, wird bei dieser Formulierung stutzen: Wieso soll ich mich für etwas, an dem ich gar nicht schuld bin (etwa weil ich krank war oder weil bei Glatteis der Verkehr zusammengebrochen ist), entschuldigen?

Was damit gemeint ist, wird klar, wenn man eine dieser amtlichen Aussagen näher betrachtet („Schulbesuchsverordnung" Baden-Württemberg vom 21. März 1982): „Ist ein Schüler aus zwingenden Gründen (z.B. Krankheit) am Schulbesuch verhindert, ist dies der Schule unter Angabe des Grundes und der voraussichtlichen Dauer der Verhinderung unverzüglich mitzuteilen (Entschuldigungspflicht)".

Aus diesem Text geht hervor, dass unter „Entschuldigung" nichts weiter zu verstehen ist als eine *Mitteilung* darüber, dass „ein Grund" gegeben war. Dabei dürfte es der gegenwärtigen Rechtslage entsprechen, dass im Krankheitsfalle die genaue Angabe der Erkrankung nicht notwendig ist und eine allgemeine Formulierung (z.B. „wegen Krankheit") genügt. Entsprechendes dürfte auch bei sonstigem persönlichen Ungemach gelten, über das man nicht gerne spricht (1).

Ein Beweis für die Stichhaltigkeit des angegebenen Grundes wird üblicherweise weder verlangt noch erwartet (er wäre in den meisten Fällen ohnedies nicht nachzuprüfen), doch enthalten die amtlichen Bestimmungen regelmäßig eine Aussage darüber, ab welcher Krankheitsdauer und unter welchen sonstigen Bedingungen ein ärztliches und gegebenenfalls ein amtsärztliches Attest vorzulegen ist. Hier ist es wichtig, die Verordnungen des jeweiligen Bundeslandes zu kennen.

Aus dem bisher Gesagten wird die tatsächliche Funktion der „Entschuldigungspflicht" vollends klar: Sie dient der *gegenseitigen Information von Elternhaus und Schule* über das Fehlen der Schüler. Dabei ist der Begriff „gegenseitig" durchaus wörtlich zu nehmen: Sollte ein Schüler unentschuldigt fehlen oder der Verdacht bestehen, dass Entschuldigungen gefälscht sind, muss die Schule dies den Eltern mitteilen. Es könnte ja sein, dass der Schüler „geschwänzt" hat.

Beide Institutionen, Elternhaus wie Schule, haben eine gesetzlich festgeschriebene *Fürsorgepflicht*. Und notfalls muss die Schule diese Fürsorgepflicht auch *gegen die Eltern* durchsetzen: Wenn z.B. ein Schüler unverhältnismäßig häufig krank ist, muss die Schule ein Attest anfordern, d.h. einen Arztbesuch veranlassen. Gelegentlich sind Eltern hier recht sorglos. Im Extremfall müsste auch das Jugendamt oder eine entsprechende Institution eingeschaltet werden.

Gemeinhin wird man annehmen, dass die eben erwähnte Mitteilungspflicht der Schule bei *volljährigen Schülern* entfällt.

Dem ist aber nicht so. Die Eltern als die „Unterhaltspflichtigen" haben ein „berechtigtes Interesse" zu erfahren, was ihre Sprösslinge wirklich treiben. Natürlich wäre es

Entschuldigungen und Atteste – das ewige Ärgernis

hier wenig zweckdienlich und auch nicht sonderlich fair, jeden Bagatellfall an die große Glocke zu hängen.

Gerade dieses *„Selbstentschuldigungsrecht"* der volljährigen Schüler ist aber eine Quelle ständigen Ärgers. Es gibt wohl keine Bevölkerungsschicht, die sich so leicht und ohne Risiko (z.B. Verdiensteinbuße, Verlust des Arbeitsplatzes, Nichtanerkennung des Semesters) ihren Verpflichtungen entziehen kann wie die Schüler der Sekundarstufe II, so dass die Frage berechtigt ist, ob hier Rechte und Pflichten, Freiheit und Verantwortung noch in einem ausgewogenen Verhältnis stehen. Dieses Problem wird nur dadurch etwas entschärft, dass die Mehrheit der jungen Leute ihrer moralischen Verpflichtung (noch?) nachkommt.

Besonders betroffen ist natürlich der Sportunterricht, der in dieser Altersstufe durchweg nachmittags stattfindet und damit zum Fehlen geradezu herausfordert. Also bleibt man, wenn es beliebt, zu Hause oder genehmigt sich ein verlängertes Wochenende und wartet ab, ob der Lehrer eine Entschuldigung anmahnt. Im Grunde genommen ist dies schon die erste Provokation, denn Entschuldigungen sind eine „Bringschuld", d.h. sie sind unaufgefordert zum nächstmöglichen Termin vorzulegen.

Aber würde man als Lehrer bei der Schulleitung oder der Behörde Rückendeckung finden, wenn man einen Schüler wegen einer „vergessenen" Entschuldigung zur Rechenschaft ziehen würde? Solches ohne jede Vorwarnung zu tun, wäre ja auch nicht unbedingt angemessen. Also ist man, zunächst jedenfalls, gezwungen, dieses Spielchen mitzuspielen und spricht den Schüler an, riskiert dabei aber, dass dieser dann einen Schmierzettel hervorholt und voller Unschuld fragt: „Was soll ich Ihnen denn aufschreiben, Kopfweh oder Magenschmerzen?" Natürlich ist ein solches Verhalten nicht die Regel; es ist aber – in Variationen – auch kein Einzelfall.

Was wäre erstrebenswert?

Erstrebenswert wäre es auf jeden Fall, dass Unterrichtsversäumnisse nur das sind, was sie sein sollten, nämlich *Ausnahmen*. Dann könnte es bei einer einfachen (mündlichen) Erklärung des Schülers sein Bewenden haben: „Das letzte Mal war ich krank" (oder auch einmal: „Das letzte Mal ging es wirklich nicht"). Unberührt davon bleibt, dass die Anwesenheit festgestellt und festgehalten wird.

Was tun, wenn es Probleme gibt?

Sollten Probleme auftreten (oder dies die allgemeine Handhabung an der Schule sein), muss man auf einer *schriftlichen Entschuldigung* bestehen, und zwar einer fristgerechten, vollständigen (Zeitpunkt, Grund, Unterschrift) und auch formal akzeptablen Entschuldigung. Empfehlenswert ist, zu Beginn einer jeden Stunde eine allgemeine Erinnerung zu geben, z.B. „Bitte die Entschuldigungen vom letzten Mal." Wenn daraufhin nichts erfolgt, kann man sehr wohl ins Klassen- oder Tagebuch eintragen: „Legt trotz Aufforderung keine Entschuldigung für ... vor."

Im Wiederholungsfalle wird man vielleicht die versäumte Stunde nachholen lassen, bevor man bei hartnäckigen Fällen die Schulleitung einschaltet.

Natürlich ist damit nicht das Problem der *Scheinentschuldigungen* gelöst. Wenn aber ein Schüler zu oft, auch wegen verschiedener „Krankheitsbilder", fehlt, sollte man, wie oben im allgemeinen Teil bereits erwähnt, ein ärztliches oder amtsärztliches Gutachten über seinen Gesundheitszustand anfordern. Das aber ist wiederum Sache des Schulleiters oder des Schulamtes.

All das hat nicht das geringste mit Schikane oder Repression zu tun. Zum einen geht es darum, die Schüler zu einem angemessenen Sozialverhalten zu veranlassen, zum anderen die große Mehrheit der gutwilligen Schüler nicht als Trottel dastehen zu lassen (und schließlich als Lehrer sich nicht fortgesetzt austricksen und auf den Arm nehmen zu lassen).

Dabei ist den Schülern, wie im vorangegangenen Beitrag dargelegt, klarzumachen, dass sie gewissermaßen ein *Vertragsverhältnis* mit der Schule haben: Sie wollen etwas, nämlich Zuerkennung des Abiturs und damit die Studienberechtigung, und müssen dafür die entsprechende Gegenleistung erbringen, und zwar voll und ungeteilt. Dieses Vertragsverhältnis bindet beide Seiten, d.h. der Lehrer muss auch dann, wenn die Schüler nicht sonderlich interessiert sind, einen guten Unterricht halten.

Mit dieser Betrachtung der in der Sekundarstufe II auftretenden Probleme sind wir zugleich zum zweiten Themenbereich gekommen, dem der *Befreiung oder Freistellung speziell vom Sportunterricht.*

Sport ist normalerweise ja das einzige Fach, von dem der Schüler befreit werden kann, auch wenn der Schulbesuch als solcher nicht unterbrochen wird. Hier sind zwei grundsätzlich verschiedene Fälle zu unterscheiden:

– die gelegentliche und kurzfristige Freistellung vom „Mitmachenmüssen", z.B. bei Verletzung, Erkältung oder während der Menstruation,
– die längerfristige oder gar dauernde Freistellung aus gesundheitlichen Gründen, z.B. bei Krankheit oder Behinderung.

Zum Problem der Ad-hoc-Freistellungen

Die gelegentlichen Freistellungen vom Sport sind ein weites Problemfeld, von dem hier lediglich die beiden „Endpunkte" betrachtet werden sollen:

(1) Auf der einen Seite steht der Schüler, der zu Beginn der Sportstunde zum Lehrer kommt und erklärt, er sei erkältet und könne deshalb nicht mitmachen. Normalerweise wird es dabei sein Bewenden haben. Sollten aber doch einige Zweifel bestehen, empfiehlt es sich zu sagen: „Ob deine Erkältung wirklich so schlimm ist, dass du nicht mitmachen kannst, musst du selbst wissen. Wenn es wirklich nicht geht, bist du selbstverständlich befreit." Auf diese einfache Weise wird dem Schüler das Problem der Selbstverantwortung klargemacht.

Ist er selbst noch unsicher, kann man sagen: „Probier es mal; wenn es nicht geht, kommst du zu mir und sagst Bescheid." Ob man in solchen Fällen eine nachträgliche Entschuldigung durch die Eltern verlangt, ist nach Lage der Dinge zu entscheiden. Bleibt es bei Einzelfällen, wird man eher darauf verzichten.

Wenn ein Schüler aber immer wieder kommt oder plötzlich die halbe Klasse dasteht, muss man wohl darauf bestehen, allein schon um der Informationspflicht gegenüber den Eltern nachzukommen („Ich kann ja nicht wissen, ob eure Eltern darüber Bescheid wissen"). Wenn diese dann das Verhalten ihrer Kinder decken (was sie normalerweise tun), ist das ihre Sache.

(2) Auf der anderen Seite steht der Schüler (sehr oft ist es eine Schülerin), der immer wieder zu Beginn der Sportstunde mit einer korrekten Entschuldigung in der Hand eine Freistellung begehrt, und dies gerade dann, wenn ein unbequemes oder weniger beliebtes Thema ansteht. In solchen Fällen sollte man rechtzeitig vorbauen, indem man beispielsweise – stereotyp mit immer denselben Worten – dem Schüler zu verstehen gibt: „Es geht um dich, deinen Sport und deine Note, nicht um mich oder die Schule; wenn du so oft fehlst, kann nichts Rechtes dabei herauskommen."

Es kann nämlich durchaus geschehen, dass dieser Schüler, wenn es ans Notenmachen geht, voller Empörung ausruft: „Da war ich krank; da können Sie mir doch keine schlechte Note machen" (und meint damit: Weil ich krank war, muss ich eine bessere Note bekommen). Solche Manipulationsstrategien mit dem Ziel, unbequemen Anforderungen aus dem Weg zu gehen und/oder die Note aufzubessern, werden heute – mit mehr oder weniger bewusster Mithilfe durch die Eltern – schon von Grundschulkindern perfekt beherrscht.

Wer sich als Lehrer davon einfangen lässt, demoralisiert letztlich nur die große Mehrheit der leistungswilligen Schüler. Also muss man in einem solchen Fall auch den Mut haben, dem Schüler in aller Ruhe zu erklären: „Deine Krankheiten und das, was du kannst, sind zwei verschiedene Dinge. Jetzt zeige, was du trotzdem kannst, und dann werden wir weitersehen." Wieweit man dem Schüler in einem bestimmten Fall dann doch entgegenkommt, muss jeder Lehrer mit seinem Gewissen ausmachen.

Zwischen den beiden geschilderten Extrempunkten liegt ein weites Spektrum von Schülerverhaltensweisen. Für alle gilt die allgemeine Regel, dass ein Schüler im Sport wie in allen anderen Fächern das, was er versäumt hat, *„nacharbeiten"* muss.

Natürlich muss man ihm dazu Zeit und Gelegenheit geben; für Leistungsabnahmen sind gegebenenfalls *Nachtermine* anzusetzen. Und irgendetwas hat der Schüler ja auch schon vor seiner Erkrankung gekonnt. Mit dem, was dann herauskommt, muss er leben. Eine Gutschrift für nichterbrachte Leistungen gibt es nicht, vor allem dann nicht, wenn der Schüler sich mit allen verfügbaren Tricks um eine Leistungsabnahme herumgemogelt hat. Hier liegt eine *De-facto-Leistungsverweigerung* vor. Dafür sehen die schulrechtlichen Bestimmungen nur eines vor: die Note 6 (natürlich nur für diesen Fall und in diesem Teilbereich).

Man kann hier einwenden, dass am Schulsport irgend etwas faul sein müsse, wenn man als Lehrer zu solchen Mitteln greifen muss. Damit wäre die Diskussion aber auf eine Ebene verlagert, die hier gar nicht angesprochen ist. Was nämlich die schulrechtlichen Rahmenbedingungen betrifft, muss man zunächst davon ausgehen, dass Sport (auch) ein Fach wie jedes andere ist. Und wenn es von den Schülern ernst genommen werden will, muss es sich wohl an den Regeln der übrigen Fächer orientieren.

Nachzutragen bleibt eine Anmerkung zur *Dauer* solcher informeller Freistellungen auf Antrag der Eltern oder auch des Schülers selbst: Gewohnheitsmäßig, d.h. wenn die Bestimmungen des jeweiligen Bundeslandes darüber keine genaueren Aussagen machen, werden sie bis zu 14 Tagen, in offensichtlichen Fällen, wenn z.b. der Knöchel geschwollen oder der Allgemeinzustand ersichtlich beeinträchtigt ist, auch bis zu drei Wochen akzeptiert. Darüber hinaus ist es höchste Zeit, den Nachweis über eine ärztliche Behandlung einzufordern.

Zum Problem der ärztlichen Atteste

Angesprochen sind hier weniger die *langfristigen Atteste*, die eine völlige Freistellung wegen Krankheit oder Behinderung enthalten. Diese sind in der Regel unproblematisch, wenngleich die Ärzte und auch die Gesundheitsämter hier sehr verschiedene Maßstäbe anlegen. Es geht vielmehr um die Fälle, in denen

- fortgesetzt relativ *kurzfristige Atteste* vorgelegt werden,
- Freistellung von *bestimmten Sportarten oder Belastungen* ausgesprochen wird.

Sinngemäß gilt für diese zunächst das oben bereits Gesagte. Es kommt aber ein wichtiger Gesichtspunkt hinzu: Es kann *keine Note* gegeben werden, wenn auf Grund von *Dauer* oder *Umfang* der Befreiung keine mit den übrigen Schülern der Klasse vergleichbaren *Beurteilungsgrundlagen* mehr gegeben sind, und dies vor allem dann, wenn die Atteste als „taktisches Mittel" eingesetzt werden. Darüber muss sich der Schüler von vornherein im Klaren sein. Also sollte man ihm sagen: „Ich kann dir keine Note machen, wenn deine Befreiungen ein gewisses Ausmaß überschreiten, so dass die Vergleichbarkeit mit deinen Klassenkameraden nicht mehr gegeben ist." Dies gilt umso mehr, je älter die Schüler sind, vor allem für die Sekundarstufe II, weil dort die Kurse ja „abgerechnet" werden können.

Besondere Beachtung verdienen Atteste – die Beispiele sind keineswegs erfunden –, durch die ein Schüler vom „Leistungssport" (ein Begriff, den man zurückweisen muss) oder von „anstrengenden" bzw. „belastenden" Übungen freigestellt werden soll. Hier sollte man dem Schüler erklären: „Was als ‚anstrengend' oder ‚belastend' empfunden wird, ist von Mensch zu Mensch sehr verschieden. Ich kann als Lehrer das nicht beurteilen. Irgendwie ist alles, was wir tun, ‚belastend'. Ich gehe also davon aus, dass du grundsätzlich nicht mitmachen kannst und eine Note nicht gegeben wird, es sei denn, du überzeugst mich vom Gegenteil."

Warum eine so restriktive Handhabung des in solchen Fällen zweifellos gegebenen *pädagogischen Ermessensspielraums*?

Zunächst lässt sich nicht immer entscheiden, ob eine tatsächliche Beeinträchtigung vorliegt oder eine nur vorgetäuschte und unangemessen aufgebauschte. Auch ein Arzt kann ja nicht in den Schüler „hineinsehen", wenn er zu ihm kommt und über diffuse Beschwerden klagt. Der Weg zum – notgedrungen oder bewusst ausgestellten – „Gefälligkeitsattest" ist dann nicht mehr weit. Zwar würde man im Falle der „unverschuldeten" Beeinträchtigung dem Schüler eher entgegenkommen als im anderen, doch käme in beiden Fällen nicht viel mehr als eine „Gefälligkeitsnote" heraus, die vielleicht den Schüler und seine Eltern zufriedenstellt, letztlich aber doch nur eine (Selbst-)Täuschung darstellt.

Sodann gibt es bemerkenswerte Unterschiede darin, wie Schüler mit partiellen Beeinträchtigungen fertig werden: Die einen machen sich zielstrebig an ihre Kompensation und bringen es dabei zu besonderen, manchmal sogar bewundernswerten Leistungen (wie das Beispiel des Schülers zeigt, der wegen einer Asthmaerkrankung gelegentlich nicht mitmachen konnte, in Training und Wettkampf aber der weitaus beste Mittelstreckenläufer der Klasse war), die anderen benützen sie nur als Vorwand, sich vor allem, was ihnen unbequem ist, zu drücken. Ohne Frage müssen wir Sportlehrer hier in Richtung auf die erstgenannte Verhaltensweise auf die Schüler einwirken.

Allerdings ist hier ein Extremfall zu berücksichtigen: In manchen Fällen ist es erwünscht, dass ein Schüler gerade *wegen* einer bestimmten körperlichen oder motorischen Beeinträchtigung im Sportunterricht mitmacht, obwohl er mit den anderen keineswegs mithalten kann. Hier ist ein Attest anzufordern, um sowohl den Schüler als auch den Lehrer vom „Zwang zur Benotung" freizustellen.

Ein letzter Gesichtspunkt:

Schüler, die mit oder ohne Attest im Sport nicht mitmachen können, aber den übrigen Unterricht besuchen, müssen *anwesend* sein, sofern sie nicht aus bestimmten Gründen (z.B. am Nachmittag oder in Randstunden) *ausdrücklich beurlaubt* sind. Dies folgt aus der Aufsichtspflicht der Schule. Natürlich stellen diese Schüler, wenn sie nur herumsitzen, einen prinzipiellen Störfaktor dar (vor allem, wenn sie bei dieser Gelegenheit vergessene Hausaufgaben abschreiben oder sich auf die Mathematikarbeit der nächsten Stunde vorbereiten). Wenn irgend möglich, sollte man sie also in geeigneter Weise in den Unterricht einbeziehen oder für anderweitige Beschäftigung sorgen.

Warum wurde hier ein alltägliches und routinemäßiges Problem des (Sport-)Lehrerdaseins so ausführlich behandelt? Nicht allein, um zum Nachdenken zu veranlassen (und dabei vielleicht auch zum Widerspruch herauszufordern), sondern um deutlich zu machen,

– *dass Unterrichten ein Prozess ist, der sich als Geflecht von schulrechtlichen Rahmenbestimmungen und pädagogisch orientierten Lehrerhandlungen darstellt,*
– *dass der Lehrer zwischen den gesellschaftlichen Anforderungen an die Schule und der individuellen Situation des Schülers „vermitteln" muss,*
– *dass für unterrichtliches Handeln zwar Regeln aufgestellt und Möglichkeiten aufgezeigt werden können, aber das, was jeweils „richtig" oder „falsch" ist, nur aus der aktuellen Situation heraus entschieden werden kann,*
– *dass „pädagogisch handeln" nicht kurzschlüssig gleichgesetzt werden darf mit „nachgiebig sein".*

Anmerkung

(1) Vgl. den Beitrag: Von Erkältungen und anderen Unpässlichkeiten, „Alltagsprobleme" S. 128.

4 Die „neue" Klasse

Wohl jeder Sportlehrer sieht sich veranlasst, wenn er eine neue Klasse übernimmt, einige grundsätzliche Dinge anzusagen. Dies ist auch dann ratsam, wenn die Klasse nicht wirklich „neu" an der Schule ist, sondern von anderen schon unterrichtet worden ist. Schüler verstehen es nämlich hervorragend, gerade dann, wenn es darauf ankommt, sich „dumm zu stellen".

Damit ist zunächst ein *rechtliches Problem* angesprochen. Der Lehrer hat nämlich
- seine Lehrverpflichtung zu erfüllen, d.h. für einen geordneten und effektiven Unterricht zu sorgen,
- seiner Aufsichts- und Sorgfaltspflicht nachzukommen, wobei „Aufsicht" sich mehr auf die allgemeine schulrechtliche Verantwortung, „Sorgfalt" mehr auf die fachspezifische Verpflichtung des Lehrers bezieht, mögliche Schädigungen von den Schülern fernzuhalten (1).

Es ist dies aber auch ein *pädagogisches Problem*, denn „pädagogisch" handeln bedeutet nicht nur zu reparieren, was schiefgelaufen ist, sondern auch die Weichen so zu stellen, dass möglichst wenig danebengeht.

Die notwendigen Anweisungen betreffen zunächst das Verhalten der Schüler *vor Unterrichtsbeginn*. Darüber ist im ersten Beitrag dieses Kapitels gesprochen worden, so dass hier ein Formulierungsbeispiel genügt:
- „Ihr kommt auf dem kürzesten Weg zur Sporthalle/auf den Sportplatz, geht in den zuständigen Umkleideraum, zieht euch so schnell wie möglich um und kommt in die Halle/auf den Platz."
- „Normalerweise bin ich dann schon da und sage, wie es weitergeht."

Wenn die Sportstunde die erste Vormittags- oder Nachmittagsstunde ist oder nach einer großen Pause liegt, sind vielleicht einige zusätzliche Hinweise zum Problem „Schulbeginn" angebracht, z.B. mit der Frage: „Wann fängt die Schule an?" (Die Schüler werden mit Sicherheit den Unterrichtsbeginn nennen) und der Antwort: „Da fängt der Unterricht an; die Schule beginnt mit dem ersten Läuten, und da habt ihr zu kommen und euch umzuziehen."

Die nächsten Anweisungen betreffen die *Ausrüstung* der Schüler, z.B. nach folgendem oder einem ähnlichen Muster:
- In der Sportstunde wird prinzipiell Sportkleidung getragen. „Sportliche" Alltagskleidung ist keine Sportkleidung, auch die als Straßenschuhe getragenen Sport- und Freizeitschuhe nicht.
- Uhren, Schmuck, Geldbeutel und andere Wertsachen werden an einer bestimmten Stelle deponiert. Alle achten darauf, dass sich während der Stunde niemand daran zu schaffen macht.

Für mögliche Diskussionen mit Schülern, Eltern und Kollegen seien hierzu noch einige zusätzliche Anmerkungen gemacht:

(1) Das manchmal bevorzugte „Barfußturnen" ist auf den üblichen Sporthallenbelägen nicht nur aus hygienischer Sicht (z.b. Gefahr von Dornwarzeninfektionen), sondern auch aus orthopädischen Gründen (Überlastung der Fußgewölbe, der Fuß-, Knie- und Hüftgelenke sowie der Wirbelsäule wegen mangelhafter Dämpfung bei Sprungbewegungen) höchst bedenklich. Dasselbe gilt auch für das Tragen der vor allem bei Mädchen beliebten „Gymnastikschläppchen" mit dünnen Sohlen. Natürlich wird man für eine spezielle Fußgymnastik die Sportschuhe ausziehen lassen. Barfußlaufen als solches ist jedoch nur auf weichem Untergrund gesundheitlich vertretbar.

(2) Leider lässt sich das Tragen von sogenannten Freizeitschuhen im Sportunterricht nur schwer kontrollieren. Hier helfen nur der Appell an die Einsicht der Schüler, Straßenstaub und -dreck doch nicht wissentlich in die Sporthalle zu schleppen, und gelegentliche Stichproben in Form einer „Eingangskontrolle".

(3) Sportkleidung bezieht sich auch auf das „Darunter". Die Schüler sollten also veranlasst werden, unter der Sportkleidung nicht noch ihre Tagesunterwäsche zu tragen. Warum, ist wohl leicht einzusehen.

(4) Es ist problematisch, als Lehrer – außer in zwingenden Fällen – irgendwelche Wertgegenstände in Verwahrung zu nehmen oder im Sportlehrerzimmer zu deponieren, weil man damit eine (vielleicht nur „moralische") Schadensersatzpflicht übernimmt, falls etwas verlorengeht oder beschädigt wird.

(5) Hinsichtlich des Tragens von Uhren, Ringen, Ketten u.Ä. kann man großzügig sein, wenn das Unterrichtsthema eine Selbst- oder Fremdschädigung der Schüler ausschließt. Gelegentlich, z.B. beim Waldlauf, kann es sogar erwünscht sein, dass die Schüler ihre Uhren und ggf. auch die Wertsachen bei sich haben.

Für das Verhalten der Schüler *während des Unterrichts* sind vor allem drei Punkte von Bedeutung:
– Es ist ein Zeichen zu verabreden, mit dem der Lehrer, wenn Gefahr im Verzug ist oder Probleme auftreten, das Unterrichtsgeschehen sofort anhalten kann, z.B. mit folgender Anweisung: „Wenn ich pfeife, erstarrt sofort jede Bewegung und jeder schaut zu mir her; wenn ich außerdem mit der Hand ein Zeichen gebe, kommt ihr bei mir zusammen."
– Aus Gründen der Aufsichtspflicht ist darauf hinzuweisen, dass niemand die Sporthalle bzw. den Sportplatz verlassen darf, ohne sich abzumelden.
– Ebenso müssen die Schüler veranlasst werden, jede – auch nur vermutete – Verletzung oder sonstige Schädigung sofort, spätestens aber zum Ende der Stunde, dem Lehrer anzuzeigen, es sei denn, dass dieser den Unfall oder sonstigen Vorfall selbst gesehen und registriert hat.

Auch hier seien einige weiterführende Überlegungen angefügt:

(1) Pfeifsignale werden im Sport bisweilen in geradezu ausufernder Weise eingesetzt. Es ist deshalb angebracht, sich immer wieder an ihre eigentliche Funktion zu erinnern, nämlich einen Tätigkeits- oder Handlungsablauf, bei dem die Teilnehmer nicht notwendigerweise auf den Leiter orientiert sind, abzubrechen. Wenn einige Sportspiele

die Pfeife auch in anderen Zusammenhängen verwenden, hat das wohl seine Gründe. Im Sportunterricht sollte man jedenfalls für Ankündigungs-, Einsatz- und Startkommandos andere Zeichen wählen. Die Pfeife als „Ruhe-bitte"- und „Ich-will-doch-was-sagen"-Signal zu betätigen, grenzt an Missbrauch mit der einzigen Folge, dass gerade dann, wenn es darauf ankommt, keiner mehr hinhört.

Wenn eine Aktion entweder zwangsläufig oder wie vorbestimmt zu Ende ist, sind die Schüler vielmehr verpflichtet, sich von selbst wieder auf den Lehrer zu orientieren, und wenn sie es nicht können, müssen sie es lernen. Entsprechende Regeln gelten auch dann, wenn die Schüler ohne direkte Lehreranleitung unter sich in Gruppen etwas erarbeiten.

(2) Während der Stunde die Toilette aufzusuchen, kann für Schüler zum Ritual werden, sei es um für eine Weile dem Unterricht zu entgehen, in den Spiegel zu schauen oder eine Zigarette zu rauchen. Man kann dem entgegenwirken, indem man nur jeweils einen gehen lässt. Es ist auch keine Unhöflichkeit gegenüber den Schülern, gelegentlich festzustellen, dass für solche Verrichtungen die Pausen vorgesehen sind.

(3) Die unverzügliche Mitteilung über Verletzungen und Schädigungen ist nicht nur aus juristischen Gründen notwendig, um z.B. einen geltend gemachten Unfall bestätigen oder gegebenenfalls auch im Nachhinein erhobene unberechtigte Ansprüche abwehren zu können, sie folgt auch aus der allgemeinen Sorgfaltsverpflichtung des Lehrers, dem Schüler die notwendigen Verhaltensanweisungen und Ratschläge zu geben, z.B. bei anhaltenden Schmerzen einen Arzt aufzusuchen.

Schließlich sind die notwendigen Feststellungen über die *Beendigung der Stunde* zu treffen, etwa nach folgendem Beispiel:
- „Die Stunde ist erst zu Ende, wenn ich dies ausdrücklich feststelle. Vorher geht niemand aus der Halle oder vom Platz."
- „Wenn ich euch entlassen habe, zieht ihr euch um und geht, ohne herumzutrödeln, zur nächsten Stunde."

Vielleicht ist auch hier eine Anmerkung angebracht: Es hat sich in den letzten Jahren geradezu eingebürgert, dass die Schüler am Ende einer Stunde einfach davonlaufen. Ein solches Verhalten ist, umgangssprachlich ausgedrückt, „völlig unmöglich", wenn nicht asozial, und das nicht nur in der Schule. Außerdem ist fast regelmäßig am Ende der Stunde, speziell einer Sportstunde
- etwas aufzuräumen, was die Aufgabe aller, nicht nur gutwilliger Schüler ist,
- etwas anzusagen, was für die gerade beendete oder für die nächste Stunde (und vielleicht für die gesamte Unterrichtseinheit) von Bedeutung ist.

Nach aller Erfahrung wird man nicht darum herumkommen, in einer „neuen" Klasse die hier aufgelisteten Dinge einmal zur Sprache zu bringen (und dann auch immer wieder daran zu erinnern). Natürlich muss das nicht unbedingt in einem Zug geschehen. Man kann auch jeweils eine „gegebene Gelegenheit" abwarten, aber dann sollte man sich auch nicht scheuen, einen als unbefriedigend empfundenen Zustand zwar sachlich, aber doch deutlich genug anzusprechen.

Dabei ist es wichtig, als Lehrer auch *persönlich Stellung zu beziehen* und sich nicht (nur) hinter allgemeinen Redensarten, Lehrplanbestimmungen oder Schulordnungsparagraphen zu verschanzen. Letzteres nämlich nervt die Schüler nur, ohne sonderlich Wirkung zu zeigen.

Anmerkung

(1) Vgl. den Beitrag: Über Unfälle und Unfallvermeidung, „Alltagsprobleme" S. 121.

5 Was hat der Sportlehrer in seiner Sporttasche?

Sein Sportzeug natürlich, wird man auf diese Frage wahrscheinlich antworten.

Aber davon und den anderen persönlichen Gegenständen, die ein Sportlehrer mit sich herumträgt, soll hier nicht die Rede sein, sondern von den Dingen, die mit dem Unterricht zu tun haben.

Das Wichtigste: Schreibpapier in der Größe DIN-A4 oder A5, ein Schreibstift und – unentbehrlich – ein dicker, steifer Karton als Schreibunterlage. Dann: Schülerlisten, vielleicht aufgeteilt in Anwesenheits- und Ergebnislisten; ggf. auch eine Klarsichthülle für Entschuldigungen und Atteste.

Zeitweise dürfte es auch ratsam sein, Wertungstabellen, Prüfungsbestimmungen, Sportabzeichenbedingungen und Wettkampfausschreibungen bei sich zu haben.

Eine Pfeife sollte stets griffbereit sein, auch wenn man sie nur in Notfällen benutzt, ebenso ein Stück Kreide (in einer Blechdose) und Klebeband, um etwas anschreiben oder eine behelfsmäßige Markierung anbringen zu können. Ein paar Plastikbeutel und ein Stück Schnur leisten oft gute Dienste.

Praktisch unentbehrlich ist ein Notfallpäckchen oder -beutelchen, das vor allem Heftpflaster, ein Verbandpäckchen und eine elastische Binde, vielleicht auch einen Kältepack enthält. Die für jede Sportstätte vorgeschriebenen Erste-Hilfe-Kästen sind in den meisten Fällen ausgeplündert.

Gelegentlich benötigt man auch Arbeitskarten, Anschauungsmaterial und sonstiges Unterrichtsmaterial (z.B. Anweisungen und Anleitungen auf Karteikarten). Soll anhand von Bildern (z.B. Reihenzeichnungen) etwas erklärt werden, müssen diese groß genug sein (DIN-A4 genügt im Allgemeinen) und an der Wand befestigt werden können (also Reißnägel und/oder Klebefilm nicht vergessen).

Alles weitere, was man zwar nicht unbedingt, aber vorteilhafterweise bei sich hat, sei hier in Form einer „Mängelliste" gegeben: Die schuleigenen Stoppuhren sind fast immer kaputt (private halten ewig); Ballpumpen funktionieren nicht; Magnesia ist nie da, wenn man es braucht; die Reckstangen sind immer verrostet (Schmirgelpapier immer in einen Umschlag stecken!); Zauberschnüre sind zerrissen oder verknotet und bei den Bandmaßen sieht es nicht viel besser aus.

All dies mag eine nachrangige Rolle spielen, wenn man stets in derselben Halle unterrichtet. Wer aber verschiedene Sportstätten benützen muss, kann hier schon seine Erfahrungen machen. In diesem letzten Fall ist es auch angebracht, einige Kleingeräte in der Sporttasche oder im Kofferraum zu haben, z.b. einen Satz Wurfbälle (ersatzweise auch abgespielte Tennisbälle), Staffelhölzer (ein normaler Besenstiel, zersägt und mit der Raspel abgerundet, ergibt fünf Hölzer), einige Sprungseile (auch als behelfsmäßige Sprungleine oder Markierung zu benutzen) u.a.m.

In diesem Bereich sind der persönlichen Phantasie und Improvisationskunst keine Grenzen gesetzt. Lieber etwas zu reichlich ausgestattet sein, als plötzlich ratlos dastehen! Vielleicht ist dazu aber auch ein kleiner Hinweis angebracht: Was man als Lehrer über längere Zeit mit sich herumträgt, sollte auch Privatbesitz sein. Die Kollegen werden es danken.

6 Was machen die Schüler „vor" der Sportstunde?

Es ist eher die Regel als die Ausnahme, dass Schüler nicht gleichzeitig, sondern nacheinander in die Sporthalle oder auf den Sportplatz kommen, und dies zum Teil mit deutlichem Abstand. Natürlich muss man als Lehrer darauf achten, dass diese Zeitspanne nicht allzu groß wird – dies ist das in anderem Zusammenhang bereits besprochene Problem der Pünktlichkeit –, doch dürfte ein gewisser Verzug unvermeidlich sein. Was sollen nun aber die Schüler, die schon etwas früher da sind, tun, bis auch die Letzten angekommen sind und die Stunde „wirklich" beginnen kann?

Dafür gibt es eine Reihe von Möglichkeiten, von denen hier nur einige wenige betrachtet werden können, dies aber nicht unter dem Gesichtspunkt, welche von ihnen nun „besser" oder „schlechter" sind, sondern welche Vorteile man sich vielleicht davon jeweils versprechen kann und welche Nachteile man zwangsläufig damit in Kauf nehmen muss.

Wer früher kommt, setzt sich hin und wartet, bis alle da sind.

Abgesehen von Fällen, in denen eine Klasse – aus welchen Gründen auch immer – dies von selbst praktiziert, ist eine solche Verfahrensweise nur in besonderen Fällen angezeigt, beispielsweise in undisziplinierten Klassen oder wenn es darum geht, den Schülern das Problem der Pünktlichkeit bewusst zu machen (etwa nach dem Motto: Es ist erstens nicht unbedingt korrekt, zu spät zu kommen, und zweitens nicht sonderlich sozial, die anderen warten zu lassen).

Was machen die Schüler „vor" der Sportstunde?

Als Standardverfahren eingesetzt, entfällt für die Gutwilligen der Anreiz, sich zu beeilen, wodurch dann auch die Lustlosen und Langweiligen in ihrem Verhalten noch weiter bestärkt werden.

Wer früher kommt, erhält einen Ball und darf spielen.

Es ist sicher eine sinnvolle Beschäftigung, wenn die Schüler in kleinen Gruppen, wie sie eben ankommen, beispielsweise auf ein Tor oder einen Korb spielen, und sicher sind sie auch mit Eifer und Begeisterung bei der Sache.

Man muss nur daran denken, dass man, falls kein Thema aus dem Fachbereich Spiel ansteht, den Schülern den Ball auch irgendwann wieder wegnehmen muss. Manche Klassen verkraften dies klaglos (dann ist wohl alles in Ordnung), andere reagieren darauf wie Kinder, denen man das Lieblingsspielzeug weggenommen hat (dann wird die Sache problematisch).

Außerdem besteht jetzt für die am Sport uninteressierten Schüler kein spezieller Grund mehr, sich zu beeilen: „Die anderen dürfen doch spielen!" war der beinahe empörte Ausruf einer solchen Schülergruppe, als sie wegen ihrer offensichtlichen Trödelei zur Rede gestellt wurde.

Wer kommt, fängt gleich mit dem an, was ansteht.

Dies ist mit Sicherheit der pädagogisch sinnvollste Einstieg. Bei (Ball-)Spielstunden dürfte er nahezu selbstverständlich sein, sofern keine wilde Bolzerei daraus entsteht. Auch wenn Handgeräte eingesetzt werden, bietet er sich besonders an: Man kann sich auf diese Weise sehr schnell orientieren, wie die Schüler darauf ansprechen, wozu sie tendieren und was sie schon können. Sind Großgeräte bereits aufgebaut, muss man freilich auf besondere Gefahrenmomente achten, wie sie z.B. beim Absprungtrampolin oder den Schaukelringen regelmäßig gegeben sind.

Die möglichen Nachteile dieses Verfahrens sind im Grunde schon genannt: kein besonderer Anreiz für Unwillige und emotionale Probleme beim Übergang vom freigewählten zum pflichtgemäßen Tun. Auch passt dieser Einstieg nicht für alle Stunden.

Wer kommt, fängt an, die Geräte aufzubauen oder die übrigen Verrichtungen wahrzunehmen, die für die Stunde notwendig sind.

Dies bietet sich natürlich an, wenn etwas Umfangreicheres aufgebaut werden muss, seien es nun die Barren, das Volleyballnetz oder die Hochsprunganlage. Und es ist die absolut zeitsparendste und effektivste Art, zu solchen Geräteaufbauten zu kommen: In vielen Fällen ist in der Pause vor der Stunde schon alles erledigt. Schließlich gibt es in jeder Klasse genügend Leute, die hier gerne und bereitwillig mithelfen.

Aber gerade hier liegt auch der kritische Punkt: Es gibt mindestens ebenso viele, die sich nie beteiligen und notfalls im Umkleideraum abwarten, bis die Arbeit getan ist.

Man könnte von diesen die Geräte am Schluss abbauen lassen, aber erfahrungsgemäß gibt das nur Ärger, und sei es nur deshalb, weil man damit zu einer recht kleinlichen „Buchführung" gezwungen ist.

Zweifellos gibt es noch eine Reihe weiterer Möglichkeiten, die Schüler „vor" der Stunde zu beschäftigen. Für sie alle gilt dasselbe wie für die dargestellten: Sie haben jeweils ihre Vor- und Nachteile. „Richtig" ist also, wie eingangs schon gesagt, die Verfahrensweise, die im konkreten Fall die meisten Vorteile verspricht und die wenigsten Nachteile erwarten lässt. Und das wiederum hängt von der Eigenart der Klasse, dem anstehenden Thema und den besonderen Absichten des Lehrers ab.

7 Wer baut die Geräte auf?

Fast in jeder Sportstunde ist irgendetwas hervorzuholen, bereitzustellen oder aufzubauen. Dabei ist zwischen Gerätschaften, die sozusagen im Vorbeigehen zu besorgen sind, und Geräteaufbauten, die einen größeren Aufwand verursachen, zu unterscheiden. Vor allem für den zweiten Bereich gibt es eine Reihe unterschiedlicher Verfahrensweisen – im Folgenden der Einfachheit halber als „Methoden" bezeichnet –, die wohl alle zu ihrer Zeit und an ihrer Stelle ihre Berechtigung haben (1).

Zunächst aber einige Bemerkungen zu der großen Gruppe der *Kleingeräte:*

Handgeräte für die Gymnastik und *Bälle* jeder Art legt der Lehrer am besten zu Beginn der Stunde selbst bereit oder verstaut sie in einem Transportbehälter. Es erspart Ärger, wenn man nur die benötigte Anzahl hervorholt und die Funktionsfähigkeit vorher überprüft. Natürlich kann man das auch einem beauftragten Schüler überlassen, entweder einem jeweils benannten oder immer demselben oder auch reihum im Wechsel. Entsprechendes gilt, in je nach den Verhältnissen abgewandelten Formen, auch für Startblöcke, Kugeln, Malstangen, Rechen, Schwimmbretter und all die vielen anderen Dinge, die im Unterricht benötigt werden. Stoppuhren, Bandmaße und ähnliche empfindliche Instrumente be- und versorgt der Lehrer normalerweise selbst.

Großgeräte erfordern einige differenziertere Überlegungen.

In erster Linie geht es dabei um die Turngeräte, aber auch um Hochsprunganlagen, Volleyballnetze und Ähnliches. Hier muss so manches transportiert, aufgebaut und abgesichert werden, und dies sollte auch überlegt und systematisch geschehen.

Dafür gibt es einige Methoden, die jeweils ihre eigenen Probleme aufwerfen.

Die „ökonomische Methode"

Die Schüler bauen, wie sie gerade herbeikommen, die Geräte auf. Diese Methode hat das große Plus, dass Unterrichtszeit eingespart wird, und zwar in einem erheblichen Ausmaß. Sie funktioniert im allgemeinen auch reibungslos, hat aber den Nachteil, dass sich fast unweigerlich eine „Zwei-Klassen-Gesellschaft" herausbildet: die einen, die immer da sind und bereitwillig mithelfen, und die anderen, die sich bewusst oder unbewusst davor drücken.

Dagegen lässt sich nur bedingt etwas unternehmen. Man könnte vielleicht einige weniger beliebte Verrichtungen für die später Kommenden aufsparen, sollte bei diesen aber auch nicht immer Absicht unterstellen. Vielleicht lässt es der Busfahrplan nicht anders zu, vielleicht wurden sie aus anderen Gründen aufgehalten, und wer von Natur aus langsam ist, verdient eher Nachsicht, selbst wenn man ihm gelegentlich auf die Sprünge helfen muss.

Für den Geräteabbau eignet sich diese Methode nur in der Variante: „Wer hilft mit abzubauen? Die anderen können gehen." Gelegentlich, vor allem bei wenig umfangreichen Aufbauten, bietet sich ein solches Vorgehen geradezu an. Aber auch dann sollte man darauf achten, dass die Gutmütigkeit einiger weniger von der Klasse nicht ausgenützt wird.

Die „improvisatorisch-systematische Methode"

Sobald alle da sind, üblicherweise aber nach dem Aufwärmen oder dem Gymnastikprogramm, werden die Schüler vom Lehrer eingeteilt, etwa nach folgendem Muster: „Die ersten beiden den ersten Barren, die nächsten beiden ..."

Im Allgemeinen klappt das auch ganz gut, wenngleich der Lehrer fast immer irgendwo eingreifen muss, bis nach einigem Hin und Her endlich alles steht. Dieses Verfahren kostet also Zeit und bringt, inmitten der Stunde angewendet, einen Bruch in den Unterrichtsablauf. Außerdem werden Selbsttätigkeit und Mitdenken der Schüler nicht sonderlich gefördert.

Durchaus geeignet ist diese Methode für den Abbau der Geräte, vor allem wenn die Verrichtungen innerhalb der nun bestehenden Gruppen gleichmäßig verteilt werden. Man muss lediglich auf eine sinnvolle Reihenfolge der Tätigkeiten achten. Außerdem sollte man verhindern, dass diejenigen, die ihre Arbeit tatsächlich oder vorgeblich schon getan haben, einfach weglaufen und den größten Weichboden den beiden Kleinsten der Klasse hinterlassen.

Die „Gerätekommando-Methode"

Für jeweils einen bestimmten Zeitraum werden bestimmte Tätigkeiten bestimmten Schülern fest zugeteilt. Es können also alle zugleich tätig werden, müssen dabei aber eine bestimmte Ablauffolge einhalten. Darin liegt eine Schwierigkeit, die von den Schülern selbst gelöst werden muss. Dies kann ganz gut gelingen, doch verbleibt immer eine gewisse Störanfälligkeit dieses Systems, wenn z.B. einige Schüler ausfallen oder keine rechte Lust haben. Außerdem sollte man bedenken, dass die einzelnen Tätigkeiten eine recht unterschiedliche Beliebtheit haben: Mattenwagen schieben bringt mehr Sozialprestige als Matten aufladen. Ungeachtet solcher Überlegungen ist es sicherlich vorteilhaft, für bestimmte Fälle, z.B. das Aufspannen der Volleyballnetze, einige Spezialisten zu haben.

Diese Methode eignet sich für den Auf- und Abbau der Geräte gleichermaßen.

Die „Selbstorganisations-Methode"

Nach einer generellen Einweisung durch den Lehrer oder (besser) nach einem ausgehängten Plan organisieren die Schüler den Geräteaufbau selbst. Dabei notwendig werdende Gruppenbildungen können, z.b. beim Aufbau eines Geräteparcours, Bestandteil der Aufgabe sein oder, z.b. beim Aufbau mehrerer gleicher Geräte, vorab vom Lehrer vorgenommen werden.

Diese Methode bedarf natürlich einer längeren Anlaufzeit. Und sicherlich hat sie nur Sinn, wenn die darin enthaltene pädagogische Absicht, die Schüler zur selbständigen und rationellen Lösung von relativ schwierigen organisatorischen Aufgaben anzuhalten, vom Lehrer mit Geduld und Nachdruck auch weiter verfolgt wird. Das aber ist ein recht mühsames Unterfangen. Und bei allem pädagogischen Engagement, das sich darin ausdrückt, sollte man auch sehen, dass Verfahrensweisen dieser Art zwar nicht unbedingt, aber doch sehr häufig zur Ausbildung von klasseninternen Machtstrukturen führen, etwa dergestalt, dass die einen nur das große Wort führen und die anderen die Arbeit machen. Wer davor die Augen schließt, verschließt sie auch vor der oft sehr rauen sozialen Wirklichkeit, in der unsere Schüler stehen. Aber auch hierzu kann man unterschiedliche Positionen beziehen: Soll die Schule die Kinder auf diese Wirklichkeit „vorbereiten" oder soll sie hier eher ausgleichend wirken?

Die „chaotische Methode"

Sie ähnelt, äußerlich gesehen, der „Selbstorganisations-Methode", nur mit dem Unterschied, dass sich der Lehrer nicht weiter um das Geschehen kümmert. Das kann gutgehen, und dann ist auch nichts dagegen zu sagen. Schließlich haben die Schüler wirklich etwas gelernt, wenn trotz des Lehrers etwas funktioniert!

Was dabei aber auch herauskommen kann, lässt sich an Dramatik bisweilen kaum überbieten (und so mancher scheint sogar seine Freude daran zu haben).

Die „ideale Methode"

Sie besteht darin, dass die erste Klasse morgens aufbaut und die letzte mittags oder nachmittags abbaut. Sie setzt eine enge Kooperation des Kollegiums voraus und lässt sich bei den sehr unterschiedlichen Interessen der Beteiligten und den wechselnden Voraussetzungen des Unterrichts (z.B. Doppelstunden) nur schwer verwirklichen. Erfolgversprechender sind Absprachen unter zwei oder drei Kollegen für jeweils bestimmte Stundenfolgen. Der Verfasser hat damit gute Erfahrungen gemacht und möchte nachdrücklich dafür eintreten, es doch einmal so zu versuchen.

Natürlich liegt diese „Methode" auf einer anderen, nämlich einer schulorganisatorischen Ebene als die vorher beschriebenen. Sie stellt sozusagen den Überbau dar, in den die anderen Methoden einzuordnen sind.

Welche Methode ist nun die beste?

Diese Frage lässt sich so nicht beantworten. Zu unterschiedlich sind die Verhältnisse in den einzelnen Klassen und die jeweiligen Bedingungen des Unterrichts.

Es kann sehr wohl sein, dass derselbe Lehrer in verschiedenen Klassen verschiedene Methoden anwendet oder auch in derselben Klasse mehrere Methoden ausprobiert, vielleicht sogar mit der Absicht, sie in ihren Vor- und Nachteilen den Schülern bewusst zu machen.

Hier wie in allen anderen Bereichen zeigt sich, dass die unterrichtliche Wirklichkeit sehr komplex ist und dass die dabei auftretenden Probleme nicht immer leicht und nach einem bestimmten Schema lösbar sind.

Ideale Lösungen sind jedenfalls selten, Näherungslösungen die Regel. Insofern kann das relativ nebensächliche Problem des Geräteaufbauens als Beispiel für pädagogisches Handeln überhaupt stehen.

Anmerkung
(1) Vgl. hierzu auch den Beitrag: Rationelle Gestaltung von Arbeitsabläufen, „Alltagsprobleme" S. 114.

8 Anwesenheitskontrolle

Manche Lehrer zelebrieren sie geradezu, die Anwesenheitskontrolle. Da werden lange Listen verlesen, und gelegentlich setzt man sich in gemütlicher Runde zusammen, um die damit zusammenhängenden Probleme zu diskutieren. Wenn ich dergleichen sehe, beschleicht mich der Verdacht, dass hier „Zeit geschunden" werden soll, gleich als ob eine geheime Vereinbarung zwischen Lehrer und Klasse bestünde („Hauptsache die Stunde geht herum, für euch möglichst bequem, für mich ohne großen Ärger").

Wen aber könnte es verwundern, wenn nach einem solchen „einleitenden Stundenteil" die Schüler recht müde und lustlos an die Arbeit gehen? Vielleicht wäre es doch besser, Zeit zu sparen, etwas Druck zu machen und ohne Umschweife anzufangen?

Anwesenheitskontrolle aber muss sein, und zwar aus verschiedenen Gründen, die hier nicht weiter aufgelistet werden müssen. Wie aber geht sie am schnellsten vonstatten?

Ganz einfach: Man zählt zu Stundenbeginn, d.h. zur verbindlich vereinbarten Zeit des Anfangens, die Schüler schnell durch. Dazu muss natürlich jeder für einen Augenblick auf seinem Platz stehenbleiben – Hinsetzen, Aufstellen oder Antreten kostet nur Zeit und schafft zusätzliche Unruhe – und etwas aufpassen. Stimmt die Anzahl, ist schon alles erledigt. Wenn nicht, fragt man die Schüler, wer fehlt. (Sie wissen es in der Regel ganz genau.) Dann aber folgt die entscheidende Zusatzfrage: Haben diese heute früh bzw. heute vormittag schon gefehlt? Wenn ja, ist alles in Ordnung. Sie müssten ja im Klassentagebuch eingetragen sein (gelegentliche Gegenkontrolle nicht überflüssig!), und für das Weitere ist der Klassenlehrer verantwortlich.

Wenn nein, muss man freilich noch einiges unternehmen, nämlich
- nachfragen, ob die betreffenden Schüler nicht „offiziell" entlassen worden sind (was unmittelbar vor der Sportstunde, außer in zwingenden Fällen, nicht ganz korrekt wäre, denn üblicherweise ist für das „Heimschicken" eines Schülers nicht der abgebende, sondern der übernehmende Lehrer zuständig),
- aufpassen, ob sie nicht doch noch verspätet eintrudeln,
- am Schluss der Stunde die Fehlenden ins Klassentagebuch eintragen bzw. den Eintrag kontrollieren,
- in der nächsten Stunde die Entschuldigung überprüfen oder den Fall in geeigneter Weise weiterverfolgen.

Handelt es sich bei der Sportstunde um die erste Vormittagsstunde, sind natürlich alle Abwesenden festzustellen und im Klassentagebuch festzuhalten. Aber auch hier empfiehlt sich die Nachfrage, wer von ihnen bereits am Vortag gefehlt hat. Prinzipiell sollte man sich, z.B. in der nächsten Stunde, vergewissern, ob der eine oder andere nicht doch noch zur zweiten Stunde erschienen ist. In diesem Fall hätte er ja eine Entschuldigung vorlegen müssen, und dies unaufgefordert, denn Entschuldigungen sind eindeutig eine Bringschuld, die nicht angemahnt zu werden braucht.

Bei den bunt zusammengewürfelten Kursen der gymnasialen Oberstufe und in entsprechenden Kursen anderer Schularten ist es freilich kaum vermeidbar, die Anwesenheitskontrolle etwas mehr zu formalisieren, z.B. durch Führen besonderer Anwesenheitslisten oder durch Abzeichnenlassen von ausgelegten Namenslisten (gelegentliche Gegenkontrolle eingeschlossen). Führt man die Listen selbst, kann man die Einträge zu Beginn der Stunde vornehmen oder auch während der Stunde, wenn die Schüler bereits beim Üben sind. Beides hat Vor- und Nachteile: Die erste Verfahrensweise kostet Zeit und verlangt, ein besonderes Augenmerk auf die Zuspätkommenden zu werfen, die zweite verführt die Schüler dazu, sich auch verspätet noch „hereinzuschmuggeln".

Ganz offensichtlich lässt sich eine ideale Lösung kaum finden.

9 Stundeneröffnung – Stundenschluss

Die Forderung, dass eine Sportstunde in angemessener Form eröffnet und abgeschlossen werden sollte, ist trivial. In der Praxis beobachtet man häufig, dass eine Stunde mit großen (Wort-)Aufwand eröffnet wird, dass man am Schluss jedoch schlichtweg auseinanderläuft. Gerade das Gegenteil ist aber richtig!

Die *Stundeneröffnung* sollte ohne große Umschweife erfolgen. Im Grunde genügt ein Satz, der die Schüler über das Vorgesehene informiert (oder auch eine kurze, das

Interesse weckende Bemerkung, wenn es einmal nicht angezeigt sein sollte, Gegenstand und Ziel des Unterrichts genauer zu benennen). Lange (inhaltliche oder methodische) Ausführungen langweilen nur.

Überhaupt muss es misstrauisch machen, dass der „Ansage des Stundenthemas" ein so hoher Stellenwert eingeräumt wird. Sind die Schüler denn nicht über die Planungen informiert, sind keine Vereinbarungen getroffen worden, ist am Ende der vorangegangenen Stunde nicht gesagt worden, wie es weitergeht? Natürlich wollen die Schüler sich gelegentlich nicht daran erinnern, aber dann genügt doch wohl der besagte eine Satz. In der Regel erspart man sich damit die immer wiederkehrenden „Rückfragen" der Schüler nach dem anstehenden Stundenthema und zwingt sich selbst – das dürfte der entscheidende Gesichtspunkt sein – zu einer vorausblickenden Planung.

Auf einen angemessenen *Stundenschluss* sollte dagegen größter Wert gelegt werden. Dabei geht es nicht darum, dass fünf Minuten vor dem Läuten eiligst aufgeräumt wird, damit noch ein Ball unter die Menge geworfen werden kann, sondern um eine *Zusammenfassung des Stundenergebnisses*.

Dafür gibt es eine Vielzahl von Möglichkeiten, von denen hier einige wenige aufgezeigt werden sollen:
- Der Lehrer gibt eine kurze Einschätzung des Erreichten, verbunden mit einem Ausblick auf die nächste Stunde (1).
- Es erfolgt eine kleine Umfrage, wer in dieser Stunde eine bestimmte Übung (überhaupt oder erstmals) bewältigt hat.
- Die Schüler machen – ganz schnell reihum – die erarbeitete Übung noch einmal vor; der Lehrer bestätigt den – vielleicht nur relativen – Erfolg.
- Es findet eine kurze Bewertung statt, weniger nach Noten, als vielmehr nach allgemeinen Kriterien, z.B. nach Prozentwerten der perfekten Ausführung oder einer allgemeinen sportlichen Niveaueinschätzung von „Kreisklasse" bis „Bundesliga".
- Es wird ein kurzer Wettkampf organisiert, was allerdings bei Bewegungen, die noch nicht genügend gefestigt sind, mit einiger Vorsicht zu handhaben ist.

Wesentlich ist, dass eine solche Feststellung des Stundenergebnisses für die Schüler möglichst motivierend ist, d.h. dass sie eine positive Wirkung auf ihre Lern- und Leistungsbereitschaft ausübt (2).

Ein letzter Hinweis: Selbstverständlich ist es auch möglich, am Ende einer Stunde „etwas ganz anderes zu machen", z.B. das früher geradezu als obligatorisch erachtete (große oder kleine) Spiel zu organisieren. Dafür sollte dann aber genügend Zeit eingeplant werden. Andernfalls wirkt es nur „aufgesetzt" und wird von den Schülern wohl kaum ernst genug genommen.

Anmerkungen
(1) Vgl. den Beitrag: „Können wir nicht ...?" S. 137.
(2) Vgl. den Beitrag: Informelle Lernkontrollen, „Alltagsprobleme" S. 152.

10 Die organisatorische Gestaltung des Sportunterrichts

Allgemeine und spezielle Methodik

In der Fachliteratur wird üblicherweise zwischen allgemeiner und spezieller Methodik unterschieden. In der speziellen Methodik wird – zumeist im Rahmen der einzelnen Sportarten – vor allem die Frage der optimalen Gestaltung von Lernprozessen behandelt. Die allgemeine Methodik befasst sich einerseits mit den der speziellen Methodik übergeordneten Problemen – also didaktischen Fragestellungen –, andererseits aber auch mit den „Randbereichen" des Sportunterrichts, unter anderem mit dessen Organisation. Diese Aufteilung der beiden Theoriekomplexe ist aber problematisch, verstellt sie doch den Blick dafür, dass *„Methodik" und „Organisation" in der Praxis eine untrennbare Einheit* bilden.

Eine zweckmäßige organisatorische (oder besser: „organisationsmethodische") Gestaltung des Unterrichts ist nämlich unabdingbare Voraussetzung für erfolgreiche motorische Lernprozesse, und dies in zweierlei Hinsicht,
- indem sie die optimale Dauer der Belastungen, die notwendige Anzahl von Wiederholungen und ebenso die erforderlichen Erholungspausen garantiert,
- indem sie eine bewegungsreiche und freudebetonte Unterrichtsatmosphäre schafft, jedenfalls aber Langeweile und Überdruss entgegenwirkt.

Allgemeine Grundsätze der Unterrichtsorganisation

Die Vorschläge, Ratschläge und Regeln zur organisatorischen Gestaltung des Sportunterrichts sind so zahlreich, dass es angebracht erscheint, sie zunächst auf einige wenige übergeordnete Grundsätze zu beziehen:

1. Man sollte versuchen, zu jeder Übung die optimale Organisationsform zu finden.

Es geht hier nicht darum, dass manche Übungen sich nur auf der Stelle und andere nur in der Fortbewegung ausführen lassen, auch nicht darum, dass viele Übungen nur sinnvoll sind, wenn sie gleich mehrfach wiederholt werden, und andere höchste Konzentration bei jedem einzelnen Versuch erfordern.

Worum es geht, sei vielmehr an einem *Beispiel* verdeutlicht: Die Klasse läuft auf einer Rundbahn in der Halle. Nach einiger Zeit versucht der Lehrer, verschiedene Sprintformen (z.B. Steigerungen und Antritte) und Sprungübungen (z.B. Schritt- und Einbeinsprünge) einzubauen. Was aber geschieht? Die Schüler laufen immer engere Kreise, die Übungen werden gerade noch angedeutet, bis der Lehrer endlich abbricht, weil er den Überblick verloren hat.

Vielleicht wäre es besser gewesen, in der Organisationsform zu differenzieren: Für Dauerlaufübungen ist sicher die „Endlosstrecke" einer Rundbahn geeignet, für Schnelligkeits- und Schnellkraftübungen bietet sich eher die begrenzte Strecke des „Seitenwechsels" an, je nach Intensität der Belastung entweder längs oder quer zur Halle (oder eines anderen Übungsfeldes).

Die zweite organisatorische Form hat zudem einen doppelten Vorteil, nämlich
- einen methodischen, indem besser kontrollierbar wird, was jeder Schüler wie lange oder wie oft tatsächlich tut,
- einen psychologischen, indem die Schüler eine klare Vorgabe (hier also eine Streckenvorgabe) erhalten und allein schon deshalb etwas bereitwilliger üben.

2. Man sollte möglichst viele Schüler zugleich beschäftigen und zu diesem Zweck die optimale Anzahl von Übungsmöglichkeiten schaffen.

Es geht hier nicht um die vielen Übungen, bei denen ganz selbstverständlich alle Schüler „im Klassenverband" zugleich üben, auch nicht darum, dass jeder Schüler einen Ball oder ein Sprungseil hat.

Es geht vielmehr um die Übungen, die besondere Übungsstätten (wie in der Leichtathletik) oder bestimmte Geräteaufbauten (wie im Turnen) erfordern, also um *Übungen mit „Drankommen".* Man sollte beim Weitsprung also die Sprunggrube gelegentlich quer benützen, um mehr Anlaufmöglichkeiten zu gewinnen, oder den Kugelstoß von einer Abstoßlinie ausführen lassen.

Besonders beim Gerätturnen und in gleichgelagerten Fällen konkretisiert sich dieses Problem in der Frage nach der „richtigen" *Gruppengröße.* Entsprechende Untersuchungen haben gezeigt, dass eine Gruppen- oder Riegenstärke von weniger als fünf Schülern keine weitere Steigerung der Intensität mehr bringt. Bei einer Klassenstärke von 20 Schülern lohnt es sich also noch, den vierten Sprungkasten hervorzuholen; darunter wird es allmählich fraglich.

Vielleicht sollte in diesem Zusammenhang auch darauf hingewiesen werden, dass es viel mehr Übungen gibt, bei denen alle Schüler zugleich üben können, als es auf den ersten Blick erscheint. Handstand und Rad lassen sich beispielsweise ohne weitere Vorkehrungen überall ausführen, ebenso fast alle Imitationsübungen (1).

3. Man sollte um einen möglichst reibungslosen Übungsablauf bemüht sein.

Hier eröffnet sich ein weites Gebiet, das eigentliche Problemfeld der Unterrichtsorganisation. Alle hier möglichen Einteilungs-, Aufstellungs- und Ablaufformen dienen letztlich nur dem einen Zweck, *Verlustzeiten zu vermeiden und Wartezeiten gering zu halten* (und damit auch der Langeweile des „Unterrichtet-Werdens" vorzubeugen). Dies wird vor allem dadurch erreicht, dass man
- möglichst einfache und übersichtliche organisatorische Formen verwendet,
- nach Möglichkeit bei der einmal gewählten Organisationsform bleibt,
- die Klasse zusammenhält, d.h. die Schüler nicht weiter auseinanderzieht, als es nach Lage der Dinge notwendig ist.

Im Folgenden sollen, thesenartig zusammengefasst, die wichtigsten *organisatorischen Maßnahmen und Verfahrensweisen* angesprochen werden:

(1) Die Schüler müssen die notwendigen organisatorischen Grundformen kennen und anwenden können.

Es sind dies im Wesentlichen die Folgenden:
a) „im Stand" oder „am Ort":
- die *offene Aufstellung*, d.h. die Schüler verteilen sich gleichmäßig über eine bestimmte Fläche,
- die *Linienaufstellung*, d.h. die Schüler stehen in einer Linie nebeneinander oder als „Gasse" in zwei Linien einander gegenüber,
- die *Reihenaufstellung*, d.h. die Schüler stehen in einer oder (normalerweise) in mehreren Reihen hintereinander;

b) in der Bewegung
- das *freie Bewegen* in einem bestimmten Raum,
- der *Seitenwechsel*, d.h. die Schüler bewegen sich von einer Seite des Übungsraumes auf die andere, gegebenenfalls in mehreren „Wellen" hintereinander,
- die *Umkehrbahn*, d.h. die Schüler bewegen sich auf einer bestimmten Strecke hin und zurück,
- die *Umlaufbahn*, d.h. die Schüler bewegen sich auf einem Rundkurs (oder, z.B. beim Schwimmen, in mehreren „laufenden Bändern" nebeneinander).

Alle anderen Aufstellungsformen und Übungswege sind letzlich nur Abwandlungen der genannten Formen.

(2) Das Üben sollte durch die Vorgabe der Wiederholungszahlen, der Übungszeit oder der Streckenlänge gesteuert werden.

Dies ist – auch methodisch – ein entscheidender Gesichtspunkt der Unterrichtsorganisation. Die Beobachtungen aus der Praxis zeigen, dass die den Schülern zugestandenen Versuche oder Aktivitätszeiten bisweilen so gering sind, dass ein Übungseffekt schon aus diesem Grund fragwürdig wird (2).

Sofern die Schüler *im Klassenverband gleichzeitig* üben, ergeben sich, je nach Art der Übungen, folgende Möglichkeiten:
- Die Schüler bewegen sich eine bestimmte Zeit.
- Sie legen eine bestimmte Strecke zurück.
- Sie führen nach Kommando, Signal oder Zeichen eine bestimmte Anzahl von Wiederholungen aus.
- Sie machen mit, was der Lehrer zeigt.
- Sie machen nach, was der Lehrer vorgemacht hat.
- Jeder führt für sich die angesagte Anzahl von Wiederholungen aus.
- Jeder führt innerhalb einer vorgegebenen Zeit eine beliebige Anzahl von Wiederholungen aus.
- Die Schüler absolvieren gemeinsam ein festes Übungsprogramm, das seinerseits wieder in „Serien" untergliedert sein kann.

Dabei können auch verschiedene Maßnahmen kombiniert werden. Sofern Wiederholungszahlen vorgegeben werden, sollte man ihre Einhaltung gelegentlich kontrollieren (z.B. durch Beobachten eines bestimmten Schülers).

Ist die Klasse aus organisatorischen Gründen, z.B. weil die Zahl der Übungsstätten oder Großgeräte begrenzt ist, in *Gruppen* eingeteilt, ergeben sich zwei Möglichkeiten:
- Die Schüler üben innerhalb der Gruppen wiederum *zugleich*. Dann gilt sinngemäß das eben Gesagte.
- Die Schüler üben (was in Ausnahmefällen auch beim Üben im Klassenverband notwendig werden kann) *nacheinander in Durchgängen*, wobei die „Durchlaufgeschwindigkeit" gelegentlich so gesteigert werden kann, dass ein ununterbrochenes „Üben im Strom" entsteht. Dabei empfiehlt es sich, die jeweils beginnenden Schüler anzuweisen, nach der angesagten Zahl von Durchgängen stehenzubleiben.

(3) Der Übungsablauf sollte in Raum und Zeit festgelegt werden.

Diese Forderung betrifft gleichermaßen das Üben im Klassenverband und in Gruppen. Besondere Bedeutung erlangt sie jedoch, wenn in einem gegliederten Übungsfeld in Durchgängen geübt wird.

Zur Gestaltung des *räumlichen Ablaufs* gehört die Festlegung
- der Aufstellungsräume, der Ablaufpunkte und Anlauflängen,
- der Übungswege selbst und der Rückwege zum Ausgangspunkt.

Der *zeitliche Ablauf* betrifft vor allem die Festlegung der *Ablauffolge*. Wo immer möglich, sollte man eine „automatische Ablauffolge" anstreben, z.B. nach der Regel: „Wenn der Vordermann abspringt, läuft der nächste los."

(4) Die Schüler müssen fähig sein, ohne wesentlichen Verzug in verschiedenen Gruppierungen tätig zu werden.

Damit ist das Problem der *Gruppenbildung* angesprochen, das im nächsten Beitrag behandelt werden soll.

An dieser Stelle sollte aber noch auf einige *Nebenaspekte* der „Organisation des Übens" hingewiesen werden:
- Bewegliche Geräte sollte man möglichst so anordnen, dass eine Mehrfachausnützung des Geräteaufbaus, z.B. als Üben am Einzelgerät und in der Gerätebahn, möglich ist. Dabei gilt der Grundsatz, dass Schüler sich leichter umdirigieren als Geräte umbauen lassen.
- Auch beim Üben in Durchgängen ist es gelegentlich vorteilhaft, gleich mehrere Versuche, z.B. mehrere Hüftaufschwünge hintereinander, ausführen zu lassen.
- Zur Steigerung der Belastung ist es bisweilen angezeigt, die Übungswege zu verlängern, den Rückweg im Laufschritt ausführen zu lassen oder (einfache) *Zusatzaufgaben* einzubauen, was jedoch nicht von der Hauptaufgabe ablenken darf.
- Wo immer möglich, sollte man auch kompliziertere organisatorische Formen mit den Schülern einüben oder von ihnen erarbeiten lassen, z.B. beim Üben im Gruppen- oder Gemeinschaftsrhythmus, in choreografisch gestalteten Abläufen oder in Gruppengestaltungen.
- Auch unter organisatorischem Aspekt ist dem Prinzip der *Differenzierung* Beachtung zu schenken.

Um der letzten Forderung zu genügen, bietet sich z.B. an:
- die Steuerung des Übens durch Vorgabe der Wiederholungszahl *oder* der Übungszeit, wobei der jeweils andere Faktor offenbleibt,
- zusätzliche (freiwillige) Versuche oder Wiederholungen für die „besseren", d.h. leistungsstärkeren Schüler,
- unterschiedliche Gerätehöhen, Gerätegewichte u.Ä.

Abschließend sei noch ein Blick auf drei *unterrichtliche Sonderformen* geworfen:

(1) Beim *Stationsunterricht* absolvieren die Schüler in kleinen und kleinsten Gruppen an verschiedenen Übungsstationen ein genau, meist schriftlich vorgegebenes Programm. Der Stationswechsel erfolgt in der Regel gemeinsam. Dabei ergeben sich drei Möglichkeiten:
- Übungszeit („Belastungsdauer") und Pausenlänge („Erholungspausen") sind jeweils genau festgelegt und werden durch ein Signal oder durch Musikeinsatz angezeigt. Während der Belastungszeiten versuchen die Schüler, eine maximale bzw. optimale Anzahl von Wiederholungen zu erreichen (Prinzip des *Circuit-Trainings* nach der Intervallmethode).
- Die Schüler führen an jeder Station eine generell oder individuell festgelegte Zahl von Wiederholungen aus und wechseln dann möglichst ohne Pause zur nächsten Station (Circuit-Training nach der Dauerleistungsmethode, jedoch auch im allgemeinen Übungsbetrieb anwendbar).
- Es wird lediglich eine bestimmte Übungszeit vorgegeben. Die Schüler üben an jeder Station selbständig (als Circuit-Training nach der Wiederholungsmethode möglich, vor allem aber für den allgemeinen Übungsbetrieb geeignet).

(2) Beim *Riegenunterricht* erarbeiten die Schüler selbständig in leistungsgestuften oder auch leistungsgleichen Gruppen ein vom Lehrer in groben Zügen vorgegebenes Übungsprogramm. Dabei sind zwei Formen möglich:
- Die Gruppen oder Riegen üben parallel innerhalb desselben organisatorischen Rahmens, z.B. an drei verschiedenen Sprunggeräten. Der Übungsablauf kann vom Lehrer gesteuert werden.
- Die Gruppen üben im Wechsel an verschiedenen Übungsstätten, z.B. an der Weitsprunggrube und an der Hochsprunganlage. Die Schüler müssen den Übungsablauf selbst festlegen und kontrollieren.

(3) Beim *Gruppenunterricht* oder der *Gruppenarbeit* im engeren Sinne lösen die Schüler selbständig eine vom Lehrer vorgegebene oder zwischen Lehrer und Schülern vereinbarte Aufgabe. Auch hier ergeben sich zwei Möglichkeiten:
- Alle Gruppen bearbeiten dieselbe Aufgabe. Die gefundenen Lösungen werden miteinander verglichen.
- Die Gruppen arbeiten im Rahmen eines übergeordneten Themas an verschiedenen Aufgaben, die dann zusammengefügt werden.

In beiden Fällen liegt die organisatorische Gestaltung bei den Schülern.

Ausblick

Wie schon aus dem vorstehenden Hinweis auf die Gruppenarbeit hervorgeht, macht der lehrerzentrierte Unterricht, d.h. der vom Lehrer inhaltlich und organisatorisch direkt gesteuerte „Frontalunterricht", noch nicht das Ganze des Sportunterrichts aus. Wo immer angezeigt, sollte man ihn also durch schülerorientierte und „offene" Unterrichtsformen ergänzen. Wer aber glaubt, dass sich damit das Problem der Unterrichtsorganisation erübrigen würde, der irrt. Die Schüler müssen vielmehr lernen, „ihren" Unterricht auch rationell und organisatorisch zweckmäßig zu gestalten. Ein Unterricht nämlich, der keinerlei erkennbare Form mehr aufweist, wird sehr schnell zur unverbindlichen Geschäftigkeit.

Anmerkungen

(1) Vgl. den Beitrag: Zum methodischen Stellenwert von Imitationsübungen, S. 234.
(2) Vgl. den Beitrag: Gibt es einen Standardablauf methodischen Handelns? S. 128.

11 Gruppenbildung

Gruppenbildung als pädagogisches Problem

Gruppenbildung im Sportunterricht ist ein altes pädagogisches Reizthema. Im Mittelpunkt der Kritik steht dabei das *„Wählen"*, dem vor allem vorgeworfen wird, dass es für die schwächeren Schüler eine demütigende Prozedur darstelle. Sicher ist dies gelegentlich der Fall; im Allgemeinen stehen die Schüler diesem Problem aber recht gelassen gegenüber. Immerhin ist „Wählen" ein durchaus probates Mittel, die beiden wichtigsten *Gruppenbildungskriterien*, nämlich *Leistung* und *Sympathie*, unter einen Hut zu bringen.

Aus der soziologischen Forschung weiß man, dass sich in jeder (Klein-)Gruppe, also auch in jeder Schulklasse und in den daraus gebildeten Gruppierungen, unweigerlich zwei *Rangordnungen* herausbilden, die Leistungs- oder Tüchtigkeitsrangordnung und die Sympathie- oder Beliebtheitsrangordnung, die normalerweise nicht zusammenfallen. Der Vorgang der offenen Wahl oder Zuwahl von Gruppenmitgliedern wird also erst dann problematisch, wenn ein oder mehrere Schüler in beiden Rangskalen an unterer Stelle stehen. Aber abseits dieser – im aktuellen Fall nicht immer leicht zu durchschauenden – Problematik gibt es gegen das „Wählen" einen gewichtigen unterrichtspraktischen Einwand: Die Schüler machen daraus gerne ein umständliches, immer wiederholtes Ritual. Das aber kostet Zeit, die anders besser angelegt wäre.

Durchweg übersehen wird, dass auch die reine *Sympathiewahl* nach dem „Selbstorganisationsprinzip" („Geht bitte zu fünft zusammen") ihre Probleme hat. Mit großer Regelmäßigkeit führt dies zu einer Gruppe der Übriggebliebenen und Außenseiter, die ihrerseits kaum funktionsfähig ist (1). Am anderen Ende der soziologischen Rangordnung bildet sich gern eine Gruppe (gelegentlich auch zwei rivalisierende Gruppen) dominanter Schüler, die ihre Macht über die indifferente Mehrheit der Klasse dadurch zu stabilisieren versuchen, dass sie die Außenseiter gezielt schikanieren. Solche klasseninternen Machtstrukturen werden umso wirksamer, je mehr sich der Lehrer aus seiner Rolle als Machtfaktor zurückzieht. Wie man sieht, ist das pädagogisch Erwünschte nicht immer zugleich das sozial Verträgliche.

In der Praxis dürften die hier angesprochenen soziologischen und psychologischen Probleme stets nur näherungsweise lösbar sein. Wichtig ist, dass man sie überhaupt kennt. Dies gilt auch für die im engeren Sinne pädagogischen Probleme der Gruppenbildung, die einige Vorklärungen notwendig machen:

(1) Feste oder variable Gruppen?

Vor der Frage, ob feste oder variable Gruppen zu bevorzugen seien, erhebt sich ein grundsätzliches Problem: Es gibt Klassen, in denen sich sehr schnell stabile, sowohl leistungsmäßig als auch sozial ausgeglichene Gruppenstrukturen herausbilden, und es gibt andere, in denen dies nicht einmal ansatzweise gelingt.

Sosehr es nun aus pädagogischen und organisatorischen Gründen erwünscht ist, jederzeit auf feste Gruppen zurückgreifen zu können, sowenig reicht dies für einen effektiven und flexiblen Unterricht aus. Die Schüler müssen vielmehr fähig sein, entsprechend den didaktischen, methodischen und organisatorischen Erfordernissen jederzeit auch in vorübergehenden und variablen Gruppierungen tätig zu werden. Normalerweise erfolgt die Gruppenbildung dann nach bestimmten, vom Lehrer vorgegebenen Kriterien. Darauf wird noch einzugehen sein.

(2) Leistungsheterogene oder leistungshomogene Gruppen?

Die Frage der Verringerung der „natürlichen" Leistungsstreuung durch Bildung von *Leistungs- oder Niveaugruppen* hat viele Aspekte, von denen hier nur einige wenige, für den Sportunterricht relevante, herausgegriffen werden können:

Aus der pädagogischen Forschung ist bekannt, dass eine dauerhafte Einteilung nach Leistungskriterien immer die Gefahr in sich birgt, dass die ursprünglich vorgenommene Zuweisung sich verfestigt. Der Schüler wird sozusagen Gefangener einer einmal getroffenen Entscheidung.

Leistungsgruppierungen innerhalb einer Klasse sollten also möglichst kurzdauernd sein und sich stets auf eine bestimmte Situation beziehen (2). In vielen Fällen folgen solche Gruppierungen aus der Sache selbst: Wer den längsgestellten Kasten nicht bewältigen kann, muss mit dem seitgestellten zufrieden sein; er kann nicht verlangen, dass die anderen auf ihre Chance verzichten.

Bei der Bildung von *Spielmannschaften* sind differenziertere Überlegungen angebracht: Hier wird man in vielen Fällen, vor allem um die schwächeren Schüler überhaupt „ins Spiel" zu bringen, auf eine zeitweilige, einige Stunden oder Wochen andauernde Homogenisierung nicht verzichten können. Unter methodischem Aspekt geht es dabei darum, die Spielanteile etwas gleichmäßiger zu verteilen. Wie die Erfahrung zeigt, ziehen die jeweils besseren Schüler der schwächeren Mannschaften daraus den größten Nutzen. Es kann auch vorkommen, dass die schwächeren Mannschaften plötzlich „besser" (jedenfalls für das Auge schöner) spielen als die stärkeren.

Die Nachteile dieser Gruppierung liegen auf der Hand: Es können nur die jeweils leistungsgleichen Mannschaften gegeneinander spielen, „Turniere" sind nicht möglich. Das ist auf die Dauer langweilig, möglicherweise auch pädagogisch unergiebig.

(3) Selbstorganisation oder Zuweisung durch den Lehrer?

Auch diese Frage erfordert eine pragmatische Antwort: Trotz der eingangs geäußerten Bedenken wird man, solange irgend möglich, von der Selbstorganisation durch die Schüler Gebrauch machen, natürlich unter dem Vorbehalt, dass der Lehrer gelegentlich steuernd und korrigierend eingreifen muss. Bei der Bildung von reinen Leistungsgruppen wird dieser Lehrereinfluss zwangsläufig etwas größer sein, doch sollte auch hier der Selbsteinschätzung der Schüler genügend Raum gegeben werden.

Daneben muss eine Klasse aber auch daran gewöhnt sein – dafür sprechen unterrichtsorganisatorische Erfordernisse und allgemeine pädagogische Erwägungen gleichermaßen –, jederzeit auch in „fremdgesteuerten" Gruppierungen tätig zu werden, z.B. bei einer Einteilung

– nach bestimmten Kriterien, ob dies die Körpergröße oder die Farbe des Trikots ist,
– nach dem Zufallsprinzip, z.B. durch Abzählen.

Gruppenbildung als organisatorisches Problem

Es verbleibt, die organisatorischen Aspekte der Gruppenbildung kurz zusammenzufassen. Dabei gehen wir von der bereits im vorangegangenen Beitrag erhobenen Forderung aus, dass die Schüler lernen müssen, *ohne wesentlichen Verzug die jeweils notwendigen Gruppierungen herzustellen*. Daraus ergeben sich folgende Fragen:

(1) Welche Gruppen sind, von der Größe her gesehen, notwendig?
Diese Frage ist relativ leicht zu beantworten. Man braucht in der Regel:

– Zweiergruppen oder „Partnerschaften",
– Kleinstgruppen von drei oder vier Schülern,
– Gruppen oder „Riegen" von fünf und mehr Schülern.

Sind innerhalb einer Sportstunde mehrere Gruppenformen notwendig, sollte man möglichst „reibungslose" Übergänge wählen: Von Zweiergruppen kann man leicht zu Vierergruppen kommen, während der Übergang zur Dreiergruppe fast zwangsläufig einige Unruhe erzeugt.

(2) Nach welchen Kriterien sollen die Gruppen gebildet werden?
Bei *festen und längerdauernden Gruppenbildungen* kommen nur recht allgemeine Kriterien, namentlich Leistung und Sympathie, in Frage. Bei heterogenen Gruppen sollte jede Gruppe das gesamte Leistungsspektrum der Klasse widerspiegeln. Homo-

gene Gruppen können nach der allgemeinen sportlichen Leistungsfähigkeit oder nach speziellen Fähigkeiten (z.B. Spielfähigkeit) gebildet werden.

Kurzdauernde und variable Gruppen werden im Allgemeinen nach spezifischen Kriterien gebildet. Besonders deutlich ist dies bei der Zweiergruppe: In den meisten Fällen muss hier die körperliche bzw. konstitutionelle Gleichheit der Partner gewährleistet sein. Die Standardanweisung lautet also: „Es gehen immer zwei gleich Große und gleich Schwere zusammen." In anderen Fällen kann es erwünscht sein, dass sich zwei gleich schnelle oder gleich gute, gelegentlich auch ein besserer und ein schwächerer Schüler zusammentun. Innerhalb solcher Vorgaben können die Schüler frei entscheiden. Dabei müssen sie ein realistisches *Selbsteinschätzungsvermögen* entwickeln. Dies gilt auch für die folgenden Einteilungskriterien:
– nach dem allgemeinen und speziellen sportlichen Könnensstand,
– nach den für eine Übung notwendigen körperlichen Voraussetzungen,
– nach der Körpergröße, wenn z.B. unterschiedliche Gerätehöhen, aber keine schematischen Zuordnungen angezeigt sind.

(3) Wie kommt man zu den gewünschten Gruppen?

Hier gibt es kein Standardverfahren. Die verschiedenen Gruppierungen erfordern auch unterschiedliche Vorgehensweisen. Diese sind im Wesentlichen schon genannt und lassen sich wie folgt vervollständigen und zusammenfassen:
– Selbstorganisation, d.h. Zuordnung nach freiem Ermessen der Schüler, auch mit der Variante, dass die Gruppenführer zuvor schon, und zwar vom Lehrer und den Schülern gemeinsam, bestimmt worden sind,
– offene oder verdeckte Wahl, wobei im zweiten Fall die vorbestimmten Gruppenführer unter sich die weitere Verteilung vornehmen,
– Zuweisung durch den Lehrer, wobei wiederum die unterschiedlichsten Kriterien („Testübung", äußere Merkmale, Zufall usw.) zugrunde liegen können,
– schematische Einteilungen, z.B. durch Abzählen oder Abteilen, durch Losen, nach der Farbe der Trikots, der Badekappen oder der ausgegebenen Gymnastikbälle,
– Partner- und Gruppensuchspiele.

Zum Schluss eine nur scheinbar nebensächliche Bemerkung: Auch im Sportunterricht sollten Spielmannschaften eindeutig gekennzeichnet sein.

Anmerkungen

(1) Für den Fall, dass die Außenseiter mit den Störenfrieden der Klasse identisch sind, kann man dem sogar eine positive Seite abgewinnen: Es ist nur eine Gruppe gestört, die anderen bleiben verschont.
(2) Allerdings kann gerade im Sport auch eine mittelfristige, über einige Monate andauernde Niveaugruppierung, z.B. im Rahmen von Parallelklassen, durchaus positive Wirkungen haben. Vgl. den Beitrag: Differenzierung im Sportunterricht, S. 153.

Kapitel 3

Sportunterricht planen und durchführen

Im Sinne einer „angewandten Sportdidaktik" ist mit den Ausführungen über Planung und Durchführung von Sportunterricht das zentrale Kapitel dieses Buches erreicht. Der Hauptbeitrag über Unterrichtsplanung und -vorbereitung ist hier an den Anfang gestellt. Es wird versucht, einen möglichst knappen Aufriss dieses Themenbereichs zu geben, wobei auch herausgearbeitet werden soll, dass zwischen Planung und Vorbereitung funktionelle Unterschiede bestehen. Im anschließenden Beitrag über den „richtigen" Aufbau einer Sportstunde wird nach einer kurzen Analyse historisch bedeutsamer Lösungsvorschläge ein didaktisch begründetes Strukturmodell vorgelegt. Daran schließt sich ein Blick auf die – leider nicht mehr aktuelle – Problematik von Doppelstunden an.

Die drei nachfolgenden Beiträge wenden sich dem methodischen Bereich im engeren Sinne zu. Im ersten von ihnen wird kritisch, jedoch nicht ablehnend, das Lehren und Lernen nach dem Prinzip der methodischen Übungsreihe diskutiert. Sodann wird gefragt, ob es für eine „normale" Sportstunde einen typischen Ablauf der Lehrerhandlungen gibt. Im letzten dieser Beiträge soll das unterrichtliche Handeln des Sportlehrers in einigen wenigen Leitsätzen zusammengefasst werden. Dabei wird auch explizit zwischen „geschlossenen" oder lehrerzentrierten und „offenen" oder schülerorientierten Unterrichtsformen unterschieden.

Es folgt ein Block von Beiträgen, die im Grenzbereich von Didaktik und Methodik angesiedelt sind. Zunächst wird die Frage der inhaltlichen Mitbestimmung der Schüler im Unterricht angesprochen, wobei sowohl auf den möglichen pädagogischen Ertrag als auch auf die grundsätzliche Verantwortung des Lehrers abgehoben wird.

Anschließend wird der recht diffuse Begriff des „Spielerischen" unter didaktischen und inhaltlichen Aspekten betrachtet. Der Beitrag zum Aufwärmen soll zu einem kritischen Umgang mit dem Begriff selbst, vor allem aber mit der damit intendierten unterrichtlichen Funktion anhalten. Die Überlegungen zum Thema „Funktionsgymnastik oder Zweckgymnastik?" sollen der gegenwärtig zu beobachtenden Verengung dieses unterrichtlichen Bereichs entgegenwirken und den Blick für die tatsächlich gegebenen Möglichkeiten öffnen.

Das Kapitel schließt mit zwei Beiträgen, die über den hier angesprochenen Rahmen hinauszugehen scheinen, nämlich zum Prinzip der Differenzierung und zum Problem der Leistungsbeurteilung. Dies mag auf den ersten Blick überraschen, doch zeigt sich bei näherem Hinsehen, dass bei beiden Themen alle pädagogischen, didaktischen und methodischen Probleme wie in einem Knotenpunkt zusammenlaufen. In beiden Fällen geht es auch darum, nicht nur die Situation der „betroffenen" Schüler, sondern auch die strukturellen Bedingungen der jeweiligen Sportart zu berücksichtigen. Es kommt hinzu, dass die Verwirklichung des Prinzips der Differenzierung eine Flexibilität des unterrichtlichen Handelns voraussetzt, die spätestens bei der Unterrichtsvorbereitung zu berücksichtigen ist, und dass jede Art von Leistungsbeurteilung fragwürdig wird, wenn sie nicht in die langfristige Unterrichtsplanung einbezogen ist.

Entsprechend diesen Vorgaben wird im Beitrag zur Differenzierung nach einem gerafften Problemaufriss vor allem auf die „kleinen" Möglichkeiten verwiesen, die sich im Rahmen der methodischen Differenzierung verwirklichen lassen. Ausgehend von einigen allgemeinen Grundsätzen wird im abschließenden Beitrag über Leistungsbewertung und Notengebung versucht, in diesem schwierigen und von vielen Vorurteilen belasteten Problem zu pragmatischen Lösungsvorschlägen zu kommen.

Einige Ergänzungen, vor allem zur Frage des „guten" Sportunterrichts, finden sich im Kapitel „Lehrer" der „Alltagsprobleme" (S. 81 ff.).

Spezielle Probleme der Lernkontrolle und der Leistungsbeurteilung werden ebendort unter den Stichworten „Spielen – Leisten – Bewerten" im Kapitel „Unterricht" (S. 131 ff.) etwas ausführlicher behandelt.

1 Was heißt „Unterricht planen und vorbereiten"?

Begriffsbestimmungen: Unterrichtsplanung – Unterrichtsvorbereitung
Als *Unterrichtsplanung* sollen im Folgenden alle Tätigkeiten und Überlegungen bezeichnet werden, die sich auf *die Auswahl und Anordnung der Stoffkomplexe sowie ihre zeitliche und inhaltliche Strukturierung* beziehen, während unter *Unterrichtsvorbereitung die didaktische und methodische Aufbereitung* verstanden werden soll.

Diese beiden Vorgänge sind mehrfach miteinander verschränkt, haben aber im Rahmen eines differenziert-einheitlichen Prozesses, der üblicherweise pauschal als „Unterrichtsplanung" bezeichnet wird, deutlich unterscheidbare Funktionen.

Planungsvorgaben
Unterrichtsplanung kann nicht aus dem Nichts heraus erfolgen. Es sind vielmehr, wenngleich dem Lehrer hier ein relativ weiter Ermessensspielraum zugebilligt wird, die *institutionellen Rahmenbedingungen* zu beachten.

Diese konkretisieren sich im Großen und Ganzen in vier *Planungsfaktoren*, nämlich
- den gesellschaftlichen Ansprüchen hinsichtlich Bildung und Erziehung,
- den Lehrplanvorgaben und den daraus abzuleitenden fachlichen und allgemeinen Lehr- und Lernzielen,
- den Voraussetzungen und Bedürfnissen auf Seiten der Schüler,
- den äußeren Bedingungen des Unterrichts.

Wie man schnell sieht, hängen diese vier Faktoren voneinander ab und beeinflussen sich gegenseitig; sie sind *interdependent.*

Unterrichtsplanung
Die Unterrichtsplanung ist ein mehrstufiger Prozess, der sich in drei ineinander übergehende Abschnitte gliedern lässt:
- die *Grobplanung*, zumeist als Jahres- und Jahresabschnittsplanung,
- die *Feinplanung* als Planung der einzelnen Unterrichtseinheiten,
- die *Verlaufsplanung* als Grundlage der Stundenentwürfe.

Die Grobplanung liefert dabei die allgemeinen Vorgaben für die Unterrichtsvorbereitung, die wiederum in enger Abstimmung mit der Feinplanung erfolgen muss. Die Ergebnisse dieses Prozesses fließen in die Verlaufsplanung ein, aus der schließlich die Unterrichtsentwürfe hervorgehen (vgl. Abb. 2).

Grobplanung: Jahresplanung
Hauptaufgaben der Jahresplanung sind:
- die *Auswahl der Stoffkomplexe*, soweit diese nicht durch amtliche Bestimmungen oder schulinterne Absprachen schon vorgegeben sind,
- die optimale *Anordnung* der Stoffkomplexe, verbunden mit einer sinnvollen jahreszeitlichen Einordnung und ungefähren Festlegung ihrer zeitlichen Ausdehnung.

Vereinfacht ausgedrückt, geht es also darum, *was, wann und in welcher Reihenfolge im Unterricht behandelt werden soll*.

Den inhaltlichen Bereich ausgenommen, halten sich die Lehrpläne mit genaueren Aussagen darüber zurück, und dies mit Recht. Amtliche und halbamtliche Planungsmodelle können zwar einige Anregungen geben, lassen sich jedoch nur bedingt auf die Verhältnisse an der jeweiligen Schule und in der jeweiligen Klasse übertragen (1).

Somit möchten wir uns auch hier auf ein ganz einfaches *Beispiel* beschränken, das davon ausgeht, dass im Laufe eines Schuljahres schwerpunktmäßig – also unbenommen gelegentlicher Einschübe und Ergänzungen – vier Sportarten, nämlich die Individualsportarten Gerätturnen und Leichtathletik und die Sportspiele Handball und Volleyball, berücksichtigt werden sollen. Eine mögliche Abfolge wäre hier:

Volleyball – Gerätturnen – Handball – Leichtathletik.

Daraus ergibt sich zunächst das Problem des „gerechten" *zeitlichen Anteils* der Stoffkomplexe am Gesamtstundenvolumen. Darüber lässt sich nur schwer etwas Genaueres sagen: Einerseits weiß man, dass Schüler sich kaum länger als sechs bis acht Wochen mit einer Sache beschäftigen können, andererseits ist es aber das oberste Gebot eines effektiven Sportunterrichts, „so lange bei einem Unterrichtsgegenstand zu bleiben, bis etwas dabei herausgekommen ist".

Die Zeitanteile der vier Blöcke müssen also keineswegs gleich sein; sie werden sich erst bei der Verwirklichung der Planung näher bestimmen lassen.

Das zweite und wahrscheinlich wichtigere Problem liegt in der *optimalen Verzahnung* der verschiedenen Stoffkomplexe. Fast alle sportlichen Übungen und Disziplinen erfordern nämlich, zumindest wenn es um ihre erfolgreiche Bewältigung geht, bestimmte körperliche, d.h. konditionelle und koordinative Voraussetzungen: Ein 1000-m-Lauf lässt sich nicht in zwei oder drei Stunden „lernen" und die meisten Gerätübungen erfordern eine bestimmte Muskelkraft. Daraus ergibt sich die Notwendigkeit einer langfristigen *konditionellen Vorbereitung*. Diese aber muss bereits im vorangegangenen Stoffkomplex erfolgen (2). In unserem Beispiel müsste also das Gerätturnen durch allgemeine funktions- und zweckgymnastische Übungen, aber auch durch gezielte „Konditionsprogramme" bereits während des Volleyballspielens vorbereitet werden. Entsprechendes würde auch für die Leichtathletik gelten, wobei das Handballspiel an sich schon gute Dienste leisten kann.

Eine in der Praxis häufig zu beobachtende Variante dieses Modells liegt in der generellen *Parallelisierung zweier Sportarten*, meist einer Individualsportart und eines Sportspiels, entweder weil beim Unterricht in Doppelstunden zwei Schwerpunkte in jeder Stunde für notwendig gehalten werden oder weil „Sportstunden" und „Spielstunden" regelmäßig wechseln sollen. In diesem Fall sollte eher nach dem Prinzip des „Kontrastprogramms" verfahren werden, d.h. es sollten nach Möglichkeit Stoffkomplexe, die unterschiedliche körperliche Anforderungen stellen, parallelgeschaltet werden, z.B.: Gerätturnen mit Handball, Leichtathletik mit Volleyball. Im Übrigen gilt das eben gerade Gesagte.

Feinplanung: Planung von Unterrichtseinheiten

Die Grobplanung wird dadurch in die Feinplanung überführt, dass Unterrichtseinheiten gebildet und durchstrukturiert werden.

Eine *Unterrichtseinheit* besteht grundsätzlich aus mehreren thematisch zusammengehörigen Stunden. Sie kann also sehr wohl mit einem der Stoffkomplexe der Grobplanung identisch sein.

In der Mehrzahl der Fälle werden diese übergreifenden Komplexe für eine eingehendere Planung aber zu unübersichtlich; vielfach werden sie durch Ferien durchschnitten und gelegentlich möchte man sie auch durch geeignete Einschübe auflockern. Es liegt also nahe, sie in mehrere Abschnitte oder „Einheiten" zu zerlegen.

Auf der anderen Seite sollte man den Begriff der Unterrichtseinheit auch nicht zu eng fassen, z.B. als „Unterrichtseinheit Weitsprung". Eine solche Sichtweise provoziert zwangsläufig die weitverbreitete unterrichtliche Fehlform der *„Nur-Stunde"*, also *nur* Weitsprung, Ballwurf, Kippe oder Korbleger, und das vielleicht mehrere Stunden hintereinander, sehr häufig noch verbunden mit dem methodischen und physiologischen Widersinn, dass beispielsweise zu Beginn einer Weitsprungstunde „Sprungkrafttraining" betrieben und am Ende womöglich noch die „Anwendung in der Wettkampfsituation" verlangt wird (3).

In der Regel stellt sich also die Aufgabe, in einer Unterrichtseinheit mehrere, einem übergreifenden Thema zuzuweisende *Unterrichtsgegenstände* zusammenzufassen und sinnvoll zu ordnen. Dies erfolgt in zwei Planungsschritten:
- der *Auswahl* der Unterrichtsgegenstände und der Bestimmung der Zielsetzungen, die mit ihnen und durch sie erreicht werden sollen,
- der optimalen zeitlichen und inhaltlichen *An- und Einordnung* der einzelnen Unterrichtsgegenstände.

Im ersten Schritt geht es, verallgemeinernd ausgedrückt, darum, *was bis zu welchem Niveau* behandelt werden soll und welche allgemeinen Lernziele damit verbunden werden können. Dabei ist es empfehlenswert, Inhalte und Zeitpunkte der beabsichtigten *Leistungserhebungen* wenigstens näherungsweise festzulegen. Diese „Steuerung der Unterrichtsplanung von den angestrebten Ergebnissen her" zwingt zu zielstrebigem unterrichtlichen Handeln.

Beim zweiten Schritt geht es um die Frage des *„optimalen Nacheinanders und Nebeneinanders"*. Für das Nacheinander gilt dabei das Prinzip der strukturellen Ähnlichkeit, für das Nebeneinander eher das oben schon formulierte Prinzip der „kontrastierenden körperlichen Anforderungen". Dauerlauf – Kurzstreckenlauf – Weitsprung wäre z.B. eine sinnvolle Reihenfolge; parallel zu ihnen könnten z.B. Wurf- und Stoßübungen behandelt werden.

Auch der – für die Schüler – mehr oder weniger leichte Zugang zu einer Sache kann als Kriterium für die Reihenfolge dienen: Man sollte beispielsweise bei den Jungen das Gerätturnen nicht unbedingt mit Reck oder Barren beginnen, sondern eher mit dem Sprung als einer etwas „alltagsnäheren" Disziplin.

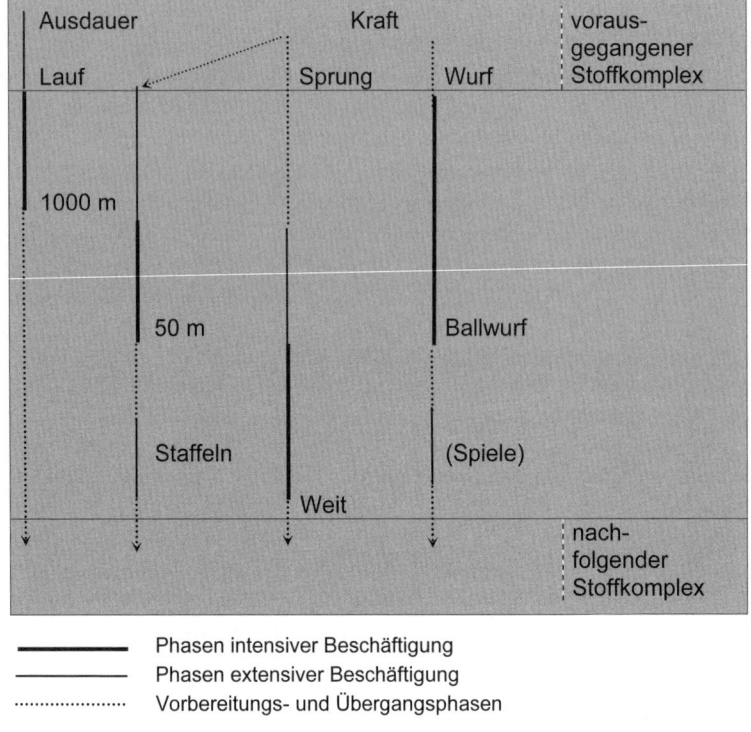

Das hier Gemeinte ist in Abb. 1 an einem schematisierenden Beispiel verdeutlicht:

Ausdauer		Kraft		vorausgegangener
Lauf		Sprung	Wurf	Stoffkomplex
1000 m				
	50 m		Ballwurf	
	Staffeln		(Spiele)	
		Weit		nachfolgender Stoffkomplex

──────── Phasen intensiver Beschäftigung
──────── Phasen extensiver Beschäftigung
.... Vorbereitungs- und Übergangsphasen

Abb. 1

Dieses für die Unterstufe gedachte Modell setzt voraus, dass in jeder Stunde – auch Einzelstunde – *zwei Schwerpunkte* behandelt werden, denen außerdem noch einige „Nebenübungen" beigeordnet sind. Die Phasen intensiver Beschäftigung sollen jeweils mit einer Leistungserhebung abgeschlossen werden. Außerdem wird davon ausgegangen, dass bestimmte konditionelle Voraussetzungen bereits in den vorangegangenen Unterrichtseinheiten geschaffen worden sind.

Man könnte gegen diesen Vorschlag einwenden, dass es gar nicht möglich sei, in einer (Einzel-)Stunde zwei Dinge mit Gewinn zu behandeln. Nach unseren Erfahrungen ist dies bei Lern- und Übungsstunden überhaupt kein Problem; bei Hallenstunden sind sogar drei Schwerpunkte möglich. Auch lernpsychologische Überlegungen sprechen für eine solche Stundenunterteilung (4). Zeitprobleme ergeben sich nur bei den Leistungsabnahmen im Sprung und Wurf.

Entsprechendes gilt auch für alle anderen Sportarten. So sollte man im Gerätturnen z.B. nach dem Reck oder Barren durchaus noch zum Sprung oder Bodenturnen gehen, zumal dies erfahrungsgemäß auch einen gewissen „Motivationsschub" bewirkt.

Was heißt „Unterricht planen und vorbereiten"? 113

Die bereits angesprochenen „Nur-Stunden" sind keineswegs das Ergebnis einer sinnvollen Unterrichtsplanung und entsprechen auch nicht der Forderung nach einer abwechslungsreichen und freudvollen Unterrichtsgestaltung; sie sind eher der Ausfluss einer auf rein äußerliche Lernplanerfüllung bedachten „Abhak-Mentalität" (5).

Unterrichtsvorbereitung

Aus den vorangegangenen Überlegungen dürfte deutlich geworden sein, dass eine sinnvolle Unterrichtsplanung *Kenntnisse über die Planungsinhalte oder -gegenstände* voraussetzt. Diese zu erarbeiten bzw. zu präzisieren, ist Aufgabe der *Unterrichtsvorbereitung*, die sich in drei Schritte untergliedern lässt: die *Sachanalyse*, die *Bedingungsanalyse* und die *methodische Erschließung*.

Die Unterrichtsvorbereitung stellt sich somit als *mehrstufiger Analysevorgang* dar, durch den die Unterrichtsgegenstände „aufgeschlossen" oder eben „vor-bereitet" werden sollen. Sie ist eine „didaktische Analyse" in einem weiten Sinne dieses Begriffs mit der Leitfrage: *„Wie kann man eine Sache lehr- und lernbar machen?"*

Sachanalyse

Bei der Sachanalyse oder besser Sachstrukturanalyse ist zunächst nach der *Struktur des gesamten Planungskomplexes,* normalerweise also der Unterrichtseinheit, zu fragen: Welches sind ihre Elemente, wie hängen sie zusammen, wie bauen sie aufeinander auf? Worauf kommt es vor allem an? Wo liegen die besonderen Probleme und die speziellen Schwierigkeiten?

Bei der Analyse der einzelnen *Elemente* oder *Unterrichtsgegenstände* ergeben sich folgende Fragen: Welches ist ihre Bewegungs- oder Handlungsstruktur? Welches sind die leistungsbestimmenden Bewegungsaktionen? Welche physikalischen und biomechanischen Gesetzmäßigkeiten sind zu beachten? Mit welchen spezifischen Lernschwierigkeiten ist zu rechnen?

Die Sachanalyse versucht, die inneren Zusammenhänge einer Unterrichtseinheit aufzudecken, um daraus Anhaltspunkte für die Bestimmung der Unterrichtsschwerpunkte, eventuell notwendiger Teilziele und geeigneter Lernkontrollen zu gewinnen. Sie steht unter der Leitfrage: *„Worum geht es eigentlich, worauf kommt es an?"*

Bedingungsanalyse

Die Bedingungsanalyse ist die notwendige Ergänzung zur Sachanalyse. Sie fragt nach den Bedingungen, die für eine erfolgreiche Bewältigung der gestellten Aufgaben gegeben sein sollten. Es sind dies vor allem die *Voraussetzungen* auf Seiten der Schüler, aber auch situative Faktoren. Es geht also um folgende Fragestellungen: Welche Lernvoraussetzungen sind gegeben, welche sind noch zu schaffen? Wie werden sich die Unterschiede in den Leistungsvoraussetzungen auswirken? Welche Einstellung haben die Schüler zu den Unterrichtsgegenständen? Welche Probleme und Schwierigkeiten könnten sich daraus ergeben? Welche äußeren Unterrichtsbedingungen sind außerdem zu berücksichtigen?

Die Bedingungsanalyse versucht, die Lerninhalte oder Unterrichtsgegenstände aus der Sicht der Schüler zu sehen. Ihre Leitfrage lautet: *„Welchen Zugang haben die Schüler zu der Sache?"*

Methodische Erschließung

Die methodische Erschließung hat die Aufgabe, aus den Ergebnissen der Sach- und Bedingungsanalyse eine geeignete *Vermittlungsstrategie* abzuleiten. Mögliche Fragestellungen sind dabei: Welche Unterrichtskonzepte, welche methodischen Konzeptionen und Verfahrensweisen bieten sich an? Welche methodischen und organisatorischen Maßnahmen folgen daraus? Welche Lernhilfen sind möglich? Sind Veranschaulichungsmittel erforderlich? Ist der Lernvorgang in bestimmte Teilziele oder Lernschritte zu gliedern? Wo sind Lernkontrollen notwendig? Auch Überlegungen zu differenzierenden Maßnahmen, zu notwendigen Gruppenbildungen und zur rationellen organisatorischen Gestaltung des Unterrichts gehören hierher (6).

Die methodische Erschließung versucht, die Sache und den Schüler gewissermaßen zusammenzubringen oder zwischen ihnen zu „vermitteln". Entsprechend lautet die Leitfrage: *„Wie kann die Sache dem Schüler vermittelt werden?"*

Verlaufsplanung und Stundengestaltung

Die Ergebnisse und Erkenntnisse der Unterrichtsplanung und Unterrichtsvorbereitung fließen nunmehr zusammen und gehen in die *Verlaufsplanung* ein, die üblicherweise im Rahmen der einzelnen *Unterrichtsstunden* erfolgt.

Damit eröffnet sich ein eigenes, sehr weites Problemfeld, das hier nur in einigen wenigen, wie bisher in Frageform gegebenen Hinweisen beleuchtet werden kann: Wie werden die Unterrichtsgegenstände auf die einzelnen Stunden verteilt? Auf welche „Verzahnungen" mit anderen Unterrichtseinheiten ist dabei zu achten? Wie werden die Unterrichtsgegenstände eingeführt, welche Informationen und Impulse sind an welchen Stellen zu geben? Wo ist ein Wechsel in der Unterrichtsform angezeigt? Wo sind methodische Hilfen oder Veranschaulichungsmittel angebracht? Wie kann den zu erwartenden Fehlern und Schwierigkeiten begegnet werden? Welche Schülergruppierungen, welche organisatorischen Formen und welche Geräteaufbauten sind notwendig? Welche Maßnahmen zur Unfallverhütung sind zu treffen? Wie soll schließlich der Ertrag des Unterrichts sowohl rational als auch emotional den Schülern bewusst gemacht werden?

Die Verlaufsplanung versucht, die Ergebnisse der vorangegangenen Planungs- und Verlaufsschritte in konkrete *Handlungsanweisungen* umzusetzen. Die Leitfrage hierfür lautet: *„Welche unterrichtlichen Handlungen – im Ganzen und für die einzelnen Stunden – folgen daraus?"*

Planung und Realisierung

Bei all dem, was bisher gesagt wurde, sollte stets bedacht werden, dass *Unterrichtsplanung nur ein Vorhaben* ist, die gedachte Vorausnahme dessen, was getan und erreicht werden soll. Es ist eher die Ausnahme als die Regel, dass die Planung unverändert in die Wirklichkeit umgesetzt werden kann. Die *Planungsansätze* müssen vielmehr auf Grund der bei der Durchführung gewonnenen Erkenntnisse fortlaufend überprüft, angepasst und korrigiert werden. Dabei dürfen die Verbindlichkeit der Inhalte und die Zielstrebigkeit in der Durchführung des Unterrichts nicht generell in Frage gestellt werden. Unbefriedigende Ergebnisse berechtigen nicht von vornherein dazu, auf bestimmte Ziele und Inhalte des Sportunterrichts zu verzichten oder sie nur oberflächlich zu behandeln.

Ähnliches gilt für die *Unterrichtsgestaltung*: Der Lehrer muss fähig sein, seine methodischen und organisatorischen Maßnahmen fortlaufend auf den tatsächlichen Verlauf des Unterrichts abzustellen, ohne seine große Linie zu verlieren, d.h. in der Folgerichtigkeit, Sicherheit und Konsequenz seines Handelns beeinträchtigt zu werden.

Planung und Realisierung stehen also in einem fortgesetzten Wechselverhältnis. Der hier angesprochene Rückkopplungseffekt betrifft dabei vor allem die Planungsfaktoren, die im ursprünglichen Ansatz übersehen oder falsch eingeschätzt worden sind.

Daraus ergibt sich eine wesentliche Konsequenz: *Stundenentwürfe* lassen sich gerade nicht „auf Vorrat" anfertigen, sondern stets nur *in Kenntnis des Verlaufs und des Ergebnisses der vorangegangenen Stunde.* Die allenthalben erhältlichen „Musterentwürfe" können also nur einen ersten Eindruck vermitteln, wie eine Stunde zu einem bestimmten Thema aussehen könnte. Die Anpassung an die jeweiligen Verhältnisse bleibt Aufgabe des Lehrers.

Stundenentwurf

Stundenentwürfe genießen in der Fachliteratur, besonders aber in der Lehrerausbildung besondere Beachtung. Dies ist auch insofern berechtigt, als anhand einiger weniger Beispiele die Studierenden oder Lehreranwärter veranlasst werden sollen, sich mit dem Problem der Unterrichtsplanung, und damit auch mit den Unterrichtsgegenständen selbst und der Situation der „betroffenen" Schüler, etwas eingehender auseinanderzusetzen. Für den Lehrer sind sie, sofern die Überlegungen zur lang- und mittelfristigen Planung und Gestaltung des Unterrichts differenziert genug sind, eher von nachrangiger Bedeutung. Dennoch dürfte es nicht überflüssig sein, sich darüber einige Gedanken zu machen und gelegentlich auch einen solchen Entwurf zu skizzieren.

Alle dazu bekannt gewordenen Modelle lassen sich auf *drei Grundstrukturen* zurückführen, die hier parallel wiedergegeben werden sollen:

Was will ich tun? ⟶	*Wie will ich es machen?* ⟶	*Wozu soll es gut sein?*
Was würden die Schüler tun? ⟶	*Wie kann ich dies für das Thema nutzen?* ⟶	*Worauf ist dabei zu achten?*
Welche Ziele sollen erreicht werden? ⟶	*Mit welchen Mitteln will ich diese erreichen?* ⟶	*Worauf kommt es dabei an?*

Welches Modell nun das „richtige" ist, lässt sich so nicht beantworten. Sofern man unter „Zielen" die sogenannten fachimmanenten Lernziele (z.B. „Verbesserung der Ausdauerfähigkeiten" oder „Schulung der Antizipationsfähigkeit") versteht, ist dies eine Frage der Zweckmäßigkeit: Eine Leichtathletik- oder Turnstunde wird sich leichter von den Inhalten, eine Konditions- oder Spielstunde leichter von den Zielen her planen und aufbauen lassen, obwohl durchaus auch das Gegenteil möglich ist und generell auch die Schülerhandlungen zum Ausgangspunkt der Überlegungen gemacht werden können.

Versteht man unter Zielen aber die sogenannten allgemeinen oder überfachlichen Lernziele (z.B. „Kommunikationsfähigkeit", „gesundheitsbewusste Lebensweise"), wird die Sache problematisch, und zwar aus grundsätzlichen Schwierigkeiten: Wirklich planen lässt sich nur, was auch in der Durchführung und im Ergebnis sichtbar und kontrollierbar gemacht werden kann, und das sind im Sport die Inhalte, also die Tätigkeiten, Übungen, Disziplinen und die damit erreichbaren Lern- und Leistungsziele. Entsprechend sind bisher auch alle Bemühungen, einen Lehrplan von den allgemeinen Zielen her aufzubauen, im Sande verlaufen (7). Dies spricht in keiner Weise gegen die Bedeutung solcher Ziele, auch nicht dagegen, sie bei der Planung mit zu berücksichtigen. Fragwürdig ist nur, die gesamte Planungsstruktur darauf abzustellen.

Schlussbemerkung

Man könnte gegen die hier vorgelegten Ausführungen zum Thema Unterrichtsplanung einwenden, dass es gar nicht möglich sei, zu jedem Unterrichtsgegenstand so detaillierte Überlegungen anzustellen. Dazu ist zweierlei zu sagen:

Zunächst handelt es sich bei solchen Überlegungen um weitgehend disponibles Alltagswissen des Sportlehrers. Und hier gilt die Regel, dass man gerade über das Einfache und das scheinbar Selbstverständliche immer wieder nachdenken und dabei gelegentlich auch in eine kritisch reflektierende Distanz zu sich selbst treten sollte.

Sodann geht es nicht darum, einmal in der dienstlichen Laufbahn eine schriftliche „Ausarbeitung" vorzulegen, sondern alles, was getan und erreicht werden soll – wie oben schon gesagt – „gedanklich vorwegzunehmen", ob das nun aufgeschrieben wird oder nicht. Wer ohne Ziel auf die Reise geht, braucht sich nicht zu wundern, wenn er nirgends ankommt.

Anmerkungen

(1) Vor allem in der ehemaligen DDR wurde versucht, durch enge Planungsvorgaben eine möglichst vollkommene Einheitlichkeit im unterrichtlichen Vorgehen zu erreichen.
(2) Vgl. die Beiträge: Lernen, S. 268, und: Was heißt „trainieren"? S. 251.
(3) Vgl. die Beiträge: Vorsicht, methodische Übungsreihe! S. 123, und: Wie sieht die „richtige" Sportstunde aus? S. 117.
(4) Vgl. den Beitrag: Lernen, S. 268.
(5) Vgl. den Beitrag: Fachdidaktische Entwicklungen und Fehlentwicklungen, „Alltagsprobleme" S. 251.
(6) Vgl. die Beiträge: Differenzierung im Sportunterricht, S. 153, und: Die organisatorische Gestaltung des Sportunterrichts, S. 98.
(7) Vgl. die Beiträge: Ziele und Inhalte im Sportunterricht, S. 17, und: Lernziele oder Bildungsziele? S. 23.

Schema der Unterrichtsplanung/Unterrichtsvorbereitung

> UNTERRICHTSPLANUNG
>
> *Jahresplanung*
> „Was, wann, in welcher Reihenfolge?"
>
> *Planung der Unterrichtseinheiten*
> „Was, in welchem Zusammenhang, bis zu welchem Niveau?"
>
> > UNTERRICHTSVORBEREITUNG
> >
> > „Wie kann eine Sache lehr- und lernbar gemacht werden?"
> >
> > *Sachanalyse*
> > „Worum geht es, worauf kommt es an?"
> >
> > *Bedingungsanalyse*
> > „Welchen Zugang haben die Schüler zur Sache?"
> >
> > *Methodische Erschließung*
> > „Wie lässt sich die Sache den Schülern vermitteln?"
>
> *Verlaufsplanung und Stundengestaltung*
> „Welche unterrichtlichen Handlungen folgen daraus?"

Abb. 2

2 Wie sieht die „richtige" Sportstunde aus?

Die Frage nach der richtigen Sportstunde, genauer gesagt, nach dem richtigen *„Aufbau"* oder der richtigen *„Gliederung"* einer Sportstunde, ist für Sportlehrer von ganz erheblicher Bedeutung. Konkrete theoretische Vorstellungen hätten gerade in diesem Punkt unmittelbare praktische Auswirkungen. Man könnte sich beispielsweise davon mehr Handlungssicherheit und auch einiges an Arbeitserleichterung versprechen.

Leider ist die Antwort auf diese Frage nicht eben leicht, wie ein Blick auf einige historische *Modellvorstellungen* zeigen kann:

Eine lange, bis in die erste Hälfte des 19. Jahrhunderts zurückgehende Tradition haben die auf dem Gedankengut der sogenannten Schwedischen Gymnastik aufbauenden *physiologisch bestimmten Stundengliederungen*. Ihr Grundgedanke besteht darin, in jeder Stunde den ganzen Körper, sozusagen von Kopf bis Fuß, „durchzuarbeiten". In neuerer Zeit wurden solche Überlegungen vor allem von den österreichischen Turnmethodikern aufgegriffen, beispielsweise in der von GAULHOFER/STREICHER 1924 entwickelten Form:

1. Belebende Übungen
2. a) Rumpfübungen
   b) Gleichgewichtsübungen
   c) Kraft- und Geschicklichkeitsübungen
   d) Lauf und Gang
   e) Sprung
3. Beruhigende Übungen

Wie dieses und andere Beispiele zeigen können, liegt in solchen Stundengliederungen vor allem die Gefahr, den Unterricht in eine endlose Folge von relativ abstrakten und unspezifischen Übungen aufzulösen.

Eine ähnlich lange Tradition haben die *inhaltlich ausgerichteten Stundengliederungen*. Sie gehen auf die deutschen Turnmethodiker des 19. Jahrhunderts, wie SPIEß und MAUL, zurück. Vor allem in der von NEUENDORFF, dem damaligen Direktor der Preußischen Hochschule für Leibesübungen in Spandau, entwickelten „Spandauer Turnstunde" erlangten sie eine besondere, gelegentlich bis in die Gegenwart nachwirkende Bedeutung.

Ihr Grundgedanke bestand darin, in jeder Stunde „das Ganze der Leibeserziehung einzufangen". Zu diesem Zweck wurden jedem Stundenteil bestimmte Inhalte und diesen wiederum bestimmte pädagogische Zielsetzungen zugeordnet.

Daraus entstand folgendes Modell:

1. Körperschule ⟶ „hygienischer Zweck"
   Laufübungen, Gymnastik

2. Leistungsturnen ⟶ „vitaler und voluntaristischer Zweck"
   Gerätübungen, leichtathletische Übungen

3. Spiel ⟶ „sozialer Zweck"
   Kleine Spiele, Mannschaftsspiele

Das Problem einer so strukturierten Stunde liegt vor allem in ihrer generellen Überfrachtung, die fast unvermeidlich zu einem beziehungslosen Wechsel in den Inhalten und zur andauernden Hektik in der organisatorischen Gestaltung führt. Nicht minder gravierend sind die Folgen des obligatorischen Spiels am Ende der Stunde: Es ist zwar auf eine Randposition abgedrängt, bildet aber doch den herbeigesehnten emotionalen Höhepunkt der Stunde. Dadurch wird das für die Schüler ohnehin bestehende Attraktivitätsgefälle zwischen „spielerischen" und „sportlichen" Inhalten fortlaufend weiter verstärkt.

Das Unbehagen an dieser Form des Stundenaufbaus führte zu der These von der *"thematischen Einheit"* der Unterrichtsstunde, wie sie z.B. 1960 im Lehrplan von Nordrhein-Westfalen formuliert wurde. Danach soll jede Stunde einen vom *Bewegungsthema* abgeleiteten *Arbeitsschwerpunkt* aufweisen, auf den hin die übrigen Stundenteile zu konzipieren seien, z.B. nach dem Modell von KOCH/SÖLL (1971):

1. Vorbereitung auf die Hauptaufgabe
2. Hauptaufgabe
3. Schlussteil

Trotz aller Ermahnungen, solche Festlegungen nur im Sinne einer Schwerpunktsetzung zu verstehen, die eine inhaltliche Vielseitigkeit nicht behindern dürfe, führte dieses Modell in der Praxis zu einer weitgehenden *Gleichsetzung von methodischer Übungsreihe und Stundeninhalt*. Jede Stunde begann gleichsam bei „Adam und Eva" (bis hin zu dem bereits erwähnten Widersinn, im einleitenden Stundenteil die konditionellen Voraussetzungen für die Hauptaufgabe schaffen zu wollen) und führte über einen meist überdehnten „Lernteil" zu einer mehr oder weniger dürftigen „Anwendung". Aus diesem Denken in – scheinbar – abgeschlossenen und autonomen Stunden folgte weiterhin die Fehleinschätzung, dass „Stundenthemen" relativ willkürlich gewählt und in beliebiger Reihenfolge angeordnet werden könnten. Das aber kann nicht im Sinn einer vernünftigen Unterrichtsplanung liegen.

Was ist also zu tun?

Die – ebenfalls altbekannten – rein *formalen Stundengliederungen* mit dem Schema: Einleitung – Hauptteil – Schlussteil, führen zu keiner weiteren praktischen Erkenntnis, als dass eine Stunde irgendwie anfangen, einem Höhepunkt zustreben und in geeigneter Weise ausklingen sollte.

Es sind also einige grundsätzliche Überlegungen anzustellen, die von der Funktion einer Stunde im Rahmen einer langfristigen und übergreifenden Unterrichtsplanung ausgehen müssen. Dabei ergeben sich zwei Gesichtspunkte:

(1) Jede Stunde ist Teil eines überdauernden, die gesamte Schulzeit umfassenden Bildungs- und Ausbildungsprozesses, den man nach wie vor am treffendsten mit dem althergebrachten Begriff der „Körperbildung" bezeichnen kann.

Dabei sind wiederum zwei Aspekte zu unterscheiden:
a) eine allgemeine, unspezifische, vorwiegend von physiologischen Gesichtspunkten bestimmte körperliche Ausbildung, z.B. mit den Mitteln der Wirkungs- oder Funktionsgymnastik und der „Körperschule",
b) eine spezielle körperliche Vorbereitung auf kommende sportliche Anforderungen, z.B. mit den Mitteln der Zweckgymnastik oder des Konditionstrainings.

(2) Eine Stunde ist in der Regel zugleich Teil einer Unterrichtseinheit, die zumeist nach inhaltlichen Gesichtspunkten konzipiert ist, sich also an bestimmten Sportarten, Lernfeldern oder Themenkomplexen orientiert.

Hier geht es – um wiederum einen traditionellen Begriff zu gebrauchen – um das allgemeine Anliegen der *„Bewegungsbildung"*.
Dabei ist es unausweichlich, dass
a) in jeder Stunde irgendetwas wiederholt, geübt oder gefestigt wird,
b) in der Mehrzahl der Stunden – je nach Lage der Dinge –
 – etwas Neues probiert oder gelernt,
 – etwas Unzureichendes verbessert oder vervollständigt,
 – etwas Geläufiges variiert oder gestaltet wird.

In ein anderes Begriffssystem übersetzt, gliedert sich somit eine (Normal-)Stunde – sofern man beide Begriffe in der weitestmöglichen Bedeutung fasst – in einen *Konditionsteil* und einen *Technikteil*. Daraus ergibt sich folgendes *Strukturmodell* (Abb. 1):

„Konditionsteil" Aufgabe: KÖRPERBILDUNG a) allgemeine körperliche Ausbildung b) spezielle konditionelle Vorbereitung	→	als langfristige Aufgabe („Trainingsprogramm")
„Technikteil" Aufgabe: BEWEGUNGSBILDUNG a) Wiederholen, Üben, Festigen b) Lernen, Verbessern, Variieren	→	als „Thema" im Rahmen einer Unterrichtseinheit

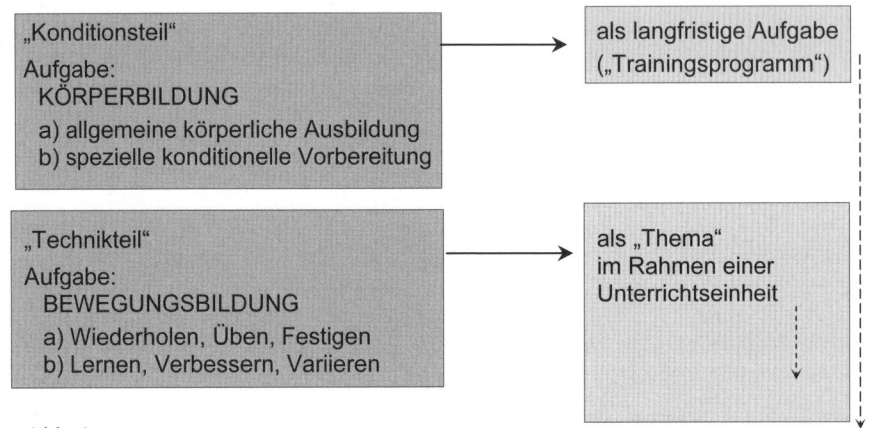

Abb. 1

Dieses Modell stellt freilich – und darauf ist ausdrücklich hinzuweisen – trotz seiner pragmatischen Herleitung ein reines *Formalsystem* dar. Es sagt also beispielsweise nichts darüber aus,
– wie die zeitliche Gewichtung der verschiedenen Teile vorzunehmen ist,
– ob die jeweils unter a) und b) genannten Untergliederungen parallel zueinander oder blockweise nacheinander angeordnet werden sollen.

Auch die Reihenfolge von „Konditions-" und „Technikteil" ist offen. Psychologische Erwägungen sprechen eher für die gewählte Abfolge, physiologische eher für die umgekehrte. All dies wäre jeweils von Fall zu Fall zu entscheiden.

Das hier vorgeschlagene Modell verzichtet auf einen besonders ausgewiesenen *Schlussteil*. Dies bedeutet jedoch nicht, dass eine Stunde keinen vorbedachten Abschluss haben sollte. Beobachtungen aus der Praxis besagen, dass es hierfür zwei grundsätzliche Möglichkeiten gibt:

- Der Stundenabschluss ergibt sich quasi von selbst aus dem Hauptthema, zumeist in einer „Anwendung" des zuvor Gelernten, aber auch in einer abschließenden Bewertung oder Beurteilung (und sei es nur im Gespräch). Dies wäre gleichsam ein Rückgriff auf die Theorie der „thematischen Einheit" der Unterrichtsstunde.
- Der Schlussteil soll eine „entspannende" oder „auflockernde" Funktion haben, was zumeist durch ein (kleines) Spiel erreicht werden soll. Dies wäre ein Rückgriff auf die Theorie der „inhaltlichen Stundengliederung".

Man könnte gegen das vorgelegte Raster einwenden, dass es zu sehr auf das Inhaltliche ausgerichtet sei und damit die allgemeinen und übergreifenden, im Wesentlichen also die erzieherischen Zielsetzungen vernachlässige.

Dazu wäre folgendes zu sagen:

(1) Die funktionelle Zweiteilung einer Sportstunde ist unabhängig von der übergeordneten pädagogischen Konzeption zu sehen. Auch für einen Sportunterricht, der ausschließlich nach erzieherischen Zielsetzungen strukturiert ist, gilt,
- dass er sich seinem spezifischen Bildungsauftrag, eben der Körperbildung, nicht entziehen darf,
- dass auch Verhaltensweisen, Haltungen und Einstellungen zunächst erarbeitet und sodann gezielt eingeübt werden müssen,
- dass allgemeine Lernziele sich nicht im luftleeren Raum bewegen, sondern an bestimmten Inhalten festgemacht werden müssen.

(2) Eine Formalgliederung lässt – wie oben bereits gezeigt – jederzeit die Übersetzung in ein anderes Begriffssystem zu. In diesem Falle wären also „Bildungsaufgaben" (statt „Konditionsteil") und „Erziehungsaufgaben" (statt „Technikteil") einzusetzen, um das Modell in die entsprechende Terminologie zu überführen.

3 Einzel- oder Doppelstunden?

Vor drei oder vier Jahrzehnten wurde heftig über dieses Thema diskutiert. Seitdem hat sich die Lage beruhigt. Vor allem mit der Einführung der dritten Sportstunde scheint allgemeine Zufriedenheit eingekehrt zu sein: Eine Doppelstunde und eine Einzelstunde pro Woche gelten als optimale Lösung des Problems.

Dennoch sollte man sich damit nicht zufriedengeben: Gibt es nicht ganze Schulstufen, so die Oberstufe und zum Teil die Mittelstufe der weiterführenden Schulen, oder ganze Schularten, z.B. im Berufsschulwesen, die nur zwei Wochenstunden Sport haben und die dann ganz selbstverständlich als Doppelstunde auf dem Nachmittag liegen (1)? Werden nicht allenthalben die verbliebenen „Reststunden" wieder zu einer vierzehntägigen Doppelstunde zusammengelegt? Und wieviele Schulen gibt es, die – aus welchen Gründen auch immer – die dritte Sportstunde überhaupt nicht erteilen?

Mit einer nur einmaligen Übungs- und Bewegungszeit in der Woche ist eine Grenze erreicht, ab der es fragwürdig wird, ob der Sportunterricht die ihm zugeschriebenen körperbildenden und gesundheitsfördernden Funktionen überhaupt noch erfüllen kann (2). Fällt auch nur eine dieser „Stunden" aus, entsteht eine vierzehntägige Pause.

Aber auch unabhängig von diesen Erwägungen sollte man sich mit dem Doppelstundenproblem etwas näher befassen: Bringt die Doppel- oder Blockstunde überhaupt einen Vorteil? Oder hat sie nur Nachteile?

Vorweg sei eines festgestellt: Einzelstunden werden dann problematisch, wenn die Wegzeiten ersichtlich mehr als zehn Minuten insgesamt ausmachen, d.h. wenn die Sportstätten mehr als 300 bis 400 Meter einfachen Weges entfernt sind. Dann dürfte die nutzbare Übungszeit, selbst wenn die Schüler die sogenannten kleinen Pausen für die Wegzeiten nützen, in einen kritischen Bereich geraten.

Was die Doppelstunde selbst betrifft, sind die Fakten ziemlich eindeutig:

(1) Die Zeituntersuchungen von DIETRICH (1965) und HOPPE/VOGT (1979) kommen, obwohl unter verschiedenen gesellschaftlichen Systemen durchgeführt und mit teilweise anderen Kriterien arbeitend, übereinstimmend zu dem Ergebnis, dass eine Doppelstunde sowohl in der Gesamtstundendauer als auch in der effektiven Übungszeit um zwei bis vier Minuten *kürzer* ist als zwei Einzelstunden, obwohl in ihr die Umkleidezeiten nur einmal enthalten sind. Doppelstunden gewinnen also keine Übungszeit, sie verführen vielmehr dazu, großzügiger damit umzugehen.

(2) Experimentelle Untersuchungen haben ergeben, dass in der zweiten Hälfte einer Doppelstunde eine deutliche Zunahme der psychischen Ermüdung festzustellen ist. Dem entsprechen die Unterrichtsbeobachtungen: Die Konzentrationsfähigkeit der Schüler lässt nach, der Lernerfolg wird geringer, Unterrichtsstörungen nehmen zu, die Unfallgefahr steigt an, die Lehrer stellen automatisch geringere Anforderungen, sogar der nachfolgende Unterricht ist beeinträchtigt. Alles in allem: Die zweite Hälfte einer Doppelstunde bringt nicht mehr viel.

(3) Die Sportlehrer reagieren auf dieses, mehr psychisch als physisch bedingte „Abflachen" der Stunde fast routinemäßig mit einer typischen Maßnahme: Sie zerlegen die Doppelstunde wieder in zwei (gelegentlich freilich ungleich lange) Einzelstunden, zumeist eine „Sportstunde" und eine „Spielstunde". Damit entfallen aber nicht nur alle pädagogischen, sondern auch alle organisatorischen Argumente („Man kann sich endlich einmal richtig mit einer Sache beschäftigen" – „Man muss die Geräte nur einmal aufbauen"), die gemeinhin für die Doppelstunde vorgebracht werden.

Die wahren Gründe für die Beliebtheit von Doppelstunden können also nicht in fachlichen Erwägungen liegen. Sie sind an ganz anderer Stelle zu suchen. Und hier dürfte die Antwort ziemlich eindeutig sein: *Doppelstunden sind bequemer.* Man kann alles etwas langsamer und geruhsamer angehen, Zeit ist ja genug da. Man kann durchaus einmal fünf Minuten später anfangen und fünf Minuten früher aufhören. Man braucht die Sportsachen nur einmal in der Woche mitzuschleppen. Sogar der Stundenplanmacher ist zufrieden.

Dagegen sollte man eine einfache Rechnung aufmachen: Fünf Minuten sind, auf eine Einzelstunde bezogen, ein Neuntel der Unterrichtszeit. Fünf Minuten verlorene Unterrichtszeit addieren sich also allein über die gymnasiale Schulzeit hinweg zu einem ganzen Schuljahr auf!

Natürlich ist das eine Milchmädchenrechnung. Aber vielleicht sollte man doch einmal darüber nachdenken.

Anmerkungen

(1) Korrekterweise ist hier allerdings darauf hinzuweisen, dass man nie so viele Sportstätten errichten kann, dass die Vormittage allein ausreichen. Die Nachmittage müssen also genutzt werden, und dort sind Einzelstunden so gut wie nicht durchsetzbar.
(2) Vgl. den Beitrag: Was heißt „trainieren"? S. 251.

Literatur

DIETRICH, W.: Intensivierung des Turnunterrichts. Berlin (Ost) 1965.
HOPPE, M./VOGT, U.: Zur Effektivität des Schulsportunterrichts. In: Sportwissenschaft 1979/4.

4 Vorsicht, methodische Übungsreihe!

Vom Sinn und Unsinn methodischer Übungsreihen

Methodik mit dem Kernstück der *methodischen Übungsreihe* steht im Mittelpunkt des Interesses der Sportlehrer. Das kann man ihnen sicherlich nicht verdenken – Sportunterricht lebt sozusagen vom Fachwissen des Lehrers –, doch zeigt ein Blick auf die Literatur, dass dem vorherrschenden Denken in methodischen Übungsreihen zumeist ein recht eingeschränkter Methodikbegriff zugrunde liegt. Zu oft wird übersehen, dass Methodik, oder besser gesagt, die methodische Erschließung eines Gegenstands, ein Prozess ist, der in mindestens drei, nicht umkehrbaren Stufen abläuft, denen sich bestimmte Fragen zuordnen lassen, nämlich:

– *Welches ist die Struktur und Eigenart des Gegenstands?*
– *Welches sind somit die Bedingungen und Möglichkeiten, diesen Gegenstand lehr- und lernbar zu machen?*
– *Welche Vorgehens- und Verfahrensweisen bieten sich an?*

Bedenkt man außerdem, dass methodisches Handeln auch von den *Voraussetzungen* der jeweiligen Lerngruppe einerseits und den darauf bezogenen *Zielsetzungen* andererseits bestimmt ist, zeigt sich sehr schnell, *dass alle genannten Faktoren in einem wechselseitigen Abhängigkeitsverhältnis stehen und damit ein konkretes, auf den jeweiligen Einzelfall bezogenes Bedingungsgefüge darstellen.*

Wir wollen uns aber dem Thema, um in der Sprache der Methodik zu bleiben, nicht in abstrahierend-deduktiver Weise nähern, sondern mehr induktiv, indem wir einen Einzelfall herausgreifen, an ihn einige Fragen stellen und daraus einige grundsätzliche Erkenntnisse zu gewinnen versuchen.

Die hier dargestellte

Übungsreihe zur Hocke über den seitgestellten Kasten (Sprunghocke),

die sich zugleich als *Stundenbild* darstellt, ist schon etwas älteren Datums und repräsentiert somit nicht den gegenwärtigen Stand der Turnmethodik (1). Sie ist dennoch kennzeichnend für bestimmte Vorstellungen, die bis zum heutigen Tag in allen Sportarten und Disziplinen eine nicht zu unterschätzende Rolle spielen.

Im Folgenden betrachten wir die einzelnen Teilschritte jeweils für sich.

1. Laufübungen, sprungkraftschulende Übungen

Formen des allgemeinen und speziellen Aufwärmens (um einerseits den Kreislauf in Schwung zu bringen und andererseits die Funktionsbereitschaft der angesprochenen Muskelpartien sicherzustellen) sind zweifellos nicht zu beanstanden.

Was aber sollen die Übungen zur Entwicklung der Sprungkraft an dieser Stelle bezwecken? Glaubt man etwa, dass konditionsschulende Effekte sich so schnell einstellen, dass sie sozusagen bei Bedarf abgerufen werden können? Und weiter: Ist es angebracht, gerade die Funktionsbereiche, die später die Hauptlast zu tragen haben, auch im einleitenden Stundenteil gezielt zu belasten? Gilt hier nicht eher die Regel, für einen Ausgleich gegenüber der Hauptbeanspruchung zu sorgen? Schließlich: Ist Sprungkraft beim Erlernen der Hocke tatsächlich der leistungsbestimmende oder leistungsbegrenzende Faktor? Reicht sie im Normalfall nicht aus, um die Übung zu bewältigen? Und können etwa bestehende Defizite nicht durch geringere Gerätehöhen ausgeglichen werden?

Man sieht, eine ganze Liste von Fragen schon beim ersten Schritt dieser Übungsreihe.

2. Erlernen des Absprungs

– durch beidbeiniges Federn auf einem Sprungbrett (zunächst mit Hilfe durch Klammergriff an beiden Oberarmen, dann ohne Hilfe),
– durch Strecksprünge aus dem Anlauf und beidbeinigem Absprung vom Sprungbrett (wobei zunächst zwei Sprungbretter so hintereinander ausgelegt werden, dass vom ersten Brett zum Absprung auf dem zweiten Brett eingesprungen werden kann, und alsbald das erste Brett durch eine Markierung ersetzt wird).

Unsere Fragen dazu, zunächst der Reihe nach:

Kann das Federn auf dem Sprungbrett beim Schüler die richtige Vorstellung von dem erforderlichen „prellenden" Absprung provozieren? (Natürlich kommt hier vieles auf die Ausführung an.) Muss die Hilfestellung bereits bei dieser Übung „eingeübt" werden? (Auch Schüler merken sehr bald, dass sie hier zum einen überflüssig, zum anderen eher hinderlich ist, was unweigerlich zur Nachlässigkeit verführt.) Was hat ein

Strecksprung mit der Struktur der Hocke zu tun? Stellt er, aus dem Anlauf ausgeführt, nicht eine Schwierigkeit eigener Art dar? Natürlich soll der Einsprung zum beidbeinigen Absprung eine gewisse Weite haben, aber muss er deshalb von einem anderen Sprungbrett oder gar von einer Markierung aus erfolgen? Ist der Abstand dazwischen für alle Schüler, ob groß oder klein, schnell oder langsam, der richtige? Muss der Schüler dabei seine Aufmerksamkeit nicht auf zwei Punkte, z.b. eine ohnehin nur schlecht sichtbare Markierung und den eigentlichen Absprungpunkt, sozusagen aufteilen? (Orientierungshilfen sollten, sofern sie überhaupt notwendig sind, möglichst in Gestalt eines „kompakten Gegenstands" erscheinen, hier beispielsweise als eine auf dem Sprungbrett ausgelegte und nach hinten hinausragende Matte.)

Zusammenfassend: Haben die Schüler noch nie den beidbeinigen Absprung geübt? Stellen die angegebenen Übungen an dieser Stelle nicht einen überflüssigen Umweg dar, der zudem noch seine eigenen Probleme und Schwierigkeiten in den Lernprozess einbringt? (Selbstverständlich ist die technische und konditionelle Verbesserung des Absprungs dann angezeigt, wenn Höhe und Länge des Gerätes oder die angestrebte Qualität der Bewegung entsprechende Anforderungen stellen.)

3. Erlernen der Hockbewegung: Aus dem Stand auf dem Sprungbrett mit Stütz beider Hände auf dem Kastenende Federn und „Anhocken", d.h. Hochziehen der Hüfte und Anziehen der Beine, abwechselnd.

Was soll der Schüler mit dieser Übung lernen? Etwa, dass er möglichst lange auf dem Kasten aufstützen soll? Oder dass er später im Augenblick des Aufstützens die Hüfte hochziehen soll? Oder gar, dass er zuerst aufstützen und dann abspringen soll? Man kann solche Fragen in der Tat nur ironisch formulieren.

4. Aus dem Anlauf und beidbeinigem Absprung vom Sprungbrett: Aufknien auf den seitgestellten Kasten (mit Hilfestellung).

Natürlich kann man sich – wie immer und überall in methodischen Fragen – darüber streiten, ob es für die hier vorgeschlagene Übung nicht doch eine noch „bessere" gäbe. Aber richtig ausgeführt (und nur dann!), entspricht sie in weiten Teilen der Grundstruktur der Hocke: eine, wenn auch kurze, Flugphase mit Vorwärtsrotation und eine „hockgerechte" Stützphase, sofern die Knie bei der Landung möglichst hinter den Händen bleiben. Strukturwidrig bleibt jedoch der bei dieser Übung unvermeidliche „Dauerstütz". Dagegen kann die Hilfestellung hier gut eingeführt werden, zumal sie nicht ganz überflüssig ist. Vorteilhafter wäre es freilich, die Übung am längsgestellten Kasten ausführen zu lassen.

4. Hocke in der „Kastengasse" (mit Hilfe): zwei seitgestellte Kästen mit ca. 50 cm Abstand, Sprungbrett vor der so entstehenden Lücke. In halber Höhe dieser „Gasse" ist eine Leine gespannt, die allmählich höher gelegt wird.

Selbst wenn diese Übung in einigen Fällen die angestrebte bewegungserleichternde und risikovermindernde Funktion erfüllen sollte, welche Bewegungsvorstellung provoziert sie mit ziemlicher Sicherheit beim Schüler? (Natürlich – in Anknüpfung an den bereits geübten „Dauerstütz" – das Vorschwingen des Körpers mit „Durchschieben" der Beine und Landung in Rücklage.) Warum wird sozusagen wieder hinter das in Übung 4 erreichte Niveau zurückgegangen? Außerdem: Lohnt sich der erhebliche organisatorische Aufwand?

6. Hocke über den seitgestellten Kasten (mit Hilfe).

Endlich dürfen die Schüler, die sich das zutrauen, die Hocke springen (und wer sie schon vorher konnte, wird sie in der Zwischenzeit auch nicht verlernt haben). Die anderen verbleiben bei Übung 5.

Aber, um ein vorläufiges Fazit zu ziehen: Hätte man dies alles nicht auch „billiger", d.h. einfacher und rationeller, haben können? In diese Übungsreihe ist in der Tat fast alles einbezogen, was im engeren und weiteren Umkreis der Übung überhaupt denkbar ist. Dies führt unweigerlich dazu,

- dass überflüssige Umwege gegangen werden, die ihrerseits wieder ihre eigenen Probleme und Schwierigkeiten aufwerfen,
- dass strukturwidrige Elemente einbezogen werden, die in mindestens zwei Fällen geradezu den Charakter einer „Hocke-Verhinderungs-Übung" annehmen.

In jeder Klasse gibt es weiterhin Schüler, die eine Übung wie die Hocke schon können oder in einigen wenigen Versuchen direkt erlernen können. Müssen diese immer wieder bei Adam und Eva anfangen und zusammen mit den anderen alle Schritte des Lernprozesses durchlaufen (was ihnen letztlich nicht schadet), oder können sie nicht sofort mit der Zielübung und deren Steigerung beschäftigt werden (was normalerweise einige organisatorische Probleme aufwirft)?

In jeder Klasse gibt es auch einige Schüler, die bei solchen Übungen kaum Aussicht auf Erfolg haben. Wäre es nicht besser, ihnen von vornherein eine solche Prozedur zu ersparen und sie gleich auf eine einfachere „Ersatzübung", in diesem Falle z.B. das Aufhocken auf einen längs- oder seitgestellten Kasten (oder auf einen hochgelegten Weichboden) zu orientieren? (Vielleicht werden sie gerade deshalb bei anderer Gelegenheit die eigentlich angestrebte Übung um so leichter bewältigen.)

Eine letzte grundsätzliche Frage: Muss eine relativ komplizierte Übung wie die Hocke unbedingt „in einem Anlauf" innerhalb einer bestimmten Stunde erlernt werden? Wäre es nicht besser, sie bei verschiedenen Gelegenheiten immer wieder von neuem anzugehen? Ist die weithin feststellbare Gleichsetzung von „methodischer Übungsreihe" mit „Stundenthema" bzw. „Stundeninhalt" überhaupt gerechtfertigt?

Es geht hier nicht darum, eine methodische Übungsreihe herabzusetzen, die nach dem damaligen Kenntnisstand von den Autoren wohl nach bestem Wissen und Gewissen zusammengestellt worden ist.

Es geht vielmehr um ein Beispiel für eine bestimmte Einstellung, dass nämlich im Sportunterricht bei möglichst großem Aufwand immer möglichst viel laufen müsse, und die gerade dadurch ein effektives Lernen mehr behindert als fördert. Dieses Beispiel wendet sich außerdem gegen die weitverbreitete Vorstellung, dass alles machbar

sei, sofern man nur das richtige Rezept dafür habe. Auch das ist ein Irrtum: Methodik kann immer nur ein *Versuch* sein, Lernen zu erleichtern (2).
Das bisher Gesagte hat auch nichts damit zu tun, dass die in der oben besprochenen Übungsreihe enthaltenen einzelnen Übungen und Maßnahmen an anderer Stelle und in einem anderen Zusammenhang oder vielleicht auch in demselben Zusammenhang in einer bestimmten Lerngruppe nicht doch ihren Sinn und ihre Berechtigung hätten. In der Methodik gibt es schließlich nichts, was immer und unbedingt richtig ist, und nur selten etwas, was ganz und gar falsch ist; es gibt nur Dinge, die in einer bestimmten Situation mehr oder weniger zweckmäßig sind (und auch das lässt sich nie genau vorausbestimmen).

Zusammenfassung

(1) Die methodische Übungsreihe ist ein *Modell* – zunächst also eine mehr oder weniger formale Konstruktion – mit dem Ziel, im Bezug auf einen bestimmten Gegenstand das Lernen zu erleichtern. Dabei können nur allgemeine und grundsätzliche Vorgaben gemacht werden. Sinnvolle und flexible Anpassung an die jeweilige Lerngruppe und an die dort jeweils vorgefundene Situation ist unbedingt notwendig.

(2) Die *zeitliche Dimension* einer methodischen Übungsreihe ist völlig offen: Sie kann den Teil einer Stunde, mehrere Stunden, ja Wochen und Monate umfassen. Die weithin übliche Gleichsetzung von methodischer Übungsreihe und Stundeninhalt, oft verbunden mit der Tendenz, immer wieder von vorn anzufangen, ist ein Missverständnis, das mitverantwortlich ist für die eigentümliche Ineffektivität des Schulsports.

(3) Es ist zwischen einem *engeren* und *weiteren Übungsreihenbegriff* zu unterscheiden: Im engeren Sinne umfasst er lediglich die eigentliche Lernphase, im weiteren Sinne auch die Stufen des „Schaffens der Voraussetzungen" auf der einen und des „Übens, Festigens und Anwendens" auf der anderen Seite (Abb. 1).

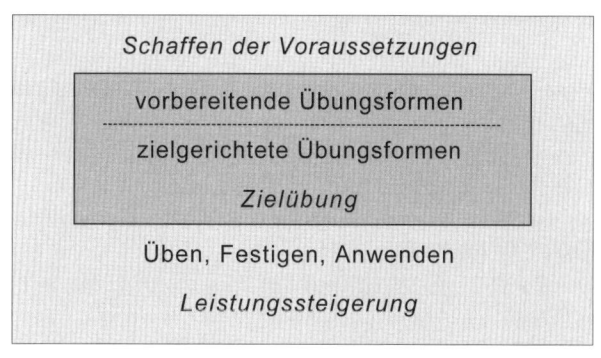

```
        Schaffen der Voraussetzungen
    ┌─────────────────────────────────┐
    │   vorbereitende Übungsformen    │
    │  ─────────────────────────────  │
    │   zielgerichtete Übungsformen   │
    │          Zielübung              │
    └─────────────────────────────────┘
         Üben, Festigen, Anwenden
           Leistungssteigerung
```

Abb. 1: Struktur der „methodischen Übungsreihe"

Mit der völlig andersgearteten zeitlichen Dimension im zweiten Fall ist somit auch die Frage einer sachgerechten Unterrichtsplanung angesprochen.

(4) Fasst man den Begriff „Übungsreihe" im engeren Sinne, muss diese von der Aufgabe des Schaffens von Voraussetzungen so weit wie möglich entlastet werden. Übungsreihen, die überwiegend darauf ausgerichtet sind, fehlende körperliche oder konditionelle Voraussetzungen zu ersetzen, produzieren letztlich nur Scheinerfolge.

(5) Jede methodische Übungsreihe ist darauf zu überprüfen, ob sie Elemente enthält,
– die im Hinblick auf die Zielübung strukturwidrig sind, den Lernerfolg also eher hemmen als fördern,
– die eher eine Erschwerung herbeiführen als eine Erleichterung bringen,
– die nur einen überflüssigen Umweg darstellen,
– die im Hinblick auf Alter und Könnensstand der Schüler von vornherein entbehrlich sind.

(6) Daraus folgt die wichtigste Forderung an eine methodische Übungsreihe: *Sie soll – im Normalfall – auf dem kürzestmöglichen Weg zum Ziel führen.*

Anmerkungen
(1) Vgl. den Beitrag: Die Stützsprünge, S. 298.
(2) Vgl. die Beiträge: Fachdidaktische Entwicklungen und Fehlentwicklungen, und: Methodik – wozu? „Alltagsprobleme" S. 251 und 259.

5 Gibt es einen Standardablauf methodischen Handelns?

Unter Sportlehrern wird die Antwort auf diese Frage wahrscheinlich zwei konträre Positionen erkennen lassen.

Die einen werden sagen: „Natürlich. Unterricht muss eine klare Struktur haben. Der Lehrer muss wissen, was er zu tun hat, und er muss versuchen, möglichst alles in den Griff zu kriegen."

Die anderen werden darauf erwidern: „Dieses ‚Alles-in-den-Griff-Kriegen' – den Schüler eingeschlossen – ist ganz und gar unpädagogisch. Wir müssen vom Schüler aus denken, und das bedeutet, dass dieser einen eigenen, einen ‚offenen' Zugang zu den Unterrichtsgegenständen haben muss."

Diese Kontroverse soll nicht Gegenstand der nachfolgenden Betrachtung sein. Wir möchten das Problem vielmehr reduzieren auf die Phasen des Unterrichts, die der Lehrer – gleichgültig, ob er eine mehr lernzielorientierte oder eine mehr offene Konzeption verfolgt – selbst steuern will oder muss. Solche Phasen werden zwangsläufig unter dem Gebot der unterrichtlichen Ökonomie und Effektivität stehen, allein schon deshalb, um Zeit zu gewinnen, die man dann auch den Schülern für „ihren" Unterricht zur Verfügung stellen kann.

Dahinter steht die Überzeugung, dass sich jede unterrichtliche Konzeption möglichst rein und unvermischt darstellen sollte. Wer als Lehrer den Unterricht an sich zieht, muss auch ein klares Bild von diesem seinem Unterricht haben. Er muss deutlich genug zum Ausdruck bringen, was er will (er weiß ja schließlich, wie es geht und wie man es macht), und sollte seine fachliche Autorität nicht durch fragwürdige Kompromisse in ein schiefes Licht bringen. Dies bedeutet ganz und gar nicht, dass der Lehrer immer nur Anordnungen zu treffen und Anweisungen zu geben habe; er kann im Rahmen einer solchen Konzeption durchaus auch Fragen stellen, Arbeitsaufträge vergeben und zum Nachdenken anregen.

Wir möchten mit den folgenden Ausführungen keine hohen pädagogischen Ansprüche verbinden. Wir sehen sie eher unter dem Aspekt einer „handwerklichen Kunst des Unterrichtens", die als Routinehandeln dem Lehrer das Unterrichten erleichtern will und gerade dadurch den Blick freimachen soll für die eigentlichen, oft verdeckten Probleme pädagogischen Tuns.

Entscheidend für die Qualität eines solchen – üblicherweise als „lehrerzentriert" bezeichneten – Unterrichts sind in der Regel die *ersten Unterrichtsschritte*. Sie sollen deshalb in Form von Merksätzen etwas ausführlicher dargestellt und durch Beispiele weiter verdeutlicht werden:

1. Gib eine Anweisung und kontrolliere, ob sie auch verstanden worden ist.

Es handelt sich hier um eine erste Basisinformation. Sie soll knapp, exakt und in diesem Rahmen dennoch vollständig sein. Aber man sollte sich nicht darauf verlassen, dass Worte allein beim Schüler schon die richtige Vorstellung hervorrufen (1). Also wird man sich vergewissern, ob die Anweisung bei den Schülern auch „angekommen" ist. Am besten dadurch, dass man einen Schüler das Gemeinte vormachen lässt, beim „Ziehharmonikalaufen" auf dem Volleyballfeld z.B. wie folgt: „Ihr lauft von der Grundlinie zur Angriffslinie, von da zurück zur Grundlinie, dann ... Wer hat verstanden, was ich meine, und kann es vormachen?" Ist die Schülerdemonstration korrekt, folgt die Bestätigung: „Jawohl, so ist es richtig. Jetzt alle!", wenn nicht, wird richtiggestellt (z.B.: „Halt, immer ganz zurück zur Grundlinie!") oder ergänzt (z.B.: „Und das alles mit Höchstgeschwindigkeit").

In vielen Fällen ist die Anweisung mit einer Lehrerdemonstration verbunden. Auch dann ist diese „vergewissernde Wiederholung durch einen Schüler" keineswegs überflüssig, beim Ballwurf aus dem Stand z.B. wie folgt: „Aus leichter Schrittstellung, linkes Bein vorn, Ball etwas über Kopfhöhe: ausholen und abwerfen. Wer hat es so weit verstanden, dass er es nachmachen kann?"

Mit dem nun folgenden Beginn des Übens ist der zweite Unterrichtsschritt verknüpft:

2. Vergewissere dich, ob der Unterricht, im großen und ganzen gesehen, „in die richtige Richtung läuft".

Es ist dies – obwohl häufig vernachlässigt – der entscheidende Schritt. In ihm werden die Erkenntnisse gewonnen, von denen das weitere Vorgehen abhängt, und zwar auf zwei, qualitativ verschiedenen Ebenen:

(1) Es könnte sich zeigen, dass trotz sorgfältiger Anweisung und Demonstration immer noch gravierende Missverständnisse bestehen, sich wesentliche Bewegungsfehler zeigen, unvorhergesehene Gefahrenmomente auftreten oder die Aufgabe von den Schülern nicht ernst genommen wird. In solchen Fällen ist es besser, sofort abzubrechen und die ursprüngliche Anweisung akzentuiert und gegebenenfalls präzisiert zu wiederholen, z.B.: „Ich wiederhole, was ich eben gesagt habe: *linkes* Bein vorn, Ball etwas *über* Kopfhöhe, ausholen und abwerfen. Dabei müsst ihr euch *strecken*." In hartnäckigen Fällen wird man dieses Verfahren mehrfach wiederholen. Die hier aufgewandte Zeit zahlt sich später reichlich aus! Gänzlich unzweckmäßig wäre es, eine solcherart verfahrene Situation dadurch retten zu wollen, dass man in den laufenden Betrieb hineinruft, von Gruppe zu Gruppe rennt oder zu Einzelkorrekturen übergeht.

(2) Aber selbst wenn die Sache im Ganzen zufriedenstellend läuft, sollte man sich als Lehrer zunächst auf eine günstige Beobachtungsposition zurückziehen und genau hinsehen, was sich *wirklich* abspielt.

Auf der einen Seite muss man den Schülern eine genügende Anzahl von Versuchen zugestehen, sich mit der gestellten Aufgabe auseinanderzusetzen (2). Auf der anderen Seite geht es darum, die Probleme, Mängel und Fehler festzustellen, mit denen die ganze Klasse oder ein erheblicher Teil davon zu kämpfen hat.

Daraus wird sich die Strategie für den nächsten Unterrichtsschritt ableiten:

3. Steuere das Üben durch die Vorgabe von Aufmerksamkeits- und Beobachtungsschwerpunkten.

Die methodische Funktion des Übens liegt darin, entweder etwas Neues aufzubauen oder etwas Bekanntes zu vervollkommnen. In beiden Fällen geht es vor allem darum, die *Grundstruktur* eines Bewegungs- oder Handlungsablaufs korrekt zu reproduzieren. Dies erreicht man am besten dadurch, dass man für jeweils mehrere Versuche bestimmte Aufmerksamkeits- und Beobachtungsschwerpunkte vorgibt. Dabei beginnt man mit den *maßgebenden Funktionsphasen und Bewegungsaktionen* (3).

Bei dem oben genannten Beispiel des Ballwurfs aus dem Stand wird man also zunächst die Rumpfbewegung, dann die Armbewegung (die beide zusammen wiederum die Hauptfunktionsphase bilden) „in Ordnung bringen", bevor man zu den einleitenden und aussteuernden Funktionsphasen übergeht, etwa nach folgendem Muster: „Bei den nächsten beiden (drei, vier ...) Versuchen achtet ihr besonders darauf, Hüfte und Brust vorzudrücken."

Für diesen Unterrichtsschritt gilt immer noch die Regel, mit der ganzen Klasse zu arbeiten. Das heißt, dass die Anweisungen und Korrekturen prinzipiell an alle, und nur in besonderen Fällen an einzelne Schüler gegeben werden (4). Das hat nicht nur mit der Rationalisierung des Unterrichts und der – oft vernachlässigten – Ausbildung eines kollektiven Bewusstseins zu tun, sondern leitet sich auch aus dem Anspruch der Schüler ab, zunächst relativ „unbelästigt" üben zu dürfen. Nicht jeder liebt die sofortige und direkte Zuwendung von Seiten des Lehrers, zumal im Großen und Ganzen immer dieselben davon betroffen sind.

Die *nächsten Unterrichtsschritte* lassen sich nicht mehr in ähnlicher Weise systematisieren. Das weitere Vorgehen hängt vielmehr von den Ergebnissen und Erkenntnissen ab, die in den drei ersten Schritten gewonnen worden sind.

Grundsätzlich ergeben sich von hier aus *vier Möglichkeiten*. Es könnte sein,
- dass die Schüler physisch oder (häufiger!) psychisch bereits so ermüdet sind, dass an einem geeigneten Punkt, der möglichst einen relativen Erfolg darstellen sollte, *abgebrochen* werden muss,
- dass die Schüler generell in der Lern- oder Leistungsfähigkeit überfordert sind, so dass nur ein *Teilziel* angestrebt werden kann,
- dass die Schüler eher unterfordert sind, so dass eine quantitative (z.B. durch Erhöhung der Wiederholungszahlen, der Belastung, der Ausführungsschnelligkeit usw.) oder qualitative (z.B. durch Veränderung der Übungsbedingungen, durch Erschwerung der Übungsausführung, durch Erhöhung des Komplexitätsgrades usw.) *Steigerung der Anforderungen* angezeigt ist,
- dass wegen ungleicher Lernfortschritte die Leistungsunterschiede in der Klasse so groß werden, dass *differenzierende Maßnahmen* notwendig sind (5).

Schlussbemerkung

Der hier beschriebene „Standardablauf methodischen Handelns" ist als *Modell* zu verstehen, das nur die Grundstruktur festlegen will. In der unterrichtlichen Realität wird es je nach Art und Schwierigkeit des Gegenstands und den besonderen Voraussetzungen der Klasse in vielfältigen Variationen erscheinen.

Aus langer Erfahrung können wir aber feststellen, dass ein Lehrer gut beraten ist, wenn er sich grundsätzlich an diesem Modell orientiert und nur davon abweicht, wenn er damit eine besondere Absicht verfolgt.

Anmerkungen

(1) Wie überall gilt auch hier: Keine Regel ohne Ausnahme. Wenn ein Lehrer seine Schüler aus bestimmten Gründen zum Zuhören und Mitdenken zwingen will, wird er wohl auf visuelle Verdeutlichung verzichten. Umgekehrt sollte man als Lehrer gelegentlich auch verlangen, dass die Schüler etwas, was man vorgemacht hat, ohne weitere Erläuterung nachmachen.

(2) In der Tat ist es fast beunruhigend zu sehen, wie schnell sich die Lehrer gemeinhin gedrängt fühlen, „ihren" Unterricht weiterzutreiben: Manchmal haben die Schüler kaum einen einzigen, selten mehr als zwei Versuche.

(3) Entgegen der landläufigen Meinung geht es auch beim wiederholenden Üben primär um die Grundstruktur einer Bewegung, nicht um ihren „Feinschliff". Die Vervollkommnung eines sportlichen Bewegungs- oder Handlungsablaufs, ob dies eine Rolle vorwärts aus dem Stand in den Stand ist oder ein Sprungwurf nach vorangegangenem Doppelpass, erfolgt vorrangig über die gezielte Verbesserung der leistungsbestimmenden Bewegungsaktionen.

(4) Der häufig zu beobachtende sofortige Übergang von einer einführenden Bewegungsanweisung zur Einzelkorrektur ist eine unbegründete Analogie zum Training im Leis-

tungssport. Auf Dauer führt dies dazu, dass eine Klasse sich nicht mehr als übende Gemeinschaft versteht und der einzelne Schüler nur dann noch aufpasst und wirklich mitmacht, wenn er persönlich angesprochen wird. Vgl. auch den Beitrag: Bewegungsanweisung – Bewegungskorrektur, S. 210.

(5) Selbstverständlich kann es auch angebracht sein, von Beginn an in Leistungsgruppen oder -riegen zu differenzieren. Innerhalb dieser Gruppen ist die beschriebene Vorgehensweise dann sozusagen im Kleinformat, also mit den notwendigen Straffungen und in wechselseitiger Zuwendung, zu praktizieren.
Vgl. auch den Beitrag: Differenzierung im Sportunterricht, S. 153.

6 Allgemeine Leitsätze für das unterrichtliche Handeln

Vorbemerkungen

Wenn in diesem Beitrag versucht wird, einige Leitsätze für das unterrichtliche Handeln zu formulieren, kann dies nicht ohne *Vorbehalte* geschehen, vor allem folgenden:

(1) Allgemeine Leitsätze lassen sich, wie schon der Name sagt, nur auf einen „statistischen Normalfall" beziehen, der in dieser Form in der Wirklichkeit nur gelegentlich anzutreffen ist. In der Regel muss man mit – positiven oder negativen – Abweichungen rechnen, die zusätzlich zu berücksichtigen sind.

(2) Allgemeine Leitsätze könnten eine Selbstverständlichkeit und Leichtigkeit des Unterrichtens vorspiegeln, wie es in der Realität gleichfalls nur selten der Fall ist. Natürlich kann Unterrichten auch relativ locker und mühelos ablaufen; es kann aber auch zu einem mühseligen Geschäft werden.

(3) Allgemeine Leitsätze müssen, wie alle unterrichtlichen Prinzipien, Regeln und Ratschläge, von einem bestimmten „Bild des perfekten Unterrichts" ausgehen. Dies ist dadurch bedingt, dass einerseits ein unvollkommener Zustand sich nur schwer beschreiben lässt und andererseits die Theorie, zumal die pädagogische, sich an irgendwelchen Idealen orientieren muss. Ideale lassen sich aber nur anstreben, kaum jemals völlig erreichen. In der Praxis muss man sich fast immer mit einem „ungeklärten Rest" zufriedengeben.

Das eben Gesagte lässt sich dahingehend zusammenfassen, dass Regeln und Empfehlungen der hier vorgelegten Art sich vor allem in schwierigen Situationen zu bewähren haben, dass aber eine schematische Anwendung noch keinen guten Unterricht garantiert: Sie sind nicht von sich aus „richtig", sondern werden dies erst durch ihre gekonnte und der Situation angemessene *Umsetzung* (1).

Die neueren fachdidaktischen Entwicklungen legen es nahe, durchgehend zwischen Leitsätzen zum lehrerzentrierten und schülerorientierten Unterricht zu unterscheiden.

Mit den entsprechenden Modifikationen gelten die im ersten Teil enthaltenen grundsätzlichen Hinweise aber auch für den zweiten Teil.

„Lehrerzentriert" soll dabei für alle Formen eines „geschlossenen", mehr produkt- und lernzielorientierten Unterrichts stehen; unter „schülerorientiert" sollen alle Formen eines „offenen" und kreativen, mehr prozess- und problemorientierten Unterrichts zusammengefasst werden (2). „Selbsttätigkeit" der Schüler wird dabei im Sinne eines Schlüsselbegriffs verwendet.

Hinsichtlich der Formulierung bitten wir unsere Leser, an der grammatischen Form des Imperativs keinen Anstoß zu nehmen. Mögliche Umschreibungen wären schwerfälliger und könnten den Sachverhalt nicht ebenso präzise wiedergeben.

Leitsätze für den lehrerzentrierten Unterricht

- *Lernen ist nur möglich, wenn die Voraussetzungen gegeben sind.* Die Schaffung der notwendigen Voraussetzungen ist zumeist aber ein langfristiger Prozess, der vorausschauende Planung unter Beachtung der Prinzipien der Regelmäßigkeit und Systematik erfordert.

- *Die Grundstruktur einer sportlichen Bewegung oder Handlung, die sogenannte Grobform, muss sorgfältig und korrekt erarbeitet werden.* Schulsport muss zwar nicht – und kann nur gelegentlich – zur Perfektion führen; was aber zu lernen ist, sollte richtig gelernt werden. Ein späteres Umlernen ist immer recht mühevoll.

- *Das Ziel des Schulsports liegt immer noch im „richtigen" Sporttreiben, also in der Anwendung des Gelernten.* Nach dem Lernen kommt das Üben und Festigen. Wo immer möglich, ist dabei die erlernte Grobform zu einer Fertigkeit mit den Kennzeichen der Stabilität des Könnens und eines gewissen Automatisierungsgrades im Sinne einer „variablen Verfügbarkeit" auszubilden.

- *In der Methodik ist im Allgemeinen der kürzeste und direkteste Weg der beste.* Umwege, gleich welcher Art, bedürfen der besonderen didaktischen oder pädagogischen Begründung.

- *Bevorzuge ganzheitliche und komplexe Methoden.* Kinder und Jugendliche nähern sich einer Sache prinzipiell im Ganzen. Zerlege aber eine Bewegung, Übung oder Handlung, die für die Schüler zu schwierig oder zu kompliziert ist, in Teileinheiten oder Lernschritte. Die so entstehenden Elemente müssen jedoch, ebenso wie eventuell eingesetzte Lernhilfen, mit der Struktur der Zielübung im Einklang stehen.

- *Sage dem Schüler, was er zu tun hat und wie es am leichtesten geht.* Die sogenannte deduktive Methode ist nach wie vor die erfolgversprechendste. Aber auch in ihrem Rahmen sollte man nur das vorgeben, was die Schüler nicht selbst erkennen oder als richtig einsehen können.

- *Wenn der Lernprozess ins Stocken gerät, antworte mit einer konkreten methodischen Maßnahme oder breche ab und nimm bei nächster Gelegenheit einen neuen Anlauf.* Lernerfolg lässt sich nicht herbeireden. Die psychische Ermüdung tritt bei Schülern in aller Regel vor der physischen ein.

- *Sprich knapp, exakt und anschaulich; sage nicht zuviel auf einmal.* Es ist auch besser, eine einmal gegebene Anweisung zu wiederholen, als in verschiedenen Variationen auf die Schüler einzureden.
- *Vergewissere dich, ob deine Anweisungen auch verstanden worden sind.* Lass beispielsweise durch einen geeigneten Schüler das Gemeinte vorzeigen. Die Standardabfolge der methodischen Handlungen ist: Sagen – Zeigen – Tun.
- *Mache vor und mache mit.* Die Lehrerdemonstration ist das einzige Medium, das überall und jederzeit verfügbar ist und genau auf die jeweiligen Erfordernisse abgestimmt werden kann.
- *Gib den Schülern genügend Zeit zum Üben.* Unterbreche aber sofort, wenn du siehst, dass etwas Entscheidendes schiefläuft, vor allem aber, wenn die Sicherheit der Schüler gefährdet ist.
- *Steuere das Üben nicht nur von der Organisation her, sondern auch durch die Vorgabe von Beobachtungsschwerpunkten.* Dadurch wird das methodische Vorgehen strukturiert und für die Schüler immer wieder ein Anreiz geschaffen.
- *Korrigiere nicht zu früh.* Wenn aber Bewegungskorrekturen notwendig sind, sprich zunächst die Hauptfehler an, und zwar immer nur einen und jeweils nach seiner Ursache. Beginne mit den generellen, an die ganze Klasse gerichteten Korrekturen; bringe individuelle nur zusätzlich und bei Bedarf.
- *Kontrolliere den Lernfortschritt, indem du am Ende eines jeden Lernabschnitts in irgendeiner Weise eine Überprüfung vornimmst.* Achte aber darauf, dass diese Lernkontrollen eine motivierende Wirkung haben.
- *Bewerte und benote nur, was im Unterricht gelernt und geübt worden ist.* Es muss aber nicht alles, was im Unterricht behandelt worden ist, auch benotet werden.
- *Bemühe dich, in deinem Unterricht alles zu sehen, aber reagiere nicht unbedingt auf alles, was du siehst.* Vieles erledigt sich von selbst. Was aber auf Dauer den Unterricht beeinträchtigen könnte, muss abgestellt werden.
- *Sprich nur, wenn die Schüler auch zuhören.* Andernfalls entwertest du dich und die Sache, die du zu vertreten hast.
- *Unterrichte sachlich und ruhig, zeige aber Engagement und gelegentlich auch etwas Temperament.*

Leitsätze für den schülerorientierten Unterricht

- *Führe die Schüler langsam an selbständiges Arbeiten heran.* Selbsttätigkeit kommt nicht von allein, sondern muss – wie vieles andere – erst gelernt werden.
- *Schaffe einen Rahmen für die Selbsttätigkeit der Schüler.* Kreativität und Phantasie brauchen Anknüpfungspunkte, um sich entfalten zu können. Dies kann durch eine geeignete Aufgaben- und Problemstellung, durch ein Arrangement oder eine „Inszenierung" geschehen.
- *Stelle das notwendige „Handwerkszeug" bereit.* Bei Gestaltungs- und Improvisationsaufgaben, der Erarbeitung von Kürübungen oder der Lösung von taktischen

Aufgaben müssen die Schüler über ein ausreichendes Repertoire an Fertigkeiten und Fähigkeiten verfügen.
- *Achte auf eine der Sache angemessene Gruppengröße.* Sie liegt im Allgemeinen zwischen drei und sieben Schülern.
- *Beginne mit einfachen, zeitlich und inhaltlich überschaubaren Aufgaben.* Die ausgewählten Themen müssen für die Schüler einsichtig sein und ihrem Erfahrungsstand entsprechen.
- *Bevorzuge „offene" Aufgabenstellungen, die mehrere Lösungen zulassen.* Dabei sollte zwischen einem eher freien Erkunden und Experimentieren und einem bewussten Suchen und Gestalten unterschieden werden. „Bewegungsaufgaben", für die es nur eine einzige sinnvolle Lösung gibt, sind nur in Ausnahmefällen geeignet.
- *Lege – zusammen mit den Schülern – möglichst genau fest, „worum es geht".* Dabei sollte auch herausgearbeitet werden, ob ein Produkt, z.B. die Lösung eines Bewegungsproblems, oder der Prozess, z.B. die Erarbeitung von Lösungsstrategien, im Vordergrund steht.
- *Habe Geduld und gib den Schülern Zeit, die Aufgaben zu lösen und ihre Probleme zu bewältigen.* Man sollte aber darauf achten, dass die Schülertätigkeit sich nicht in ziellosem Aktionismus verliert.
- *Gib – möglichst im Sinne einer „Hilfe zur Selbsthilfe" – die notwendigen Hilfen, warte aber den richtigen Zeitpunkt ab.* Die „Kunst des Unterrichtens" besteht bisweilen auch im bewussten Unterlassen. Dies gilt nicht, wenn die Sicherheit der Schüler auf dem Spiel steht.
- *Mache gelegentlich mit, achte aber darauf, dass dies nicht als „Vormachen" verstanden wird.* Damit soll zum Ausdruck gebracht werden, dass man sich als Lehrer mit dem Anliegen der Schüler identifiziert.
- *Begnüge dich nicht mit vorschnellen und unfertigen Vorschlägen, bestehe auf „ernsthaften" Lösungsversuchen.* Es lässt sich aber auch als Chance nützen, wenn gelegentlich keine Ergebnisse erzielt werden.
- *Halte dich mit vorzeitigen Bewertungen zurück, unterscheide nicht voreilig zwischen „richtig" und „falsch".* Bewertet werden sollte erst das, was als „fertiges Produkt" dargeboten wird.
- *Lasse, wenn irgend möglich, die vorgelegten Lösungen lange genug üben, damit die Schüler selbst feststellen können, ob sie angemessen und sinnvoll sind.* Darin liegt der eigentliche „Ertrag" der Selbsttätigkeit.
- *Enthalte dich manipulierender Einflussnahme.* Die Schüler sollen die Probleme aus ihrer Sicht sehen und in ihrem Sinne lösen. „Problembewusstsein" darf sich jedoch nicht in bloßer Kritik am Bestehenden und im „Andersmachen" um seiner selbst willen erschöpfen.
- *Mache den Schülern bewusst, welche (unterschiedlichen) Lösungsstrategien sie benutzen, um ihre „Methodenkompetenz" zu fördern.* Es gibt z.B. immer Schüler und Schülergruppen, die zuerst „denken", und andere, die gleich „handeln".

- *Bestehe auf einem angemessenen Kommunikationsverhalten.* Die Schüler müssen lernen, Argumente auszutauschen, nicht Emotionen zu äußern.

Einige Anmerkungen zum „offenen" und „geschlossenen" Unterricht
Vergleicht man die beiden Gruppen von Leitsätzen, zeigt sich, dass diejenigen zum schülerorientierten Unterricht sich nicht ebenso exakt und eindeutig formulieren lassen wie die zum lehrerzentrierten. Der Grund hierfür liegt darin, dass „offene" und „freie" Unterrichtsformen eine größere Spannweite an pädagogischen Handlungsmöglichkeiten erlauben als die „geschlossenen". Daraus folgt weiterhin, dass sie in der Vorbereitung aufwendiger und in der Durchführung anspruchsvoller sind.

Dies ist Chance und Risiko zugleich: Die Chance liegt darin, dass die Schüler zur aktiven Mitgestaltung des Unterrichts geradezu gezwungen werden, das Risiko darin, dass dies auch „ins Leere laufen" kann. Im Hinblick auf diese letztere Gefahr ist vor allem auf zwei Problempunkte zu achten:

(1) Offener Unterricht ist auf *Gruppenarbeit* angewiesen. Die Erledigung von Arbeitsaufträgen in Einzelarbeit wird stets eine Ausnahme bleiben. Bei der Gruppenbildung wird man aber um die Beachtung der klasseninternen Sozialstrukturen nicht herumkommen. In der Praxis läuft dies auf *Sympathiewahlen* hinaus (3). Dabei ist aber immer damit zu rechnen, dass einige Schüler, weil sie anderwärts nicht unterkommen, eine Gruppe von Außenseitern bilden, die nur bedingt funktionsfähig ist.

(2) Auch bei den an sich arbeitsfähigen Gruppen kann es geschehen, dass sie sehr schnell in *„Vordenker"* und *„Mitläufer"* zerfallen. Diese Gefahr kann man durch geeignete Aufgabenstellungen und entsprechende Hilfen zwar vermindern, aber nicht ganz ausschalten. Diese und mögliche andere „Störfaktoren" laufen darauf hinaus, dass die Schüler in unterschiedlicher Weise vom offenen Unterricht profitieren: die besseren und aktiveren mehr als die schwächeren und zurückhaltenderen. Im Sportunterricht kann dies zwar toleriert werden, da er mehr auf persönlichen Gewinn als auf äußeren Schulerfolg angelegt ist als andere, vor allem die wissenschaftlichen Fächer, doch kann es auf Dauer nicht ohne Auswirkungen auf das Selbstwertgefühl und das Sozialverhalten der Schüler bleiben.

Ein „geschlossener", vom Lehrer gesteuerter Unterricht kann ohne Zweifel direkter und zeitsparender auf bestimmte Ziele ausgerichtet werden. Er ist – bei entsprechender Gestaltung – auch durchaus in der Lage, alle Schüler gleichmäßig zu erfassen. Unbestritten ist, dass ein gut vorstrukturierter und übersichtlich dargebotener Unterricht bei der Vermittlung von Sachwissen, beim Erlernen elementarer Fertigkeiten und Techniken (und speziell im Sport auch bei der Entwicklung und Verbesserung von körperlichen Fähigkeiten) deutlich effektiver ist als ein eher „offener", ja dass er in vielen Fällen, so auch beim Einordnen, Systematisieren und Festigen der erzielten Ergebnisse, unverzichtbar ist.

Für offene Unterrichtsformen gibt es keine vergleichbare Alternative, wenn übergeordnete Lernziele, z.B. Kreativität und Kooperationsfähigkeit, angestrebt werden. Hier vor allem finden sich die „lohnenden" Themen, und hier ist es auch angebracht,

des höheren Ertrags willen das zwangsläufig damit verknüpfte pädagogische Risiko auf sich zu nehmen. In diesem Sinne sollten auch in einem prinzipiell „geschlossenen" Unterricht immer wieder Phasen der „Öffnung" vorgesehen werden.
Als grundsätzliche Erkenntnis bleibt festzuhalten, dass „guter" Unterricht auf lange Sicht nur aus einem geplanten und sachlich begründeten Wechsel von „geschlossenen" und „offenen" Unterrichtsformen bestehen kann.

Anmerkungen
(1) Vgl. den Beitrag: Unterrichtsbeobachtung – Unterrichtsbeurteilung, S. 56.
(2) Vgl. die Beiträge: Intentionale Modelle in der Sportdidaktik, und: Offener Sportunterricht, „Alltagsprobleme" S. 264 und 273.
(3) Gruppenbildung nach anderen Kriterien sollte zwar bewusst gepflegt werden, dürfte aber bei der Gruppenarbeit im engeren Sinne eher die Ausnahme darstellen. Vgl. den Beitrag: Gruppenbildung, S. 103.

7 „Können wir nicht ...?"
Von der informellen und formellen Mitbestimmung der Schüler

„Können wir nicht ...?" „Wir haben schon lange nicht mehr ...!" „Wann dürfen wir endlich ...?", wer kennt sie nicht, die immer wiederkehrenden, meist harmlosen Versuche der Schüler, den Lehrer in ihrem Sinne zu beeinflussen! Sie gehen zumeist in drei, scheinbar gegensätzliche Richtungen, die jedoch jederzeit fast unvermittelt nebeneinander auftreten können:

(1) Man lehnt prinzipiell alles Neue, vor allem wenn es irgendwie unbequem sein könnte, ab und beharrt auf dem Bekannten, z.B. Völkerball, Brennball oder Fußball. (*Das ist insofern psychologisch verständlich, weil ein neuer Stoff auch neue Unsicherheit bedeutet, die vertrauten Strukturen und Inhalte aber Verhaltens- und Rollensicherheit gewährleisten.*)

(2) Man ist dessen, was schon eine Weile gemacht worden ist oder regelmäßig wiederkehrt, überdrüssig und möchte, vielleicht, weil es gerade „in" ist, etwas Neues kennenlernen. (*Das ist insofern psychologisch verständlich, weil die Schüler sehr wohl wissen, dass eine Sache, wenn sie lange genug betrieben worden ist, auch immer anspruchsvoller wird, während das Neue zunächst auch eine gewisse Nivellierung der Könnensvoraussetzungen bringt.*)

(3) Die Schüler haben gesehen, dass eine andere Klasse etwas anderes macht, und finden das viel attraktiver. (*Auch das ist psychologisch verständlich, da einer alten Fabel zufolge der Knochen im Maul des anderen Hundes viel größer ist.*)

Um es etwas hart zu formulieren: Bequemlichkeit, Neugier und Neid sind die Motive, die *auch*, d.h. zusammen mit vielen anderen und erwünschteren, das Verhalten der Schüler bestimmen, und darüber sollte man mit ihnen durchaus auch einmal reden, natürlich in einer eher lockeren und humorvollen als moralisierenden Art und Weise.

Was aber kann man konkret gegen solche, meist recht unergiebige und auf Dauer auch recht lästige Beeinflussungsversuche unternehmen?

Man sollte
- die Schüler über das, was läuft und geplant ist, informieren,
- die informelle Mitbestimmung in eine formelle überführen.

Zu beiden Problemen seien hier einige kurze Anmerkungen gemacht:

Information der Schüler heißt zunächst, dass sie in groben Zügen über die mittelfristige Planung unterrichtet werden, also welcher Fachbereich oder Stoff ansteht, welche Ziele und Erwartungen damit verknüpft sind und welche Leistungsabnahmen zu welcher Zeit vorgesehen sind.

Information der Schüler bedeutet weiterhin, dass am Ende einer jeden Stunde eine Zusammenfassung dessen gegeben wird, was erreicht worden ist, verbunden mit einem Ausblick auf die nächste Stunde. Das alles natürlich sachlich, ohne Vorwürfe und in möglichst knapper Form, beispielsweise nach folgendem Muster: „Wir haben heute das Freilaufen und Sich-Anbieten geübt. Im Allgemeinen hat das gut geklappt; einige haben noch Schwierigkeiten damit, vor allem dann, wenn sie unter Druck geraten. Genau da machen wir in der nächsten Stunde weiter."

Formelle Mitbestimmung heißt, dass die Mitwirkung der Schüler in irgendeiner Weise geregelt oder institutionalisiert ist: Jeder Lehrplan enthält ja einen Ergänzungs- oder Verfügungsbereich, den der Lehrer durchaus im Einvernehmen mit seinen Schülern verplanen und gestalten kann. Die neueren „Bildungsstandards" sind in dieser Hinsicht ohnehin viel offener formuliert. In der Praxis bedeutet dies, dass die Schüler auf die *inhaltliche Gestaltung* des Sportunterrichts Einfluss nehmen können. Der tiefere Sinn und somit auch die *pädagogische Begründung* für diese Maßnahme liegt darin, dass *die Schüler die Verantwortung für ihren Unterricht übernehmen*.

Was heißt es aber, dass die Schüler den Sportunterricht zu „ihrem Unterricht" machen und die „Verantwortung" dafür übernehmen sollen? Was können sie dabei lernen?

Im Hinblick auf eine „pädagogisch reflektierte Praxis" geht es hier vor allem um vier untereinander zusammenhängende Problemkreise:

(1) Mitbestimmung ist nur innerhalb der vorgegebenen *rechtlichen und institutionellen Rahmenbedingungen* möglich. Die Schüler können z.B. nicht den Lehrplan außer Kraft setzen, wohl aber die in ihm enthaltenen Freiräume nutzen; sie können nicht auf die allgemeine Anwesenheits- und Teilnahmepflicht verzichten, wohl aber für verschiedene Gruppen unterschiedliche Angebote machen usw. (*Vielleicht können die Schüler dabei etwas über unsere Gesellschaftsordnung, insbesondere über die von ihr ausgehenden Verpflichtungen und die in ihr gegebenen Freiräume erfahren.*)

(2) Mitbestimmung bei der Unterrichtsplanung bedeutet, *für alle zu planen*, also auch unterschiedliche und vielleicht sogar gegensätzliche Interessen zu berücksichtigen. Die häufig zu beobachtende Tendenz, dieses Problem durch fortgesetzte Befragungen oder Abstimmungen zu lösen, bevorzugt in aller Regel eine „aktive Minderheit". Auf Dauer werden damit mehr Probleme geschaffen als gelöst. (*Vielleicht können die Schüler damit etwas über demokratisches Verhalten erfahren, das einerseits zwar die Anerkennung von Mehrheitsbeschlüssen voraussetzt, andererseits aber auch auf Interessensausgleich und Minderheitenschutz ausgerichtet sein muss.*)

(3) Mitbestimmung bei der Unterrichtsplanung bedeutet auch, *klare Zielsetzungen* auszuweisen und die wichtigsten Kriterien für das Erreichen dieser Ziele festzulegen. Nach aller Erfahrung tendieren die Schüler bei „ihrer" Planung zu einer Art „Flickenteppich", in den sie alle möglichen attraktiven und exotischen Beschäftigungen hineinverweben wollen. Demgegenüber müssen die Schüler unterscheiden lernen, welche Unterrichtsinhalte lediglich der Information oder der Abwechslung und Entspannung dienen sollen und welche, um überhaupt sinnvoll zu sein, langfristig genug angelegt werden müssen. In letzter Konsequenz sind damit auch Beurteilungs- und Benotungsfragen angesprochen. Hier ist freilich darauf hinzuweisen, dass der Lehrer seine Schüler zwar in das Bewertungsverfahren einbeziehen kann, die rechtliche Verantwortung für die tatsächlich erteilte Note aber selbst zu tragen hat. (*Vielleicht können die Schüler auf diese Weise etwas über das Wesen und die Funktion von Schule und Unterricht als einer gesellschaftlichen Institution erfahren und einige Einsichten in den Sinn der offiziellen Lehrpläne gewinnen.*)

(4) Die inhaltlichen und unterrichtlichen Entscheidungen der Schüler dürfen keine diskriminierenden Auswirkungen auf bestimmte Schülergruppen haben. Sie dürfen auch kein erhöhtes Risiko hinsichtlich einer gesundheitlichen Schädigung oder Gefährdung mit sich bringen. Pädagogisch gesehen wäre es zwar erwünscht, dass die Schüler das Unzulässige oder Gefährliche ihres Tuns im praktischen Vollzug selbst erkennen und einsehen – und man sollte, wenn irgend möglich, dies auch so zu erreichen suchen –, doch trägt der Lehrer auf Grund seiner größeren Erfahrung und seines besseren Wissens in dieser Hinsicht auch eine höhere Verantwortung und muss gegebenenfalls eingreifen. (*Trotz dieser Vorbehalte können die Schüler in solchen Situationen vielleicht unmittelbar erfahren, was es bedeutet, für sich und andere die Verantwortung zu tragen.*)

Zur praktischen Umsetzung

Die praktische Umsetzung des Prinzips der formellen Mitbestimmung der Schüler ist keineswegs einfach. Pädagogisch ist der Lehrer dabei ungleich mehr gefordert als bei seinem „eigenen" Unterricht. Zur deutlicheren Strukturierung dieses Komplexes sollte man dabei in eine *Planungs- und eine Realisierungsphase* unterscheiden.

Die *Planung* findet üblicherweise im Klassenverband statt. Dabei muss jeder Schüler eine Chance zum Mitreden haben, und nicht nur einzelne Aktivistengruppen oder selbsternannte Wortführer.

In dieser Phase können die Schüler vor allem lernen,
- zu diskutieren, d.h. sachlich zu argumentieren und einander zuzuhören,
- Kompromisse zu schließen mit dem Ziel, niemanden unangemessen zu bevorzugen oder zu benachteiligen,
- bei einmal getroffenen Entscheidungen zu bleiben und „Nachverhandlungen" nur dann zuzulassen, wenn sachliche Gründe dazu zwingen.

Hinsichtlich der *Realisierung* ist zu entscheiden, wie und von wem der Unterricht nun tatsächlich durchgeführt und gestaltet wird, z.b.
- jeweils in gemeinsamer Absprache unter allen Teilnehmern,
- von einem dafür benannten Team,
- von einem dazu bestimmten Experten.

Vor allem für die erste der genannten Möglichkeiten gibt es, sosehr man sie aus pädagogischen Gründen vielleicht bevorzugen möchte, nur eine begrenzte Anzahl von geeigneten Themen. Bei allen drei Formen können die Schüler aber nicht nur eine Menge von persönlichen Erfahrungen sammeln und dabei einige sachliche, methodische und organisatorische Erkenntnisse gewinnen, sondern auch lernen,
- Kritik sachlich vorzubringen und sachlich zu begründen,
- begründete Kritik zu akzeptieren.

Normalerweise wird man davon ausgehen, dass die Schüler „ihren" Unterricht selbst planen *und* selbst durchführen, und zweifellos liegen darin die höheren pädagogischen Potenzen (und sei es nur in der Erkenntnis, dass man das auslöffeln muss, was man sich eingebrockt hat), doch verlieren damit die beiden anderen Möglichkeiten, dass
- die Schüler planen und entscheiden, der Lehrer aber die Durchführung übernimmt,
- der Lehrer die Inhalte bestimmt, die Durchführung aber einem oder mehreren Schülern übergibt,

keineswegs ihren Wert. Die entscheidende Erkenntnis, die es zu vermitteln gilt, liegt nämlich darin, dass *das Gelingen von Sportunterricht nicht nur von denen abhängt, die befehlen, anordnen oder vorsagen, sondern auch von denen, die mitmachen.*

Letztendlich geht es darum, dass die Schüler von der heutzutage allgemein üblichen, rein emotionalen Bewertung von Sportunterricht nach dem Muster: „Hat Spaß gemacht – hat keinen Spaß gemacht", allmählich wegkommen und sich eine differenziertere und sachlichere Betrachtungsweise aneignen. Dazu bedürfen sie aber der verständnisvollen Hilfe und Anleitung durch den Lehrer, eines Lehrers, der ihnen den Sinn bestimmter unterrichtlicher Maßnahmen einsichtig macht und ihnen einen Einblick in sein Denken und Handeln gewährt, der aber bei gegebener Gelegenheit auch dasselbe von ihnen einfordert.

Schnelle Erfolge werden sich hier – wie bei allen anderen mit dem Komplex Mitbestimmung und Mitverantwortung verbundenen Zielen und Erwartungen – nicht in allen Klassen und nicht bei allen Schülern in gleicher Weise erreichen lassen. Aber Teilerfolge sind auch Erfolge, und schließlich gilt hier wie überall im „pädagogischen Geschäft" die Devise: „Der Weg ist das Ziel".

8 Was heißt „spielerisch"?

„*Spielerisch lernen*" ist – obgleich ein uraltes pädagogisches Anliegen ausdrückend – zum Schlagwort geworden. Entsprechend soll auch im Sport als der „schönsten Nebensache der Welt" alles Lernen, Üben und Trainieren möglichst spielerisch vor sich gehen. Man spricht beispielsweise von „Spielleichtathletik", von „Spielturnen" und ähnlichem mehr. Sport selbst wird offensichtlich als „unspielerisch" empfunden. Was aber ist das, das „Spielerische"? Auf den ersten Blick würde man damit Begriffe wie „leicht, mühelos, freudvoll" verbinden. Aber wie erreicht man das, und wie macht man das im Unterricht?

Spätestens mit dieser Frage wird klar, dass „spielerisch" ein recht *abstrakter Begriff* ist, aus dem sich keine unmittelbaren Handlungsanweisungen ableiten lassen. Es ist also notwendig, den Begriff des Spielerischen etwas genauer zu hinterfragen.

Dazu bedarf es aber mehrerer Anläufe:

(1) Im ersten Anlauf fragen wir nach dem *„Spiel als solchem"*: Wenn man ein beliebiges Nachschlagewerk befragt, erfährt man, dass „Spiel" eine selbstgewählte, freudebetonte, nicht auf unmittelbaren Nutzen ausgerichtete Tätigkeit bezeichnet.

Das ist sicher richtig, doch ist dieses „Tun von etwas um seiner selbst willen" auch ein wesentliches Definitionskriterium von „Sport" und, wenn man diesen Gedanken weiterführt, von jeder Tätigkeit, die man als eine „kulturelle" bezeichnet: Sobald der Mensch von existentiellen Zwängen frei ist, beginnt er zu „spielen", und dieses Spiel äußert sich in einer unüberschaubaren Menge von Erscheinungsformen, z.B. in der Kunst, in der Musik, im Schauspiel, im Tanz und natürlich auch im Sport (1).

Aus dieser Sicht ergibt sich das Paradoxon, dass Sport auf einer höheren Ebene auch „Spiel" ist, dass beide aber auch als Gegensätze erscheinen können. Dies wird unter anderem darin erkennbar, dass sich unter den zahlreichen „Sportarten" der Bereich der Sportspiele deutlich abgrenzen lässt.

(2) Entsprechend ist zu fragen, ob „spielerisch" gleichbedeutend mit *„nach Art der Sportspiele"* ist. Dabei kann es nicht um eine generelle Charakterisierung der Sportspiele gehen – dies ist an anderer Stelle geschehen (2) –, sondern um die Betrachtung der für das vorliegende Thema relevanten Merkmale:

Konstitutiv für die Sportspiele ist der fortgesetzte Vergleich mit einem unmittelbaren Gegenüber. Sie sind also mehr als andere Sportarten auf Vergleichs- und Wettbewerbssituationen, auf Sieg und Niederlage, auf Erfolg und Misserfolg angelegt, was ihnen wiederum den besonderen Reiz verleiht, der vor allem Kinder und Jugendliche unmittelbar anspricht. Dies gilt auch für die sogenannten „kleinen Spiele": Bei den meisten von ihnen geht es darum, wer schneller läuft, mehr Treffer erzielt, früher ausscheidet oder den ersten Fehler macht. Nichts liegt also näher, als dieses Prinzip auch auf andere Sportarten und Unterrichtsgegenstände zu übertragen.

Es entspricht beispielsweise dem methodischen Standard, wenn die Schüler müde werden oder die Stunde zu Ende geht, einen Staffelwettbewerb – ein „Staffelspiel", wie man auch sagen könnte – zu organisieren, um das „Durchgenommene" auch „anzuwenden". Das bringt natürlich den Vorteil, dass die Schüler sich noch einmal richtig anstrengen, dass Stimmung und vielleicht sogar Begeisterung aufkommen. Zugleich muss man aber auch bedenken, dass man die Schüler damit zwangsläufig unter *Zeit- und Konkurrenzdruck* setzt.

Und das kann Probleme bringen, vor allem in dreierlei Hinsicht:
- Die Unfallgefahr steigt, namentlich wenn geklettert, balanciert oder ein Hindernis überwunden werden soll.
- Die Bewegungsqualität wird beeinträchtigt, zwar nicht immer und überall, aber sicherlich bei Fertigkeiten, die noch nicht genügend gefestigt sind (z.B. beim Erlernen des Korbwurfs, des Pritschens oder anderer Fertigkeiten der Sportspiele) oder die sich von Natur aus nicht für eine solche Verwendung eignen (z.b. Rolle vorwärts, Unterschwung und andere Turnübungen).
- Eine Staffel wird, wie andere Mannschaftswettbewerbe auch, nicht unbedingt von den besseren Mannschaftsmitgliedern *gewonnen,* sondern eher von den schwächeren *verloren.* Das aber bedeutet, dass gerade die schwächsten Schüler dem größten Zeit-, Situations- und Umgebungsdruck ausgesetzt sind (3).

Nun ist die Staffel eine zwar recht attraktive, aber vor allem im Hinblick auf das letztgenannte Problem auch sehr extreme Form des Mannschaftswettbewerbs. Es gibt andere, z.b. auf Zeit-, Platz- oder Punktwertung aufgebaute oder als „Massenwettläufe" organisierte Wettkämpfe, die dies nicht so deutlich zum Ausdruck bringen. Und schließlich ist da eine große Zahl von Lauf- und Wurfspielen, die solche Drucksituationen vollends irrelevant werden lassen. So haben z.B. Vorgabeläufe nach dem Prinzip „Einholen und Abschlagen" unter anderem zwei Vorteile, nämlich
- dass das Problem des individuellen Erfolgs und Misserfolgs sozusagen der Öffentlichkeit entzogen wird, da es im allgemeinen „Gewühle" untergeht,
- dass Erfolg und Misserfolg bei gleichwertigen Partnern sehr stark von Zufälligkeiten bestimmt werden.

Aus dem eben Dargelegten lassen sich weitere Einsichten über das Wesen des Spielerischen gewinnen:

(3) „Spielerisch" kann bedeuten, dass zugunsten der *Mannschaftsleistung* auf die Ermittlung der Einzelleistung verzichtet wird.

Es gehört zum Wesen des Mannschaftsspiels, dass die Einzelleistung in der Mannschaftsleistung aufgeht, ja dass der Einzelne im Schutze der Mannschaft sich auch einmal „hängen lassen" kann. Erfolge kann er sich selbst (mit) zuschreiben, für Misserfolge weitgehend die anderen verantwortlich machen. In vieler Hinsicht wirkt die Mannschaftssituation also entlastend. In ähnlicher Weise werden Gruppengestaltungen und -darbietungen, z.B. im Bodenturnen oder in der Gymnastik, ebenso wie Gemeinschaftsleistungen in anderen Sportarten gegenüber dem individuellen „Vorturnen" prinzipiell als spielerischer empfunden.

Dieser Aspekt zielt auf „Spiel" als Mannschaftsspiel. Umfassender ist der folgende:

(4) „Spielerisch" kann bedeuten, eine Aufgabe vorwiegend unter dem Aspekt des *„Gelingens oder Misslingens"* zu sehen.

Spiel ist seinem Wesen nach auf „Gelingen" angelegt: Ein Pass kann ankommen oder nicht, ein Torwurf erfolgreich sein oder nicht. Was nun jeweils eintritt, ist nicht nur von den Fähigkeiten des Spielers, sondern weitgehend auch vom Zufall abhängig. „Zufall" aber ist so sehr ein Merkmal des Spiels, dass entsprechende Situationen auch in anderen Sportarten als „spielerisch" empfunden werden. Aus dieser Sicht ist z.b. Zielwerfen (es kann gelingen oder nicht) attraktiver als Weitwerfen (das zwar immer gelingt, aber eben nur weiter oder kürzer sein kann). Diese „Langeweile" des Weitwerfens kann man ihrerseits wieder abmildern, indem man z.B. „Zonen" abzeichnet, die es beim nächsten Wurf zu erreichen oder zu übertreffen gilt.

Gelingen oder Misslingen ist auch das Grundprinzip der sogenannten Risikowettkämpfe, wenn z. B. beim Hochsprung gefragt wird, wer oder welche Gruppe mit nur drei Versuchen die größte Gesamthöhe erreicht.

Allerdings muss das Misslingen – zumindest aus der Sicht der Schüler – überwiegend zufallsbedingt sein. Ein fortdauerndes Misslingen, z.B. wegen fehlender körperlicher Voraussetzungen oder irrealer Anforderungen, kann nur frustrierend wirken (4).

Die vorausgegangenen Überlegungen weisen auf ein weiteres, den bisher genannten übergeordnetes Merkmal hin:

(5) „Spielerisch" kann bedeuten, dass eine gewisse *Umzentrierung der Aufmerksamkeit* stattgefunden hat.

Das Spiel enthält so viele emotionale Elemente, dass den Beteiligten die dabei aufzubringende Anstrengung gar nicht bewusst wird. Eben dies ist auch die mit dem „spielerischen Unterrichten" in den „Nichtspielen" zumeist verfolgte Strategie. Die neuen Aufmerksamkeitsschwerpunkte können, wie dargestellt, im Wettkampf-, Erfolgs- und Gemeinschaftserlebnis oder im Spannungsverhältnis von Gelingen und Misslingen liegen; sie können aber auch in besonderen körperlichen oder ästhetischen Empfindungen oder ganz einfach in einer Veränderung der üblichen Ausführungs- und Umgebungsbedingungen bestehen.

In diesem Sinne ist Barfußlaufen oder ein Waldlauf „spielerischer" als Laufen in Schuhen und auf der Bahn. Startübungen aus verschiedenen Ausgangsstellungen und auf ein ungewohntes Zeichen oder ein besonderes Stichwort sind interessanter als solche vom Startblock nach bekanntem Kommando.

Solche Verfahrensweisen sind freilich stets in einem doppelten Licht zu sehen: Aus methodischer Sicht sind sie durchaus positiv zu bewerten (die Schüler lernen lieber, leichter und vielleicht auch schneller), aus pädagogischer Sicht können sie aber auch als Manipulationsstrategien erscheinen, mit denen der Lehrer von seinen wahren Absichten ablenken will. Indessen sollte man den Vorwurf, dass ein „spielerischer" Unterricht auf Manipulation hinauslaufe, nicht allzu ernst nehmen, sofern man darauf achtet, dass die emotionalen Begleiterscheinungen nicht den Vorrang vor der Sache erhalten. Vor allem darf der Aspekt des bewussten und selbstgesteuerten Übens nicht ins pädagogische Abseits geraten. Diese Dinge im Gleichgewicht zu halten, ist Aufgabe eines ausgewogenen Unterrichts.

Zufall, Spannung und Emotionalität als Wesensmerkmale des Spiels kumulieren in einem weiteren, recht extremen Aspekt:

(6) „Spielerisch" kann auch bedeuten, *„Grenzerfahrungen"* zu machen. „Grenzerfahrungen machen" im eigentlichen Sinne heißt, ein Risiko einzugehen, und dies vielleicht bis zu einer Grenze, die im Grunde nicht mehr zu verantworten ist, z.b. an einer Gitterleiter aus immer größerer Höhe in die Tiefe zu springen. Wer sich hier „verrechnet", setzt sehr schnell seine Gesundheit oder gar sein Leben „aufs Spiel". Von daher erhalten auch die sogenannten Risikosportarten ihre besondere Faszination, die sie vor allem auf den modernen, in relativer Sicherheit lebenden Menschen ausüben.

„Grenzerfahrungen machen" kann aber auch heißen, anhand von ungefährlichen Tätigkeiten die eigene *Leistungsgrenze* auszuloten. Als Beispiele hierfür können die Ausscheidungswettkämpfe dienen, wenn es darum geht, immer breiter werdende „Gräben" zu überspringen oder den Hüftaufschwung unter immer schwierigeren Bedingungen (Gerätehöhe, Ausgangsstellung, Gewichtsbelastung u.Ä.) auszuführen. Wer es schon ausprobiert hat, weiß, dass solche Situationen nicht nur spannend sind, sondern geradezu Begeisterung auslösen können.

Dasselbe Prinzip macht auch den Hochsprung und Stabhochsprung zu den „spielerischen" Disziplinen der Leichtathletik (und lässt sie mit Hilfe der Wettkampfregel bei ausgeglichenem Teilnehmerfeld geradezu zum „Pokerspiel" werden). Natürlich geht es dabei auch um das Gelingen oder Misslingen; das Besondere liegt darin, dass dieses „Spiel" solange weitergetrieben wird, bis auch der Letzte scheitert.

Mit diesem Beispiel sind wir wieder am Ausgangspunkt angelangt: Es lässt sich nicht mehr unterscheiden, ob ein solches Verhalten eher als „spielerisch" oder als „sportlich" zu bewerten ist. *Spiel und Sport werden wieder identisch.*

Gleichsam als Exkurs ist noch auf einen Aspekt des „Spielerischen" hinzuweisen, der auf einer anderen Ebene als den bisher angesprochenen liegt:

Sport kann auch mit den Mitteln des *darstellenden Spiels* bzw. der *darstellenden Kunst* „gespielt" werden. Dies ist der Fall, wenn z.B. der Einlauf beim 100-m-Lauf, der Niedersprung von einem Turngerät oder Ausschnitte aus einem Fußballspiel mit den Mitteln der Gymnastik und des Tanzes dargestellt, das heißt imitiert und nachgestellt werden. Dabei darf aber nicht übersehen werden, dass damit ein völliger Perspektivenwechsel verbunden ist: Es geht nicht mehr darum, dass der Sport „spielerisch" unterrichtet wird, sondern dass er sozusagen von außen betrachtet wird. Er wird zum „Thema" eines *tänzerischen, pantomimischen oder szenischen Spiels.*

Es hat sich gezeigt, dass es auf die Frage „Was heißt spielerisch?" keine eindeutige Antwort gibt. Das aber liegt in der Natur der Sache: *Zu vielgestaltig ist das Phänomen*

„Spiel", als dass es einen einfachen Zugriff erlaubt. „Spielerisch" kann – gerade in den „Nichtspielen" – sehr vieles bedeuten: die Spannung der Wettkampfsituation, den Reiz des Zufälligen, das „Eintauchen" in die Gemeinschaft, das „Aufgehen" in der Sache, im „Innen" des eigenen Selbst oder im „Außen" der Umwelt und nicht zuletzt auch das Erlebnis eines besonderen Risikos. „Spielen" setzt aber – und das ist der gemeinsame Nenner all dieser Verhaltensweisen – eine bestimmte Einstellung voraus, die man als „frei, locker, selbstsicher" bezeichnen kann, die ebensosehr von ernstem Bemühen gekennzeichnet ist, wie sie sich von verkrampftem Erfolgsstreben freihält.

Anmerkungen

(1) Vgl. den Beitrag: Was ist Sport? S. 379.
(2) In dem Beitrag: Spiel – pädagogischer Ideal- oder Problemfall? S. 342.
(3) Man sollte mit solchen Feststellungen keine moralischen Wertungen verknüpfen. Ein Üben unter Zeitdruck kann, weil „im Sinne der Sache liegend" oder „in die richtige Richtung wirkend", methodisch zweckmäßig und notwendig sein, aber auch, wie dargestellt, höchst problematisch werden. Es geht hier um die Einsicht, dass bestimmte Dinge unter bestimmten Umständen sich geradezu von selbst verbieten. Der Verfasser hat als Schüler selbst erlebt, dass der Sportlehrer das Hinaufklettern an den Kletterstangen in einen Staffelwettbewerb einbezogen hat. Die Folge war, dass ein Mitschüler unter den „Anfeuerungsrufen" seiner Mannschaftskameraden aus großer Höhe losgelassen hat: Der freie Fall ist noch immer der schnellste Weg nach unten.
(4) Daraus folgt, dass als „spielerisch" nur solche Anforderungen empfunden werden, die dem jeweiligen Könnensstand entsprechen. Sie dürfen weder unter- noch überfordern, sondern sollten – in der Sprache der Lern- und Motivationspsychologie ausgedrückt – einen „mittleren Erreichbarkeitsgrad" haben. Sie müssen im Prinzip gelingen, aber dieses Gelingen darf nicht in jedem Fall sicher sein.

9 Aufwärmen – warum und wie?

Im Folgenden soll es nicht um eine kurzgefasste Theorie des Aufwärmens, sondern vorrangig um die damit verknüpften unterrichtlichen Probleme gehen. Dabei wird es sich nicht vermeiden lassen, einige in der Unterrichtspraxis zu beobachtende Gewohnheiten und Verhaltensweisen kritisch zu hinterfragen (1).

Dies soll anhand von vier *Beispielen* geschehen:

(1) Als erstes eine typische Situation aus dem Alltag des Schulsports: Die Schüler kommen in die Sporthalle. Sie finden dort einige Bälle vor und fangen an zu spielen. Nach einiger Zeit erscheint der Sportlehrer. Das Spiel wird abgebrochen, es beginnt das Aufwärmen: einige Runden Laufen, ein paar gymnastische Übungen, vorwiegend Dehn- und Lockerungsübungen. Warum eigentlich? Waren denn die Schüler nicht schon „warm"? Es erhebt sich der Verdacht, dass hier ein bloßes *Routinehandeln* im

Spiel ist. Eine Stunde beginnt eben mit „Warmlaufen" und „Auflockern". So hat man es in der Ausbildung gelernt.

Was aber würden Kinder von sich aus tun, wenn man sie nur ließe? Sie würden anfangen zu spielen (ob dies nun Gummitwist oder Fußball ist), vielleicht etwas langsamer, gelegentlich fast träge, aber eben mit dem, was sie gerade vorhaben.

Diese Beobachtung führt weiter zu der Frage, ob Aufwärmen nicht eher ein Problem der Lehrer als der Schüler ist. Und in der Tat gibt es einige Argumente, die in diese Richtung deuten. So bedarf es beispielsweise hier keiner näheren Begründung, dass Aufwärmen umso notwendiger (und umgekehrt umso weniger dringlich) wird,
- je älter die Übenden sind (2),
- je besser ihr Trainingszustand ist,
- je deutlicher die anschließenden Leistungsanforderungen auf Schnelligkeit und Schnellkraft ausgerichtet sind.

Damit soll das Aufwärmen als solches keineswegs in Frage gestellt werden. Es ist aber sicherlich nach Art und Umfang etwas genauer auf die jeweilige Situation und die anstehenden Belastungen abzustimmen.

(2) Die Beobachtung, dass Kinder, wenn sie Gelegenheit dazu haben, gleich zu spielen beginnen, hat zu den „*Aufwärmspielen*" geführt, die vor allem bei jüngeren Schülern geradezu den Rang einer methodischen Standardmaßnahme einnehmen (3).

Was aber geschieht wirklich, wenn man zu diesem Zweck z.B. ein „Fangerlesspiel" inszeniert? Die Mehrheit der Schüler bewegt sich in der Tat eher gemächlich. Von denen aber, die gleich zu Beginn jagen müssen oder gejagt werden, verlangt man doch, dass sie sozusagen aus dem Stand „von Null auf Hundert" beschleunigen, und das mit „kaltem Motor".

Spiele dieser Art widersprechen also dem (vorgeblichen) Sinn des Aufwärmens. Sie haben eher die Funktion einer *Einstimmung*. Dies würde wiederum – ob das den Lehrern bewusst ist oder nicht, tut hier nichts zur Sache – für die eben formulierte These sprechen, dass jüngere Schüler auf ein Aufwärmen im Sinne des Leistungssports gar nicht angewiesen sind.

Es verbleibt aber ein weiteres Problem: Sofern einer solchen Einstimmung ein Unterrichtsgegenstand folgt, der die Schüler emotional nicht so sehr anspricht, schafft man ein „*negatives Attraktivitätsgefälle*". Das aber sollte man – und darin drückt sich ein allgemeines Unterrichtsprinzip aus – tunlichst vermeiden.

Also wäre es vielleicht doch besser, sofort zur Sache zu kommen, also beispielsweise gleich ans Reck zu gehen, wenn Reckturnen ansteht, und dort – durchaus im Sinne eines „Aufwärmens" – mit Hängen, Hangeln, Stützen und Schwingen zu beginnen.

(3) Eine andere typische Situation aus der Unterrichtspraxis: Eine Unterstufenklasse soll 50 m laufen. Zum „Aufwärmen" schickt sie der Lehrer zuvor ein- oder zweimal um die Rundbahn. Die meisten, wenn nicht alle Schüler kommen recht atemlos zum Ausgangspunkt zurück, eine normale und keineswegs dramatische Angelegenheit.

Was aber ist wirklich geschehen? Bei relativ untrainierten Schülern muss man davon ausgehen, dass sie bei einer solchen Strecke, selbst wenn es nur eine einzige Runde sein sollte, in den anaerob-laktaziden Bereich der Energiebereitstellung geraten sind, dass sich im Muskel also Milchsäure gebildet hat. Sprint spielt sich aber ausschließlich im anaerob-alaktaziden Bereich ab. Die Schüler beklagen sich durchaus zu Recht, dass sie „müde" seien.

Richtig wäre also gewesen, einige Male in kurzen Steigerungen hin- und herzulaufen. Für die *energetische Seite* des Aufwärmens dürfte die Regel gelten, dass die anschließend beanspruchten Energiepotentiale zwar *aktiviert*, aber nicht ausgeschöpft werden sollen. (Etwas anders wäre die Sachlage freilich zu beurteilen, wenn man davon ausgehen könnte, dass die gesamte „Aufwärmarbeit" ausschließlich im aeroben Bereich der Energiebereitstellung stattfindet.)

(4) Auch das letzte Beispiel betrifft den Sprint: Eine Oberstufenklasse soll 100 m laufen. Zunächst absolvieren sie ein ausgedehntes Stretching-Programm. Selbst wenn die Schüler darauf gut vorbereitet sind und ihre Sache ernst nehmen, verbleibt eine Frage: Kann man von solch statischen Übungen eine leistungssteigernde Wirkung im Hinblick auf die nachfolgenden schnellen Bewegungen erwarten?

Sicherlich ist dies immer noch besser, als gar nichts zu tun, doch dürfte für die *koordinative Seite* des Aufwärmens die Regel gelten, dass gewisse neurophysiologische „Anbahnungsprozesse" stattfinden sollten. Die „Aufwärmübungen" müssen also, zumindest in ihrer Grundstruktur, den nachfolgenden Bewegungsabläufen entsprechen: Läufer laufen sich ein, Turner turnen sich ein. Das wissen auch Sportlehrer, wenn sie sich für ihr Volleyballturnier einspielen. Nur in ihrer Unterrichtspraxis greifen sie oft auf ungeprüfte Analogien zum Leistungs- und Hochleistungssport zurück.

Soviel zur Problematik des Aufwärmens im Sportunterricht. Es verbleibt, in aller Kürze auf die Frage der *Einordnung des Aufwärmens in das Stundenganze* einzugehen. In den bisherigen Ausführungen wurde nämlich stillschweigend vorausgesetzt, dass das Aufwärmen stets am Anfang der Sportstunde steht und dass es anschließend „richtig losgeht". In der Tat ist diese *Gleichsetzung von „Aufwärmen" und „einleitendem Stundenteil"* in der Alltagspraxis des Sportunterrichts sehr häufig zu beobachten. Bei näherem Hinsehen zeigt sich jedoch, dass eine differenziertere Betrachtungsweise angebracht ist, wie folgende Überlegungen zeigen können:

In mehreren Beiträgen dieses Kapitels ist bereits darauf hingewiesen worden, dass – im Normalfall – in jeder Sportstunde auch Aufgaben wahrzunehmen sind, die über den Rahmen derselben Stunde hinausweisen (4). Sie betreffen vor allem die körperbildende und konditionelle Vorbereitung der Schüler auf kommende Anforderungen. Da solche Unterrichtsinhalte in aller Regel ein recht abwechslungsreiches, intensives und vor allem gemeinsames Üben ermöglichen, wird man sie vorwiegend dem einleitenden Stundenteil zuweisen, und dies auch im Sinne einer physiologischen Aktivierung des Gesamtorganismus.

Dies dürfte zumindest vor Stundenthemen mit relativ indifferenter körperlicher Belastung der Schüler ohne Probleme sein.

Sollten in den nachfolgenden Stundenteilen jedoch sehr intensive physische oder psychische Beanspruchungen anstehen, wäre ein eher behutsames Herangehen, etwa im Sinne der oben genannten Beispiele, anzuraten.

Aus dieser Sachlage ergeben sich *drei Grundformen des "Stundeneinstiegs"*:
- „Aufwärmen" und „einleitender Stundenteil" sind identisch, z.b. vor Leistungsabnahmen und anspruchsvollen Lernprozessen.
- Der einleitende Stundenteil übernimmt die generelle Funktion des Aufwärmens; ein spezielles „Warmmachen" erübrigt sich.
- Sowohl der einleitende Stundenteil als auch der Stundenhauptteil erfordern ein zwar entsprechend abgekürztes, aber auf die jeweiligen spezifischen Anforderungen ausgerichtetes Aufwärmen.

Darüber hinaus dürfte gelten, dass man sowohl zu Beginn als auch innerhalb einer Stunde jede neue Anforderung relativ „langsam angehen" lässt.

Anmerkungen

(1) Zum Gesamtthema vgl. QUITSCH, G.: Aufwärmen im Sportunterricht – bloßes Ritual oder Berufsroutine? In: sportunterricht 8/1989.
(2) Man sollte als Lehrer dies aber nicht als Ausrede benützen, sich jeglichem Vor- und Mitmachen zu entziehen. Von einem Sportlehrer kann man durchaus ein gewisses Aktivitätsniveau erwarten, das ihn auch befähigt, zumindest die alltäglichen Unterrichtsinhalte vorzumachen. Vgl. den Beitrag: Vom Sinn des Vormachens, S. 215.
(3) Vgl. den Beitrag: Was heißt „spielerisch"? S. 141.
(4) Vgl. die Beiträge: Was heißt „Unterricht planen und vorbereiten"? S. 109, und: Wie sieht die „richtige" Sportstunde aus? S. 118.

10 Funktionsgymnastik oder Zweckgymnastik?

„Gymnastik" ist durchaus kein eindeutiger, sondern ein sehr vielschichtiger Begriff mit einem weiten Bedeutungsumfang. Zunächst ist zu unterscheiden in die beiden großen Bereiche
- der *Funktions- oder Wirkungsgymnastik* einerseits,
- der *Rhythmischen oder Musischen Gymnastik* andererseits.

Diese Zweiteilung geht auf die im ausgehenden 19. und beginnenden 20. Jahrhundert entstandene *Gymnastikbewegung* zurück, die sich selbst als die der Frau gemäße Form der körperlichen Betätigung verstand und von Anfang an auf diesen beiden Säulen beruhte. Während die Wirkungsgymnastik, mehr physiologisch und gesundheitserzieherisch orientiert, nach Haltungsschulung und Körperbildung strebte, versuchte die *Musische Gymnastik*, unter Einbeziehung von Musik und Tanz die Verbindung von Körperkultur und Kunst herzustellen.

Von den zahlreichen, in der Folgezeit entstandenen Gymnastiksystemen und -schulen wurden jedoch, wenn auch mit unterschiedlicher Gewichtung, stets beide Bereiche gepflegt, allein schon deshalb, um die beruflichen Möglichkeiten der von ihnen ausgebildeten Gymnastiklehrerinnen zu verbessern.

Die *Wirkungsgymnastik* hat jedoch eine sehr viel ältere, von der Gymnastikbewegung unabhängige und an ihr geradezu vorbeilaufende Tradition.

Diese geht auf die zu Anfang des 19. Jahrhunderts entstandene Schwedische Gymnastik zurück, setzte sich über die „Freiübungen" der Turner fort bis zur „Körperschule" zwischen den beiden Weltkriegen und den „Körperbildenden Übungen" der Nachkriegszeit. Schon diese Begriffsbildungen zeigen, dass die Wirkungsgymnastik im Laufe der Zeit ihre Zielrichtung änderte und allmählich zur „Hilfsdisziplin" für den Sport, speziell für den Leistungssport, wurde.

Besonders deutlich wurde dies, als sich vor etwa vier Jahrzehnten die sportartspezifisch orientierte *Zweckgymnastik* von der „reinen" Wirkungsgymnastik abspaltete. Hinsichtlich ihrer Funktion war diese sowohl *Konditionsgymnastik* zur Vorbereitung auf die jeweiligen besonderen Anforderungen, als auch *Ausgleichsgymnastik* als Gegengewicht gegen einseitige Belastungen. Inhaltlich gliederte sie sich in Kräftigungsübungen auf der einen, Dehn- und Lockerungsübungen auf der anderen Seite.

Diese Entwicklung löste alsbald jedoch eine recht entschiedene Gegenreaktion aus: Im Zuge des zunehmenden Gesundheits- und Fitnessbewusstseins erinnerte man sich wieder an die „eigentlichen" und, wie gezeigt, auch ursprünglichen Ziele der Gymnastik. Die Wirkungsgymnastik gelangte als nunmehr konsequent physiologisch orientierte, mit präventiven und rehabilitativen Elementen angereicherte *Funktionsgymnastik* zu neuen Ehren. Diese wieder wurde von der fast zeitgleich aus den USA importierten „Stretching-Welle" überlagert.

Für die Praxis des Schulsports (und ebenso des Vereinssports) hatte diese Umorientierung – mit einigen Abstufungen unter den Sportlehrergenerationen – geradezu dramatische Auswirkungen, die sowohl die Ziele und Inhalte als auch die Arbeitsweise der Gymnastik betrafen.

Inhaltlich kam es, etwas übertreibend formuliert, zu einer *doppelten Reduktion*:
- von der Gymnastik als einer allgemeinen „Körperschule" zur eher medizinisch-therapeutisch ausgerichteten Funktionsgymnastik,
- von der Funktionsgymnastik zum „Stretching" (was immer man auch in der Praxis darunter verstand).

Hinsichtlich der *Übungsweise* wurden alle schnellen und ruckartigen Bewegungen, so z.B. auch das Nachfedern bei Dehnübungen, rigoros abgelehnt; es galt nur noch die „geführte" Bewegung und die „gehaltene" Dehnung.

Sicher schlugen sich in diesen Veränderungen eine Reihe wichtiger und richtiger Erkenntnisse nieder, doch erscheint es angezeigt, einige von ihnen einer kritischen Überprüfung zu unterziehen.

Zur Funktion von Dehnübungen

Dehnübungen erscheinen in der Theorie in dreifacher Funktion (1), nämlich
- als Mittel zur Verbesserung der Beweglichkeit,
- als notwendige Ergänzung zu Kräftigungsübungen,
- als Maßnahme zur Vorbeugung von Verletzungen.

Aus der Sicht der Unterrichtspraxis ist dazu folgendes zu sagen:

(1) Dass Dehnübungen die *Beweglichkeit*, verstanden als Gelenksbeweglichkeit, verbessern können, ist unbestritten. Dabei scheinen die technisch anspruchsvolleren Formen des Stretchings einen gewissen Vorteil gegenüber den übrigen Methoden zu haben, doch ist dies für die Praxis ohne Bedeutung.

Außerdem ist darauf hinzuweisen, dass „Beweglichkeit" für den Schulsport nicht viel mehr als eine Leerformel ist, solange sie nicht mit einer vielseitigen körperlichen Betätigung einhergeht. Der hiermit erzielte Effekt ist mindestens ebenso hoch einzuschätzen wie der von gezielten Dehnübungen.

(2) In der Funktionsgymnastik ist jeder *Kräftigungsübung* eine *Dehnübung* zugeordnet. Dabei geht es darum, den Muskel nach einer intensiven Kraftbeanspruchung wieder auf die Ausgangslänge zurückzuführen. Daran geknüpfte weitergehende Erwartungen („Verlängerung" des Muskels, Herabsetzung der „Ruhespannung") sind bislang unbewiesen. Dennoch dürfte es ratsam sein, einer intensiven und gezielten Kraftübung eine ebenso gezielte Dehnübung folgen zu lassen.

Nicht nachvollziehbar ist jedoch die sowohl in der Schul- als auch Vereinspraxis zu beobachtende Gewohnheit, Dehnübungen geradezu als *Ersatz für Kräftigungsübungen* anzusehen. Für den „normalen" Sportunterricht gilt nach wie vor die Regel, dass die Käftigungsübungen den Vorrang vor den Dehnübungen haben, und zwar umso deutlicher, je jünger die Schüler sind und je niedriger ihr Trainingszustand ist. Muskeln, die kaum vorhanden sind, brauchen nicht gedehnt zu werden.

(3) Dass Dehnübungen das *Verletzungsrisiko* mindern, ist nicht viel mehr als eine Annahme. Sie folgt wohl daraus, dass Dehnübungen üblicherweise in ein umfassenderes Aufwärmprogramm einbezogen sind. Verletzungen sind meist die Folge eines einseitigen Trainings und betreffen dann vorwiegend die vernachlässigten, also zu wenig gekräftigten Muskelpartien. Dass sie sehr häufig bei ungewohnten Bewegungen auftreten, zeigt in dieselbe Richtung. Für den Schulsport dürfte gelten, dass eine vielseitige und umfassende körperliche Ausbildung die beste Verletzungsvorbeugung ist.

Über die hier dargestellten Aspekte hinaus haben die Dehnübungen einen doppelten unterrichtspraktischen *Nachteil*, nämlich
- dass sie nicht kontrollierbar sind, also von außen nicht unbedingt zu beurteilen ist, ob sie korrekt ausgeführt werden,
- dass sie, zumindest auf Dauer, für die Schüler eher langweilig sind.

Dies spricht nicht gegen Dehnübungen überhaupt, wohl aber gegen ihre unangemessene Bevorzugung.

Zum Problem der inhaltlichen Reduktion des Begriffs „Gymnastik"

Die Funktionsgymnastik ist, wie gesagt, *physiologisch orientiert*. Sie richtet sich, vor allem um die Wirkung zu steigern und Schädigungen zu vermeiden, auf den einzelnen Muskel oder jeweils zusammengehörige Muskelpartien. Dem könnte man entgegenhalten, dass ein krankengymnastisches Übungsprogramm noch keinen Sport ausmacht. Das ist zwar sehr hart formuliert, trifft aber den kritischen Punkt ziemlich genau: Sport besteht ganz überwiegend aus Ganzkörperbewegungen. Die meisten sportlichen Bewegungen setzen also das fein abgestimmte Zusammenspiel der gesamten Körpermuskulatur, speziell der großen Muskelschlingen, voraus.

Aus dieser Sicht könnte man auch formulieren, dass die „originalen" Sporttechniken, unter erleichterten Bedingungen ausgeführt, die beste Vorbereitung auf höhere Beanspruchungen sind (und nicht zuletzt auch deshalb, weil alle Muskeln wie „im Ernstfall belastet werden"). Richtig an der physiologischen Betrachtungsweise ist aber zweifellos der Umstand, dass manche sportliche Tätigkeiten recht einseitige Belastungen darstellen, denen mit den Mitteln der Funktionsgymnastik entgegenzuwirken ist.

Ähnliche Überlegungen dürften auch für die *Übungsweise*, d.h. für die generelle Ablehnung von schnellkräftigen Bewegungen gelten: Schnellkraftübungen z.B. zur Verbesserung der Sprung- oder Wurfkraft, müssen wohl sein. Bedenken sind aber angebracht, wenn es um die direkte Einwirkung auf die Wirbelsäule geht. Bei solchen Übungen ist die althergebrachte „Hau-ruck-Methode" in der Tat fragwürdig. Das mittlerweile in Verruf geratene „Klappmesser" muss nicht sein; Übungen mit eher zügiger Ausführungsweise sind hier vorzuziehen. Bei untrainierten und schlecht vorbereiteten Leuten sollte man ohnedies alles etwas langsamer und behutsamer angehen.

Die *physiologische*, auf möglichste Schonung des Organismus bedachte Sichtweise ist also durch die *biomechanische*, auf Optimierung der sportlichen Leistung ausgerichtete Betrachtungsweise zu ergänzen, und zwar so, dass sie möglichst wenig in Konflikt miteinander geraten.

Für den *Bedeutungsumfang* des Begriffs „Gymnastik" heißt dies,
- dass Gymnastik auf der Basis funktionell ausgerichteter Übungen aufbauen muss,
- dass darauf die traditionellen, vorwiegend auf allgemeine Körperbildung und ganzkörperliche Belastung angelegten „Körperschulübungen" anzusiedeln sind,
- dass von hier der Übergang zu den sportartspezifischen und techniknahen Konditionsübungen gesucht werden muss,

dies aber nicht im Sinne eines Nacheinanders, sondern eines differenzierten, wechselnde Schwerpunkte setzenden Miteinanders (2).

Es ist also kein fragwürdiger Kompromiss, wenn als Ergebnis dieser Betrachtungen festgestellt wird, dass es im Schulsport nicht Funktionsgymnastik *oder*, sondern *und* Zweckgymnastik heißen muss. Inhaltlich gesehen, muss die Gymnastik auch weiterhin die vielen und geradezu alltäglichen körperbildenden Übungen (also auch die gelegentlich abgelehnten „Liegestütze" und „Klimmzüge"), die Partnerübungen (bis hin zu den Zieh- und Schiebekämpfen), die Übungen mit Geräten (z.B. dem Medizinball) und schließlich auch die Übungen an Geräten (z.B. an der Sprossenwand oder an der Reckstange) enthalten.

Es ist dies auch eine Frage der Unterrichtsökonomie: „Körperschulübungen" lassen sich durchweg sehr schnell organisieren und intensiv gestalten. Funktionsgymnastische Übungen erfordern einen deutlich höheren Zeitaufwand. Den freilich sollte man nicht scheuen, wenn solche Übungen angezeigt sind. Damit ist aber zugleich die Frage der Einbeziehung der Gymnastik, und hier der Funktions- und Zweckgymnastik gleichermaßen, in die langfristige Unterrichtsplanung angesprochen.

Zur Planung und Gestaltung von Gymnastikprogrammen

Wie überall im Sportunterricht, sollte auch in der Gymnastik mehr geplant und weniger improvisiert werden. Damit ist aber keineswegs gemeint, den Unterricht in ein starres Raster zu zwängen. „Unterricht planen" heißt vielmehr, die Leitlinien zu bestimmen, anhand derer die einzelnen Unterrichtsgegenstände zeitlich eingeordnet und inhaltlich miteinander verschränkt werden können (3).

Dabei wird sich schnell zeigen, dass die Gymnastik sowohl eine aktuelle, auf die jeweilige Stunde bezogene, als auch eine übergreifende, die Vorbereitung auf künftige Aufgaben betreffende Funktion hat.

Im Hinblick auf den zweiten Aufgabenbereich sind wiederum allgemeine körperbildende und haltungsschulende Programme und spezielle, auf die Anforderungen bestimmter Sportarten und Disziplinen zugeschnittene Programme zu unterscheiden. Beide in einem sinnvollen und gewissermaßen rhythmischen Wechsel in die Jahresplanung einzubeziehen, bedarf schon einiger detaillierterer Überlegungen.

Das methodische Mittel zur Umsetzung dieser vielfältigen an die Gymnastik gerichteten Anforderungen besteht in der Entwicklung von *„variablen Standardprogrammen"*, die jeweils auf einen größeren Zielkomplex (z.B. allgemeine Körperbildung, spezielle Kräftigung, Beweglichkeit) ausgerichtet sind und entsprechend den jeweiligen Erfordernissen abgewandelt werden (4).

Dabei beginnt man mit der Grundform bzw. der einfachsten Ausführungsweise der einzelnen Übungen. Die notwendigen Leistungs- und Belastungssteigerungen – auch im Sinne von differenzierenden Maßnahmen – erfolgen durch

– Veränderung der Übung selbst (z.B. schwierigere Varianten der Übung),
– Veränderungen in der Ausgangsstellung oder Körperhaltung (z.B. zur Ausschaltung unterstützender Mitbewegungen),
– Veränderungen in der Übungsausführung (z.B. Verlangsamung des Ausführungstempos bis hin zur „Zeitlupenübung"),
– und natürlich auch durch Erhöhung der Wiederholungszahlen.

Entsprechende Überlegungen gelten auch für die Gymnastik mit Geräten (hier vor allem mit dem Sprungseil und dem Medizinball). Erst wenn ein solches Programm „ausgereizt" ist, werden die Übungen allmählich durch neue und schwierigere ersetzt, bis schließlich das „neue" Programm steht.

Die Vorteile einer solchen Verfahrensweise liegen darin,
- dass die Schüler über das, was ansteht, informiert sind und konkrete Zielvorstellungen damit verbinden können,
- dass mit und an den Übungen „gearbeitet" werden kann, also ein höheres qualitatives Niveau erreicht wird.

Das aber ist das, was Sportunterricht (auch) will.

Anmerkungen

(1) Vgl. dazu: WIEMANN, K.: Stretching – Grundlagen, Möglichkeiten, Grenzen. In: sportunterricht 3/1993. FRIEDMANN, K.: Dehnen, muskuläre Dysbalancen und „unfunktionelle" Übungen im Schulsport. In: sportunterricht 9/2002.
(2) Damit ist freilich das schwierige Problem einer definitorischen Abgrenzung von „Gymnastikübungen" und „Konditionsübungen" angesprochen. Dazu sei nur soviel bemerkt, dass zumindest im Schulsport sowohl im Inhalt als auch in der Übungsweise fließende Übergänge bestehen.
(3) Vgl. den Beitrag: Was heißt „Unterricht planen und vorbereiten"? S. 109.
(4) Vgl. das Themenbeispiel: „Gymnastik", „Praxis und Methodik" S. 13.

11 Differenzierung im Sportunterricht

Differenzierung als bildungspolitisches Schlagwort

Mit dem Ende des Zweiten Weltkriegs und vermehrt in den 60er Jahren des gerade vergangenen 20. Jahrhunderts setzten Bestrebungen ein, das traditionelle zwei- oder dreigliedrige Schulwesen Deutschlands nach internationalen Vorbildern – vor allem der US-amerikanischen High School – in Richtung einer *Gesamtschule* zu verändern.

Hierfür gab es in der Tat einige Gründe. Ganz offensichtlich bestand hinsichtlich des Erreichens qualifizierter Schulabschlüsse nach Herkunft, sozialer Schicht, Wohnort und Geschlecht eine recht deutliche *Chancenungleichheit*. Diese aber werde, so laute te der Vorwurf, vom bestehenden Schulwesen fortlaufend reproduziert. Die erklärten Ziele der Gesamtschule waren also die *Herstellung gleicher Bildungschancen für alle bei bestmöglicher Förderung für jeden Einzelnen*. Chancengleichheit und Differenzierung wurden so zu Schlagworten der Bildungspolitik.

Dabei hat man allerdings übersehen – oder wollte es vielleicht auch nicht sehen –, dass die integrative Funktion eines jeden Schulwesens, nämlich die Gewährleistung gleicher „Startchancen" für alle, und die differenzierende Funktion, nämlich die individuelle Förderung entsprechend den intellektuellen Fähigkeiten, in einem gewissen Widerspruch stehen. Gerade in der Gesamtschule mussten sich daraus einige kaum lösbare Schwierigkeiten ergeben, wie auch die weitere Entwicklung gezeigt hat.

Sie führte nämlich nicht zu der Gesamtschule schlechthin, sondern zu einer Vielzahl von Gesamtschulversuchen nach den unterschiedlichsten, von der jeweiligen (partei-) politischen Situation in den einzelnen Bundesländern beeinflussten Modellen.

Diese reichen von dem einen Extrem des schulzeitüberdauernden gemeinsamen Unterrichts in möglichst vielen Fächern mit einigen Differenzierungen in Form von „Niveaugruppen", wo es unumgänglich schien, z.B. in den Fremdsprachen und in der Mathematik, bis hin zum anderen Extrem der (meist bis zur 6. Klasse) verlängerten Grundschule und einem darauf aufgesetzten dreigliedrigen Oberbau entsprechend den traditionellen Schulformen.

Zu dem hier vorwiegend interessierenden Problem des *Sportunterrichts an Gesamtschulen* ist zu sagen, dass der Sport ganz selbstverständlich zu den „Integrationsfächern" gezählt wurde und wird. Dies ist verständlich, zumal es sich bestätigt hat, dass körperliche und intellektuelle Leistungsfähigkeit weitgehend voneinander unabhängig sind, hier also auch anderwärts benachteiligte Schüler ihre spezielle Chance zu einer besseren Integration in die Klassengemeinschaft haben.

Die Erfahrung hat aber auch gezeigt, dass bei einer so heterogenen Schülerschaft hinsichtlich der Einstellung zum Sport und der Zuwendung zu bestimmten Sportarten einige sozialisationsbedingte Diskrepanzen und Präferenzen bestehen, die das Unterrichten in diesem Fach mehr als nur schwierig und belastend machen.

Differenzierung als pädagogisches Prinzip

Abseits jeder bildungspolitischen Diskussion ist Differenzierung ein altes pädagogisches Prinzip. Seine Ursprünge liegen in der einfachen Feststellung, dass nicht alle Menschen gleich sind, dass also auch zwischen Schülern Unterschiede bestehen.

Diese „Differenzen" können begründet sein in den unterschiedlichen *Interessen*, die sie einer Sache entgegenbringen, oder in den unterschiedlichen *Leistungen*, zu denen sie fähig sind. Die Berücksichtigung des ersten Gesichtspunktes führt zur *Interessens- oder Wahldifferenzierung*, die des zweiten zur *Leistungs- oder Niveaudifferenzierung*. Beide Prinzipien lassen sich, wenn auch in unterschiedlichem Ausmaß, als „äußere Differenzierung" durch Bildung von organisatorisch über längere Zeit hin selbständiger Gruppen oder als „innere Differenzierung" im Rahmen des Klassenverbandes oder anderer Gruppierungen verwirklichen.

Dementsprechend wird im Folgenden die *organisatorische Differenzierung* vorweg behandelt, bevor zur „eigentlichen", der *didaktischen* und *methodischen Differenzierung*, übergegangen wird.

Die „äußere" oder organisatorische Differenzierung

Die Differenzierung durch Bildung selbständiger Klassen, Kurse oder Gruppen kann, wie gesagt, entweder mehr auf die Interessen oder mehr auf die Leistungen der Schüler ausgerichtet sein. Für das erste Modell liegen – speziell für den Schulsport – umfangreiche Erfahrungen vor. Im Hinblick auf das zweite sind diese eher dürftig, so dass man auf Erkenntnisse aus anderen Bereichen zurückgreifen muss.

Wahldifferenzierung: Neigungsgruppen, Grundkurse

Die Idee, durch Einräumung von *Wahlmöglichkeiten* den Schülern eine gewisse *Spezialisierung* zu erlauben, um sowohl mehr Interesse zu wecken als auch die Leistungen zu steigern, entstand in der ersten Nachkriegszeit. Sie konkretisierte sich im Prinzip der *Neigungsgruppe*, die im Sinne eines *Wahlpflichtfachs* ab einer bestimmten Altersstufe den Sportunterricht ganz oder teilweise bestimmen sollte.

Zweifellos war das Fach Sport wegen seiner inhaltlichen Heterogenität hierfür auch in besonderem Maße geeignet. So kam es, vor allem in den 60er Jahren, zu zahlreichen Schulversuchen, die nach einer anfänglichen Euphorie sehr bald auch die *Probleme* dieser Unterrichtsform zutage treten ließen.

Diese waren zunächst organisatorischer Natur. Selbst große Schulen konnten nur eine begrenzte, an den vorgeschriebenen Klassen- oder Gruppenfrequenzen orientierte Zahl von *Angeboten* machen, und so vielleicht die Interessen vieler, aber niemals aller Schüler berücksichtigen. Der verfügbare Hallenraum erlaubte es nur selten, mehr als drei Gruppen einer Klassen- oder Altersstufe zeitlich parallel zu legen, und selbst dies musste im Rahmen des Vormittagsunterrichts auf beträchtliche stundenplantechnische Schwierigkeiten stoßen.

So kann es nicht überraschen, dass das System der Neigungsgruppen nur in den oberen Klassenstufen, deren Sportunterricht üblicherweise auf dem Nachmittag liegt, Fuß fassen konnte. Immerhin wurde es auf diesem Weg zur Grundlage des Kursunterrichts in der gymnasialen Oberstufe. Dabei wird dem Schüler in aller Regel jedoch die Wahl von zwei oder mehr Sportarten zur Auflage gemacht.

Die Hauptprobleme lagen im *Prinzip des Wahlpflichtfachs* selbst. Es besagt, dass der Schüler nicht nur wählen darf, sondern auch wählen *muss*, selbst wenn er keine besonderen sportlichen Interessen hat.

Wer Wahlmöglichkeiten zulässt, sollte konsequenterweise auch die Abwahl vorsehen. Andernfalls verbleibt, vor allem für die weniger engagierten, aber auch für die schwächeren Schüler, nur die „Wahl des geringsten Übels" oder, speziell für die Kurswahl in der Oberstufe, die „Vermeidung des größten Übels".

Auch die Hoffnungen auf eine generelle Verbesserung der Leistungen haben sich nur bedingt erfüllt. Zum einen lässt Spezialisierung die bestehenden Leistungsunterschiede noch deutlicher hervortreten, zum anderen sind viele Schüler aus physischen und psychischen Gründen nicht zu einer sichtbaren Leistungssteigerung fähig.

Durchschnittliche und schwächere Schüler sind also gut beraten, allein schon um der übermächtigen Konkurrenz der Könner zu entgehen, die Gruppe zu wählen, die – tatsächlich oder scheinbar – die geringsten Anforderungen stellt.

Mit dem Versuch, die Kriterien des Interesses und der Leistung zugleich zu berücksichtigen, liegt dem Prinzip des Wahlpflichtfachs ein *erweiterter Differenzierungsbegriff* zugrunde. Bei der „reinen" Leistungsdifferenzierung ist demgegenüber ein *eindeutiger Bezugspunkt* gegeben.

Leistungsdifferenzierung: Niveaugruppen, Kurssysteme

Die durchgehende Leistungsdifferenzierung, wie sie im dreigliedrigen Schulwesen in grober Einstufung intendiert ist, wurde, wie bereits gesagt, in den Gesamtschulen einerseits auf das notwendig erscheinende Ausmaß begrenzt, andererseits aber weiter flexibilisiert. Nunmehr konnte ein Schüler in den verschiedenen „Differenzierungsfächern" je nach dem aktuellen Leistungsstand auch auf unterschiedlichem Niveau – in „Zügen" oder „Stufen" – unterrichtet werden.

Die Ergebnisse blieben auch hier hinter den Erwartungen zurück. „Aufstufungen" waren weiterhin die Ausnahme, Abstufungen überwogen. Es bestätigte sich die alte Erfahrung, dass jede Art von Einstufung, gleich wie sie erfolgt ist, gegenüber Veränderungen recht resistent ist. Der Schüler wird sozusagen zum Gefangenen einer einmal getroffenen Entscheidung. Dies ist in erster Linie darauf zurückzuführen, dass die unterrichtlichen Anforderungen auf das jeweilige Niveau ausgerichtet sein müssen. Zudem weiß man aus der Psychologie, dass die Selbsteinschätzung eines Menschen sich sehr bald der Fremdeinschätzung anpasst.

Für den Sport als einem typischen „Integrationsfach" liegen keine entsprechenden Erfahrungen vor. Eine generelle Leistungsgruppierung wäre aber auch hier relativ leicht zu verwirklichen. Ebenso wie man nämlich Jungen und Mädchen weithin – noch oder wieder – getrennt unterrichtet, könnte man aus zwei Parallelklassen auch eine stärkere und schwächere Gruppe bilden.

Bislang liegt darüber nur ein etwas ausführlicher dokumentierter Versuch aus einer achten Klasse vor (1). Bei der dort vorgenommenen Zweiteilung einer Klassenstufe nach der durchschnittlichen sportlichen Leistungsfähigkeit ergab sich eine organisatorische und methodische Vereinfachung des Unterrichts, die sich in einer erheblichen Intensitätssteigerung, vor allem in der stärkeren Gruppe, auswirkte.

Die anfänglichen Befürchtungen hinsichtlich eines verstärkten Auseinanderdriftens im allgemeinen Leistungsniveau konnten dennoch nicht bestätigt werden. Auch die Schüler äußerten sich durchweg zufrieden. Wenn überhaupt Einwände erhoben wurden, betrafen sie die insgesamt höhere physische Belastung.

Trotz dieses positiven Befundes muss man aber auch im Sport bei längerfristigen oder wiederholten Leistungsgruppierungen nach einem solchen oder ähnlichen System mit negativen Auswirkungen, etwa der oben geschilderten Art, rechnen. Wie gelegentliche Beobachtungen aus den Sportzügen von Schulen mit entsprechendem Profil zeigen, könnten diese vor allem das Sozialverhalten der „privilegierten" Schüler betreffen, z.B. in Form von Überheblichkeit, überzogenem Ehrgeiz oder Konkurrenzneid.

Historische Modelle

Es ist vielleicht nicht uninteressant, einen Blick auf historische Vorbilder zu werfen. Für den Sport sind es vor allem zwei, die beide auf JAHN und seinen 1811 eröffneten Turnplatz auf der Hasenheide zurückgehen, das *Kürturnen* und das *Riegenturnen* als die beiden Teile der „Turnzeit", d.h. eines Turnnachmittags.

Das Kürturnen

Die „freiwillige Beschäftigung" oder „Turnkür" sollte nach den Vorstellungen von JAHN, aber in moderne Terminologie übersetzt, sowohl die individuellen Interessen berücksichtigen als auch besondere Begabungen fördern (und darüber hinaus auch Defizite abbauen). Im Laufe der Zeit entwickelte sich daraus das Kürturnen, das meist den ersten Teil eines Turnabends ausfüllte.

Es fand in freien und offenen Formen statt und kann somit als Vorläufer der „freien Lerngelegenheiten" und der „offenen Situationen" angesehen werden. Im Hinblick auf die prinzipielle Leistungsorientierung des Vereinsturnens setzte es zwar die Anwesenheit einiger erfahrener Leute voraus, die für die notwendige Anleitung zu sorgen hatten, doch kann man als seine maßgeblichen Prinzipien herausstellen,

- dass jeder von sich aus lernt,
- dass jeder von jedem lernt,
- dass jeder jedem hilft.

Es fehlte nicht an Versuchen, dieses Modell auch auf den Sportunterricht zu übertragen. Das konnte aber nur gelingen,

- wenn der Lehrer ein hervorragender Fachmann im Gerätturnen war, der die Vielfalt der Bewegungsmöglichkeiten und ihrer methodischen Darbietung überblicken und individuell umsetzen konnte,
- wenn die Schüler den unbedingten Willen hatten, auch in dieser Sportart so viel wie möglich zu lernen.

Beides dürfte gegenwärtig nur noch bedingt zutreffen. Es kommt hinzu, dass die in den Lehrplänen ausgewiesene, drastisch reduzierte Übungsauswahl solche Arbeitsweisen so gut wie gegenstandslos macht. Somit dürfte diese kommunikative, sozialerzieherisch bedeutsame und wahrscheinlich erfolgreichste Unterrichtsform aller Zeiten – der Verfasser hat sie in seiner Schulzeit noch erlebt – kaum noch eine Chance haben. Formal wurde sie von den „offenen" Formen des Sportunterrichts abgelöst. Diese aber zielen in eine andere, weniger leistungsbezogene Richtung.

Das Riegenturnen

Das Riegenturnen hat sich aus der „Turnschule" bei JAHN, dem Pflichtprogramm eines Turnnachmittags entwickelt, womit „in einer Reihe von Turntagen" eine „Unterweisung in sämtlichen Turnübungen" gegeben werden sollte. Der Begriff der „Riege" bezeichnete dabei eine organisatorische Einheit zum Zwecke des „Stationswechsels" auf dem Turnplatz.

Mit der zunehmenden Schwerpunktverlagerung des „Turnens" auf das Gerätturnen und dessen Verlegung in die Halle wuchs auch der Übungsbestand immer weiter an, so dass er nach Schwierigkeitsstufen gegliedert werden musste.

Im ausgehenden 19. Jahrhundert bildete man daraus riesige, an den einzelnen Turngeräten orientierte „Lehrgänge", die auf einen jahrelangen Ausbildungsprozess angelegt waren. Aus den Riegen wurden Leistungsriegen, die von den Turnern bis zu ihrer individuellen Leistungsgrenze zu durchlaufen waren, daneben aber auch die bereits genannte Tendenz zur Verfestigung aufwiesen. Dieses System konnte nur funktionieren, wenn eine ausreichende Zahl von Riegenführern oder „Vorturnern" verfügbar war, die nach einer allgemeinen Vorgabe den Lern- und Übungsprozess in den Riegen selbständig steuern konnten.

Man hat bis in die jüngere Vergangenheit immer wieder versucht, das Prinzip der Leistungsriege auf den Sportunterricht zu übertragen. Die Ergebnisse waren auch hier enttäuschend. Die Gründe hierfür sind im Wesentlichen schon genannt: Die allgemeine Abneigung gegen das Gerätturnen ist zu groß; es fehlt an geeigneten Riegenführern; der reduzierte Übungsbestand macht solche Arbeitsformen überflüssig; für die Schaffung allgemeiner körperlicher Grundlagen gibt es effektivere Verfahrensweisen. Außerdem ist mit der beschriebenen Verfestigung der Riegeneinteilung zu rechnen. Das bedeutet jedoch nicht, dass entsprechende Unterrichtsformen in anderen Sportarten nicht doch erfolgreich sein könnten.

Die „innere" Differenzierung als didaktische und methodische Differenzierung

Die Versuche mit einer konsequenten Niveaudifferenzierung rückten eine schlichte Tatsache wieder ins Bewusstsein, dass jede Art von Leistungseinstufung nur zu einer *relativen Homogenisierung* der Lerngruppen führt. Es verbleibt stets ein „zusätzlicher Bedarf" an Differenzierung, der mit anderen Mitteln gedeckt werden muss.

Außerdem waren, wie gesagt, die Erfahrungen mit der „äußeren" Differenzierung nicht unbedingt überzeugend. Damit richtete sich der Blick wieder verstärkt auf die Möglichkeiten der „inneren" Differenzierung.

Für den Sportunterricht als „Integrationsfach" war dies von besonderer Bedeutung, nicht zuletzt auch deshalb, weil er in zunehmendem Maße koedukativ erteilt wurde. „Differenzierung des Unterrichts" wurde zu einem Schlagwort der „inneren Schulreform" und zu einem Schlüsselbegriff der pädagogischen Diskussion.

In ihrem Verlauf wurde jedoch – fast unversehens – der Differenzierungsbegriff auf alle didaktischen und methodischen Entscheidungen ausgedehnt, die im Hinblick auf das Alter und Geschlecht der Schüler, die Jahreszeiten und die materiellen Verhältnisse zu treffen waren. Damit wurde er aber weitgehend inhaltsleer und im wahren Wortsinne bedeutungslos. Außerdem schienen die neueren, „offenen" Unterrichtsformen weitergehende Überlegungen zu einer differenzierten Unterrichtsgestaltung überflüssig zu machen. So kann es auch nicht verwundern, dass das Thema „Differenzierung" gegenwärtig in der Fachliteratur nur eine nachrangige Rolle spielt.

Begriff und Strukturaufriss der Differenzierung

Trotz der eben geschilderten Situation ist Differenzierung aber ein wichtiges *pädagogisches Prinzip* von durchgehender unterrichtspraktischer Bedeutung. Seine Verwirklichung setzt jedoch eine klare Begriffsbestimmung voraus, die sich in den folgenden Fragen konkretisieren lässt: *Was ist Differenzierung, was will sie, woraufhin soll differenziert werden?*

In welcher Richtung die Antwort zu suchen ist, kann vielleicht folgende, hier nur verkürzt wiedergegebene *Vorüberlegung* zeigen: Die Ausrichtung der Lernziele und Lerninhalte auf das Alter der Schüler, den allgemeinen Leistungsstand der Klasse, die äußeren Gegebenheiten des Unterrichts und ebenso die generelle Wahl der Methoden und Unterrichtsformen sind Sache einer vernünftigen Unterrichtsplanung. Was dann noch bleibt, sind die Unterschiede im Lernerfolg und Leistungsvermögen der einzelnen Schüler. Diese zu berücksichtigen ist Sache der Differenzierung.

Dies führt zu folgender *Definition*:

Differenzierung bezeichnet die Ausrichtung der unterrichtlichen Maßnahmen auf die unterschiedliche Leistungsfähigkeit der Schüler.

Daraus ergibt sich der folgende *Strukturaufriss* der Differenzierung:

(1) Die *Gründe* für die Differenzierung, genauer gesagt, für die Notwendigkeit von differenzierenden Maßnahmen, liegen stets in irgendwelchen „Differenzen" in der Leistungsfähigkeit der Schüler. Sie können sich im Lernerfolg, im Lerntempo, in speziellen Lernschwierigkeiten und in vielen anderen Formen äußern und lassen sich auf zwei Ursachenkomplexe zurückführen:
- die *anlagebedingten Leistungsvoraussetzungen*, die als physische und psychische Leistungsfaktoren die körperliche Leistungsfähigkeit bestimmen,
- die *sozialisationsbedingten Faktoren*, die fördernd oder hemmend auf die sportliche Leistung und die Einstellung zum Sport einwirken.

Sie werden hier unter dem allgemeinen Begriff der „*Leistungsfähigkeit*" im Sinne eines „abrufbaren Potentials" zusammengefasst.

(2) Als *Differenzierungskriterien*, d.h. als Gesichtspunkte, nach denen differenziert werden soll, können dienen:
- die *Leistungen*, die der Schüler tatsächlich erbracht hat,
- das *Leistungsvermögen* als Ausdruck der potentiellen Leistungsfähigkeit.

Beides lässt sich in der Praxis nicht scharf voneinander trennen. Im Prinzip geht es darum, eine Forderung der Lernpsychologie zu verwirklichen, nämlich die „optimale Passung" zwischen den Leistungsanforderungen im Unterricht und den Fähigkeiten eines Schülers herzustellen. Dazu kann es angebracht sein, in der einen Situation an die gerade gezeigten Leistungen anzuknüpfen, in einer anderen vom Schüler „das zu verlangen, was man erwarten kann".

(3) Differenzierung hat, wie bereits angedeutet, stets eine doppelte *Zielsetzung*:
- einerseits *Integration*, indem sie darauf abzielt, möglichst allen Schülern eine bestimmte Qualifikation zu vermitteln,
- andererseits *individuelle Förderung*, indem sie dem einzelnen Schüler zur bestmöglichen Leistung verhelfen soll.

Differenzierung hat somit immer einen *konvergenten Aspekt*, nämlich trotz unterschiedlicher Voraussetzungen gemeinsam ein bestimmtes Ziel zu erreichen (z.B.

einen Dauerlauf „durchzustehen" oder eine rationelle Hochsprungtechnik zu erlernen), und einen *divergenten Aspekt*, nämlich mit möglichst vielen Schülern über das allgemeine Niveau möglichst weit hinauszukommen (z.b. die individuelle Leistungsgrenze im 1000-m-Lauf oder Hochsprung zu erreichen).

(4) Die *Mittel* der Differenzierung bestehen in der gezielten, d.h. auf die bei den Schülern festgestellten Leistungsunterschiede ausgerichteten Anwendung aller unterrichtlichen Maßnahmen, also des gesamten didaktischen, methodischen, organisatorischen und materiellen Repertoires, das dem Lehrer zur Verfügung steht. Im Wesentlichen betrifft das die Steuerung des Lern- und Übungsprozesses
- durch Veränderungen in der organisatorischen Struktur der Klasse,
- durch unterschiedliche inhaltliche Zielsetzungen,
- durch Einsatz bestimmter Methoden, Lernhilfen, Medien und Arbeitsmaterialien.

(5) Je nach Art, Abfolge und Umfang, wie diese Mittel eingesetzt werden, ergeben sich bestimmte *Formen* der Differenzierung, die sich wiederum zwei Ebenen, einer eher didaktischen und einer eher methodischen, zuordnen lassen:
- Bei der *didaktischen Differenzierung* werden die Lernprozesse entweder auf die innerhalb einer Klasse gebildeten *Gruppen* oder auf den *einzelnen Schüler* verlagert. Letzteres wird auch als Individualisierung des Unterrichts bezeichnet.
- Bei der *methodischen Differenzierung* bleibt der *Klassenverband* so weit wie möglich erhalten. Die Differenzierung erfolgt vorwiegend durch methodische und organisatorische Maßnahmen.

In der Praxis ergänzen sich diese beiden Formen. Jede hat an ihrer Stelle ihre Berechtigung; zusammen erst machen sie den „guten" Unterricht aus.

(6) Diesen beiden Ebenen vorgeschaltet ist, gleichsam als gemeinsames Fundament, das *individuelle Eingehen* auf den Schüler, verstanden als Berücksichtigung seiner aktuellen physischen und psychischen Befindlichkeit.

Da diese Forderung aber für alle Unterrichtsformen, auch die nicht bewusst differenzierenden, gilt, führt dies aus dem Geltungsbereich der Differenzierung hinaus, gewissermaßen in den Umkreis einer „allgemeinen pädagogischen Sorgfaltspflicht". Dies bedeutet zugleich, dass von den hier genannten Ebenen die jeweils „obere" auf den „unteren" aufbaut und ohne diese ihre Funktion nicht erfüllen könnte.

In diesem Sinne ist eine weitere Bemerkung angebracht: Die teilweise recht hochgespannten Erwartungen, die man ursprünglich auf bestimmte, stark vorstrukturierte Modelle der Differenzierung gesetzt hat, haben sich nicht oder nur teilweise erfüllt.

Schließlich kann nur der Lehrer aus der jeweils sich ergebenden Situation heraus den Unterricht so steuern, dass er flexibel auf die unterschiedlichen Voraussetzungen und Bedürfnisse der Schüler angepasst ist. Daraus folgt, dass man keine übertriebenen Hoffnungen auf „große" Lösungen setzen sollte, die wie ein Wundermittel schlagartig alle Schwierigkeiten lösen könnten, sondern eher die vielen „kleinen" Möglichkeiten nützen sollte, die einen gleichsam unauffällig differenzierten Unterricht ermöglichen.

Didaktische Differenzierung

Bei der didaktischen Differenzierung werden, wie eben gesagt, die Lernprozesse – was allerdings nur in der Tendenz möglich ist – entweder auf den einzelnen Schüler oder auf Gruppen innerhalb der Klasse „verlagert". In beiden Fällen ist eine Homogenisierung oder Heterogenisierung der Lerngruppen und Lernbedingungen möglich. Dies führt zu folgender Gliederung (Abb. 1):

```
                    Didaktische Differenzierung
                              als
         ┌────────────────────┴────────────────────┐
    „Einzellernen"                            „Gruppenlernen"
(Individualisierung i.e.S.)              (Differenzierung i.e.S.)
        durch                                      in
         │                                         │
  Lernprogramme                           homogenen Gruppen
  Unterrichtsmaterialien                  (Riegen, Mannschaften)

  „freie Lerngelegenheiten"              heterogenen Gruppen
  „offene Situationen"                   („Gruppenarbeit")
```

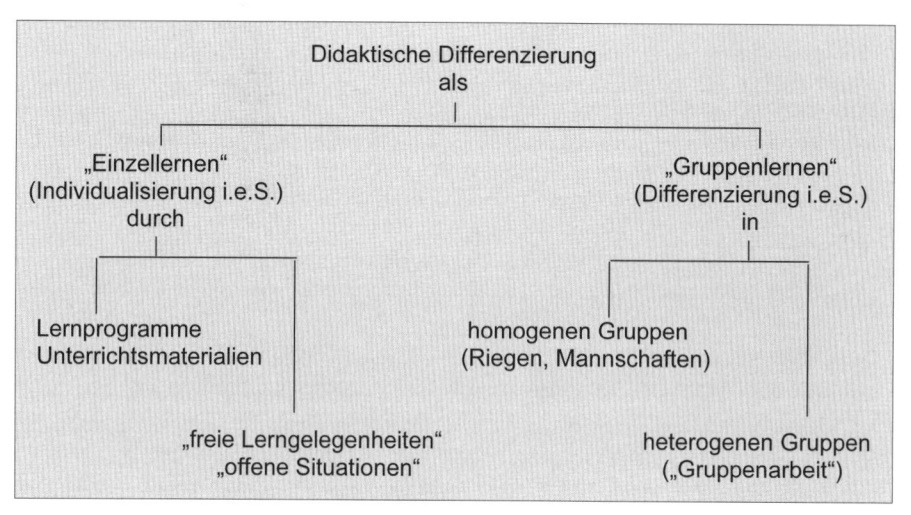

Abb. 1: Gliederung der didaktischen Differenzierung

Zu diesen vier Bereichen der didaktischen Differenzierung ist hier in aller Kürze Folgendes zu bemerken:

(1) Extreme Formen der Individualisierung finden sich im *programmierten Lernen* und entsprechenden Varianten eines „programmgesteuerten Unterrichts". Der differenzierende Aspekt liegt hier vor allem in der Berücksichtigung des unterschiedlichen Lerntempos, indem für die schwächeren Schüler zusätzliche Wiederholungen und andere, zum Teil auf die festgestellten Fehler bezogene Übungsmöglichkeiten vorgesehen werden. Für eine mehr gelegentliche Verwendung eignen sich *schriftliche Arbeits- und Übungsanweisungen, Arbeitsblätter* und ähnliche – vorgefertigte oder (meistens) vom Lehrer selbst erstellte – Unterrichtsmaterialien.

Ein programmiertes Lernen im eigentlichen Sinne ist im Sport nicht möglich,
- weil es kaum jemals gelingt, die einzelnen *Lernschritte* so anzuordnen und gewissermaßen zu minimalisieren, dass sie von allen Schülern in angemessener Zeit mit der notwendigen Erfolgswahrscheinlichkeit bewältigt werden können,
- weil die Möglichkeiten der *Erfolgskontrolle* und der *Fehlerkorrektur* durch den Lernenden selbst begrenzt sind, diese Funktionen von Mitschülern nicht immer übernommen werden können und der Lehrer damit sehr schnell überlastet wäre.

Es kommt hinzu, dass programmierter Unterricht im Sport organisatorisch sehr aufwendig ist und notwendige Hilfen nicht immer gezielt genug eingesetzt werden können. Das schließt nicht aus, dass entsprechend modifizierte Formen in Teilbereichen nicht doch recht nützlich und erfolgreich sein können.

(2) Den „Unterrichtsprogrammen" stehen, sozusagen als Antithese, die *„freie Lerngelegenheit"* und entsprechende „offene", auf eine „freie Schülertätigkeit" angelegte Unterrichtsformen gegenüber. Sie setzen in aller Regel voraus, dass

– entweder eine *Gelegenheit* geboten wird, indem z.b. die vorhandenen oder speziell hierfür bereitgestellten Geräte den Schülern für eine bestimmte Zeit zur beliebigen Verfügung überlassen werden,

– oder eine *Situation* geschaffen wird, indem entweder ein Gerätearrangement, z.B. als „Bewegungslandschaft" oder „Abenteuerspielstation", vorgegeben wird oder im Sinne von „kleinen Möglichkeiten" z.B. eine Leine aufgespannt oder eine genügende Anzahl von Handgeräten bereitgelegt wird,

– oder eine *Aufgabe* gestellt wird, z.B. ein Bewegungsproblem zu lösen oder aus vorgegebenen und selbsterfundenen Elementen eine Bewegungs- oder Übungsfolge zu gestalten.

Fast von selbst ergeben sich dabei auch informelle Gruppenbildungen von unterschiedlicher Zeitdauer, so dass die Grenzen zur Gruppenarbeit fließend werden.

Das gemeinsame Kennzeichen aller dieser Unterrichtsformen besteht darin, dass der Lernprozess prinzipiell der Eigeninitiative des einzelnen Schülers überlassen wird. Der differenzierende Aspekt wird darin gesehen, dass der Schüler in diesem Rahmen wohl entsprechend seinen Fähigkeiten und Interessen tätig wird. Damit ist zugleich gesagt, dass diese Vorgänge, von einigen allgemeinen Vorgaben abgesehen, eher ungeplant ablaufen und nur indirekt gesteuert werden können.

„Freie" und „offene" Unterrichtsformen appellieren in erster Linie an die Selbsttätigkeit und Selbständigkeit der Schüler; sie wollen Spontaneität, Kreativität und Bewegungsphantasie fördern. Insofern werden sie mit Recht nicht so sehr als Möglichkeiten der Differenzierung, sondern als eigenständige Unterrichtsformen – nicht nur des Sportunterrichts – angesehen und im allgemeinen Sprachgebrauch unter dem Begriff des „offenen (Sport-)Unterrichts" zusammengefasst (2).

(3) Die Möglichkeiten und Probleme der Bildung von *homogenen Gruppen* sind oben bereits besprochen worden. Sie gelten im Wesentlichen auch für die Gruppenbildung innerhalb des Klassenverbandes. Die Bedenken lassen sich, pointiert formuliert, in der Frage zusammenfassen, ob der kurzfristige Nutzen, den solche Gruppierungen ohne Zweifel erbringen können, den langfristigen Schaden, den sie möglicherweise anrichten, wohl aufwiegen kann.

Trotz aller Skepsis wird man in bestimmten Fällen um eine kurz- bis mittelfristige Homogenisierung der Lerngruppen nicht herumkommen, so z.B. im Sinne von Leistungsriegen – und sei es nur aus organisatorischen Gründen – bei einigen Übungen des Gerätturnens, oder im Sinne von Niveaugruppen bei der Einführung der Sportspiele, um auch die schwächeren Schüler „ins Spiel zu bringen". Damit sind zugleich didaktische und methodische Maßnahmen allgemeinen Charakters angesprochen. Ihr differenzierender Aspekt liegt nicht zuletzt darin, solche Gruppierungen so durchlässig wie möglich zu halten.

(4) Die Schüleraktivitäten im Rahmen von *heterogenen Gruppen* lassen sich entweder als Fortführung der „freien Lerngelegenheit" im Gruppenverband oder als eigenständige Unterrichtsformen („Gruppenarbeit" oder „Gruppenunterricht") verstehen, wobei an dieser Stelle vor allem der zweite Bereich zu betrachten ist.

Das allgemeine Prinzip aller *gruppenunterrichtlichen Formen* besteht darin, dass die Schüler eine – vom Lehrer vorgegebene oder selbstgewählte – Aufgabe in der Zusammenarbeit aller Gruppenmitglieder *selbständig bearbeiten* und zu *eigenständigen Lösungen* kommen. Eine differenzierende Funktion ergibt sich daraus, dass jeder Schüler nach seinen Fähigkeiten, Fertigkeiten und Kenntnissen zur gemeinsamen Lösung beitragen kann (unabhängig davon, dass sich stets einige Unterschiede in den individuellen Anteilen ergeben werden).

Bevorzugte Situationen, in denen solche Arbeitsweisen zum Tragen kommen, sind:
- *Erkundungs- und Erprobungsaufgaben*, die in allen Sport- und Bewegungsbereichen möglich sind,
- *Gestaltungsaufgaben*, vor allem in Sportarten, die regelmäßig Inhalte des Sportunterrichts sind, z.B. im Gruppenturnen, in der Gruppengymnastik und bei der Lösung spieltaktischer Aufgabenstellungen,
- *Projekte* im Sinne von komplexen Unternehmungen, die in einer Präsentation oder vielleicht auch in einer Aufführung enden sollen.

Methodische Differenzierung

Bei der methodischen Differenzierung bleibt eine Klasse als „Lerneinheit" so lange wie möglich erhalten. Es wird versucht, einerseits die erzieherischen Potenzen des heterogenen Klassenverbandes und des gemeinsamen Lernens zu nützen, andererseits aber auch dem einzelnen Schüler so weit wie möglich gerecht zu werden.

Um dem zweiten Anliegen zu genügen, stehen – zumal im Sport – gelegentlich auch inhaltliche Entscheidungen an, so dass die Grenzen zur didaktischen Differenzierung fließend werden.

Der Schwerpunkt liegt auf der differenzierenden Funktion methodischer Mittel, z.B. in der Wahl der Lehrwege und im Einsatz von Hilfen, und organisatorischer Maßnahmen, die größtmögliche Flexibilität in der Einteilung, Aufteilung und Umverteilung der Schüler gewährleisten sollen. Es gibt also keine festen Mannschaften oder Riegen, sondern nur variable und situationsbedingte Übungsgruppen.

Die wichtigsten Verfahrensweisen der methodischen Differenzierung sollen, bevor eine Systematisierung versucht wird, an einigen Beispielen verdeutlicht werden. Sie sind, um die Komplexität des Problems sichtbar zu machen, stets derselben Sportart, dem Gerätturnen, entnommen.

1. Beispiel

Die Anweisung: „Jetzt machen wir Klimmzüge", ist zu unscharf, als dass die Schüler sich wirklich angesprochen fühlen. „Jeder macht drei Klimmzüge", ist hier schon exakter, und die Schüler werden sich wahrscheinlich in Bewegung setzen. Was aber soll der tun, der keinen Klimmzug kann? Die „richtige" Anweisung lautet also: „Jeder macht drei Klimmzüge oder den Versuch dazu!" Der Zusatz „den Versuch dazu" hat zum einen eine differenzierende Funktion (der Schüler hat eine Alternative), zum anderen eine psychologische Funktion (der Lehrer gibt dem schwächeren Schüler zu verstehen, dass er ein mögliches Versagen akzeptiert).

Die Anweisung: „Jeder macht drei Klimmzüge oder hält sich dreimal drei Sekunden im Beugehang!" wäre bereits eine „differenzierende methodische Konzeption im Kleinformat", die zudem noch den Vorteil hätte, im gleichen organisatorischen Rahmen zu bleiben und in der Übungswirkung in dieselbe Richtung zu zeigen.

Das hier aufgezeigte Prinzip hat gerade im Gerätturnen eine umfassende Bedeutung: Für viele Übungen sind *Alternativen* anzugeben.

2. Beispiel

Beim Erlernen der Hocke (Sprunghocke) liegt es nahe, gewissermaßen die Stufen oder Lernschritte einer methodischen Übungsreihe nebeneinander anzubieten und in entsprechender Gruppeneinteilung üben zu lassen. Dies wäre ein *konvergentes Modell*: Alle Schüler sollen die gleiche Übung lernen.

Selbstverständlich kann dies gelingen und sollte auch mit aller Energie angestrebt werden. Es kann aber auch das Gegenteil eintreten: Das Leistungsgefälle wird größer. Bessere Schüler sind vielleicht über dieses Niveau schon hinaus und könnten weit schwierigere Übungen erlernen, die schwächeren stagnieren, einige kommen über erste Vorübungen nicht hinaus.

Das Beispiel zeigt, dass die Modellvorstellungen der Theorie sich in der Praxis nicht immer verwirklichen lassen, auch wenn sie selbstverständliche Richtschnur des unterrichtlichen Handelns bleiben müssen.

3. Beispiel

Man kann sich auch auf den Standpunkt stellen, dass es genügt, wenn ein Schüler überhaupt einen Stützsprung erlernt, und bietet deshalb Hocke, Grätsche (am Bock) und Hockwende sozusagen zur Auswahl an.

Dies wäre vom Ansatz her ein *divergentes Modell*: Jeder Schüler soll möglichst bald das ihm adäquate Niveau erreichen. Vielleicht kann eine solche Stunde, von außen gesehen, auch erfolgreicher sein als eine Stunde nach dem vorangegangenen Beispiel.

Man sollte aber auch an die weniger erwünschten Effekte denken: Die Schüler könnten sich mit „ihrer" Übung zufriedengeben und gar keinen Anreiz verspüren, eine schwierigere Übung, hier also die Hocke als eine der Kernübungen des Gerätturnens, zu erlernen. Beim Übergang von der Grätsche zur Hocke ist zudem mit Schwierigkeiten zu rechnen; die Hockwende verhindert geradezu das Erlernen der Hocke.

Das Beispiel zeigt, dass Differenzierung „an sich" weder gut noch schlecht ist. Es kann durchaus vorkommen, dass sie mit anderen Unterrichtsprinzipien, hier mit dem der Sachgerechtigkeit, in Konflikt gerät. Die divergente Differenzierung ist allerdings im Gerätturnen unverzichtbar. Nicht jeder kann ja jede Übung erlernen.

4. Beispiel

Beim Erlernen des Rades (Handstützüberschlags seitwärts) aus dem Anlauf könnte sich herausstellen, dass einige Schüler leichter nach einer visuell-ganzheitlichen, andere besser nach einer kognitiv-analytischen Methode lernen.

Im ersten Fall würde man z.B. das Rad aus einem Hopserlauf mit Doppelarmschwung heraus ansetzen, im zweiten vor einer Matte (als Stützfläche und Orientierungshilfe) stehend sich zunächst die Schrittfolge einprägen. Welches Vorgehen den besseren Erfolg verspricht, lässt sich im Voraus nie genau sagen. Gelegentlich muss man probieren. Dazu muss man aber die Palette der Möglichkeiten überblicken und in ihrer Wirkung abschätzen können.

Dies wäre eine Differenzierung nach *Lehrwegen*. Das Beispiel kann außerdem zeigen, dass es die eine, immer richtige methodische Übungsreihe nicht geben kann. Manchmal hängt der Unterrichtserfolg eher von der fast intuitiven Beherrschung bestimmter „methodischer Kleinigkeiten" ab.

5. Beispiel

Eine konkrete Beobachtung aus der Praxis: Beim Üben der Grätsche am Bock sieht der Lehrer, dass einige Schüler nur eben so über das Gerät rutschen. Also empfiehlt er ihnen, doch „kräftiger abzuspringen". In Wirklichkeit fehlt es ihnen aber an der notwendigen Sprungkraft. Man hätte hier das Gerät nur etwas niedriger stellen müssen, um das Problem zu lösen.

Dies wäre eine Differenzierung in den *Übungsbedingungen*.

6. Beispiel

Beim Üben des Handstands mit Hilfestellung kommt es ganz entscheidend darauf an, dass die beiden Partner kräftemäßig vergleichbar sind. Die entsprechende Anweisung lautet also: „Es gehen immer zwei gleich Große und Schwere zusammen!" Ein andermal sollten vielleicht zwei gleich Gute zusammenarbeiten oder ein Besserer mit einem Schwächeren.

Hier ist der *organisatorische Aspekt* der Differenzierung angesprochen.

Zur Systematik der methodischen Differenzierung

Die in diesen Beispielen vorgelegten und besprochenen Gesichtspunkte lassen sich wie folgt zusammenfassen:

Prinzipien und zugleich *Formen* der methodischen Differenzierung sind (vgl. Abb. 2):
- die konvergente Differenzierung,
- die divergente Differenzierung.

Konvergente Differenzierung

I: Kann die Übung oder kann sie direkt erlernen.
II: Braucht methodische Hilfen.
III: Kann die Übung aus bestimmten Gründen nicht erlernen.

Divergente Differenzierung

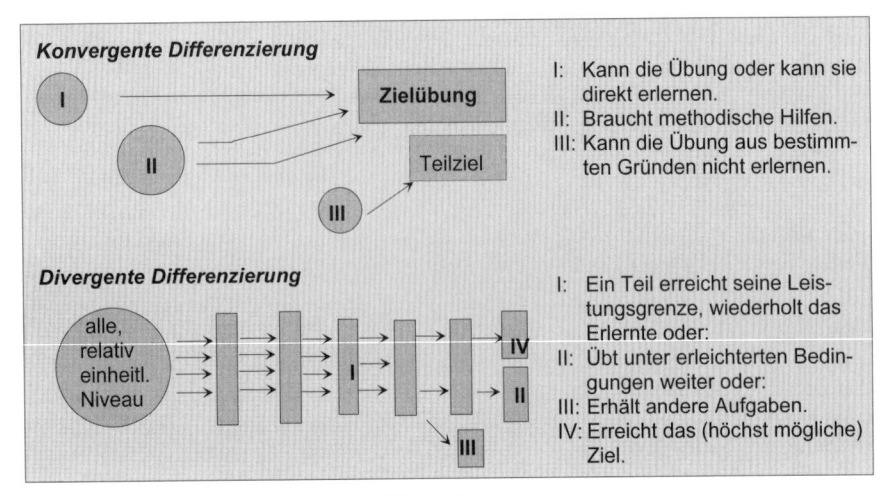

alle, relativ einheitl. Niveau

I: Ein Teil erreicht seine Leistungsgrenze, wiederholt das Erlernte oder:
II: Übt unter erleichterten Bedingungen weiter oder:
III: Erhält andere Aufgaben.
IV: Erreicht das (höchst mögliche) Ziel.

Abb. 2: Formen der methodischen Differenzierung

Ebenen der methodischen Differenzierung sind:
– die Differenzierung nach der motorischen Lernfähigkeit,
– die Differenzierung nach der physischen Belastbarkeit.

Mittel der methodischen Differenzierung sind:

a) Maßnahmen, die auch inhaltliche Entscheidungen enthalten:
   – Angebot verschiedener Übungen (z.B. Grätsche und Hocke als zwei Möglichkeiten eines Stützsprungs),
   – Angebot von Alternativen zu einer Übung (z.B. Aufhocken statt Hocke),
   – Varianten einer Übung (z.B. Rad aus verschiedenen Ausgangsstellungen);

b) Maßnahmen, die im engeren Sinne methodische sind:
   – verschiedene Lehrwege (z.B. mehr ganzheitlich oder analytisch orientierte),
   – Einsatz und Reduktion methodischer Hilfen (entsprechend den auftretenden Schwierigkeiten),
   – unterschiedliche Übungsbedingungen (z.B. hinsichtlich der Gerätehöhe);

c) Maßnahmen vorwiegend organisatorischer Art:
   – (variable) Gruppenbildung nach Können oder Größe,
   – (zusätzliche) freiwillige Versuche für belastungsfähigere Schüler,
   – (generell) offene Wiederholungszahl oder Übungszeit.

Differenzierende Aspekte anderer methodischer Maßnahmen

Besondere Beachtung verdient, nicht nur im Gerätturnen, die *Übungsveränderung*, zunächst im Sinne einer Erleichterung, dann aber auch im Sinne einer systematischen Erschwerung. Damit soll einerseits der stärkere Schüler gezielt herausgefordert werden, andererseits aber auch die notwendige Variation und Abwechslung beim Üben gewährleistet sein.

Übungsveränderungen in diesem weiten Sinne lassen sich erreichen durch:
- Veränderung der Ausgangsstellung oder Ausgangslage (z.B. Hüftaufschwung aus dem ruhigen Stand, aus dem Hang),
- Veränderung der Ausführungsbedingungen (z.B. Rolle mit gegrätschten Beinen, Hüftaufschwung mit gestreckten Beinen),
- Veränderung der Bewegungs- und Drehrichtung (z.B. gegengleiche Ausführung einer Hockwende oder eines Rades),
- Übertragung einer Übung auf ein anderes Gerät (z.B. Hüftaufschwung am Reck und Stufenbarren, Rolle am Barren),
- Erhöhung des Komplexitätsgrades einer Übung, vor allem durch Vorschalten einer Auftakt- oder Anlaufbewegung (z.B. Rad aus einem Hopserschritt; mit Anlauf), durch Anfügen einer Drehung oder Einbeziehen einer Beintätigkeit (z.B. Rad mit Vierteldrehung, Strecksprung mit Grätschen der Beine), durch Anfügen eines weiteren Übungsteils (z.B. Rolle und Strecksprung, Hüftaufschwung und Rückschwung zum Niedersprung, Unterschwung und Rolle vorwärts).

Ausblick

Die Formen und Maßnahmen der methodischen Differenzierung sind selbstverständlich nicht nur für das Geräteturnen von Bedeutung. Sie betreffen alle Sportarten, wenn auch in unterschiedlichem Ausmaß.

In der Leichtathletik spielt es z.B. nur eine untergeordnete Rolle, wenn die Schüler ungleich schnell laufen oder weit springen. Etwas anders stellt sich die Lage dar, wenn unterschiedliche Hürdenabstände und Kugelgewichte angebracht sind oder wenn es um angemessene Anlauf- und Angehtechniken beim Wurf und Stoß geht.

Beim Lehren und Lernen der Sportspiele stehen nicht nur die unterschiedlichen Wege der Spielvermittlung, sondern auch die an anderer Stelle aufgelisteten Möglichkeiten der „Veränderungen im Regelwerk" (3) als differenzierende Maßnahmen zur Verfügung. Auch die Gruppenbildung, z.B. im Sinne von homogenen und heterogenen Mannschaften, kann als Mittel der Differenzierung dienen (4).

Anmerkungen

(1) In: SÖLL 1976, S. 172 ff.
(2) Vgl. den Beitrag: Methoden, S. 198.
(3) In dem Beitrag: Die Veränderung des Regelwerks der großen Spiele, S. 331.
(4) Vgl. den Beitrag: Gruppenbildung, S. 103.

Literatur

SÖLL, W.: Differenzierung im Sportunterricht. Erster Teilband: Organisatorische Differenzierung. Schorndorf 1976. Zweiter Teilband: Didaktische und methodische Differenzierung. Schorndorf 1979.

12 Leistungsbewertung und Notengebung im Fach Sport

Warum Noten?

Wenn die Schule nur für den Schüler da wäre und keine über seine persönlichen Bedürfnisse hinausgehende Funktion hätte, wären Noten überflüssig. Es würde genügen, den Schüler zu unterrichten, d.h. ihn mit bestimmten Unterrichtsinhalten oder Lerngegenständen vertraut zu machen, und ihm zu sagen, wieweit er darin Erfolg gehabt hat. Aus pädagogischer Sicht wäre ihm vielleicht auch bewusst zu machen, wie dieser Erfolg im Verhältnis zu seinen persönlichen Voraussetzungen zu bewerten ist. Eine solche Schule wäre zweifellos die ideale Bildungsanstalt. Welche Berechtigungen aus einem bestimmten Bildungsgang dann abgeleitet werden könnten, dies festzustellen wäre Sache von Eingangsprüfungen bei den „Abnehmerinstitutionen".

Im Grunde entsprach dies bis ins 19. Jahrhundert hinein auch den tatsächlichen Verhältnissen (und wird vielleicht in Zukunft wieder bedeutsam werden).

Wenn die Schule nun aber im gesamtgesellschaftlichen Interesse eben diese Qualifizierungs- und Berechtigungsfunktion übernommen hat, ist es unvermeidlich, dass die Leistungen der Schüler miteinander verglichen und, soweit irgend möglich, auf überindividuelle Normen bezogen werden. Es soll hier nicht untersucht werden, wieweit sich dies mit dem pädagogischen Auftrag der Schule vereinbaren lässt und ob die Schule diesem Anspruch überhaupt genügen kann, es soll nur festgestellt werden, dass Noten gegenwärtig eine sehr konkrete, oft recht harte *Berichtsfunktion* haben (1).

Gerade diese Berichtsfunktion hat die *Sportnote* derzeit aber weitgehend eingebüßt. Wie anders müssten die Hochschulen sonst Eingangsprüfungen für Sportstudierende veranstalten? Dies liegt daran,
- dass „Sport" je nach Bundesland, Schule und Lehrer qualitativ und quantitativ etwas sehr Unterschiedliches ist,
- dass „Sport" in der Sekundarstufe II wegen des dort obligatorischen Wahl- bzw. Abwahlprinzips die verschiedensten Inhalte repräsentiert,
- dass Sport als „weiches Fach" die guten Noten geradezu verschenkt,
- dass das Fach Sport seit längerem mit bemerkenswerter Hartnäckigkeit eine eigene „Notentheorie" pflegt.

Relative und absolute Notengebung

Diese *besondere Sportnote* wird zumeist als die *„pädagogische"*, gelegentlich auch als die „schülergerechte" bezeichnet; sie ist in Wirklichkeit aber eine *relative*, da sie im Hinblick auf die körperlichen Voraussetzungen des Schülers gegeben werden soll. Das möglicherweise „Pädagogische" an ihr liegt eher darin, dass auch Faktoren wie Fleiß, Leistungswille und Anstrengungsbereitschaft einerseits und soziales Verhalten andererseits in die Note einbezogen werden sollen. Eine solche Benotung läuft in letzter Konsequenz darauf hinaus, dass jeder Schüler die gleiche Note erhalten muss,

sofern er sich nur „gleich anstrengt" (auf welche Weise man auch immer dies tatsächlich feststellen kann).
So gerne man nun einem bestimmten, von Natur aus benachteiligten Schüler im Sport einmal entgegenkommen möchte – und wir Sportlehrer tun dies im Grunde auch immer wieder –, so sehr muss man sich aber auch über das Utopische und Ideologieträchtige dieser Benotungsweise im Klaren sein,
– da von der Vielzahl der leistungsbestimmenden Faktoren der Lehrer nur einige wenige, und vielleicht nicht einmal die wichtigsten (z.B. Größe und Gewicht), feststellen und in seine „Berechnung" einbeziehen kann,
– da bei der Mitbewertung von Persönlichkeitseigenschaften und Verhaltensweisen, die ja zu einem großen Teil milieubedingte Sozialisationsprodukte sind, der Lehrer immer in der Gefahr ist, nach seiner Wertordnung zu urteilen und auf diese Weise unzulässige Macht auszuüben.

Für die Praxis dürfte gelten,
– dass konstitutionsbedingte Bevorzugungen und Benachteiligungen sich umso mehr ausgleichen, je breiter das Spektrum der bewerteten körperlich-sportlichen Fertigkeiten und Fähigkeiten ist,
– dass psychische (affektive, emotionale, soziale) Faktoren sich positiv oder negativ auf die Leistung ausgewirkt haben, also in der „Leistungsnote" enthalten sind.

Die Sportnote kann kein Kompensationsmechanismus für persönliche Defizite und darf auch kein Druck- und Disziplinierungsmittel in der Hand des Lehrers sein, sie muss vielmehr, soll sie den Mindestanforderungen an Objektivität und Transparenz als allgemeinen Bewertungsprinzipien genügen, zumindest in der Grundstruktur eine *absolute Note* sein, d.h. auf eine überindividuelle, objektive Norm bezogen werden.
Wieweit in diesem Rahmen ein Sportlehrer von der „pädagogischen" Möglichkeit der Relativierung von Schülerleistungen Gebrauch machen will, muss er wohl mit seinem Gewissen ausmachen, doch zieht auch hier die Praxis eine eindeutige Grenze: Die Relativierung der Noten darf niemals die tatsächliche Leistungsrangfolge innerhalb einer Klasse auf den Kopf stellen. Der Schüler akzeptiert vielleicht gerade noch, dass ein objektiv schwächerer Mitschüler, wenn dieser für seinen Rückstand „nichts kann", die gleiche Note erhält wie er, nicht aber, dass er plötzlich vor ihm rangieren sollte.

Normorientierte und kriteriumsorientierte Bewertung

Das eben diskutierte Problem lässt sich auch dadurch nicht aus der Welt schaffen, dass man der absoluten bzw. normorientierten Bewertung eine *kriteriumsorientierte*, d.h. auf das Erreichen des jeweiligen Lernziels bezogene, gegenüberstellt, da die Setzung der Kriterien ihrerseits wieder absolut oder relativ erfolgen muss.
Die Bewertung nach Kriterien führt im Allgemeinen auch zu Ja-nein-Entscheidungen, die für informelle Lernkontrollen zwar bestens geeignet sind, sich im Einzelfall aber gar nicht und im Bündel nur sehr schwer in eine gleitende Notenskala umsetzen lassen. Solange es also *Notenstufen* gibt, müssen Normen vor allem zum Ausdruck brin-

gen, *wie gut und in welchem Umfang* der Schüler den an ihn gestellten Anforderungen gerecht geworden ist.

Woher Normen nehmen?

Damit erhebt sich das Problem, solche Normen zu finden und in der Praxis durchzuhalten, womit jedes Fach zu kämpfen hat, zum Teil noch deutlicher als der Sport.

Zunächst lässt sich innerhalb einer Klasse überall eine *Rangfolge der Schüler* feststellen. Diese muss an einer übergeordneten Skala „normiert" werden. Die eigentliche Schwierigkeit liegt also darin, die entsprechenden Fixpunkte zu bestimmen.

Allgemein formuliert, geht es bei einer *Normierung* darum, mit einigem Anspruch auf Allgemeingültigkeit festzustellen, was man von einem Schüler eines bestimmten Alters in einem bestimmten Fach oder Bereich, in einer Sportart oder Disziplin billigerweise erwarten kann. Dafür gibt es im Sport drei Möglichkeiten:
- In einigen Bereichen lässt sich auf empirisch-statistischer Grundlage eine *Wertungs- oder Punktetabelle* erstellen.
- Sodann sind Umfang und Höhe der Anforderungen im *Lehrplan* mehr oder weniger exakt beschrieben.
- Schließlich stellt der „Erwartungshorizont" einen *Erfahrungswert* des Lehrers dar, freilich mit erheblicher individueller und zeitbedingter Schwankungsbreite.

Zweifellos führt dies dazu, dass sich innerhalb des „weichen Faches" Sport wiederum harte und weiche Bereiche herausbilden, doch sind hier primär Strukturprobleme, nicht nur Bewertungsprobleme angesprochen.

Leistungsstreuung und Norm

Unser Schulsystem ist darauf abgestellt, die Leistungsstreuung innerhalb einer Klasse im Rahmen zu halten. Dies gilt nicht für den Sport. Hier kann die gesamte Schwankungsbreite körperlicher Leistungen, sozusagen vom Hilfsschulniveau bis zur Weltklasse, innerhalb derselben Gruppe auftreten. Mit diesem Problem müssen wir Sportlehrer leben, doch gibt es auch hier eine Grenze: Nach einer Norm kann nur beurteilt werden, wer „normal" ist, also innerhalb einer bestimmten, vor allem nach unten begrenzten Streubreite liegt. Nicht umsonst kennt das Fach Sport, und nur dieses, die Möglichkeit, aus gesundheitlichen Gründen freigestellt zu werden.

Dies muss auch für den „Zwang zur Benotung" gelten, was nun wieder nicht bedeuten muss, dass solche Schüler nicht weiter am Sportunterricht teilnehmen sollten (2).

Leistung oder Leistungsfortschritt?

Um die „Leistungsfortschrittsnote" ist es mit Recht still geworden. Eine reine Differenznote würde generell zur Umkehrung der Leistungsrangfolge führen, da Leistungsfortschritte umso schwerer zu erzielen sind, je höher das Niveau ist. Sie würde aber auch den schwächsten Schülern, die in aller Regel zu keinen Verbesserungen fähig sind, nicht helfen und könnte eher den besten schaden, da dort auch ohne persönliches

„Verschulden" negative Werte auftreten können. Aber selbst wenn man den Leistungsfortschritt nur zusätzlich in die Note einbeziehen wollte, würde man die Schüler – was der eigentlich bedenkliche Aspekt an der Sache ist – lediglich dazu zwingen, zu Beginn einer jeden Unterrichtseinheit schlechtere Leistungen vorzutäuschen.

Kognitive Leistungen im Sport

Im Sport sollten körperlich-sportliche, also motorische Leistungen bewertet werden. Dies besagt der Name und der Auftrag des Faches. Dennoch ist unbestritten, dass sportliche Leistung eine erhebliche kognitive Komponente hat. Sofern es sich dabei um Anwendungswissen handelt, dürfte es sich bereits in der – gelegentlich überaus komplexen – sportlichen Leistung niedergeschlagen haben. Für eine explizite Berücksichtigung des in den „Bildungsstandards" ausgewiesenen „Sportbereichs Fachwissen" in der Sportnote gibt es bislang noch kein anerkanntes und erprobtes Modell. Übereinstimmung dürfte lediglich darin bestehen, dass dies (wie in den „Standards" von Baden-Württemberg in diesem Zusammenhang formuliert) in „enger Verknüpfung von praktischen und theoretischen Inhalten" geschehen sollte.

Allgemeine Prinzipien der Leistungsbewertung

Es ist nicht selten, dass Lehrer Schwierigkeiten haben, ihr Handeln an allgemeinen, sowohl logisch und juristisch, als auch pädagogisch und psychologisch begründbaren Prinzipien auszurichten. So ist es vielleicht nicht überflüssig, auf einige allgemeine Bewertungs- und Benotungsgrundsätze hinzuweisen.

1. Bewertet werden darf nur, was im Unterricht behandelt und geübt worden ist.

An dieses selbstverständlichste aller Prinzipien sollte sich der Sportlehrer immer erinnern, da gerade er in der Gefahr ist, bisweilen von Leistungen und Leistungsmaßstäben auszugehen, die durch Unterricht allein nicht erfüllbar sind.

Dies bedeutet umgekehrt nicht, dass der Schüler in den Unterricht keine Kenntnisse, Erfahrungen und Leistungen einbringen dürfte, die er außerhalb der Schule erworben hat. Dies ist in allen Fächern, Berufen und Lebensbereichen so; und diese prinzipielle Chancenungleichheit hat mit Ungerechtigkeit nicht das Geringste zu tun.

Das besondere Problem liegt lediglich darin, dass der Schüler diese Leistung real in den Unterricht einbringen, also dort zeigen oder wiederholen muss, damit sie bewertbar wird. An diesem Satz sollte man festhalten, auch wenn damit nun vielleicht doch eine gewisse Ungerechtigkeit verbunden ist. Denn der gute Leichtathlet oder Fußballer kann seine Leistung direkter im Unterricht verwerten als der Ruderer oder Radrennfahrer. Aber der Leichtathlet hat vielleicht seine Probleme beim Fußballspiel, und von einem guten Ruderer kann man eine überdurchschnittliche körperliche Leistungsfähigkeit erwarten, die sich auf seine Sportnote positiv auswirken wird.

2. Was im Unterricht behandelt worden ist, muss in repräsentativer Auswahl auch bewertet werden.

Dieser Satz ist nicht einfach die Umkehrung des ersten, sondern eine der Grundlagen für Bewertungsgerechtigkeit und -objektivität. Es geht also nicht darum, alles und

jedes, was im Unterricht geschieht, ins Notenbuch zu schreiben, sondern eine ausgeglichene *Auswahl der Bewertungsgegenstände* in der richtigen Gewichtung zu finden. Dies ist im Einzelfall nicht immer leicht, und so hat der Lehrer seine Entscheidungen immer danach zu treffen, dass er
– keinen Schüler oder keine Schülergruppe unangemessen bevorzugt,
– die geringstmögliche Anzahl von Schülern benachteiligt.

Grundlage der Bewertung müssen somit die Gegenstände bilden, die im Mittelpunkt des Unterrichts standen und auf die eine gewisse Zeit verwendet worden ist. Daneben gibt es sicherlich eine Menge Dinge, die man im Unterricht zwar tut, aber aus irgendwelchen Gründen nicht gezielt üben und trainieren kann oder will. Diese sollte man nur in besonderen Fällen für die Note heranziehen. Ebenso sind, wie schon gesagt, alle Übungen problematisch, die nur eine Ja-nein-Entscheidung zulassen (z.B. Tieftauchen oder spezielle Tricks).

3. Der Lehrer sollte vorrangig das prüfen, was der Schüler schon kann, nicht das, was er noch nicht kann.

Dies ist ein sehr allgemeiner Grundsatz, allerdings mit weitreichenden Konsequenzen. Aus ihm folgt nämlich,
– dass stets *gestufte Prüfungsanforderungen* zu stellen sind, damit auch der schwächste Schüler noch zeigen kann, wieweit er schon Erfolg gehabt hat,
– dass bei sehr komplexen Anforderungen gegebenenfalls *Teilbereiche* abzuprüfen sind, die auch der weniger versierte Schüler bewältigen kann.

Hierin liegt z.B. auch die eigentliche Begründung für die isolierte Technikprüfung beim Spiel und eventuell auch in anderen Sportarten.

4. Der Schüler sollte nur bewertet werden, wenn er das weiß, nach Maßstäben und Kriterien, die ihm – wenigstens in groben Zügen – bekannt sind, und unter Bedingungen, die für alle gleich sind.

Dies ist einmal ein Gebot der Fairness, vor allem aber der Gleichbehandlung der Schüler. Gerade der letzte Punkt hat im Sport aber mehrere Aspekte:
– Bei Sportarten, in denen gemessen wird, müssen vor allem die äußeren Bedingungen vergleichbar sein.
– Bei Sportarten, in denen gewertet wird, muss die Person des Bewerters bzw. Kampfrichters dieselbe sein.
– Bei Sportarten, die im Kollektiv geprüft werden, d.h. im Spiel, müssen alle Prüflinge in derselben, nämlich in der Prüfungssituation stehen.

Innerhalb des Klassenverbandes lassen sich diese Bedingungen bis auf Ausnahmen wohl einhalten. Darüber hinaus, z.B. beim Sportabitur und bei Schulwettkämpfen, ergeben sich natürlich Probleme, die nicht immer lösbar sind.

5. Der Schüler hat ein Recht darauf, seine Noten zu erfahren.

Dieser auch in amtlichen Bestimmungen formulierte Grundsatz bedeutet nicht, dass der Schüler nach jeder „Aktion" sofort seine Note erfährt. Der Lehrer sollte vielmehr darauf achten, während des Bewertungsvorgangs nicht gestört zu werden, einerseits um sich eine Korrektur des Bewertungsmaßstabs offenzuhalten, andererseits um sich keinem unnötigen Druck auszusetzen. Prüfungssituationen sind für die Schüler (und Lehrer) Stresssituationen, und die sofortige Notenbekanntgabe führt gelegentlich zu aggressiven Reaktionen. In solchen Fällen ist es besser, die Offenlegung auf eine der folgenden Stunden zu verschieben. Dies bietet sich speziell dann an, wenn mehrere, vielleicht weniger aussagekräftige Teilnoten erst „aufgerechnet" werden müssen.

Etwas anderes ist natürlich die *„öffentliche"* Bewertung, wenn dem Schüler die Note jeweils erläutert wird oder wenn die Schüler an der Bewertung selbst *mitwirken*. Dafür gibt es wiederum mehrere Möglichkeiten, von denen unten am Beispiel des Sportspiels einige dargestellt werden. Wie immer nun aber die Noten auch zustande gekommen sind, die Verantwortung dafür trägt einzig und allein der Lehrer; sie lässt sich nicht delegieren.

6. Der Sinn des Unterrichts liegt nicht im Notenmachen. Leistungsabnahmen dürfen den Unterricht nicht mehr als notwendig belasten und müssen so rationell wie möglich angelegt sein.

Dies ist wiederum ein weites Feld, dessen methodische und organisatorische Aspekte hier nicht weiter dargestellt werden können.

Einige allgemeine Hinweise sind in den folgenden Abschnitten enthalten. Grundsätzlich kann aber gelten,
- dass *Lernkontrollen*, die lediglich Leistungsstand oder Lernfortschritt feststellen und deshalb gerade nicht in eine Note ausmünden sollen, so in den Unterricht integriert werden müssen, dass sie ihn nicht aufhalten;
- dass *Leistungsabnahmen* in Sportarten, die (wie z.B. die Leichtathletik) auf einer gleichsam *linearen Leistungssteigerung* mit hohem konditionellen Anteil beruhen, besser gleichmäßig über einen längeren Zeitraum verteilt werden: einmal, weil der Leistungsfortschritt bei Schülern meist sehr unstet erfolgt, zum anderen, weil der Wettkampf in vieler Hinsicht das beste Training ist;
- dass *Leistungsabnahmen* in allen Bereichen, bei denen es um die *technische Qualität* geht, eher am Ende des Bewertungszeitraums liegen sollten, um der angestrebten Leistung gewissermaßen Zeit zum Reifen zu lassen.

Für die Praxis bedeuten die eben dargelegten allgemeinen Grundsätze, *dass die Sportnote stets mehrere Sportarten und in jeder Sportart stets mehrere Disziplinen bzw. Übungen umfassen muss*. In die Jahresnote sollten alle Leistungen des gesamten Schuljahres gleichgewichtig eingehen. Dies ist für den Sport wegen der jahreszeitlichen Unterschiede eine Frage der Bewertungsgerechtigkeit.

Ob man die in einem Schuljahr behandelten Spiele als jeweils eigene Sportarten zählt oder zu einem Komplex „Spiel" zusammenfasst, ist bislang ein offenes bzw. – aus welchen Gründen auch immer – noch nicht öffentlich diskutiertes Problem. Die neueren Lehrpläne orientieren mehr auf die erste, die älteren auf die zweite Lösung, für die sich vielleicht anführen ließe, dass die strukturellen Unterschiede zwischen den Individualsportarten erheblich größer sind als zwischen den Spielen.

Leistungsbewertung in den einzelnen Sportarten

Im Folgenden geht es vor allem darum, Möglichkeiten aufzuzeigen und ihre jeweilige Problematik anzudeuten. Dabei wird sich zeigen, dass gerade der Komplex Leistungsbewertung eine Menge offener Fragen teils allgemeiner und fachdidaktischer, teils unterrichtlicher und organisatorischer Natur enthält.

Leichtathletik

Über den Grundsatz, dass prinzipiell ein *Mehrkampf* geprüft wird, besteht wohl Einigkeit. Dabei sprechen wir von einem Mehrkampf, gleichgültig ob die einzelnen Disziplinen an einem Tag, innerhalb eines begrenzten Zeitabschnitts oder über einen längeren Zeitraum hinweg abgelegt werden.

Es bestehen folgende *Möglichkeiten*:

1. *Pflichtmehrkampf* mit
   a) gleichbleibenden Disziplinen,
   b) nach der Altersstufe wechselnden Disziplinen;
2. *Wahlmehrkampf* mit
   a) freier Wahl,
   b) eingeschränkter Wahl (z. B. je ein Lauf, Sprung, Wurf).

In der Praxis dürften vor allem die Möglichkeiten 1 b und 2 b eine Rolle spielen, wobei die erstere den Vorteil der organisatorischen Einfachheit hat, da im Unterricht jeweils nur ein Programm zu behandeln ist, während die zweite die individuellen Fähigkeiten des Schülers etwas mehr zum Zug kommen lässt. Dieser Mehrkampf sollte nun möglichst das gesamte Spektrum körperlich-sportlicher Fähigkeiten, das von der Leichtathletik gefordert und durch sie gefördert wird, abdecken. Damit ist das Problem seiner *Zusammensetzung* angesprochen:

Der weithin noch gebräuchliche *Dreikampf* mit zumeist nach dem Alter wechselnden Disziplinen aus

– Kurzstrecke (50 m, 75 m, 100 m),
– Sprung (Weitsprung, Hochsprung),
– Wurf (Schlagball 80 g, Wurfball 200 g, Schleuderball, Kugel 3, 4, 5, 6.25 kg)

prüft einseitig nur Schnelligkeits- und Schnellkraftleistungen ab. Eine Erweiterung zum *Vierkampf* durch Hinzunahme eines *längeren Laufs* ist somit unabdingbar.

Die hier allgemein übliche 800-m- (Mädchen) bzw. 1000-m-Strecke (Jungen) wird aber spätestens ab dem 12. Lebensjahr zur *Mittelstrecke*, was wiederum das Problem eines entsprechenden Trainings aufwirft. Dabei gilt der Grundsatz, dass gute Leistungen im Mittelstreckenlauf nur auf der Basis einer gut entwickelten allgemeinen (aeroben) Ausdauer zu erzielen sind.

Dennoch sollte man eine altersangemessene „Verlängerung des längeren Laufs", z.B. auf 2000 m in der Mittelstufe und – nach unseren Erfahrungen nur schwer durchsetzbar – 3000 m in der Oberstufe des Gymnasiums in Erwägung ziehen, wie dies auch in den Ausschreibungen der Bundesjugendspiele zum Ausdruck kommt.

Ausgesprochene Langstrecken, wie 5000 oder 10000 m, lassen sich in der Schule nicht sachgerecht vorbereiten. Hier gilt nach wie vor die Devise: (regelmäßiger) Dauerlauf ja – (wettkampfmäßiger) Langstreckenlauf nein.

Was die altersgemäße *Verlängerung der Kurzstrecke* betrifft, sollte man so lange wie möglich bei der jeweils kürzeren Strecke bleiben. Die eigentliche „Hochgeschwindigkeitsstrecke" ist im Schulsport in allen Altersstufen die 50-m-Strecke.

Nur gelegentlich diskutiert wird die Frage der *Erweiterung des Vierkampfs zum Fünfkampf*. Eine zweite Kurzstrecke oder ein weiterer Sprung würden im Sinne der „Anforderungsvielfalt" nicht viel bringen, wohl aber eine *zweite „technische Disziplin"*, und dies auch deshalb, weil in diesem Bereich Lern- und Trainingseffekte eine größere Rolle spielen als in den Sprint- und Sprungdisziplinen (3).

Hinsichtlich der Berücksichtigung von *Alternativen* innerhalb des Mehrkampfs (z.B. zwischen Weitsprung und Hochsprung) gibt es folgende Möglichkeiten:
– Die Disziplinen wechseln mit den Schuljahren.
– Der Schüler hat die Wahl; es wird nicht weiter gefragt, ob er tatsächlich seine stärkere Disziplin belegt hat.
– Die Leistungen werden in beiden Disziplinen erhoben; die bessere zählt.
– Es zählt der Durchschnitt der erreichten Leistungen.

Man sollte nicht voreilig die eine Lösung als richtig und eine andere als unzulässig bezeichnen. Sie haben sicherlich alle irgendwann an ihrer Stelle ihre Berechtigung. Was die *Alternative Weitsprung – Hochsprung* angeht, ist zu bedenken, dass der letztere die bevorzugte Disziplin der „Spezialisten" ist und Leistungserhebungen hier äußerst zeitraubend sind.

Betreffs der „exotischen Disziplinen" der Leichtathletik (Hürdenlauf, Dreisprung, Stabhochsprung, Speer, Diskus) ist zu bemerken, dass sie zweifellos höchst attraktiv sind und überall, wo die Möglichkeit besteht, im Unterricht auch berücksichtigt werden sollten, doch dürfte es nur im Ausnahmefall möglich sein, sie bis zur „Benotungsreife" zu üben und zu trainieren. Es muss ja auch Dinge geben, die man nicht der Note wegen – dann aber auch eher nebenbei – tut!

Eine *„Techniknote"* ist in der Leichtathletik im Allgemeinen nicht üblich. Sie ist beim Lauf sinnlos und bei den Sprüngen fragwürdig. Aber auch in den sogenannten technischen Disziplinen sollte man eher zurückhaltend sein, da sie eine reine „Richtigkeitsnote" ist (und nicht wie im Gerätturnen eine Schwierigkeits-, Richtigkeits- und Darbietungsnote zugleich). *Richtig ist in der Leichtathletik, was zweckmäßig ist; was aber zweckmäßig ist, bemisst sich letztlich nur am Erfolg.* Sollte sich in bestimmten Fällen aber dennoch eine Techniknote anbieten, dann wohl nur zusätzlich zur gemessenen Leistung (und möglichst unter Wettkampfbedingungen). Im Übrigen ergeben sich die beim Schwimmen noch näher zu betrachtenden Probleme.

Eine *Wertungstabelle* für die Leichtathletik zu erstellen, ist theoretisch kein Problem. Für das Abitur hat man es seit einiger Zeit geschafft, und die „Betroffenen", ob Schüler oder Lehrer, scheinen damit zufrieden zu sein.

Für die übrigen Klassenstufen gibt es im Schulbereich nur die Tabellen der *Bundesjugendspiele*. Die amtlichen Richtlinien geben aber keine Auskunft darüber, wie die dort vergebenen Punkte in Noten umgesetzt werden können. Die Sportlehrer fühlen sich also – ob zu Recht oder nicht, soll hier nicht weiter diskutiert werden – im Stich gelassen und sehen sich nach entsprechenden *Umrechnungstabellen* um. Einen gangbaren Weg dürften die auf der Grundlage der Bundesjugendspiele von QUITSCH erarbeiteten Tabellen aufzeigen. Sie sind deshalb im Anhang zu diesem Beitrag in modifizierter Form wiedergegeben.

Verwendet man bei der Primärbewertung eine nach oben offene Wertungstabelle, ergibt sich das Problem der *Überpunkte*. Im Grunde geht es dabei darum, ob jede Disziplin für sich in Noten umgesetzt oder ob zunächst die Summe der Punktzahlen gebildet und erst dann „umgerechnet" wird. Im ersten Fall würden Überpunkte ersatzlos entfallen, im zweiten voll angerechnet werden.

Für die Gewährung von Überpunkten lässt sich anführen, dass dadurch vielleicht konstitutions- und anlagebedingte Minderleistungen kompensiert werden; dagegen spricht, dass der Spezialist einen möglicherweise unverdienten Vorteil erhält und die ihm unbequemen Disziplinen vernachlässigt. Eine Kompromisslösung könnte darin liegen, nur eine eng begrenzte Anzahl von Überpunkten zuzulassen (wie dies zeitweise die Abiturbestimmungen von Baden-Württemberg mit maximal drei Notenpunkten pro Disziplin vorgesehen hatten).

Auch bei den *Bewertungsmodalitäten* sollte man stets die Vielfalt der tatsächlich gegebenen Möglichkeiten bedenken:

1. eine Leistungsabnahme unter Wettkampfbedingungen
- nach den offiziellen Regeln,
- nach modifizierten Regeln;

2. wiederholte Leistungsabnahmen (mit den beiden vorgenannten Abwandlungen).

Für die Schüler am motivierendsten ist es, wenn sie bei mehreren Gelegenheiten eine beliebige (d.h. nur durch die verfügbare Zeit begrenzte) Anzahl von Versuchen haben. Man notiert dabei auf einer disziplinspezifischen „ewigen Liste" nur die jeweils verbesserten Leistungen und trägt Fehlversuche mit einem senkrechten, Minderleistungen mit einem waagerechten Strich ein. So hat man auch den besten Überblick über die individuelle und kollektive *Leistungsentwicklung*. Vor allem lässt sich anhand der zunehmenden „Leerstellen" ein Lernplateau, das den vorläufigen Abschluss der Bemühungen nahelegt, auf den ersten Blick erkennen.

Hinsichtlich der Anwendung von *offiziellen* oder von *pädagogisch modifizierten Wettkampfregeln* (z.B. Absprungzone, Mehrversuchsregel) lässt sich sagen, dass die Schüler sehr wohl Erfahrungen in beiden Bereichen sammeln sollten.

Für Modifikationen sprechen freilich eine Reihe praktischer Erfahrungen. So erzielt beispielsweise eine nicht geringe Zahl von Schülern ihre beste Leistung bei den Würfen im ersten, bei der Kurzstrecke (50 m, 75 m) im zweiten Versuch, während bei den Sprüngen mit den unterschiedlichsten Tendenzen zu rechnen ist.

Schwimmen

Von der Struktur der Sportart her sind die Grundsätze, Möglichkeiten und Modalitäten der Leistungsbewertung im Schwimmen analog zu denen in der Leichtathletik zu sehen. Die Praxis legt aber einige Abwandlungen nahe.

Zunächst sind die *Voraussetzungen*, was Dauer, Umfang und Konsequenz des Schwimmunterrichts betrifft, von Schule zu Schule extrem verschieden. Von guten Verhältnissen kann man sprechen, wenn mindestens über zwei (nicht unbedingt zusammenhängende) Schuljahre hinweg eine Wochenstunde Schwimmen stattfinden kann. Am Ende dieses Zeitraums kann man, ein einigermaßen zielstrebiges Üben und Trainieren vorausgesetzt, durchaus einen *Vierkampf* mit folgenden, nach dem Alter wechselnden Strecken verlangen:

Brust 50/100 m, Kraul 50/100 m, Rücken 25/50 m, Delphin 25/50 m, ergänzend auch Lagenschwimmen über 100 m.

Für längere Strecken – im Schnellschwimmen, nicht im Dauerschwimmen – gilt das bei der Leichtathletik Gesagte.

Die Frage der *Bewertung oder Mitbewertung der Technik* („Stilschwimmen") kann im Schwimmen einen höheren Rang beanspruchen als in der Leichtathletik, da es mehr als diese eine „technische Sportart" ist. Dennoch hat ein reines „Schönheitsschwimmen" nur so lange eine Berechtigung, als der Schüler im Sinne des oben formulierten allgemeinen Prinzips lediglich zeigen soll, was er *schon* kann, also dass er beispielsweise die Grobform einer Lage beherrscht, aber noch nicht fähig ist, eine bestimmte Strecke wettkampfmäßig zu bewältigen. (Es muss dann freilich die ganze Klasse nach demselben Kriterium, hier also einheitlich im Stilschwimmen, bewertet werden). Darüber hinaus hat die Stilnote nur Sinn, wenn sie auch die Effektivität der Technik ausdrückt, also während des Zeitschwimmens ermittelt wird.

Es ergeben sich somit folgende *Möglichkeiten*:
- nur Zeitschwimmen,
- nur Stilschwimmen,
- eine oder mehrere Lagen nach Zeit-, die übrigen nach Stilbewertung (wobei wiederum die Aufteilung der Schwimmlagen vorgegeben oder vom Schüler frei wählbar sein kann),
- sowohl Zeit- als auch Stilbewertung (jeweils getrennt),
- Stilbewertung während des Zeitschwimmens (entweder in allen oder nur in bestimmten Lagen).

Liegen sowohl Zeit- als auch Stilnoten vor, gehen sie üblicherweise im Verhältnis 1:1 (bei Ungeübten) oder 2:1 (bei Fortgeschrittenen) in die Endnote ein.

Für die Objektivierung der Technikprüfung haben sich *Analyse- oder Diagnosebögen* recht gut bewährt. Sie lösen auf jeden Fall das Problem der Auswahl und Gewichtung der für die Schwimmleistung relevanten Kriterien. Somit hat auch derjenige, der nicht mit den Bögen selbst arbeitet, an ihnen eine wesentliche Hilfe, insofern als er sich und den Schülern solche Kriterien vorgeben kann.

Hinsichtlich des Problems *schuladäquater Wertungstabellen* verweisen wir auf die Abiturnormen und die im Anhang zu diesem Beitrag abgedruckten Tabellen.

Überpunkte sollte man im Schwimmen nicht anrechnen. Die Leistungsentwicklung nimmt hier einen anderen Verlauf als in der Leichtathletik: Bereits im jüngeren Schulalter sind Schüler (und besonders Schülerinnen) zu herausragenden Leistungen fähig. Treten diese nur disziplinspezifisch auf, wird die Gesamtbewertung entschieden verfälscht. Außerdem sind die konditionellen Voraussetzungen für das Schwimmen relativ einheitlich, so dass das Problem eines eventuellen Ausgleichs für anlagebedingte Minderleistungen entfällt.

Für die *Bewertungsmodalitäten* gilt das bei der Leichtathletik Gesagte.

Ein weiteres sportartspezifisches Problem liegt in der Definition des Begriffs Schwimmen entweder als „Fortbewegung" oder als „jedwede Tätigkeit" im Wasser. Wir wollen hier keine sportpädagogische Grundsatzdiskussion entfachen, sondern nur die damit zusammenhängenden Bewertungsprobleme aufzeigen. Die schwerpunktmäßige Hereinnahme „neuer" Unterrichtsinhalte bedeutet unter diesem Gesichtspunkt nämlich eine *Erweiterung* der Bewertungsgegenstände über die vier Schwimmarten und das, was unmittelbar dazugehört, hinaus.

In Frage kommen hier Tauchen, Rettungsschwimmen, Wasserball, Wasser- bzw. Kunstspringen und Kunstschwimmen:

(1) *Tauchen* – entweder als Streckentauchen über die größtmögliche oder als Schnelltauchen über eine begrenzte Strecke – ist gesundheitlich nicht ganz unbedenklich. Andere Formen, z.B. Tieftauchen, ergeben keine „Notenskala". Tauchen ist sicherlich Bestandteil der Schwimmausbildung, aber kein vorrangiger Bewertungsgegenstand. Schnorcheltauchen ist dem Tauchsport, nicht dem Schwimmsport zuzurechnen. Ob hierfür in der Schule Platz ist, muss offenbleiben.

(2) Grundfertigkeiten und Grundkenntnisse im *Rettungsschwimmen* sind sicherlich nützlich und gut. Dabei geht es aber primär um bestimmte Mindestleistungen, weniger um besser oder schlechter. Es ist also sowohl sachlich als auch psychologisch fragwürdig, daraus unbedingt Noten gewinnen zu wollen. Hier bietet sich eher an, für einen bestimmten Nachweis, z.B. den Grundschein der DLRG, eine Notengutschrift zu geben. Diese wirkt sich freilich auf die besten Schüler nicht aus, hat also nivellierende Tendenzen (was man nun wieder für erwünscht oder für falsch halten kann).

(3) *Wasserball*, verstanden als regelgerechtes oder abgewandeltes Wasserballspiel unter Tiefwasserbedingungen, ist sicherlich eine ideale Konditionsübung für das Schwimmen und hat damit bereits eine indirekte Auswirkung auf die Noten. Was darüber hinaus an Fähigkeiten und Fertigkeiten bewertet werden könnte, ist grundsätzlich schon an anderer Stelle abgeprüft worden, im Spiel nämlich, das allein schon mit den vier „großen" Spielen in der Schule nicht schlecht vertreten ist. Diese Überlegungen gelten in verstärktem Maße für die übrigen „Wasserspiele".

(4) *Wasserspringen* ist die große Freude der Schüler – solange es im Unverbindlichen bleibt. Sobald man es systematisch lehrt und benotet, wird es für viele zur verhasstes-

ten Disziplin des gesamten Schulsports. Warum sollte man also den Schülern ihren gelegentlichen Spaß nicht lassen? Abgeprüft würden ohnedies nur Dinge, die eher den „Kunstsportarten" zuzurechnen sind.

(5) Über das *Kunstschwimmen* („Ballettschwimmen", „Figurenlegen", eigentliches „Kunstschwimmen") liegen bislang nur wenige verallgemeinerungsfähige Erfahrungen vor. Für eine Bewertung gilt sinngemäß das unter Gerätturnen und Gymnastik/Tanz Gesagte.

Gerätturnen

Um das *Bewertungssystem des Gerätturnens* zu verstehen, muss man sich über seine beiden Grundvoraussetzungen im Klaren sein:

1. Das Gerätturnen ist seinem Wesen nach auf die Darstellung einer gewissen Bewegungsvielfalt angelegt.

Einer einzelnen Übung – im Sinne von Übungsteil oder Element – eine bestimmte Note zuzuordnen, ist nur beim Sprung statthaft. An allen anderen Geräten verbietet sich dies von selbst. Ein Schüler, der z.B. einen Salto zeigt, hat damit noch nicht den Beweis erbracht, dass er auch nur eine einzige der vielen anderen – tatsächlich oder angeblich – leichteren Übungen beherrscht. Andererseits liegt es nicht im Sinne des Gerätturnens, dass jeder immer alles zeigt und alle immer dasselbe zeigen; es sollten vielmehr Wahlmöglichkeiten entsprechend der Konstitution und der besonderen Fähigkeiten des Einzelnen verbleiben. Historisch hat sich dieses Prinzip darin konkretisiert, dass die Pflichtübungen immer etwas unter der Leistungsgrenze der jeweiligen Wettkampfklasse bleiben und die eigentlichen Schwierigkeiten den individuell geprägten Kürübungen vorbehalten sind.

Daraus lässt sich der erste allgemeine Bewertungsgrundsatz ableiten: *Jeder Schüler hat an mehreren Geräten jeweils mehrere Übungen („Elemente") zu zeigen.*

Beim Sprung bestehen verschiedene Möglichkeiten:
- Der Schüler zeigt nur einen Sprung, und zwar den schwierigsten, den er beherrscht.
- Er zeigt zwei oder mehr verschiedene Sprünge; der beste zählt.
- Er zeigt zwei oder mehr Sprünge; der Durchschnitt zählt.

2. Das Gerätturnen ist seinem Wesen nach auf die Vervollkommnung der Bewegung, also auf die Darstellung der Bewegungsqualität angelegt.

Bewegungsqualität im engeren Sinne äußert sich in der perfekten Ausführung einer Übung. Sobald aber das Prinzip der Bewegungsqualität mit dem der Bewegungsvielfalt zusammentrifft, ergibt sich automatisch das Problem der *Bewegungsschwierigkeit*, da sich ja die gezeigten Übungen in der Schwierigkeit – meist sehr deutlich – unterscheiden. Die Integration des (mehr sportlichen) Prinzips der Schwierigkeit in das (mehr künstlerische) der Perfektion ergibt eine erweiterte Bedeutung des Begriffs der Bewegungsqualität, die sich darin äußert, dass der Turner stets versucht, eine sinnvolle und sich schlüssige *Zusammenstellung der jeweils schwierigsten Übungen zu zeigen, die er gerade noch perfekt beherrscht.*

Daraus lässt sich der zweite allgemeine Bewertungsgrundsatz ableiten: *Die gezeigten Übungen müssen sowohl nach ihrer Schwierigkeit als auch nach der Ausführung bewertet werden.*

Diese doppelte Möglichkeit der Leistungssteigerung, zum einen durch Erhöhung der Schwierigkeit, zum anderen durch Verbesserung der Ausführung, ist ein Wesens- und Strukturmerkmal des Gerätturnens.

Für die Bewertungspraxis in der Schule empfiehlt es sich, die traditionelle Kategorie der *Ausführung* in die Kriterien der *Richtigkeit* und *Darbietung* aufzuspalten.

Im Leistungssport kann man davon ausgehen, dass die gezeigten Übungen im Prinzip richtig ausgeführt werden. Wenn aber ein Schüler ein Bewegungsproblem anders als mit Hilfe der (vom Lehrer oder von ihm selbst) vorgegebenen Bewegungsstruktur löst, wenn er also beispielsweise statt der Hocke eine „halbe Hockwende" springt oder statt eines Kippaufschwungs eine Art Klimmzug macht, begeht er mehr als nur einen Ausführungsfehler.

Soweit das Grundsätzliche.

Die Praxis erfordert einige Differenzierungen, vor allem in der Alternative Einzelübungen – Übungsverbindungen: Selbstverständlich ist das Gerätturnen grundsätzlich auf die Darbietung von *Übungsverbindungen* orientiert. Den Schülern fällt dies aber wesentlich schwerer als das Turnen von *Einzelübungen*.

Hinsichtlich der Übungsverbindungen muss man wissen, dass *Pflichtübungen* den Schülern wiederum leichter fallen als *Kürübungen*. Diese erfordern zumeist eine Orientierungsvorgabe in Form von *Pflichtteilen* oder *Beispielübungen*.

Entsprechendes gilt auch für das Turnen an Gerätebahnen und Gerätekombinationen. Auch dies verlangt ein höheres Niveau in der Beherrschung der Einzelteile.

Sehr wichtig ist es auch, die Übungsverbindungen so kurz und übersichtlich wie möglich zu halten. „Bandwürmer" motivieren den Schüler nicht und bringen auch von der Sache her nicht viel. Die Übergänge innerhalb einer Übungsverbindung sollten einfach und natürlich sein.

Das eben Gesagte führt zur folgenden systematischen Übersicht:

1. Geräteangebot:

Wenn irgend möglich, sollten im Verlauf eines Schuljahres alle vier der „traditionellen" Schulturngeräte (Reck, Barren, Boden, Sprung bei den Jungen; Stufenbarren/Reck, Boden, Sprung, Schwebebalken bei den Mädchen) in die Bewertung einbezogen werden. Lässt sich dies nicht erreichen, sollte von Schuljahr zu Schuljahr gewechselt werden. Wir erhalten auch hier einen Vierkampf, gleichgültig ob dieser im zeitlichen Zusammenhang oder über einen längeren Zeitraum hinweg abgeprüft wird.

2. Bewertungsmöglichkeiten:

a) nur Einzelübungen,

b) teils Einzelübungen, teils Übungsverbindungen,

Leistungsbewertung und Notengebung im Fach Sport 181

c) nur Übungsverbindungen als
- Pflichtübungen,
- Kürübungen aus/mit Pflichtteilen,
- Kürübungen.

Auch eine Pflichtübung als „Basisübung" mit zusätzlichen (wählbaren) Einzelübungen ist denkbar.

Das offizielle Verfahren, jeweils eine Pflicht- und eine Kürübung zu fordern, übersteigt in aller Regel das unterrichtlich Mögliche.

3. Bewertungsmaßstab:

Auf Grund der Lehrplananforderungen ist ein *schwierigkeitsgestuftes System* von Pflichtübungen (als Einzelübungen oder Übungsverbindungen) bereitzustellen, das die verschiedenen Könnensbereiche abdeckt. Daran sind auch die entsprechenden Kürübungen zu messen.

Für Schüler und Lehrer am übersichtlichsten ist es, wenn die nächstniedrige Schwierigkeitsstufe sich aus dem Weglassen des jeweils schwierigsten Einzelteils ergibt.

4. Bewertungsverfahren:

Bewertet wird nach *Schwierigkeit* und *Ausführung* bzw. Qualität

a) mit Hilfe von Grund- und Ausführungspunkten (und anschließender Umrechnung in Notenstufen oder Notenpunkte),

b) durch direkte Benotung, z.B. nach folgendem Modell:

Übung bzw. Schwierigkeitsstufe	Note (bei gekonnter Übung je nach Ausführung)
1 (schwierigste Übung)	1 oder 2
2 (mittlere Übung)	2 oder 3
3 (leichteste Übung)	3 oder 4

Die Überschneidung der in den verschiedenen Schwierigkeitsstufen möglichen Ergebnisse ist beabsichtigt; sie entspricht, wie schon gesagt, geradezu dem „Sinn" des Turnens. Der Schüler muss sich also entscheiden, ob er *„auf Schwierigkeit"* bzw. Risiko oder *„auf Ausführung"* bzw. Sicherheit turnen will.

Bei der praktischen Durchführung geht man von dem für die jeweilige Übung oder Übungsverbindung geltenden Höchstwert aus und „zieht davon die festgestellten Ausführungsmängel ab".

Für die Schule genügt es normalerweise, in gute – befriedigende – schlechte Ausführung zu unterteilen und entsprechend keine – geringe – deutliche Punkt- oder Notenabzüge vorzunehmen. Bei Verstößen gegen die *Richtigkeit* ist der Wert der Übung im Ganzen zu senken, ebenso bei offensichtlicher *Hilfe*.

Bei besonderen Gelegenheiten (z.B. Abitur, Schulwettkämpfen) sollte man sich freilich etwas mehr an den offiziellen Wettkampfbestimmungen orientieren.

5. *Bewertungsmodalitäten:*

Hinsichtlich der Alternative Schwierigkeit – Sicherheit setzt die offizielle Wettkampfregel einen eindeutigen Akzent: Der Turner muss seine Sache so beherrschen, dass er sie beim einzigen, alles entscheidenden Versuch perfekt absolvieren kann. Es ist durchaus sachgerecht, auch in der Schule gelegentlich so zu verfahren, doch sollte man aus verschiedenen Gründen dies nicht zur alleinigen Norm erheben.

Analog zu den anderen Sportarten ergeben sich somit folgende *Möglichkeiten:*
a) *ein* Bewertungsdurchgang
 (beim Sprung mit zwei Versuchen, von denen der bessere zählt);
b) *eine Wiederholung* pro Übung bzw. Übungsverbindung,
 – es zählt nur die in der Wiederholung gezeigte Leistung,
 – es zählt der bessere der beiden Versuche;
c) *mehrere*/beliebig viele Versuche,
 – innerhalb einer bestimmten Bewertungsstunde,
 – innerhalb eines erweiterten Bewertungszeitraums.

Der *äußere Rahmen* lässt sich wie folgt gestalten:
– „Vorturnen": Einer turnt, die anderen schauen zu.
– Es turnt nur die Gruppe vor, die dieselbe Übung gewählt hat, die anderen üben an ihrer Station weiter.
– Der Schüler wird während des Übungsbetriebs bewertet, wenn der Lehrer gerade zu ihm kommt oder der Schüler es möchte.

Auch hier ist nicht das eine unbedingt richtig, das andere falsch. Selbstverständlich haben die Schüler die Tendenz, beim „Notenmachen" einander zuzuschauen. Einige wollen sich geradezu in der Öffentlichkeit produzieren; für andere ist ein psychologisch weniger belastender Rahmen besser.

6. *Gruppenturnen:*

In der neueren Turndidaktik gewinnt das Gruppenturnen zunehmend an Bedeutung. Will man dies in die Leistungsbewertung beim Gerätturnen mit einbeziehen, lassen sich sinngemäß die Gesichtspunkte heranziehen, die für die Gruppenübungen bei Gymnastik/Tanz gelten.

Gymnastik/Tanz

Das für das Gerätturnen Gesagte gilt im Prinzip auch im Fachbereich Gymnastik/Tanz, insbesondere für die Pflichtübungen.

Als Beispiel kann hier die *Rhythmische Sportgymnastik* mit ihrem nach Schwierigkeitsgraden gestuften Übungssystem dienen. Das dort gültige *Bewertungssystem,* das Schwierigkeit und Ausführung (letztere verstanden als Richtigkeit und Vollständigkeit) im Verhältnis 1:1 wertet, ist durchaus praktikabel. Mit den notwendigen Modifikationen dürfte sich dieses System auch auf die anderen Bereiche oder Stilrichtungen der Gymnastik übertragen lassen.

Wesentlich erscheint dabei, dass zunächst ein *schwierigkeitsgestuftes System von Pflicht- oder Beispielübungen* bereitgestellt wird, an denen auch die *Kürübungen*, d.h. die von den Schülerinnen selbst zusammengestellten Übungen, gemessen werden können. Dabei empfiehlt es sich, die Übungen so anzulegen, dass die entsprechenden Elemente innerhalb einer Übung ausgetauscht werden können. Damit verbleiben sie weitgehend in demselben organisatorischen Rahmen, wie dies beispielsweise bei den Übungen des Schulsportwettbewerbs „Jugend trainiert für Olympia" der Fall ist.

Nun ist die „Sportart" Gymnastik/Tanz auch darauf ausgerichtet, *Kreativität* zu fördern. Dies sollte man bei der Aufgabenstellung für die Benotung berücksichtigen. Neben den „reinen" Pflichtübungen bieten sich also an:
- Pflichtübungen mit „freien" Gestaltungsteilen,
- Gestaltung mit vorgegebenen Pflichtteilen,
- „freie" Gestaltung (auf der Basis eines gewissen Bewegungsrepertoires).

Für die *Bewertung* kommen zu Richtigkeit und Ausführung die weiteren Kriterien:
- Einfallsreichtum, Bewegungsphantasie, Originalität,
- Variation in räumlicher, rhythmischer und dynamischer Hinsicht,
- Übereinstimmung von Musik und Bewegung.

Einen besonderen Stellenwert hat die *Arbeit in Gruppen*. Für die Bewertung von Gruppenübungen ergeben sich folgende zusätzliche Kriterien:
- Übereinstimmung innerhalb der Gruppe (was jedoch nicht immer Synchronität heißen muss),
- Gesamtchoreografie.

Die Gewichtung richtet sich nach der Zielsetzung der Unterrichtseinheit. Bei Gruppenübungen sollte der Gesamteindruck der Gruppe in die Bewertung der einzelnen Schülerin in einem gewissen Umfang mit eingehen.

Spiel

„Spielnoten" zu machen, ist das schwierigste und einfachste Problem zugleich:
- schwierig insofern, als spielerische Leistung ein höchst komplexes Gebilde ist, dessen Faktoren sich nur unzureichend isolieren und objektivieren lassen;
- einfach insofern, als Spielbewertung letztlich auf einem fortgesetzten Vergleich „besser – schlechter als" beruht.

Im Sinne der letzteren Feststellung geht es also darum, innerhalb einer Klasse die relative Rangfolge festzustellen, die dann wiederum an einer übergeordneten Skala dadurch „normiert" wird, dass der Sportlehrer einen „Erfahrungswert" einsetzt.

Ganz so einfach sollte man sich die Sache nun aber auch nicht machen. „Spielenkönnen" ist etwas sehr Vielschichtiges, und die Schüler haben sehr unterschiedliche Fortschritte darin gemacht. Die verschiedenen Könnensstufen erfordern aber jeweils angemessene Diagnoseinstrumente.

Auch aus der *Struktur des Gegenstands* resultieren einige – niemals vollständig zu lösende – Probleme: Zunächst geht es bei den „großen Spielen", den Mannschafts- oder Mannschaftskampfspielen, vorrangig um den Erfolg der Mannschaft, beim Notenmachen um die Leistung des Einzelnen. Der „Wert" eines Spielers bemisst sich aber grundsätzlich nur nach seiner Effektivität für den Mannschaftserfolg. „Mannschaftsdienlich" und „noteneffektiv" zu spielen, ist jedoch nicht immer dasselbe.

Unmittelbar damit im Zusammenhang steht die Feststellung, dass die *Erfolgswahrscheinlichkeit* eines Spielers, d.h. die Möglichkeit, sich häufiger und besser in Szene zu setzen, sehr stark von seiner Position auf dem Spielfeld abhängt. Umgekehrt ist die Position, die einem Spieler zugestanden wird oder auf die er sich zurückzieht, ein Indiz für die Fremd- und Selbsteinschätzung, und somit ein – allerdings recht unsicheres – Hilfsmittel für die Leistungsbewertung.

Die *Einzelleistung eines Spielers*, d.h. das, was im Verlauf eines Spiels davon sichtbar wird, hängt außerdem von mindestens drei weiteren Faktoren ab, die der Einzelne nur bedingt beeinflussen kann:
– von der Stärke des jeweiligen Gegenspielers,
– vom technischen und taktischen Können der Mitspieler,
– vom Grad der Integration in die Mannschaft (also davon, ob die Mannschaft einen bestimmten Spieler „mitzieht" oder „schneidet").

Selbstverständlich ist die Wirklichkeit differenzierter, als es hier dargestellt werden kann: Es gibt gerade im Spiel Könner, die immer und überall hervorstechen, und andere, die auf dem Spielfeld kaum Fuß fassen. Man muss aber vor allem der Mehrzahl der eher unauffälligen Schüler gerecht werden.

Zusammenfassend lässt sich als Grundsatz formulieren, dass *ein Spieler bei mehreren Gelegenheiten unter verschiedenen Bedingungen beurteilt werden sollte.* Auf jeden Fall ist es gerechtfertigt, Erkenntnisse aus der *Langzeitbeobachtung*, wie sie sich im Verlauf eines Schuljahres ja von selbst einstellen, in die Bewertung einfließen zu lassen. Andererseits können aber die Ergebnisse einer mehr unbewussten und unsystematischen Beobachtung während des Unterrichts auch recht zufällig sein. Damit erhebt sich die Forderung nach einer *geplanten und organisierten Spielprüfung unter möglichst standardisierten Bedingungen.* Die notwendige Gleichbehandlung mit den anderen Sportarten im Klassenunterricht und besondere Prüfungssituationen, z.B. beim Sportabitur, weisen ihr sogar eine vorrangige Bedeutung zu.

Die konsequente Fortführung dieser Überlegungen führt zu dem Versuch, Prüfungsvorgänge im Spiel vollends zu systematisieren und zu objektivieren, was letztlich auf ihre *Quantifizierung* hinausläuft. Hierfür werden vor allem zwei Mittel genannt:

1. die schriftliche Spielbeobachtung oder Spielanalyse,
 – entweder nach inhaltlichen Kriterien, in die sich der Komplex der spielerischen Leistung (vielleicht) zerlegen lässt,

Leistungsbewertung und Notengebung im Fach Sport

- oder nach einer Bewertungsskala, die den Erfolg oder Misserfolg der einzelnen Spielhandlungen eines Spielers festhält;
2. der Test,
- entweder als Erfolgsquotient aus einer bestimmten Zahl von Versuchen
- oder als Zeitbedarf für eine bestimmte Zahl von (gleichen oder verschiedenen) Einzelaktionen.

Beide Verfahrensweisen ergeben in den meisten Fällen eine bemerkenswerte Übereinstimmung mit dem Langzeit- und Expertenurteil, sind aber recht umständlich zu handhaben und erfordern einen hohen Zeitaufwand. Gelegentlich treten freilich Diskrepanzen zum Expertenurteil auf, wobei dieses wiederum sehr oft im Recht ist. Dies aber liegt in der Natur der Sache.

Im Einzelnen ist dazu Folgendes zu sagen:

Die *Spielbeobachtung* stammt aus dem Leistungssport. Sie ist dort sicherlich ein hervorragendes Mittel, die Effektivität eines Spielers für den Mannschaftserfolg festzustellen oder seine Schwächen aufzudecken. Auch bestimmte Charakteristika des Spiels selbst lassen sich damit gut darstellen. Für die Ermittlung der persönlichen Leistung eines Spielers ist sie aber nur bedingt geeignet.

Ein Beobachtungsbogen kann sehr wohl sagen, ob die Aktion eines Spielers für den Fortgang des Spiels positiv, negativ oder eher neutral war; er kann aber nicht feststellen, ob es die jeweils zweckmäßigste Aktion war. Über Ursache und Absicht einer Handlung sind ohnedies keine quantitativen Aussagen möglich.

Bevorzugt wird zumeist der ideenarme Sicherheitsspieler; Spielwitz und Risiko werden dabei geradezu bestraft.

Tests erfassen, gleichgültig ob sie eine Einzelfertigkeit oder einen Komplex von Fertigkeiten abprüfen, stets nur einen Teil der Spielleistung, im Großen und Ganzen den der technischen Fertigkeiten.

Dennoch haben auch Tests, die für das Spiel als Ganzes nicht einmal sonderlich typisch sind, eine oft erstaunliche Aussagekraft und Trennschärfe. Sie prüfen nämlich letztlich die Ballvertrautheit und Ballsicherheit als eine Funktion des Trainingsalters. Dieses ist zwar eine wesentliche Komponente der Spielleistung, nicht aber sie selbst.

Wenn man diese Einschränkung akzeptiert, sind vor allem die mit relativ geringem Aufwand durchzuführenden *Komplextests* ein hervorragendes Mittel, eine Basisnote für den weiteren Bewertungsvorgang zu liefern.

Dabei ist es allerdings ein Problem für sich, die Testergebnisse zu „standardisieren", d.h. so zu normieren, dass eine „normale" Notenverteilung – wie diese sich im Spiel auch immer darstellt – herauskommt.

Die Tatsache, dass die Ermittlung der spielerischen Leistung letztlich ein fortgesetzter Vergleich „jeder mit jedem" ist, lässt auch an Verfahrensweisen denken, die den eben dargestellten diametral entgegengesetzt sind, nämlich an die Einbeziehung des *Schülerurteils als Fremd- und Selbsteinschätzung*.

Hierfür gibt es im Prinzip drei *Möglichkeiten*:
- Die beiden besten Spieler beginnen, Mannschaften zu wählen. Mit größter Wahrscheinlichkeit werden sie die jeweils nächstbesten zuwählen. Sind mehr als zwei Mannschaften zu wählen, verfährt man beim nächsten Wahlgang entsprechend. Diese Verfahrensweise hat nur den „Störfaktor", dass körperlich überlegene Schüler (meist als „Zerstörer" des gegnerischen Spiels) vorzeitig gewählt werden. Verschiebungen ergeben sich auch aus Sympathiewahlen.
- Jeder Schüler legt schriftlich die Rangfolge seiner Klassenkameraden fest und ordnet sich auch selbst ein. Die Platzziffern ergeben das allgemeine Schülerurteil.
- Schülerexperten (am besten zwei) wirken bei der Leistungsbewertung mit. Erfahrungsgemäß werten diese bei den besten Leuten eher strenger als der Lehrer, scheuen sich aber aus verständlichen Gründen, ausgesprochen schlechte Noten zu geben. Die Übereinstimmung mit dem Lehrerurteil ist in aller Regel sehr hoch. Bei den sehr seltenen Abweichungen um eine Notenstufe oder mehr ist überdies nicht immer der Lehrer im Recht.

Man mag über derartige Praktiken lächeln; sie sind von der Struktur der Sache her aber durchaus angebracht.

Für die Leistungsbewertung im Spiel im Sinne einer definierten und zeitlich begrenzten *Prüfungshandlung* bestehen folgende *Möglichkeiten*:
- *Spielprüfung* als komplexe Bewertung im freien, wenn möglich regelgerechten, aber auch entsprechend modifizierten Spiel,
- Prüfung technischer und taktischer Fertigkeiten und Fähigkeiten in (vorgegebenen, aber vereinfachten) *Spielsituationen*,
- *Technikprüfung*.

Diese drei Möglichkeiten lassen sich beliebig kombinieren.

Auf die Spielprüfung sollte man nur in begründeten Fällen verzichten (z.B. in schwachen und sehr heterogenen Klassen). Sie allein dürfte, sofern man keine speziellen Ziele verfolgt, in guten und homogenen Klassen genügen.

Eine alleinige Technikprüfung ist nur bei Anfängern gerechtfertigt.

1. Technikprüfung:

Der Sinn der Technikprüfung liegt darin, das technische Können eines Schülers ohne (aktive) Behinderung durch einen Gegenspieler abzuprüfen und ihm dazu eine Mindestzahl von Versuchen zu gewähren (die er im freien Spiel, selbst wenn es die Zahl 1 wäre, vielleicht nicht erreichen würde).

Sie kann erfolgen als:
- *Demonstration* mit freier Beobachtung („Schätzurteil"),
- *Test* mit Leistungserfassung durch Zählen oder Messen.

Geprüft werden können:
- *Einzelfertigkeiten*,
- mehrere Fertigkeiten in Form von *Komplexübungen*.

Die *Durchführung* kann erfolgen:
- ohne Mitspieler oder Zuspieler,
- mit selbstgewähltem Partner oder Zuspieler,
- mit stets demselben Mitspieler oder Zuspieler.

Gegen die isolierte Technikprüfung lässt sich einwenden, dass technisches Können nur dann effektiv ist, wenn es auch im Spiel angewandt werden kann. Sie ist aber notwendig bei Anfängern und liegt im Interesse der schwächeren Spieler. Auch für die besseren kann sie differenzierende Hinweise geben.

Die *Bewertung* des technischen Könnens sollte sich auf zwei Komponenten stützen:
- auf die Richtigkeit der *Ausführung*,
- auf den *Erfolg* der Handlung (wie beim Test).

Für die Richtigkeit der Ausführung sollte der Lehrer sich (und den Schülern) bestimmte Kriterien vorgeben.

2. Prüfung in Spielsituationen:

Die Prüfung mit Hilfe von Spielsituationen zielt darauf ab, die Komplexität des Spiels zwar zu verringern, die Anforderungen im Einzelnen (meist im Bereich des technischen und individualtaktischen Könnens) aber gezielt zu steuern und zu erhöhen.

Unter der Vielzahl von Konkretisierungsmöglichkeiten bieten sich vor allem die beiden folgenden an:

a) Spiel in stark *verkleinerten Mannschaften* (bis herab zum Spiel 1:1):
- im Überzahl-, Gleichzahl-, Unterzahlverhältnis,
- mit neutralen Zuspielern inner- und außerhalb des Spielfeldes,
- ohne Tore, auf ein, zwei oder mehrere Tore;

b) Darbietung von *Spielzügen* mit aktiven Gegenspielern:
- im Überzahl- und Gleichzahlverhältnis,
- auf ein Tor, auf zwei Tore (z.B. als Kontinuum im Wechsel von drei oder mehr Mannschaften).

Das Bewertungsverfahren ist dasselbe wie bei der Spielprüfung.

3. Spielprüfung:

Für die „eigentliche" Spielprüfung gibt es keine Vorgaben außer eben den offiziellen oder für den Schulgebrauch modifizierten Regeln.

Dies bedeutet jedoch nicht, dass zur Präzisierung und Objektivierung des Bewertungsvorgangs nicht doch *manipulierende Eingriffe in die Mannschaftsstrukturen* und in das Spielgeschehen vorgenommen werden.

Diese betreffen vor allem das Spielen:
- in regulären oder (etwas) verkleinerten Mannschaften,
- in festen oder in der Besetzung wechselnden Mannschaften,
- mit festen oder wechselnden Positionen.

Die Bewertung kann erfolgen:
- in freier Beobachtung als „Schätzurteil",
- durch eine schriftlich gebundene Spielbeobachtung mit Hilfe von standardisierten Beobachtungs- oder Analysebögen.

Auch für die freie Beobachtung sollte man bestimmte *Beobachtungskriterien* festlegen. Je genauer und differenzierter die Auflistung dieser Kriterien aber erfolgt, desto größer wird auch die Gefahr, dass sowohl das Aufnahmevermögen des Beurteilers überfordert als auch die Bewertung einseitig beeinflusst wird.

Es ist daher anzuraten, nur sehr pauschale Kriterien vorzugeben, z.B.:
- zweckmäßige, situationsgerechte und variable Anwendung der technischen Fertigkeiten – *Ballbeherrschung*,
- individualtaktisches Können – *Durchsetzungsvermögen*,
- taktisches Verständnis – *Spielübersicht*.

Konkrete Einzelfeststellungen (z.B. besondere Effektivität eines Spielers im Angriff oder in der Verteidigung, Eignung als Spielmacher, sehr gute Kondition) wird man ohnedies in die Bewertung mit einbeziehen.

Kondition

Seit etwa drei Jahrzehnten ist wiederholt der Vorschlag gemacht worden, auch die *Kondition* bzw. wichtige – beispielsweise durch Tests ermittelte – *konditionelle Fähigkeiten* als eigenen Bereich zu prüfen und zu bewerten. Auch neuerdings sind wieder entsprechende Bestrebungen zu verzeichnen.

Dagegen sind aber *Bedenken* anzumelden, und dies aus zwei Gründen:
- Gute oder schlechte Kondition hat sich normalerweise bereits positiv oder negativ auf die sportliche Leistung ausgewirkt. Es besteht also immer die Gefahr, dass der gute Schüler sozusagen doppelt belohnt, der schlechte doppelt bestraft wird.
- Das technisch unvollkommene (weil vielleicht lernunwillige) „Naturtalent" hätte einen möglicherweise unverdienten Vorteil, während der sportlich passable Durchschnittsschüler eher benachteiligt wird.

Einen vielleicht gerechtfertigten Vorteil hätte somit nur die kleine Gruppe der ausgesprochen ungeschickten, aber ansonsten kräftigen Schüler.

Man sollte sich auch über die *Schwierigkeiten* im Klaren sein, die sich erheben, wenn es darum geht,
- geeignete, nämlich repräsentative, eindeutige und nicht zum „Mogeln" verleitende Test- oder Bewertungsübungen zu finden,
- die Ergebnisse so in Noten oder Notenpunkte umzusetzen, dass eine gerechtfertigte Streuung herauskommt.

Mit dem notwendigen Aufwand wäre dies sicherlich zu erreichen, doch bestünde dann immer noch die Gefahr, dass man sich im Sportunterricht zu sehr auf diese – im Grunde doch etwas langweiligen – Übungen konzentriert.

Schlussbemerkung

Man kann zur Sportnote stehen, wie man will, man kann sie für notwendig und nützlich halten oder für ihre Abschaffung eintreten, eines dürfte feststehen: Die Schule als Institution wird bis auf weiteres auch das Fach Sport nicht aus dem „Zwang zur Benotung" entlassen.

Wenn nun aber Noten im Sport gemacht werden *müssen*, sollte man sich auch bemühen, sie so „gut" wie möglich zu machen. Das ist nur unter zwei Bedingungen zu erreichen, nämlich
- *einer prinzipiellen Orientierung an den tatsächlichen im Unterricht erbrachten sportlichen Leistungen,*
- *einer vernünftigen Handhabung sowohl der Bewertungsmaßstäbe als auch der Bewertungsmodalitäten.*

Dies entspricht auch der Forderung nach größtmöglicher Objektivität und Transparenz des Bewertungsvorgangs.

Der Schüler erwartet eine „gerechte" Note. Darunter versteht er die einigermaßen zutreffende Einordnung in das für ihn überschaubare Leistungsspektrum einerseits und eine gewisse Berücksichtigung seiner persönliche Situation andererseits. Diese beiden Erwartungen in Einklang zu bringen, ist nicht immer leicht. Als Lehrer muss man dem Schüler dabei *auch* deutlich machen,
- dass gute oder schlechte Noten nicht den Grad der persönlichen Wertschätzung ausdrücken, dass also nicht die Person, sondern die Leistung beurteilt wird.
- dass man sehr wohl zwischen der objektiv erbrachten Leistung und dem dahinterstehenden Bemühen unterscheiden kann.

Die wesentliche unterrichtspraktische Konsequenz aus diesen Überlegungen besteht darin, dass die Leistungsbewertung im Sport stets von der Struktur und Eigenart der jeweiligen Sportart auszugehen hat (4). Über die jeweils angemessenen Kriterien und Verfahrensweisen muss sich der Lehrer Klarheit verschaffen. Dazu einige Hinweise zu geben, war das Anliegen dieses Beitrags.

Anmerkungen

(1) Vgl. zu dem hier anstehenden Komplex der Lernkontrolle und Leistungsbeurteilung auch die im Kapitel „Unterricht" der „Alltagsprobleme" unter den Stichworten „Spielen – Leisten – Bewerten" zusammengefassten Beiträge (S. 131 ff., v.a. S. 152 - 185).
(2) Vgl. den Beitrag: Entschuldigungen und Atteste – das ewige Ärgernis, S. 80.
(3) Vgl. den Beitrag: Wurf und Stoß, S. 279.
(4) Vgl. dazu die Beiträge zum Sportspiel, zur Leichtathletik und zum Geräteturnen im Kapitel 7, S. 335 ff.

Anhang

Wertungstabellen Schwimmen und Leichtathletik für Unter- und Mittelstufe.

Vorbemerkung

Für den Schulsport fehlen neuere, empirisch-statistisch abgesicherte Wertungstabellen. Man ist auf schon weiter zurückliegende, zumeist auf der ehemaligen 100-Punkte-Wertung der Bundesjugendspiele aufbauende, oder andere, auf Expertenurteil beruhende Versuche angewiesen. Sie alle können somit nicht mehr als eine allgemeine Orientierung bieten.

Die nachfolgenden Tabellen orientieren sich an der jeweiligen *Klassenstufe*. Dabei wird die Klasse 5 mit der Altersstufe der 11-jährigen gleichgesetzt. Wieweit man innerhalb einer Klasse das *tatsächliche Alter* der Schüler bei der Notengebung berücksichtigen sollte, muss wohl jeder Lehrer für sich entscheiden.

Wertungstabelle Schwimmen (Zeiten in s)

Note	Klasse 5	Klasse 6	Klasse 7 Ju	Klasse 7 Mä	Klasse 8 Ju	Klasse 8 Mä	Klasse 9 Ju	Klasse 9 Mä	Klasse 10 Ju	Klasse 10 Mä
50 m Kraul										
1	47	42	38	41	37	41	36	40	35	40
2	51	46	42	45	41	45	40	44	39	44
3	57	52	48	51	47	51	46	50	45	50
4	65	60	56	59	55	59	54	58	53	58
5	77	68	68	71	67	71	66	70	65	70
50 m Brust / 50 m Rücken										
1	58	54	50	52	48	52	45	50	44	50
2	62	58	54	56	52	56	49	54	48	54
3	68	64	60	62	58	62	55	60	54	60
4	76	72	68	70	66	70	63	68	62	68
5	88	84	80	82	78	82	75	80	74	80
25 m Schmetterling / **50 m Schmetterling**										
1	28	26	24	25	48	52	45	50	44	50
2	32	30	28	29	52	56	49	54	48	54
3	36	34	32	33	58	62	63	60	54	60
4	40	38	36	37	66	70	70	68	62	68
5	44	42	40	41	78	82	75	80	74	80

100-m-Zeiten Klasse 5 - 10:   50-m-Zeit x 2 + (10 bis 14 s)

Aus: SCHEUER, W./SCHMIDT, G./ZÖLLER, H.: Praxis-Handbuch Sport, 3. Schorndorf 1992.

Leistungsbewertung und Notengebung im Fach Sport

Wertungstabelle Leichtathletik – Jungen

50 m	75 m	100 m	1000 m	Weit	Hoch	Ball 80 g	Ball 200 g	Kugel 4 kg	Kugel 5 kg	Kugel 6.25kg	Schl. 1 kg	DLV-Tab.	5	6	7	8	9	10	(11)
6.7	9.5	12.4	2.58	5.55	1.61	78	73	11.85	11.15	10.40	45	1100							1
6.8	9.6	12.5	3:01	5.45	1.58	76	71	11.55	10.90	10.10	44							1	
6.9	9.7	12.6	3:03	5.35	1.56	74	69	11.25	10.60	9.80	43								2
7.0	9.8	12.7	3:05	5.25	1.53	72	67	11.00	10.30	9.50	41								
	9.9	12.9	3:08	5.15	1.51	70	64	10.70	10.00	9.25	40	1000					1		
7.1	10.0	13.0	3:11	5.05	1.48	68	61	10.45	9.75	9.05	39								
7.2	10.1	13.1	3:14	4.95	1.46	66	59	10.20	9.50	8.80	38					1		2	
7.3	10.2	13.3	3:17	4.85	1.43	63	57	9.95	9.25	8.45	37						2		3
	10.3	13.5	3:20	4.75	1.41	60	55	9.65	9.00	8.20	36	900			1				
7.4	10.4	13.7	3:23	4.65	1.38	58	53	9.40	8.75	7.95	35								
7.5	10.5	13.9	3:26	4.55	1.36	56	51	9.15	8.50	7.70	34				2	2			
7.6	10.6	14.0	3:29	4.45	1.34	54	49	8.90	8.25	7.40	33							3	
7.7	10.8	14.2	3:33	4.35	1.31	52	47	8.65	8.00	7.15	32	800		1			3		4
7.8	10.9	14.4	3:37	4.30	1.29	50	45	8.40	7.80	6.95	31					3			
7.9	11.1	14.6	3:41	4.20	1.27	48	43	8.15	7.60	6.70	30				3				
8.0	11.2	14.7	3:45	4.10	1.24	46	41	7.90	7.35	6.45	29			2			4		
8.1	11.3	14.9	3:49	4.00	1.22	44	39	7.65	7.10	6.20	28	700	1						5
8.2	11.4	15.1	3:53	3.90	1.20	43	38	7.45	6.85	6.00	27				4			4	
8.3	11.6	15.3	3:58	3.80	1.18	41	36	7.20	6.60	5.80	26					4	5		
8.4	11.8	15.5	4:03	3.70	1.15	39	34	6.95	6.40	5.55	25								
8.5	12.0	15.7	4:07	3.60	1.13	37	32	6.70	6.20	5.30	24	600	2	3				5	
8.6	12.1	15.9	4:11	3.55	1.11	36	31	6.50	6.00		23				5	5			
8.7	12.3	16.1	4:15	3.45	1.09	35	30	6.30	5.80		22								
8.8	12.5	16.4	4:19	3.35	1.07	33	28	6.10	5.60		21			4					
9.0	12.7	16.6	4:23	3.25	1.05	31	26	5.90	5.40			500	3						
9.1	12.9	16.8	4:27	3.20	1.02	30	25	5.70	5.20		20								
9.2	13.0	17.0	4:32	3.10	1.00	29	24	5.50	5.00		19								
9.3	13.2	17.2	4:37	3.00	0.98	27	22	5.25	4.80		18								
9.5	13.4	17.5	4:42	2.90	0.96	25	20	5.00	4.60		17	400	4						
9.8	13.8	18.1	4:54	2.70	0.91	23	18	4.70	4.30		16								
10.1	14.2	18.7	5:03	2.50	0.85	20	15	4.30	3.95		14.50								

Wertungstabelle Leichtathletik – Mädchen

50m	75m	100m	600m	800m	Weit	Hoch	Ball 80 g	Ball 200 g	Kugel 3 kg	Kugel 4 kg	Schl. 1 kg	DLV Tab.	Klasse / Notenbereich 5	6	7	8	9	10	(11)
7.3	10.7	13.9	1:56	2:45	4.39	1.33	44	39	9.85	9.08	33.50	800							
7.4	10.8	14.0	1:58	2:48	4.30	1.31	42	37	9.48	8.73	32.50							1	1
7.5	10.9	14.2	2:00	2:51	4.20	1.29	40	36	9.12	8.39	31.50						1		
7.6	11.0	14.4	2:02	2:53	4.10	1.27	39	34	8.76	8.05	30.50					1			2
7.7	11.1	14.6	2:04	2:57	4.00	1.25	37	33	8.41	7.73	29.00	700			1			2	
7.8	11.3	14.8	2:06	3:00	3.92	1.24	35	31	8.06	7.41	28.00			1		2	2		
7.8	11.4	14.9	2:08	3:03	3.83	1.22	33	30	7.72	7.10	27.00		1		2				
7.9	11.6	15.1	2:11	3:06	3.73	1.20	32	28	7.39	6.79	26.00			2					
8.0	11.8	15.3	2:13	3:10	3.64	1.18	30	27	7.07	6.49	25.00		2			3	3		3
8.1	11.9	15.5	2:15	3:14	3.56	1.17	29	26	6.76	6.20	24.00	600			3	3		3	
8.2	12.1	15.7	2:18	3:18	3.47	1.15	27	24	6.45	5.91	23.00			3					
8.4	12.2	15.9	2:21	3:22	3.38	1.13	26	23	6.15	5.63	22.50		3						
8.5	12.4	16.1	2:24	3:26	3.30	1.12	25	22	5.85	5.36	21.50	500							
8.6	12.5	16.3	2:27	3:30	3.21	1.10	23	21	5.56	5.09	20.50								
8.8	12.7	16.5	2:30	3:35	3.13	1.08	22	20	5.29	4.83	19.50					4		4	4
8.9	12.9	16.7	2:33	3:40	3.05	1.07	21	19	5.01	4.58	18.50			4	4		4		
9.0	13.1	17.0	2:37	3:45	2.97	1.06	20	17	4.75	4.34	18.00		3						
9.2	13.3	17.2	2:40	3:50	2.90	1.04	18	16	4.49	4.10	17.00	400							
9.3	13.5	17.5	2:44	3:55	2.81	1.03	17	15	4.24	3.87	16.00					5	5	5	5
9.5	13.7	17.7	2:48	4:01	2.74	1.01	16	14	4.00	3.64	15.50			5	5				
9.6	13.9	18.0	2:52	4:07	2.66	1.00	15	13	3.76	3.42	14.50		4						
9.8	14.1	18.2	2:56	4:13	2.58	0.98	14	12	3.53	3.21	14.00	300							
9.9	14.3		3:01	4:20	2.44	0.93	13		3.31		12.50								
10.0	14.5		3:06	4:27	2.31	0.87	12	11	3.09		11.50			5					
10.2	14.8		3:11	4:34	2.17	0.82	10	10	2.80				5						
10.4	15.0		3:16	4:42	2.04	0.76	9	9	2.69			200							

Leichtathletiktabellen nach: QUITSCH, G.: Das Problem der Benotung in der Schulleichtathletik. In: sportunterricht 6/1982, Lh.

Kapitel 4

Methoden und Methodenkonzeptionen

Mit diesem Kapitel ist das Kernstück der allgemeinen Methodik, die „Methodenlehre" im traditionellen Sinne, angesprochen. Dabei wird versucht, die neueren, auf eine „Öffnung" des Unterrichts gerichteten sportdidaktischen Bestrebungen in das herkömmliche Begriffssystem zu integrieren. Dieser Versuch muss in einigen Aspekten problematisch bleiben, weil mit der Hereinnahme der „Unterrichtsformen", die ja den Rang von didaktischen Modellen haben, die methodische Ebene mit der didaktischen vermischt wird. Wir haben uns dennoch für ein solches Vorgehen entschieden, weil zum einen der methodische Bereich des Unterrichts, konkretisiert in der Frage nach den möglichen Lehr- und Lernwegen, sich vom didaktischen, konkretisiert in der Frage nach der übergeordneten unterrichtlichen Konzeption, nicht exakt abgrenzen lässt, und weil zum anderen alle diese Fragen aus der übergeordneten Sicht des Lehrerhandelns gesehen werden sollen. Es ist doch allein der Lehrer, der nicht nur die „Planungshoheit" über den Unterricht hat, sondern auch in der Verantwortung für das aktuelle Gelingen und den überdauernden Ertrag des Unterrichts steht.

Dieser Methodenlehre vorgeschaltet ist ein kurzer Beitrag, der nach dem „Sinn" der Methodik und den sie bestimmenden allgemeinen Prinzipien fragt. Dies kann freilich nicht viel mehr als ein erster Versuch sein. In dem anschließenden zentralen Beitrag dieses Kapitels wird versucht, von den methodischen Maßnahmen als den „Bausteinen" des unterrichtlichen Handelns über die methodischen Verfahrensweisen, d.h. den möglichen Lehr- und Lernwegen, zu den Unterrichtsformen im Sinne der übergeordneten Konzeptionen vorzudringen. Dabei wird vor allem der zweite Bereich etwas ausführlicher diskutiert. Bei der Darstellung der Unterrichtsformen wird auf die – vor allem für „offene" Konzeptionen typischen – Schülertätigkeiten hingewiesen.

Die eben als „Bausteine" des Unterrichts bezeichneten Lehrerhandlungen, die als methodische Maßnahmen zumeist recht deutlich den äußeren Ablauf einer Unterrichtsstunde bestimmen, werden anschließend in Einzelbeiträgen behandelt. Es sind dies zunächst die Anweisungen, die ein Lehrer – gleich in welcher didaktischen Konzeption – zu geben hat. Sie werden am Beispiel der Bewegungsanweisungen betrachtet, von denen ein fließender Übergang zu den Bewegungskorrekturen besteht. Für beide Formen der verbalen Information wird zunächst die methodische Funktion bestimmt; sodann wird die unterrichtliche Anwendung in einigen Regeln zusammengefasst. Der verbalen schließt sich die visuelle Information an, die am Beispiel des Vormachens – speziell durch den Lehrer – besprochen wird. Es folgt ein bewusst knapp gehaltener Überblick über die Unterrichtsmedien als einer weiteren Möglichkeit zur Verdeutlichung von Bewegungen. Den methodischen Hilfen ist ein relativ ausführlicher Beitrag gewidmet, der zu einem kritischen Umgang mit diesem ebenso schwierigen wie aktuellen Problemkomplex anhalten soll. Diesem Block von Beiträgen angefügt sind einige Überlegungen zu den Imitationsübungen, die einerseits als eine Möglichkeit der Bewegungsdemonstration, andererseits als eine spezielle Form des Übens angesehen werden können.

Abgeschlossen wird dieses Kapitel mit der Darstellung der sogenannten Spielvermittlungsmodelle, eines didaktisch-methodischen Bereichs, der in den zurückliegenden Jahrzehnten besondere Beachtung gefunden hat. Dabei wird versucht, die Vielzahl der speziellen, auf ein bestimmtes Spiel bezogenen Konzeptionen auf einige wenige Grundmodelle zurückzuführen. Dem schließen sich einige Überlegungen zur Charakteristik der wichtigsten Sportspiele an.

Einige geradezu notwendige Erweiterungen zu der hier vorgelegten „Methodenlehre" finden sich im Kapitel „Konzeptionen" der „Alltagsprobleme" (S. 249 ff.), wobei sowohl auf kennzeichnende Entwicklungen der Vergangenheit als auch auf die wesentlichen derzeit in der Sportdidaktik erkennbaren Tendenzen abgehoben wird.

1 Was ist und was will die Methodik?

Zum Verhältnis von Didaktik und Methodik

Die Theorie des Sportunterrichts wird weithin – und das ist ein von ihrer Vorgängerin, der Theorie der Leibeserziehung, übernommenes Merkmal – von einem sehr weiten Methodikverständnis beherrscht. Methodik umfasst demnach nicht nur die Darstellung der Lehr- und Lernwege, sondern auch Fragen der Lehrplan- und Lehrstoffanalyse, der Unterrichtsplanung sowie der Strukturierung und Organisation des Unterrichts, Theoriebereiche, die heute als (fach-)didaktische verstanden und sozusagen in eigenen Kapiteln abgehandelt werden.

Entsprechend ist zwischen einem engeren, auf die Aufbereitung und Darbietung des Unterrichtsstoffs begrenzten, und einem weiteren, die benachbarten Theoriebereiche einbeziehenden Methodikbegriff zu unterscheiden (1).

Legen wir nun den weiten Begriff von Methodik zugrunde, um nicht Dinge auseinanderreißen zu müssen, die letztlich doch zusammengehören (und nur einer systematisierenden Darstellung wegen getrennt werden müssen), und fragen, welche *Funktion* die Methodik hat, so könnte die Antwort etwa folgendermaßen lauten:
- Die Methodik soll die Mittel bereitstellen, die Überblick, Ordnung und Zielstrebigkeit in das unterrichtliche Handeln des Lehrers bringen können.
- Die Methodik soll die Prinzipien bestimmen, nach denen der Lehrer sein Handeln ausrichten und kritisch bewerten kann.

Der erste Aspekt ist letztlich das Anliegen dieses gesamten Buches. In seinen speziellen Bezügen wird er in den nachfolgenden Beiträgen etwas näher betrachtet, so dass hier nur der übergeordnete didaktische Ansatz aufzuzeigen ist. Der zweite Aspekt soll im Anschluss daran kurz angerissen werden.

Das „didaktische Dreieck" als Ausgangspunkt methodischen Handelns

Das unterrichtliche Handeln des Lehrers wird von zwei Aufgaben bestimmt, nämlich
- den Lehrstoff bzw. die Lern- oder Unterrichtsgegenstände so zu strukturieren, dass sie dem Schüler „vermittelt" werden können,
- die Bedingungen und Möglichkeiten festzustellen, unter denen die Schüler diesen Stoff „sich aneignen" können (2).

Es sind dies im Grunde nur die beiden Seiten ein und derselben Sache, nämlich eine Beziehung zwischen Schüler und Stoff herzustellen. Da dieses Vorhaben in seinen beiden Aspekten vom Lehrer gesteuert wird, ergibt sich das sogenannte *didaktische Dreieck*, wie es hier in leicht veränderter Form wiedergegeben ist (Abb. 1).

Diese Form des „didaktischen Dreiecks" kann auch einige Hinweise darauf geben, was Methodik soll und kann:

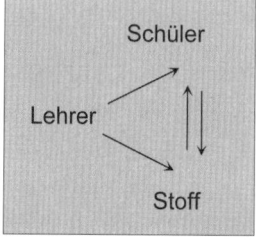

Abb. 1

Sie soll in erster Linie
- Lernen erleichtern, nicht erschweren,
- Möglichkeiten und Wege aufzeigen, keine Zwangsjacke anlegen,
- möglichst allen Schülern gerecht werden.

Vor allem darf Methodik nicht zur Spielerei in der Hand des Lehrers werden, mit der er Wissen (und vielleicht auch Macht) demonstrieren will. Methodik ist dann „richtig" – und zumeist auch am effektivsten –, wenn man möglichst wenig davon merkt.

Zum Problem allgemeiner unterrichtlicher Prinzipien

Methodik kann nicht Selbstzweck sein. Aus dieser These folgt die Frage, ob sich allgemeine Prinzipien bestimmen lassen, die als Richtschnur und Kontrollorgan für das aktuelle unterrichtliche Handeln dienen können. Dabei ist allerdings zu beachten, dass solche übergeordneten Leitsätze, die ja zugleich als Qualitätsmerkmale für „guten Unterricht" anzusehen sind, nur auf einer sehr hohen Abstraktionsstufe formuliert werden können (3). Dies soll hier auf drei Ebenen versucht werden:

(1) *Das unterrichtliche Handeln eines Lehrers muss zweckmäßig im Hinblick auf die von ihm verfolgten Ziele sein.* Was der Lehrer tut, muss dem entsprechen, was er vorhat. Es gibt kein standardisiertes, für alle Fälle und Gelegenheiten „richtiges" Handeln. Überhaupt sollte man in unterrichtlichen – und vor allem in methodischen – Dingen nicht so sehr von „richtig" und „falsch", als vielmehr von „mehr oder weniger zweckmäßig im Hinblick auf bestimmte Ziele und Absichten" sprechen.

Da es aber im Unterricht darum geht, Schüler und Stoff „zusammenzubringen", ist das generelle Kriterium der *Zweckmäßigkeit* aufzuspalten in

- *Sachgerechtigkeit* hinsichtlich der Art und Struktur des Unterrichtsgegenstandes,
- *Angemessenheit* hinsichtlich der Voraussetzungen und Bedürfnisse der Schüler.

„Guter" Unterricht muss also – und das ist gewiss kein leichter „Balanceakt" – sowohl der Sache als auch dem Schüler gerecht werden.

(2) Auf einer zweiten und im engeren Sinne methodischen Ebene gilt die Forderung, dass (Sport-)Unterricht vor allem *zielgerichtet* und *intensiv* sein muss. Da aber beide Prinzipien, für sich genommen, zu Übersteigerungen führen können, ist ihnen jeweils ein „Kontrollkriterium" beizuordnen: Zielstrebigkeit darf nicht zur Einseitigkeit, Intensität nicht zu bloßer Betriebsamkeit führen.

Sportunterricht muss also
- *zielgerichtet, aber vielseitig im Hinblick auf die inhaltliche Gestaltung,*
- *intensiv, aber ausgewogen im Hinblick auf die physische und psychische Belastung der Schüler sein.*

Außerdem sollte er in einer möglichst entspannten Atmosphäre stattfinden.

(3) Die dritte Ebene ist die der *„generalisierbaren Handlungsanleitungen"*, die sich bis auf die Ebene der nur noch für bestimmte Bereiche oder Situationen gültigen „guten Ratschläge" herunterziehen lassen.

Von allgemeiner Bedeutung sind vor allem die folgenden:

Phasen optimaler Lernfähigkeit nutzen.

Erfolgversprechendes und rationelles Lernen ist nur möglich, wenn die alters- und entwicklungsmäßigen Voraussetzungen gegeben sind. Hier ist zunächst das Problem der „Verfrühung" angesprochen, das seine Ursachen in falschen Übertragungen aus dem Leistungssport hat und zum Teil auch durch die Lehrpläne bedingt ist. Andererseits weiß man, dass Dinge, die im Kindes- und Jugendalter versäumt worden sind, sich später nur mühsam und unvollkommen nachholen lassen. Für das Erlernen sportlicher Grundfertigkeiten gilt das 10. bis 12. Lebensjahr als bestes Lernalter.

Lieber weniger, das aber richtig tun.

Selbst im „besten Alter" braucht optimales Lernen Zeit und Geduld. Man sollte also nicht alles Mögliche beginnen und dann nur unvollkommen zu Ende führen, sondern sich auf das Notwendige und Grundlegende beschränken.

Aus wenigem viel machen.

Bei aller Konzentration auf das Wesentliche darf der Unterricht nicht eintönig und langweilig werden. Die behandelten Gegenstände müssen vielmehr den Schülern in vielfältigen Variationen und in wechselnden Zusammenhängen „immer wieder neu" nahegebracht werden.

Möglichst wenig falsch machen.

Wesentliches Prinzip ist, im Großen wie im Kleinen nichts zu tun, was die späteren Entwicklungs- und Entfaltungsmöglichkeiten der Schüler beeinträchtigen könnte oder in irgendeiner Weise in eine Sackgasse führen würde.

Erfolgreich und zugleich – für Schüler *und* Lehrer – zufriedenstellend unterrichten heißt aber auch, sich stets bewusst zu sein, dass alle „Maßnahmen" und „Verfahrensweisen" nicht nur eine didaktische, das Lehren und Lernen betreffende, sondern auch eine individual- und sozialpsychologische Funktion haben, insofern als da jemand ist, der sich bewegt, dabei etwas empfindet, etwas erlebt und dadurch auch bestimmte Erfahrungen macht. Bewegung ist ein wesentliches Merkmal unseres Menschseins; sie hat für jeden von uns eine konstitutive Bedeutung. Somit ist „sich Bewegen", zumal im Schulsport, und dort vielleicht auf Kommando und vor den Augen der anderen, etwas anderes als Rechenaufgaben lösen oder Gedichte aufsagen.

Anmerkungen

(1) Das weite Verständnis von Methodik wird vor allem von den auch zeitlich vorangegangenen Büchern von FETZ und STIEHLER, das engere von EGGER und GRÖBING repräsentiert, während das schon ältere Buch von KOCH/MIELKE ebenso wie das neuere der BIELEFELDER SPORTPÄDAGOGEN eigenständige Konzeptionen vertreten. Vgl. die Literaturhinweise zum Beitrag: Methoden, S. 198.
(2) Vgl. den Beitrag: Was heißt „Unterricht planen und vorbereiten"? S. 109.
(3) Vgl. den Beitrag: Unterrichtsbeobachtung – Unterrichtsbeurteilung, S. 56.

2 Methoden

Methodische Maßnahmen, methodische Verfahrensweisen, Unterrichtsformen

Zur Stellung der Methodik in der Sportpraxis und Sportwissenschaft

Methodik hat eine Schlüsselfunktion für den Sportlehrer. Methodische Kenntnisse und Fähigkeiten verleihen ihm Handlungssicherheit und – auch das muss man sehen – eine gewisse Macht über den Schüler. Der Lehrer weiß ja, wie es geht; er ist sozusagen im Besitz des höheren Wissens, das er gerne für sich behält.

Gemeint ist hier allerdings in erster Linie die *spezielle Methodik*, also die Lehr- und Lernwege zu bestimmten sportlichen Fertigkeiten, Übungen und Handlungskomplexen. Methodik in diesem Sinne ist ganz überwiegend Erfahrungswissen, wissenschaftlich abgesichert allenfalls nach Art der „Black-box-Theorien": Man weiß zwar, *dass* etwas so oder so funktioniert, nicht unbedingt aber, *warum* es funktioniert.

Methodik ist aber auch ein eigenständiges Theoriefeld, das wissenschaftlichen Ansprüchen genügen sollte. Methodisches Handeln muss also in sich schlüssig und anhand übergeordneter Kriterien überprüfbar sein. Das „Werkzeug" hierfür bereitzustellen, ist Sache der *allgemeinen Methodik*.

Methodik ist weiterhin eine *Integrationswissenschaft*. In ihr fließen sportwissenschaftliches Grundlagen- und Detailwissen wie in einem Knotenpunkt zusammen, um hier gewissermaßen auf die Anwendungsebene transformiert zu werden. In der Praxis geht es dabei vor allem darum, methodisches Handeln – und hier wiederholen wir einen an anderer Stelle geäußerten Gedanken (1) – konsequent aus der Struktur des Gegenstandes abzuleiten und ebenso konsequent auf die Voraussetzungen und Bedürfnisse der Zielgruppe auszurichten.

Wenn wir uns nun dem Theoriefeld der allgemeinen Methodik zuwenden, machen wir eine – zunächst – überraschende Feststellung: Es zeigt sich, dass die Methoden zur Entwicklung und Vervollkommnung bzw. zur Vermittlung und Erarbeitung von
- *konditionellen Fähigkeiten* von der *Trainingslehre*,
- *koordinativen Fähigkeiten* von der *Bewegungslehre*,
- *sportlichen Fertigkeiten* von der *Sportdidaktik*

bearbeitet werden, die *allgemeine Methodik* aber lediglich dem letztgenannten Bereich zugeordnet wird.

Diese „Arbeitsteilung" ist insofern gerechtfertigt, als die Begriffe „Fähigkeiten" und „Fertigkeiten" auf verschiedenen Ebenen liegen. Zwischen ihnen besteht aber ein unauflösbares Wechselverhältnis, gibt es doch keine sportliche Fertigkeit, die nicht bestimmte konditionelle und koordinative Fähigkeiten voraussetzen würde. Aus dieser Sicht werden Trainingslehre und Bewegungslehre zu Hilfswissenschaften der Sportdidaktik. In der eben beschriebenen Aufgliederung eines an sich einheitlichen Lehr- und Forschungsgebietes liegt also stets die Gefahr, dass die „Lehr- und Lernmethoden" der Sportdidaktik sich von ihren trainingswissenschaftlichen und bewegungstheoretischen Grundlagen ablösen und zum Selbstzweck oder gar zur methodischen Spielerei in der Hand des Lehrers werden.

Im Folgenden geht es um Methodik in engeren Sinne, also um die „allgemeine Methodik als Theoriefeld der Sportdidaktik". Dabei untergliedern wir in
- methodische Maßnahmen als methodische Einzelhandlungen des Lehrers,
- methodische Verfahrensweisen als typische Methodenstrukturen,
- Unterrichtsformen als übergeordnete pädagogische Grundformen.

Methodische Maßnahmen

Methodische Maßnahmen sind die *Einzelhandlungen des Lehrers*, die „Aktionsformen des Lehrens" (BREHM in: BIELFELDER SPORTPÄDAGOGEN 2003), mit denen der Lehrer den Lernprozess in Gang setzt und ihn im weiteren Verlauf steuernd und korrigierend begleitet. Dabei kann er etwas *sagen, zeigen* oder *tun*. Dies führt zu einer Dreigliederung in
- die verbalen Maßnahmen der *Bewegungsanweisung, -erklärung* und *-anregung*,
- die visuellen Maßnahmen der *Bewegungsdemonstration* und der *medialen Bewegungsdarstellung*,
- die praktischen Maßnahmen der *Bewegungshilfe* und *-sicherung*.

Im Hinblick auf die *Funktion* kann dabei zwischen *hinführenden, korrigierenden* und *ausformenden Maßnahmen* unterschieden werden.

Die Anwendungsgebiete, Funktionen, Regeln und Probleme der methodischen Maßnahmen werden in den folgenden Beiträgen zu Bewegungsanweisung und -korrektur, Vormachen, Medien und methodischen Hilfen etwas eingehender dargestellt.

Methodische Verfahrensweisen

Unter „Methoden" im eigentlichen Sinne versteht man die *methodischen Verfahrensweisen* und damit die nach bestimmten Prinzipien aufbereiteten „*Lehr- und Lernwege*", die zu den sportlichen Fertigkeiten und Handlungen führen sollen.

Es mag sein, dass dieser Teil der „Methodenlehre" früher überbetont worden ist, zumal die beschriebenen Lehr- und Lernmethoden relativ abstrakte Konstruktionen sind und in der Praxis kaum jemals in reiner Form erscheinen. In Training und Unterricht dominieren vielmehr spezielle Methodenkonzeptionen, die für eine bestimmte Sportart, Übung oder Disziplin sozusagen maßgeschneidert und in der Regel auch deutlich lehrer- bzw. trainerorientiert sind.

Dennoch ist es wichtig, sich einen Überblick über dieses Fachgebiet der allgemeinen Methodik zu verschaffen, einerseits um daraus Anregungen zu gewinnen, andererseits um das eigene Handeln daran messen und überprüfen zu können.

In den methodischen Verfahrensweisen erscheinen die methodischen (Einzel-)Maßnahmen in einer jeweils *typischen Abfolge*. Dies lässt sich z.B. an dem althergebrachten Begriffspaar der *deduktiven und induktiven Methode* verdeutlichen (Abb. 1).

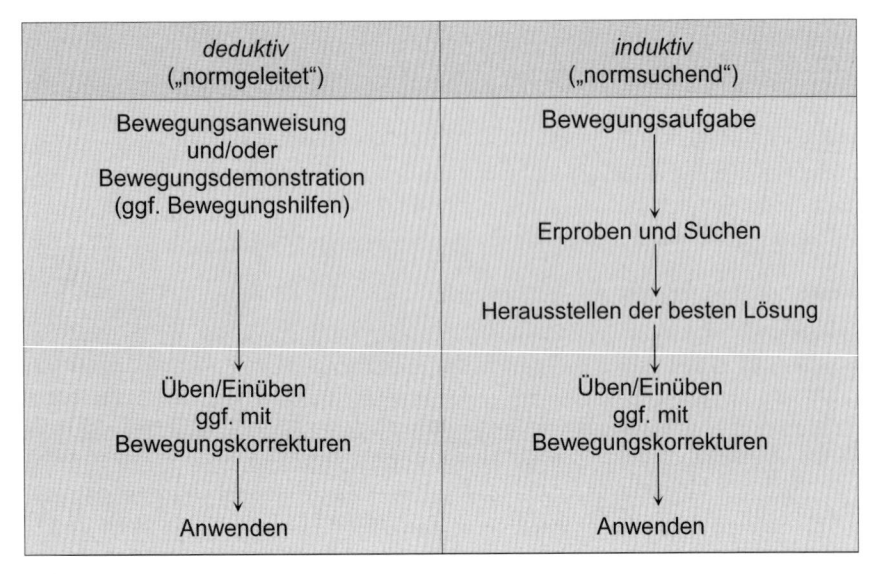

deduktiv ("normgeleitet")	induktiv ("normsuchend")
Bewegungsanweisung und/oder Bewegungsdemonstration (ggf. Bewegungshilfen)	Bewegungsaufgabe ↓ Erproben und Suchen ↓ Herausstellen der besten Lösung
↓ Üben/Einüben ggf. mit Bewegungskorrekturen ↓ Anwenden	↓ Üben/Einüben ggf. mit Bewegungskorrekturen ↓ Anwenden

Abb. 1

Indessen sind die Begriffe „deduktiv" und „induktiv" recht unglücklich gewählt; „normgeleitet" und „normsuchend" klingen zu anspruchsvoll. Sie werden in den folgenden Ausführungen vermieden.

Wenn man nun die im Bereich der methodischen Verfahrensweisen möglichen Formen auf das Grundsätzliche reduziert, zeigen sich zwei *„Gegensatzpaare"*, nämlich:
- *strukturierte Lehrwege* versus *offene Lehrwege*,
- *Ganzmethode* versus *Teilmethode*.

Diese beiden Begriffspaare liegen nicht auf derselben Ebene: Die Einstufung als „strukturiert" und „offen" betrachtet das Methodenproblem mehr von den Schülern aus. Es wird gleichsam danach gefragt, wie man Stoff und Schüler zusammenbringen kann. Es sind *„Methoden der Stoffvermittlung"*. „Ganzmethode" und „Teilmethode" gehen demgegenüber vom Stoff aus und fragen, in welcher Aufbereitung er den Schülern vermittelt werden kann. Es sind *„Methoden der Stoffbehandlung"* (HASENKRÜGER/LEIRICH/BURISCH in: STIEHLER 1973).

Die vier genannten Vorgehensweisen lassen sich wie folgt näher charakterisieren und weiter ausdifferenzieren:

Strukturierte Lehrwege

„Strukturiert" (man könnte auch „geschlossen" sagen) ist ein Lehrweg dann, wenn er sowohl ein *vorbestimmtes Ziel* anstrebt als auch einem *vorgegebenen Programm* folgt. Dieses „Programm" kann schriftlich fixiert sein, der allgemeinen Gewohnheit entsprechen oder dem Kopf eines einzelnen Lehrers entstammen. Beim „Neulernen"

einer sportlichen Fertigkeit oder Handlung bestehen solche Programme regelmäßig in einer *Erleichterungsstrategie*, die dem vielzitierten Prinzip „vom Leichten zum Schweren" folgt und sich im Sport vor allem in drei Formen konkretisiert, nämlich
- von erleichterten Bedingungen zur selbständigen Lösung der Aufgabe (2),
- von vereinfachten zu komplexen Anforderungen (3),
- von der Lösung der Hauptschwierigkeit zum Erlernen des Gesamtablaufs einer Bewegung oder Handlung (4).

Die Umsetzung dieser allgemeinen Prinzipien erfolgt im Rahmen der nachher zu betrachtenden „Methoden der Stoffbehandlung" (z.B. als Ganz- oder Teilmethode).

Offene Lehrwege

Offene Lehr- und Lernwege gehen von dem Grundsatz aus, die Schüler „auf ihre Art" lernen zu lassen; sie sind also auf eine möglichst selbständige und selbsttätige Auseinandersetzung der Schüler mit dem Stoff ausgerichtet. Dabei lassen sich zwei *Grundtypen* unterscheiden, nämlich
- Lehrwege, die *vom Ansatz her* offen sind,
- Lehrwege, die *zum Ziel hin* offen sind.

Die erste Form nach dem Prinzip „offener Weg – festes Ziel" erscheint in der Praxis in zwei Varianten, so dass sich insgesamt *drei Grundformen* ergeben:

(1) Der Lehrer stellt eine – relativ unspezifische, aber nicht zu weit gefasste – *Bewegungsaufgabe*, z.B.: „Versucht, eine möglichst hohe Leine zu überspringen", oder: „Überwindet den Kasten, indem ihr nur mit den Händen aufstützt". Die von den Schülern – zumeist in Gruppen – erarbeiteten Lösungen werden anschließend vorgeführt und miteinander verglichen.

Dieses Verfahren, das der oben erwähnten „induktiven Methode" entspricht, ist zwar sehr zeitaufwendig, aber dann unproblematisch, wenn es mehrere, zumindest aus der Sicht der Schüler gleichrangige Lösungen gibt. In allen anderen Fällen wird es, sofern es über einfache *Erprobungs- und Gestaltungsaufgaben* hinausgeht, sehr schnell fragwürdig, und dies aus folgenden Gründen:

Zumeist hat der Lehrer ein weitergehendes Ziel im Kopf, z.B. „Erarbeitung der rationellsten Hochsprungtechnik". In diesem Fall müssten alle Schüler alle gefundenen Lösungen (sofern die „richtige" überhaupt dabei ist) bis zu einem bestimmten Beherrschungsgrad üben, um nach Art einer statistischen Aussage zu einem eigenständigen Urteil zu kommen. Das aber kostet Zeit und strapaziert die Geduld von Lehrer und Schülern gleichermaßen. Also ist der Lehrer geneigt, die vorgeschlagenen Lösungen relativ willkürlich und manipulativ in „gute" und „schlechte" einzuteilen, um möglichst schnell zum gewünschten Ergebnis zu kommen (5).

Es kommt hinzu, dass bei fast allen gängigen sporttechnischen und weithin auch sporttaktischen Fertigkeiten die zweckmäßigste Lösung den Schülern im Voraus bekannt ist: Sie *wissen*, dass der Flop die „beste" Hochsprungtechnik, die Hocke ein „wertvoller" Sprung und der Sprungwurf eine effektive Art des Toreschießens ist.

Vielleicht wäre es also besser, an dieses Vorwissen der Schüler anzuknüpfen, etwa nach dem folgenden, an der neueren didaktischen Entwicklung orientierten Modell:

(2) Der Lehrer gibt – ggf. in Absprache mit den Schülern – das Lernziel bekannt und stellt das notwendige Arbeitsmaterial (z.b. in Form des erforderlichen Grundlagenwissens) bereit, überlässt das Auffinden des Lösungswegs aber den Schülern. Es ist dies das Grundprinzip des *handlungsorientierten Unterrichts*, das nicht ausschließt, dass der Lehrer auf Wunsch auch Vorschläge macht und Anregungen gibt oder Zwischenergebnisse kritisch beurteilt.

Das Problem bei diesem Vorgehen liegt zumeist darin, dass Schüler – zumal im Sport als einem ihnen vertrauten und scheinbar leicht zugänglichen Lebensgebiet – eine einmal gefundene Lösung vorschnell als die richtige und endgültige ansehen. Die Aufgabe „Erarbeitung des fliegenden Wechsels" sehen sie beispielsweise dann als gelöst an, wenn es ihnen gelingt, das Staffelholz weiterzugeben. Das Grundproblem der Geschwindigkeitsangleichung zwischen abgebendem und annehmendem Läufer rückt in der Regel nicht in ihr Bewusstsein. Also ist der Lehrer genötigt, gezielte Arbeitsaufgaben zu stellen oder Übungshinweise zu geben. Dies erscheint aber sehr schnell als konzeptioneller Bruch oder als systemwidriger Eingriff in die Selbsttätigkeit und Selbstbestimmung der Schüler.

In Weiterführung dieses Gedankens hat man deshalb für eine noch konsequentere Öffnung des Sportunterrichts, vor allem auch hinsichtlich der verfolgten Zielsetzungen, plädiert. Dies führt zum „offenen Sportunterricht" als einem zwar primär didaktischen Problem, aber einem solchen mit konkreten methodischen Konsequenzen:

(3) Der *offene Sportunterricht* als sportdidaktisches Modell geht von einer gegebenen Situation, einem Arrangement oder einer „Inszenierung", also einer allgemeinen Rahmenvorgabe aus, die von den Schülern nach ihren Bedürfnissen gestaltet werden soll. Ausgangspunkt ist damit eine – vielleicht künstlich geschaffene – Realität; das zu erreichende Ziel bleibt prinzipiell offen, jedenfalls solange es sich nicht als offensichtlich unsinnig oder gefährlich erweist (6).

Da nun aber der Sport – zumindest in seinem traditionellen Verständnis und weitgehend auch in dem der Schüler – ein relativ „geschlossenes" System darstellt, widersetzt er sich einer solchen Öffnung von Natur aus. Dementsprechend beziehen sich die bisher veröffentlichten Vorschläge zum offenen Sportunterricht vorwiegend

- auf ein prinzipielles „Andersmachen" des Vorgefundenen ohne Nachweis eines tatsächlichen Bedürfnisses oder einer inneren Konsequenz,
- auf Bewegungsideen, die kaum noch dem Sport, allenfalls seinen Randbereichen zuzuordnen sind,
- auf Themen, Vorschläge und Gestaltungen, die mehr der darstellenden Kunst als dem Sport entstammen.

Auf der anderen Seite kann das Modell des offenen Sportunterrichts auch viel zu der Erkenntnis beitragen, dass ein enges „Sportartendenken" dem Sport, und namentlich dem Schulsport, allzu starre Fesseln anlegt, die notwendige Anpassung an unterschiedliche Voraussetzungen und veränderte Bedürfnisse erschwert und anstehende Fortentwicklungen blockiert.

Ganzmethode

„Ganzmethode" oder Ganzheitsmethode ist eine recht pauschale Bezeichnung für ein Bündel von methodischen Verfahrensweisen, die darauf ausgerichtet sind, eine Bewegungsfertigkeit oder Bewegungshandlung im Prinzip als Ganzheit zu vermitteln. Dabei lassen sich im Wesentlichen *drei Aspekte* erkennen:

(1) Viele, wenn nicht die meisten sportlichen Tätigkeiten und Fertigkeiten werden vom Schüler von Natur aus „gekonnt" oder sind für ihn so einfach und unmittelbar einsichtig, dass er sich diese mit einigem *Versuchen und Probieren selbst aneignen kann*. In diesen Fällen bedarf es also keiner „Methodik" im üblichen Sinne. Unter sich lernen Kinder ja auch erstaunlich vieles ohne jede Anleitung.

(2) Die Mehrzahl der schwierigeren sportlichen Fertigkeiten kann unter Einsatz von *methodischen Hilfen* und anderen *Erleichterungsstrategien* (z.B. Verminderung des Krafteinsatzes, Verlangsamung des Ausführungstempos oder Herstellung von Standardbedingungen, speziell bei den sogenannten offenen Fertigkeiten) mit mehr oder weniger großem Aufwand als Ganzheit erlernt werden.

(3) In speziellen Fällen genügt es, nur die *maßgebliche Bewegungsaktion* ausführen zu lassen, um die Gesamtbewegung gleichsam abzurufen, oder durch gezielte *Formveränderungen* von einer ähnlichen zu einer neuen Technik zu gelangen, wie dies am Beispiel des Kraul- und Delphinschwimmens beschrieben wird (7). In ähnlicher Weise versucht das Prinzip der *„graduellen Annäherung"*, von der unvollkommenen, aber strukturell richtigen Grundbewegung allmählich zum gekonnten und perfekten Bewegungsablauf vorzustoßen.

Teilmethode

„Teilmethode" bezeichnet gleichfalls eine vielgestaltige Palette von Vorgehens- und Verfahrensweisen, die dann angezeigt sind, wenn eine sportliche Fertigkeit oder Handlung zu umfangreich oder zu komplex ist, um als Ganzheit erlernt zu werden. Der Gesamtablauf wird in irgendeiner Weise zerlegt oder aufgeteilt (8).

Dabei ergeben sich zwei Grundprinzipien, nämlich
- die Aufgliederung in *Teilabschnitte*, vor allem bei Bewegungsabläufen mit mehreren, zeitlich aufeinanderfolgenden Bewegungsaktionen (= „Sukzessivkombinationen", z.B. Hochsprung, Ballweitwurf, Korbleger),
- die Aufgliederung in *Teilbewegungen,* vor allem bei Fertigkeiten mit mehreren gleichzeitig ablaufenden Bewegungsaktionen (= „Simultankombinationen", z.B. Kraulschwimmen, jazzgymnastische Elemente).

Indessen ist eine Zerlegung von sportlichen Bewegungsabläufen, der sogenannten Zieltechniken, prinzipiell problematisch, da zwischen den Teilelementen vielfältige, zum Teil recht intensive *Wechselbeziehungen* bestehen.

Das Prinzip der „Aufgliederung in funktionelle Teileinheiten" ist also viel schwerer zu realisieren, als es auf den ersten Blick erscheint. Hier sollte die Methodik die Erkenntnisse der Bewegungslehre beachten, wie folgende Überlegung zeigen kann:

Selbst die Hauptfunktionsphase einer sportlichen Bewegung ist nicht in dem Sinne funktional unabhängig, als dass sie sich beim Herauslösen aus dem Gesamtablauf in ihrer räumlichen und dynamischen Struktur nicht verändern würde: Der Wurf aus dem Stand ist etwas anderes als aus dem Anlauf; „Kippstoß" oder „Hüftschnepper" können je nach den Rahmenbedingungen etwas sehr Unterschiedliches bedeuten; der Kraul- oder Delphinbeinschlag hat als alleinige Antriebsquelle eine andere Funktion als im Zusammenwirken mit dem Armzug.

Wo immer möglich, sollte man also versuchen, die „weggelassenen" Teile
- durch eine einfachere Bewegung zu *ersetzen*, vor allem wenn sie dem zu übenden Teilabschnitt vorangehen (z.b. Angehen statt Anlaufen oder Angleiten bei Wurf und Stoß) oder zu ihm parallel laufen (z.b. Brust- statt Delphinarmzug),
- zu *imitieren*, vor allem wenn sie dem zu übenden Teilabschnitt folgen (z.b. Absprungimitation nach dem Anlauf zum Flop).

Um diesen Schwierigkeiten zu begegnen, wird auf die *„Ganz-Teil-Ganz-Methode"* verwiesen: Vertrautmachen mit dem Bewegungsablauf als Ganzheit – gezieltes Üben der wesentlichen Teilabschnitte – (Wieder-)Integration in den Gesamtablauf.

Damit wird die didaktische Funktion der Teilmethode jedoch vom „Lernen" auf das „Üben", d.h. die gezielte Verbesserung und Ausprägung leistungsrelevanter Bewegungsmerkmale, verlegt. Für den Lernprozess förderlicher dürfte das an anderer Stelle beschriebene „Üben nach Aufmerksamkeits- und Beobachtungsschwerpunkten" (9) sowie die gezielte Verwendung von Imitationsübungen sein (10).

Das Kernproblem der Teilmethode liegt also im *Zusammenfügen der Einzelteile*, weil damit stets ein gewisses Umlernen verbunden ist. Dieses Zusammenfügen erfolgt nur ausnahmsweise durch ein „Aufaddieren" der isoliert gelernten Teilelemente (etwa nach der Formel: Standwurf + Drehung = Schleuderballwurf), sondern in aller Regel durch Hinzunahme eines weiteren Teilabschnitts zu dem oder den jeweils gelernten („progressive Teilmethode").

Dabei lassen sich zwei Grundprinzipien erkennen, das der *Reihung* und das der *Aufschaltung*, deren praktische Anwendung wiederum von der Art und Struktur der Gesamtbewegung abhängt:

(1) Bei Sukzessivkombinationen ergibt sich, gleichsam von selbst, eine mehr oder weniger deutliche *Reihung* oder Übungsreihung. Diese wiederum kann erfolgen:
- „von vorn nach hinten", wie es sich fast zwangsläufig z.B. bei Sprüngen und allen Bewegungsabläufen ergibt, die nach ihrer Einleitung nicht mehr abgebrochen werden können,
- „von hinten nach vorn", wie es sich z.B. beim Werfen und Stoßen und allen vergleichbaren Bewegungsabläufen anbietet, deren Hauptfunktionsphase (im Wesentlichen) den Abschluss bildet,

- „von der Mitte nach außen", wenn der Hauptfunktionsphase sowohl einleitende als auch aussteuernde Funktionsphasen angelagert sind, wie z.B. bei den meisten Gerätübungen und bei komplexen gymnastischen Elementen.

In der Praxis ergeben sich vielfältige Mischformen aus diesen drei Prinzipien.

(2) Bei Simultankombinationen gilt das Prinzip der *Aufschaltung*: Der als maßgeblich empfundenen Bewegung werden die zugleich ablaufenden Teilbewegungen gleichsam beigegeben, wie Übungen aus dem Bereich der Sportspiele, des Gerätturnens, dem Schwimmen und der Gymnastik (z.B. in der Koordination von Rumpf- oder Bein- mit Armbewegungen) zeigen können. Solche Aufschaltungen führen in aller Regel zu einer vorübergehenden Irritation in der Gesamtbewegung.

Bisweilen lässt sich nur schwer entscheiden, ob primär das Prinzip der Reihung oder der Aufschaltung vorliegt. Beim Sprungwurf z.B. zeigt die Impulsfolge ein deutliches Nacheinander, die Teilbewegungen aber überlagern sich.

Zum Problem der Methodenwahl

Methoden, methodische Verfahrensweisen und Methodenkonzeptionen sind keineswegs frei wählbar. Die Entscheidung für ein bestimmtes Vorgehen hängt, wie die vorangegangenen Betrachtungen gezeigt haben, vielmehr ab
- von der Struktur und Schwierigkeit der Sache bzw. des Unterrichtsgegenstandes,
- von den übergeordneten didaktischen Modellvorstellungen und den sie bestimmenden pädagogischen Intentionen.

Unter „didaktischen Modellvorstellungen" soll dabei eher das „Bild vom richtigen Unterricht", das jeder Lehrer mehr oder weniger deutlich vor Augen hat, unter „pädagogischen Intentionen" eher die Verwirklichung der allgemeinen Ziele und Leitvorstellungen für den Sportunterricht verstanden werden.

Es ist also prinzipiell fragwürdig, *allgemeine Grundsätze* für die Methodenwahl zu formulieren. Dennoch sollte man, solange keine konkreten Gegengründe vorliegen, an der altbewährten Regel festhalten:

So direkt und ganzheitlich wie möglich!

Darüber hinaus wäre folgendes zu bedenken:

(1) Bei sportlichen Tätigkeiten, Fertigkeiten und Handlungen, die dem Schüler bekannt sind und die er vielleicht auch kann, stellt sich vorwiegend das Problem der Optimierung durch Abstellen von Bewegungsfehlern und Verbesserung der leistungsbestimmenden Bewegungsmerkmale. Dies ist Sache von strukturierten Lehrwegen und gezielten Arbeitsaufgaben.

(2) Für Bewegungsfertigkeiten und -handlungen, die dem Schüler nicht unmittelbar vertraut sind, die er sich aber auf Grund seiner Erfahrungen und Erkenntnismöglichkeiten selbst aneignen kann, eignen sich offene Lehrwege.

(3) Bei Unterrichtsgegenständen, die wegen besonderer biomechanischer Bedingungen (z.B. Kippbewegungen) oder ihrer komplizierten Handlungsstruktur (z.B. kombi-

nierte Verteidigungssysteme) dem Schüler nicht ohne Weiteres zugänglich sind, ist wiederum das Wissen des Lehrers gefragt.

Unterrichtsformen

Die Unterrichtsformen stellen sich gewissermaßen als die organisationsmethodischen Konkretisierungen bestimmter didaktischer Modelle und methodischer Strukturen dar. Dabei ergeben sich zwei Grundprinzipien:
- der *lehrerzentrierte Unterricht*,
- der *schülerorientierte Unterricht*.

Dies sind freilich idealtypische Zuordnungen. Letztlich wird damit nur der Grad der Selbsttätigkeit der Schüler ausgedrückt. In der Praxis ergeben sich fließende Übergänge und vielfältige Mischformen. In allen Fällen handelt es sich nämlich um Unterricht als einer institutionalisierten Einrichtung. An der „führenden Rolle" des Lehrers kann dabei kein Zweifel bestehen (11).

(1) Beim primär *lehrerzentrierten Unterricht* lassen sich im Wesentlichen zwei Grundformen unterscheiden:
- der direkt vom Lehrer gesteuerte sogenannte Frontalunterricht,
- der indirekt vom Lehrer durch ein Programm gesteuerte Unterricht.

Der *Frontalunterricht* dürfte nach wie vor die häufigste Unterrichtsform sein: Der Unterricht wird vom Lehrer geplant und vorbereitet und von ihm sowohl auf der methodischen als auch auf der organisatorischen Ebene gesteuert. Dabei ist es gleichgültig, ob alle Schüler zugleich tätig werden oder ob die Klasse aus organisatorischen Gründen in Gruppen eingeteilt ist. Hierher gehört auch der *Riegenunterricht* als einer in den wesentlichen Punkten vom Lehrer gelenkten Unterrichtsform.

Beim *programmgesteuerten Unterricht* hat der Lehrer seine Funktion, soweit sie den Inhalt des Unterrichts betrifft, an ein selbstgefertigtes oder vorfabriziertes *Lehr-, Lern- oder Übungsprogramm* weitergegeben. Die organisatorische Form für diese Unterrichtsform ist der *Stationsunterricht*: Die Schüler absolvieren die einzelnen Lernschritte oder Übungsaufgaben an jeweils einer „Station" und wechseln danach einzeln oder gemeinsam zur nächsten. Bei Lernprogrammen im eigentlichen Sinne stellt sich dabei das Problem der *Erfolgskontrolle*, also der Rückmeldung darüber, ob die Aufgabe bewältigt worden ist. Dies kann durch den Lehrer, durch die Schüler untereinander oder durch Selbsteinschätzung geschehen.

(2) Auch beim mehr *schülerorientierten Unterricht* lassen sich, wie oben bereits ausgeführt, zwei Grundstrukturen erkennen:
- das Modell des handlungsorientierten Unterrichts,
- das Modell des offenen Unterrichts.

Im *handlungsorientierten Unterricht* bearbeiten die Schüler selbständig die vom Lehrer gestellten oder in einer Vorbereitungsphase vereinbarten Lern-, Übungs- oder Arbeitsaufträge. Die Ergebnisse werden dann vorgestellt und gemeinsam ausgewertet.

Methoden 207

Beim *offenen Unterricht* kommt hinzu, dass die Schüler nicht nur die Lösungswege selbst finden, sondern auch die zu lösenden Aufgaben und die damit verfolgten Zielsetzungen erarbeiten und nach ihren Vorstellungen gestalten sollen.

Die dominierende organisatorische Form aller schülerorientierten Unterrichtsformen ist die *Gruppenarbeit*, zumeist in Kleingruppen von zwei bis (höchstens) sieben Schülern. Diese kann durch andere Formen, z.B. Einzelarbeit (vor allem bei Gestaltungs- und Erkundungsaufgaben) oder Arbeit im Klassenverband (vor allem als Unterrichtsgespräch) ergänzt werden.

Typische *Schülertätigkeiten* für alle Formen des schülerorientierten Unterrichts sind:
- Erkunden (Suchen, Sammeln, Entdecken),
- Erproben (Ordnen, Versuchen, Ausprobieren),
- Gestalten (Variieren, Verändern, Verbessern),
- Präsentieren (Darbieten, Vorstellen, Vorführen).

Dabei ergeben sich, je nach Art der Aufgabenstellung bestimmte, regelmäßig wiederkehrende *Handlungsabfolgen*, z.B.:
Erkunden – Erproben – Präsentieren,
Gestalten – Präsentieren.

Dazu treten die übergeordneten, nicht an eine bestimmte unterrichtliche Konzeption gebundenen und bereits vor längerer Zeit formulierten Tätigkeits- und Verhaltensweisen des *Spielens, Übens, Trainierens* und *Wettkämpfens*.

Den schülerorientierten und offenen Unterrichtsformen wird allgemein ein höherer pädagogischer Stellenwert zugeschrieben, geht es doch darum, nicht nur die Eigentätigkeit und Selbständigkeit der Schüler zu fördern, sondern auch ihre (subjektiven) Interessen und (objektiven) Bedürfnisse zu berücksichtigen. Aber auch für einen solchen Unterricht gilt (12),
- dass er sich im Rahmen der gesellschaftlichen Rahmenvorgaben, z.B. Schulrecht und Lehrplan, bewegen muss,
- dass er nicht in die Hände einer „aktiven Minderheit" unter den Schülern fallen und die Klasse in „Mächtige" und „Unterdrückte" aufspalten sollte,
- dass er nicht zum Instrument der offenen oder verdeckten Manipulation durch den Lehrer werden darf.

Umgekehrt bedeutet das aber auch, dass beim „lehrerzentrierten" Unterricht der Lehrer seine Ziele und Vorstellungen offenlegen und – zumindest in groben Zügen – auch begründen muss. Auch für einen solchen „geschlossenen" Unterricht gilt die allgemeine Regel, dass der Lehrer nichts vorgeben sollte, was die Schüler von selbst als richtig erkennen oder als zweckmäßig einsehen könnten.

Die besprochenen Maßnahmen, Verfahrensweisen und Unterrichtsformen sind in Abb. 2 im Überblick dargestellt.

Anmerkungen

(1) In dem Beitrag: Vorsicht, methodische Übungsreihe! S. 123.
(2) Dieses Prinzip liegt den meisten „methodischen Übungsreihen" zugrunde. Mit FETZ kann man dabei die drei Grundtypen der „verminderten Lernhilfe", der „graduellen Annäherung" und der „Aufgliederung in funktionelle Teileinheiten" unterscheiden.
(3) Die aus der Bewegungslehre übernommene Unterscheidung von „geschlossenen" und „offenen" Fertigkeiten ist für die Methodik wenig hilfreich. Zum einen gibt es für den Anfänger keine wirklich geschlossene Fertigkeit, zum andern wird man versuchen, eine an sich offene Fertigkeit zum Zwecke des Erlernens in eine möglichst geschlossene zurückzuverwandeln.
(4) Es ist dies das Prinzip des „funktionalen Lernens" und steht als solches nur scheinbar im Widerspruch zu den vorher genannten. Fast jede Fertigkeit, die nicht dem Bereich der Grundtätigkeiten entstammt, enthält nämlich eine Hauptschwierigkeit, die sich nicht weiter erleichtern lässt, sondern im ganzen bewältigt werden muss. Vgl. auch die Beiträge: Lernen, S. 268, und: Üben, S. 264.
(5) Die Ähnlichkeit dieses Vorgehens mit dem „fragend-entwickelnden Lehrverfahren" der wissenschaftlichen Fächer ist offensichtlich. Man erhofft sich davon ein lebhafteres Schülerinteresse und einen dauerhafteren Lernerfolg. Abgesehen davon, dass dies keineswegs nachgewiesen ist, wird die Fragwürdigkeit dieses weithin praktizierten „Erarbeitungsmusters" spätestens dann deutlich, wenn es zum Ratespiel um die Absicht des Lehrers wird. Vgl. dazu auch: GRELL, J./GRELL, M.: Unterrichtsrezepte. Weinheim 1983.
(6) Vgl. den Beitrag: Offener Sportunterricht, „Alltagsprobleme" S. 273.
(7) In dem Beitrag: Methodische Probleme im Anfänger-Schwimmunterricht, S. 324.
(8) Zum folgenden vgl. ROTH in: BIELEFELDER SPORTPÄDAGOGEN 2003, S. 27 ff.
(9) Vgl. den Beitrag: Gibt es einen Standardablauf methodischen Handelns? S. 128.
(10) Vgl. den Beitrag: Zum methodischen Stellenwert von Imitationsübungen, S. 234.
(11) Zum folgenden vgl. die Beiträge: Die organisatorische Gestaltung des Sportunterrichts, S. 98, und: Differenzierung im Sportunterricht, S. 153, sowie die im Kapitel „Konzeptionen" der „Alltagsprobleme" (S. 249 ff.) zusammengefassten Beiträge.
(12) Vgl. den Beitrag: „Können wir nicht ... ?" S. 137.

Literatur

BIELEFELDER SPORTPÄDAGOGEN: Methoden im Sportunterricht. Schorndorf 2003 (1. Aufl. 1989).
EGGER, K.: Theorie. In: EIDGENÖSSISCHE TURN- U. SPORTKOMMISSION (Hrsg.): Turnen und Sport in der Schule. Band 1. Bern 1991 (1. Aufl. 1978).
FETZ, F.: Allgemeine Methodik der Leibesübungen. Wien 1996 (1. Aufl. 1961).
GRÖBING, S.: Einführung in die Sportdidaktik. Wiebelsheim 2001 (1. Aufl. 1975).
KOCH, K./MIELKE, W.: Die Gestaltung des Unterrichts in der Leibeserziehung. Schorndorf 1977 (1. Aufl. 1968).
STIEHLER, G. (Red.): Methodik des Sportunterrichts. Berlin (Ost) 1973 (1. Aufl. 1966).
WOLTERS, P./EHNI, H./SCHERLER, K./WEICHERT, W.: Didaktik des Schulsports. Schorndorf 2000.

METHODEN als „Lehr- und Lernmethoden"

Methodische Maßnahmen
als methodische Einzelhandlungen des Lehrers
1. „verbale": Bewegungsanweisung, -erklärung, -anregung
2. „visuelle": Bewegungsdemonstration, mediale Bewegungsdarstellung
3. „praktische": Bewegungshilfe, -sicherung (personal und material)
   jeweils in hinführender, korrigierender und ausformender Funktion

Methodische Verfahrensweisen
als jeweils typische Abfolge methodischer Einzelhandlungen
1. „Methoden der Stoffvermittlung"
   a) strukturierte Lehr- und Lernwege
      (z.B. als „methodische Übungsreihe")
   b) offene Lehr- und Lernwege
      – vom Ansatz her offen (z.B. als „Bewegungsaufgabe")
      – zum Ziel hin offen (z.B. im „offenen Sportunterricht")
2. „Methoden der Stoffbehandlung"
   a) Ganzmethode
      (ggf. mit methodischen Hilfen und anderen Erleichterungen)
   b) Teilmethode
      (Aufgliederung in Teilabschnitte oder Teilbewegungen;
      Zusammenfügung als „Reihung" oder „Aufschaltung")

Unterrichtsformen
1. „Lehrerzentrierte" Unterrichtsformen
   a) Frontalunterricht
   b) programmgesteuerter Unterricht
2. „Schülerorientierte" Unterrichtsformen
   a) nach dem Modell des „handlungsorientierten Unterrichts"
   b) nach dem Modell des „offenen Unterrichts"

Abb. 2: Methodische Maßnahmen und Verfahrensweisen, Unterrichtsformen

3 Bewegungsanweisung – Bewegungskorrektur

Vorbemerkung

Anweisungen machen den überwiegenden Teil der unterrichtlichen Tätigkeit eines Sportlehrers aus. Die meisten davon sind organisatorischer Art. Wenn sich diese Betrachtung dennoch auf *Bewegungsanweisungen* (im eigentlichen Sinne und als Bewegungskorrekturen) konzentriert, so deshalb,
- weil diese den Kernpunkt des unterrichtlichen Handelns bilden und somit auch im Mittelpunkt des methodischen Interesses stehen,
- weil die „Qualität" der Anweisungen für ein erfolgreiches Lehren und Lernen von maßgeblicher Bedeutung ist,
- weil die hierfür geltenden Regeln und Strategien sich auf die übrigen „verbalen Maßnahmen" übertragen lassen.

„Verbale" methodische Maßnahmen

Die Bewegungsanweisung gehört, wie im vorangegangenen Beitrag bereits gesagt, zusammen mit der Bewegungserklärung und der Bewegungsanregung zu den *verbalen methodischen Maßnahmen*. Die Entscheidung für die eine oder andere Form der Lehrer-Schüler-Interaktion ist abhängig von der übergeordneten didaktischen Konzeption. Stichwortartig lässt sich dazu Folgendes sagen:

(1) Die *Bewegungsanweisung* ist die übliche Form der Lehreräußerung in einem mehr lehrerzentrierten Unterricht. Damit hat sie einigen Anforderungen zu genügen, die im Folgenden näher dargestellt werden sollen.

(2) Die *Bewegungserklärung* kann entweder zur Ergänzung der Bewegungsanweisung dienen – dann sollte sie deutlich von dieser abgesetzt sein – oder eine (notwendige) „Informationsvorgabe" bei „offenen" Unterrichtskonzeptionen darstellen. In beiden Fällen muss sie sich, da sie ja an Schüler gerichtet ist, auf das Wesentliche beschränken und sollte auch in diesem Rahmen möglichst knapp und anschaulich sein.

Dies wird am ehesten dadurch erreicht, dass sie in irgendeiner Weise vorformuliert ist, z.B. als eine – möglichst selbstgefertigte – schriftliche Vorlage. Man kann sie den Schülern auch als „Arbeitsblatt" aushändigen, doch lohnt dies im Allgemeinen nicht, da die Schüler mit solchen Dingen meist sehr gleichgültig und nachlässig umgehen. Formal stellt sich die Bewegungserklärung als eine die inneren Zusammenhänge aufzeigende *Bewegungsbeschreibung* dar.

(3) Die *Bewegungsanregung* ist die „zuständige" Form der Lehrertätigkeit in einem mehr schülerorientierten Unterricht. Ihre Hauptfunktion besteht darin, eine Bewegung bzw. Bewegungshandlung zu initiieren oder zu provozieren.

Bewegungsanregungen müssen einerseits also weit genug sein, um den Handlungsspielraum der Schüler nicht zu sehr einzuengen, andererseits aber auch konkret genug, damit Phantasie und Kreativität der Schüler noch einen „Aufhänger" haben und nicht

– eine typische Folge allzu offener Situationen – in Ratlosigkeit abstürzen. Der letzteren Gefahr begegnet man am besten dadurch, dass man den Schülern den Sinnbezug ihres Handelns vermittelt. Bewegungsanregungen dieser Art haben, vor allem als *Gestaltungs- und Improvisationsaufgaben,* auch im Rahmen eines lehrerzentrierten Unterrichts ihren Platz.

Bewegungsanweisungen

Bewegungsanweisungen sollen einen Lern- und Übungsprozess in Gang setzen und im weiteren Verlauf steuernd begleiten, und zwar möglichst rationell und ohne große Umwege. Das heißt aber, dass es sich auch wirklich um „Anweisungen" handeln muss, nämlich um relativ kompakte, unmissverständliche und sachbezogene sprachliche Äußerungen. Daraus folgt zunächst dreierlei:

1. Bewegungsanweisungen müssen knapp und exakt sein.

Lange Reden langweilen den Schüler und verwirren ihn nur. Es geht also darum, dass der beabsichtigte unterrichtliche Impuls mit der geringstmöglichen Zahl von Worten gegeben wird, aber dennoch eindeutig und treffend formuliert ist.

Dies bewirkt man am besten dadurch, dass man sich im Unterricht so weit wie möglich an vorher überlegte und zurechtgelegte Formulierungen hält und nur da improvisiert, wo dies unumgänglich wird.

2. Bewegungsanweisungen sollten altersgemäß und anschaulich sein.

Sie müssen also auf das Alter der Schüler, ihr Verständnisvermögen und ihr soziales Umfeld ausgerichtet sein. „Anschaulich" ist eine Anweisung dann, wenn sie unmittelbar einsichtig und eingängig ist. Wo immer möglich, sollte man umwelt- bzw. umgebungsbezogene Formulierungen bevorzugen. So können z.B. schon die Begriffe „rechts" und „links" zu Irritationen führen, je nachdem ob Laufweg, Bewegungsrichtung oder Körperseite gemeint ist.

3. Bewegungsanweisungen sollten sachgerecht und fachlich richtig sein.

Sie müssen den anstehenden Sachverhalt sowohl inhaltlich als auch sprachlich richtig zum Ausdruck bringen. Sachkenntnis und fachliche Kompetenz sind für eine „richtige" Anweisung unabdingbar. Wer z.B. über die biomechanischen Bedingungen der Kippbewegungen nicht Bescheid weiß, wird mit der Formulierung von entsprechenden Anweisungen seine Schwierigkeiten haben.

Wenn man die *Funktion* von Bewegungsanweisungen näher betrachtet, zeigt sich, dass es – bildlich gesprochen – darum geht, die drei Ecken des altbekannten „didaktischen Dreiecks", nämlich Lehrer, Schüler und Stoff, zusammenzubringen. Bewegungsanweisungen müssen also

– an den Vorkenntnissen, Erfahrungen und Erwartungen der Schüler anknüpfen,
– auf die Struktur und Eigenart der Sache ausgerichtet sein,
– eine konkrete methodische Konzeption zum Ausdruck bringen.

Dabei müssen sie, namentlich in ihrer Abfolge, in sich konsequent sein. Es bringt nichts, zwischen verschiedenen Sach- und Sprachebenen hin- und herzupendeln.

Für die *praktische Handhabung* von Bewegungsanweisungen ergibt sich daraus:
- Man sollte nicht zuviel auf einmal sagen, sondern eines nach dem anderen bringen.
- Dabei sollte man beim Allgemeinen, dem Schüler Vertrauten und für ihn Sichtbaren anfangen und von da aus, gleichsam Schritt für Schritt, zum Speziellen und weniger Offensichtlichen übergehen.

Aus dieser Sicht stellen Bewegungsanweisungen einen fortschreitenden Prozess der Präzisierung und „Verengung" dar. Im Hinblick auf ihre methodische Gestaltung sollte man möglichst bei der maßgeblichen Bewegungsaktion beginnen und, sozusagen von innen nach außen, die übrigen Elemente in den Blickpunkt nehmen.

Organisatorische Anweisungen

Organisatorische Anweisungen sollten, wie alle Anweisungen, den Sachverhalt in knapper Form möglichst deutlich zum Ausdruck bringen. Darüber hinaus müssen sie vor allem *vollständig* sein.

Die Anweisung: „Jeder nimmt sich einen Ball", ist z.b. noch nicht vollständig; sie wird dies erst mit dem Zusatz: „und hält ihn fest" oder „fängt an zu dribbeln". Zumeist ist es auch ratsam, die Absicht der Anweisung und das Ende der Tätigkeit gleich mit anzugeben.

Bewegungskorrekturen

Unter Bewegungskorrektur kann zweierlei verstanden werden:
- zum einen das „Abstellen" von manifesten *Bewegungsfehlern* sowohl beim Lernprozess selbst als auch im weiteren Verlauf des Übens,
- zum anderen die *Vervollkommnung und Ausformung* einer im Wesentlichen schon gekonnten Bewegung.

Die Übergänge sind hier fließend. Der Hauptakzent liegt üblicherweise auf der ersten Funktion. Vor allem im Hinblick auf die Bewegungskorrektur in diesem engeren Sinne sind zwei, hier in Frageform gegebene, *Vorüberlegungen* anzustellen:
- Welche Bewegungsfehler betreffen (und beeinträchtigen) die Grundstruktur der Bewegung, welche nur die „Randbereiche" und verschwinden beim weiteren Üben vielleicht von selbst?
- Welche Bewegungsfehler beruhen auf sprachlichen Missverständnissen oder falschen Bewegungsvorstellungen, welche gehen möglicherweise auf physiologische oder psychologische Fehlsteuerungen (z.B. Schutzreflexe, Angst) zurück?

Je nach Lage der Dinge werden somit die einzuschlagenden *Korrekturstrategien* sehr unterschiedlich sein. Sie beinhalten nicht nur verbale, sondern auch praktische (z.B. Bewegungshilfen) und andere methodische Maßnahmen (z.B. Imitationsübungen). Wenn im Folgenden der verbale Aspekt hervorgehoben wird, so deshalb, weil die übrigen an ihrer Stelle behandelt werden (1).

Betrachtet man die Bewegungskorrektur als Teil eines komplexen methodischen Vorgehens, so ergeben sich folgende *Korrekturregeln* (2):

1. Korrigiere nicht zu früh.

Wer Unterricht von außen betrachtet, ist immer wieder erstaunt, wie wenig Übungszeit den Schülern eingeräumt wird und wie gering die dabei erreichten Wiederholungszahlen sind. Man sollte sich als Lehrer also geradezu zwingen, zunächst einmal abzuwarten, wie die Schüler selbst mit der Sache zurechtkommen, es sei denn, dass sich Missverständnisse zeigen oder besondere Gefahrensituationen auftreten.

2. Generelle Korrekturen kommen vor individuellen.

Es ist eine häufig zu beobachtende Lehrerverhaltensweise, sich gleich nach dem ersten Versuch auf einen bestimmten Schüler zu stürzen und ihn mit Korrekturen und guten Ratschlägen zu überschütten. Abgesehen davon, dass man so nur einen oder einige wenige Schüler erreicht, verliert man dabei sehr leicht den Überblick über das gesamte Unterrichtsgeschehen.

Die hier angestrebte „Sofortinformation" ist eine unzulässige Übertragung aus dem Leistungssport. Im Klassenunterricht ist es besser, als Lehrer zunächst „einen Schritt zurückzutreten" und festzustellen, welche Fehler von der Mehrzahl oder doch von mehreren Schülern gemacht werden. Diese korrigiert man pauschal vor der ganzen Klasse, und dies auch deshalb, um ein gewisses System in das methodische Vorgehen zu bringen und nicht andauernd dasselbe sagen zu müssen. Für individuelle Korrekturen ist immer noch Zeit, „dringende Fälle" natürlich ausgenommen.

3. Korrigiere zunächst nur die Hauptfehler.

Diese Korrekturregel ist wohl unmittelbar einsichtig, einerseits weil man auch beim Korrigieren eine bestimmte Reihenfolge einhalten muss, andererseits weil viele „Nebenfehler" so von selbst verschwinden.

4. Korrigiere jeweils nur einen Fehler.

Auf diese Weise wird der Schüler veranlasst, sich wirklich auf den angesprochenen Punkt zu konzentrieren. Dies gilt freilich nur für den Normalfall; erfahrenen Schülern kann man gelegentlich auch etwas mehr zumuten.

5. Korrigiere die Fehlerursache, nicht den Folgefehler.

Diese Forderung erscheint zunächst recht selbstverständlich. In der Praxis ist es aber nicht immer leicht, hinter die tatsächliche Ursache von Fehlbewegungen zu kommen, zumal diese meistens nicht offen zutage liegen, sondern erst aus den Folgewirkungen erschlossen werden müssen.

Neben „echten" Fehlern können psychologische Einflüsse oder fehlende körperliche Voraussetzungen ebenso eine Rolle spielen wie falsche Bewegungsvorstellungen, Missverständnisse oder Nachlässigkeit.

Zusammenfassend lässt sich feststellen, dass man *nicht zu früh*, *eines nach dem anderen* und möglichst *die Ursache* korrigieren sollte.

Bei der Anwendung dieser – primär methodisch orientierten – Korrekturregeln ist stets zu beachten, dass man dem Schüler nicht so sehr sagt, *was er falsch macht*, *sondern wie er es richtig machen soll* (oder ganz einfach, was er zu tun hat). Dies führt weiter zu der Erkenntnis, dass Korrekturen – von gelegentlichen Ausnahmen abgesehen – keine Kritik vorbringen, sondern Hilfe anbieten sollten (3).

Zum Sprachverhalten von Sportlehrern

Das Sprachverhalten von Sportlehrern hätte sicherlich eine ausführlichere Darstellung verdient, als es in diesem Zusammenhang möglich ist. Auf einige Anmerkungen sollte freilich nicht verzichtet werden. Ausgangspunkt hierfür ist die schon mehrfach getroffene Feststellung, dass Sportlehrer im Allgemeinen zu unsystematisch und vor allem zu viel reden. Daraus folgt als erste Regel:

Viel üben, wenig reden.

Selbst wer glaubt, diesen Ratschlag zu befolgen, sollte versuchen, mit der Hälfte seiner Worte auszukommen. Allerdings ist damit das Kommunikationsproblem noch nicht gelöst: Was der Lehrer sagt, muss beim Schüler auch ankommen. Daraus ergibt sich als „ultimative" Regel für einen sinnvollen Sportunterricht:

Der Lehrer spricht nur, wenn die Schüler auch zuhören.

„Zuhören" heißt aber nicht, nur vorübergehend den Mund zu halten, sondern auch „aufnahmebereit" zu sein. Eine solche Aufmerksamkeit herzustellen, ist allerdings nicht immer leicht. Generell kann eine sachliche und freundliche, aber auch konsequente Unterrichtsführung viel dazu beitragen.

Im Einzelnen sollte man sich als Lehrer aber zweierlei vornehmen, nämlich zu warten, wenn man etwas sagen will, bis auch der letzte ruhig ist, und sofort wieder aufzuhören, sobald auch nur einer zu schwatzen beginnt. Im Übrigen gilt folgende Regel:

Man sollte eine Sache – im Prinzip – nur einmal sagen.

Wer alles, was er sagt, gewohnheitsmäßig wiederholt, und das vielleicht sogar mehrfach, erzieht seine Zuhörer zum „Weghören" und damit zur Unkonzentriertheit.

Es ist auch nicht gleichgültig, *wie der Lehrer spricht*. Damit ist gleichfalls ein komplexes und auch psychologisch bedeutsames Problem angesprochen, das hier nur mit zwei kurzen Bemerkungen berücksichtigt werden kann:

– Man sollte im *Sprachverhalten wechseln*. Eine unflexible Sprechweise hat etwas Einschläferndes. Variation in der sprachlichen und räumlichen Distanz ist durchaus angebracht: Anweisungen sollte man mehr „aus der Entfernung", Erklärungen und Ratschläge, auch an die ganze Gruppe, mehr „in der Nähe" geben.

– Als Lehrer sollte man sich überwiegend *positiv äußern*, also mehr Anerkennung als Missbilligung aussprechen, mehr ermutigen als ermahnen.

Dabei geht es auch darum, Lob und Tadel „gerecht" zu verteilen, stellen sie doch bei genauerem Hinsehen nur die beiden Seiten desselben pädagogischen Problemkomplexes dar (4). Einerseits sollte man als Lehrer – häufiger als dies allgemeinen geschieht – positive Verhaltensweisen ausdrücklich als solche registrieren (und dabei nicht vergessen, dass ein nur stereotypes Lob schnell an Wirkung verliert), andererseits sollte man auch deutlich sagen, was missfällt und was man nicht hinzunehmen bereit ist (und dabei persönlich Stellung beziehen und sich nicht hinter „moralischen" Ansprüchen und amtlichen Bestimmungen verstecken).

Anmerkungen

(1) In den Beiträgen: Methodische Hilfen, S. 224, und: Zum methodischen Stellenwert von Imitationsübungen, S. 234, sowie im folgenden Beitrag zum Vormachen.
(2) Vgl. auch den Beitrag: Gibt es einen Standardablauf methodischen Handelns? S. 128.
(3) Vgl. den Beitrag: Korrektur, Rückmeldung, Verstärkung, „Alltagsprobleme" S. 62.
(4) Vgl. den Beitrag: Lob und Tadel im Sportunterricht, „Alltagsprobleme" S. 55.

Literatur

WOLTERS, P.: Bewegungskorrektur im Sportunterricht. Schorndorf 2002^2.

4 Vom Sinn des Vormachens

Vormachen als Bewegungsdemonstration

Medieneinsatz im Unterricht ist nach wie vor das große Thema. Für den Sportunterricht hat sich aber herausgestellt, dass Bewegungsdarstellungen in Filmen, Videobändern oder mit Hilfe des Computers unweigerlich eine gewisse Kinoatmosphäre in den Unterricht bringen und, von Ausnahmen abgesehen, bei den Schülern nur mäßige Aufmerksamkeit finden. Didaktisch wirkungsvoller, wenn auch optisch nicht so eindrucksvoll, sind Zeichnungen, vor allem als Reihenbilder, aber nur dann, wenn sie einen Sachverhalt verdeutlichen, den die Schüler unmittelbar einsehen können.

In der Praxis wird man auf das *Vormachen* in der Funktion der *Bewegungsdemonstration* kaum verzichten können. Und in der Tat hat das Vormachen, zumal durch den Lehrer, vor allem zwei *Vorteile*, die es von allen anderen visuellen methodischen Maßnahmen deutlich abheben:

1. Vormachen ist überall und jederzeit verfügbar.

Der Lehrer hat es sozusagen immer dabei, es ist unabhängig von Raum und Zeit und nicht gebunden an Apparate und Materialien; es ist im wörtlichen und übertragenen Sinne unverwüstlich und witterungsbeständig.

2. Vormachen ist situationsgerecht und gezielt einsetzbar.

Man kann das vormachen und braucht nur das vorzumachen, was die Situation jeweils erfordert und was den Bedürfnissen und Erwartungen der jeweiligen Zielgruppe entspricht. Vormachen ist also in besonderem Maße variabel und flexibel. Das unterscheidet es grundsätzlich von den vorgefertigten Medien, die zwangsläufig von Standardsituationen ausgehen und auf fiktive Zielgruppen ausgerichtet sein müssen.

Natürlich muss man auch die *Nachteile* sehen, die der Bewegungsdemonstration unvermeidlich anhaften. Diese liegen im Wesentlichen in einer Überforderung der Schüler im „Bewegungssehen", vor allem bei schnellen Bewegungsabläufen und komplexen Bewegungshandlungen, und das umso mehr, je weniger diese den Schülern vertraut sind. Von der Demonstration eines Kippaufschwungs können die Schüler zumeist nicht viel mehr berichten, als dass der Lehrer zuerst „unten" und dann „oben" war. Es wird noch darauf einzugehen sein, wie man diese Nachteile vermeiden oder ihnen wenigstens entgegenwirken kann.

Im Hinblick auf den *unterrichtlichen Einsatz* und die *methodische Funktion* der Bewegungsdemonstration ergeben sich zwei grundsätzliche Möglichkeiten:
– die Bewegungsdemonstration als alleiniges methodisches Mittel,
– die Bewegungsdemonstration im Zusammenhang mit Bewegungsanweisungen und Bewegungserklärungen.

In der ersten Verwendungsweise geht es, vor allem bei bekannten oder unmittelbar verständlichen Bewegungsabläufen, darum,
– eine Aufforderung zum Nachmachen oder Mitmachen zu geben,
– einen Anreiz zum Ausprobieren und Nachvollziehen zu bieten.

In der zweiten Verwendungsweise wird, vor allem bei komplizierteren Bewegungsabläufen, versucht,
– ein „Bild" im Sinne einer allgemeinen Vorstellung über die Bewegung oder Handlung zu vermitteln, das dann durch Anweisungen oder Erklärungen Zug um Zug weiter ausdifferenziert wird,
– eine Bewegungsanweisung oder -erklärung „sichtbar" zu machen und damit zu verdeutlichen und zu präzisieren,
– eine Fehlbewegung, ggf. durch (angedeutete) Falsch- und (betonte) Richtigdarstellung, zu korrigieren.

Visuelle und verbale Maßnahmen können also in unterschiedlicher Abfolge und in vielfältigen Zusammenhängen miteinander verknüpft sein. In ähnlicher Weise ist auch die methodische Funktion der Bewegungsdemonstration nicht von ihrer motivierenden Wirkung abzutrennen: Das „lebendige Bild" soll auch an das Bewegungsbedürfnis und den Nachahmungstrieb der Schüler appellieren.

Im Hinblick auf die *Form* der Bewegungsdemonstration sind gleichfalls zwei Möglichkeiten gegeben:
– Demonstration der *Originalbewegung*,
– Demonstration als *Imitationsbewegung* (1).

Beide Formen können realisiert werden als
– Demonstration der Gesamtbewegung,
– Demonstration von Teilbewegungen,
– Demonstration von typischen und modellhaften Bewegungen.

Auch hier ergeben sich vielfältige, zum Teil durch die Struktur und Eigenart der Bewegung bedingte Kombinationen.

Aus dem bisher Dargelegten lassen sich einige, für die Wirksamkeit von Bewegungsdemonstrationen keineswegs unbedeutende *Regeln* ableiten:

1. Gib zu jeder Demonstration die notwendigen Aufmerksamkeitshinweise und Beobachtungsschwerpunkte.

Eine exakte Wahrnehmung, zumal bei komplexen Bewegungen und Handlungen, ist nur möglich, wenn man auf das Wahrzunehmende gefasst ist.

Daraus folgt beinahe zwangsläufig:

2. Demonstriere wiederholt und möglichst auch auf verschiedene Arten.

Auch eine vorstrukturierte Wahrnehmung bedarf der weiteren Präzisierung, vor allem im Hinblick auf die Kernpunkte der Bewegung.

Daraus ergibt sich wiederum:

3. Hebe die strukturell bedeutsamen Bewegungsaktionen und die „Umkehrpunkte" einer Bewegung (d.h. die Punkte, die einen Wechsel der Bewegungsrichtung anzeigen) *deutlich hervor, ggf. durch übertreibende Darstellung.*

Das erfolgreiche Nachvollziehen einer Bewegung hängt weniger von einer allgemeinen Vorstellung darüber, als vielmehr vom möglichst genauen Erfassen der maßgeblichen Bewegungsaktionen ab.

Somit gilt weiterhin:

4. Verlangsame, wenn möglich, die Bewegung.

Einzelheiten einer Bewegung, gelegentlich sogar entscheidende, werden sehr oft erst in „Zeitlupendarstellung" erkennbar. Wo immer möglich, sollte man also, z.B. auch durch Imitationsbewegungen, von diesem Mittel Gebrauch machen.

Außerdem kommt hinzu:

5. Wähle die optimale Perspektive.

Normalerweise liegt die beste Beobachtungsposition im rechten Winkel zur Bewegungsrichtung. Gelegentlich bieten sich freilich auch andere Perspektiven an, z.B. als „Blick in die Bewegungsrichtung". Sofern der Demonstrierende die erwünschte Position selbst nicht einnehmen kann (z.B. an festen Geräten), sind die Schüler entsprechend umzugruppieren. Die hierfür aufzuwendende Zeit ist jedenfalls gut angelegt.

Abschließend sollen noch zwei allgemeine Fragen angesprochen werden:

Die erste: *Muss denn immer vorgemacht werden?* – Keineswegs.

Es gibt einige didaktische und methodische Konzeptionen – sowohl althergebrachte als auch moderne –, die ein Vormachen, zumindest in den ersten Phasen des Lern- und Übungsprozesses, geradezu ausschließen (2).

Aber auch da, wo es angebracht und notwendig ist, sollte es gezielt und überlegt eingesetzt werden. Ein routinemäßiger „Vormachbetrieb" verliert schnell an Wirkung.

Die zweite: *Muss immer der Lehrer vormachen?* – Ganz im Gegenteil. In der Unterrichtspraxis dürfte die *Schülerdemonstration* bei weitem häufiger sein als die Lehrerdemonstration, vor allem in folgenden Zusammenhängen:
- wenn etwas im Grunde Bekanntes und vielleicht auch Gekonntes sozusagen wieder hervorgeholt und den Schülern vor Augen geführt werden soll,
- wenn eine vom Lehrer gegebene Anweisung oder Erklärung darauf überprüft werden soll, ob sie bei den Schülern auch „angekommen" ist (3),
- wenn Schülerexperten zur Verfügung stehen, die fähig sind, die Intentionen des Lehrers adäquat umzusetzen (4).

Allerdings sollte an dieser Stelle mit einigem Nachdruck auch auf folgende *Problempunkte* hingewiesen werden:

(1) Die wirklich „richtige" Demonstration kann nur *vom Lehrer selbst* geleistet werden. Er allein kann, wie oben bereits gesagt, genauer abschätzen, was, wie viel und in welcher Form in einer bestimmten Situation jeweils vorgemacht, vorgezeigt oder angedeutet werden sollte.

(2) In unserem Sportunterricht wird, wie langjährige Hospitationserfahrungen gezeigt haben, von den Sportlehrern *eher zuwenig als zuviel* vorgemacht. Damit ist aber nicht nur die Frage des optimalen methodischen Handelns, sondern des unterrichtlichen Engagements im ganzen angesprochen. Es erscheint angebracht, abschließend mit einigen Worten darauf einzugehen.

Vormachen als Mitmachen

Es ist nicht zu übersehen, dass Vormachen nicht nur eine methodische, sondern auch eine psychologische und pädagogische Funktion hat und dass diese letztere die eigentlich entscheidende ist. Es geht also darum, dass der Lehrer nicht nur „von einer höheren Warte aus" vormacht, sondern auch mitmacht, also gelegentlich (und ganz selbstverständlich) einmal mitspielt, beim Waldlauf mitläuft oder sich selbst an die Reckstange hängt, und dies nicht sosehr seiner eigenen Gesundheit oder Fitness wegen, sondern um dreierlei zu dokumentieren, nämlich
- dass er selbst etwas kann und von der Sache, die er lehrt, etwas versteht,
- dass er – im Prinzip, versteht sich – nichts von seinen Schülern verlangt, was er selbst nicht zu bringen bereit ist,
- dass er sich mit dem, was er vermitteln will, identifiziert, dass er es für wichtig und wertvoll hält, kurzum, *dass er von seiner Sache überzeugt ist.*

Es ist dies die vielzitierte *Vorbildfunktion* des Lehrers. Dabei geht es weniger um spektakuläre Leistungen und große Kunststücke, von denen auch der Schüler weiß, dass sie nur wenigen und nur nach langem Training zugänglich sind, sondern – über alle Sportarten hin gestreut – um die vielen Selbstverständlichkeiten, die das alltägliche Unterrichtsgeschehen prägen.

Und letztlich geht es auch nicht um Kippe, Kugelstoß oder Korbleger, sondern um den „Geist" des Turnens, der Leichtathletik und der Sportspiele, um das Anliegen des

Sports überhaupt. Dass der Sportlehrer hinsichtlich einer positiven Einstellung zu bestimmten Dingen gelegentlich auch an sich selbst arbeiten muss, ist selbstverständlich. Schließlich soll er das, was er „vermitteln" will, seinen Schülern nicht nur „vorlegen", sondern auch „vorleben", das Eingeständnis seiner eigenen Schwierigkeiten und Probleme eingeschlossen.

An dieser Stelle ist natürlich zu fragen, ob ein Sportlehrer tatsächlich immer mitmachen kann, ob nicht Alters- und Gesundheitsgründe oder das bei manchen Übungen unvermeidliche Risiko dies verhindern. Diese Frage ist durch das Gesagte zum Teil schon beantwortet: „Mitmachen" heißt nicht, sich zur Schau zu stellen, sondern eine bestimmte *Einstellung* zum Ausdruck zu bringen. Und das kann man auch mit eingeschränkten Mitteln. Wer dies aber vermag, ist vor der provozierenden Aufforderung: „Machen Sie das doch erst einmal vor!" ziemlich sicher oder kann ihr entsprechend begegnen. Im Übrigen können die Schüler sehr wohl abschätzen, wann und wo einem Lehrer das Vormachen und Mitmachen billigerweise nicht – oder z.B. aus Altersgründen nicht mehr – zuzumuten ist.

Anmerkungen
(1) Vgl. den Beitrag: Zum methodischen Stellenwert von Imitationsübungen, S. 234.
(2) Vgl. den Beitrag: Methoden, S. 198.
(3) Vgl. den Beitrag: Gibt es einen Standardablauf methodischen Handelns? S. 128.
(4) Allerdings sollte man zum Vormachen nicht immer die besten Sportler einer Klasse heranziehen. Von der gelungenen Demonstration eines eher unauffälligen Schülers geht sehr oft eine größere Wirkung auf die Klasse aus, weil sie einerseits die durchschnittlichen Schüler unmittelbar anspricht und andererseits die „großen Stars" unter einen gewissen Druck setzt.

5 Zum Medienbegriff im Sport

Zur Definition

Medien beschreibt man üblicherweise als *Träger oder Übermittler von Informationen*. Dies ist sicher eine richtige, aber sehr allgemeine und pädagogisch wenig relevante Definition, bezeichnet sie doch Informationsquellen jedweder Art, angefangen von öffentlichen Institutionen wie Presse, Funk und Fernsehen über den Lehrer bis hin zum Klassenkameraden. Im Umkreis von Schule und Unterricht versteht man unter Medien aber gemeinhin das, was der Lehrer sozusagen außer sich selbst „noch mitbringt". Hier wird der Medienbegriff eingeschränkt auf *Materialien,* die Informationen weitergeben können. Dies hat sicher seine Gründe, verstellt aber doch etwas den Blick dafür, wer oder was an welcher Stelle mediale Funktionen übernehmen kann, und richtet den Blick zu sehr auf technische Apparaturen.

Festhalten sollte man von der eingangs gegebenen Definition jedoch, dass ein Medium stets eine *Vermittlungsfunktion* hat, und zwar in dem Sinne, dass von irgendetwas eine Vorstellung, ein Eindruck oder ein Bild weitergegeben werden soll.

Von dieser Basis aus wird sich auch schnell entscheiden lassen, was, bezogen auf einen bestimmten Anwendungsbereich, ein Medium ist und was nicht. Der Medienbegriff setzt also stets eine differenzierte Betrachtungsweise voraus.

Hier soll zunächst die Funktion von Medien im Allgemeinen, sodann ihre Stellung im Sportunterricht betrachtet werden.

Zur unterrichtlichen Funktion von Medien

Um die Funktion eines Mediums, in diesem Fall eines *Unterrichtsmediums*, näher aufzuschlüsseln, seien folgende Betrachtungen angestellt:

(1) Wenn ich im Unterricht den Fahrraddynamo behandeln will und bringe ein solches Gerät mit in das Klassenzimmer, handelt es sich nicht um ein Medium, sondern um den Unterrichtsgegenstand selbst.

(2) Geht es jedoch um einen Automotor, ist es vielleicht vorteilhafter, eine Nachbildung oder ein verkleinertes Modell zu haben, das sich leichter transportieren oder gar herumreichen lässt.

Dieses Beispiel kann die *erste* Funktion eines Mediums verdeutlichen: Das Medium soll einen Unterrichtsgegenstand, der aus irgendwelchen Gründen nicht präsent sein kann, stellvertretend *repräsentieren.*

(3) In vielen Fällen wäre es zu aufwendig, in anderen, so vielleicht auch bei dem allseits bekannten Automotor, überflüssig, ein Modell herzustellen; eine Abbildung könnte genügen. Auch besteht stets die Gefahr, dass ein Modell die komplexe Wirklichkeit zu sehr vereinfacht.

Damit kann die *zweite* Funktion eines Mediums aufgezeigt werden: Das Medium soll einen Unterrichtsgegenstand visuell *darstellen.*

(4) Sicher wäre es geschickt, sowohl das Modell als auch die Abbildung so zu gestalten, dass auch ein Blick ins Innere möglich wird, also Dinge sichtbar zu machen, die am Original nicht zu sehen sind. Entsprechendes gilt auch für Unterrichtsgegenstände, die für das normale Erkenntnisvermögen entweder zu groß (Beispiel: Erdkugel) oder zu klein sind (Beispiel: Atom).

Hier wird die *dritte* Funktion eines Mediums erkennbar: Das Medium soll einen Unterrichtsgegenstand *verdeutlichen,* sei es, dass er selbst sichtbar gemacht wird, sei es, dass Strukturen aufgedeckt oder Funktionen dargestellt werden sollen.

(5) Schließlich gibt es Dinge, die nur über ein Medium existent werden. Dazu gehören beispielsweise die gesamte Gedanken- und Erkenntniswelt, die der Sprache oder Schrift bedarf, die Sprache selbst, die erst dadurch Realität wird, dass jemand spricht, und die Bewegung, die ohne einen sich bewegenden Körper nicht viel mehr als ein abstrakter Begriff ist.

Hier ist freilich zu untersuchen, wie weit das oben genannte Definitionskriterium der *Vermittlungsfunktion* verlassen wird. Dies soll durch folgende Überlegungen geklärt werden: Wenn ich mich mit jemandem unterhalte, ist es müßig, darüber zu spekulieren, ob meine Worte das Medium für meine Gedanken und mein Körper das Medium für meine Worte sind. Etwas anderes ist es aber, wenn ich jemandem eine Fremdsprache beibringen will. Hier bleibt es sich sachlich gleich, wer – ich selbst oder ein Apparat – die fremden Worte präsentiert.

Entsprechendes gilt für die Bewegung: Solange ich lediglich registriere, dass ich mich bewege, ist die Frage nach einer medialen Funktion irrelevant. Sobald ich aber einem anderen eine Kippe oder einen Kugelstoß zeige, werde ich, ob ich will oder nicht, zum Medium. Diese Feststellung gilt unabhängig davon, ob dies dem gängigen Medienbegriff entspricht oder nicht (1).

Mediale Darstellung der Bewegung

(1) Die vorstehenden Überlegungen haben deutlich gemacht, dass es hinsichtlich des „Unterrichtsgegenstands" Bewegung nur ein *primäres Medium* gibt, nämlich *eine zum Zwecke der Demonstration sich bewegende Person.*

Die Hauptvorteile einer solchen (Lehrer- oder Schüler-)Demonstration liegen darin,
- dass sie jederzeit und überall verfügbar ist,
- dass sie flexibel und variabel ist, d.h. auf eine bestimmte Zielgruppe, eine bestimmte Situation oder einen bestimmten Abschnitt des Bewegungsablaufs ausgerichtet werden kann.

Hauptnachteil ist, dass komplexe und schnelle Bewegungen dadurch nur unvollkommen verdeutlicht werden können, was nicht immer durch entsprechende Demonstrationsweisen ausgeglichen werden kann.

(2) Eine *Ableitung ersten Grades* liegt vor, wenn die Bewegung bzw. die sich bewegende Person durch *Film oder Video* wiedergegeben wird.

Die Hauptvorteile der technischen Präsentation bestehen darin,
- dass durch Zeitdehnung („Zeitlupe") bis hin zum Standbild die Präsentationsdauer verlängert werden kann,
- dass mehrere, sonst nicht mögliche Perspektiven berücksichtigt werden können.

Die Hauptnachteile liegen darin,
- dass der apparative Aufwand unausweichlich auch ein Störfaktor für den Unterricht ist („Kinoatmosphäre"),
- dass nur ein vorab festgelegter Standardablauf für eine weithin fiktive Standardsituation gegeben werden kann.

(3) Eine *Ableitung zweiten Grades* ergibt sich, wenn die Bewegung durch *„stehende" Bilder,* beispielsweise durch eine Bildreihe, wiedergegeben wird.

Als Hauptvorteile zeigen sich hier,
- dass die Präsentationsdauer praktisch unbegrenzt ist, was allein eine analysierende Auswertung erlaubt,

– dass durch Reduktion auf die entscheidenden Phasen die Bewegung im eigentlichen Sinne „sichtbar" gemacht werden kann.

Hauptnachteil ist freilich, dass der zeitlich-dynamische Ablauf der Bewegung nicht mehr ersichtlich ist.

In dieselbe Kategorie ist auch die modellhafte Wiedergabe von Bewegung (z.b. durch Gliederpuppen) zu rechnen. Dem entspricht, wenn der Lehrer beispielsweise die Funktion der Kippbewegung durch eine Armbewegung verdeutlicht.

(4) Eine *Ableitung dritten Grades* würde vorliegen, wenn die Bewegung lediglich *beschrieben* oder *erklärt* wird. Hier ist freilich zu fragen, ob damit – auf die Bewegung als solche bezogen – noch eine mediale Vermittlung vorliegt, da jeweils eine doppelte Codierung und Decodierung (Bewegung – Bewegungsvorstellung – sprachliche Wiedergabe und umgekehrt) notwendig ist. Zweifellos lassen sich damit aber – vielleicht entscheidende – Teilaspekte einer Bewegung näher verdeutlichen, vor allem zusätzlich zur visuellen Vermittlung.

Es zeigt sich, dass in der vorstehenden Reihenfolge von *Medienkategorien* die *darstellende* Funktion eher ab-, die *verdeutlichende* eher zunimmt.

Zur Abgrenzung des Medienbegriffs im Sport

Aus dem bisher Gesagten lässt sich auch ableiten, was *kein* Medium ist, nämlich
– Sportgeräte jeglicher Art (eine Reckstange ist Mittel oder Werkzeug, das die Bewegung ermöglicht, eine Kugel das Objekt, das bewegt wird),
– Bewegungshilfen aller Art, seien es aktive Bewegungshilfen, materiale Lernhilfen oder akustische Hilfen (sie sollen eine Bewegung ermöglichen oder erleichtern),
– Bewegungsanweisungen, Bewegungsaufgaben und entsprechende methodische Maßnahmen (sie sollen eine Bewegung initiieren).

Dagegen können Bewegungskorrekturen, ob verbaler oder visueller Art, gelegentlich *verdeutlichenden* Charakter haben.

Was das Verhältnis von *Musik und Bewegung* betrifft, ist eher davon auszugehen, dass die Bewegung das Medium ist, etwas auszudrücken, was die Musik sagen will. Hier ist aber primär ein künstlerisches, kein sportliches Problem angesprochen.

Medieneinsatz und Bewegungskorrektur

Zu den Medien, die auf *Rückmeldung* angelegt sind, im Wesentlichen also *Videoanlagen*, ist an anderer Stelle das Notwendige gesagt (2), so dass hier einige kurze Bemerkungen genügen können:

Videoanlagen zur Aufnahme und Wiedergabe aktueller Bewegungen haben im „normalen" Sportunterricht nur in Ausnahmefällen eine Berechtigung, und dies vor allem aus zwei Gründen,
– weil die *Bedienung* der Anlage die Aufmerksamkeit des Lehrers in einem Ausmaß beansprucht, dass andere unterrichtliche Verpflichtungen darunter leiden,

– weil die – individuelle oder kollektive, unmittelbare oder zeitversetzte – *Auswertung* der Aufnahmen so zeitaufwendig ist, dass Intensität und Effektivität des Unterrichts stark beeinträchtigt werden.

Es kommt hinzu, dass die Schüler sehr wohl in der Lage sind, sich anhand der willkürlichen und unwillkürlichen Äußerungen ihrer Klassenkameraden in groben Zügen selbst einzuschätzen und dass die direkte Konfrontation mit der eigenen Person für manche Schüler psychologisch recht belastend ist.

Dies schließt eine gelegentliche Verwendung solcher Geräte keineswegs aus. In der Regel sollte man sich dabei aber auf einen ersten Überblick über den individuellen oder allgemeinen Leistungsstand beschränken.

Praktische Hinweise

Aus den bisherigen Darlegungen dürfte hervorgehen, dass in der unterrichtspraktischen Anwendung die *bildliche Darstellung* der Bewegung einen gewissen Vorrang beanspruchen kann. Daraus ergeben sich zwei Fragen, nämlich,
– welche Art von Bildern die geeignete ist,
– wie man sich solche Bilder beschafft.

Dazu ist in aller Kürze Folgendes zu sagen:

(1) Für die bildliche Darstellung von Bewegungen kommen Fotos, Umrisszeichnungen und Schemazeichnungen in Frage.

Entsprechende Untersuchungen haben gezeigt, dass bei Schülern die *Umrisszeichnungen* am besten ankommen. *Schemazeichnungen* („Strichmännchen") finden weniger Anklang. Sie eignen sich nur für eine improvisatorische Bewegungsdarstellung (was natürlich ein entsprechendes Zeichentalent voraussetzt).

Fotos stellen zwangsläufig eine bestimmte Person in einer bestimmten Situation dar. Dieser – oft sehr deutliche – Aktualitätsbezug, der überdies die Bilder relativ schnell veralten lässt, beeinträchtigt die mediale Funktion der Darstellung.

(2) Bewegungszeichnungen sollten, wenn irgend möglich, als *Reihenbilder* angelegt sein. Diese müssen vor allem die *maßgeblichen Bewegungsaktionen* und die *„Umkehrpunkte"*, die einen Wechsel in der Bewegungsrichtung anzeigen, darstellen. Darüber hinaus sollten sie nur die für das Verständnis notwendigen Bewegungsphasen, z.B. die Ausgangs- und Endstellung, enthalten.

(3) Die verwendeten Bilder können durch – am besten farbig gehaltene – *Einzeichnungen* und andere Zusätze, die beispielsweise Winkelverhältnisse und Bewegungsrichtungen anzeigen, didaktisch und methodisch weiter aufbereitet werden.

(4) Als *Quellen* kommen alle gängigen Fachbücher in Frage. Es ist heute kein Problem mehr, die gewünschten Bilder herauszukopieren und entsprechend zu vergrößern (Format DIN-A4 genügt zumeist). Den Einsatz von Projektoren sollte man außerhalb des Klassenzimmers vermeiden. Es ist allerdings nicht überflüssig, die Bilder auf ihre fachliche und biomechanische *Richtigkeit* zu überprüfen.

(5) Das eben Gesagte gilt auch für Materialien, die aus dem *Internet* übernommen werden. Im Allgemeinen dürfte sich das dort vorzufindende – vor allem für die „neuen" Sportarten sehr reichhaltige – Angebot eher für die persönliche Unterrichtsvorbereitung als für den direkten Einsatz im Unterricht eignen.

(6) Für die Erstellung von *Arbeitsblättern* und ähnlichen Unterrichtsmaterialien ist sicher eine größere Spannweite von Möglichkeiten gegeben, doch sollte man auch hier nicht vergessen, die Frage nach der Zweckmäßigkeit und Richtigkeit der verbalen und visuellen Inhalte zu stellen.

Anmerkungen

(1) Es sei hier darauf hingewiesen, dass bis vor etwa drei Jahrzehnten die Tätigkeit des Lehrers, soweit sie Vermittlungsfunktion hatte, durchaus als medial eingestuft und entsprechend zwischen personalen und materialen Medien unterschieden wurde. Hinter der heute üblichen Reduktion des Medienbegriffs auf materiale Medien stehen zweifellos auch wirtschaftliche Interessen.
(2) In dem Beitrag: Korrektur, Rückmeldung, Verstärkung, „Alltagsprobleme" S. 62.

6 Methodische Hilfen
Lernhilfen, Helfen und Sichern

Vorbemerkungen

Die methodischen Hilfen als Ganzes, vor allem aber der darin enthaltene Bereich personaler, d.h. an das Eingreifen von Personen gebundener Maßnahmen, lassen sich unter drei Aspekten diskutieren: einem eher juristischen, einem eher pädagogischen und einem didaktisch-methodischen.

(1) Der *juristische Aspekt*, der aus der Aufsichts- und Sorgfaltspflicht der Schule und des Lehrers folgt (1), ist für viele Sportlehrer der allein maßgebliche. Sie fühlen sich also verpflichtet, ihre Schüler gegen jedwedes Risiko so perfekt wie möglich abzusichern. Einer so rigorosen Sichtweise, die immer davon ausgeht, dass man ansonsten „mit einem Bein im Gefängnis stehe", ist aber zu widersprechen, wie folgende Überlegungen zeigen können:
- Die meisten sportlichen Tätigkeiten und Handlungen lassen überhaupt *keine Absicherung* zu. Es ist schlichtweg unmöglich, einen Schüler davor zu bewahren, beim Laufen mit dem Fuß umzuknicken, beim Spielen mit einem Mitspieler zusammenzuprallen oder bei einer anderen Gelegenheit zu Fall zu kommen. Das ist „allgemeines Lebensrisiko", und das ist auch gerichtlich nicht einzuklagen.
- Aber selbst da, wo eine wirksame Absicherung möglich erscheint, im Großen und Ganzen also bei den mehr „stationären" Übungen des Geräteturnens, muss sie auch

Methodische Hilfen

notwendig sein. Als bloßes Beiwerk wäre sie juristisch belanglos und psychologisch fragwürdig. Es muss also ein konkretes, in der Struktur der Bewegung begründetes Gefahrenmoment vorliegen, dem der Schüler beim Misslingen der Übung auf andere Weise nicht begegnen kann. Das ist selbst im Gerätturnen nur bei einem Teil der Übungen der Fall.

– Schließlich ist zu bedenken, dass Sicherheitsmaßnahmen, so sehr man sich auch bemüht, gelegentlich versagen können. Sie täuschen also, überspitzt formuliert, eine *Scheinsicherheit* vor, die den einen oder anderen Schüler zu riskantem und unüberlegtem Verhalten verleiten könnte. Wie man weiß, kann schon ein ausgelegter Weichboden eine solche Wirkung haben.

Die Frage der Sicherheit der Schüler ist aus juristischer Sicht also eine Frage der Risikoabwägung. Diese wird zwar von Lehrer zu Lehrer, von Klasse zu Klasse und von Situation zu Situation jeweils anders ausfallen, doch sollte man beim Einsatz konkreter Sicherheitsmaßnahmen stets von einer nüchternen Analyse der tatsächlich gegebenen Gefahrenlage ausgehen. Übermütigem und leichtsinnigem Verhalten sollte man auf andere Weise begegnen.

(2) Unter dem *pädagogischen Aspekt* erscheinen Helfen und Sichern als eine Möglichkeit, Verantwortung für andere zu übernehmen. Sie werden damit zu einem wesentlichen Mittel des *sozialen Lernens*, und gelegentlich wird darin sogar die eigentliche Begründung für das Gerätturnen als Schulsportart gesehen. Sicherlich eröffnet sich hier ein geradezu faszinierendes Feld pädagogischer Einwirkung, doch sollte man dabei auch folgendes bedenken:

– Wenn sich Verantwortungsbewusstsein entwickeln soll, muss die zu übernehmende Verantwortung auch echt sein: Die Hilfe muss notwendig, die (vielleicht nur latente) Gefahr auch gegeben sein. Vordergründige Betriebsamkeit wird vom Schüler schnell durchschaut und verführt zu Oberflächlichkeit und Leichtfertigkeit.

– Fortdauernde Überprotektion verhindert die Ausbildung eines realistischen Selbsteinschätzungsvermögens und wird damit auch zum Hindernis auf dem Weg zu einer selbständigen und selbstbewussten Persönlichkeit. Die Schüler werden in der Schule schon genug gegängelt; man sollte ihnen die Möglichkeit, am konkreten Beispiel auch einmal Verantwortung für sich selbst übernehmen zu können, nicht gänzlich verschließen.

Helfen und Sichern werden aus pädagogischer Sicht also zu einem Akt des fortgesetzten Abwägens zwischen verschiedenen und teilweise widersprüchlichen Anforderungen. Was dabei jeweils „richtig" ist, lässt sich nur aus der jeweils gegebenen Situation heraus entscheiden.

(3) Unter *didaktisch-methodischem Aspekt* werden Helfen und Sichern zu einem Problem des erfolgreichen und gefahrlosen motorischen Lernens und Übens. Daraus ergeben sich zwei – im Normalfall miteinander verknüpfte – Fragenkomplexe:

– Welche Übungen bedürfen zu ihrer Bewältigung einer besonderen Hilfe? In welcher Form sollte diese bei welchem Schüler gegeben werden? Wie lange dürfte sie notwendig sein?

– Bei welchen Übungen tritt ein spezifisches Risiko auf? Mit welchen Sicherheitsmaßnahmen kann man dem begegnen, wie können diese wieder abgebaut werden?

Aus dieser Sicht ergibt sich also eine differenzierte Betrachtungsweise des Problems. Stark vereinfacht formuliert, geht es darum, in jedem Einzelfall die richtige Mitte zwischen „Turnen" und „Geturntwerden" zu finden.

Wie man weiterhin schnell sieht, sind die beiden vorangegangenen Aspekte in diesem letzten mit enthalten: Die didaktisch und methodisch sachgerechte Anwendung von Hilfen und Sicherheitsmaßnahmen erfüllt noch am ehesten die pädagogischen Ansprüche und entspricht auch voll den juristischen Erfordernissen.

„Helfen und Sichern" als methodische Kategorien

Die *methodischen Maßnahmen*, mit denen der Lehrer direkt oder indirekt den Unterricht steuert, lassen sich in drei Gruppen einteilen (2):
– die verbalen Maßnahmen der Bewegungsanweisung und -erklärung,
– die visuellen Maßnahmen der Bewegungsdemonstration und der medialen Bewegungsdarstellung,
– die praktischen Maßnahmen der Bewegungshilfe und Bewegungssicherung.

Sowohl die *Bewegungshilfe* als auch die *Bewegungssicherung* können durch *personale*, also durch Personen ausgeführte, und durch *materiale*, also durch Geräte oder sonstige Vorrichtungen hergestellte *Maßnahmen* verwirklicht werden. Es ergibt sich folgende Einteilung:

Bewegungshilfe: personal – material,
Bewegungssicherung: personal – material.

Dabei können die personalen und materialen Maßnahmen jeweils für sich oder auch in typischen Kombinationen (z.B. Gerätehilfe mit zusätzlicher Absicherung durch Lehrer oder Schüler) erscheinen.

Die hier genannten vier Formen der praktisch-methodischen Maßnahmen lassen sich wie folgt weiter ausdifferenzieren:

(1) Die *personale Bewegungshilfe* gliedert sich in bewegungsführende und bewegungsunterstützende Maßnahmen.

Die *Bewegungsführung* soll die Bewegung als solche, d.h. vor allem in ihrem räumlichen Verlauf sicherstellen, was besonders bei Übungen in ungewohnter Körperlage und bei schwieriger Orientierung von Bedeutung ist.

Die *Bewegungsunterstützung* richtet sich mehr auf die dynamische Struktur der Bewegung, vor allem also auf den zeitlich richtigen Krafteinsatz.

Beide Formen konkretisieren sich in der *Schub- und Zughilfe*, die auf Richtung und Umfang der Bewegung Einfluss nehmen oder den Übenden von einem Teil seines Körpergewichts entlasten soll, sowie in der *Gleichgewichtshilfe*.

(2) Bei der *materialen Bewegungshilfe* lässt sich in ähnlicher Weise eine Unterscheidung vornehmen in Maßnahmen, die eine Bewegung überhaupt erst ermöglichen

sollen, z.B. Absprunghilfen bei akrobatischen Übungen oder Auftriebshilfen beim Schwimmen, und in Maßnahmen, die eine Bewegung erleichtern sollen, wie dies bei den üblichen *Geräte- und Geländehilfen* der Fall ist.

(3) Die *personale Bewegungssicherung* erscheint als *bewegungsbegleitendes Verhalten*, bei dem vorsorglich zugegriffen oder in anderer Weise Kontakt mit dem Übenden aufgenommen wird, oder als *abwartendes Verhalten*, bei dem der Helfer lediglich „für den Notfall" bereitsteht. Im zweiten Fall ist jedoch das Problem der menschlichen Reaktionsfähigkeit angesprochen, auf das noch zurückzukommen sein wird.

(4) Bei der *materialen Bewegungssicherung* lassen sich Vorrichtungen zur totalen Absicherung des Übenden, wie Fangleinen oder Longen, Schnitzelgruben u.ä., und allgemeine Maßnahmen, wie Auslegen von Weichböden u.Ä., unterscheiden. Von hier aus ergibt sich ein fließender Übergang zu den *allgemeinen Sicherheitsvorkehrungen*, auf die am Schluss dieses Beitrags noch eingegangen werden soll.

„Personale und materiale Hilfen" als unterrichtspraktische Kategorien

Im vorangegangenen Abschnitt sind primär *Funktionszuschreibungen* gegeben worden. Kenntnisse darüber sind zwar für den sachgerechten Einsatz der praktisch-methodischen Maßnahmen unabdingbar, doch zwingt die Unterrichtswirklichkeit zu einer teilweise veränderten Sichtweise. Dies betrifft vor allem vier Punkte:
- die gängige Unterscheidung von Helfen und Sichern,
- die Definition des Begriffs „Sichern",
- die generelle Problematik von „Hilfen",
- den Begriff der „Lernhilfen".

(1) *Helfen und Sichern*, genauer die Bewegungshilfe und die Bewegungssicherung, stellen sich bei näherem Hinsehen als ein *Kontinuum* dar, das von den Extremen „vollständige Bewegungsführung" bis „angedeutete Bewegungsbegleitung" reicht. Dabei ist prinzipiell nicht näher bestimmbar, wann das „Helfen" in ein „Sichern" übergeht, und zwar aus zwei Gründen:
- Jeder Schüler durchläuft zwischen der unvollkommenen und vollkommenen Bewältigung einer Übung eine Phase der Unsicherheit, während der niemand, am wenigsten er selbst, weiß, ob er noch der Hilfe oder nur noch einer gewissen Absicherung bedarf. Welcher Fall nun eintreten wird, zeigt sich erst im „Ernstfall", also während der Bewegungsausführung.
- Die einzelnen Schüler sind auf diesem Weg zur vollkommenen Beherrschung einer Übung unterschiedlich weit fortgeschritten. Ein erfahrener Lehrer wird zwar zu einer groben Abschätzung des Könnensstandes fähig sein, von Schülerhelfern sollte man dies aber nicht erwarten.

(2) *Sichern* wird in der Fachliteratur überwiegend als „abwartendes Verhalten" und Helfen entsprechend als „aktives Eingreifen" definiert. Diese Unterscheidung ist gefährlich. Aus entsprechenden Untersuchungen weiß man, dass selbst Kunstturntrainer einen Sturz nicht verhindern können, wenn sie ihn nicht schon im Ansatz erken-

nen. Diese Fähigkeit setzt aber den Experten voraus; der Nichtfachmann, ob Lehrer oder Schüler, dürfte damit – außer in ganz offensichtlichen Fällen – überfordert sein. Wer aber auf einen sich schon abzeichnenden Sturz noch reagieren will, kommt in jedem Fall zu spät. Das geht auch aus den Untersuchungen zur sogenannten Schrecksekunde, z.B. bei Autounfällen, hervor.

Daraus folgt, dass *ein Sichern als nur „abwartendes Verhalten" sich von selbst verbietet*. Im Sportunterricht kann es also, sofern man auf eine personale Bewegungssicherung nicht verzichten kann oder will, nur ein bewegungsbegleitendes Verhalten geben. In den Fällen, in denen die Höhe des Gerätes oder eine schnelle Ortsveränderung während der Übungsausführung eine Bewegungsbegleitung nicht zulässt, ist eine „vorsorgliche Auffanghaltung" einzunehmen, und zwar immer und in jedem Fall (und auch an der richtigen Stelle).

Die beiden eben besprochenen Punkte legen es nahe, in der Unterrichtspraxis auf die Unterscheidung von Helfen und Sichern zu verzichten und im Begriff der *„personalen Hilfe"* zusammenzufassen. Diese wäre somit als ein prinzipiell aktives Eingreifen mit einem – je nach Lage der Dinge – mehr bewegungsunterstützenden oder bewegungsbegleitenden Aspekt definiert. Der traditionelle Begriff der *„Hilfestellung"* entspricht dem ziemlich genau.

(3) Begriffe wie „Helfen", „Hilfestellung", „Lernhilfen" u.Ä. vermitteln den Eindruck, dass solche Maßnahmen immer „gut" und „richtig" seien und im Unterricht nicht häufig genug eingesetzt werden könnten. Eine solche einseitige Sichtweise ist eingangs bereits aus pädagogischen Gründen in Frage gestellt worden; sie muss auch aus didaktischen und methodischen Gründen weiter hinterfragt werden, und dies vor allem in zweierlei Hinsicht:

– Wenn ein Schüler von zwei Helfern in den Handstand hochgezogen wird oder wenn er an einer Sprossenwand hochlaufen muss, um einen Hüftaufschwung zu turnen, wird dadurch nur verhindert, dass er die Übung aus eigenen Kräften erlernt. Und selbst wenn er dazu auf Dauer nicht in der Lage sein sollte, würde es sich hier nur um *Scheinhilfen* handeln, die nach ihrem „Absetzen" den Schüler wieder auf den Ausgangspunkt zurückwerfen. Methodische Hilfen, gleich welcher Art, können eben keine fehlenden körperlichen Voraussetzungen ersetzen, und wenn überhaupt, dann nur in einem eng begrenzten Übergangsbereich.

– Diese Feststellung führt zu einer weitergehenden Überlegung: *Der „Sinn" von methodischen Hilfen liegt geradezu darin, dass sie nach einiger Zeit überflüssig werden.* Nach wie vor muss es das Ziel des Sportunterrichts sein, dass der Schüler über das Gelernte auch frei verfüge, es „anwenden" kann, wie die Fachsprache hier sagt. Daran sollte man festhalten, auch wenn nicht jeder Schüler bei jeder Übung so weit kommen wird. (Es kann im Sportunterricht nicht darum gehen, dass alle alles lernen, sondern dass jeder sich auf das konzentriert, was er mit einigem Bemühen erreichen kann.)

Das hier angesprochene Problem der *systematischen Reduktion von* (personalen und materialen) *Bewegungshilfen* konkretisiert sich zumeist in einer typischen Abfolge von methodischen Handlungen, wenn z.B. die aktive Einflußnahme auf eine Bewegung allmählich in ein mehr passiv-sicherndes Verhalten überführt und im weiteren Verlauf von spezifischen materialen Absicherungen und den allgemeinen Sicherheitsvorkehrungen abgelöst wird. Da die Schüler dabei sehr unterschiedliche Fortschritte machen und nicht alle Hilfen für alle Schüler notwendig und hilfreich sind, zwingt dies zu einer *differenzierten Unterrichtsgestaltung*.

(4) Der Begriff „Lernhilfen" verführt, wie alle ähnlichen Begriffe, zu der Vorstellung, dass damit immer eine *Übungserleichterung* verbunden sei. Das aber ist grundsätzlich fragwürdig. Wenn beispielsweise ein Schüler

- den Handstandüberschlag vom Kasten herunter ausführen soll, ist die Landung für ihn zwar deutlich erleichtert, das Aufschwingen in den Handstand – zumindest psychologisch – aber erschwert,
- zur Einleitung des Korblegers eine Bank überspringen soll, muss er darauf achten, dass er unbeschadet über das Hindernis kommt und zugleich den Ball annimmt,
- vor dem Absprung eine bestimmte Anlaufmarkierung treffen soll, muss er seine Aufmerksamkeit sowohl auf diese Marke als auch auf den Balken bzw. das Sprungbrett richten usw.

Die Beispiele hierfür sind so zahlreich und eindeutig, dass man sich wundern muss, warum dieses Problem in der Fachliteratur nicht deutlicher angesprochen wird. Man könnte nämlich geradezu formulieren, dass *jede Lernhilfe in irgendeiner Weise zugleich eine Erschwerung darstellt*, sei es, dass ein Problem nur durch ein anderes ersetzt, eine psychologische Barriere aufgebaut, die Aufmerksamkeit auf mehrere Punkte verteilt oder gar ein späteres Umlernen erforderlich wird.

Auf jeden Fall sollte man deutlicher zwischen *Lernhilfen* (mit dem Ziel einer konkreten Erleichterung) und *Einübungs- oder Formungshilfen* (mit dem Ziel einer generellen oder partiellen Erschwerung) unterscheiden.

Aber selbst bei den „echten" Lernhilfen ist nie genau vorauszusehen, wie sich die beabsichtigte Erleichterung auswirken wird: Was für den einen Schüler und bei einem bestimmten Könnensstand noch „Erschwerung" ist, kann in einem anderen Fall durchaus „Erleichterung" sein, ganz abgesehen davon, dass „richtig" lernen immer den Vorrang vor „bequem" lernen haben muss. Jedenfalls empfielt es sich in vielen Fällen, den Schülern die Inanspruchnahme einer Hilfe freizustellen.

Die in den beiden letzten Punkten angesprochenen Probleme legen es nahe, den Begriff „Lernhilfen" zu vermeiden und

- dem klar abgegrenzten Begriff der „personalen Hilfen" den ebenso eindeutigen Begriff der „materialen Hilfen" (mit einem je nach Lage der Dinge mehr erleichternden oder formenden Aspekt) gegenüberzustellen,
- beide Begriffe unter dem Oberbegriff der *methodischen Hilfen* zusammenzufassen.

Eine solche Begriffswahl würde auch das Vorübergehende, Offene und Ambivalente all dieser Maßnahmen besser zum Ausdruck bringen und in ihrem inneren und äußeren Wechselspiel kennzeichnen.

Allgemeine Grundsätze und Regeln für den Einsatz der personalen Hilfen („Hilfestellung")

Die Überlegungen, die zum Einsatz von methodischen Hilfen angestellt werden sollten, werden anhand eines praktischen Beispiels an anderer Stelle dargestellt (3), so dass hier mehr auf das Allgemeingültige abgehoben werden kann. Der besseren Übersicht wegen wird dabei in personale und materiale Hilfen unterteilt. Grundsätzlich gilt das zu einem Bereich Gesagte aber auch für den jeweils anderen.

Die Probleme um die *personalen Hilfen*, die „Hilfestellung", lassen sich in folgenden Merksätzen zusammenfassen:

1. *Hilfestellung sollte nur da, wo es notwendig ist, dann aber sachgerecht und gezielt eingesetzt werden.*

Diese Position ist weiter oben bereits aus pädagogischen und didaktischen Gründen vertreten worden. Sie lässt sich auch aus methodischer Sicht rechtfertigen:

Man muss nämlich davon ausgehen, dass jede (aktive) Hilfe zugleich ein *Eingreifen in den Bewegungsablauf* darstellt. Es ist also darauf zu achten,
– dass Maßnahmen der Bewegungshilfe im Einklang mit der Struktur der Übung stehen oder, vereinfacht ausgedrückt, „zum richtigen Zeitpunkt, an der richtigen Stelle, in die richtige Richtung wirken",
– dass Maßnahmen zur Bewegungssicherung den Bewegungsablauf so wenig wie möglich behindern.

In der Praxis ergeben sich daraus *drei Gruppen von Übungen*, nämlich solche,
– die (im Normalfall) *keiner personalen Hilfe* bedürfen, z.B. weil sie technisch weniger anspruchsvoll sind, keine besonderen Risiken enthalten, oder weil der Übende beim Misslingen sich auf einfache Weise selbst helfen kann (wozu wiederum entsprechende Hinweise zu geben sind),
– die zum *Erlernen der Bewegung* oder zur *Korrektur von Fehlbewegungen* eine gezielte Hilfe erfordern,
– die wegen eines nicht auszuschaltenden Risikos bis zu ihrer völligen Beherrschung eine *besondere Absicherung* notwendig machen.

In die erste Gruppe gehören nicht nur im Schulsport allgemein, sondern auch im Gerätturnen, dem traditionellen Feld der personalen Hilfen, die große Mehrzahl der Übungen, vor allem auch solche, die durch Erleichterung der Übungsbedingungen (z.B. der Gerätehöhen) oder durch Einsatz materialer Hilfen so weit „entschärft" werden können, dass keine Gefährdung der Übenden mehr auftritt.

Die zweite Gruppe enthält vor allem Übungen, die von ihrer Struktur her nicht unmittelbar einsichtig sind, in ungewohnter Körperlage stattfinden oder besondere Gleichgewichtsprobleme aufwerfen. Kippaufschwung, Handstandüberschlag und Handstand mögen hierfür als Beispiele dienen.

In die dritte Gruppe sind vor allem die Übungen einzuordnen, die eine griff- oder stützlose Phase aufweisen oder in einen labilen Gleichgewichtszustand führen, so dass der Übende beim Misslingen keine Möglichkeit zur Korrektur oder Selbsthilfe mehr hat. Dies ist z.B. bei einigen Stützsprüngen und Abgängen der Fall.

2. *Die Hilfestellung erfolgt grundsätzlich durch Schüler. Dabei sollte jeder jedem helfen können. Der Lehrer greift dann ein, wenn die Schwierigkeit der Übung oder eine besondere Gefährdung des Übenden dies erfordern.*

Optimale Hilfestellung setzt, wie oben dargelegt, genaue Kenntnisse über die Struktur der Bewegung und die darin enthaltenen Gefahrenmomente voraus. Im Grunde könnte sie also nur durch den Lehrer selbst geleistet werden, und auch dies nur dann, wenn er genügend Erfahrung darin hat.

Dennoch sollte man an dem Grundsatz, dass diese Aufgabe prinzipiell von den Schülern übernommen wird, festhalten. Dafür sprechen nicht nur pädagogische, sondern auch unterrichtsorganisatorische Gründe. Nur so kann nämlich die notwendige Intensität des Unterrichts gewährleistet werden.

Dieser Grundsatz wirft freilich einige Folgeprobleme auf:
- Die Schüler müssen sorgfältig in die „Theorie und Praxis der Hilfestellung" *eingewiesen* werden. Sie müssen möglichst genau wissen, worauf es ankommt und was sie zu tun haben.
- Die Schüler müssen *zuverlässig* sein und sich auf ihre Aufgabe lange genug konzentrieren können, ein – oft verdeckter – Problempunkt, auf den der Lehrer seine besondere Aufmerksamkeit zu richten hat und der einen großen Teil seiner unterrichtlichen Verantwortung ausmacht (4).
- Die Helfer sollten eine kräftemäßige Überlegenheit gegenüber dem Übenden haben. Wo immer möglich, sind also *zwei Helfer* einzusetzen. Wo dies nicht möglich oder nicht angezeigt ist (wie ggf. bei der Gleichgewichtshilfe), sollte die Hilfe von körperlich überlegenen oder zumindest gleichrangigen Schülern geleistet werden.

3. *Eine Hilfestellung kann nur dann wirkungsvoll sein, wenn die Helfer nahe genug beim Übenden stehen, rechtzeitig zugreifen, lange genug festhalten und vor allem die potentielle Sturzrichtung absichern.*

Hier sind sowohl das Wissen als auch die Zuverlässigkeit der Schüler – und damit auch die steuernde Funktion des Lehrers – gefordert.

4. *Die sogenannten Helfergriffe, die vor allem der Bewegungssicherung dienen, lassen sich alle von einem Griff, dem Klammergriff, ableiten. Alle anderen Bewegungshilfen, vor allem die Schubhilfe, sollten möglichst nahe am Körperschwerpunkt angesetzt werden.*

Der Klammergriff erscheint als „einfacher" Klammergriff (wobei zumeist mit beiden Händen am Oberarm zugegriffen wird), als „halber" Klammergriff (um die andere Hand, z.B. für eine Schubhilfe, freizuhalten) und als Drehgriff vorwärts und rückwärts. Wo immer möglich, sollte man bei der Hilfestellung auch versuchen, mit dem eigenen Körperschwerpunkt unter dem des Übenden zu bleiben, um einer Überbelastung der Wirbelsäule vorzubeugen. Man arbeitet also möglichst „von unten herauf", bei einigen Bodenübungen z.B. aus dem tiefen Kniestand.

Allgemeine Grundsätze für den Einsatz der materialen Hilfen

Materiale Hilfen sind nicht vom Können und von der Gewissenhaftigkeit der Helfer abhängig, lassen sich aber nicht ebenso flexibel wie die personalen Hilfen an die aktuellen Bedürfnisse des Übenden und an den von ihm tatsächlich dargebotenen Bewegungsablauf anpassen. Die Vorteile der einen Art sind somit die Nachteile der anderen. Im Rahmen eines differenzierten Unterrichts erscheinen beide sowohl in typischen Kombinationen als auch im Sinne bewusster und geplanter Alternativen.

Die *Formen der materialen Hilfe* sind so vielgestaltig und erstrecken sich über alle Sportarten, dass hier nur eine grobe Klassifizierung gegeben werden kann:

- Ausnützung von bestimmten Geländeformationen („Geländehilfen"), z.b. in der Leichtathletik und im Skilaufen.
- Gerätehilfen zur Schaffung einer höheren Ausgangsposition oder einer erhöhten Plattform, um günstigere Schwerkraftverhältnisse nutzen zu können.
- Absprung- oder Abdruckhilfen; Auftriebshilfen beim Schwimmen.
- „Entschärfung" von potentiellen Gefahrenpunkten (z.b. Verbreiterung oder Abpolsterung von Stützflächen, bewegliche statt fester Hindernisse).
- Spezielle Vorrichtungen zur Vermeidung eines Sturzrisikos oder zur Abmilderung von Sturzfolgen.

Eine Sonderstellung nehmen die *Einübungs- und Formungshilfen* ein, wobei die *Orientierungshilfen* eine besondere Rolle spielen (Höhen- und Richtungsregler, Anlauf- und Absprungmarken, Positionsmarkierungen bei der Technik- und Taktikschulung der Sportspiele usw.).

Für die *unterrichtspraktische Anwendung* der materialen Hilfen können folgende Regeln aufgestellt werden:

1. Die materialen Hilfen dürfen keine Bewegungen provozieren, die zur Bewegungsstruktur der Zielübung im Widerspruch stehen.

Wegen der relativen „Unbeweglichkeit" der materialen Hilfen ist diese Forderung hier noch wichtiger als bei den personalen Hilfen. Bei sehr enger Auslegung dieses Grundsatzes gibt es allerdings keine „Hilfe", gleich welcher Art, die völlig frei von solchen Folgewirkungen wäre. Eine gewisse Gelassenheit in dieser Frage ist also, vor allem wenn die Bewegungsabläufe noch wenig gefestigt sind, durchaus angebracht. Dennoch sind bei näherem Hinsehen die Beispiele für eine deutliche Veränderung oder gar Verfälschung der Bewegungsstruktur häufiger, als man denkt. Dies zwingt zu einer eher kritischen Beurteilung der sogenannten Lernhilfen, selbst wenn man zugestehen muss, dass eine an sich problematische Hilfe unter bestimmten Bedingungen durchaus von Nutzen sein kann.

2. Die materialen Hilfen müssen genau auf den Könnens- und Ausbildungsstand der Übenden abgestimmt sein.

Dies folgt zum einen aus der vorstehenden Forderung, zum anderen aus der schon mehrfach angesprochenen Unterscheidung von Lern- und Einübungshilfen. Da auch hier die Übergänge fließend sind, ist in jedem Einzelfall etwas genauer zu fragen, welche Funktion jeweils im Vordergrund steht. Vieles nämlich, was als „Lernhilfe" angeboten wird, ist in Wirklichkeit eine „Übungshilfe" mit entweder erleichternder (z.B. Schlagen des gehaltenen Balles beim Erlernen des Schmetterschlags) oder erschwerender Funktion (z.B. Sprungwurf auf das Tor über eine Leine oder einen aufgestellten Weichboden).

3. Der Einsatz von materialen Hilfen darf keinen methodischen Umweg darstellen.

Die Fachliteratur ist voll von Beispielen, bei denen der Einsatz von „Lernhilfen" geradezu zur methodischen Spielerei wird. Es ist somit in jedem Einzelfall die Frage nach der tatsächlichen Notwendigkeit und dem wirklichen Nutzen einer materialen Hilfe zu stellen.

4. Der Einsatz von materialen Hilfen muss organisatorisch praktikabel sein.

Es gibt eine Menge von Hilfen, die von der Sache her zwar durchaus zweckmäßig, vom Aufwand her aber kaum tragbar sind. Wenn aber ein methodisch noch so „eleganter" Unterricht die Intensität des Übens, vor allem die zu einem Lernerfolg notwendigen Wiederholungszahlen, nicht mehr gewährleisten kann, wird er zumindest fragwürdig. Es ist also immer zu überlegen, ob eine organisatorisch aufwendige Maßnahme nicht durch eine einfachere ersetzt werden kann. Die Palette der hier gegebenen (Einsparungs-)Möglichkeiten ist gleichfalls größer, als man zunächst annimmt, auch wenn dies in der Fachliteratur nicht immer zum Ausdruck kommt.

Allgemeine Sicherheitsvorkehrungen

Es verbleibt, einen Blick auf die allgemeinen Sicherheitsvorkehrungen zu werfen. Diese sind weniger den methodischen als vielmehr den organisatorischen Maßnahmen zuzuordnen, die als solche *immer und routinemäßig* vorzusehen und durchzuführen (und auch regelmäßig zu überprüfen) sind.

Dabei geht es im Wesentlichen um folgende Punkte:
- Überwachung der Übungsstätten und Geräte auf ihren Zustand, ihre Funktionsfähigkeit und Sicherheit.
- Freihalten der Übungsstätten von gefährlichen und störenden Gegenständen.
- Kontrolle der Sportkleidung, insbesondere des Schuhwerks.
- Absicherung der Niedersprung- und Landestellen zur Vermeidung einer physiologischen Überlastung.
- Besondere organisatorische Vorkehrungen zur Vermeidung von Unfällen, z.B. bei Wurf- und Stoßübungen (5) oder im Schwimmunterricht (6).

In den weiteren Umkreis der allgemeinen Sicherheitsvorkehrungen gehören Kenntnisse über Erste Hilfe sowie die weiteren bei Unfällen zu treffenden Maßnahmen (Arzt, Krankentransport usw.). Der beste Schutz gegen Unfälle und andere Überraschungen liegt freilich in der Erziehung der Schüler zu selbständigem, d.h. ebenso selbstbewusstem wie selbstkritischem Verhalten im Rahmen eines geordneten Unterrichts, gleichgültig in welcher Form dieser stattfindet (7).

Zusammenfassung

Der Einsatz der praktisch-methodischen Maßnahmen ist vor allem abhängig von
- der Art und der Schwierigkeit der Übung,
- dem Leistungs- und Könnensstand der Übenden.

Dabei sollte der Lehrer stets die Gesamtheit aller möglichen Maßnahmen sehen und in diesem Rahmen entscheiden, welche Hilfen in welchem Umfang und bis zu welchem Zeitpunkt – auch aus Schülersicht – tatsächlich notwendig sind.

Die personalen Hilfen stellen in vielen Fällen die einzige Möglichkeit zum Erlernen einer Übung oder zur wirksamen Absicherung gegen Unfälle dar. Die materialen Hilfen können – je nach den besonderen Absichten des Lehrers – die personalen entweder ersetzen oder ergänzen oder ablösen.

Anmerkungen

(1) Vgl. den Beitrag: Wann fängt eine Sportstunde an? S. 73.
(2) Vgl. den Beitrag: Methoden, S. 198.
(3) In dem Beitrag: Stützsprünge, S. 298. Vgl. auch den Beitrag: Lernen, S. 268.
(4) Diese Überlegungen lassen eine interessante Antithese aufscheinen, die uns freilich in Schule und Unterricht in vielen Erscheinungsformen immer wieder begegnet: Helfen und Hilfestellung setzen einerseits beim Schüler Verantwortungsbewusstsein, Zuverlässigkeit, Konzentrationsvermögen und Sachkenntnis voraus, sollen andererseits aber auch Mittel sein, diese Eigenschaften, Fähigkeiten und Kenntnisse zu entwickeln und zu fördern. Der Wechsel von „Helfen" und „Sich-helfen-Lassen" bietet aber geradezu ideale Voraussetzungen zur Auflösung dieses Widerspruchs.
(5) Vgl. den Beitrag: Wurf und Stoß, S. 279.
(6) Auch bei schwimmsicheren Schülern sollte man darauf achten, dass niemand ins Wasser geht, bevor dies nicht vom Lehrer angesagt oder angezeigt wird, und dass keine Sprünge ins Wasser ausgeführt werden, sofern diese nicht Gegenstand des Unterrichts sind oder eine besondere Erlaubnis vorliegt.
(7) Vgl. den Beitrag: Über Unfälle und Unfallvermeidung, „Alltagsprobleme" S. 121.

7 Zum methodischen Stellenwert von Imitationsübungen

Unter *Imitationsübungen* werden im Folgenden alle methodisch aufbereiteten Übungsformen verstanden, bei denen im Sinne von *„Als-ob-Bewegungen"* auf die von einer sportlichen Bewegung jeweils intendierte *Zielerreichung* verzichtet wird. Die Bewegung kann dabei vollständig oder unvollständig ausgeführt werden, was in der Regel durch die Struktur der Bewegung vorgegeben ist.

Allgemeines Kennzeichen der Imitationsübungen ist also der Verzicht auf das „Eigentliche" einer sportlichen Bewegung, z.B. ein Ziel zu treffen, möglichst weit zu werfen oder zu springen, möglichst schnell zu laufen oder zu schwimmen, ganz in den Handstand aufzuschwingen oder eine Drehhocke zu Ende zu führen.

Angesichts dieser Sachlage ist die Frage berechtigt, welchen „Sinn", d.h. welche *didaktische Funktion* und – eingegrenzt auf die praktische Anwendung – welchen *methodischen Stellenwert* die Imitationsübungen dann noch haben können.

Dies soll zunächst an einem Beispiel erörtert werden. Sodann sollen, gleichfalls anhand von Beispielen, die verschiedenen Formen der Imitationsübungen aufgezeigt und methodisch eingeordnet werden.

Sinn und Nutzen von Imitationsübungen

Wenn man z.B. den einhändigen Korbwurf aus dem Stand, den sogenannten Freiwurf, nicht auf den Korb, sondern an die Wand (oder gegebenenfalls auch „frei in die Luft") ausführen lässt, wird sich zweierlei zeigen:

- Die Aufmerksamkeit der Schüler wird nicht mehr so sehr vom *Ergebnis* der Bewegung, in diesem Falle also vom Problem Erfolg – Misserfolg, absorbiert, sondern kann sich mehr auf die *Bewegung selbst* richten.
- Es können *alle Schüler* zugleich und in schnellerer Abfolge üben, als dies an einem Korb bzw. an den verfügbaren Körben möglich wäre.

Man sollte beide Punkte in ihrer unterrichtlichen Relevanz nicht unterschätzen, wie folgende Überlegungen deutlich machen können:

(1) Die Erfahrung zeigt, dass viele, wenn nicht die meisten Schüler – nicht nur bei Zielwurfübungen – so sehr vom Problem der Zielerreichung in Anspruch genommen sind, dass sie trotz entsprechender Hinweise nicht mehr fähig sind, auf die Bewegung selbst zu achten. Die von der Imitationsübung erzwungene *Umzentrierung der Aufmerksamkeit vom Produkt auf den Prozess* kann also, an der richtigen Stelle eingesetzt, den Lernvorgang entscheidend fördern.

In ähnlicher Weise werden bestimmte Bewegungssequenzen bewusster wahrgenommen, wenn man z.B. nur die Armbewegung des Schmetterschlags oder den Ansatz zur Drehhocke am Barren ausführen lässt, weil dann die Aufmerksamkeit der Übenden nicht mehr so sehr auf den weiteren, vielleicht sogar bedrohlichen Fortgang der Übung gerichtet ist.

(2) Man kann dem entgegenhalten, dass es im Sportunterricht nicht auf ein möglichst schnelles, sondern auf ein sachgerechtes und ganzheitliches Lernen ankomme, ja dass man auch mit einem „Lernen nach Versuch und Irrtum" dasselbe erreichen könne.

Dem ist generell auch zuzustimmen. Jedoch steht der Sportunterricht bei der kaum noch überschaubaren Vielfalt der Inhalte, die er vermitteln soll, unter andauerndem Zeitdruck. In der Regel ist es also notwendig, die Lernprozesse so rationell wie möglich zu gestalten.

Imitationsübungen sind dabei ein hervorragendes Mittel, durch Erhöhung der Übungsfrequenz die *unterrichtliche Intensität* zu steigern. Dem widerspricht es in keiner

Weise, dass man an anderer Stelle und aus anderen Gründen den Schülern auch Zeit zum „Ausprobieren", zum Selberfinden und Selbstgestalten gewähren und dabei auch Umwege in Kauf nehmen muss.

(3) Es kommt hinzu, dass Imitationsübungen ein sehr breites *methodisches Spektrum* abdecken: Es gibt Übungen, wie z.b. die Simulation der Korbwurfbewegung oder des Volleyballaufschlags, die nur eine erste Orientierung bezwecken sollen, und andere, wie z.b. die Imitation der Speerrücknahme oder der Diskusdrehung, die auch der Könner immer wieder ausführt, um seine Technik zu verbessern und zu stabilisieren.

Angesichts der hier dargestellten Vorteile von Imitationsübungen muss es überraschen, dass sie in der sportmethodischen Literatur der Bundesrepublik als eigenständige methodische Kategorie so gut wie nicht wahrgenommen werden, sondern allenfalls als Teilschritte methodischer Übungsreihen erscheinen. Dies verstellt aber den Blick sowohl für die positiven unterrichtlichen Möglichkeiten, die durch sie gegeben sind, als auch für die begrenzte methodische Reichweite, der sie zwangsläufig unterliegen. Darüber wird im Folgenden noch zu sprechen sein.

Zur Systematik der Imitationsübungen

1. „Vollständige" Imitationsübungen

Dies ist sozusagen der Idealfall der Imitationsübungen. Er ist freilich, wie auch das einleitende Beispiel zeigt, auf Zielwurf- und Zielschussübungen begrenzt, z.B. Korbwürfe, Torwürfe und -schüsse an die Hallenwand oder auf erweiterte Zielräume und Zielflächen. Der „wirkliche" Bewegungsablauf bleibt dabei, auch in seiner zeitlichen und dynamischen Gestaltung, voll erhalten; es wird lediglich auf die Ermittlung von Erfolg und Misserfolg verzichtet.

2. Unvollständige Imitationsübungen

Typische Beispiele hierfür sind Wurfübungen, z.B. Ballweit- und Schleuderballwürfe, bei denen die Bewegung zwar vollständig ausgeführt, das Gerät aber nicht abgeworfen, sondern in der Hand behalten wird.

Damit ist aber unweigerlich das Problem verknüpft, dass die Haupt- und Endphasen der Bewegungsabläufe, vor allem in ihrer dynamischen Struktur, mehr oder weniger deutlich verändert werden. Auch lässt sich nicht mehr kontrollieren, in welche Richtung und in welchem Winkel das Gerät tatsächlich abgeflogen wäre.

Dem steht der Vorteil gegenüber, dass die Übungsintensität (im Sinne einer Steigerung der möglichen Wiederholungszahlen) um ein Vielfaches höher ist als bei der vollständigen Ausführung der Übung.

Ein Ausgleich der Vor- und Nachteile kann dadurch erfolgen, dass auf mehrere imitierte Versuche ein vollständiger kommt.

Außerhalb der Gruppe der Wurfübungen finden sich nur vereinzelte Beispiele für diese Art von Imitationsübungen, z.B. wenn ein Weitsprung nach dem Absprung „abgebrochen" und in ein Weiterlaufen überführt wird. (Er lässt sich dann auch bei etwas härterer Landezone noch durchführen.)

Eine Sonderform der hier behandelten – vollständigen und unvollständigen – Imitationsübungen liegt dann vor, wenn bei Wurf- und Stoßübungen und ihnen verwandten Formen (z.B. Aufschlag beim Volleyball, Innenseitstoß beim Fußball) der Krafteinsatz so weit reduziert wird, dass das Gerät nur noch über eine kurze Strecke transportiert wird. Daraus lässt sich wiederum als allgemeines Prinzip ableiten, alle Übungen mit überwiegendem „Technikcharakter", z.B. auch Gerätübungen, gelegentlich mit dem geringstmöglichen Krafteinsatz auszuführen, der zum Gelingen noch ausreicht, oder auch einmal so langsam wie möglich zu schwimmen.

Dieses Üben mit vermindertem Krafteinsatz (und entsprechend vermindertem Ausführungstempo) ist einerseits ein altbewährtes methodisches Mittel beim Erlernen technisch anspruchsvoller Bewegungsabläufe, andererseits aber auch eine bedeutsame Maßnahme beim variierenden Üben, das nach den neueren Erkenntnissen der Bewegungslehre wesentlich zur Stabilisierung von Bewegungsabläufen bei gleichzeitiger Flexibilität in der Bewegungsausführung beitragen kann. Es ist ja davon auszugehen, dass keine sportliche Bewegung völlig störungsfrei abläuft.

3. (Vollständige und unvollständige) Simulationsübungen

Eine Simulationsübung liegt dann vor, wenn z.B. bei einem Ballwurf oder Schmetterschlag der Bewegungsablauf ohne Ball gleichsam nur vorgetäuscht wird. Es ist dies also eine spezielle Form der Imitationsübung, die nur dann eintreten kann, wenn eigentlich ein Gegenstand geworfen, gestoßen, geschlagen oder getroffen werden soll. Ansonsten fallen Simulations- und Imitationsübungen zusammen. Die methodischen Vor- und Nachteile sind im Wesentlichen dieselben wie bei den schon beschriebenen Formen: hohe Übungsintensität bei voller Konzentration auf den Bewegungsablauf, aber keinerlei Rückmeldung über den tatsächlichen Erfolg der Bewegung.

4. Imitation von Teilbewegungen

Das Imitieren von Teilbewegungen, zumeist der kennzeichnenden Abschnitte schwieriger technischer Fertigkeiten, ist wohl die gebräuchlichste Form der Imitationsübungen mit nahezu unbegrenztem Anwendungsbereich, nämlich von den ersten tastenden Versuchen des Anfängers bis hin zum Trainings-ABC des Könners. Entsprechend groß ist auch die methodische Spannweite:
- von einer ersten Information über die Bewegung bis hin zur Korrektur eingeschliffener Bewegungsfehler,
- von einer vorläufigen Orientierung im Raum, wie z.B. beim Anlauf zum Flop, bis hin zum Erkennen der für das Gelingen einer Übung entscheidenden Bewegungsphase, wie z.B. beim Ansatz zur Felgrolle (dem Zurückrollen in den Nackenstand mit Aufsetzen der Hände).

Die Beispiele hierfür sind so zahlreich und zum Teil so selbstverständlich, dass sie hier nicht weiter aufgelistet werden sollen. Es sei jedoch auf drei *einschränkende Bedingungen* hingewiesen: Man sollte nur solche Teilbewegungen imitieren lassen,
- die für die Geamtbewegung in irgendeiner Weise bedeutsam sind, gleichgültig ob sie der Hauptfunktionsphase oder einer Hilfsfunktionsphase zuzuordnen sind

(Ausnahme: Hinweise zur perfekten Darbietung und künstlerischen Gestaltung von normierten oder improvisierten Bewegungen),
- die für den Übenden einen Informationsgehalt besitzen, den er sich auf andere Weise nicht oder nur unvollkommen verschaffen kann,
- die sich durch das Herauslösen aus der Gesamtbewegung in ihrer Dynamik nicht völlig verändern.

Auch hier ist es ratsam, im Anschluss an mehrere imitierte Teilbewegungen, sofern irgend möglich, die Gesamtbewegung ausführen zu lassen.

Imitationsübungen zur Bewegungsdemonstration

Dass Imitationsübungen bei der Bewegungsdemonstration eine herausragende Rolle spielen, braucht hier nicht weiter begründet zu werden. Somit können einige allgemeine Hinweise genügen (1):

Die Vorteile bei einem solchen methodischen Einsatz von Imitationsübungen sind im Wesentlichen dieselben wie bei der Imitation durch den Übenden selbst: Konzentration auf den Bewegungsablauf und beliebige Wiederholbarkeit, während die Nachteile (vor allem Veränderungen in der dynamischen Struktur der Bewegung) hier nicht so sehr ins Gewicht fallen.

Vollständige Imitationsübungen können dabei einen ersten Eindruck von der Bewegung vermitteln. Wichtig ist dabei, dass sie eine deutliche rhythmische Gliederung aufweisen und die hauptsächlichen Krafteinsätze deutlich machen. Man sollte sich aber nicht darauf verlassen, dass die Schüler dabei schon Einzelheiten – auch wesentliche – des Bewegungsablaufs erkennen.

Dies ist vielmehr die Aufgabe der *Imitation von Teilbewegungen*, seit jeher eine Standardmaßnahme der Sportmethodik. Dabei sollte man jedoch darauf achten,
- dass die Schüler schon vorab wissen, worum es geht,
- dass der „springende Punkt" der Demonstration auch deutlich genug zum Ausdruck gebracht wird,
- dass die Bewegung möglichst (auch) verlangsamt dargeboten wird.

Zusammenfassung

Es ist davon auszugehen, dass Imitationsübungen den Lernprozess unterstützen können, und zwar
- durch die Möglichkeit einer beinahe beliebigen Steigerung der Wiederholungszahlen beim Einüben einer Bewegung,
- durch die Konzentration auf den Bewegungsablauf selbst (und nicht so sehr auf den „Erfolg" der Bewegung),
- durch das Herauslösen und gezielte Üben funktionell relevanter Bewegungsphasen und -sequenzen.

Dem stehen freilich einige Nachteile gegenüber, vor allem die unvermeidlichen Veränderungen im zeitlichen und dynamischen Ablauf der Bewegung und möglicherweise auch die mangelnde Motivation der Schüler. Es kommt also darauf an, in jedem Einzelfall eine Abwägung der möglichen Vor- und Nachteile vorzunehmen. Generell lässt sich dazu aber feststellen, dass Imitationsübungen im Unterricht eher zu wenig als zu viel eingesetzt werden.

Anmerkung

(1) Vgl. den Beitrag: Vom Sinn des Vormachens, S. 215.

8 „Spielvermittlungsmodelle"

Methodenkonzeptionen im Sportspiel

Die *Methodik der Sportspiele,* zumeist zusammengefasst unter dem populären Begriff der *Spielvermittlungsmodelle,* bildet seit längerer Zeit einen besonderen Schwerpunkt sowohl der theoretischen als auch der praktisch-methodischen Literatur. Dieses neuerwachte Interesse geht, nachdem es zuvor mehr auf die kleinen Spiele gerichtet war, vor allem auf einen – damals vielbeachteten – Beitrag von K. DIETRICH zum Fußballspiel aus dem Jahre 1964 zurück (1).

DIETRICH und seine Mitarbeiter hatten eine einfache, im Hinblick auf die damalige „sportpädagogische Landschaft" aber geradezu revolutionäre Idee: Sie gingen auf die Straße und stellten fest, wie Kinder und Jugendliche wirklich Fußball spielen. Dabei machten sie, pointiert zusammengefasst, folgende Beobachtungen:
- Kinder spielen nicht *das* Fußballspiel, sondern eine kaum noch überschaubare Anzahl von solchen Spielen. In allen Fällen handelt es sich aber um „Fuß-Ball-Spiele", die stets die *„Spielidee"* dieses Spiels verwirklichen, nämlich ohne Zuhilfenahme der Hände einen Gegenstand (Ball) gegen den Widerstand eines oder mehrerer anderer in ein Ziel (Tor) zu befördern.
- Kinder spielen ohne Ausnahme in *kleinen Mannschaften* und in für sie *überschaubaren Spielräumen* (2).
- Kinder *spielen immer, sie üben nicht.*

Die didaktische Umsetzung dieser Erkenntnisse führte zu der sogenannten spielgemäßen Methode. Ihr können zwei altbekannte Methoden zur Seite gestellt werden: die Technik-Taktik-Methode und die Konfrontationsmethode.
Diese drei *Methodenkonzeptionen* lassen sich idealtypisch wie folgt darstellen:

Die Technik-Taktik-Methode

Die Technik-Taktik-Methode ist im Prinzip eine *Teilmethode.* Das Spiel wird zunächst in seine Elemente zerlegt, die dann, sozusagen Baustein für Baustein, wieder zusammengefügt werden. Dabei wird, vor allem durch die Hinzunahme spieltaktischer Aufgabenstellungen, der Komplexitätsgrad mehr und mehr gesteigert, bis schließlich das „Zielspiel" erreicht ist (Abb. 1).

Technische Grundfertigkeiten ↓	Die zum Gelingen des Spiels notwendigen Grundfertigkeiten werden als solche erlernt und geübt.
Komplexübungen ↓	Mehrere Grundfertigkeiten werden in einer spieltypischen Abfolge zu einer Komplexübung verbunden und weiter eingeübt.
Taktische Grundformen ↓	Unter Einbeziehung von Gegenspielern werden diese zu gruppen- und mannschaftstaktischen Grundformen weiterentwickelt.
Zielspiel	Die erlernten technischen und taktischen Elemente werden in das Zielspiel integriert.

Abb. 1

Der Vorteil dieser Methode liegt zunächst darin, dass die Einbeziehung des Gegners allmählich erfolgen kann: Komplexübungen, Spielzüge und Spielphasen können zuerst ohne, dann mit passiven oder halbaktiven und schließlich mit aktiven Gegenspielern „durchgespielt" werden. Damit erlauben sie eine genaue Anpassung an den jeweiligen Könnensstand der Schüler, und dies auch im Sinne von differenzierenden Maßnahmen. Das bringt den weiteren Vorteil, dass die einzelnen Elemente relativ fehlerfrei erlernt werden können.

Als Nachteil erweist sich, dass es sehr lange dauert, bis wirklich „gespielt" wird. Das aber entspricht nicht den Erwartungen der Schüler. Es ist auch keineswegs garantiert, dass die isoliert erlernten Elemente sich ohne Probleme in das Spielganze einfügen lassen, hauptsächlich deshalb, weil die „Spielfähigkeit" im Sinne von Wahrnehmungs- und Entscheidungsfähigkeit durch dieses Vorgehen nur ungenügend entwickelt werden kann.

Die Konfrontationsmethode

Mit „Konfrontationsmethode" – hier in einem weiten Sinne verstanden – sollen im Folgenden alle Methodenkonzeptionen bezeichnet werden, bei denen nach dem Prinzip einer Ganzheitsmethode von Anfang an „richtig" gespielt wird. Dabei lassen sich drei Varianten unterscheiden:

(1) Die *„reine" Konfrontationsmethode,* bei der die Schüler bzw. Teilnehmer mit dem „fertigen" Spiel in der Tat konfrontiert werden, kann man wohl kaum als eine „Methode" bezeichnen. Es ist dies aber zweifellos die Art und Weise, in der die Kinder „auf der Straße" (und zum Teil auch im Verein) spielen lernen. Das kann – nach dem Prinzip von „Versuch und Irrtum" oder im Sinne eines Nachahmungslernens – durchaus gutgehen, die weniger geschickten und weniger anschlussfreudigen Kinder werden so aber eher abgeschreckt.

(2) Die „aufbereitete" Konfrontationsmethode versucht, das Spiel durch Vereinfachung, z.B. Verkleinerung der Spielerzahl und des Spielfeldes sowie Veränderung der Spielregeln, methodisch aufzubereiten (Abb. 2).

Spiel in Rohform	Das Spiel wird durch Veränderung der Rahmenbedingungen so weit vereinfacht, dass es für den Anfänger überschaubar wird.
↓	
Spiel mit zunehmend komplexeren Anforderungen	Mit steigendem Können werden die Vereinfachungen Zug um Zug zurückgenommen.
↓	
Zielspiel	Schließlich wird in einer allmählich immer vollkommeneren Form das „Zielspiel" erreicht.

Abb. 2

Diese Methode entspricht weitgehend den Wünschen der Schüler. Als Vorteil zeigt sich weiterhin, dass alle technischen, taktischen und sozialen Erfordernisse des Spiels, vor allem der ansonsten nicht recht greifbare Faktor „Spielfähigkeit", genau in dem Maße entwickelt und gefördert werden, wie diese im „Ernstfall" gebraucht werden.

Der Hauptnachteil liegt darin, dass die Schüler in aller Regel sehr unterschiedlich davon profitieren: Die besseren haben von Anfang an die größeren Spielanteile, die schwächeren kommen nur wenig „ins Spiel" und haben Mühe mitzuhalten. Außerdem könnte es sein, dass schwierigere technische Fertigkeiten nur unvollkommen erlernt werden und weniger erwünschte taktische Verhaltensweisen, z.B. eigenwilliges Spiel, sich durchsetzen.

(3) Die „indirekte" Konfrontationsmethode will das Zielspiel nach dem Grundsatz „mit kleinen Spielen zum großen Spiel" über eine Folge von verwandten und (im methodischen Sinne) vorbereitenden Spielen erreichen (Abb. 3).

Kleine Spiele	Die notwendigen technischen und taktischen Fertigkeiten werden in (selbständigen) kleinen Spielen erlernt und geübt.
↓	
Kleine Sportspiele	Damit werden die Voraussetzungen geschaffen für die „kleinen Sportspiele" als den vereinfachten Formen der
↓	
Große Spiele	„großen Spiele".

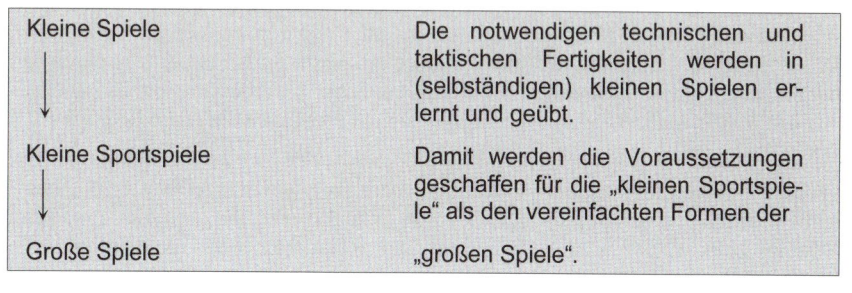

Abb. 3

Diese Methode erfreute sich vor einiger Zeit großer Popularität, vermag sie doch, das reiche Repertoire der kleinen Spiele für die „Spielschulung" methodisch nutzbar zu machen. Dabei darf man aber nicht übersehen, dass die kleinen Spiele, auch die einfacheren unter ihnen, eine Eigenstruktur und einen Eigenanspruch haben, so dass sich erhebliche Transferprobleme ergeben. Der kritische Punkt liegt dabei im Übergang von den „kleinen" Spielen zu den kleinen „Sportspielen". Die letzteren sind vom großen Spiel nur begrifflich, nicht aber methodisch abgesetzt, insofern als sie Bestandteil aller hier genannten Methodenkonzeptionen sind.

Die spielgemäße Methode

Die „spielgemäße" Methode versucht, die Vorteile der übrigen Methoden zu vereinigen, ohne ihre Nachteile in Kauf nehmen zu müssen. Dies soll, wie die unten angeführte Abbildung zeigt, durch die Unterscheidung von „Spielreihen" und ergänzenden „Übungsreihen" erreicht werden (Abb. 4).

```
ergänzende              Grundsitation 1
Übungsreihen            (z.B. Torschuss – Torabwehr)
                        bzw. Grundform 1
                        (z.B. Volleyball mit Auffangen)

                        Hinzunahme der Grundsituation 2
                        (z.B. Herausspielen der Torschussgele-
                        genheit – Abschirmen des Tores)
                        bzw. Übergang zu Grundform 2
ergänzende              (z.B. Kleinfeldvolleyball)
Übungsreihen
                        Hinzunahme der Grundsituation 3
                        (z.B. Aufbau des Angriffs – Stören des
                        Angriffs)
                        bzw. Übergang zum Zielspiel
                        (z.B. Volleyball)
```

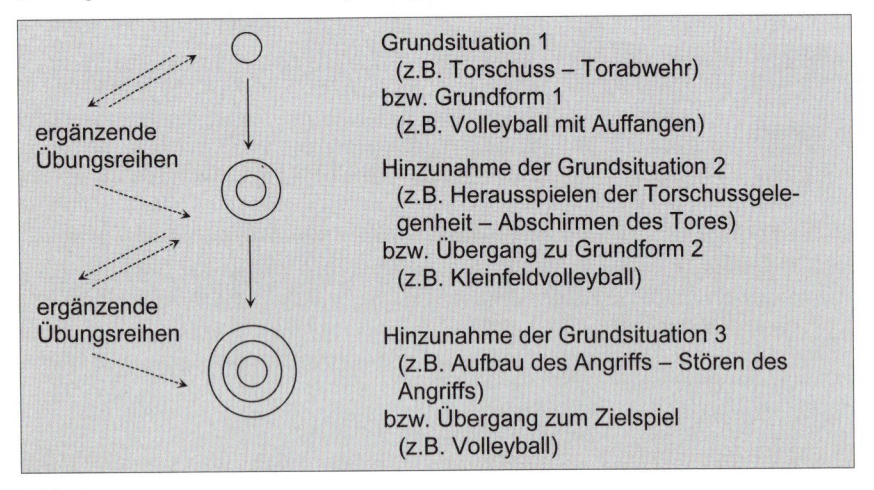

Abb. 4

Die *Spielreihen* werden gebildet durch die methodische Reihung von vereinfachten Spielformen gleicher Spielidee. Diese wiederum werden gewonnen entweder durch die Zerlegung des Spiels in die spielimmanenten „Grundsituationen" oder durch Reduktion des Komplexitätsgrades des Zielspiels, jeweils verbunden mit den entsprechenden Regeländerungen (3). Die Spielreihe stellt sozusagen die *Hauptstraße* dar.

Die ergänzenden und begleitenden *Übungsreihen* sollen sicherstellen, dass die notwendigen technischen und taktischen Grundfertigkeiten richtig erlernt und intensiv geübt werden. Sie stellen sozusagen die *Nebenstraßen* dar, die entweder zur selben „Station" zurückführen oder – gewissermaßen auf einem Umweg – den Anschluss an die nächste herstellen.

Diese Methode geht also stets von einer realen Spielsituation aus, die nach den Voraussetzungen und dem Könnensstand der Schüler weiter ausgestaltet und ausdifferenziert werden kann. Die „Spielfähigkeit" steht von Anfang an im Vordergrund;

technische Fertigkeiten und taktische Grundverhaltensweisen können in den Übungsreihen adäquat und situationsbezogen geschult werden.

Als Nachteil verbleibt allerdings, dass die Schüler die ergänzenden Übungsreihen mehr oder weniger als notwendiges Übel ansehen, was der Integration des dort Gelernten in das Spielganze nicht unbedingt förderlich ist.

Hinsichtlich einer *allgemeinen Beurteilung* der hier dargestellten Spielvermittlungsmodelle wäre folgendes zu bemerken:

(1) Die Unterschiede zwischen den verschiedenen „Methoden" sind in der Unterrichtspraxis deutlich geringer als in der Theorie. In der Praxis dominieren vielmehr, wie schon eine flüchtige Durchsicht der Literatur zeigen kann, *spezifische Methodenkonzeptionen*, die mehr von der Struktur und der Charakteristik des jeweiligen Spiels als von grundsätzlichen Überlegungen bestimmt sind.

(2) Es ist mittlerweile in allen Methodenkonzeptionen unbestritten, dass die zum Gelingen des Spiels absolut notwendigen Fertigkeiten, die sogenannten Basistechniken, „ausgegliedert" und auf irgendeine Weise vorher erlernt werden müssen. Wer nicht fangen kann oder keine Vorstellung vom Pritschen hat, kann beim Handball- bzw. Volleyballspiel nicht mitspielen.

(3) Die Praxis zeigt, dass in allen Methodenkonzeptionen (auch) *von Anfang an gespielt* wird. Der Wunsch der Schüler geht dabei in Richtung auf das „richtige", d.h. vollständige und wettkampfmäßige Spiel (selbst wenn sie kaum eine Chance haben, es wirklich zu bewältigen). Nicht immer kann der Lehrer diesem permanenten Druck widerstehen, zumal viele Schüler – der eine hier, der andere dort, viele sogar überall – schon „spielen" können.

Spielmethodik wird aus dieser Sicht eher zu einer Hilfsmaßnahme für die schwächeren und sportlich weniger aktiven Schüler.

Die bisherigen Darlegungen dürften gezeigt haben, dass es die eine, allein seligmachende Methode nicht gibt. Die Praxis kennt vielmehr nur eine mehr oder weniger deutliche *Anlehnung* an ein bestimmtes Vermittlungsmodell.

Dabei spielt, wie gleich zu zeigen sein wird, die Beachtung einiger allgemeiner methodischer Grundsätze eine entscheidende Rolle.

Allgemeine methodische Maßnahmen in der Spielvermittlung

Die allgemeinen methodischen Maßnahmen, die das Erlernen der Sportspiele erleichtern sollen, können, sofern man diesen Begriff weit genug fasst, auch als *Regeländerungen* verstanden werden.

Darauf wird an anderer Stelle näher eingegangen (4), so dass hier einige generelle Hinweise genügen:

– Die *konstitutiven Regeln* eines Spiels, die bereits durch die Spielidee ausgedrückt werden, dürfen nicht angetastet werden.

- Die *Handlungsregeln,* die näher festlegen, was hinsichtlich des Umgangs mit dem Spielgerät und des Verhaltens zum Gegner erlaubt oder verboten ist, können nur innerhalb bestimmter Grenzen verändert werden, und zwar sowohl in Erweiterung als auch in Verengung des offiziellen Regelwerks. Dabei sollten die – beabsichtigten und tatsächlich eintretenden – Folgewirkungen jeweils etwas genauer bedacht und beachtet werden.
- Die *formalen Regeln,* die primär die „äußere" Gestalt des Spiels betreffen (Spielerzahl, Spielfeld, Spielzeit) sind sozusagen methodisches Dispositionsmaterial. Damit erlauben sie aber auch den entscheidenden Zugriff.

Auf dieser Grundlage lassen sich die folgenden allgemeinen methodischen Grundsätze formulieren:

1. Spiele zunächst mit der geringstmöglichen Spielerzahl, die für das Gelingen des Spiels erforderlich ist.

Dieser Grundsatz erscheint vor allem in größeren Klassen nur schwer realisierbar. Da aber damit zumeist auch eine Verkleinerung der Spielfläche verbunden ist, lässt sich der vorhandene Raum sehr oft in mehrere Spielfelder aufteilen. Sollte das nicht hinreichen, ist es besser, wenn die Schüler abwechselnd in mehreren „Schichten" spielen, als dass sie im wilden Knäuel über die Spielfläche toben.

2. Überschreite nicht die für eine bestimmte Spielfeldgröße optimale Spielerzahl.

Dieser Grundsatz ist nicht einfach die Umkehrung des ersten: Da die Größe der Spielfelder, ob ganze oder geteilte Felder, in der Regel nicht beliebig manipulierbar ist, ergibt sich das Problem, diese auch auszulasten, aber keinesfalls zu überlasten. Entsprechende Untersuchungen haben ergeben (5), dass es für jede Spielfeldgröße eine Obergrenze der Spielerzahl gibt, jenseits der ein Spiel schlagartig zusammenbricht. Dieser Grenzwert ist vor allem vom Könnensstand der Schüler abhängig: Bessere Mannschaften verkraften mehr Mitspieler als schwächere. Wichtig ist auch zu wissen, dass z. B. eine Verdoppelung der Spielfläche nur eine geringe Erhöhung der Spielerzahl erlaubt (und umgekehrt eine Halbierung nur eine unwesentliche Verminderung der Mannschaftsgröße erforderlich macht).

3. Versuche, die Spielanteile möglichst gleichmäßig zu verteilen, damit jeder Teilnehmer auch wirklich mitspielen und dabei etwas lernen kann.

Wer es schon nachgeprüft hat, z.B. mit Hilfe einer Strichliste, weiß, dass die schwächeren Mitglieder einer Mannschaft kaum an den Ball kommen. Der Ausgleich dieses Missverhältnisses kann durch zeitweilige Homogenisierung der Spielmannschaften oder durch methodische Mittel (z.B. Abspielgebot, Dribbelverbot) erfolgen.

In den weiteren Umkreis dieser Bemühungen gehören auch folgende Maßnahmen:
a) Herstellung eines (mehr oder weniger deutlichen) Überzahlverhältnisses bei der jeweils angreifenden Mannschaft durch
   - Inaktivierung eines oder mehrerer Verteidiger,
   - Einsetzung von neutralen Anspielern im Rückraum („Spielmacher") oder an den Seiten- und Torauslinien.

b) Erschwerung der Verteidigertätigkeit (z.B. Handball nach Basketballregeln).
c) Erhöhung der Erfolgswahrscheinlichkeit beim Torschuss oder Zielwurf (z.B. durch Vergrößerung der Trefferflächen).
d) Ausnützung des Spielfeldes, z.B. durch Festlegung bestimmter Positionen, verbunden mit der Regel, dass die Position, die ein Mitspieler verlässt, von einem anderen eingenommen werden muss.

4. Wenn geübt werden muss, übe spielnah und intensiv.
Dies wird beispielsweise erreicht
- durch Einsatz von Komplexübungen, wobei sicherzustellen ist, dass jeder Spieler auf jeder Position eine ausreichende Anzahl von Versuchen hat,
- durch Bevorzugung von Kontinuumformen überall da, wo sich dies anbietet, z.B. beim Korbleger oder beim Schnellangriff (6).

Zur Frage der „integrativen Sportspielvermittlung"

Die integrative Sportspielvermittlung (7) ist keine Methode, sondern ein neuerer didaktischer Ansatz und zugleich eine praktisch-organisatorische Maßnahme, um Sportunterricht zu vereinfachen und zu intensivieren.

Dabei sind drei Aspekte zu unterscheiden:

(1) Zeitlich und methodisch an erster Stelle steht, wie oben bereits gesagt, die Erarbeitung der für das „Mitspielenkönnen" notwendigen *Mindestvoraussetzungen.* Dies erfolgt in zwei Schritten:

- Zunächst müssen die spielerischen *Grundfertigkeiten oder Basistechniken,* wie Werfen, Fangen, Stoßen, Stoppen und Dribbeln, gelernt werden, zumal man sich nicht darauf verlassen kann, dass die Schüler sie von eigener Spieltätigkeit her „in die Schule mitbringen". Dies geschieht normalerweise in möglichst standardisierten Formen, z.B. Zuspiel in Zweiergruppen, Werfen und Stoßen an die Wand.

- Sobald der Lernfortschritt es erlaubt, sollte man zu variierendem Üben übergehen, um die notwendige *Ballsicherheit* zu entwickeln. Kernpunkt ist dabei die *Ballberechnung* als einer primär antizipatorischen Fähigkeit. Die Schüler müssen also lernen, immer an der „richtigen Stelle zu stehen", wenn es darum geht, die aus verschiedenen Winkeln und Richtungen zugespielten Bälle anzunehmen.

Selbstverständlich gehört dazu auch ein entsprechend dosiertes *Abspiel,* wobei – nicht nur für Anfänger – die Regel gilt, dass prinzipiell der abgebende Spieler für das „Ankommen" des Passes verantwortlich ist. Das in der Praxis dominierende frontale Zu- und Abspiel ist also durch andere, vor allem sehr bewegungsreiche Formen zu ergänzen.

Es bedarf keiner besonderen Begründung, dass diese Fähigkeiten *möglichst früh,* also von der Grundschulzeit an, und auf *breiter Front,* d.h. in den wesentlichen Grundfertigkeiten und mit verschiedenen Ballarten zugleich, erarbeitet werden müssen.

Es ist dies der erste bedeutsame Ansatz des integrativen Modells.

(2) Der zweite und zentrale Ansatz betrifft die Entwicklung einer *allgemeinen Spielfähigkeit*. Dieser hochkomplexe Begriff lässt sich wiederum – weitgehend hypothetisch – zerlegen in die Faktoren
- *Ballbeherrschung* als der zweckentsprechenden und variablen Anwendung der technischen Mittel,
- *Durchsetzungsvermögen* als Inbegriff des individualtaktischen Könnens,
- *Spielübersicht* im Sinne eines übergreifenden taktischen Verständnisses.

Das besondere Interesse gilt dem letzten Faktor, der sich in der Fähigkeit äußert,
- eine spielerisch relevante Situation *wahrzunehmen*, d.h. in ihrer Struktur und ihrem Bedeutungsgehalt zu erfassen,
- in ihrem weiteren Fortgang *vorwegzunehmen*
- und mit der *erfolgversprechendsten Aktion* zu beantworten.

Es ist plausibel, dass eine solche übergreifende Spielfähigkeit sich am ehesten entwickeln kann, wenn die Schüler in mehreren Spielen Erfahrungen sammeln können, und zwar zugleich oder in unmittelbarer Abfolge. Man kann annehmen, dass auf diese Weise die generellen und verallgemeinerungsfähigen Faktoren des Spielverhaltens und die zugrundeliegenden koordinativen und antizipatorischen Fähigkeiten sich deutlicher herausbilden als beim traditionellen Nacheinander der Spielvermittlung. Zumindest werden den Schülern dabei die Gemeinsamkeiten der Spiele eher bewusst als die Unterschiede. Dies führt weiter zu der Frage, wieweit die Eigenstruktur der Spiele hier nicht sehr bald eine Grenze setzt.

(3) In einem dritten Ansatz geht es um die *praktische Verwirklichung* des integrativen Modells. Dabei zeigt sich, dass die in der Schule vorrangig gepflegten Spiele doch deutlich unterscheidbare Strukturen aufweisen, die zu folgender Einteilung führen:

1. Zielschussspiele, bei denen zwei gleich große Mannschaften auf demselben Feld mit- bzw. gegeneinander spielen. Diese lassen sich weiter unterteilen in
- *Wurfspiele* („Hand-Ball-Spiele", z.B. Basketball und Handball) mit direktem, relativ sicherem Ballbesitz,
- *Schussspiele* (z.B. Fußball und Hockey) mit indirektem, relativ eingeschränktem (und damit stets gefährdetem) Ballbesitz.

2. Rückschlagspiele, bei denen zwei Mannschaften (oder auch zwei Einzelspieler) auf getrennten Feldern mit- bzw. gegeneinander spielen.

Es ergeben sich also *drei Strukturgruppen* unterschiedlichen Verwandtschaftsgrades. Für die Umsetzung des integrativen Vermittlungsmodells folgt daraus:

(1) Bei der Erarbeitung der Grundfertigkeiten und der hinter ihnen stehenden antizipatorischen (Ballberechnung) und koordinativen Fähigkeiten (Ballsicherheit) kann man davon ausgehen, dass jedes Spiel von jedem profitiert. Hier ist eine alle Strukturgruppen übergreifende Integration angezeigt.

(2) Bei der Vermittlung grundlegender individualtaktischer (z.B. Umspielen des Gegners) und gruppentaktischer Fertigkeiten und Fähigkeiten (z.B. Freilaufen und De-

"Spielvermittlungsmodelle" 247

cken) reduziert sich die Integration auf die einzelnen Strukturgruppen, gelegentliche Ausweitung auf die große Gruppe der Zielschussspiele ausgenommen. Das breitere Können dürfte hier das bessere Können sein; positiver Transfer ist wahrscheinlich.

(3) Bei der Vermittlung spielspezifischer Verhaltensweisen wird das integrative Modell fraglich. Auf jeden Fall sind mögliche – positive und negative – Transferwirkungen etwas genauer zu bedenken. Es ist vielleicht möglich, z.B. Handball nach Basketballregeln zu spielen, wohl kaum aber umgekehrt.

Letztlich hat jedes Sportspiel seine eigenen Gesetzmäßigkeiten, auf die abschließend kurz eingegangen werden soll.

Zur Charakteristik der großen Spiele

Basketball ist das Spiel mit dem großen Ball auf kleinem Feld, das aber durch das hochgelegte Ziel bis in den letzten Winkel ausgenützt werden kann. Mit diesem Ball kann man gut dribbeln; er lässt sich auch relativ leicht fangen, aber nur mit beiden Händen festhalten, was einen zwar sicheren, aber dem gegnerischen Zugriff ausgesetzten Ballbesitz erlaubt. Die Enge des Raums bedingt ein Verbot der Fortbewegung mit dem festgefassten Ball: Die zwei erlaubten Kontakte sind in der Tat das absolute Minimum, um aus dem Laufen in den Stand zu kommen oder einen zugespielten Ball sofort weiterzuspielen.

Beide Faktoren, Ball und Raum, machen es erforderlich, die Verteidigertätigkeit stark einzuschränken. Das Spiel selbst ist geprägt durch den Gegensatz zwischen dem schnellen und fintenreichen Feldspiel und dem „gebremsten", große Präzision erfordernden Korbwurf.

Handball (Hallenhandball) hat ein gegenüber dem Basketballspiel größeres Spielfeld, das auch weiträumige Bewegungen zulässt. Der relativ kleine Ball erlaubt einen absolut sicheren Ballbesitz (8). Zusammen mit der großzügigen Schrittregel und dem harten Torwurf verleiht dies dem Angriffsspiel eine solche Rasanz, dass die Verteidiger dem zwangsläufig nur mit „härteren" Mitteln beggnen können. Der (leider unverzichtbare) Schusskreis verkürzt freilich nicht nur das Spielfeld, sondern verführt auch dazu, dort eine feste Verteidigungslinie aufzubauen, was wiederum ein recht statisches Angriffsspiel zur Folge haben kann. Dem sollte man in der Schule, z.B. durch Verminderung der Spielerzahl (maximal fünf Feldspieler) oder durch obligatorische Manndeckung, entgegenwirken.

Fußball kennt (wie alle entsprechenden Schuss-, Stoß- oder Schlagspiele) nur einen eingeschränkten, stets bedrohten Ballbesitz. Dies führt zu fortgesetzten, teilweise recht aggressiven Zweikampfsituationen mit prinzipiell offenem Ausgang. Außerdem wird dadurch ein „Spiel in den freien Raum" ermöglicht, da Mit- und Gegenspieler dabei zumindest gleiche Chancen haben, an den Ball zu kommen.

Beide Faktoren verleihen dem Spiel einen hohen Zufallscharakter, aber auch eine fortdauernde Spannung, die durch den ständigen Wechsel von langsamen und schnellen Aktionen noch gesteigert wird. Kennzeichnend für das Fußballspiel ist weiterhin, dass es auf jeder Spielfeldgröße und auf jedem beliebigen Niveau, vom untechnischen „Bolzen" über das schon anspruchsvollere „Kicken" bis hin zum technisch perfekten Strategiespiel, gespielt werden kann.

Volleyball als Partei- oder Rückschlagspiel vereinigt auf engstem Raum die relativ größte Zahl von Spielern. Es ist geprägt durch die technisch anspruchsvolle Art der Ballbehandlung, durch die prinzipielle Entscheidungsungewissheit darüber, wer einen ankommenden Ball anzunehmen hat, und durch blitzartige Angriffsaktionen, die jeden Spieler, gleich auf welchem Niveau er spielt, in seiner Reaktionsfähigkeit überfordern. Andererseits ist es in seinem taktischen Aufbau durchsichtig, was in der Schule dazu führt, dass es zum bevorzugten Spiel der „Nichtspieler" wird.

Anmerkungen

(1) DIETRICH, K.: Didaktische Überlegungen zum Schulfußball. In: Die Leibeserziehung 8/1964.
(2) Die Mannschaftsgrößen lagen zwischen zwei und sieben Spielern. Wurde eine für die Kinder überschaubare Gruppengröße überschritten, wurden, wie die Autoren berichten, die „überzähligen", meist schwächeren oder unbeliebteren Spieler schlichtweg davongejagt. Als Spielfelder dienten ein Hinterhof ebenso wie eine Sportplatzecke oder ein Hallenhandballfeld.
(3) Vgl. DIETRICH, K.: Fußball, spielgemäß lernen – spielgemäß üben. Schorndorf 1984 (1. Aufl. 1968). DÜRRWÄCHTER, G.: Volleyball, spielend lernen – spielend üben. Schorndorf 2000 (1. Aufl. 1967).
(4) Vgl. den Beitrag: Die Veränderung des Regelwerks der großen Spiele, S. 331.
(5) Vgl. SÖLL, W./UHL, M.: Untersuchungen zum Spiel mit verkleinerten Mannschaften auf kleinem Spielfeld. In: Die Leibeserziehung 11/1970, Lehrhilfen.
(6) Beim Volleyballspiel der Anfänger sind Kontinuumformen, auch einfachster Art, höchst problematisch, da sie zumeist eine fortlaufende Verschlechterung der Bewegungsausführung zur Folge haben. Vgl. dazu: KERN, U./SÖLL, W.: Modell einer Spielreihe für das Anfänger-Volleyballspiel. In: sportunterricht 3/1995, Lehrhilfen.
(7) Vgl. dazu: SCHEUER, W.: Hockey (sog. Weingartener Übertragungsmodell). Stuttgart 1982. GROTH, K./KUHLMANN, D.: Integrative Sportspielvermittlung in Theorie und Praxis. In: sportunterricht 10/1989 (Themaheft). HÖNL, M. u.a.: Integrative Sportspielvermittlung am Beispiel der Zielschussspiele. In: sportunterricht 9/1992.
(8) Auch bei Schülern kann man von einem „Hand"-Ballspiel erst sprechen, wenn sie den Ball mit einer Hand halten können. Ideal hierfür wären Schaumstoffbälle entsprechender Größe, sofern sie etwas verschleißfester hergestellt werden könnten.

Literatur

DIETRICH, K./DÜRRWÄCHTER, G./SCHALLER, H. J.: Die Großen Spiele. Aachen 1999 (1. Aufl. 1976).
KERN, U./SÖLL, W.: Praxis und Methodik der Schulsportarten, Kapitel 6: Sportspiel. Schorndorf 2005 (1. Aufl. 1997).

Kapitel 5

Lernen – Üben – Trainieren

Es ist vielleicht ungewöhnlich, in einem Buch, das vorwiegend fachdidaktische Fragen behandelt, auch ein Kapitel mit Themen aus der Trainings- und Bewegungslehre vorzufinden. Wir haben uns dennoch dazu entschlossen, weil wir der Überzeugung sind, dass ein sinnvoller Sportunterricht ohne einen Grundbestand an Kenntnissen aus diesen Fachbereichen nicht möglich ist. Damit kann und soll die Spezialliteratur weder ersetzt noch ergänzt werden, zumal vieles hier nur sehr verkürzt und im Hinblick auf die neueren, recht differenzierten Erkenntnisse nur sehr vereinfacht dargestellt werden kann. An dieser Stelle kann es lediglich darum gehen, einige allgemeine und grundsätzliche Überlegungen anzustellen und diese so aufzubereiten, dass sie auch an Schüler weitergegeben werden können. Nach unseren Erfahrungen sind auch jüngere Schüler für solche – natürlich ohne überflüssiges Theoretisieren vorgetragene – Fragestellungen recht aufgeschlossen.

Die vier Beiträge dieses Kapitels sind in umgekehrter Reihenfolge angeordnet, als es der üblichen, auch in der Überschrift gewählten Auflistung entspricht, beginnend mit den aus der Trainingslehre bekannten physiologischen Grundlagen über den umfassenden Begriff des Übens bis hin zu der höchst schwierigen Frage des motorischen Lernens, letzteres aber reduziert auf die unmittelbar unterrichtspraktischen Aspekte.

Die Trainingslehre ist mit zwei Beiträgen vertreten. Im ersten wird „Training" als relativ weiter Begriff definiert. Dabei soll herausgearbeitet werden, dass „Trainieren" zunächst nichts weiter bedeutet als „regelmäßig etwas tun" und dass es darüber hinaus nur eines geringen Mehraufwandes an Anstrengung bedarf, um nachweisbare Effekte zu erzielen. Im zweiten Beitrag sollen anhand des „klassischen" Modells von Belastung und Anpassung die Grundprinzipien des Trainings erläutert werden. Dem schließen sich einige unterrichtspraktische Hinweise an.

Im anschließenden Beitrag zum Üben soll in einem kurzen Überblick dargelegt werden, dass diese Grundverhaltensweise nicht nur das Bindeglied zwischen Lernen und Trainieren darstellt, sondern auch als didaktische Kategorie – wieder – mehr Beachtung finden sollte.

Der abschließende Beitrag zum Lernen möchte vor allem auf die notwendigen, durch entsprechende Planung und Strukturierung des Unterrichts zu schaffenden Bedingungen hinweisen, die ein nachhaltiges motorisches Lernen überhaupt erst ermöglichen.

Den Beiträgen dieses Kapitels liegt auch eine pädagogische Absicht zugrunde, nämlich dazu anzuhalten, bei aller wünschenswerten unterrichtlichen Vielfalt die kontinuierliche Arbeit an der Sache nicht zu vergessen. Das liegt auch im gesellschaftlichen Interesse. Nicht ohne Grund wird vom Sportunterricht verlangt, dass er im Kindes- und Jugendalter die erforderlichen Entwicklungsreize setzt, die entsprechenden körperlichen Wirkungen erzielt und den Schülern einen Grundbestand an motorischen Fertigkeiten vermittelt, der zu einem lebenslangen Sporttreiben beitragen kann.

1 Was heißt „trainieren"?

„Training hat im Schulsport nichts zu suchen, der hat ganz andere Aufgaben"; „Trainieren wäre zwar wünschenswert, ist unter den Rahmenbedingungen des Sportunterrichts aber nicht möglich", das sind zwei Äußerungen, die man in dieser oder ähnlicher Form unter Kollegen immer wieder hören kann.

Abseits der unterschiedlichen sportdidaktischen Positionen, die hinter diesen beiden Aussagen stehen, soll hier zunächst der Frage nachgegangen werden, ob ihnen nicht ein *missverstandener Trainingsbegriff* zugrunde liegt.

Sodann soll der Komplex „Training" im Allgemeinen und speziell als *Training im Schulsport* etwas näher betrachtet werden.

Zum Trainingsbegriff

Historisch gesehen, ist der Begriff „Training" an den Leistungs- und Wettkampfsport gebunden. Dies klingt auch noch in der neuesten Auflage des SPORTWISSENSCHAFTLICHEN LEXIKONS nach, wenn dort als Ziel des Trainings die „Fähigkeit zur bestmöglichen Leistungspräsentation in Bewährungssituationen" angegeben wird.

Sowohl im allgemeinen als auch im wissenschaftlichen Sprachgebrauch hat der Trainingsbegriff in jüngster Zeit aber eine deutliche Ausweitung erfahren: Man spricht nicht nur von Gesundheits- und Fitnesstraining, sondern auch von Wahrnehmungstraining, Gedächtnistraining, Verhaltenstraining und Ähnlichem.

Das *Gemeinsame* an all diesen Trainingsbegriffen liegt darin, dass es dabei stets um eine *gezielte und geplante*, und somit auch mit einer gewissen Regelmäßigkeit und Systematik betriebene *Verbesserung und Vervollkommnung von Fähigkeiten und Fertigkeiten* geht. Diese Fähigkeiten und Fertigkeiten können, wie die angeführten Beispiele zeigen, sowohl physischer als auch psychischer Natur sein.

Es ist somit zwischen einem *biologischen* Trainingsbegriff, für den die Trainingslehre zuständig ist, und einem *allgemeinen* Trainingsbegriff, der in den Arbeitsbereich anderer Wissenschaften fällt, zu unterscheiden. Trotz dieser „Arbeitsteilung" ist Training aber ein komplexer Begriff: Gleichgültig, was trainiert wird, es sind immer physische (biologische, physiologische usw.), psychische (kognitive, affektive usw.) und soziale (gesellschaftliche, milieubedingte usw.) Faktoren im Spiel.

Ein Beispiel aus dem Alltag

Dieser *allgemeine und komplexe Trainingsbegriff* soll zunächst an einem Beispiel verdeutlicht werden:

Wenn ein Büroangestellter sich entschließt, seinen im 12. Stockwerk eines Hochhauses gelegenen Arbeitsplatz zu Fuß zu ersteigen, dann *trainiert* er, gleich ob ihm dies bewusst ist oder nicht. Und er tut etwas, was selbst „ernsthafte" Sportler nicht immer tun: Er trainiert *täglich* (mit einer „schöpferischen Pause" am Wochenende).

Dabei wird er alsbald feststellen,
- dass ihm das Treppensteigen immer weniger Probleme bereitet, dass er also eine bestimmte Anforderung *müheloser* bewältigt,
- dass der Zeitbedarf allmählich geringer wird, dass er also eine solche Anforderung *schneller* bewältigt,
- dass er hinterher nicht mehr so lange außer Atem ist, dass sich also seine *Erholungsfähigkeit* verbessert hat.

Es stellen sich bestimmte *Trainingswirkungen* ein, die zu einer Verbesserung des *Trainingszustandes* führen.

Wenn unser Mann nun aber etwas genauer hinschaut, wird er feststellen, dass der zu verzeichnende Fortschritt, der *Trainingszuwachs*, immer geringer wird und schließlich stagniert. In dieser Situation hat er drei Möglichkeiten:

(1) Er ist mit dem Erreichten zufrieden und steigt weiterhin in aller Ruhe die Treppen zu seinem Arbeitsplatz hinauf.

(2) Er will es genau wissen und verstärkt seine Anstrengungen, indem er z.B. immer schneller hinaufläuft.

(3) Er ist enttäuscht, weil es nicht mehr weitergeht, und fährt wieder mit dem Aufzug.

Welche dieser drei Möglichkeiten er wählt, hängt von den Erwartungen und Motiven ab, die hinter seinem Vorhaben stehen. Und diese wiederum sind bestimmt durch seine Persönlichkeitsstruktur und durch das Normen- und Wertesystem seines sozialen Umfeldes. Es ist dies die oben bereits angesprochene individual- und sozialpsychologische Dimension des Trainingsbegriffs.

Grundsätzliches zur Struktur des Trainingsprozesses

Die drei genannten Verhaltensweisen können zugleich einige Einsichten in die Struktur des Trainingsprozesses vermitteln:

Zu (1): Trainieren heißt, einen physiologischen Reiz zu setzen, der den Körper zu einer *Anpassungsreaktion* zwingt, bis ein neuer *Gleichgewichtszustand* zwischen den Anforderungen der Umwelt und der körperlichen Leistungsfähigkeit hergestellt ist.

Zu (2): Wer über das nun erreichte Niveau hinauskommen will, muss die *Belastung erhöhen*, damit eine neue Anpassungsreaktion hervorgerufen wird. Dabei gilt die Regel, dass mit steigendem Trainingszustand immer höhere Belastungen notwendig sind, um einen immer geringer werdenden Zuwachs zu erreichen (bis hin zu einer – mittlerweile im Spitzensport wohl erreichten – „Wahnsinnsgrenze", bei der auch noch so hohe Belastungen keinen Fortschritt mehr bringen).

Außerdem muss nunmehr gezielter trainiert werden: Selbst beim Treppensteigen muss sich der Trainierende allmählich entscheiden, ob es ihm mehr auf *Ausdauer* ankommt (dann sollte er z.B. in mäßigem Tempo möglichst viele, vielleicht 40, 80 oder 100 Stockwerke hochsteigen) oder auf *Kraftausdauer* (dann sollte er z.B. die ursprünglichen zwölf Stockwerke, jeweils zwei Stufen nehmend, möglichst schnell zu bewältigen versuchen) oder auf „reine" *Kraft* (dann sollte er sich z.B. eine so schwere Gewichtsweste zulegen, dass er gerade noch zwei Stockwerke schafft).

Zu (3): Wer mit dem Training aufhört, wird bald feststellen, dass die erzielten Anpassungserscheinungen *sich zurückbilden*, bis schließlich das Ausgangsniveau wieder erreicht ist. Dabei gilt die Regel, dass dieser Abfall umso langsamer vor sich geht, je langfristiger der Trainingsaufbau erfolgt ist (und umgekehrt).

Diese Überlegungen lassen drei *Schlussfolgerungen* zu:
- Die eingangs gegebene Definition des Trainingsbegriffs muss dahingehend erweitert werden, dass es beim Trainieren nicht nur um die Steigerung, sondern auch um den Erhalt einer bestimmten Leistungsfähigkeit und – bei nicht mehr so ganz jungen Leuten – um die Verlangsamung des altersbedingten Leistungsabfalls geht.
- Bei niedrigem Ausgangsniveau ist mit relativ geringem Aufwand ein relativ großer Trainingszuwachs zu erzielen.
- Je niedriger der Trainingszustand, desto komplexer ist die Trainingswirkung (z.B. hinsichtlich Ausdauer und zugleich Kraft bzw. Kraftausdauer), je höher, desto spezifischer muss trainiert werden.

Bei einem so verstandenen, niveau- und zielgruppenunabhängigen Trainingsbegriff wird deutlich, dass Training sowohl im Alltag als auch im Sportunterricht durchaus möglich, ja allgegenwärtig ist, *sofern nur einigermaßen regelmäßig und systematisch etwas getan wird.*

Regelmäßig heißt dabei, dass in nicht allzu großen Abständen immer wieder eine Belastung erfolgt bzw. „ein Reiz gesetzt wird"; *systematisch* bedeutet, dass dieser Reiz im Hinblick auf das gerade erreichte Niveau eine ausreichende Intensität und im Hinblick auf das angestrebte Trainingsziel eine bestimmte Spezifik aufweisen muss.

Natürlich kann der Alltag eines Menschen so bewegungsarm und Sportunterricht so schlecht geplant sein, dass sich in dieser Hinsicht nichts abspielt, doch muss dies bei den gegebenen gesellschaftlichen Verhältnissen als falsch, ja sogar als unverantwortlich bezeichnet werden.

Zum Trainingsbegriff in der Sportdidaktik

Wenn wir uns nun aber dem Bereich der Schule zuwenden, machen wir eine interessante Feststellung: In der Sportdidaktik wird zwischen *Üben* und *Trainieren* unterschieden, wobei sich Üben mehr auf die Verbesserung bestimmter Bewegungsabläufe, wie Flop oder Korbleger, und Trainieren mehr auf die Vervollkommnung bestimmter Fähigkeiten, wie Kraft und Ausdauer, bezieht.

Vereinfacht ausgedrückt: *Fertigkeiten übt man, Fähigkeiten trainiert man.*

Diese Unterscheidung ist in gewisser Hinsicht durchaus berechtigt: Das *Üben*, d.h. die Aneignung und Verbesserung von Bewegungsfertigkeiten, hängt von der Funktionsfähigkeit der für die Bewegungssteuerung bzw. Bewegungskoordination zuständigen Organsysteme, generell also vom Nervensystem ab. Umgekehrt wird dadurch auch der Funktionszustand eben dieser Systeme verbessert. Die Ergebnisse eines solchen Übungsprozesses sind im Allgemeinen stabil und überdauernd: Wer einmal schwimmen oder Rad fahren gelernt hat, verlernt es normalerweise nicht mehr.

Beim *Trainieren* geht es um die Vervollkommnung und spezifische Ausprägung physiologischer Kenngrößen, der sogenannten konditionellen Fähigkeiten wie Kraft, Schnelligkeit, Ausdauer und anderen. Diese aber hängen von der Funktionsfähigkeit der Skelettmuskulatur und des Herz-Kreislauf-Systems ab. Die Ergebnisse solcher Trainingsprozesse sind instabil und vergänglich: Wer nicht weitertrainiert, sinkt, wie gesagt, alsbald wieder auf das Ausgangsniveau ab.

Betrachtet man dieses Problem jedoch auf einer mehr pragmatischen Ebene, zeigt sich, dass *Üben und Trainieren einen einheitlichen Prozess* darstellen: Wer „trainieren" will, muss bestimmte Bewegungen ausführen, er „übt" zugleich; wer regelmäßig etwas „übt", verbessert damit auch die entsprechenden konditionellen Voraussetzungen. Entsprechend verzichtet man in der Trainingslehre auf eine solche grundsätzliche terminologische Unterscheidung und spricht lediglich von „Techniktraining" auf der einen und „Konditionstraining" auf der anderen Seite.

Dabei sind in der Regel eindeutige *Schwerpunktsetzungen* festzustellen: Das *Üben* bzw. das Techniktraining zielt mehr auf die möglichst vollkommene *Beherrschung eines Bewegungsablaufs,* namentlich wenn es sich um schwierige und komplexe „Techniken" handelt; das *Trainieren* bzw. das Konditionstraining zielt mehr auf eine dosierte und überprüfbare körperliche *Belastung,* wofür überwiegend einfache und gekonnte Bewegungsabläufe herangezogen werden.

Es ist also zwischen einem *weiteren* und *engeren Trainingsbegriff* zu unterscheiden: Im Umkreis des Vereins- und Leistungssports bezeichnet „Training" den Gesamtprozess der technischen, taktischen und konditionellen Vervollkommnung eines Sportlers oder einer Mannschaft einschließlich der hier hereinspielenden psychologischen Faktoren. Man geht eben zum Fußball- oder Tennistraining, ohne sich über die inhaltliche Gestaltung weiter Gedanken zu machen.

Im Umkreis der Schule und weithin auch im allgemeinen Bewusstsein ist „Training" im Wesentlichen gleichbedeutend mit „Konditionstraining". So zielt auch der Gesundheitssport vorwiegend in diese Richtung und entsprechend entstammt auch das eingangs gewählte Beispiel des Treppensteigens diesem Bereich.

Training im Schulsport

Diesen engeren Trainingsbegriff setzen wir voraus, wenn wir uns nun endgültig dem Schulsport zuwenden, und zwar mit der altbekannten und vieldiskutierten Frage, *ob Training im Schulsport überhaupt möglich ist.*

Die Antwort auf diese Frage ist einfacher und selbstverständlicher, als viele Kollegen meinen: *Training ist möglich,* sofern – und hier wiederholen wir eine weiter oben schon getroffene Feststellung – nur einigermaßen regelmäßig und systematisch etwas getan wird. Dabei gilt das von FREY bereits 1981 entwickelte Modell (Abb. 1).

Optimal wären drei „Belastungseinheiten", also – bei drei Sportstunden – drei Einzelstunden pro Woche. (Vier „Einheiten" sind nach unseren Beobachtungen für „normaltrainierte" Schüler bereits zu viel.)

Bei zweimaligem Unterricht pro Woche ist immer noch ein deutlicher, bei einer (Doppel-)Stunde in der Regel nur noch ein geringer Trainingszuwachs zu erzielen.

Aber selbst hier kann, wie zahlreiche Unterrichtsversuche bewiesen haben, bei entsprechend akzentuierten Trainingsvorhaben – am deutlichsten bei den schwächeren Schülern – noch einiges erreicht werden.

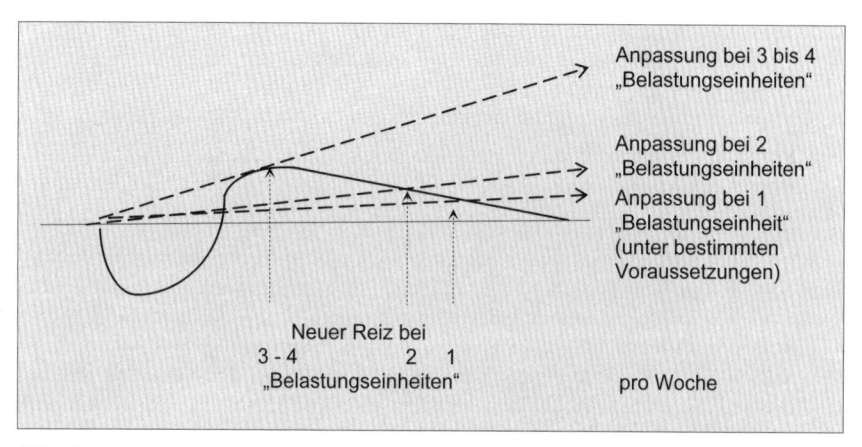

Abb. 1

Dabei ist es keineswegs notwendig, wie bisweilen behauptet wird, die Hälfte oder mehr der Unterrichtszeit auf eine öde „Konditionsbolzerei" zu verwenden. Bei entsprechender Planung des Sportunterrichts genügt, was man ohnedies für allgemeine körperbildende Aufgaben aufwenden würde.

Allerdings ist hier eine Einschränkung zu machen, die in der sportdidaktischen Literatur etwas deutlicher herausgestellt werden sollte: *Training im Schulsport muss sich qualitativ und quantitativ begrenzte Ziele setzen:*

(1) Die qualitativen Einschränkungen folgen daraus, dass die Komponenten der körperlichen Leistungsfähigkeit, und hier vor allem die verschiedenen Kraft- und Ausdauerfähigkeiten, in einem *ausgewogenen Verhältnis* zueinander stehen müssen. Das aber ist – an den Maßstäben des Leistungssports gemessen – nur auf einem mittleren Niveau möglich. Auf höherem Niveau müsste, wie gesagt, spezifischer trainiert werden, auf höchstem Niveau ist enge Spezialisierung notwendig. Dies kann nicht Aufgabe des Schulsports sein.

(2) Die quantitativen Einschränkungen ergeben sich daraus, dass es unmöglich ist, über neun, zehn oder dreizehn Schuljahre hinweg einen *kontinuierlich ansteigenden*

Trainingszuwachs zu erzielen. Der hierfür notwendige Trainingsaufwand müsste sich in der Tat immer weiter, und schließlich bis zu einem – jedenfalls im Schulsport – nicht mehr vertretbaren Ausmaß erhöhen.

Die Lösung dieses Problems kann nur darin liegen, jedes Schuljahr von neuem zu versuchen, das konditionelle Niveau der Schüler über das „statistische Normalmaß" der jeweiligen Altersstufe hinaus anzuheben und dazwischen auch Perioden der Stagnation und vielleicht auch eines partiellen Rückgangs, z.b. über die Sommerferien hinweg, in Kauf zu nehmen.

Es wäre völlig ungerechtfertigt, daraus auf eine relative Nutzlosigkeit des Trainierens im Rahmen des Schulsports schließen zu wollen. Zum einen hat ein über Jahre hinweg aufgebauter überdurchschnittlicher Trainingszustand eine bemerkenswerte, gleichfalls über Jahre anhaltende *Beständigkeit*, zum anderen geht es für viele Schüler darum, ein einigermaßen „normales" körperliches Leistungsvermögen überhaupt erst zu *erwerben* und zu *erhalten*.

Dabei empfiehlt es sich, sozusagen doppelgleisig zu fahren:

(1) Eine gewisse *„Grundlagenarbeit"* hinsichtlich der Entwicklung von Kraft und Ausdauer, mit steigendem Alter der Schüler auch von Beweglichkeit und Dehnfähigkeit, ist eine ganzjährige und allgegenwärtige Aufgabe des (obligatorischen) Schulsports. Es gibt in jeder Sportart und bei jedem Thema Übungsformen, die es in jeder Stunde ermöglichen, eine entsprechende Kreislaufbelastung zu gewährleisten, und es lässt sich in jeder Stunde bei einigen Übungen die Intensität der Belastung so gestalten, dass sie als physiologischer Reiz im Sinne einer Kräftigung der Muskulatur wirkt, wenn nicht bei allen, so doch bei der Mehrheit der Schüler.

(2) Parallel dazu empfiehlt sich eine *Periodisierung* des Trainingsprozesses dahingehend, dass man im jahreszeitlichen Wechsel bestimmte Schwerpunkte hinsichtlich der Entwicklung von Kraft *oder* Ausdauer setzt. Ein praxisorientiertes und bewährtes Modell hierfür besteht darin, dass man *zu Anfang des Schuljahres*, normalerweise also im Spätsommer, mit allgemeinen funktions- und zweckgymnastischen Programmen beginnt, sodann zur gezielten Kräftigung der Arm-, Schulter- und Rumpfmuskulatur übergeht und dem die Unterrichtseinheit Geräteturnen nachschaltet, im *zweiten Halbjahr* zunächst die Schulung der allgemeinen Ausdauer in den Vordergrund stellt, dann zum Komplex Schnelligkeit/Schnellkraft übergeht und dem die Unterrichtseinheit Leichtathletik bei- und nachordnet.

Unabhängig von diesen Problemen gilt die Regel, dass die „Kosten-Nutzen-Relation", also das Verhältnis von Trainingsaufwand und Trainingszuwachs, in den *Phasen eines ausgeprägten Körperwachstums*, also vor allem in der Pubertät, am günstigsten ist. Damit erhebt sich die Frage einer *altersspezifischen Akzentuierung* des Trainingsprozesses, auf die hier in einigen Stichworten eingegangen werden soll:

Generell ist zunächst festzustellen, dass Training – ob als Training im weiteren oder engeren Sinne verstanden – in allen Alters- und Entwicklungsstufen möglich und erfolgversprechend ist.

Es lassen sich jedoch einige *Arbeits- und Ausbildungsschwerpunkte* formulieren, etwa dahingehend, dass
- vom 7. bis 10. Lebensjahr die Entwicklung der *koordinativen Fähigkeiten*,
- vom 10. bis 12. Lebensjahr die Aneignung und Verbesserung der *sportlichen Grundfertigkeiten* (im Wechselspiel von „Üben" und „Trainieren"),
- vom 13. bis 15. Lebensjahr (bei Mädchen etwas früher) die Vervollkommnung der *konditionellen Fähigkeiten*

einen gewissen Vorrang haben, während ab dem 16. Lebensjahr – bei zunehmenden geschlechtsspezifischen Unterschieden – die gleichmäßige Förderung von „Kondition", „Koordination" und „Technik" angezeigt ist.

Zusammenfassung

Training im Schulsport verfolgt nicht nur „äußere", d.h. körperliche bzw. physiologische, sondern auch „innere", d.h. kognitive und affektive Ziele. Dieser letztere, der persönlichkeitsbildende Aspekt, der darin besteht, mit Regelmäßigkeit, Beständigkeit und Überzeugung etwas zu tun, ist auf lange Sicht zweifellos der wichtigere.

Was die Nahziele des Trainings betrifft, ist zwischen einem mehr koordinativen, mit dem Begriff des *Übens* verbundenen, und einem mehr konditionellen, das *Training* im engeren Sinne repräsentierenden Aspekt zu unterscheiden. Beide stehen in einem Wechselverhältnis, wie die Übersicht in Abb. 2 zeigen kann.

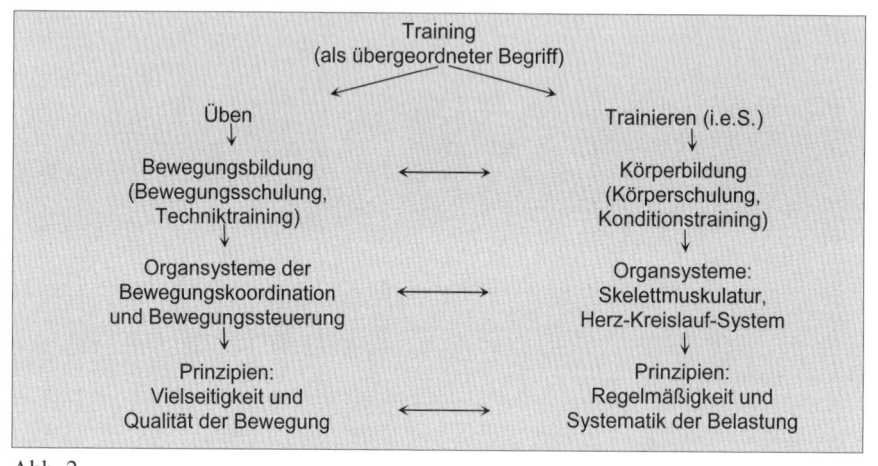

Training (als übergeordneter Begriff)	
Üben ↓	Trainieren (i.e.S.) ↓
Bewegungsbildung (Bewegungsschulung, Techniktraining)	Körperbildung (Körperschulung, Konditionstraining)
Organsysteme der Bewegungskoordination und Bewegungssteuerung	Organsysteme: Skelettmuskulatur, Herz-Kreislauf-System
Prinzipien: Vielseitigkeit und Qualität der Bewegung	Prinzipien: Regelmäßigkeit und Systematik der Belastung

Abb. 2

Training im engeren Sinne ist im Schulsport notwendig und – sofern man realistische Zielsetzungen verfolgt – auch erfolgreich. Dabei gilt, wie überall, dass man *nur fördern kann, was man fordert*. Im Interesse einer sinnvollen Jahresplanung sollte man zwischen einer allgemeinen körperbildenden „Grundlagenarbeit" und jahreszeitlich wechselnden „Trainingsprogrammen" mit speziellen Schwerpunkten unterscheiden.

2 Kleines ABC der Trainingslehre

Training – Trainingslehre

Nach FREY versteht man unter *Training* das „längerfristige Bemühen, durch gezielte Maßnahmen auf den Organismus einzuwirken", damit „die individuelle Leistungsfähigkeit gesteigert, erhalten oder wiedergewonnen, ein altersbedingter Abfall hinausgeschoben und verzögert" wird. Training erscheint also als allgemeiner, nicht nur auf den Leistungssport, sondern auch auf den Gesundheitssport, den Freizeitsport und nicht zuletzt auf den Schulsport bezogener Begriff. In diesem Umkreis interessieren vor allem die *biologischen Grundlagen* und die *Methoden* des Trainings. Beides ist Gegenstand der *Trainingslehre*.

Gesetzmäßigkeiten des Trainingsprozesses

Trainieren heißt zunächst, dem Körper eine über die weitgehend automatisierten Alltagstätigkeiten hinausgehende *Belastung* „zuzumuten". Eine solche Belastung wirkt als *physiologischer Reiz*, der den Organismus zu einer *Anpassungsreaktion* zwingt. Eine solche Anpassungsreaktion zeigt nun aber einen typischen Verlauf, der sich modellhaft wie in Abb. 1 darstellen lässt.

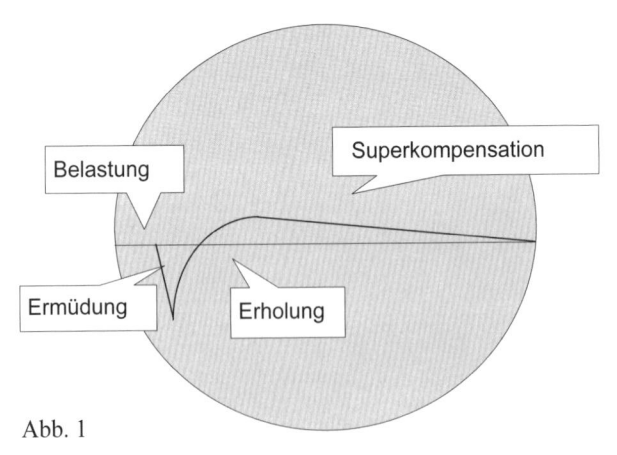

Abb. 1

Die *Belastung* führt zu einer *Ermüdung*, d.h. zu einer Beeinträchtigung des ursprünglichen – „ungestörten" – Funktionszustandes. Nach dem Ende der Belastung, in der Phase der *Erholung*, versucht der Körper, dieses „Defizit" wieder auszugleichen. Der Ausgleich führt jedoch über das ursprüngliche Niveau hinaus: Der Erholung oder Wiederherstellung folgt eine Phase der „erhöhten Wiederherstellung" oder *Superkompensation*, die nach einiger Zeit allerdings wieder auf das Ausgangsniveau absinkt.

Für das sportliche, auf eine gewisse Effektivität bedachte Training ergibt sich daraus Folgendes:

Das entscheidende *Prinzip* eines solchen Trainings besteht darin, den nächsten Trainingsreiz in der Phase der Superkompensation zu setzen, um den Organismus gleichsam zu fortgesetzten Anpassungsreaktionen auf jeweils höherem Niveau zu zwingen. Training erfordert somit eine gewisse *Regelmäßigkeit* in der Belastung. Je nach Ausgangsniveau und dem angestrebten Trainingsziel liegt die untere Grenze hierfür bei einem ein- bis zweimaligen Training pro Woche (1).

Regelmäßiges Training führt also zu einer Verbesserung der körperlichen Leistungsfähigkeit, zu einem *Trainingszuwachs*. Mit dem besseren *Trainingszustand* rückt aber auch die physiologische *Reizschwelle* weiter hinaus: Es sind – zumindest längerfristig gesehen – immer höhere Belastungen notwendig, um noch eine Anpassungsreaktion hervorzurufen, bis hin zu einer Grenze, bei der auch noch so hohe Belastungen keinen Trainingszuwachs mehr bewirken. Weiterhin gilt die Regel, dass die Trainingsreize mit steigendem Leistungsniveau immer *spezifischer* auf die zu trainierenden Leistungsfaktoren ausgerichtet werden müssen. Somit erhebt sich als nächstes die Frage nach der Spezifik der Anpassungsreaktionen, die eng verbunden ist mit der Struktur der sogenannten konditionellen Fähigkeiten.

Zur Struktur der konditionellen Fähigkeiten

Das System der konditionellen Fähigkeiten wird üblicherweise wie folgt (oder ähnlich) dargestellt:

Kraft	Schnelligkeit	Ausdauer
Schnellkraft	Kraftausdauer	
Kraftschnelligkeit	Schnelligkeitsausdauer	

Den „*Grundfähigkeiten*" Kraft, Schnelligkeit und Ausdauer werden also die Mischformen oder „*komplexen Erscheinungsformen*" Schnellkraft und Kraftschnelligkeit einerseits, sowie Kraft- und Schnelligkeitsausdauer andererseits zugeordnet. Eine solche Systematisierung ist sicherlich geeignet, die unübersehbare Zahl der tatsächlichen (in der Praxis stets sportart- und disziplinbezogenen) konditionellen Faktoren durchschaubar und einem methodischen Zugriff zugänglich zu machen, verstellt aber den Blick für das Grundsätzliche mehr, als dass sie ihn erhellt. Dazu bedarf es einer Betrachtung der *physiologischen Zusammenhänge*:

Körperliche Bewegung beruht stets auf Muskeltätigkeit. Physiologisch gesehen sind die sogenannten konditionellen Fähigkeiten also lediglich verschiedene „Beanspruchungsformen" der Körpermuskulatur. Diese *Beanspruchung* kann schwerpunktmäßig nach zwei Richtungen hin erfolgen:

– hinsichtlich *Kraft*, d.h. der Überwindung eines Widerstands, wobei die Muskeltätigkeit als solche und die Steuerungsprozesse des Nervensystems, z.B. im Zusammenspiel mehrerer Muskeln, angesprochen sind,

– hinsichtlich *Ausdauer*, d.h. der Zeitdauer der Muskeltätigkeit, wobei der Muskelstoffwechsel und das Herz-Kreislauf-System angesprochen sind.

Bei der *Kraft* ist vor allem zwischen dynamischer oder überwindender und statischer oder Haltekraft zu unterscheiden.

Über die Art der *Ausdauer* entscheidet die *Energiebereitstellung*. Diese erfolgt
- anaerob, d.h. ohne zusätzliche Sauerstoffaufnahme, im Bereich der Kurzzeitausdauer (bis zwei Minuten) in den verschiedenen Formen als Schnelligkeitsausdauer, Schnellkraftausdauer und Kraftausdauer,
- anaerob und aerob im Bereich der Mittelzeitausdauer (zwei bis acht Minuten) als Schnelligkeits- und Kraftausdauer im Mittelzeitbereich,
- aerob, d.h. im Gleichgewicht von Sauerstoffaufnahme und Sauerstoffverbrauch, als Langzeitausdauer (über acht Minuten) oder „allgemeine Ausdauer" in den sportartspezifischen Erscheinungsformen.

Die „reine" Ausdauer, d.h. eine endlos lange Tätigkeit bei völlig geringfügigem Krafteinsatz, kommt im Sport nicht vor, wohl aber die „reine Kraft" als Maximalkraft, Schnellkraft und „Explosivkraft".

Schnelligkeit ist eine komplexe (konditionelle und koordinative) Fähigkeit, die sich – weitgehend hypothetisch – in die Faktoren *Reaktionsschnelligkeit, Koordinationsschnelligkeit* (Schnelligkeit gegen geringere Widerstände) und *Kraftschnelligkeit* (Schnelligkeit gegen höhere Widerstände) zerlegen lässt. Entsprechendes gilt auch für die *Schnellkraft* als größtmögliche Kraftentfaltung in kürzestmöglicher Zeit.

Entscheidend bei all diesen Überlegungen ist die Erkenntnis, dass Ausdauerbeanspruchungen stets auch Kraftbeanspruchungen sind: Selbst bei einem Marathonlauf muss das Körpergewicht transportiert, d.h. bei jedem Schritt etwas angehoben und abgebremst werden. In der Tat besteht die einzige Fähigkeit, über die der Muskel bzw. die einzelne Muskelfaser verfügt, darin, durch Kontraktion *Spannung*, und damit Kraft zu erzeugen.

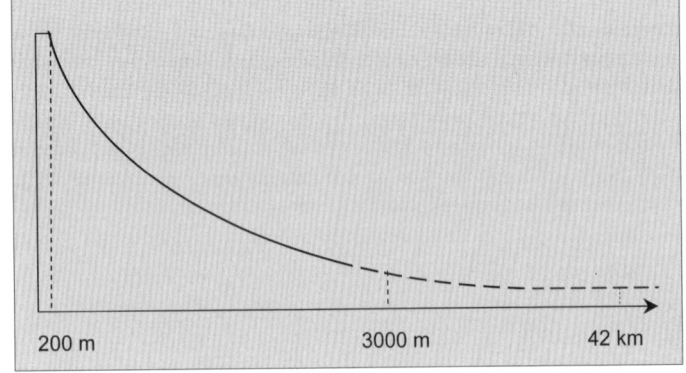

Abb. 2   200 m   3000 m   42 km

Ausdauer bezeichnet letztlich also nur den gesetzmäßigen Zusammenhang zwischen Intensität und Dauer der Muskeltätigkeit. Dieser Zusammenhang stellt sich als parabolische Kurve dar, wie sie z.B. in der grafischen Darstellung der Geschwindigkeiten bei den leichtathletischen Laufstrecken (Abb. 2) erscheint:

Man erkennt, dass höchste Intensität nur über sehr kurze Zeit durchgehalten werden kann (bei den Läufen bis 200 m); danach folgt eine Zone steilen Intensitätsabfalls (bis etwa 3000 m), bis die Kurve in eine annähernde, in der zeitlichen Ausdehnung nur durch Erschöpfungszustände begrenzte Gerade mit nur noch geringfügigem Intensitätsabfall übergeht.

Methoden des Konditionstrainings

Die Methoden des Konditionstrainings oder (einfacher) die *Trainingsmethoden* sollen hier nur in einem grob vereinfachten Überblick dargestellt werden. Dabei kann es nur darum gehen, die allgemeinen Zusammenhänge zwischen Trainingsabsicht und Trainingsmethode darzustellen. Die vielschichtige, komplexe und stets auf eine bestimmte Sportart ausgerichtete Trainingswirklichkeit lässt sich ohnehin nicht in einem einfachen System fassen. Im Hinblick auf die oben genannten konditionellen Fähigkeiten ergeben sich folgende schematisierende Zuordnungen:

Kraft	Schnellkraft	Kraftausdauer		
Schnelligkeit	Kraftschnelligkeit	Schnelligkeitsausdauer		(allg.) Ausdauer
Wiederholungs-methode	←——→	Intervall-methode	←——→	Dauerleistungs-methode

Dabei definieren sich
- die *Wiederholungsmethode* als ein Üben mit hoher Intensität, wenigen Wiederholungen bzw. kurzer Dauer und vollständigen bzw. „optimalen" Erholungspausen,
- die *Intervallmethode* als ein Üben mit unvollständigen bzw. „lohnenden" Erholungspausen (und entsprechend verändertem Belastungsgefüge),
- die *Dauerleistungsmethode* als ein Üben mit geringer bis mittlerer Intensität, langer Dauer bzw. vielen Wiederholungen und ohne Erholungspausen.

Die *Intensität* oder Höhe der Belastung wird dabei in Prozentwerten der maximalen Leistungsfähigkeit angegeben. Für wenig trainierte „Normalpersonen" – für Leistungssportler gelten ganz andere Werte – ergeben sich dabei folgende ungefähre *Belastungsbereiche*:

- unter 50%: im Allgemeinen nicht trainingswirksam,
- 50 bis 80%: vorwiegend ausdauerwirksam (bei entsprechender Belastungsdauer),
- bis 100%: vorwiegend kraftwirksam (bei zwangsläufig verringerter Belastungsdauer).

Für die Praxis wichtig ist vor allem die Bestimmung der *„Ausdauerschwelle",* d.h. die Beschreibung der Mindestbedingungen für eine Beanspruchung hinsichtlich der allgemeinen, vorwiegend kreislaufwirksamen Ausdauer. Sie erfordert eine Belastung
- von mindestens drei (besser fünf) Minuten,
- mit mindestens 50% der maximalen Leistungsfähigkeit (was bei Kindern und Jugendlichen einer Pulsfrequenz von 150 bis 170 entspricht),
- unter Einbeziehung von mindestens einem Sechstel der Skelettmuskulatur (was bei Laufbelastungen gegeben ist).

Hinweise zur praktischen Umsetzung

Die Umsetzung der hier gewonnenen Erkenntnisse in die Praxis ist bei *heterogenen Gruppen* – und um solche handelt es sich ja bei Schulklassen und „normalen" Vereinsgruppen ja fast ausnahmslos – nicht eben leicht, wie allein schon die beiden folgenden Überlegungen zeigen können:

Zunächst ist es sehr schwierig, die notwendigen *Erholungspausen* genauer abzuschätzen. Was für den einen schon eine vollständige ist, kann für den anderen durchaus noch eine unvollständige sein.

Sodann ist es kaum möglich, die *maximale Leistungsfähigkeit* der einzelnen Schüler auch nur einigermaßen exakt zu bestimmen. Dazu bedürfte es aufwendiger motorischer Tests und in Teilbereichen sogar sportmedizinischer Untersuchungen. Aber selbst dann würde nur dabei herauskommen, dass die Unterschiede sowohl interindividuell, also zwischen den einzelnen Schülern einer Klasse, als auch intraindividuell, also im Ausprägungsgrad der einzelnen konditionellen Fähigkeiten beim selben Schüler, beträchtlich sind.

Die Konsequenzen hieraus sind relativ eindeutig:

(1) Im Schulsport ist ein *Intervalltraining* im eigentlichen Sinne, also in genau dosierter und kontrollierter Belastungsgestaltung, nicht möglich. Die hier gelegentlich empfohlene Selbststeuerung des Trainings anhand der Pulsfrequenz dürfte die Schüler überfordern und ist auch organisatorisch nur schwer zu bewältigen, ganz abgesehen davon, dass das „richtige" Intervalltraining aus physiologischen und psychologischen Gründen wenig kind- und jugendgemäß ist. Dies spricht in keiner Weise gegen *intervallartige Belastungen*, die von den Schülern im Allgemeinen auch gerne akzeptiert werden. Nur muss man sich darüber im Klaren sein, dass es sich hier stets um Mischformen von Wiederholungs- und Intervallmethode, und zwar mit einer deutlichen Verschiebung zur ersten Form hin, handelt.

(2) Für die Bestimmung der *Belastungsintensität* ist man als Lehrer auf Schätz- und Näherungswerte angewiesen. Diese jedoch tendieren unweigerlich, und dessen sollte man sich stets bewusst sein, in Richtung auf maximale Werte. Dies wiederum ist bei den in der Schule üblichen und möglichen Trainingsumfängen grundsätzlich nicht zu beanstanden, wenn man zugleich daran denkt, dass im Einzelfall daraus auch eine Überforderung resultieren könnte. Die generellen *Belastungsvorgaben* durch den Lehrer, z.B. hinsichtlich bestimmter Kraft- und Ausdauerbeanspruchungen, sollten also stets mit Abstufungen versehen sein, die dem Schüler eine leistungsadäquate *Selbsteinstufung* ermöglichen. Das unterrichtliche Problem liegt dabei darin, diese differenzierenden Maßnahmen so zu gestalten, dass für alle Schüler, gleich welchen Leistungsniveaus, ein konkreter Anreiz gegeben ist.

Diese Schwierigkeiten richten den Blick auf eine lange Zeit wenig beachtete Methode, die *Wettkampfmethode*. Ihr liegt die einfache Überlegung zugrunde, dass wettkampfkonforme Belastungen und Beanspruchungen alle konditionellen und technischen Leistungsfaktoren genau in dem Verhältnis trainieren, wie es für den „Ernstfall" erforderlich ist. Insofern hat sie in letzter Zeit auch im Leistungssport als „Kontrollmethode" wieder zunehmende Beachtung gefunden.

Für den Schul- und Breitensport, und überhaupt immer dann, wenn für ein Trainingsvorhaben nur eine begrenzte Zeit zur Verfügung steht, ist sie zweifellos die direkteste und rationellste Methode, die freilich nur dann zulässig ist, wenn die notwendigen allgemeinen körperlichen Grundlagen vorhanden sind: Wer das Sportabzeichen ablegen möchte, läuft eben 100 m, springt weit und stößt die Kugel (oder „trainiert" sich an die 5000 m und an das Schwimmen heran), bis er seiner Sache sicher ist.

Im Leistungssport verbietet sich bei den dort geforderten Leistungen und den dafür notwendigen Trainingsumfängen dieses Verfahren von selbst; es würde schnell zu Übertraining und vorzeitigem Ausbrennen führen: Niemand kann 400 m oder 5000 m beliebig oft im Wettkampftempo laufen. Also ist man darauf verwiesen – und das ist der weithin übersehene *Grundgedanke der gesamten Trainingslehre* – die komplexe sportliche Leistung in ihre Einzelfaktoren zu zerlegen, um diese dann, zwar „im Übermaß", aber dennoch unter physiologisch schonenderen Bedingungen, jeweils für sich trainieren zu können. Dahinter steht die begründete Hoffnung, die Einzelfaktoren auf höherem Niveau und zu einem gewünschten Zeitpunkt wieder „zusammenbauen" zu können, was das Grundanliegen der *Periodisierung von Trainingsprozessen* ist.

Dennoch wäre es falsch, dem Schulsport die Wettkampfmethode und dem Leistungssport die übrigen Trainingsmethoden zuweisen zu wollen. Für beide gilt vielmehr, wie gesagt, in gleicher Weise der Grundsatz, dass zunächst die *allgemeinen Leistungsgrundlagen* durch *langfristig angelegte Übungs- und Trainingsprogramme* erarbeitet werden müssen (die allgemeine Kräftigung z.B. durch gymnastische Übungen oder Übungen mit und an Geräten, die Ausdauer z.B. durch Dauerläufe und nicht zuletzt auch die verschiedenen koordinativen Fähigkeiten durch entsprechend gestaltete Anforderungen), bevor gezielte Trainingsanforderungen, ob im Sinne der Wettkampfmethode oder in entsprechend adaptierten Formen der übrigen Trainingsmethoden, darauf aufbauen können. Die Konsequenz für die Unterrichtsplanung besteht, wie im vorausgegangenen Beitrag bereits dargelegt wurde, darin, dass stets doppelgleisig gefahren wird, dass also allgemeine und spezielle Programme in sinnvoller Abfolge nebeneinander herlaufen.

Anmerkung

(1) Vgl. den Beitrag: Was heißt „trainieren"? S. 251. Es ist ferner anzumerken, dass auch ein Training in längeren Abständen als „Erhaltungstraining" durchaus seinen Sinn hat.

Literatur

BLUM, I./FRIEDMANN, K: Trainingslehre. Pfullingen 2002^8.
FREY, G./HILDENBRANDT, E.: Einführung in die Trainingslehre, Teil 1 und 2. Schorndorf 2002^2 und 1995.
FREY, G.: Trainieren im Sport. Einführung in die allgemeine Trainingslehre. In: GRUPE, O. (Hrsg.): Sport. Theorie in der gymnasialen Oberstufe. Schorndorf 1988.

3 Üben

„Der Sinn des Sportunterrichts liegt nicht nur im Lernen, sondern auch im Üben und Anwenden", so steht es sinngemäß in allen Lehrplänen. Von den beiden letztgenannten Begriffen ist das *Üben* zweifellos der umfassendere und allgemeinere, Grund genug, sich einige Gedanken darüber zu machen (1).

Von der in der Sportdidaktik und teilweise auch in der Sportmedizin üblichen *Abgrenzung des Übens vom Trainieren*, wobei das Üben auf Verbesserungen im koordinativen Bereich gerichtet ist, während das Trainieren an nachweisbare Veränderungen im anatomischen und physiologischen Bereich gebunden ist, war in den beiden vorangegangenen Beiträgen die Rede.

Aber selbst wenn man diese – umstrittene – Unterscheidung übernimmt, ist Üben immer noch ein recht komplexer Begriff mit unterschiedlichen Aspekten, denen sich wiederum bestimmte Funktionen zuordnen lassen.

Aspekte und Funktionen des Übens

In erster Linie sind dies die folgenden:

(1) Das Üben als notwendige Bedingung des Lernens.
(2) Das Üben als Voraussetzung zur Optimierung von Bewegungsabläufen.
(3) Das Üben als Mittel zur Entwicklung und Vervollkommnung der motorisch-koordinativen Fähigkeiten.
(4) Das Üben als Mittel zur Entwicklung und Vervollkommnung der physisch-konditionellen Fähigkeiten.

Zu (1): Der Zusammenhang von *Lernen und Üben* stellt seinerseits wieder ein vielschichtiges Problem dar, was in der Sportmethodik häufig übersehen wird. Das hier vorherrschende Modell des „Lernens nach methodischen Übungsreihen" erweckt allzu leicht den Eindruck, dass Lernen sozusagen zwangsläufig und von sich aus stattfinden könne. Das aber ist ein Irrtum. Die sportlichen Bewegungen oder Bewegungsfertigkeiten entstammen den unterschiedlichsten Bereichen der menschlichen Motorik. Entsprechend bestehen zwischen Lernen und Üben mehr oder weniger enge Beziehungen, je nachdem,

– ob eine Grundtätigkeit, wie Laufen, Springen, Hüpfen usw., vorliegt, die dem angeborenen Bewegungsrepertoire entstammt und somit nicht im eigentlichen Sinne „gelernt" werden muss,
– ob die Bewegung der Alltagsmotorik entnommen ist und von den Kindern sozusagen in den Sportunterricht mitgebracht wird, wie Heben, Tragen, Schieben und vielleicht auch Rad fahren,
– ob eine wenig komplexe, zumeist rumpfgesteuerte Bewegung, z.B. ein Drehsprung oder eine Rolle vorwärts, vorliegt, die von den Kindern durch „Probieren" sehr bald zu bewältigen ist,

- ob die Bewältigung besonderer Lage- und Gleichgewichtsbedingungen notwendig ist, wie z.B. beim Handstand,
- ob die Anpassung an ein (bewegliches) Gerät erforderlich ist, wie z.b. beim Fangen eines Balles,
- ob die Zusammenarbeit mit einem Partner oder einer Gruppe gefordert ist, wie z.b. beim Passen eines Balles,
- ob die Auseinandersetzung mit besonderen Umgebungsbedingungen im Mittelpunkt steht, wie z.b. beim Schwimmenlernen.

Es ist offensichtlich, dass bei dieser Auflistung der Zusammenhang von Lernen und Üben immer deutlicher wird, bis hin zu einem *einheitlichen Prozess des Lernens und Übens*: Das eine ist ohne das andere nicht mehr denkbar; Üben wird zur zentralen methodischen Kategorie.

Zu (2): Die *Optimierung von Bewegungsabläufen bzw. Bewegungsfertigkeiten* gilt seit jeher als das eigentliche Anwendungsfeld des Übens. Jedoch ergeben sich auch hier einige deutlich unterscheidbare Akzentuierungen. Ihnen allen gemeinsam ist das Prinzip der *Ökonomisierung*: Die Bewegungen sollen immer rationeller, kraftsparender, „gekonnter" und „leichter", zugleich aber auch immer genauer, präziser und zielsicherer ablaufen. Hinsichtlich der *Übungsabsicht* ergeben sich aber einige Unterschiede dahingehend,
- dass entweder die *Effektivität* der Bewegung gesteigert werden soll, z.B. hinsichtlich der messbaren Leistung bei den standardisierten Bewegungsabläufen der Leichtathletik oder hinsichtlich der Erfolgswahrscheinlichkeit bei den variablen Bewegungsabläufen der Sportspiele,
- oder dass die *Qualität* der Bewegung verbessert werden soll, indem sie, z.B. im Kunstturnen, immer weiträumiger, rhythmischer und „schöner" ausgeführt wird.

Es zeigt sich also, dass auch das „eigentliche" Üben ein recht differenzierter Komplex ist, der keinen schnellen methodischen Zugriff erlaubt.

Zu (3): Dass *Üben auch als Mittel zum Erwerb koordinativer Fähigkeiten* dienen kann, ist unmittelbar einsichtig. Wie anders sollen Fähigkeiten wie Orientierungs-, Differenzierungs-, Rhythmisierungs-, Gleichgewichts- und Reaktionsfähigkeit denn entwickelt und gefördert werden? Dabei geht es darum, dass Bewegungs- und Handlungsabläufe, die im Hinblick auf die jeweilige Übungsabsicht relativ anspruchsvoll sind, immer wieder „durchgespielt" werden, bis sich daraus ein Substrat von Fähigkeiten im Sinne von „funktionalen Leistungsvoraussetzungen" gebildet hat, auf denen dann wiederum die komplexen koordinativen Fähigkeiten, d.h. die Steuerungsfähigkeit einerseits, die Anpassungs- und Umstellungsfähigkeit andererseits und – beiden übergeordnet – die motorische Lernfähigkeit aufbauen können. Auch hierfür bedarf es zweifellos eines differenzierten methodischen Repertoires.

Zu (4): *Üben unter dem Aspekt der Entwicklung konditioneller Fähigkeiten* wird gleichbedeutend mit dem Begriff des Trainierens, genauer gesagt, mit Training im engeren Sinne (2). Im Prinzip geht es bei diesem „trainierenden Üben" darum, durch den regelmäßigen und dosierten Einsatz von bestimmten, in ihrer Struktur zumeist relativ einfachen Bewegungen eine gezielte Verbesserung der sogenannten physischen Leistungsfaktoren zu erzielen. Es ist dies, sofern man die dahinterstehenden, höchst komplizierten physiologischen Prozesse außer Acht lässt, wahrscheinlich der einfachste Aspekt des Übens, weil er in Verlauf und Ergebnis einem kontrollierenden Eingriff am ehesten zugänglich ist. Dennoch ist auch hier die praktische Umsetzung, wie die Literatur zur Trainingslehre zeigt, „eine Wissenschaft für sich".

Prinzipien und Methoden des Übens

Den eben dargestellten Aspekten des Übens entsprechen bestimmte didaktische Prinzipien, die wiederum unterschiedliche methodische Schwerpunktsetzungen bedingen. Es sind dies die folgenden:

(1) Das Üben unter dem *Aspekt des Lernens* steht unter dem Prinzip der *„Fehlerlosigkeit im Grundsätzlichen"*, verstanden als zweckentsprechende Ausführung der Kernpunkte, Schlüsselsequenzen, maßgeblichen Bewegungsakte (oder wie man sie sonst noch nennen möchte) einer Bewegung.

Unter der Devise: „Möglichst wenig falsch machen", ist vor allem darauf zu achten, dass alle Entwicklungs- und Entfaltungsmöglichkeiten offengehalten werden und der Lernprozess nicht in eine Sackgasse gerät. Ungeachtet der generellen methodischen Entscheidungen, ob sich beispielsweise eine mehr analytisch oder mehr ganzheitlich ausgerichtete Vorgehensweise anbietet, geht es zunächst also darum, die Grundstrukturen einer Bewegung korrekt zu erarbeiten (zu „erüben" sozusagen).

Im Normalfall bedeutet dies, dass zunächst die Hauptfunktionsphase einer Bewegung „richtiggestellt" werden muss, während die einleitenden und aussteuernden Funktionsphasen – falls notwendig – zunächst weggelassen, ersetzt, verändert oder durch spezielle Hilfen unterstützt werden können.

Geeignete methodische Maßnahmen und Mittel hierfür sind Erleichterung der Bewegungsausführung durch aktive Bewegungshilfen oder Geräte- und Geländehilfen, verlangsamte Ausführung der Bewegung, verringerter Krafteinsatz, vergrößerte Zielfläche, Imitationsübungen u.a.m.

(2) Das Üben unter dem *Aspekt der Optimierung* steht zum einen unter dem Prinzip der *Richtigkeit* der Bewegung, wie sie sich aus biomechanischen Überlegungen ergibt, zum anderen unter dem Prinzip ihrer *qualitativen Vervollkommnung*, z.B. nach den von der Bewegungslehre erarbeiteten Kriterien. Dabei geht es weniger um eine irgendwie geartete „Feinform" – ein Begriff, der in der Sportmethodik mehr Verwirrung gestiftet als Nutzen gebracht hat –, sondern um einen möglichst rationellen, ökonomischen und effektiven Bewegungsablauf, dies freilich stets in Relation zu den physischen und psychischen Voraussetzungen des Übenden.

In methodischer Hinsicht steht weiterhin die gezielte Verbesserung der leistungsrelevanten Bewegungsaktionen im Mittelpunkt. Daneben gewinnt aber auch das – möglichst offene und variable – Zusammenspiel der übrigen Funktionselemente immer mehr an Bedeutung. Ziel des Übens ist die größtmögliche Stabilität und Konstanz der Bewegung, die bei einem hohen Automatisierungsgrad die vielzitierte „variable Verfügbarkeit" gewährleistet.

Das methodische Repertoire hierfür reicht von der Ausführung der Gesamtbewegung unter standardisierten und variierten Übungsbedingungen bis hin zum Üben bestimmter Teilbewegungen, auch unter erschwerten und ungewohnten Bedingungen. Hinsichtlich (personaler oder materialer) methodischer Hilfen, auch der sogenannten Formungs- und Orientierungshilfen, empfiehlt sich ein eher sparsamer, dann aber überlegter und gezielter Einsatz.

(3) Das Üben unter dem *Aspekt der Entwicklung koordinativer Fähigkeiten* steht unter den Prinzipien der *Vielseitigkeit und Variation.* Es geht also zunächst darum, ein möglichst breites Bewegungsrepertoire aus verschiedenen sportlichen Tätigkeitsbereichen zu erwerben und in vielfältigen Situations- und Verwendungszusammenhängen weiter zu festigen und anzuwenden. Die notwendige Variation des Übens wird erreicht durch Veränderungen in den Übungs-, Ausführungs- und Umgebungsbedingungen, durch beidseitiges und gegengleiches Üben, durch Anpassung an einen vorgegebenen Rhythmus oder an einen Partner, durch unterschiedliches Ausführungstempo, zusätzliche Gewichtsbelastung, unterschiedliche Gerätegewichte usw.

(4) Das Üben unter dem *Aspekt der Entwicklung konditioneller Fähigkeiten* steht unter den Prinzipien der *Regelmäßigkeit und Systematik,* wie sie sich aus den physiologischen Gesetzmäßigkeiten und den daraus folgenden Regeln und Methoden der Trainingslehre ergeben.

Zusammenfassung

Üben ist ein sehr komplexer Begriff. In der „sportdidaktischen Dreiheit" von Lernen – Üben – Trainieren nimmt er die zentrale Position, auch im Sinne einer übergreifenden Bedeutung ein: Beide Nachbarbegriffe sind ohne das Üben gewissermaßen nicht existent. Daraus folgt, dass eine etwas differenziertere Betrachtung der „Methodik des Übens" unerlässlich ist. Die hier zu diesem Thema vorgelegten Überlegungen können freilich nicht mehr als ein erster Versuch sein. Sie sollen vor allem dazu beitragen, dass der Begriff des Übens in der sportdidaktischen Literatur, vor allem aber im alltäglichen Bewusstsein der Sportlehrkräfte wieder einen angemessenen Stellenwert erhält, etwa so, wie es in der Zeit der „Leibeserziehung" durchaus der Fall war. Der Sportunterricht von heute krankt, um es etwas überspitzt zu formulieren, noch immer daran, dass zu viel „gelernt", aber zu wenig „getan" wird.

Anmerkungen

(1) Eine „Theorie des Übens" aus methodischer Sicht ist bislang in der Fachliteratur noch nicht entwickelt worden. Man ist somit auf die Hinweise aus der Bewegungslehre und – in Teilaspekten – aus der Trainingslehre verwiesen.
(2) Vgl. die Beiträge: Was heißt „trainieren"? S. 251, und: Kleines ABC der Trainingslehre, S. 258.

4 Lernen

Zur Absicht dieses Beitrags

Im Folgenden soll nicht von Theorien des motorischen Lernens und auch nur nebenbei von den psychologischen Bedingungen des motorischen Lernprozesses die Rede sein; es soll vielmehr versucht werden, *die unterrichtlichen Rahmenbedingungen eines effektiven Lernens im Sport* etwas genauer darzustellen.

Negativbeispiele

Vielleicht lässt sich dieses Problem anhand dreier *Negativbeispiele*, denen wiederum bestimmte Fehlvorstellungen über Lernen im Sportunterricht zugrunde liegen, etwas näher verdeutlichen:

(1) „Stundenthema" ist *„Erlernen der Floptechnik":*

Es beginnt mit dem „Standflop", sodann wird der bogenförmige Anlauf ausprobiert, schließlich werden ohne Leine Absprung und Landung geübt. Es gelingt den Schülern auch ganz gut, aus dem Absprung heraus in Rückenlage zu kommen, aber von „Hoch"-Sprung kann keine Rede sein. Da bei diesen Übungen jeder Durchgang recht lange dauert, neigt sich die Stunde unversehens dem Ende zu, und der Lehrer stellt fest, dass die „Anwendung" des Gelernten noch fehlt. Also wird schnell eine Latte aufgelegt. Aber der Großteil der Schüler reißt schon bei der Anfangshöhe; einige springen weiter, die übrigen schauen zu.

Es ist dies das weitverbreitete *Fehlerbild des „Herumlernens"*, das als Folge des üblichen „Denkens in methodischen Konzepten und Übungsreihen" vor allem drei Merkmale aufweist, nämlich,
- dass jedes Mal wieder bei „Adam und Eva" angefangen wird,
- dass alle Schüler, gleich welchen Könnensstandes, „im Gleichtakt" fortschreiten,
- dass das eigentliche Lernproblem, d.h. die zentrale Schwierigkeit im Lernprozess, kaum angesprochen, jedenfalls aber nicht ausreichend geübt wird.

(2) In dieser Stunde soll die *„Hangtechnik beim Weitsprung"* gelernt werden:

Da aber die Sprungweite der Schüler bei weitem nicht ausreicht, während der Flugphase bestimmte Bewegungen auszuführen, wird eine Kastentreppe (mit Weichboden dahinter) aufgebaut, um den Flug zu verlängern. Das macht natürlich Spaß. Aber was kommt dabei heraus? Gleich nach dem Absprung nehmen die Schüler die typische „Fallschirmspringer-Landehaltung" ein; sie machen keinen Weitsprung, sondern einen Tiefsprung, und bei diesem wäre es problematisch, wenn nicht gefährlich, die Beine nach vorn zu bringen.

Dies ist das *Fehlerbild des „Fehllernens"* mit dem hauptsächlichen Kennzeichen, dass gegen die Struktur der Bewegung gehandelt wird, so dass vor lauter „Methodik" etwas ganz anderes herauskommt, als eigentlich angestrebt wird.

(3) In dieser dritten Stunde geht es um den *Hüftaufschwung:*
Da aber die Mehrzahl der Schüler schlichtweg zu schwach dazu ist, werden diverse „Lernhilfen" eingesetzt: Es wird ein (Stufen-)Barren vor die Sprossenwand gestellt oder eine „schiefe Ebene" aufgebaut, damit die Schüler daran hochlaufen können, oder zwei robuste Helfer hieven die Übenden nach oben.

Dies ist das *Fehlerbild des „Scheinlernens"* mit dem Hauptkennzeichen, dass etwas gelernt werden soll, was außerhalb der körperlichen Fähigkeiten der Lernenden liegt, der Lernerfolg also – mehr oder weniger – nur vorgetäuscht wird. Nach dem Wegfall der „Lernhilfen" stehen alle Beteiligten im wahrsten Sinne des Wortes wieder auf dem „Boden der Tatsachen".

Es sind dies sicher keine dramatischen Beispiele, und die Schüler nehmen auch keinen Schaden dabei, wie überhaupt der Unterricht mit „normalen" Schülern immer etwas Unvollständiges und Unvollkommenes an sich hat. Sie prägen aber weithin den Alltag des Sportunterrichts.

Einige allgemeine Grundsätze zum „Lernen im Sport"

Wie man schnell sieht, sind in jedem der oben dargestellten Fehlerbilder die anderen mit enthalten. Es ist somit durchaus möglich, gleichzeitig gegen die Grundsätze eines effektiven motorischen Lernens, einer vernünftigen Unterrichtsplanung und eines sinnvollen Stundenaufbaus zu verstoßen.

Im Sinne einer analytischen Darstellung mit dem Ziel, daraus einige allgemeine Grundsätze abzuleiten, ist es aber notwendig, das komplexe Unterrichtsgeschehen in seine einzelnen Aspekte zu zerlegen. Dabei betrachten wir zunächst die didaktischen und methodischen, anschließend die mehr psychologischen Probleme des Lernens im Sport und im Sportunterricht.

1. Man kann nur etwas lernen, wenn die Voraussetzungen dazu gegeben sind.

Diese Forderung erscheint auf den ersten Blick selbstverständlich; man glaubt wohl auch, dass sie leicht zu erfüllen sei. Tatsächlich wird in der Praxis aber nur allzu oft dagegen verstoßen, nicht zuletzt auch deshalb, weil sich dahinter einige schwierige und vielschichtige Problemkomplexe verbergen:

Zunächst ist zu fragen, ob die *reife- und entwicklungsbedingten Voraussetzungen* gegeben sind. Die Fähigkeit zur *Kombination* verschiedener Bewegungsgrundmuster, wie laufen – springen oder laufen – werfen, ist beispielsweise zu Beginn der Grundschulzeit nur bedingt gegeben. Und selbst wenn dies vom Alter der Kinder her angenommen werden kann, sollten solche Fähigkeiten in vielfältiger Bewegungstätigkeit aktiviert werden. Es ist dies das Problem der *Bewegungserfahrungen.* Bevor Kinder z.B. einen zugeworfenen Ball fangen können, sollten sie Erfahrungen mit dem rollenden, springenden und selbst hochgeworfenen Ball gemacht haben.

Sodann geht es um die Voraussetzungen im *körperlich-konditionellen Bereich.* Wer von seinen Schülern den Hüftaufschwung oder einen 1000-m-Lauf verlangen will, muss Wochen, ja Monate vorher mit einem entsprechenden Kräftigungs- bzw. Ausdauertraining beginnen.

Weiterhin sind die *motorisch-koordinativen* Voraussetzungen, z.b. hinsichtlich der Gleichgewichts- oder Orientierungsfähigkeit, zu beachten und zu schaffen. Schließlich ist nach den allgemeinen *psychischen Voraussetzungen* zu fragen. Spielsituationen, vor allem im Bereich der großen Spiele, setzen z.b. eine differenzierte *Wahrnehmungsfähigkeit* voraus, die zunächst unter einfachen Bedingungen zu schulen ist.

Mit dem eben Gesagten ist zugleich die Frage der *Unterrichtsplanung* angesprochen. Diese wird an anderer Stelle behandelt, so dass hier einige Stichworte genügen (1):
- Sind die allgemeinen (z.b. entwicklungsbedingten) Voraussetzungen gegeben?
- Welche konditionellen Voraussetzungen sind notwendig, welche davon müssen erst geschaffen werden?
- Wie kann man erreichen, dass dabei eines auf dem anderen aufbaut?

2. Die Grundstruktur einer sportlichen Bewegung oder Handlung muss sorgfältig und korrekt erarbeitet werden. Dabei geht es vor allem darum, das „eigentliche Bewegungsproblem" zu lösen. Methodische Hilfen sollen die Lösung dieses Problems erleichtern, nicht umgehen.

Mit diesen drei Forderungen ist das umschrieben, was allgemein als „Erarbeitung der Grobform" bezeichnet wird. Zunächst kommt es darauf an, dass die Bewegung gelingt, aber möglichst so, dass sie keine strukturwidrigen Elemente enthält. Dies ist die im vorangegangenen Beitrag erhobene Forderung nach „Fehlerlosigkeit im Grundsätzlichen". Fehler nämlich, die sich hier einschleichen, sind später nur noch schwer zu korrigieren: „Umlernen" ist nach aller Erfahrung schwieriger als „Neulernen".

Mit dem Begriff der *Grobform* ist also bereits ein gewisser Anspruch verbunden. Zunächst muss das Bewegungsproblem als solches gelöst sein: Der (ein- oder beidbeinige) Absprung aus dem Anlauf heraus muss gelingen; die Aufschwungbewegung muss in den Stütz führen. Sodann müssen bestimmte qualitative Merkmale erfüllt sein: Rumpf- und Armeinsatz beim Wurf müssen in einer bestimmten Abfolge stehen; der Armzug beim Kraulschwimmen muss wirklich Vortrieb erzeugen.

Diese wenigen und einfachen Beispiele können weiterhin zeigen, dass fast alle sportlichen Bewegungen beim Erlernen einen „kritischen Punkt" haben, eine Schwierigkeit, die sich nicht umgehen, oder einen „übergroßen Lernschritt", der sich nicht weiter minimieren lässt: Die Abwurfphase beim Ballwurf oder die Aufschwungphase beim Hüftaufschwung lassen sich nicht weiter zerlegen; sie müssen als Ganzes erlernt oder besser „erübt" werden. Besonders deutlich wird dies in den Fällen, in denen die Anpassung an einen sich bewegenden Gegenstand notwendig ist, das sogenannte Timing also zum entscheidenden Problem wird, wie z.B. beim Fangen oder Schlagen eines Balles. Hier hilft nur unverdrossenes Üben.

Die bei der Erarbeitung der Grobform möglichen *Erleichterungsstrategien* lassen sich in drei Gruppen zusammenfassen:

- *Aktive Bewegungshilfen* (in bestimmten Fällen auch Geräte- und Geländehilfen) vor allem bei Bewegungen, bei denen es vorwiegend um das Gelingen oder Misslingen geht, wie bei den meisten Gerätübungen.
- *Verminderter Krafteinsatz* (und damit verbunden, eine gewisse, wenn auch bisweilen kaum wahrnehmbare, Verlangsamung der Bewegung) bei allen Bewegungen, bei denen es um die mehr oder weniger gut gelungene Ausführung geht, wie bei den leichtathletischen Disziplinen.
- Herstellung von *Standardbedingungen* bei allen Fertigkeiten, bei denen das Timing eine besondere Rolle spielt, z.b. genaues Zuspiel, wenn ein Ball gefangen oder angenommen werden soll.

Alle anderen „methodischen Hilfen" sind an bestimmte Bedingungen gebunden.

Aus den hier genannten Beispielen lässt sich eine weitere methodische Forderung ableiten: Man sollte die in einem motorischen Lernprozess enthaltene *Hauptschwierigkeit* möglichst direkt und unverzüglich angehen, und nicht dauernd zu umgehen versuchen. Diese liegt normalerweise in der Realisierung der Hauptfunktionsphase, gelegentlich aber auch in anderen Funktionsphasen oder in bestimmten Rahmenbedingungen, z.b. der gleichzeitigen Bewältigung von Angsthemmungen.

3. Wo immer möglich, ist die Grobform einer einmal erlernten Bewegung zu einer Fertigkeit mit den Kennzeichen der Stabilität des Könnens und der „variablen Verfügbarkeit" auszubilden.

Dies ist die Hauptaufgabe des *Übens* (2). Ebenso wie man Üben als notwendige Bedingung des Lernens auffassen kann, lässt es sich auch als unabdingbare Fortsetzung des Lernens verstehen, gleichgültig ob man dem einen engeren oder weiteren Lernbegriff zugrunde legt.

In erster Linie geht es dabei um das sogenannte *variierende Üben*. Dies erreicht man
- entweder durch die systematische Veränderung der Übungsbedingungen und der Übungsausführung, wie dies bei den spielerischen Bewegungsfertigkeiten fast zwangsläufig der Fall ist und wie es sich auch bei turnerischen und gymnastischen Bewegungsabläufen anbietet,
- oder durch die bewusste Veränderung der Bewegung selbst, vor allem hinsichtlich der Intensität und des Zeitpunktes der Krafteinsätze, bei variablen und standardisierten Bewegungsabläufen gleichermaßen.

Es gibt Hinweise darauf, dass auf diese Weise nicht nur schneller, sondern auch besser und nachhaltiger gelernt wird.

Die beiden letzten Punkte berühren die Frage der *Unterrichtsvorbereitung,* die gleichfalls an anderer Stelle angesprochen ist (3), so dass folgende Stichworte genügen:
- Welches ist die Struktur des Gegenstandes?
- Wo liegen die hauptsächlichen Schwierigkeiten?
- Sind die notwendigen Voraussetzungen gegeben?
- Welche Vermittlungsstrategien bieten sich an, welche Lernerleichterungen?

4. *Motorisches Lernen ist ein diskontinuierlicher Prozess, der in vielfacher Hinsicht in Stufen und Sprüngen verläuft.*

Die sogenannte *Lernkurve* stellt sich also nicht als Gerade dar, sondern als treppenartiges Gebilde mit charakteristischen Verzögerungen, den „Lernplateaus". Dem entspricht auch die praktische Erfahrung: Nach Phasen des Erfolgs hat man plötzlich das Gefühl, dass es „nicht mehr weitergehen" will.

Diese Unstetigkeit im Lernverlauf ist zunächst die Folge des differenzierten Zusammenspiels der für die erfolgreiche Bewältigung der Aufgabe notwendigen konditionellen und koordinativen *Fähigkeiten*. Und selbst wenn diese an sich gegeben sind, lassen sie sich nicht ohne Weiteres von der einen auf die andere Situation übertragen; es sind vielmehr einige mehr oder weniger zeitraubende Anpassungsprozesse notwendig: Krafttraining macht einen Leichtathleten noch nicht zum guten Turner, ein ausdauernder Schwimmer ist nicht ohne Weiteres ein guter Langläufer.

Sodann ist auch das motorische Lernen im engeren Sinne, die sogenannte *Grobkoordination*, ein komplizierter Steuerungs- und Regelungsvorgang, der einige Zeit zum „Einspielen" braucht. Schließlich ist jede – qualitative oder quantitative – Leistungssteigerung nur in der Wechselwirkung von verbesserter Technik und besserer Kondition zu erreichen. Mit Recht spricht man also von einem *Lernprozess,* weil jeder Faktor jeden anderen beeinflusst.

Eine erste allgemeine Erkenntnis, die sich aus diesem Befund gewinnen lässt, liegt darin, dass Lernen im Sport vor allem durch *umfassende Bewegungserfahrungen* und vielseitige sportliche Vorerfahrungen erleichtert werden kann, nicht so sehr durch irgendwelche methodischen Hilfen.

5. *Die Konzentrationsfähigkeit der Schüler ist begrenzt. Die psychische Ermüdung tritt in der Regel vor der physischen ein.*

Aus der Erfahrung mit hoch belastenden Unterrichtsformen (Sprachlabor, Lernprogramme, Kopfrechnen) ist bekannt, dass kaum ein Schüler sich länger als 20 bis 25 Minuten wirklich konzentrieren kann. Entsprechendes gilt, falls keine außergewöhnliche Motivation vorliegt, auch für das motorische Lernen. Hier kommt es zu der sogenannten *motorischen Ermüdungsregression* (UNGERER 1977), die sich in einer allmählichen Verschlechterung des gerade gelernten Bewegungsablaufs äußert. Bei erwachsenen Weitspringern traten die ersten Erscheinungen dieser Art nach durchschnittlich zwölf Versuchen auf, nach 23 Versuchen waren die Übenden wieder auf das Ausgangsniveau zurückgefallen.

Dies bedeutet nicht mehr und nicht weniger, als dass eine *überdehnte Lernphase* den gesamten Lernerfolg wieder zunichte machen kann.

Auch die alltägliche Unterrichtspraxis bringt immer wieder Hinweise, die in dieselbe Richtung zeigen. Bei komplizierten Übungen gelingen entweder nur die ersten Versuche, wie z.B. bei der Laufkippe, oder der Bewegungsablauf verschlechtert sich sehr bald wieder, wie z.B. beim Schleuderballwurf. Bei risikoreichen Übungen, z.B. bei Längssprüngen, oder bei Präzisionsübungen, z.B. beim Annahmebagger, zeigen sich sehr schnell die ersten Unsicherheiten, was alsbald zu vermehrten Fehlversuchen führt und die Unfallgefahr ansteigen lässt. Dabei ist die Zahl der Versuche oft so gering, dass die physische Ermüdung kaum eine Rolle spielen kann. In aller Regel tritt die psychische Ermüdung also vor der physischen ein; sie macht sich bei genauerem Hinsehen auch viel früher bemerkbar, als man gemeinhin annimmt.

Diese Beobachtungen und Erfahrungen führen zu der Frage nach der *optimalen Wiederholungszahl* beim Lernen und Üben. Darüber weiß man allerdings noch recht wenig, und wahrscheinlich werden sich genauere Angaben hier auch nicht machen lassen, weil Alter, Leistungsstand und Interesse der Schüler dabei eine große Rolle spielen. THIESS (1966) nennt für leichtathletische Trainingsgruppen elf- bis zwölfjähriger Schüler folgende Obergrenzen: acht Läufe über 20 bis 30 Meter, zehn Weitsprünge aus verkürztem und fünf aus vollem Anlauf sowie 30 Schlagballwürfe, Zahlen, die sich nur bedingt verallgemeinern lassen. So ist man normalerweise auf die Beobachtung der äußeren Kennzeichen von Ermüdung angewiesen. Neben den genannten Verschlechterungen im Bewegungsablauf sind dies zunehmende Unruhe, ein allgemeines Langsamerwerden, Äußerungen von Unlust u.Ä.

Die Konsequenz, die aus den beiden vorangegangenen Diskussionspunkten zu ziehen ist, dürfte relativ eindeutig sein: *Man sollte sich nicht darauf versteifen, alles im „ersten Anlauf" erreichen zu wollen.*

Sicherlich gibt es viele Unterrichtsgegenstände, bei denen dies möglich und richtig ist, im Normalfall gilt gerade im motorischen Lernen jedoch die alte Regel, dass „verteiltes Lernen" besser ist als „gehäuftes Lernen". Es ist eine beinahe alltägliche Erfahrung, dass Dinge, die eben noch größte Schwierigkeiten gemacht haben, fast wie von selbst gelingen, wenn die Schüler „eine Nacht darüber geschlafen haben".

In der Praxis geht es dabei vor allem darum, den kritischen Punkt in einem Lernprozess, ab dem kein wirklicher Lernfortschritt mehr zu erzielen ist, zu erfassen, dann aber auch entschlossen abzubrechen und dieselbe Sache in nicht allzu großem Abstand – und möglichst von einer anderen Seite her – erneut anzugehen.

Aus dieser ersten Konsequenz folgt unmittelbar eine zweite: Es ist eher die Ausnahme als die Regel, sich im Verlauf einer Unterrichtsstunde mit nur einer Übung (einem Bewegungsablauf, einer Fertigkeit, einer Disziplin) zu beschäftigen. Solche „*Nur-Stunden*" sind nicht nur aus lernpsychologischen, sondern auch aus unterrichtsökonomischen Gründen zumeist fragwürdig.

Eine offene und flexible Einstellung zu dem, was man allgemein als „Methodik" bezeichnet, ist aber durch das übliche „Denken in methodischen Übungsreihen", verbunden mit dem Bestreben, in jeder Stunde ein bestimmtes Thema abzuhandeln und natürlich auch „zu Ende zu bringen", ganz entscheidend behindert. Darüber war an anderer Stelle bereits die Rede (4).

Hier sei nur soviel dazu bemerkt, dass es eine Illusion ist anzunehmen, man könne eine methodische Übungsreihe in der Praxis ebenso elegant „durchziehen", wie sie sich in den Büchern und Zeitschriften liest.

Zusammenfassung

Schematische Darstellungen komplexer Erscheinungen haben zwar den Vorteil, einen einprägsamen Überblick zu geben, aber auch den Nachteil, dass sie Zusammenhängendes auseinanderreißen und Kompliziertes zu sehr vereinfachen. Dennoch soll versucht werden, in drei Strukturbildern eine Zusammenfassung der oben behandelten Probleme zu geben:

(1) Die *didaktische Struktur* des motorischen Lernprozesses stellt sich wie folgt dar:

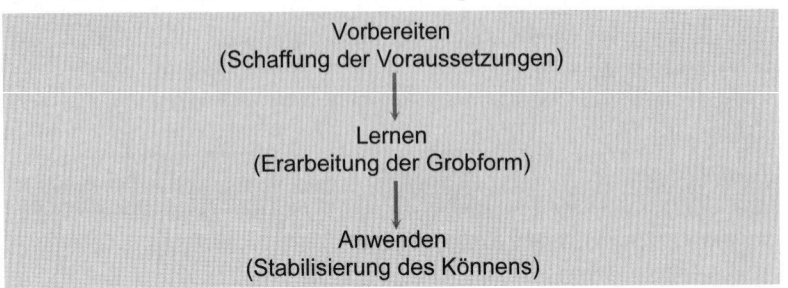

> **Vorbereiten**
> (Schaffung der Voraussetzungen)
> ↓
> **Lernen**
> (Erarbeitung der Grobform)
> ↓
> **Anwenden**
> (Stabilisierung des Könnens)

Zunächst müssen die *Voraussetzungen* für ein erfolgreiches Lernen geschaffen werden. Mit einem unverbindlichen „Herumlernen" ist die Sache aber nicht abgetan. Das *Lernen* soll vielmehr zu einem bestimmten, für ein zufriedenstellendes Sporttreiben notwendigen Können führen. Dabei bildet das *Üben* sozusagen die Klammer zwischen diesen drei Stufen, einerseits als „Lernen durch Üben", andererseits als „Üben durch Anwenden".

Es ist allerdings anzumerken, dass dieses Modell recht einseitig auf das Erlernen schwieriger Bewegungsfertigkeiten ausgerichtet ist. Bei Fertigkeiten, die sich aus den sogenannten Grundtätigkeiten, wie Laufen und Springen, herleiten lassen, ist auch eine „anwendungsbezogene" und „spielerische" Erarbeitung möglich. Entsprechende Modelle liegen vor, z.B. in der Methodik der Leichtathletik und der Sportspiele. In der Praxis hat sich aber gezeigt, dass auch hierbei konkrete Übungsphasen mit bestimmten Lernschwerpunkten unabdingbar sind.

(2) Die *psychologische Struktur* des motorischen Lernprozesses lässt sich, stark vereinfacht, wie folgt wiedergeben:

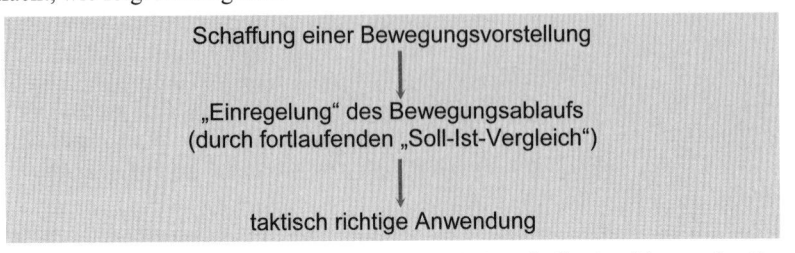

> **Schaffung einer Bewegungsvorstellung**
> ↓
> **„Einregelung" des Bewegungsablaufs**
> (durch fortlaufenden „Soll-Ist-Vergleich")
> ↓
> **taktisch richtige Anwendung**

Bewegungslernen beginnt „im Kopf", von dort wird auch die Ausführung der Bewegung gesteuert und ebenso die zweckmäßige Anwendung.

Der Begriff der *Bewegungsvorstellung* soll hier in einem weiten Sinne verstanden werden: vom genauen Wissen über die Bewegung (z.b. „Wegschlagen und Anhalten der Beine" bei der Oberarmkippe) über die gedankliche Vorwegnahme dessen, was zu machen ist (wie bei allen standardisierten Bewegungsabläufen), bis hin zu einem „allgemeinen Bild" von der Bewegung (besonders bei sehr schnellen und komplexen Bewegungsabläufen).

Die *Realisierungsphase* umfasst die ersten unvollkommenen und vielleicht noch unkontrollierten Versuche ebenso wie das bewusste Üben nach bestimmten Beobachtungs- und Aufmerksamkeitsschwerpunkten.

Unter „taktisch richtiger" *Anwendung* ist nicht nur der zweckentsprechende Einsatz einer Fertigkeit in verschiedenen Spielsituationen, sondern in allen Wettkampf- und Bewährungssituationen zu verstehen.

(3) Die *methodische Struktur* des motorischen Lernprozesses lässt sich mit folgendem Modell darstellen:

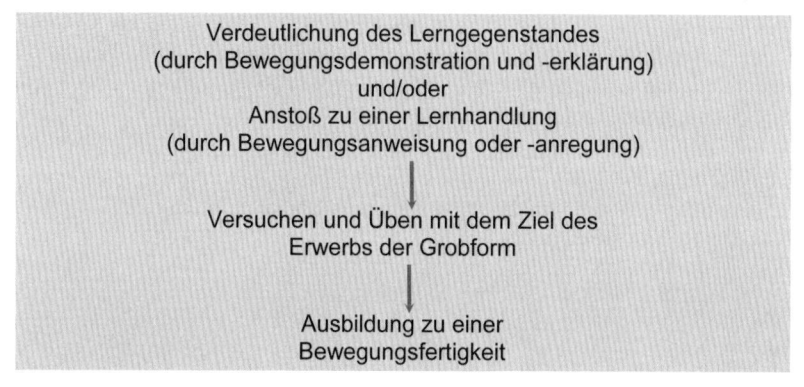

> Verdeutlichung des Lerngegenstandes
> (durch Bewegungsdemonstration und -erklärung)
> und/oder
> Anstoß zu einer Lernhandlung
> (durch Bewegungsanweisung oder -anregung)
>
> |
>
> Versuchen und Üben mit dem Ziel des
> Erwerbs der Grobform
>
> |
>
> Ausbildung zu einer
> Bewegungsfertigkeit

Die Schüler sollen zunächst über das, was sie lernen sollen, *informiert* werden.

Sodann ist ihnen ausreichend Gelegenheit zu geben, das angestrebte Lernziel – zunächst versuchsweise – zu *realisieren*.

Durch *Üben und Wiederholen* wird daraus eine stabile, in wechselnden Zusammenhängen anwendbare Fertigkeit.

An dieser Stelle ist darauf hinzuweisen, dass der Anstoß zum Lernen durchaus nicht immer vom Lehrer gegeben werden muss (nach der sogenannten deduktiven Methode), sondern auch von den Schülern kommen kann (induktive Methode): Die Schüler sollen das Lernziel selbst finden und präzisieren, wobei sie natürlich auf vorher gemachte Lernerfahrungen zurückgreifen können.

Ausblick

Die hier angestellten Überlegungen zum motorischen Lernprozess können, wie schon mehrfach angemerkt, nicht ohne Auswirkung auf die gesamte Unterrichtsplanung und -gestaltung bleiben. Deshalb sei hier eine letzte These angefügt:

Unterrichtsplanung und -gestaltung müssen offen und flexibel gehalten werden, ohne dadurch an Konsequenz und Zielstrebigkeit zu verlieren.

Der Lehrer muss also immer bestrebt sein, zwei Dinge unter einen Hut zu bringen, nämlich Lernen so anregend und abwechslungsreich wie möglich zu gestalten, aber auch so lange bei einer Sache zu bleiben, bis etwas dabei herausgekommen ist.

Dies kann vor allem auf drei Wegen erreicht werden:
– indem die Lerninhalte in systematisch abgewandelten, variierten und veränderten Formen lange und intensiv genug geübt werden,
– indem differenzierende, auf den aktuellen Leistungsstand der Schüler abgestimmte Maßnahmen eingesetzt werden, wo immer dies angezeigt und möglich ist,
– indem immer wieder „offene", die Selbsttätigkeit der Schüler anregende Aufgaben gestellt werden, z.B. als Erproben, Variieren und Gestalten von Bewegungen oder bei der eigenständigen Lösung von Bewegungsproblemen.

Vor allem aber sollten die Schüler, um einen schon mehrfach geäußerten Gedanken zu wiederholen, *wissen, worum es geht.* Sie sollten also, gleichgültig ob „geschlossene" oder „offene" Unterrichtsformen anstehen, über die angestrebten Lern- und Handlungsziele, in groben Zügen auch über die vorgesehene Zeitdauer und die dabei einzuschlagenden Strategien informiert sein.

Anmerkungen

(1) In dem Beitrag: Was heißt „Unterricht planen und vorbereiten"? S. 109.
(2) Vgl. den Beitrag: Üben, S. 264.
(3) Vgl. Anmerkung (1).
(4) In dem Beitrag: Vorsicht, methodische Übungsreihe! S. 123.

Literatur

BIELEFELDER SPORTPÄDAGAOGEN: Methoden im Sportunterricht. Schorndorf 2003[4]. Hier insbesondere die Beiträge von ROTH, K. und BREHM, W.
GÖHNER, U.: Einführung in die Bewegungslehre des Sports, Teil 1 und 2. Schorndorf 1992 und 1999.
MEINEL, K./SCHNABEL, G.: Bewegungslehre – Sportmotorik. Berlin 1998[9].
THIESS, G. (Red.): Leichtathletik. Berlin (Ost) 1966.
UNGERER, D.: Leistungs- und Belastungsfähigkeit im Kindes- und Jugendalter. Schorndorf 1977.

Kapitel 6

Praxis reflektiert

Dieses Kapitel nimmt eine gewisse Sonderstellung ein. Hier wird der Versuch unternommen, die theoretischen Vorgaben der bisherigen Kapitel beispielhaft auf einige relativ komplexe Themen aus der Praxis des Sportunterrichts anzuwenden. Diesem Anliegen dienen vor allem die beiden ersten Beiträge zu den leichtathletischen Wurf- und Stoßdisziplinen sowie zu den Stützsprüngen des Gerätturnens. Ausgehend von der Strukturanalyse der jeweiligen Sportart wird in beiden Fällen eine didaktische und methodische Strukturierung des angesprochenen Gegenstandsbereichs vorgenommen und zu den bei den Schülern anzunehmenden Lernvoraussetzungen in Beziehung gesetzt. Daraus werden konkrete Vorschläge zur methodischen Erarbeitung der einzelnen Bewegungsfertigkeiten abgeleitet, wobei vor allem auf einfache und wenig aufwendige Verfahrensweisen abgehoben wird. Dem zugeordnet ist die Erörterung der – je nach Gegenstand sehr verschiedenartigen – methodischen Einzelprobleme.

Der Beitrag über Wurf und Stoß soll außerdem dazu anhalten, diesem vielseitigen Bereich der Leichtathletik die angemessene Aufmerksamkeit zukommen zu lassen.

Das Thema Stützsprünge wurde auch deshalb gewählt, weil mit ihm ein geeigneter „Einstieg" in das Gerätturnen gegeben sein dürfte.

Der anschließende Beitrag zum Handstand soll darlegen, dass auch bei scheinbar einfachen Gegenständen einige differenziertere Überlegungen angebracht sind, vor allem aber, dass man aus der Vielzahl der angebotenen methodischen Vorschläge kritisch auswählen sollte.

Im Beitrag zum Schwimmen werden am Beispiel der Kraul- und Delphintechnik Methodenprobleme im engeren Sinne diskutiert. Im Mittelpunkt steht auch hier die Forderung, methodische Entscheidungen konsequent aus der Struktur des Gegenstandes abzuleiten. Außerdem wird auf die mögliche Spannweite methodischer Begriffe und ihre dadurch bedingte Unschärfe hingewiesen.

Der abschließende Beitrag zum Spiel zielt in eine andere Richtung. Er soll dazu beitragen, bei allen unterrichtlichen Entscheidungen die Vielzahl der Möglichkeiten zu sehen und entsprechend der jeweils gegebenen Situation zu nützen.

Vielleicht wäre es erwünscht gewesen, noch mehr Beispiele dieser Art zu bieten. Das aber war bei der Fülle des Materials nicht möglich.

Diese Lücke zu schließen ist Aufgabe unseres Buches zur „Praxis und Methodik". Dort wird versucht, die nach wie vor zentralen Inhalte des pflichtgemäßen Sportunterrichts, die sogenannten traditionellen Schulsportarten, nach den in diesem „Handbuch" vorgelegten Grundsätzen zu strukturieren und mit methodischen Vorschlägen und Hinweisen zu versehen. In diesem Buch ist auch der Fachbereich des Spiels in angemessenem Umfang vertreten (S. 215 ff.), wobei hier vor allem auf die Themenbeispiele „Spielvermittlungsmodelle" (S. 256 ff.) und „Spielen – Spiele – Spiel" (S. 281 ff.) zu verweisen ist. In Ergänzung zu den oben behandelten Themenbereichen der leichtathletischen Würfe und der Stützsprünge wird dort eine entsprechende „Methodendiskussion" (S. 176 ff. bzw. S. 106 ff.) vorgelegt.

1 Wurf und Stoß

*Didaktische und methodische Probleme der „technischen Disziplinen"
in der Leichtathletik*

Zur didaktischen Struktur der Leichtathletik

Die Leichtathletik baut auf den Grundtätigkeiten des *Laufens, Springens und Werfens* auf. Unter *Grundtätigkeiten* versteht man teils angeborene, teils in der frühkindlichen Entwicklung erworbene Bewegungsmuster, die man im Prinzip also „kann" und nicht weiter zu „lernen" braucht. Insofern hat die Leichtathletik einen eindeutigen und einfachen Ausgangspunkt.

Zum *Sport* werden die genannten Grundtätigkeiten aber erst durch eine höhere Intensität des Tuns mit der immanenten *Tendenz zur Optimierung der Leistung*. In der Leichtathletik geht es also darum,
- möglichst schnell oder ausdauernd zu laufen,
- möglichst weit oder hoch zu springen,
- möglichst weit zu werfen oder zu stoßen.

Dabei zeigt sich, dass leichtathletische Leistungen – nicht zuletzt wegen der relativen Einfachheit der technischen und taktischen Mittel – sich unmittelbar auf bestimmte *körperliche Fähigkeiten*, allen voran auf die sogenannten Grundfähigkeiten Kraft, Schnelligkeit und Ausdauer, zurückführen lassen. Damit hat die Leichtathletik auch ein eindeutiges und – zumindest auf den ersten Blick – einfaches *Leistungsziel*: Es geht darum, die individuellen körperlichen Fähigkeiten – im Falle des Weltrekords sogar menschliche Leistungsfähigkeit überhaupt – möglichst direkt in sichtbare und messbare Leistung umzusetzen (und nicht etwa darum, historische Techniken nachzuempfinden, neue Bewegungen zu erfinden oder in artistische Schwierigkeitsbereiche vorzustoßen). Leichtathletik ist eben „Sport an sich" (1). Allein daraus lässt sich auch erklären, dass die leichtathletischen Wettkämpfe nach wie vor Mittelpunkt und Höhepunkt der Olympischen Spiele sind.

Unter den genannten Aspekten erscheint die Leichtathletik als eine selbstverständliche und leicht zu durchschauende Sportart. Wenn man sie aber etwas genauer und vor allem in ihrer Funktion als Schulsportart betrachtet, zeigen sich einige strukturelle und zugleich pädagogische Probleme, auf die hier kurz einzugehen ist:

(1) Es wird leicht übersehen, dass es in der Leichtathletik um zwei grundsätzlich verschiedene *Bewegungsprobleme* geht: In dem einen Fall, beim Laufen und Springen, wird das *eigene Körpergewicht* bewegt. Dafür ist ein ausgeglichenes Last-Kraft-Verhältnis notwendig, zumindest aber vorteilhaft. In dem anderen Fall, beim Werfen und Stoßen, wird ein *Fremdgewicht* transportiert, das mit maximal 7,25 kg im Vergleich zum Körpergewicht zwar gering erscheint (daher die Bezeichnung „Leicht"-Athletik), aber dennoch dafür verantwortlich ist, dass hier ein hohes Körpergewicht, sofern es überwiegend „aktives Gewicht" ist, einen Leistungsvorteil bringt.

Für die Leichtathletik insgesamt, genauer gesagt für die leichtathletischen Wettkampfdisziplinen, ergibt sich somit das in Abb. 1 wiedergegebene *Strukturbild*. Dabei fällt weiterhin auf, dass die leichtathletischen Sprünge eigentlich Lauf-Sprung-Kombinationen sind. Der „Nur-Sprung" aus dem Stand ist offensichtlich seiner mangelnden Attraktivität zum Opfer gefallen.

Leichtathletik

Bewegungsziel: Zeit- oder Distanzoptimierung
Bewegungssubjekt: „Natürliche Beweger"

Bewegungsobjekt

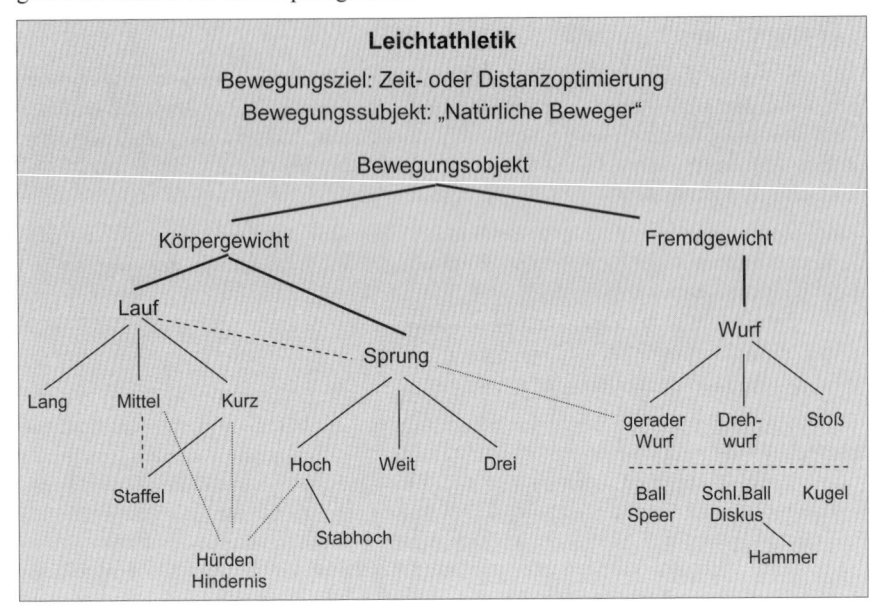

- Körpergewicht
  - Lauf
    - Lang
    - Mittel
    - Kurz
    - Staffel
    - Hürden
    - Hindernis
  - Sprung
    - Hoch
    - Weit
    - Drei
    - Stabhoch
- Fremdgewicht
  - Wurf
    - gerader Wurf: Ball, Speer
    - Drehwurf: Schl.Ball, Diskus, Hammer
    - Stoß: Kugel

Abb. 1

(2) Laufen und Springen sind primär eine Angelegenheit der Beinmuskulatur. *Ganzkörperbewegungen* finden sich (mit Ausnahme der „turnerischen" Disziplin des Stabhochsprungs) nur im Bereich des Werfens und Stoßens, der sich seinerseits wieder als „bewegungsärmer" und deshalb – zumal für Schüler – vielleicht auch weniger attraktiv darstellt. Dennoch wäre – auch aus anderen, noch zu erörternden Gründen – die Erweiterung des im Schulsport üblichen Vierkampfs (Kurzstrecke, Mittelstrecke, Sprung, Wurf oder Stoß) zu einem Fünfkampf mit zwei Disziplinen aus dem letztgenannten Bereich ein dringendes Anliegen.

(3) Die leichtathletischen Lauf- und Sprungdisziplinen sind nach der Art der Tätigkeit benannt, die „Würfe" in erster Linie nach dem verwendeten Gerät. Es geht hier um *drei strukturell verschiedene Bewegungsabläufe*, den geraden Wurf, den Drehwurf und den Stoß, wobei das bewegte Gewicht in der genannten Reihenfolge ansteigt. Es zeigt sich somit ein gesetzmäßiger Zusammenhang zwischen dem Gerätegewicht und der zweckmäßigsten Art, es zu bewegen: leichte Gewichte mit dem langen Armhebel des *geraden Wurfs*, mittlere mit dem aus dem Schockwurf entwickelten *Drehwurf*, schwerere mit dem *Stoß*, bei dem der Körper im Prinzip hinter dem Gerät bleibt.

Dabei sollte man aber nicht übersehen, dass die Geräte Speer und Diskus historische Anleihen sind. Da sie aerodynamischen Einflüssen unterliegen, widersprechen sie, zwar nicht grundsätzlich, aber in einigen ihrer Flugeigenschaften, dem oben formulierten Leistungsziel der Leichtathletik. Die „richtigen" Wurfgeräte wären hier Wurfball bzw. Wurfgewicht.

(4) Es ist fraglich, ob bei den heutigen zivilisatorischen Lebensumständen „Werfen" (und umso mehr „Stoßen") noch als „Grundtätigkeiten" bezeichnet werden können. Die Praxis zeigt jedenfalls, dass neuerdings nicht nur die Mädchen, sondern auch die Jungen bereits beim einfachen Schlagwurf größte Schwierigkeiten haben, sich eine harmonische und effektive Technik anzueignen. Aber auch ungeachtet dieser Problematik ist es offensichtlich, dass die Leistung in den Wurf- und Stoßdisziplinen – trotz Flop und Straddle – weit mehr von der Beherrschung eines zweckmäßigen Bewegungsablaufs abhängig ist als bei den Lauf- und Sprungdisziplinen. Dies kommt seit jeher in ihrer Einstufung als *„technische Disziplinen"* zum Ausdruck.

Daraus darf andererseits nicht geschlossen werden, dass hier die Technik zum maßgeblichen Leistungsfaktor wird. Auch in diesem Bereich kommt es ganz überwiegend auf Kraft- und Schnellkraftfähigkeiten an und nicht umsonst findet man hier die „starken Männer" (und Frauen). Die Technik hat auch beim Wurf und Stoß eine mehr dienende Funktion: Sie soll dafür sorgen, dass die eingangs genannte „Umsetzung von körperlichen Fähigkeiten in messbare Leistung" möglichst verlustfrei erfolgt.

Die aus diesem Befund zu ziehende *didaktische Konsequenz* ist relativ eindeutig: Auch in der Schule sollte die Leichtathletik mehr als „Trainingssportart", und nicht so sehr (jedenfalls nicht so sehr wie allgemein üblich) als „Lernproblem" angesehen werden. Ein gelegentliches „Herumlernen" (2) bringt hier nicht viel. Ein langfristiger, vor allem auf die Entwicklung der physischen Leistungsgrundlagen ausgerichteter methodischer Aufbau ist unabdingbar.

Methodenkonzeptionen

Hinsichtlich des generellen methodischen Vorgehens sind für die Leichtathletik *zwei Modelle* entwickelt worden, die sich in ihrer Tendenz der sogenannten deduktiven und induktiven Methode zuordnen lassen:

(1) Der im Großen und Ganzen doch recht zweckrationale Charakter der Sportart Leichtathletik legt es nahe, die Methodik an einem „idealen", aus Wettkampferfahrungen und biomechanischen Überlegungen gewonnenen Bewegungsablauf zu orientieren. Am deutlichsten wird dies bei ETZOLD (1981), wenn er feststellt,
- dass die Grobform der Bewegung auf direktem und kürzestem Weg zu lehren ist,
- dass sportliche Techniken nach der deduktiven bzw. „normgebenden" Methode zu erarbeiten sind.

Für diese Position spricht, dass für sportliche Bewegungen, wenn sie zweckmäßig, erfolgversprechend und damit „richtig" sein wollen, bestimmte physikalische Gesetzmäßigkeiten und biomechanische Prinzipien gelten, die nicht umgangen werden können. Allerdings ist innerhalb dieser Gesetze und Prinzipien – auch in der Leichtathletik – immer noch eine erhebliche Bandbreite von Kompensationsmöglichkeiten und individuellen Gestaltungsmöglichkeiten gegeben. Außerdem darf man die Techniken des erwachsenen und spezialisierten Leistungssportlers nicht ungeprüft auf den jugendlichen „Vielseitigkeits- und Gelegenheitssportler" übertragen.

(2) Die Tatsache, dass die Leichtathletik sich von den „einfachen" und „gekonnten" Grundtätigkeiten herleitet, lässt auch an eine – im Allgemeinen als „spielerisch" bezeichnete – methodische Herleitung aus dem alltäglichen Bewegungsrepertoire der Kinder und Jugendlichen denken. Konkreten Ausdruck fand dies in dem bereits 1955 von BERNHARD entwickelten Modell der Spiel-, Übungs- und Leistungsformen im Sinne einer methodischen Reihenfolge. In neuerer Zeit hat die „Spielleichtathletik" – an der richtigen Stelle eingesetzt – in dieser Hinsicht wichtige Impulse vermittelt.

Dabei sollte man allerdings bedenken, dass viele der hier praktizierten „Spielformen" zugleich Wettbewerbsformen sind, die den Schüler in irgendeiner Weise unter Zeit-, Konkurrenz- und Leistungsdruck setzen (3). Dieser darf aber nie so groß werden, dass damit das gesamte Modell sozusagen auf den Kopf gestellt wird. Besonders beim Werfen und Stoßen erhebt sich auch die Gefahr, dass dabei fehlerhafte Bewegungen eingeübt und eingeschliffen werden.

Eine vernünftige Praxis hat freilich schon immer verstanden, zwischen diesen beiden Positionen einen mittleren Weg zu finden. Hier sei vor allem auf die Vorschläge von FREY/HILDENBRANDT/KURZ (1984) hingewiesen. Bei einer solchen „Kombinationsmethode" stellt sich dem Lehrer freilich die – vielleicht als anregend, vielleicht als lästig empfundene – Aufgabe, bei jedem neuen Unterrichtsvorhaben den methodischen Stellenwert der Spiel- und Übungsformen jeweils neu zu bestimmen.

Werfen und Stoßen in der Schule

Die schulgemäßen Geräte in diesem Bereich sind *Wurfball*, *Schleuderball* und *Kugel*, und zwar aus drei Gründen:
– Es geht primär um Bewegung und Bewegungsstrukturen, also die des geraden Wurfs, des Drehwurfs und des Stoßes, nicht um die dabei transportierten Geräte.
– Speer und Diskus als Wurfgeräte sind, wie bereits gesagt, primär historisch bedingt, und nicht logisch aus der Struktur der Leichtathletik abzuleiten.
– Speer und Diskus als komplizierter zu handhabende Geräte bedeuten eine Erschwerung des Basislernprozesses; es dauert für Schulverhältnisse zu lange, bis die Technik sich so weit stabilisiert hat, dass sie sich in Leistung umsetzt.

Demgegenüber stellen Speer- und Diskuswurf sicherlich die attraktiveren Bewegungsprobleme dar. Allein schon deshalb sollten beim Vorliegen günstiger Voraussetzungen (motivierte Schüler, geringe Gruppenstärken) auch diese beiden Geräte im Sportunterricht berücksichtigt werden. Dabei wird sich zeigen, dass geschickte und wurfgewandte Schüler sehr schnell lernen, mit dem Speer umzugehen, während beim Diskuswurf die Handhabung des Gerätes, vor allem aber die Unfallgefahr (es sollte prinzipiell aus dem „Käfig" geworfen werden) sehr enge Grenzen ziehen.

Zur Leistungsstruktur der Wurf- und Stoßdisziplinen

Wurf und Stoß gelten als die „technischen Disziplinen" der Leichtathletik. Dies ist, wie oben gezeigt, durchaus begründet, doch ist auch hier eine etwas differenziertere Betrachtungsweise angebracht:

(1) Beim *Ballwurf* ist die Leistung neben der Wurfkraft (also bestimmten Schnellkraft- und Schnelligkeitsfähigkeiten) vor allem von einem dynamisch gut abgestimmten und automatisierten Bewegungsablauf abhängig, nicht so sehr vom Nachvollzug einer bestimmten Idealbewegung. Vor allem die einleitenden Bewegungsphasen lassen hier vielfältige Varianten zu.

(2) Für den Erfolg im *Kugelstoßen* ist neben bestimmten Voraussetzungen an Größe und Gewicht vor allem ein größeres Ausmaß an Maximalkraft erforderlich, die sich freilich in Schnellkraft umsetzen muss. Der körperlich benachteiligte Schüler wird auch mit bester Technik nicht viel gegen die „Kraft und Masse" der anderen ausrichten können, wenngleich er mit guter Technik natürlich immer noch besser abschneidet als mit schlechter.

(3) Es verbleibt der *Schleuderballwurf* als die „eigentlich" technische Disziplin, da hier der Schüler einen für ihn fast immer neuen und ungewohnten Bewegungsablauf erlernen muss, um überhaupt mithalten zu können. Die Unterschiede zwischen guten und schlechten Schülern sind also sowohl vom Ausgangsniveau her als auch dadurch, dass Kraft und Schnellkraft nicht so unmittelbar auf die Leistung durchschlagen wie sonst, zunächst etwas nivelliert. Dies kann pädagogisch nur erwünscht sein. Da es zudem eine attraktive und durchaus beliebte Disziplin ist, gibt es keinen Grund, den Schleuderballwurf in der Schule nicht zu pflegen. Auf Dauer setzen sich die Großen und Kräftigen freilich auch hier durch.

Generell kann somit gelten, dass auch bei den technischen Disziplinen die Schnellkraft und die dahinterstehende Maximalkraft die maßgeblichen Leistungsfaktoren sind, wobei letztere vom Ballwurf über den Schleuderballwurf zum Kugelstoß deutlich ansteigende Bedeutung hat. Beim Ballwurf spielt zudem die Koordinationsschnelligkeit eine vorrangige Rolle.

Lernalter und methodische Schwerpunkte

Ballwurf

Man kann davon ausgehen, dass Schüler der 4. und 5. Klasse, in denen die gezielte technische Schulung zumeist einsetzt, werfen können oder dies zumindest von sich glauben, auch wenn der Bewegungsablauf gelegentlich schwere strukturelle Fehler aufweist. Da der eigentliche Wurf, der *Standwurf*, sich kaum weiter zergliedern lässt, wird dieser überwiegend *ganzheitlich* unter Beachtung wechselnder *Beobachtungsschwerpunkte* gelehrt. Den *Anlauf* wird man normalerweise aus wenigen langsamen Schritten aufbauen. Dies ist gleichfalls Aufgabe der Unterstufe. Als Thema sollte der Ballwurf aber auch in den folgenden Klassenstufen immer wieder aufgegriffen und weiter gepflegt werden.

Schleuderballwurf

Unter der – hier vertretenen – Vorentscheidung, den Schleuderballwurf nur als *Drehwurf* aus *einer* Umdrehung zu lehren, wird kaum ein Schüler in der Lage sein, ohne gezielte Anweisungen in akzeptabler Zeit einen auch nur einigermaßen richtigen Bewegungsablauf zu zeigen. Die Bestandteile des Schleuderballwurfs, der aus dem Schockwurf zu entwickelnde *Standwurf* und die *Drehung*, bieten jedoch, jeweils für sich erlernt, keine nennenswerten Schwierigkeiten, weshalb man sich nicht allzu lange damit aufhalten sollte. Rhythmus und Dynamik der *Gesamtbewegung* zu erfühlen, braucht freilich seine Zeit.

Das Erlernen des Drehwurfs wäre schon in der Unterstufe möglich, doch wird man aus unterrichtsökonomischen Gründen erst nach dem Ballwurf, also etwa in der 7./8. Klasse, damit beginnen. Ob man den Drehwurf danach weiter fortführt oder wieder „einschlafen" lässt, ist Ansichtssache.

Kugelstoß

Der recht „konstruierte" Bewegungsablauf, die scheinbare Einfachheit und tatsächliche Schwierigkeit einer effektiven Technik, die relativ große Bedeutung bestimmter konditioneller Voraussetzungen, all dies führt dazu, dass in keiner anderen leichtathletischen Disziplin die Unterrichtsergebnisse so unbefriedigend sind wie im Kugelstoßen. Der *Kugelstoß aus dem Angehen oder Angleiten* ist demgemäß auch eher als eine Angelegenheit der Mittel- und Oberstufe anzusehen. Unterhalb der 9. Klasse sollte jedenfalls der *Standstoß* den Vorrang haben.

Indessen ist *Stoßen* an sich eine eindeutige und einfache Grundtätigkeit, die mit vielerlei Geräten, in der Schule meist mit dem Medizinball, stattfinden kann. Es ist somit auch eine ständige Aufgabe der Unterstufe. Dabei ist von Anfang an darauf zu achten, dass die Stoßbewegung strukturgerecht und technisch richtig ausgeführt wird. Dies ist nur bei systematischem Vorgehen nach genauen Anweisungen möglich. Jedes ungeformte Üben führt in der Regel zu einem „Wurfschleudern", nicht zum Stoßen.

Entsprechend sind den Schülern die *Unterscheidungskriterien von Wurf und Stoß* bewusst zu machen:
– Kennzeichen des Wurfs ist die deutliche Ausholphase (Wurfgerät hinter Ellenbogen, Schulter, dem ganzen Körper) und der peitschende Abwurf.
– Beim Stoß befindet sich das Gerät im Prinzip vor dem Körper und wird sozusagen weggeschoben oder weggedrückt. Beim Ausstoß ist der Unterarm, in Stoßrichtung zeigend, genau hinter dem Gerät.

Methodische Probleme der Wurf- und Stoßdisziplinen

Wie aus den vorausgegangenen Ausführungen hervorgeht, ist die Methodik der leichtathletischen Wurf- und Stoßdisziplinen auf zwei Ebenen von je zwei konkurrierenden Prinzipien bestimmt:
– Der Charakter der Leichtathletik als „Trainingssportart" macht einen *langfristigen methodischen Aufbau* unabdingbar.

Dem Charakter von Wurf und Stoß als „technischen Disziplinen" entsprechend sind auch konzentrierte *Lern- und Übungsphasen* notwendig.
- Die relativ große Bedeutung der Technik bei Wurf und Stoß lässt an ein mehr deduktives oder *„normorientiertes"* Verfahren denken.

Der beinahe unerschöpfliche Vorrat an Wurfspielen und den davon abgeleiteten Übungsformen legt ein mehr induktives oder *„spielerisches"* Vorgehen nahe.

Der Problempunkt liegt dabei jeweils in der Frage, ob eine unspezifische, offene und spielerische Lehrweise nicht die Qualität des angestrebten Bewegungsablaufs, des Endprodukts sozusagen, beeinträchtigt. Die Praxis hat gezeigt, dass solche Befürchtungen weitgehend unbegründet sind, sofern es gelingt, bei allem, was man tut, die Grundstruktur der Wurf- und Stoßbewegung zu bewahren.

Aus diesen Grundpositionen folgt eine Reihe von Einzelproblemen, die im Folgenden kurz angesprochen werden sollen.

Vorbereitende Übungen – konditionsschulende Übungen

Die vorbereitenden Übungen oder Übungsformen stellen das wichtigste Mittel des langfristigen methodischen Aufbaus dar (4). Im Rahmen dieses Lernprozesses haben sie eine doppelte Funktion, nämlich
- die notwendigen körperlichen bzw. konditionellen Voraussetzungen zu schaffen und weiter zu verbessern,
- die koordinativen Fähigkeiten zu entwickeln und wurfspezifische Bewegungserfahrungen zu vermitteln.

Vorbereitende Übungen sind dem „eigentlichen" Lernprozess dem Erlernen der sportlichen Technik, also vorgeschaltet, und dies um Monate oder gar Jahre. Im weiteren Verlauf des Ausbildungsprozesses werden sie – mit den notwendigen Veränderungen, z.B. in der Ausführungsintensität und in den Gerätegewichten – mehr und mehr zu konditionsschulenden Übungen, die das weitere Üben begleiten.

Als *allgemein vorbereitende Übungen* für Werfen und Stoßen können alle Übungen zur Kräftigung der Arm-, Schulter- und Rumpfmuskulatur angesehen werden, z.B. funktions- und zweckgymnastische Übungen, Partnerübungen, Zieh- und Schiebekämpfe und Übungen an Geräten.

Als *speziell vorbereitende Übungen* kommen vor allem Übungen mit dem Medizinball (2 oder 3 kg, je nach Alter der Schüler) in Frage, z.B.:
- beidhändige Schwungwürfe („Fußballeinwürfe") über den Kopf, auch mit einer kreisförmigen Ausholbewegung nach rechts-rückwärts und aus dem Drei-Schritt-Rhythmus (links – rechts – links, mit einem Nachstellschritt als zweitem Schritt),
- beidhändige Schwungwürfe mit Ausholbewegung durch die gegrätschten Beine nach vorn-oben oder rückwärts über den Kopf,
- beidhändige Schwungwürfe rechts und links aus seitwärtiger Ausgangsstellung,
- einhändige Schwungwürfe („Schockwürfe") rechts und links aus seitwärtiger und frontaler Schrittstellung u.a.m.

Bereits beim *Stoßen mit Medizinbällen* muss die Grundstruktur der Bewegung deutlich herausgearbeitet werden. Dies geschieht am besten durch den *beidhändigen frontalen Stoß* aus leichter Schrittstellung (auch aus dem Hockstand oder dem flüchtigen Sitz auf einer Bank). In der Ausgangsstellung wird dabei der Ball so vor dem Körper gehalten, dass er auf dem Brustbein aufliegt, die Ellbogen angehoben sind und die Fingerspitzen zum Körper zeigen. Beim *einhändigen Stoß* (rechts *und* links), bei dem freilich immer die Gefahr einer nachlässigen Ausführung besteht, muss der Ball mit der anderen Hand so abgestützt werden, dass die eben beschriebene Arm- und Handhaltung eingenommen werden kann.

Das allgemeine Prinzip der speziell vorbereitenden Übungen liegt darin, dass zwar „techniknah", aber mit verminderten koordinativen Anforderungen und gezielten konditionellen Belastungen geübt wird. Die Intensität der körperlichen Belastung lässt sich durch die Art der Übungsausführung, durch unterschiedliche Gerätegewichte, durch wechselnde Abstände zwischen den Übenden und andere Variationsmöglichkeiten nahezu stufenlos regeln.

Wurfspiele

Wurfspiele sind möglichst so anzulegen, dass viel und intensiv geworfen wird. Im Idealfall hat jeder Schüler einen Ball. Vor allem aber sollten durch sie Schlagwürfe, und nicht andere Wurfarten provoziert werden. Dies geschieht am ehesten durch *Zielwurfübungen* (z.B. auf das Basketballbrett oder andere Trefferflächen) und durch *Zielwurfspiele*, wenn z.B. die Schüler in zwei oder mehreren konkurrierenden Gruppen versuchen, Bälle oder andere Gegenstände von Bänken oder Kästen „herunterzuschießen". Dabei sollten die Entfernungen so gewählt werden, dass die Schüler zu einem kontrollierten, nicht aber weitestmöglichen Wurf angehalten werden.

Beim *Schlagwurf* in seiner einfachsten Form ist auf folgende Grundstruktur zu achten: In leichter Schrittstellung wird der Ball etwas über Kopfhöhe gehalten und mit leicht gebeugtem Arm so weit zurückgeführt, dass auch die Schulter deutlich nach hinten geht. Aus dieser Position wird mit energischem Körpereinsatz „geradeaus nach vorn durchgezogen". Dabei dürfen Ober- und Unterarm in keiner Phase der Bewegung einen spitzen Winkel bilden.

Zielwurfspiele sind prinzipiell auch als *Zielstoßspiele* denkbar, doch sollte man hier eher zurückhaltend sein und es vielleicht bei entsprechenden Übungsformen belassen.

Imitationsübungen

Würfe, ob als gerader Wurf oder Drehwurf, und mit einigen Einschränkungen auch der Stoß bieten sehr gute Möglichkeiten zu Imitationsübungen, gleichgültig ob der gesamte Bewegungsablauf oder nur Teilbewegungen imitiert werden. Darüber wurde an anderer Stelle bereits gesprochen (5), so dass hier einige Anmerkungen genügen:

Imitationsübungen sind vor allem ein Mittel zur Intensivierung des Unterrichts, weil die Schüler in kürzester Zeit eine beinahe beliebige Anzahl von Versuchen ausführen können. Sie lassen sich ohne besondere Sicherheitsvorkehrungen überall organisieren.

Beim Schleuderball wird z.B. ein Üben in der Halle möglich. Der Lernprozess wird vor allem dadurch gefördert, dass mit deutlich vermindertem Krafteinsatz begonnen und erst allmählich und nur bis zu einer bestimmten Grenze gesteigert wird.

Selbstverständlich geben Imitationsübungen keine Rückmeldung über den „Erfolg" der Bewegung, z.B. über Abflugrichtung und Abflugwinkel. Wo immer möglich, sollte eine Serie von Imitationsübungen mit einer vollständigen Ausführung der Bewegung abgeschlossen werden.

Lernhilfen

Die beim Wurf und Stoß möglichen Lernhilfen (6) sind dem Bereich der *Orientierungshilfen* zuzuordnen und zerfallen in zwei Gruppen, nämlich
– Markierungen für die Fußstellung (Ausgangsstellung, Schrittfolge, „Wurfachse" u.Ä.) oder die Blickrichtung (z.B. in der Stoßauslage),
– Richtungs- und Höhenregler (z.B. aufgespannte Leinen).

Orientierungshilfen der ersten Gruppe können recht nützlich sein, doch muss man dabei bedenken, dass sie stets einen Teil der Aufmerksamkeit des Übenden beanspruchen, der für die Kontrolle des Bewegungsablaufs verlorengeht.

Richtungs- und Höhenregler sind bei Zielwurfübungen von selbst gegeben. Ihr gezielter Einsatz zur Erarbeitung des richtigen Abflugwinkels setzt allerdings die Berücksichtigung der individuellen Wurf- und Stoßweite voraus. Dies ist in der Halle näherungsweise vielleicht noch möglich (die Schüler sollen in Richtung eines bestimmten Punktes werfen), im Freien kaum. Hier muss wohl jeder durch Probieren selbst seine Erfahrungen sammeln.

Gerätegewichte

Dass die beim Erlernen des *Kugelstoßes* verwendeten Gewichte sehr oft zu schwer sind, ist bekannt und hat meist materielle Gründe. Sofern man jedoch die Einführung des Kugelstoßes über den Medizinball vornimmt (wie es im Folgenden auch empfohlen wird), wird man mit den üblichen 4- und 5-kg-Kugeln (und eventuell einigen 3-kg-Kugeln für die schwächeren Schüler und für die Mädchen) ganz gut durchkommen. Schließlich dürfen die Gewichte auch nicht zu leicht sein, damit sie noch als solche empfunden werden und zum „Stoßen" zwingen.

Wichtig ist hier vor allem, dass beim Erlernen der Technik die Kugelgewichte den individuellen körperlichen Voraussetzungen angepasst werden.

Bei Leistungserhebungen würden solche differenzierten Gewichte aber zu kaum lösbaren Schwierigkeiten führen: Die freie Wahl des Kugelgewichts würde dem Charakter der Disziplin widersprechen; die Zuweisung durch den Lehrer wäre immer in irgendeiner Weise willkürlich.

Wer unbedingt eine relative Bewertung vornehmen will, könnte ja versuchsweise einmal die Stoßweite (in cm) durch das Körpergewicht teilen. In jedem Fall ist es ratsam, im ersten Jahr der Einführung den Kugelstoß (und ebenso den Schleuderballwurf) nicht zu benoten.

Im Gegensatz dazu sind die beim *Ballwurf* zumeist verwendeten Schlagbälle mit ihren 80 g entschieden zu leicht. Selbst für jüngere Schüler sollten neben den bekannten 200-g-Wurfbällen auch 400-g-Bälle zur Verfügung stehen, was einer korrekten Wurftechnik zugute kommen würde. Gerade beim Wurf ist es aber empfehlenswert, mit wechselnden Gerätegewichten zu üben.

Organisation und Sicherheit des Übens

Beim Werfen und Stoßen, vor allem mit schwereren Geräten, besteht eine deutlich erhöhte Unfallgefahr. Dies erfordert besondere Organisationsformen und Sicherheitsvorkehrungen, die mit den Schülern eingeübt und vom Lehrer auch weiterhin kontrolliert werden müssen.

Zuspielübungen mit Hohlbällen werden üblicherweise in Gassenaufstellung durchgeführt. Dabei gilt die Regel: „Der Werfer ist dafür verantwortlich, dass der Ball auch ankommt." Sofern diese Regel eingehalten wird, ist es – zumindest mit Jungen – auch bei *Medizinballübungen* durchsetzbar, dass die Bälle gefangen werden. Dies erhöht die Übungsintensität und vermindert die Unfallgefahr durch „herumirrende Bälle".

Selbstverständlich ist dies nur beim Zuspiel über kurze und mittlere Distanzen und mit entsprechend vermindertem Krafteinsatz möglich. Auch sollten die Abstände individuell gewählt werden. Beim (gelegentlichen) Werfen und Stoßen mit „voller Kraft" sind ausreichende Sicherheitsabstände einzuhalten.

Weitwürfe in der Halle werden üblicherweise gegen die Wand ausgeführt. Bei festen Hallenwänden können die zurückprallenden Bälle gegebenenfalls wieder gefangen werden. Sofern nicht alle Schüler zugleich üben können, werden Zweier- oder Dreiergruppen gebildet. Der jeweils übende Schüler holt seinen Ball selbst und übergibt ihn nach einer Serie von drei bis fünf Würfen dem nächsten. Die nicht übenden Schüler können beobachten oder korrigieren, was wiederum nur Sinn hat, wenn die Beobachtungsschwerpunkte hierfür vorgegeben sind.

Bei Wurfübungen mit dem Ball oder Schleuderball *im Freien* ergeben sich zwei organisatorische Möglichkeiten:
– Zweiergruppen in Gassenaufstellung, festgelegte Abwurflinien auf beiden Seiten mit reichlichem Sicherheitsabstand, beim Schleuderballwurf auch deutlichem Abstand zum „Nebenmann".
– Dreiergruppen an derselben Abwurflinie: Der erste wirft, der zweite holt (im Laufen) den Ball und übergibt ihn dem dritten.

In beiden Fällen erfolgen sowohl das Werfen als auch der Start zum Aufnehmen der Bälle auf ein optisches oder akustisches Zeichen. Darunter ist kein „Üben auf Kommando" zu verstehen; es ist dies lediglich ein „Start-frei-Signal".

Beim *Kugelstoßen* wird prinzipiell von *einer* Abstoßlinie in *eine* Richtung gestoßen. Dabei gilt – immer und unerbittlich – die Regel: „Wer gestoßen hat, geht nach hinten weg; der nächste holt *auf ein Zeichen* die Kugel." Für diese Übungsweise sprechen Unfallverhütung, Wettkampfregel und methodische Gründe gleichermaßen.

Leichtathletik in der Halle

Leichtathletik ist eine Sportart, die im Freien stattfindet. Daran sollte man festhalten, auch wenn man kein Anhänger einer extremen „Freiluftideologie" ist. Hallenleichtathletik, nicht nur im Sinne eines ersatzweisen Übens in der Halle, ist dennoch notwendig, und dies vor allem aus zwei Gründen:

- *Lern- und Übungsprozesse* lassen sich in der Halle ungleich intensiver gestalten als im Freien, einmal wegen der besseren Verständigungsmöglichkeiten mit den Schülern, zum andern wegen der zusätzlichen methodischen Möglichkeiten, die in diesem Umfeld gegeben sind.
- *Langfristige Planung* ist nur möglich, wenn Perioden des Lernens und Übens in der Halle bewusst eingeplant werden. Die Freiluftsaison ist bei uns so unsicher, von Regenperioden und Hitzewellen beeinträchtigt und von Ferien zerschnitten, dass anwendungsfähiges Können zu ihrem Beginn schon vorhanden sein muss.

Zur Methodik der Einzeldisziplinen

Die nachfolgenden Ausführungen befassen sich ausschließlich mit dem „Lernprozess im engeren Sinne", dem Erwerb der *Grobform* einer sportlichen Technik mit Hilfe einer *methodischen Übungsreihe* (7). Die hier vorgestellten Übungsreihen versuchen, auf möglichst kurzem Weg und mit möglichst wenigen Zwischenschritten zum Ziel zu kommen. Damit ist der Übungs- und Trainingsprozess allerdings noch nicht zu Ende. Die Aufgabe der Stabilisierung der Bewegung und der Verbesserung der sportlichen Leistung steht noch an.

Dabei wird nicht verkannt, dass es auch andere, vielleicht noch erfolgversprechendere Wege mit einer großen Zahl nützlicher und attraktiver Übungsformen gibt. Wir meinen jedoch, dass Methodik niemals Selbstzweck sein sollte und dass ein rationeller Unterricht keineswegs unpädagogisch ist.

Wichtigstes Mittel der hier dargestellten Lehrweise sind die *Aufmerksamkeits- und Beobachtungsschwerpunkte* (8). Darunter sind Bewegungsanweisungen und -hinweise zu verstehen, die einen wesentlichen Teilabschnitt der Bewegung ansprechen, der dann wiederum vom Übenden selbst beim Vollzug der Gesamtbewegung auf seine korrekte Ausführung hin kontrolliert werden soll.

Sachgerechter Unterricht setzt weiterhin die genaue Kenntnis des zu lehrenden Bewegungsablaufs voraus. Eigene Erfahrungen sind dazu unentbehrlich. „Letzte Instanz" bleibt aber die von Experten vorgenommene *Bewegungsanalyse und -beschreibung*.

Die exaktesten und durch die Gegenüberstellung von Text, tabellarischem Überblick und Bild auch übersichtlichsten Darstellungen finden sich bei BAUERSFELD / SCHRÖTER: Grundlagen der Leichtathletik (1998), Wurf und Stoß bearbeitet von G. LENZ und M. LOSCH. Sie sind konsequent auf die Bewegungsphasen und die ihnen zugrundeliegenden maßgeblichen Bewegungsakte abgestellt, wobei die Zwangsjacke der Phasendreigliederung aufgegeben wurde. Berücksichtigt sind freilich nur Kugelstoß, Diskuswurf und Speerwurf. Entsprechendes gilt für die Beschreibungen bei KRUBER/

FUCHS (1978). Hier ist auch der Ballwurf vertreten. Schleuderball fehlt; der Diskuswurf ist nur durch einen bildlichen Programmentwurf gegeben.

Ballwurf

Ausgangsniveau – Lernziele – Ausbildungsabschnitte

Obgleich die *Vorkenntnisse* in den zurückliegenden Jahren auch hier deutlich geringer geworden sind, ist der Wurf für die Schüler immer noch die geläufigste technische Disziplin. In den meisten Klassen findet sich jedoch ein teilweise extremes Gefälle in der Wurfvertrautheit und Wurfsicherheit. Ebenso sind die technischen Mängel zumeist so groß, dass auch der Wurf von Grund auf gelehrt und gelernt werden muss.

Lernziel ist dabei der leichtathletische *Weitwurf als Wurf aus dem Anlauf*. Als relativ eigenständiges Teilziel steht daneben der *Standwurf* mit folgenden Funktionen:

- Schaffung einer grundlegenden Bewegungsvorstellung, soweit diese bei den Schülern noch nicht vorhanden ist;
- Verbesserung des Abwurfs, zum Teil auch mit Elementen der Feinform;
- Schulung der Wurfkraft und Wurfschnelligkeit, vor allem auch im Hinblick auf die Zielwürfe verschiedener Art, wie sie z.B. in den Spielen auftreten.

Das Erlernen, Üben und Festigen des Standwurfs erfolgt also zum Teil vor, zum Teil parallel mit dem des Wurfs aus dem Anlauf in einem *einheitlichen Ausbildungsabschnitt*, der wiederum der Unterstufe zuzuweisen ist.

Als zweiter – fakultativer – Ausbildungsabschnitt ergibt sich der methodische Übergang zur *Speerwurftechnik*, auch ohne dass dabei Speere benützt werden müssen. Dies kann in der Mittel- oder Oberstufe geschehen.

Strukturierung des Lehrwegs

Es ist durchaus möglich, den Wurf aus dem Anlauf nach oder parallel zum Standwurf als *Bewegungsganzheit* zu erlernen. Sofern die Schüler genügend Gelegenheit zum Üben haben, reguliert sich der Übergang vom Anlauf zum Abwurf fast von selbst. Als Konsequenz ergibt sich freilich, dass dieser Übergang – *Impulshopser* oder *Impulsschritt* – dem Schüler freigestellt werden muss. Es liegen Untersuchungsergebnisse vor, wonach der von den Schülern bevorzugte Hopser gleiche oder bessere Leistungen erbringt und auch den späteren Übergang zur „korrekten" Technik nicht behindert.

Bei einem mehr *analytischen Lehrverfahren* (z.B. nach der progressiven Teilmethode) ergeben sich im Wesentlichen zwei Varianten, die wiederum von der methodischen Stellung des sogenannten Dreierrhythmus abhängen:

- Der Drei-Schritt-Rhythmus stellt den kürzestmöglichen Anlauf dar (ein „richtiger" Anlaufschritt + Impulsschritt + Stemmschritt), der für viele Schüler auch völlig ausreicht. Es macht jedoch immer Schwierigkeiten, ihn nachträglich zu verlängern.
- Wer gleich zu einem etwas dynamischeren Anlauf kommen möchte, schult als methodische Zwischenstufe besser den Wurf aus dem Impulsschritt, also einem „Zweierrhythmus", und geht dann zum vollen Anlauf über (vgl. LOHMANN 1968).

In der folgenden Übungsreihe versuchen wir, beide Varianten zu berücksichtigen.

Die Übungsreihe

1. Standwurf

a) Standwurf aus seitwärtiger Ausgangsstellung:

Aus einer mittleren Grätschstellung, linke Körperseite in Wurfrichtung, linken Fuß etwas zurückgestellt, vordere Fußspitze schräg nach vorn, hintere seitwärts oder leicht rückwärts zeigend, wird das rechte Bein gebeugt und der Wurfarm leicht gebeugt zurückgeführt. Anfangs nach kurzem Verharren, dann in fließendem Übergang wird der Ball unter energischem Einsatz von Beinen, Hüfte und Schulter aus einer 1/4-Drehung heraus abgeworfen. Das rechte Bein wird nach vorn gezogen und tritt um.

Beobachtungsschwerpunkte: Wurfauslage („Wurfarm zurück, rechtes Bein gebeugt"), Beinstreckung („Beide Beine strecken"), Bogenspannung („Hüfte und Brust vor"). Es empfiehlt sich, sowohl mit gebeugtem Arm („Ellenbogen vor") als auch mit gestreckten Arm („So groß wie möglich werden") abwerfen zu lassen.

Die beschriebene Ausgangsstellung ist relativ einfach und zwingt zu einem deutlichen Körpereinsatz. Sie entspricht jedoch nicht ganz der Durchgangsphase beim Wurf aus dem Anlauf. Dies kann durch folgende Variante erreicht werden:

b) Standwurf aus frontaler Ausgangsstellung mit Auftaktschritt:

Aus dem Stand frontal zur Wurfrichtung, rechter Fuß leicht nach außen gedreht, Ball in Hochhalte, wird das linke Bein nach vorn gesetzt und das rechte etwas gebeugt. Der Wurfarm wird nach hinten geführt, bis die Schulterachse etwa in Wurfrichtung zeigt. Abwurf wie oben.

2. Wurf aus verkürztem Anlauf

a) „Dreierrhythmus":

Aus dem Stand mit paralleler Fußstellung oder leichter Schrittstellung wird das linke Bein betont nach vorn gesetzt. Es folgt der nicht minder energische Impulsschritt mit dem rechten Bein und der Stemmschritt mit dem linken. Während des Impulsschrittes werden Arm und Schulter zur Wurfauslage zurückgenommen. Der Abwurf wird wie beschrieben ausgeführt.

Beobachtungsschwerpunkte: flacher und weiter Impulsschritt („Rechtes Bein schräg nach vorn ziehen"), deutlicher Stemmschritt („Linkes Bein schnell aufsetzen"), Rhythmus der Gesamtbewegung („Schritt – Schritt – Wurf").

b) Wurf mit Impulsschritt:

Aus der leichten Schrittstellung, linkes Bein vorn, erfolgt sofort der Impulsschritt.

3. Wurf aus dem Anlauf

a) Der „Dreierrhythmus" wird durch 2 bis 4 Angeh-, dann Anlaufschritte verlängert.

b) Aus einem nicht zu schnellen Steigerungslauf wird mit betontem Aufsetzen des linken Beines zum Impulsschritt übergegangen.

„Speerwurftechnik"

Beim Wurf aus dem Fünf-Schritt-Anlauf („Fünferrhythmus") beginnt das linke Bein mit einem Auftaktschritt. Beim zweiten Schritt werden Wurfschulter und Wurfarm zurückgenommen und verbleiben in dieser Position auch beim dritten Schritt und dem vierten, dem Impulsschritt, die beide wiederum eine Geschwindigkeitssteigerung bringen sollen. Für den Abwurf gilt das bereits Gesagte.

Schleuderballwurf

Ausgangsniveau – Lernziele – Ausbildungsabschnitte

Wie eingangs bereits gesagt, besitzen die Schüler beim Drehwurf so gut wie *keine Vorkenntnisse*. Diese „Gleichheit" im Ausgangsniveau hat jedoch auch den Vorteil, dass ein einheitliches methodisches Vorgehen möglich ist.

Von der Struktur der Bewegung her ist der Drehwurf noch mehr als der gerade Wurf ein *Weitwurf*. Darüber hinausgehende Funktionen – auch als „Hilfe" für andere Sportarten – lassen sich ihm nur schwer zuschreiben.

Dieses Lernziel des Drehwurfs als Weitwurf wird allerdings in zwei qualitativ unterschiedlichen und gegebenenfalls mit deutlichem zeitlichen Abstand aufeinanderfolgenden *Ausbildungsabschnitten* erreicht. Im ersten geht es dabei um die Richtigkeit der Bewegung, was Würfe mit anfangs deutlich reduziertem Krafteinsatz erfordert; im zweiten wird allmählich zum Wurf auf Weite übergegangen, ohne dass die Formung und Festigung der Technik vernachlässigt werden darf. Mehr als in allen anderen Disziplinen ist beim Drehwurf nämlich – zumindest in dem hier zur Diskussion stehenden Könnensbereich – die Leistung von der Qualität der Technik abhängig. Beide Ausbildungsabschnitte dürften der Mittelstufe zuzurechnen sein.

Diskus – Schleuderball

Der Schleuderballwurf unterscheidet sich konkret vom Diskuswurf dadurch, dass durch die lange Schlaufe ein zusätzliches, nicht fixierbares Gelenk zwischen Körper und Gerät geschaffen wird. Der für den Diskuswurf typische explosive Bein- und Rumpf-Arm-Einsatz kann beim Schleuderball nur mittelbar auf das Gerät einwirken. Gegenüber dem Dreh-Stütz-Wurf beim Diskus ist damit der Schleuderballwurf in ganz anderer Weise ein Rotationswurf, was durch die „Verlängerung des Wurfarms" noch verstärkt wird. Dennoch wird man auch beim Schleuderballwurf auf das „Nachschleppen" des Balles im Moment der Wurfauslage und auf eine korrekte Schwenk-Streck-Bewegung beim Abwurf achten.

Einigkeit besteht neuerdings auch darüber, dass beim Diskuswurf sofort die 6/4-Drehung (über die methodischen Zwischenstufen des Standwurfs und der 4/4-Drehung) angestrebt wird. Diese wiederum lässt sich beim Schleuderballwurf wohl kaum realisieren, weshalb hier fast übereinstimmend die 5/4-Drehung empfohlen wird. Diese ist zweifellos auch die *einfachste und übersichtlichste Drehung*, nämlich eine ganze Drehung zur Wurfauslage und eine zusätzliche, mehr oder weniger unbewusste Vierteldrehung beim Abwurf.

Strukturierung des Lehrwegs

Aus den Vorentscheidungen, den Schleuderballwurf in Anlehnung an den Diskuswurf zu lehren und mit 5/4-Drehung zu werfen, ergeben sich fast zwangläufig folgende methodische Konsequenzen:
- Der Schleuderballwurf wird nur als Drehwurf gelehrt. Jedes Werfen aus dem Kreisen des Balles, auch überflüssiges Ankreisen vor der Drehung, ist methodisch bedenklich und bringt nur zusätzliche Schwierigkeiten.
- Methodische Zwischenstufen zwischen Standwurf und Gesamtbewegung, z.B. ein Wurf aus frontaler Ausgangsstellung, sind überflüssig.
- Alle Übungen werden erst mit kurzgefasster, dann mit langer Schlaufe ausgeführt.

Für die Strukturierung des Lehrwegs bedeutet dies, dass zunächst Drehung und Standwurf erarbeitet werden, wobei die Reihenfolge gleichgültig ist, und dass beide Elemente baldmöglichst zusammengefügt werden. Dies geschieht durch „reine" Übungswürfe mit anfangs nur geringem Krafteinsatz und durch reichlichem Gebrauch von Imitationsübungen.

Das Erlernen des Schleuderballwurfs wird gelegentlich durch unzureichende Vorstellungen über die Bewegung selbst und ihre physikalischen Gesetzmäßigkeiten behindert. Dies betrifft vor allem drei Punkte:

(1) Vielen Schülern ist nicht bewusst, dass bei der *Körperdrehung* nach dem Abdruck aus der Ausgangsstellung (erst rechts, dann links) mit nur *zwei weiteren Bodenkontakten* (Landung rechts, unmittelbar darauf links) eine *ganze Drehung* ausgeführt wird (s. Abb. 2). Imitationsübungen auf einer Hilfslinie werden schnell Klarheit schaffen.

(2) Bisweilen wird das schnelle Ankreisen des Balles als typisch für den Schleuderballwurf angesehen. Dazu ist zu sagen, dass für die Abfluggeschwindigkeit des Wurfgerätes nur die nach der Körperdrehung erreichte *Endbeschleunigung* maßgebend ist. Es empfiehlt sich also, zunächst aus einem weiten Anschwingen, ähnlich wie beim Diskuswurf, werfen zu lassen. Dies ist mit kurzgefasster Schlaufe kein Problem; beim Werfen mit langer Schlaufe wird der Ball in der Ausgangsstellung mit der linken Hand in Schulterhöhe gehalten.

(3) Beim *Abwurf* wird der (mit dem mittleren Glied von Zeige- und Mittelfinger gehaltene) Ball mit gestrecktem Arm genau *seitwärts* vom Körper losgelassen. Er fliegt dann tangential, d.h. geradeaus nach vorn weiter. Ein (zusätzliches) „Reißen" am Ball ist also falsch.

Die Übungsreihe

1. Standwurf mit kurzgefasster und mit langer Schlaufe

Aus dem Grätschstand, linke Körperseite in Wurfrichtung, erfolgt aus deutlichem Anschwingen der Abwurf ohne Umtreten oder Umspringen.

Beobachtungsschwerpunkte: Anschwingen und Wurfauslage („Weit zurückschwingen, rechtes Bein beugen"), Abwurfstreckung („Beide Beine strecken"), Bogenspannung und Armzug („Hüfte und Brust vor, Arm nachschleppen").

2. Drehung

Aus dem Grätschstand auf einer vorgezeichneten „Wurfachse" wird zur Wurfauslage umgesprungen (s. Abb. 2)
a) ohne Gerät,
b) mit kurzgefasster Schlaufe und aus dem Anschwingen,
c) mit langer Schlaufe, aus dem Anschwingen oder (einmaligem) Ankreisen.

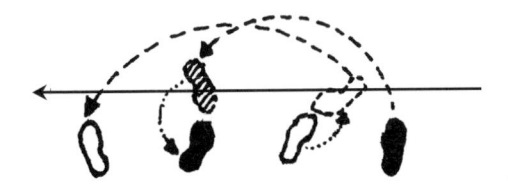

Abb. 2

Beobachtungsschwerpunkte: weites Anschwingen bzw. relativ langsames Ankreisen schräg rückwärts über den Kopf, Umsprung mit raumgreifender und geradliniger Vorwärtsbewegung („Kräftig abdrücken – schnell landen"), Wurfauslage („Rechter Arm zurück, rechtes Bein gebeugt").

3. Gesamtbewegung
a) Drehung mit imitiertem Abwurf:
Diese Übung, mit geringem Krafteinsatz ausgeführt, dient vor allem der Intensivierung des Übens und der Verbesserung der Bewegungssteuerung.
b) Wurf aus der Drehung:
Mit steigendem Krafteinsatz wird zum Wurf auf Weite übergegangen.

Kugelstoß

Ausgangsniveau – Lernziele – Ausbildungsabschnitte

Obwohl Stoßen eine recht einfache Grundtätigkeit ist, haben die Schüler nur diffuse Vorstellungen über den genaueren Bewegungsablauf. Diese Diskrepanz zwischen scheinbarer Einfachheit und tatsächlicher technischer Schwierigkeit stellt auch das eigentliche Problem der Kugelstoßmethodik dar.

Der Stoß ist seiner Natur nach ein *Weitstoß*. Dieses Lernziel wird aber erst allmählich erreicht, freilich nicht in dem deutlichen Nacheinander wie beim Drehwurf.

Wir schlagen vor, den Kugelstoß in *drei Ausbildungsabschnitten* zu lehren, die sich im Großen und Ganzen der Unter-, Mittel- und Oberstufe zuordnen lassen:

1. Beidarmiger Standstoß mit dem Medizinball.
2. Standstoß (mit der Kugel).
3. Stoß aus dem Angehen oder Angleiten.

Wurf und Stoß

Selbstverständlich ist es durchaus möglich, auch Unterstufenschülern den kompletten Kugelstoß beizubringen. Aber diese Altersstufe hat für sie Wichtigeres zu tun.

Strukturierung des Lehrwegs

1. Stoßen mit dem Medizinball

Wir wählen den Umweg über den Medizinball nicht nur aus äußeren, materiellen oder organisatorischen, sondern auch aus methodischen Gründen. Voraussetzung ist aber, dass stets und ausschließlich *beidarmig* gestoßen wird. Unter beidarmig ist dabei das absolut gleichzeitige und gleichmäßige Ausstoßen mit beiden Armen zu verstehen. Dies ist nur möglich, wenn der Oberkörper beim Stoß genau nach vorn zeigt, d.h. die Schulterachse rechtwinklig zur Stoßrichtung steht. Bis zu diesem Zeitpunkt, also dem Beginn der Armtätigkeit, liegt der Ball auf der Brust auf, Ellenbogen waagerecht nach außen, Fingerspitzen nach hinten zur Brust zeigend.

Dabei wird meist mit reduziertem Krafteinsatz und nur gelegentlich auf Weite gestoßen. Imitationsübungen, vor allem zur Verdeutlichung der Hebe-Dreh-Bewegung des Oberkörpers, sind vorteilhaft, sollten aber eher sparsam eingesetzt werden.

Bei sämtlichen Stoßübungen wird *nicht umgesprungen oder umgetreten*. Das rechte Bein verbleibt vielmehr auf der in der Stoßauslage eingenommenen Position. Im Augenblick des Ausstoßes bildet die rechte Körperseite (Bein – Rumpf – Stoßarm) eine Gerade. Ein (unbewusstes) Heranziehen des rechten Beines an das linke sollte jedoch nicht beanstandet werden.

Die hier vorgeschlagenen Maßnahmen garantieren nicht nur ein intensives und gefahrloses Üben, sondern auch ein methodisch einigermaßen befriedigendes Lernen. Nach unseren Erfahrungen führt es sehr leicht zu gravierenden Bewegungsfehlern, wenn gleich mit dem einarmigen Stoß begonnen wird.

2. Standstoß mit der Kugel

Der *beidarmige Standstoß* ist eine methodische Zwischenstufe, auf die man auch hier nicht ganz verzichten sollte. Die Ausgangsstellung entspricht der beim Medizinballstoß; die Kugel liegt auf dem Brustbein auf.

Beim *einarmigen Stoß* ist darauf zu achten, dass die Kugel in unmittelbarer Halsnähe gehalten wird (auch wenn die Wettkampfregel hier neuerdings etwas großzügiger ist), und dass die Fingerspitzen zum Hals zeigen. Der Stoßarm ist dabei leicht angehoben. Der linke Arm befindet sich gebeugt vor dem Körper. Die Veränderungen in der Hand- und Armhaltung gegenüber dem beidarmigen Stoß sind also relativ gering, so dass ein bruchloser Übergang gewährleistet ist.

Imitationsübungen werden vermehrt eingesetzt. Es wird häufiger auf Weite gestoßen. Nach wie vor wird nicht umgesprungen oder umgetreten.

Für alle Standstöße (mit Medizinball oder Kugel) empfehlen wir eine *„3/8-Stoßauslage"*: Aus der Ausgangsstellung seitwärts zur Stoßrichtung wird das rechte Bein gebeugt und der Oberkörper um eine weitere Achteldrehung nach hinten gedreht, so dass er genau über dem Oberschenkel steht und der Blick schräg nach hinten gerichtet ist. Die Hüftachse bleibt parallel zur Stoßrichtung. Es ist dies die bequemste und natürlichste Stellung, die am ehesten der entsprechenden Bewegungsphase beim Stoß aus dem Angleiten gleichen dürfte. Methodische Zwischenstufen erübrigen sich hier.

Eine völlig seitwärtige Stoßauslage verführt die Schüler meistens dazu, in die Stoßrichtung zu schauen und vorzeitig auszustoßen. Aus methodischen und konditionellen Gründen bevorzugen wir zunächst eine relativ hohe Stoßauslage, bei der sich der Medizinball bzw. die Kugel etwa über dem Knie befindet.

3. Stoß aus dem Angehen oder Angleiten

Aktive Leichtathleten ausgenommen, beherrscht kaum ein Schüler eine effektive Angleitbewegung. Es ist jedoch davon auszugehen, dass fast jeder Schüler aus der Bewegung etwas weiter stößt als aus dem Stand. Aus biomechanischer Sicht kommt es dabei darauf an, die dem Gesamtsystem (Körper und Kugel) vermittelte *Vorbeschleunigung* wenigstens teilweise auf die Ausstoßbewegung zu übertragen. Dies fällt den Schülern in aller Regel beim Angehen leichter als beim Angleiten.

Es liegt also nahe, beim Stoßen aus der Bewegung doppelgleisig zu fahren: Einerseits sollten geeignete Schüler Gelegenheit erhalten, die „gültige" Wettkampftechnik kennen zu lernen, andererseits sollte möglichst jeder Schüler eine für ihn geeignete Art der Vorbeschleunigung beherrschen.

Es ergeben sich (neben anderen) folgende *Möglichkeiten*:

a) beim Stoß aus dem Kreis:
- Angleiten, wobei der Angleitweg bei Schülern selten mehr als zwei Fußlängen beträgt, also nicht am hinteren Kreisrand begonnen wird,
- Angehen mit Nachstellschritt, wobei zunächst ein betonter Schritt links seitwärts, ein Nachstellschritt rechts und ein dritter Schritt links in die Stoßauslage ausgeführt werden („Dreierrhythmus": „Schritt – und – Stoß"),

b) beim Stoß von einer Abstoßlinie mit beliebiger Vorbeschleunigungsstrecke:
- aus seitwärtiger, relativ hoher Ausgangsstellung schwunghaftes Angehen oder Anhüpfen mit Nachstellschritt (Schritt links, Nachstellschritt rechts, Schritt links in die Stoßauslage),
- aus frontaler Ausgangsstellung ein oder mehrere Schritte vorwärts, Überstellschritt („Kreuzschritt") rechts, Schritt links in die Stoßauslage.

In allen Fällen sollte nach Beendigung der Angeh- oder Angleitbewegung der Oberkörper im Sinne der oben beschriebenen „3/8-Stoßauslage" leicht nach hinten eingedreht sein. Wenn möglich, wird diese Position bereits in der Ausgangsstellung eingenommen. Im Idealfall, der kaum jemals erreicht wird, erfährt die Kugel vom Beginn der Bewegung bis zum Abflug eine gleichmäßige Beschleunigung und bewegt sich auf einer Geraden oder leichten Kurve.

Das Umtreten oder Umspringen kann jetzt freigestellt werden; man sollte es aber nicht ausdrücklich lehren.

Die Übungsreihe

1. Beidarmiger Standstoß aus der Stoßauslage mit dem Medizinball

Aus der Ausgangsstellung, linke Körperseite in Stoßrichtung, wird die Stoßauslage eingenommen und abgestoßen. Dies sind zunächst zwei getrennte Vorgänge; sodann wird daraus eine rhythmische Einheit („Standstoß mit Auftakt").

Beobachtungsschwerpunkte: Ausgangsstellung („Grätschstellung, rechte Fußspitze schräg nach hinten, linke etwas nach vorn und zurückgesetzt", „Ball auf der Brust, Ellenbogen hoch, Finger nach hinten"), Stoßauslage („Körpergewicht auf dem rechten Bein, Blick schräg nach hinten, linke Körperseite eine Gerade"), Abstoßstreckung („Beide Beine strecken"), Hebe-Dreh-Bewegung des Oberkörpers („Hüfte und Brust vor"), Ausstoß („Spät ausstoßen, ganz strecken", „linken Arm nicht zurückreißen, nicht umspringen, nach hinten weggehen").

2. Standstoß mit der Kugel

a) Beidarmiger Stoß:

Es empfiehlt sich, den eben beschriebenen beidarmigen Stoß, zumindest in einigen Versuchen, auch mit der Kugel ausführen zu lassen.

b) Einarmiger Stoß (Abb. 3):

Abgesehen von den notwendigen Veränderungen in der Armhaltung entspricht die Ausführung der bei Übung 1 gegebenen Beschreibung. Es ist dies die Grund- und Hauptübung des Kugelstoßens.

Abb. 3   Abb. 4

3. Stoß aus der Bewegung

a) Stoß mit Angleiten (Abb. 4):

Die Angleitbewegung wird zunächst (ohne und mit Gerät) isoliert geübt: Das linke Bein zieht sozusagen den Körper in die Stoßauslage und setzt schnell wieder auf. Beim Zusammenfügen der Gesamtbewegung ist auf einen möglichst „nahtlosen" Übergang zwischen den beiden Bewegungsphasen zu achten.

b) Stoß mit Angehen:

Das Stoßen aus dem Angehen wird sofort als Gesamtbewegung geübt.

Alle Stöße aus der Bewegung sollten in ihren verschiedenen Varianten zunächst mit relativ leichten Geräten und mit vermindertem Krafteinsatz ausgeführt werden. Nach Möglichkeit sollte jeder Schüler die für ihn optimale Technik selbst finden und auch mit unterschiedlichen Kugelgewichten erproben. Dies ist ein längerfristiger Prozess, der sich über mehrere Stunden erstreckt.

Anmerkungen

(1) Vgl. den Beitrag: Hat die Leichtathletik in der Schule noch eine Chance? S. 347.
(2) Vgl. den Beitrag: Lernen, S. 268.
(3) Vgl. den Beitrag: Was heißt „spielerisch"? S. 141.
(4) Vgl. die Beiträge: Lernen, S. 268, und: Was heißt „Unterricht planen und vorbereiten"? S. 109.
(5) Vgl. den Beitrag: Zum methodischen Stellenwert von Imitationsübungen, S. 234.
(6) Vgl. den Beitrag: Methodische Hilfen, S. 224.
(7) Vgl. dazu das Themenbeispiel: Methodische Hinweise zum leichtathletischen Wurf und Stoß, „Praxis und Methodik" S. 176.
(8) Vgl. den Beitrag: Gibt es einen Standardablauf methodischen Handelns? S. 128.

Literatur

BADER, R. u.a.: Kinderleichtathletik; Bd. 1 und 2. Stuttgart 1998 bzw. 2001.
BAUERSFELD, K. H./SCHRÖTER, G: Grundlagen der Leichtathletik. Berlin 1998[5].
ETZOLD, R. (Red.): Leichtathletik in der Schule. Berlin (Ost) 1981.
FREY, G./HILDENBRANDT, E./KURZ, D.: Laufen, Springen, Werfen. Reinbek 1992.
KRUBER, D./ FUCHS, E.: Kugelstoß, Ballwurf, Speerwurf. Schorndorf 1978.
LOHMANN, W.: Schülersport Lauf, Sprung, Wurf. Berlin (Ost) 1981.
SCHMOLINSKY, G. (Red.): Leichtathletik. Berlin (Ost) 1980.

Die Zeichnungen sind dem Originalbeitrag (sportunterricht 5-6/85, Lehrhilfen) entnommen.

2 Die Stützsprünge

Didaktische Analyse und methodische Erschließung

Sprungbewegungen – Stützsprünge

In die Strukturgruppe der *Sprungbewegungen* werden nach der derzeit gebräuchlichen Systematik des Gerätturnens alle Bewegungen eingeordnet, die durch einen ein- oder beidbeinigen Absprung von einer Unterstützungsfläche eingeleitet werden. Im Wesentlichen lassen sich folgende Untergruppen unterscheiden:
– Aufgänge, wobei die Absprung- oder Abdruckbewegung durch eine entsprechende Armtätigkeit ergänzt und unterstützt wird,

Die Stützsprünge

– Absprung- oder Abdruckbewegungen zur Einleitung von Bodenübungen, z.B. Sprungrolle, Salto, Handstützüberschlag,
– gymnastische Sprünge, wie sie beim Bodenturnen gebräuchlich sind,
– Freisprünge als Sprünge auf oder über Geräte, soweit sie, z.B. als Übungs- oder Trainingsformen, auch im Gerätturnen Verwendung finden,
– Stützsprünge, d.h. Sprünge mit Stütz auf einem Gerät.

Die *Stützsprünge* sind die für das Gerätturnen kennzeichnenden Sprungbewegungen. Im sportlichen Gerätturnen sind sie zugleich Wettkampfdisziplin. Ihr gemeinsames Kennzeichen ist die deutliche Abfolge von Absprung, Stütz und Landung. Art und Dauer sowohl des Absprungs oder Abdrucks (beidbeinig – einbeinig, explosiv – zügig) als auch des Stützes (beidarmig – einarmig, kurz – lang) sind sehr unterschiedlich. Dasselbe gilt für die Dauer der beiden, zwischen Absprung und Stütz sowie zwischen Stütz und Landung eintretenden Flugphasen.

Ungeachtet dieser Verschiedenheiten sollen die typischen Kennzeichen eines Stützsprungs an einem ausgewählten Beispiel, der in Abb. 1 dargestellten *Hocke (Sprunghocke)* über ein längsgestelltes Gerät, verdeutlicht werden:

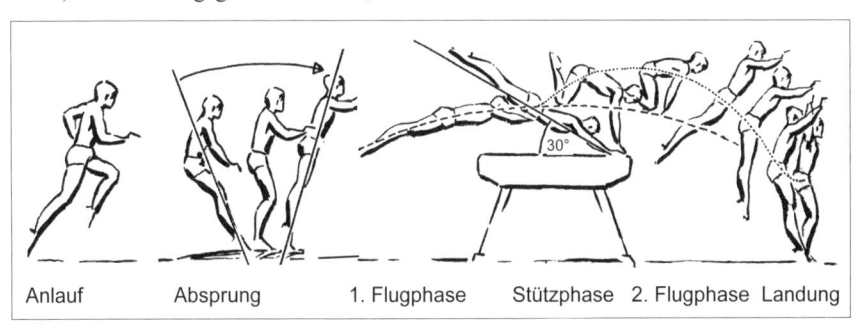

| Anlauf | Absprung | 1. Flugphase | Stützphase | 2. Flugphase | Landung |

Abb. 1

Der *Anlauf* muss die für die Überwindung des Gerätes notwendige Horizontalbeschleunigung, der *Absprung* die entsprechende Vertikalbeschleunigung sicherstellen. Außerdem muss beim Absprung eine Vorwärtsrotation des Körpers eingeleitet werden. Dies erfolgt dadurch, dass der Übende mit leichter Rücklage auf das Sprungbrett einspringt und es mit leichter Vorlage verlässt. Dabei gilt die Regel, dass die anfängliche Rücklage umso deutlicher sein muss, je größer die Anlaufgeschwindigkeit ist und je höher die Flugkurve ausfallen soll. In der *ersten Flugphase* führt der gestreckte Körper eine – relativ langsame, die Waagerechte deutlich überschreitende – Vorwärtsrotation aus. Diese wird in der *Stützphase* in eine Rückwärtsrotation umgelenkt, die durch das gleichzeitige Anhocken der Beine zunächst beschleunigt, durch die nachfolgende Körperstreckung während der *zweiten Flugphase* aber wieder aufgehoben wird. Im Idealfall führt die *Landung* zum ruhigen Stand (1).

Bei *Überschlägen* wird die Vorwärtsrotation in der Stützphase nicht umgelenkt, sondern (durch „Gegenstemmen") in der ursprünglichen Drehrichtung weitergeführt.

Stützsprünge im Sportunterricht

Als Lerngegenstand für den Sportunterricht lässt sich das Thema „Sprung über ein Hindernis" ebenso gut rechtfertigen wie das Thema „Sprung in die Weite", doch ist damit noch kein formgerechter Stützsprung begründet. Dazu bedarf es eines Blickes auf die *Lern- und Leistungsziele des Gerätturnens*. Diese lassen sich, wie an anderer Stelle ausführlicher dargestellt (2), in folgenden Aussagen zusammenfassen:

- Das Gerätturnen ist auf die Qualität der Bewegung gerichtet. Es geht darum, jede Übung, gleich ob sie dem „natürlichen" Bewegungsbestand des Menschen entstammt oder „künstlich" ersonnen ist, in der perfekten und idealen Form zu zeigen.

- Für das sportliche Gerätturnen kommt dazu, dass je nach Leistungsstand immer schwierigere Bewegungsprobleme gelöst werden sollen, ohne die Forderung nach Vollkommenheit in der Ausführung und Darbietung zu vernachlässigen.

- Das Gerätturnen ist außerdem auf die Vielfalt der Bewegung gerichtet. Es geht hier nicht um die Spezialisierung auf eine oder einige wenige Bewegungen, sondern um die Beherrschung eines möglichst umfangreichen, zumindest aber der jeweiligen Könnensstufe angemessenen Bewegungsrepertoires.

An dieser Stelle ist jedoch die Frage zu stellen, ob die Stützsprünge für das Gerätturnen so kennzeichnend sind, dass sie im Sportunterricht – möglicherweise sogar schwerpunktmäßig – behandelt werden sollten. Vom Gegenstand her betrachtet, also unter dem Aspekt der *Sach- und Strukturanalyse* des Gerätturnens, ist diese Frage eher zurückhaltend zu beantworten: Die Stützsprünge sind zwar ein wesentlicher Bestandteil des Gerätturnens, sie sind aber ganz offensichtlich nicht seinem strukturellen Kernbereich zuzuordnen.

Gänzlich anders stellt sich dieses Problem aber dar, wenn man es vom Schüler her, also unter dem Aspekt der *Bedingungsanalyse* betrachtet (3): Für die meisten Schüler (nicht unbedingt Schülerinnen) bieten die Stützsprünge den leichtesten Zugang zum Gerätturnen. Als relativ wenig „turnspezifische" Disziplin sprechen sie einerseits auch den Nichtturner an, andererseits sind sie aber doch so „turnerisch", dass die Bewegungs- und Formgesetze des Gerätturnens an ihnen verdeutlicht werden können. Außerdem erzielen die Schüler hier durchweg die besten Leistungen.

Als Gegenargument verbleibt lediglich, dass ein Teil der Schüler hier Angsthemmungen hat, die durch ein entsprechendes methodisches Vorgehen zwar weitgehend abgebaut, aber nie ganz ausgeräumt werden können.

Wenn die Stützsprünge die ihnen hier zugedachte Funktion erfüllen sollen, müssen sie im Unterricht in sachgerechter und angemessener Weise behandelt werden. Dazu bedarf es zunächst einer etwas eingehenderen Analyse dieses Gegenstandsbereichs.

Strukturanalyse der Stützsprünge

In Abb. 2 sind zwar nicht alle denkbaren, aber die für die Strukturgruppe der Stützsprünge repräsentativen und im Sportunterricht möglichen Sprungformen aufgelistet. Als Analysekriterien dienen dabei Absprung-, Flug- und Stützverhalten.

Die Stützsprünge 301

Die didaktische Struktur der Stützsprünge

Stützsprünge

einbeiniger Absprung   beidbeiniger Absprung

mit Gegendrehen in der 2. Flugphase   mit Weiterdrehen

mit „Dauerstütz"   mit „Abdrücken"

Fechtersprünge   (Hock-)Wende Flanke, Kehre   Hocke Grätsche   Überschläge

――――― Grundsprünge
――――― Leistungssprünge
------- „Gelegenheitssprünge"

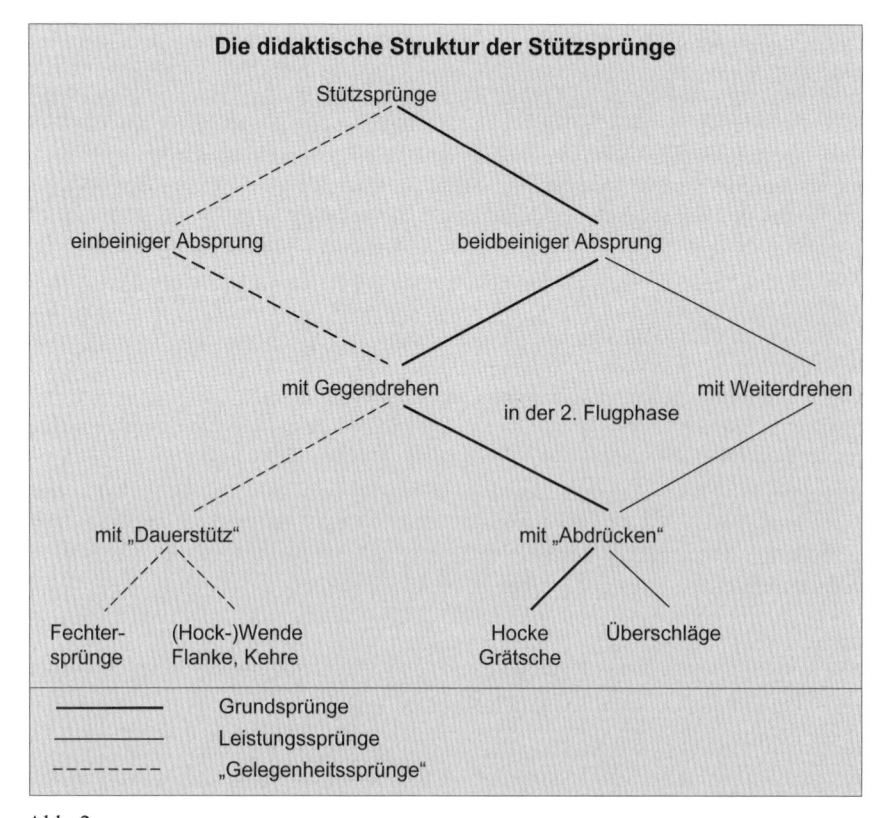

Abb. 2

Es zeigt sich, dass Stützsprünge
- aus dem einbeinigen und beidbeinigen Absprung ausgeführt werden können, wobei der letztere zweifellos als der für diese Strukturgruppe typische anzusehen ist, während der erstere nur eine untergeordnete Rolle spielt,
- im Wesentlichen mit der beim Absprung eingenommenen Körperlage (mit einer mehr oder weniger deutlichen Vorwärtsrotation in der ersten und einer entsprechenden Rückwärtsrotation in der zweiten Flugphase) oder mit einer vollständigen Vorwärtsdrehung (also einer Überschlagbewegung) zu Ende geführt werden können, wobei der letztere Fall bei formgerechter Ausführung die deutlich höhere Schwierigkeitsstufe darstellt,
- einen bis zum Ende der Bewegung fortwährenden „Dauerstütz" (mit und ohne Wechsel der Stützhand) oder nur einen kurzen (stets beidarmigen) Abdruck vom Gerät zulassen, wobei wiederum der zweite Fall als der typische zu gelten hat.

Dies führt zu *vier Untergruppen*, deren besondere Kennzeichen sich unmittelbar aus der Grafik (Abb. 2) herauslesen lassen.

Unter unterrichtlichen Gesichtspunkten lassen sich daraus *drei Gruppierungen von Stützsprüngen mit deutlich unterscheidbaren didaktischen Funktionen* gewinnen:

1. Grundsprünge

Hier sind vor allem *Hocke* und *Grätsche* über seitgestellte Geräte (Kasten bzw. Bock) zu nennen. Sie können einerseits – zumindest im Bereich des Schulsports – als kennzeichnend für die Gesamtheit der Stützsprünge angesehen werden und sind andererseits für die überwiegende Mehrheit der Schüler ohne größere Probleme erlernbar.

Aus dieser Gruppe sollte mindestens ein Sprung auf einem qualitativ möglichst hohen Niveau beherrscht werden.

2. Leistungssprünge

Die Stützsprünge bieten zwei Möglichkeiten der Leistungssteigerung, zum einen die Weiterführung der Grundsprünge zu den *Längssprüngen*, zum anderen der Übergang zu der strukturell anspruchsvolleren Gruppe der *Überschläge*.

Der erste Weg ist bei entsprechender Schulung für die Mehrheit der Schüler ohne Weiteres gangbar, der zweite erfordert in der „richtigen" Ausführung als Handstandüberschlag (Handstütz-Sprungüberschlag) einige konditionelle und koordinative Voraussetzungen, die nicht bei jedem Schüler gegeben sind.

3. „Gelegenheitssprünge"

Dieser Gruppe sind alle Sprünge mit „Dauerstütz" zuzurechnen, also sowohl die Sprünge vom Typ *Kehre/Wende* als auch die *Fechtersprünge*. Sie sind, entsprechende Grundschulung vorausgesetzt, für alle Schüler auf Anhieb zu bewältigen und können somit recht variabel eingesetzt werden, sei es um an ihnen die Bewegungsvielfalt des Gerätturnens sichtbar zu machen, sei es um den Unterricht aufzulockern. Auch eignen sich diese Sprünge für das Gruppenturnen und für offene Lehr- und Lernwege.

Niveaubestimmungen

Das bei den *Grundsprüngen* anzustrebende *qualitative Niveau* lässt sich mit den nachfolgend aufgelisteten *lernrelevanten Bewegungsmerkmalen*, die zugleich als Bewertungskriterien dienen können, recht genau bestimmen:

Der *Anlauf* sollte nicht zu lang sein; er ist auf Höhe und Länge der Geräte abzustimmen und wird als Steigerungslauf ausgeführt.

Er muss nahtlos in einen „harten" und explosiven *Absprung* übergehen.

Die *erste Flugphase* soll deutlich ausgeprägt sein.

Der *Abdruck* vom Gerät ist schnellkräftig; Beinbewegungen sollen erst mit oder im Anschluss an ihn erfolgen.

Die *zweite Flugphase* hat zwar nicht den Umfang der ersten, muss aber noch deutlich erkennbar sein. Die *Landung* ist ruhig und federnd.

Als zusätzliches Kriterium bei Längssprüngen kommt hinzu, dass der Körper während der ersten Flugphase sich gestreckt über der Waagerechten befinden sollte.

Die Stützsprünge

Didaktische Vorentscheidungen

Die didaktischen Vorentscheidungen betreffen vor allem
- die zur Einführung der Stützsprünge geeignete Altersstufe,
- die Wahl des „ersten Sprungs",
- die Bestimmung der Ausbildungsabschnitte.

Zur Altersstufe

Man sollte mit den Stützsprüngen nicht zu früh beginnen. Die allgemeinen motorisch-koordinativen Voraussetzungen („motorische Reife"), die sich vor allem in der Beherrschung einer flüssigen Anlauf-Absprung-Koordination ausdrücken, sollten gegeben sein. Dies dürfte mit dem 4./5. Schuljahr allgemein der Fall sein, bei einigen Schülern allerdings erst gegen Ende dieses Zeitraums.

Bei jüngeren und weniger geschickten Schülern sind absprungschulende Übungen angezeigt, jedoch nicht im Sinne des Beginns einer methodischen Übungsreihe, die es dann „durchzuziehen" gilt, sondern als langfristig einzuplanende vorbereitende Spiel- und Übungsformen. Beispiele: Übergrätschen von kleinen Kästen, Aufhocken auf längsgestellte und seitgestellte Kästen (im letzteren Falle Hilfestellung!).

Zur Wahl des „ersten Sprungs"

Aus der Vielzahl der möglichen Sprünge werden, z.B. in den Lehrplänen, vor allem Hockwende (am Kasten), Grätsche (am Bock) und Hocke (am Kasten oder auch am Bock) als die zur Einführung geeigneten Sprungformen genannt. Da der Wahl des „ersten Sprungs" aber eine gewisse Schlüsselfunktion zukommt, ist hier eine genauere Analyse hinsichtlich der möglichen Vor- und Nachteile angebracht:

Hockwende (Dreh-Sprunghocke)

Vorteile: Leichtester Sprung; unter beliebig erleichterten Bedingungen (niedrigste Gerätehöhen) durchführbar, dadurch höchste Erfolgswahrscheinlichkeit; relativ geringe Unfallgefahr.

Nachteile: Kein typischer Stützsprung; durch den „Dauerstütz" (zumindest mit einer Hand) kommt keine zweite Flugphase zustande; auch die erste kann sich kaum entfalten oder wird völlig unterdrückt.

Grätsche (Sprunggrätsche)

Vorteile: Wird bei entsprechend erleichtertem Geräteangebot von fast allen Schülern schnell erlernt; bietet gute Differenzierungsmöglichkeiten nach Höhe und Weite des Sprungs und damit auch Gelegenheit zur gezielten Schulung des Absprungs und der übrigen Bewegungsphasen.

Nachteile: Die Rotationsbewegungen kommen nur wenig, häufig gar nicht zur Geltung („Drüberrutschen" mit hängenden Beinen); Hilfestellung ist durch die Struktur der Übung behindert; ungeschickte Schüler haben Hemmungen; ein Unfallrisiko ist nicht gänzlich auszuschalten.

Hocke (Sprunghocke)

Vorteile: Bei richtiger Ausführung werden die Bewegungsmerkmale eines Stützsprungs durch die Struktur der Übung geradezu erzwungen (alle Körperteile überqueren das Gerät oberhalb der Stützfläche; eine – auch nur angedeutete – erste Flugphase macht den Sprung leichter); sichere Hilfestellung ist möglich.

Nachteile: Schwierigster der genannten Sprünge, dadurch hohe Misserfolgsquote; nur begrenzte Möglichkeiten der Übungserleichterung; häufige strukturwidrige Ausführung („Durchsteigen" oder „Durchschieben" im „Dauerstütz") und damit wiederum erhöhte Unfallgefahr.

Zusammenfassend lässt sich somit Folgendes feststellen:

Die *Hockwende* wäre zwar der leichteste Sprung, doch ist negativer Transfer auf die übrigen Sprünge fast sicher. Sie sollte nur in schwachen Klassen und nur zur Überwindung der ersten Anfangsschwierigkeiten eingesetzt werden. Später als „Gelegenheitssprung" wieder sehr reizvoll.

Die *Grätsche* erlaubt gezielte Schulung von Absprung und Abdruck. Bei entsprechend differenziertem Geräteangebot kann ohne Hilfestellung (Ausnahme: ängstliche und ungeschickte Schüler) sehr effektiv gearbeitet werden. Übliche Form der Einführung in normal leistungsfähigen Klassen.

Die *Hocke* wäre zwar der ideale Sprung, lässt aber keine erleichterten Formen zu (sie wird z.B. bei allzu niedrigen Geräten wieder schwerer); die üblichen Vorübungen schaden meist mehr, als sie nützen (Verführung zum „Durchschieben"). Das Erlernen ist an eine klare Bewegungsvorstellung („Fliegen – Stützen – Fliegen") und an zuverlässige Hilfestellung gebunden. Möglich in guten, nicht zu großen Klassen.

Bei der Einführung der *Längssprünge* ist der *Hocke* eindeutig der Vorzug zu geben. Sie erlaubt gute Absicherung und ist dann der ungefährlichste Längssprung. Sie lässt sich – als „methodische Hauptstraße" – durch Verlängerung des Gerätes (z.B. durch kleine Kästen) aus der „einfachen Hocke" relativ leicht entwickeln. Hilfsübungen (z.B. Aufhocken – Abhocken am längsgestellten Kasten) sind möglich.

Die *Längsgrätsche* wird zwar allgemein als leichter eingestuft, ist aber – vor allem bei unvollkommener Ausführung – ausgesprochen unfallträchtig. Eine zuverlässige Hilfestellung ist kaum möglich.

Zur Bestimmung der Ausbildungsabschnitte

Die Erarbeitung der Stützsprünge ist ein langfristiger, sich über die gesamte Schulzeit erstreckender Prozess, der in folgende, zeitlich sich teilweise überschneidende Abschnitte aufgegliedert werden kann:

1. Gleichgültig, ob man gleich die Hocke oder zuerst die Grätsche erlernen lässt, der Schwerpunkt der weiteren unterrichtlichen Arbeit sollte auf der *Hocke* liegen. Die *Grätsche* (am Bock) wird sozusagen zum „Zweitsprung", der vor allem ein intensives Üben (z.B. in der Gerätebahn) zulässt, und zur Alternative für die leistungsschwächeren Schüler.

2. Sobald wie möglich sollten bei beiden Sprüngen nach dem Prinzip „Weite geht vor Höhe des Sprungs" – meist gegen die umgekehrte Tendenz der Schüler – die *Anforderungen* gezielt gesteigert werden, um die Struktur des Stützsprungs, vor allem die beiden Flugphasen, deutlich herauszuarbeiten und die Längssprünge vorzubereiten, z.b. durch erweiterten Brettabstand, T-Bock, kleine Kästen vor dem seitgestellten großen u.ä.
3. Parallel zum vorangegangenen und zum folgenden Abschnitt sollte man auch auf andere leichte Formen der Stützsprünge, gewissermaßen als *Gelegenheitssprünge*, eingehen. Hier bieten sich vor allem Hockwende, Flanke, Kehre und die Fechtersprünge an. Auf sie wird unten noch einzugehen sein.
4. Aus der Hocke wird die *Längshocke* entwickelt. Dies sollte möglichst bald geschehen, doch werden die Schüler hier sehr unterschiedliche Fortschritte machen. Ziel ist zunächst die Hocke am längsgestellten Kasten.
5. Geeignete Schüler sollen den *Handstandüberschlag* am seitgestellten und/oder längsgestellten Kasten erlernen. Wird hierfür das Trampolin verwendet, kann dies auch vor der Erarbeitung der Längssprünge geschehen.

Methoden und Methodenkonzeptionen

Der ebenso komplizierte wie komplexe Bewegungsablauf eines Stützsprungs ist dem Schüler in seiner Grundstruktur zumeist klar. Dies legt ein *möglichst ganzheitliches Vorgehen* nahe. Es lässt sich auch keine Bewegungsphase aus dem Ganzen herauslösen, ohne dass ihre Struktur und Dynamik entscheidend verändert würde. Wo immer angängig, sollte ein Stützsprung somit als Ganzes erlernt werden.

Dies schließt nicht aus, dass es nützliche *Hilfsübungen* – auch im Sinne von vorbereitenden Übungen – gibt (z.B. Überfallen aus dem Handstand als Vorbereitung zum Überschlag). In einigen Fällen sind „unvollkommene" Ausführungen möglich (Aufhocken gegenüber Hocke, Rolle gegenüber Überschlag); in anderen Fällen sind diese geradezu gefährlich („Aufgrätschen" auf einen Kasten).

Trotz aller Übereinstimmung im Grundsätzlichen finden sich in der Fachliteratur gerade hinsichtlich der Einführung der Stützsprünge recht unterschiedliche und zum Teil kontroverse *Methodenkonzeptionen*, die hier in einigen Beispielen vorgestellt werden sollen (4):

Hocke als Grundsprung

(1) Die Hocke wird, wie in Abb. 3 dargestellt, aus dem rhythmischen Überhocken von Medizinbällen in einer „Bankgasse" gleichsam herausentwickelt. Diese Methode erscheint auf den ersten Blick recht elegant und bewegungsreich, doch lässt sich das Überhocken der Bälle bei diesen niedrigen Gerätehöhen nur so bewerkstelligen, dass man weit nach vorn greift und die Beine im „Dauerstütz" über das Hindernis hinwegzieht. Das aber widerspricht der Struktur der (Sprung-)

Hocke mit ihrem schnellkräftigen Armabdruck. Entsprechend wird dieser Übergang nur von sehr bewegungsbegabten Schülern bewältigt; alle anderen fallen dabei buchstäblich auf die Nase.

(2) Die Hocke wird durch Bildung einer „Kastengasse" (zwei parallele Kästen mit einem deutlich niedrigeren Hindernis, z.b. einem Medizinball, dazwischen) erleichtert. Diese Methode verführt unweigerlich dazu, im „Dauerstütz" die Beine nach vorn durchzuschwingen und vermittelt somit eine völlig falsche Bewegungsvorstellung. Als scheinbarer Vorteil verbleibt lediglich, dass auch die sehr ängstlichen Schüler anfangs noch mithalten können; sie versagen aber beim Übergang zur „richtigen" Übung umso deutlicher (5).

(3) Die Hocke wird aus dem Aufknien (Abb. 4) entwickelt. Dieses erfolgt zunächst aus dem Angehen, dann aus dem Anlaufen.

Abb. 4

Schließlich wird das Sprungbrett so weit abgerückt und die Anlaufgeschwindigkeit so gesteigert, dass ein Aufknien gar nicht mehr möglich ist. Es wird also eine geradezu „zwingende Situation" aufgebaut. Die Erfahrung zeigt aber, dass die Schüler das Aufknien gar nicht mögen und ein Aufhocken bevorzugen. Bei beiden Übungen muss zudem der Absprungimpuls im „Dauerstütz" wieder abgebremst werden.

Bei der Betrachtung dieser drei Beispiele verbleibt als allgemeine Erkenntnis, dass die Hocke sich letztlich nur direkt und gleichsam im Original erlernen lässt und dass die Schüler sich dazu gewissermaßen überwinden müssen (was pädagogisch keineswegs fragwürdig ist). Ob man das auch bei guter Vorbereitung verbleibende Sturzrisiko durch sorgfältige Hilfestellung ausschalten will oder dadurch, dass man hinter dem Gerät einen etwa gleichhohen Weichboden aufbaut, auf dem die Schüler in „Bankstellung" landen sollen, ist relativ gleichgültig.

Als geeignete *Vorübung* bietet sich trotz einiger Bedenken das *Aufhocken* an, vor allem in der Form, dass die Schüler am längsgestellten Kasten ein Stück „in das Gerät hineinspringen" und den Armabdruck wenigstens imitieren.

Längshocke

(1) Zwei Helfer, die seitwärts des Gerätes stehen, unterstützen den Übenden in der ersten Flugphase, so dass er in den „Spannstütz" gelangt, aus dem heraus er die Abdruck- und Hockbewegung ausführt, die wiederum von zwei weiteren Helfern am Geräteende abgesichert wird.

Diese Methode versucht also, die Längshocke sofort als Ganzes und in ihrer idealen Ausführung erlernen zu lassen. Sie setzt allerdings bewegungserfahrene und mutige Schüler und ein ebenso erfahrenes und eingespieltes Helferteam voraus.

(2) Die Längshocke wird, wie in Abb. 5 dargestellt, durch allmähliche Verlängerung des Gerätes (vorangestellte kleine Kästen) aus der Hocke über das seitgestellte Gerät herausentwickelt.

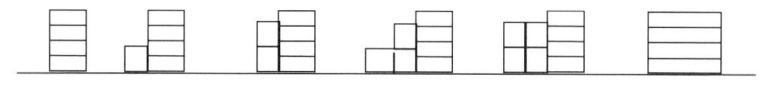

Abb. 5

Diese Methode der „graduellen Annäherung" hat den Vorteil, dass jeder Schüler auf seinem jeweiligen Niveau üben kann, doch werden nicht alle die angestrebte Endform erreichen (was ohnehin kaum jemals gelingen dürfte).

(3) Die Längshocke wird – bei sorgfältiger Hilfestellung – an einem relativ niedrigen Gerät (z.B. einem längsgestellten dreiteiligen Kasten) aus dem „weiten Aufhocken" heraus erarbeitet. Auch hier liegt eine Form der graduellen Annäherung vor, freilich unter Einbeziehung teilweise strukturwidriger Elemente, was nur bei Vorliegen besonderer Umstände – hier vor allem dem Sicherheitsbedürfnis sehr ängstlicher Schüler – vertretbar erscheint.

Handstandüberschlag

(1) Der Überschlag wird, zumeist mit Hilfe des Absprungtrampolins, durch einen „Sprung in den Handstand" mit nachfolgendem Überfallen in den Stand (an einem mittelhohen quer- oder längsgestellten Gerät) oder in die Rückenlage (auf einem hochgelegten Weichboden) direkt erlernt. Zwei Helfer, die zwischen Absprungstelle und Gerät stehen, unterstützen die erste Flugphase zum Handstand, zwei weitere sichern ggf. das Überfallen. Diese Methode strebt gleichfalls die ideale Übungsausführung an, ist jedoch organisatorisch sehr aufwendig.

(2) Der Überschlag wird, normalerweise ohne Verwendung des Trampolins, aus der Rolle über den seitgestellten, durch eine Matte abgepolsterten Kasten über einen „Kippüberschlag" allmählich zum Handstandüberschlag entwickelt. Diese Methode einer allmählichen Annäherung ist wegen der doppelten Überschreitung von Strukturgruppengrenzen (Rolle – Kippe – Überschlag) zwar problematisch, weil stets mit einer unvollkommenen Endform zu rechnen ist, erlaubt aber, dass jeder Schüler auf seiner Leistungsstufe üben kann.

Aus den beiden letzten Beispielen lassen sich zwei allgemeine Erkenntnisse ableiten:
- Eine Methode, d.h. der einzuschlagende Lehrweg, sollte stets mit der Struktur des Gegenstands in Einklang stehen. Ausnahmen bedürfen besonderer Begründung.
- Eine Methode sollte auf die jeweilige Zielgruppe, ihre Voraussetzungen und die ihr adäquate Zielsetzung abgestimmt sein.

Im Hinblick auf das zweite Problem könnte man vielleicht alle Lehrwege, die auf möglichst direkte und vollkommene Zielerreichung abgestellt sind, dem „Leistungssport" und alle Lehrwege, die mehr nach dem Prinzip der allmählichen Annäherung verfahren, dem „Breitensport" zuweisen, doch wäre für den Schulsport damit nicht viel gewonnen. Hier sind die Verhältnisse von Klasse zu Klasse und von Gruppe zu Gruppe (Grundkurse, Leistungskurse, Arbeitsgemeinschaften) so verschieden, dass jeweils nach Lage der Dinge entschieden werden muss. In Zweifelsfällen ist anzuraten, die „graduelle Annäherung" zu bevorzugen.

Methodische Einzelprobleme

Konditionelle Voraussetzungen

Die Sprungkraft der Schüler, auch der jüngeren, reicht für die einfachen Sprünge meist aus. Für die Längssprünge sind gezielte Übungen anzuraten, z.B. mit Absprung beider Beine vom Sprungbrett freier Aufsprung auf einen längsgestellten drei- bis fünfteiligen Kasten oder Aufhocken auf einen Mattenberg. Überschläge erfordern in jedem Fall höhere konditionelle Voraussetzungen.

Auch die Anforderungen an die Stützkraft sind, wie bei der eingangs gegebenen Bewegungsanalyse gezeigt, nicht so hoch, dass von dieser Seite her die Sprünge in Frage gestellt wären. Dennoch ist hier ein allgemeines Defizit zu beobachten, das im Interesse einer sinnvollen Weiterarbeit abgebaut werden sollte. Die Stützkraft schulende Übungen sind z.B. Laufen auf allen vieren, Liegestütze, Schubkarrenlaufen, vor allem aber das Stützhüpfen („Sprung aus dem Hockstand auf die Hände").

Diese letztere Übung stellt, am Boden oder an der Mattenbahn ausgeführt, eine sehr hohe Belastung für die Handgelenke und den Arm-Schulter-Gürtel dar, doch liegt gerade darin der spezifisch konditionsfördernde Aspekt. Erleichterte Formen sind „Grätschhüpfen" und „Hockwenden" an längsgestellten Bänken oder Stützhüpfen an der „Bankgasse" (vgl. Abb. 3).

Hilfen (6)

„Personale Hilfen"

Hilfestellung ist bei der *Grätsche* nur bei den ersten Sprüngen und weiterhin nur noch bei unsicheren Schülern notwendig. Auch bei den unten noch zu behandelnden *„Gelegenheitssprüngen"* kann sie gänzlich entfallen, einfach deshalb,
- weil sie bei angemessenem, d.h. vor allem in der Höhe differenziertem Geräteangebot überflüssig ist,
- weil sie in irgendeiner Weise immer in den Bewegungsablauf eingreift und damit bisweilen selbst zum Unfallfaktor wird,
- weil sie auch als Ausführungserleichterung von der Struktur der Übungen her durchweg fragwürdig ist.

Die *Hocke* erfordert zum Erlernen aktive Bewegungshilfe (anfangs durch den Lehrer). Sie muss bis zur völligen Beherrschung auch weiterhin abgesichert werden, bei Schülerhelfern stets durch Zugreifen am Oberarm, nicht etwa durch eine „abwartende Sicherheitsstellung".

Längssprünge wird man bis zur sicheren Beherrschung, *Überschläge* immer, ggf. durch mehrere Helfer, sorgfältig absichern.

Ein reiner „Hilfestellungsbetrieb", zu dem viele Lehrer aus juristischen Gründen neigen, schadet mehr, als er nützt, und provoziert bisweilen geradezu Unfälle. Wenn Hilfestellung von den Schülern ernst genommen werden soll – und dies ist auch die Voraussetzung zur Erfüllung ihrer sozialen Funktion –, dann muss sie notwendig sein. Abwartendes Sichern kann höchstens der Lehrer, nicht aber der Schüler leisten; dazu bedarf es genauer Sachkenntnis und langer Erfahrung.

Die hier vorgeschlagene Konzeption setzt allerdings eine langfristige Erziehung der Schüler zu realistischer Einschätzung ihres Könnens voraus.

„Materiale Hilfen"

Weichböden können Sturzfolgen verhindern oder abmildern (nur bedingt jedoch bei Stürzen auf Gesicht, Kopf und Nacken!), verführen die Schüler aber zu unkontrolliertem Springen und zur Überschätzung ihrer Leistungsmöglichkeiten. Außerdem haben Helfer auf ihnen einen schlechten Stand. Es ist deshalb vielleicht doch besser, bei den einfachen Sprüngen auf sie zu verzichten und sie beispielsweise bei der Hocke erst heranzuziehen, wenn bei entsprechendem Könnensstand auf Hilfestellung verzichtet werden soll. Bei Längssprüngen und Überschlägen wird man in der Regel jedoch, auch zur Schonung der Gelenke beim Niedersprung, Weichböden verwenden.

Sprungbretter (Reutherbretter) erleichtern zweifellos die Sprünge, sind aber keine methodische Hilfe im eigentlichen Sinne, da sie „zur Sache" gehören. Dennoch kann man bei niedrigen Gerätehöhen auf sie verzichten und ggf. durch Matten ersetzen. Wichtig werden Sprungbretter jedoch, wenn es darum geht, einen genügend weiten Absprung vor dem Gerät zu erarbeiten.

Eine echte Hilfe ist das *Doppelbrett* (zwei etwas versetzt übereinander gelegte Sprungbretter, zumeist mit einer Matte abgedeckt), das aber nur bei Längssprüngen und Überschlägen in Betracht kommt.

Das *Absprungtrampolin* ist nur bei Überschlägen angebracht, und auch hier nur, wenn die notwendige (erhöhte!) Stützkraft gegeben ist. In allen anderen Fällen ist sein Einsatz von der Struktur der Sprünge her mit Skepsis zu betrachten. Es ersetzt dann eher die fehlende Sprungkraft und katapultiert den Anfänger in Höhen, die er nicht mehr beherrschen kann. Außerdem gibt es wegen des in allen Phasen konträren Absprungverhaltens stets Umstellungsschwierigkeiten zwischen Trampolin und Sprungbrett. All dies gilt freilich nicht für geübte Schüler, die bewusst einmal auf Höhe springen wollen, z.B. am Mattenberg oder Sprungtisch.

An „kleinen" und gelegentlichen methodischen Hilfen bieten sich an: Markierung von Ablaufstelle, Absprungstelle und Stützfläche, leichtes Höherstellen des entfernteren Geräteendes bei Längssprüngen u.Ä.

Die meisten anderen methodischen Hilfen, auch die sogenannten Absprunghilfen, sind mit Vorbehalt zu betrachten. Es ist bei ihnen stets zu fragen,
– ob sie mit der Struktur des Sprungs in Einklang stehen,
– ob sie für den Anfänger nicht doch partielle Erschwerungen enthalten,
– ob sie die Aufmerksamkeit auf zu viele Punkte verteilen.

Medien

Die meisten Sprünge sind den Schülern in groben Zügen bekannt. Wiederholte Lehrer- oder Schülerdemonstrationen – mit gezielten Beobachtungshinweisen versehen – können die Bewegungsvorstellung weiter präzisieren. Bei der Hocke lohnt sich eine etwas genauere Analyse anhand eines Reihenbildes. Auch ein Film kann hier nützlich sein, sofern er das zeigt, worauf es ankommt. Beim Überschlag dürfte sich Medieneinsatz erst auf höherer Könnensstufe lohnen.

Angst und Angstbewältigung bei den Stützsprüngen

Angst ist ein menschliches Grundphänomen und tritt somit auch im Sport als Angst vor dem *Ungewohnten*, als Angst vor *Verletzungen und Schmerzempfindungen* und als („soziale") Angst vor *Blamage* immer wieder auf, naturgemäß besonders deutlich im Gerätturnen, und hier wiederum bei den Stützsprüngen.

Zur *Angstbewältigung* im Allgemeinen und bei den Stützsprüngen im Besonderen lassen sich folgende Grundsätze aufstellen (7):

- Der Lehrer muss die Angst des Schülers akzeptieren. Er muss ihm erklären, dass Angst zwar individuell sehr unterschiedlich ausgeprägt ist, im Grunde aber eine völlig natürliche Reaktion darstellt und keineswegs etwas Ehrenrühriges ist.

- Der Lehrer muss dem Schüler auch zu verstehen geben, dass der Prozess der Angstbewältigung eine wesentliche persönlichkeitsbildende Funktion hat, oder einfacher ausgedrückt, „dass man vor sich selber ganz anders dasteht, wenn man seine Angst endlich an die Kette gelegt hat".

- Der ängstliche Schüler muss wissen, dass Angstreduktion nur durch geduldiges Üben unter relativ leichten Bedingungen zu erreichen ist, dass er also hundertmal springen muss, wo für andere zehnmal genügt.

- Der Schüler darf die Anforderungen an sich nur langsam steigern und muss bei den geringsten Schwierigkeiten sofort wieder zu leichteren Bedingungen zurückgehen. Vor allem ängstliche Schüler neigen nämlich, zumal sie hinsichtlich ihrer Motivationsstruktur fast immer misserfolgsorientiert sind, zu plötzlichen und unkontrollierten Risikosteigerungen.

- Beim Sprung selbst darf der Schüler seine Angst nicht durch verlängerten Anlauf und erhöhte Anlaufgeschwindigkeit kompensieren wollen; er muss eher mit dem jeweiligen Minimum an Anlauftempo und Absprungenergie springen.

- Zuverlässige Absicherung, beispielsweise durch den Lehrer, trägt wesentlich zur Angstbewältigung bei, besonders wenn es darum geht, „es endlich einmal zu probieren". Dauernde Überprotektion kann ihrerseits aber zum angstinduzierenden Faktor werden. Der Schüler sollte sich allmählich „freischwimmen".

- Das Üben in Kleingruppen oder im Gruppenturnen – zunächst mit einfachen und ungefährlichen Übungen – zur Verbesserung des gegenseitigen Verständnisses und zur Schaffung einer gewissen Vertrauensbasis kann mit dazu verhelfen, die psychischen und sozialen Ursachen von Angst abzubauen.

Praktische und methodische Hinweise

Zum Sprung allgemein

Anlauf

Der Anlauf ist durch eine Ablaufmarke auf die *notwendige Länge* zu begrenzen. Gerade ängstliche Schüler sollten langsam beginnen und dann steigern.

Hauptfehler: Geschwindigkeitsabfall, Zögern oder Abstoppen vor dem Aufsprung auf das Sprungbrett.

Ablauffolge festlegen, z.B.: „Der nächste läuft los, wenn der Vordermann abspringt!"

Absprung

Der *Aufsprung* auf das Sprungbrett erfolgt flach und weit (notfalls Markierung anbringen oder Matte auslegen) mit dem Fußballen. Beim Absprung selbst federt man „prellend" mit *fast gestreckten Knien* vom Brett ab (die unausweichliche Beugung im Kniegelenk soll dem Übenden nicht bewusst werden).

Hauptfehler: Zu kurzer und/oder zu hoher Aufsprung mit „weichen", stärker gebeugten Knien, „Kleben" auf dem Brett.

Man kann das Prinzip des Absprungs den Schülern am besten durch den Vergleich mit einem Hartgummi-Springball, dem sogenannten Superball, klarmachen; also: „Blitzschnell abfedern, nicht das Brett in den Keller treten!" Bei höheren Anlaufgeschwindigkeiten wird der Schüler angewiesen, „etwas gegen das Brett zu springen".

Erste Flugphase

Anfangs genügt die Anweisung: „Erst springen, dann stützen!"

Abdruck vom Gerät

Um einen schnellen Abdruck und eine deutliche zweite Flugphase zu erhalten, weist man den Schüler an, kräftig abzudrücken.

Landung

Besondere Anweisungen sind zunächst nicht notwendig; man wird aber allmählich auf ein kontrolliertes Landeverhalten hinarbeiten. Zur Schonung der Gelenke lässt man bewusst und tief abfedern.

Hauptfehler beim Sprung selbst

- Aufsitzen, Aufschlagen u.Ä. auf dem Gerät.

    Ursache: zu geringer Absprungimpuls aus Ängstlichkeit oder durch Fehler beim Anlauf und Absprung wie eben beschrieben; seltener: zu kurze Flugkurve wegen zu steilem Absprungwinkel.

- Der Schüler „schießt" flach über das Gerät und ist unter Umständen auch von der Hilfestellung nicht zu halten.

    Ursache: zu flacher Absprungwinkel bei relativ hoher Geschwindigkeit.

- Der Schüler überschlägt sich, vor allem bei der Hocke, beim Aufstützen.
  Ursache: zu große Vorwärtsrotation durch zu frühes Anziehen der Beine bei relativ großem Absprungimpuls.

Es zeigt sich, dass alle groben Fehler beim Sprung Folgefehler aus einem zögerlichen oder falschen Absprungverhalten sind.

Hilfestellung (Abb. 6)

Sollte Hilfestellung angezeigt sein, ist sie sorgfältig einzuweisen und zu kontrollieren. Es ist genauestens darauf zu achten, dass
- immer *zwei Helfer* (um das Gewicht des Übenden überhaupt zu bewältigen)
- *nahe beieinander* (bei längsgelegter Turnmatte also „mit beiden Beinen auf der Matte")
- *im sicheren Stand* (die Helfer sollten nicht, wie oft empfohlen, bei ihrer Aktion einen Rückwärtsschritt machen, sondern „breitbeinig" stehen und ggf. einen Nachstellschritt ausführen)
- am Geräteende in der (theoretischen) *Sturzrichtung* stehen und den Übenden
- mit *beiden Händen im Klammergriff* (bzw. bei den Überschlägen im Drehgriff) am Oberarm fassen und
- bis zum *sicheren Stand* festhalten.

Abb. 6

Gegen jede dieser Forderungen wird erfahrungsgemäß von Schülern immer wieder leichtfertig und hartnäckig verstoßen.

Die Ablösung der Helfer erfolgt entweder auf Anweisung des Lehrers oder nach einem bestimmten System (z.B. „Nach jedem Durchgang die zwei nächsten!" oder: „Wer gerade gesprungen ist, löst einen der beiden Helfer ab!").

Geräteangebot

Das Geräteangebot ist auf die konditionellen Voraussetzungen und auf den Leistungsstand der Schüler abzustimmen. Es sollte aber eher etwas zu leicht als zu schwer sein. Es ist in der *Gerätehöhe* immer und in der Art der Geräte, wenn nötig, ein *differenziertes Angebot* zu machen.

Der *Bock* steht grundsätzlich *quer*. Beim längsgestellten Gerät neigt der Anfänger dazu, am näheren Ende aufzustützen, was zum Aufsitzen auf dem Gerät – oft mit nachfolgendem Sturz – führt. Auch beim sogenannten *T-Bock* steht das entferntere Gerät quer; das nähere (längsgestellte) ist etwa 15 cm niedriger, damit die beiden Geräte mit den Füßen ineinander geschoben werden können.

Üben an Gerätebahnen

Stützsprünge eignen sich in besonderem Maße zum Üben an Gerätebahnen. Dadurch wird ein intensives Arbeiten, auch unter konditionsschulenden Aspekten, möglich.

Die hierzu herangezogenen Sprünge müssen jedoch vollständig beherrscht werden, normalerweise also auch ohne Hilfestellung. Wo diese nicht entbehrlich erscheint, muss sie sorgfältig organisiert werden. Man sollte auch hier mit einfachen und risikoarmen Sprüngen beginnen und erst allmählich steigern (z.b. Grätsche am Bock, Hockwende am Kasten).

Folgende Formen sind denkbar:
- gleiche Sprünge an gleichen Geräten,
- verschiedene Sprünge an verschiedenen Geräten,
- verschiedene Sprünge an gleichen Geräten,
- (seltener) gleiche Sprünge an verschiedenen Geräten.

Eine Sonderform ist die *geschlossene Gerätebahn*, bei der *Mehrfachsprünge* möglich werden. Hierbei werden die Abstände (normalerweise eine Mattenbreite) so gewählt, dass aus dem Niedersprung vom vorangegangenen sofort der Absprung zum nächsten Sprung erfolgt. Diese Art stellt hohe koordinative und konditionelle Anforderungen, ist naturgemäß aber nur bei bestimmten Sprüngen angezeigt, z.B. Grätsche am Bock, Hockwende und Flanke (bei guten Schülern auch Hocke) am Kasten.

Zu den einzelnen Sprüngen

Grätsche

Die Grätsche stellt im Allgemeinen kein Problem dar, wenn für schwächere Schüler entsprechend niedrige Geräte zur Verfügung stehen. Das bedeutet, dass auch in einer 5. Klasse unbedingt noch die kleinen, 90 cm hohen Böcke herangezogen werden müssen. Größere Höhen als 1,20 m bringen nichts mehr, da dann die Weite des Sprungs leidet. Besonderer Beachtung bedürfen ängstliche Schüler, für die eine Grätsche gefährlicher ist als eine Hocke, bei der sie sich ins Aufhocken oder „Aufhockwenden" flüchten können.

Die Grätsche am seitgestellten Kasten oder Pferd ist (außer vielleicht für Mädchen) entbehrlich, ebenso, wie schon begründet, die Längsgrätsche.

Hocke

Die Hocke muss in ihrem Bewegungsablauf, insbesondere in der Phasenabfolge „Springen – Fliegen – Stützen – Landen", vom Schüler zunächst klar erfasst sein. Neben wiederholter Demonstration tragen dazu Bewegungsanweisungen bei wie: „Der Kopf bleibt immer vorn!", „Die Knie dürfen nie zwischen den Armen nach vorn kommen!" oder (übertreibend) „Lande in Vorlage wie ein Skispringer!"

Für die ersten Versuche empfiehlt sich ein dreiteiliger Kasten. Man muss dann aber sehr schnell zum vierteiligen, für die besseren Schüler zum fünfteiligen, übergehen.

Längshocke

Die Hocke über den längsgestellten Kasten wird üblicherweise, wie oben bereits beschrieben, durch allmähliche Verlängerung des Gerätes (s. Abb. 5) aus der „einfachen Hocke" entwickelt.

Allerdings lesen sich – wie immer – solche Vorschläge leichter, als sie in der Praxis zu realisieren sind. Fast jede Methode und methodische Übungsreihe hat nämlich irgendwo ihren schwachen Punkt.

Hier liegt er beim letzten Schritt, dem Übergang zum längsgestellten Kasten: Obwohl die beiden Geräteaufbauten fast gleich lang sind, tritt eine psychologische Barriere auf, an der erstaunlich viele Schüler zunächst scheitern. Man kann sie durch leichtes Höherstellen des entfernteren Geräteendes oder durch „Zurückschalten" auf den vierteiligen Kasten, der für gute Schüler freilich zu niedrig ist, etwas abmildern.

Als Hilfsübungen bieten sich an: Aufhocken – Abhocken am längsgestellten Kasten oder an der Kastentreppe aus zwei oder drei längsgestellten Geräten.

Überschlag

Als der „richtige" Überschlag gilt allgemein der Handstandüberschlag (Handstütz-Sprungüberschlag) über seit- oder längsgestellte Geräte. Es ist hier jedoch darauf hinzuweisen, dass auch zwei aus dem Bodenturnen bekannte Überschläge, der Nackenüberschlag (Nackenstütz-Überschlag) und der Kopfüberschlag (Kopfstütz-Überschlag) als Sprünge ausgeführt werden können, ja dass sie an einem nicht allzu hohen, seitgestellten Gerät sogar leichter sind als am Boden. Wird der Handstandüberschlag nach der oben beschriebenen Methode der allmählichen Annäherung gelernt, erscheinen diese beiden „Kippüberschläge" – zumeist in unvollkommener Form – als Zwischenschritte der Übungsreihe. Wie weit sie einen Eigenwert geltend machen können, soll hier offenbleiben.

Gleich welche Methode man beim Handstandüberschlag nun anwendet, in allen Fällen kann es vorkommen, dass die Übenden „über dem Gerät zusammenbrechen" und unter Umständen kopfüber zwischen Gerät und Sprungbrett abstürzen, sei es, dass der Absprungimpuls nicht ausreicht oder dass die Vorwärtsrotation zu groß ist. Bei niedrigen Geräten kann dies durch sorgfältige Hilfestellung verhindert werden; bei höheren Geräten sollten zwei (zusätzliche) Helfer den kritischen Bereich absichern. Außerdem dürfen die Geräte nicht zu schmal sein: Statt eines seitgestellten Kastens verwendet man besser zwei parallele, mit Matten abgedeckte Kästen oder stellt kleine Kästen davor (vgl. Abb. 5).

„Gelegenheitssprünge"

Die hier als Gelegenheitssprünge zusammengefassten Sprungformen (s. Abb. 2) haben, wie bereits bemerkt, als gemeinsame Merkmale aufzuweisen,
- dass sie, angemessene Gerätehöhen vorausgesetzt, von jedem Schüler leicht und schnell erlernt werden können,
- dass sie eine gegengleiche Ausführung zulassen.

Dies macht sie in besonderer Weise dafür geeignet,
- allgemeine und spezielle koordinative Fähigkeiten zu schulen, allen voran die motorische Steuerungsfähigkeit,
- Formen des Gemeinschafts- und Gruppenturnens zu erproben.

Damit können sie etwas mehr Aufmerksamkeit beanspruchen, als ihnen in den gegenwärtigen Lehrplänen gemeinhin zugebilligt wird.
Es handelt sich um folgende Sprünge und Sprungformen:

Sprünge mit beidbeinigem Absprung

Hockwende (Dreh-Sprunghocke mit 1/4-Drehung, Abb. 7), *Flanke* (Sprungflanke), *Kehre* (Sprungkehre, Abb. 8). Auch die *Wende* ist möglich, in guter Ausführung aber relativ schwierig.

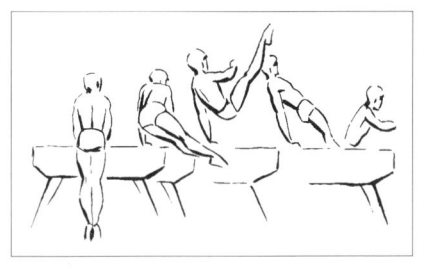

Abb. 7   Abb. 8

Von diesen Sprüngen macht nur die Kehre anfangs einige Schwierigkeiten, vor allem des energische „Hineindrehen" in die abgewinkelte Körperhaltung über dem Gerät und das „Nachgreifen" mit der vorübergehend freien Hand vor der Landung. Sie wird zunächst aus dem Angehen ausgeführt.

Die Hockwende lässt sich leicht zur *Kreishocke* (Dreh-Sprunghocke mit 1/2-Drehung) am seitgestellten Gerät mit Drehung um das rechte oder linke Geräteende weiterentwickeln. Diese wiederum kann (ebenso wie die Kreisflanke und die Kreiswende) auch als *„Hintersprung"* am längsgestellten Gerät und Stütz am näheren Geräteende ausgeführt werden (vgl. Abb. 9). Als etwas schwieriger, bei guter Hilfestellung aber für viele Schüler erreichbar, erweist sich die *Kreiskehre* als Hintersprung.

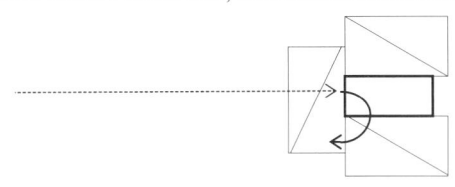

Abb. 9

Sprünge mit einbeinigem Absprung

Fechtersprünge als *Fechterkehre*, *Fechterflanke* und *Fechterwende*

Die Fechtersprünge (Kehre, Flanke, Wende, Abb. 10 a – c) werden nicht nur aus dem einbeinigen Absprung, sondern auch aus dem schrägen Anlauf und mit Stütz nur einer Hand ausgeführt. Lediglich bei der Fechterkehre wechselt der Stütz auf die zunächst freie Hand („Nachgreifen"). Der Anlauf ist stark rhythmisch gegliedert; drei bis fünf Schritte genügen. Es ist darauf zu achten, dass der Absprung mit dem gerätefernen

Bein erfolgt. Fechterwende und Fechter-Hockwende können jedoch auch als „Wälzsprung" mit Absprung vom gerätenäheren Bein und mit Stütz beider Hände ausgeführt werden.

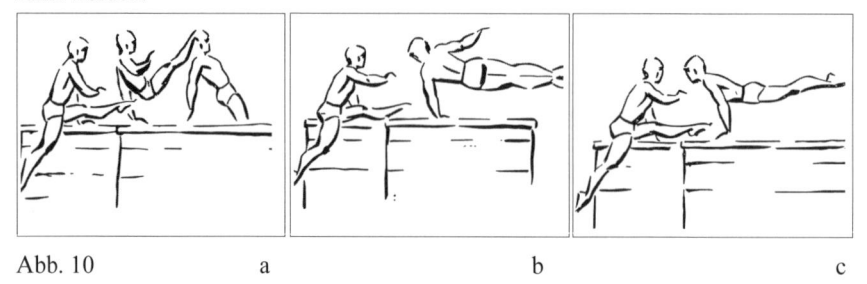

Abb. 10　　　　　a　　　　　　　　b　　　　　　　　　c

Übungsbeispiele für die „Gelegenheitssprünge"

Als recht variabel erweist sich der Komplex *Hockwende/Kreishocke*, z.B. mit folgenden Übungsformen:

Geräteaufbau: mehrere Kästen (je nach Alter und Leistungsstand der Schüler drei- bis vierteilig), seitgestellt, mit Matten auf beiden Seiten:

- Üben im Seitenwechsel: Hockwende rechts auf dem Hinweg, Hockwende links auf dem Rückweg (Anweisung: „Blickrichtung immer zur selben Hallenseite").
- Dasselbe in „Wellen", entweder so, dass die Sprünge an allen Geräten zur gleichen Zeit erfolgen oder so, dass die Welle „schräg", also mit einer von der einen zur anderen Seite zunehmenden Verzögerung „heranströmt" (Abb. 11).

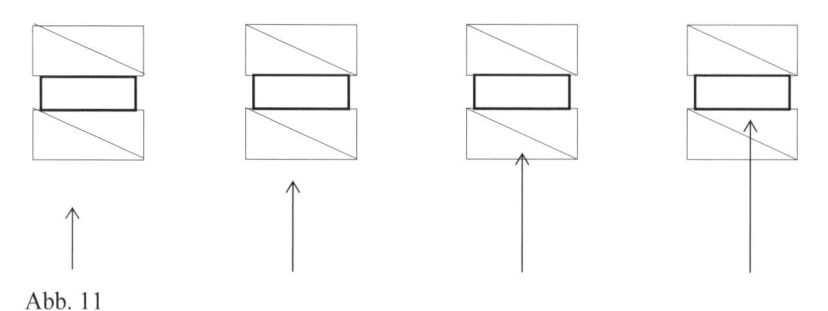

Abb. 11

- Üben „im Strom" (Rückweg jetzt neben dem Gerät), aber so, dass der Nächste die Übung jeweils gegengleich zum „Vordermann" ausführt.
- Die Hockwende wird immer höher gesprungen, bis sie zu einem Überschlag seitwärts wird (Anweisung: „Hände, Schultern und Hüfte liegen auf einer senkrecht stehenden Geraden").
- Es wird versucht, in der beim Absprung eingenommenen Richtung weiterzudrehen, zunächst mit zusätzlicher 1/4-Drehung (Landung mit Blick zum Gerät), dann mit

Die Stützsprünge

zusätzlicher 3/4-Drehung (Landung mit Rücken zum Gerät). Bei einiger Übung schaffen dies die meisten in beiden Drehrichtungen (8)!

- Die Matten werden neben die Geräte (also an die Stirnseiten) gelegt; die Hockwende wird – zunächst mit Hilfestellung – zur Kreishocke erweitert, und zwar mit Rechtsdrehung am rechten und mit Linksdrehung am linken Kastenende. Jeder übt in beiden Drehrichtungen!

- Diese Übung wird in folgendem Ablauf gestaltet: Aus der Aufstellung in Doppelreihe wird in schneller Abfolge die Kreishocke abwechselnd rechts und links ausgeführt. Nach dem Zurücklaufen stellen sich die Übenden an der jeweils anderen Reihe an. Nach vier Durchgängen hat jeder die Kreishocke zweimal rechts- und zweimal linksherum geturnt (Abb. 12).

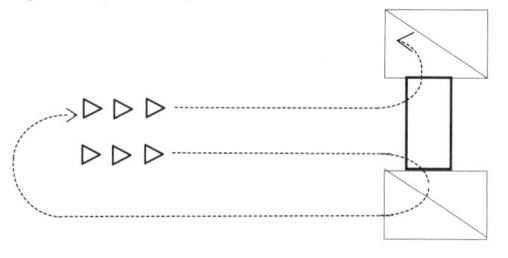

Abb. 12

- Geschickte Schüler springen die Kreishocke, wie oben beschrieben, auch als Hintersprung, vielleicht sogar in beiden Drehrichtungen.

Auch die *Fechtersprünge* erlauben einige interessante Gestaltungsmöglichkeiten, wie folgende Beispiele zeigen können:

- Bei der Fechterkehre und Fechterflanke ergibt ein Laufweg nach Abb. 13 a eine jeweils gleichseitige, nach Abb. 13 b eine gegengleiche Ausführung auf dem Hin- und Rückweg. Bei der Fechterwende und Fechter-Hockwende wählt man besser einen Laufweg nach Abb. 13 c.

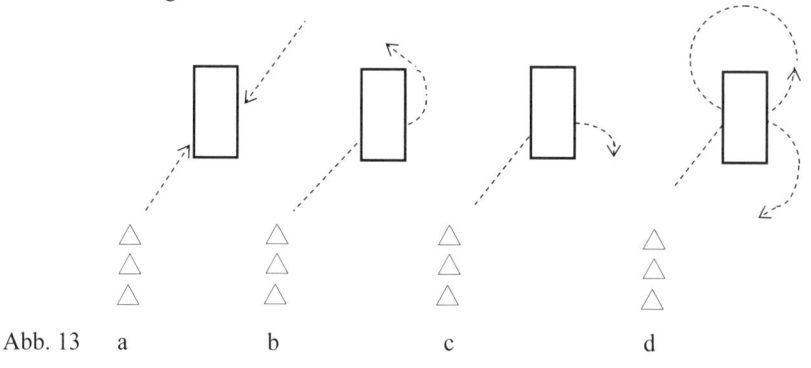

Abb. 13   a   b   c   d

- Bei der Fechterkehre ergibt ein „Achterlauf" nach Abb. 13 d die gegengleiche Ausführung in unmittelbarer Folge.

– Dasselbe auch in „Wellen": Die jeweils ersten jeder Gruppe starten zugleich und überspringen die Geräte auf dem Hin- und Rückweg zur gleichen Zeit.
– Dies lässt sich auch so gestalten, dass die nächste Welle bereits startet, während die vorhergehende noch den Bogenlauf auf der Gegenseite ausführt. Es wechselt also fortlaufend ein Sprung auf dem Hin- und Rückweg in der Abfolge: Nr. 1 hin, Nr. 2 hin, Nr. 1 zurück, Nr. 3 hin, Nr. 2 zurück usw.

Schlussbemerkungen

Das Hauptanliegen dieses Beitrags war es, am konkreten Beispiel didaktische und methodische Probleme aufzuzeigen und in ihrem jeweiligen Begründungszusammenhang zu diskutieren. Damit waren einige Wiederholungen unvermeidlich.

Es darf auch nicht als Mangel aufgefasst werden, dass am Ende der einzelnen Abschnitte keine bestimmte Übungsreihe steht und dass auch nicht gesagt wird, „was nun eigentlich zu tun ist". Die methodische Übungsreihe, die gleichsam automatisch abläuft und den Erfolg herbeizwingt, gibt es nämlich nicht, sondern nur eine variable Reihe von situationsangemessenen methodischen Maßnahmen. Das bedeutet aber, dass man als Lehrer die Palette der Möglichkeiten überblicken, je nach den Möglichkeiten daraus auswählen und gelegentlich auch etwas experimentieren muss.

Anmerkungen

(1) Detailprobleme physikalischer, biomechanischer und bewegungsstruktureller Art sind im Originalbeitrag (in: sportunterricht 10/1981, Lehrhilfen) näher besprochen.
(2) Vgl. den Beitrag: Warum Gerätturnen in der Schule? S. 353.
(3) Vgl. den Beitrag: Was heißt „Unterricht planen und vorbereiten"? S. 109.
(4) Vgl. dazu das Themenbeispiel: Stützsprünge, „Praxis und Methodik" S. 106.
(5) Vgl. den Beitrag: Vorsicht, methodische Übungsreihe! S. 123.
(6) Vgl. den Beitrag: Methodische Hilfen, S. 224.
(7) Vgl. den Beitrag: Angst und Angstbewältigung im Sport, „Alltagsprobleme" S. 117.
(8) Turnsprachlich korrekt ausgedrückt, handelt es sich bei der letzten Übung um einen *Handstütz-Sprungüberschlag seitwärts mit angehockten Beinen und integrierter ganzer Schraube*. Es ist dies ein Beispiel dafür, dass im Gerätturnen bei entsprechendem Arrangement auch bewegungsmäßig sehr schwierige Übungen dem „Normalschüler" zugänglich gemacht werden können.

Literatur

BODDIEN, W. (Red.): Gerätturnen in der Schule. Berlin (Ost) 1986.
DICKHUT, A.: Methodik der Elementarübungen. Celle 1975.
KNIRSCH, K.: Lehrbuch des Gerät- und Kunstturnens. Kirchentellinsfurt 2000^4 und 2001^3.
KNIRSCH, K.: Gerätturnen mit Kindern. Kirchentellinsfurt 2001^{10}.
KOCH, K.: Vom Bockspringen zu den Längssprüngen. Schorndorf 1984^6.

Die Zeichnungen sind dem Originalbeitrag (in: sportunterricht 10/1981, Lehrhilfen) entnommen.

3 Der Handstand

Didaktisch-methodische Bemerkungen zu einem scheinbar einfachen Thema

Vorbemerkungen

Wer sich über viele Jahre hinweg mit methodischen Problemen befasst hat, kann einige interessante Feststellungen machen, z.b. folgende:

(1) Es ist nichts selbstverständlich. Gerade das Einfache, Alltägliche, eben das, „was man so macht", bedarf der fortlaufenden kritischen Überprüfung. Die Methodik als Fachdisziplin neigt – neuerdings sogar recht deutlich – dazu, sich einseitig nur dem Neuen, Komplizierten und Spektakulären zuzuwenden.

(2) Der Lernerfolg der Schüler ist in weiten Teilen unabhängig von der gewählten Methode. Es ist im konkreten Einzelfall also nicht leicht zu unterscheiden, ob die Schüler wegen oder trotz einer bestimmten Methode etwas gelernt haben. Es muss zudem bezweifelt werden, ob es die optimale, für *alle* Schüler gleichermaßen gültige Methode überhaupt gibt. Der Wert einer Methode ist vorwiegend daran zu messen, in welchem Umfang durch sie auch schwächere Schüler noch zum Erfolg gelangen, ohne dass bessere sich langweilen müssen.

(3) Methodische Fehler wirken sich bei einfachen Bewegungsfertigkeiten noch nachteiliger aus als bei schwierigen. Salto vorwärts aus dem Absprungtrampolin oder Delphinschwimmen stellen komplizierte Steuerungs- und Regelungsvorgänge dar, die sich nur in wiederholtem Versuchen und Erproben allmählich einspielen und denen deshalb mit „Methodik" nur näherungsweise beizukommen ist. Die Nichtunterscheidung von Wurf- und Stoßbewegung bei den „einfachen" Medizinballübungen kann aber unangenehme Spätfolgen haben.

(4) Methodik ist immer in der Gefahr, in Methodisieren auszuarten. Manche methodische Reihen sind im Grunde nur methodische Spielereien, die an der Sache mehr vorbeigehen als zu ihr hinführen. Richtschnur methodischen Handelns muss es stets sein, *auf dem kürzesten Weg zum Kernpunkt der Sache vorzustoßen.* Dabei wird die wahre Schwierigkeit der Sache, zumindest so, wie sie sich dem Schüler darstellt, gelegentlich auch von Experten nicht oder nur unscharf erkannt.

(5) Was man früher gemacht hat, muss nicht allein deswegen schon falsch sein. Umgekehrt ist also auch das Neue und Moderne nicht von sich aus schon besser oder überhaupt nur gut, insbesondere dann, wenn methodische Entscheidungen von dogmatisch vorfixierten Positionen abgeleitet werden. Wer zum Beispiel aus Abneigung gegen ein „statisches Haltungsturnen" seine Schüler nicht *in* sondern *durch* den Handstand schwingen, also von Anfang an die „Handstandrolle" üben lässt, erreicht mit Sicherheit, dass ein Großteil seiner Schüler den Handstand nie lernt.

Mit dieser letzten Feststellung wären wir zwar beim engeren Thema angelangt; einige didaktische Vorüberlegungen zum Lerngegenstand Handstand erscheinen dennoch nicht unwichtig.

Zur didaktischen Einordnung des Themas

Der Handstand ist eine der *Grund- und Schlüsselübungen* des Sportunterrichts. Er vermittelt Fähigkeiten, Fertigkeiten und Erfahrungen, die für verschiedene Strukturgruppen der Boden- und Gerätübungen, aber auch über den Fachbereich des Gerätturnens hinaus von Bedeutung sind.

Die Schüler können am Beispiel des Handstands vor allem zweierlei lernen,
- dass das Körpergewicht auch mit den Armen getragen und bewältigt werden kann,
- dass auch in „umgekehrter Körperstellung" die Kontrolle über den Körper und die einzelnen Körperteile bewahrt werden kann.

Der Handstand setzt ein gewisses *Spannungsvermögen* voraus. Darunter ist die vorwiegend koordinative Fähigkeit zu verstehen, die verschiedenen Muskelpartien des Körpers willkürlich in einen Spannungszustand zu versetzen. Diese Fähigkeit ist vor allem deshalb bedeutsam,
- weil nur mit ihrer Hilfe eine große Zahl sportlicher Bewegungsfertigkeiten zweckmäßig und ohne Gefahr von gesundheitlichen Schäden (z.B. im Bereich der Wirbelsäule) ausgeführt werden kann,
- weil nur so die für eine bewusste Bewegungssteuerung in ungewohnter Lage notwendigen kinästhetischen Signale von den motorischen Zentren deutlich genug wahrgenommen werden können.

In einigen Bereichen offenbart sich somit das Problem der „turnerischen Haltung" als eine Frage der Zweckmäßigkeit, was wiederum nicht ohne Rückwirkung auf die Lehrweise sein kann.

Lernziele

Im Sportunterricht kann keineswegs das selbständige „Stehen" im Handstand, und sei es auch nur für zwei oder drei Sekunden, das Ziel sein. Der Hauptakzent liegt vielmehr auf dem *Aufschwingen in den Handstand*. Der Schüler muss jedoch fähig sein, mit einer *Gleichgewichtshilfe* für einige Zeit im Handstand stehen zu können. Daraus ergibt sich folgende Lernzielbestimmung:

Die Schüler sollen aus dem Stand selbständig in den Handstand aufschwingen und mit Partnerhilfe einige Sekunden in dieser Stellung verharren können.

Der Bewegungsablauf

Das Aufschwingen in den Handstand ist in verschiedenen, technisch gleichwertigen Varianten möglich. Im Folgenden ist die für den Sportunterricht gebräuchlichste und geeignetste beschrieben.

Aus dem Stand setzt der Übende ein Bein, das Abdruckbein, einen knappen Schritt nach vorn, beugt dieses ab und setzt – in etwa derselben Entfernung – die Hände schulterbreit mit leicht gespreizten Fingern auf dem Boden auf. Zugleich mit dem Tiefgehen des Oberkörpers beginnt das Schwungbein kräftig nach oben zu schwingen. Diese Bewegung wird ohne Unterbrechung bis zur Senkrechten fortgesetzt, während das Abdruckbein erst nach dem Aufsetzen der Hände den Boden verlässt und zum Schwungbein aufschließt. Die Arme sind gestreckt; der Kopf ist leicht in den Nacken genommen. Während des Aufschwingens werden die Schultern etwas nach vorn geschoben. Im Handstand ist der Körper möglichst gestreckt: Hände, Schultern, Hüften und Fußspitzen liegen im Idealfall auf einer Geraden, doch ist auch eine leichte Bogenspannung nicht fehlerhaft.

Das Abschwingen erfolgt in umgekehrter Abfolge der Beinbewegungen.

Fehler und Fehlerkorrektur

Beim Aufschwingen in den Handstand zeigen sich vor allem zwei, meist miteinander verknüpfte *Hauptfehler:*
- Die Aufschwungbewegung ist nicht raumgreifend genug, d.h. das Schwungbein schwingt nicht weit genug hoch, das Abdruckbein drückt nicht lange genug nach und versucht, vorzeitig zum Schwungbein aufzuschließen.
- Mit dem Abdruck des Abdruckbeins vom Boden werden die Schultern – meist aus Angst, „auf die Nase zu fallen" – ruckartig nach hinten geschoben.

In beiden Fällen fällt der Übende sehr heftig, bisweilen sogar schmerzhaft wieder auf den Boden zurück. Beide Fehler können nur durch entsprechende methodische Vorkehrungen vermieden bzw. allmählich gebessert werden.

Außerdem treten folgende Fehler auf:
- Die Hände werden zu eng aufgesetzt, die Fingerspitzen zeigen nach innen: Die Hände sollten eher etwas mehr als Schulterbreite auseinander sein, und die Fingerspitzen sollten etwas nach außen zeigen.
- Der Kopf wird auf die Brust genommen oder extrem in den Nacken gedrückt: In der richtigen Kopfhaltung schaut der Übende auf seine Hände.
- Der Übende knickt in den Armen ab und sinkt in den Schultern ein: Die Arme müssen in den Ellenbogen und Schultern völlig gestreckt sein.
- Der Übende verliert im Handstand die Kontrolle über seine Beine: Hier kann nur wiederholtes Üben nach der Anweisung: „Beine zusammendrücken und strecken, Gesäßmuskeln anspannen", Abhilfe schaffen.
- Im Handstand zeigt sich starke Hohlkreuzhaltung: Die Ursache hierfür liegt entweder in mangelnder Körperspannung (Abhilfe wie gerade gesagt) oder in mangelnder Schulterbeweglichkeit. In diesem Fall helfen nur gezielte Dehnübungen.

Zur Methodik

Vorbereitende Übungen

Es erscheint angebracht, mit einer allgemeinen Bemerkung zur Funktion von vorbereitenden Übungen zu beginnen: Sie zielen darauf ab, die *allgemeinen Voraussetzungen* für das Erlernen der Zielübung zu schaffen, also bestimmte physische und motorische Fähigkeiten zu entwickeln und zu schulen. Dies ist aber ein langfristiger Prozess, der notwendigerweise weit vor dem geplanten Zeitpunkt des Erlernens der Zielübung einsetzen muss.

Die vorbereitenden Übungen zum Handstand müssen darauf gerichtet sein, die Armkraft, hier vor allem als Stützkraft, und das oben erwähnte Spannungsvermögen zu entwickeln (1). Außerdem sollte man die Spreizfähigkeit der Beine etwas verbessern.

Zur Entwicklung der *Armkraft* eignen sich alle Liegestützübungen und die daraus abgeleiteten Übungen, wie z.b. das Schubkarrenlaufen. Auf sie soll an dieser Stelle nicht näher eingegangen werden.

Aus dem gleichen Umkreis entstammen auch die Übungen zur Entwicklung des *Spannungsvermögens*: Übungen im Liegestütz oder Liegehang bzw. Hangstand mit betonter Körperstreckung und deutlich wahrgenommener Körperspannung.

Zur Verbesserung der *Spreizfähigkeit* der Beine eignen sich alle Dehnübungen für die Oberschenkelmuskulatur und Übungen wie betontes Vorhochschwingen der Beine.

Das Erlernen des Handstands

Sportlich ausreichend durchgebildete Schüler können den Handstand auf Anhieb erlernen. Für weniger geübte sind zwei Übungen erforderlich: Die eine zur Orientierung über die Bewegungen des Schwung- und Abdruckbeins, die andere zum Erlernen des Handstands selbst. Bei beiden Übungen arbeiten die Schüler selbständig in offener Aufstellung. Matten sind nicht notwendig; sie würden lediglich die Anzahl der Übungsmöglichkeiten beschränken.

1. Bei der *ersten Übung,* der „Vorübung", sind alle Schüler einzeln und zugleich tätig. Sie wird in zwei Formen durchgeführt:
   - Man setzt die Hände auf dem Boden auf und schwingt mit dem Schwungbein so weit wie möglich nach oben, während das Abdruckbein nur leicht vom Boden abhebt. Anweisung an die Schüler: „Das Schwungbein soll bis zur Senkrechten durchschwingen; erst dann hebt das Abdruckbein etwas vom Boden ab; die Arme bleiben absolut gestreckt, egal, was passiert."
   - Dieselbe Übung wird nunmehr aus leichter Schrittstellung, Abdruckbein vorn, also „von oben herunter" geübt. Oberkörper und Schwungbein bewegen sich dabei „wie der Balken einer Waage". Auch hier ist auf das maximale Spreizen der Beine zu achten: „Das Schwungbein schwingt ganz durch; das Abdruckbein bleibt lange auf dem Boden stehen."

Auf weitere Vorübungen kann man verzichten. Der sogenannte Zappelhandstand dürfte, weil zur Bewegungsstruktur im Widerspruch stehend, mehr Schaden anrichten als zur Sache beitragen.

2. Bei der *zweiten Übung* werden Partnerschaften möglichst gleich großer und gleich schwerer Schüler gebildet. Der jeweils Übende wiederholt zunächst die Übung 1, damit der Helfer das Schwungbein erkennen und sich auf diese Seite stellen kann.

Der Handstand soll nun „ernsthaft" ausgeführt werden. Der Helfer erhält dazu die Anweisung, mit Klammergriff am Oberschenkel des Schwungbeins, d.h. knapp oberhalb des Knies und erst dann, wenn dieses die Senkrechte schon fast erreicht hat, zuzugreifen. Sodann hat er darauf zu achten, dass der Übende im Handstand möglichst gestreckt steht. Beim Abschwingen darf erst losgelassen werden, wenn das Abdruckbein wieder unten ist. Jeder der beiden Partner hat mehrere Versuche hintereinander.

Die Art der *Hilfestellung* ist für das Erlernen des Handstands von entscheidender Bedeutung. Vor allem darf, auch wenn Schüler dies gerne tun, niemals am Unterschenkel zugegriffen werden. Zappelbewegungen und unsicherer Handstand wären die unausweichlichen Folgen. Auch der Einsatz von zwei Helfern bringt nicht viel. Er verführt lediglich dazu, den Übenden in den Handstand „hochzuhieven". Beim Abschwingen weiß zudem keiner der beiden genau, wer länger festzuhalten hat. Zumeist verlässt sich jeder auf den anderen mit dem Erfolg, dass der Übende dann recht unsanft auf dem Boden aufschlägt.

Das Aufschwingen in den Handstand kann nicht erzwungen werden. Hat ein Schüler Hemmungen, verbleibt er zunächst bei der ersten Übung. Fehlt es ihm an Kraft, sind spezielle Konditionsübungen, vielleicht auch als Hausaufgabe, einzusetzen, z.B. Anhocken und Strecken der Beine im Liegestütz.

Auch das Rad (für das der Handstand zwar eine erwünschte, aber keine unabdingbare Voraussetzung ist) mit allen vorbereitenden und hinführenden Übungsformen kann hierher gerechnet werden.

Weiterführende Übungen

Mit dem Erlernen des Handstands ist es aber nicht getan. Er muss vielmehr immer wieder und intensiv geübt werden, und zwar zunächst in der geschilderten Grundform. Sodann bieten sich folgende *Varianten* an:

- Haben die Schüler genügend Sicherheit erworben, kann der Handstand auch gegen eine Wand ausgeführt werden. Diese Übung provoziert allerdings sehr leicht eine übertriebene Hohlkreuzhaltung und muss deshalb mit gezielten Hinweisen versehen werden: „Arme, Schultern und Körper völlig strecken." Anfangs sollte man vor der Wand eine Matte auslegen.
- Die Funktion der Wand kann auch von einem Partner übernommen werden, der den Aufschwung im richtigen Moment blockiert. In der Ausgangsstellung stehen sich die beiden Partner gegenüber. Sie können abwechselnd oder in Serien üben.
- Für das selbständige Üben des Handstands ist es wichtig, das „Abwenden" als die einfachste „Rettungsmaßnahme" beim Überfallen zu erlernen. Die Anweisung dazu lautet einfach: „Nimm, sobald du überfällst, eine Hand vom Boden, lass den andern Arm aber völlig gestreckt und ziehe die Beine herunter auf den Boden."
- Das *Abrollen aus dem Handstand* ist eine *Übungsverbindung.* Diese darf zunächst nur *mit Hilfe* und aus dem sicheren „Handstehen" heraus ausgeführt werden. Das heißt, dass der Übende vom Helfer im Handstand kurz „angehalten" wird, bevor er aus dem leichten Überfallen nach vorn abrollt. Der Kopf setzt also, in Bewegungsrichtung gesehen, vor den Händen auf. Das „Zusammensacken" auf der Stelle ist fehlerhaft und gefährlich. Eine gute Hilfe ist hier, die Hände unmittelbar vor der Matte noch auf dem Boden aufsetzen zu lassen. Am Weichboden oder bei doppelter Mattenlage kann auch das Abrollen mit gestreckten Armen geübt werden.

Gleich in welchem Zusammenhang der Handstand weiterhin geübt wird, er bleibt eine der wichtigen Übungen, die man nicht oft genug und „gut" genug (und ohne großen materiellen oder organisatorischen Aufwand) ausführen kann.

Anmerkung

(1) Vgl. den Beitrag: Konditionsübungen an Großgeräten, „Praxis und Methodik" S. 57.

Literatur

DICKHUT, A.: Methodik der Elementarübungen. Celle 1975.
DÖRRER, H.-J.: Leistungsbetontes Gerätturnen im Grundschulalter. Celle 1974.

4 Methodische Probleme im Anfänger-Schwimmunterricht

Beispiel Kraul- und Delphinschwimmen

Früher war die Sache ganz einfach: Das Erlernen einer Schwimmart oder -lage begann mit dem Gleiten. Dieses Gleiten wurde durch den *Beinschlag* verstärkt, und alsdann wurde zum Beinschlag der *Armzug* – gleichgültig, ob er zuvor isoliert geübt worden war oder nicht – dazugenommen. Die methodische Regel oder Vorschrift lautete: „Beinschlag vor Armzug". Dies galt für alle Lagen und Techniken.

Ebenso alt wie diese Regel sind aber auch die Bedenken, die jedem Praktiker kommen müssen, wenn er etwas genauer hinsieht, was beim *Kraul- und Delphinschwimmen* dabei herauskommt: Viele Schüler haben in diesen beiden Lagen überhaupt keinen effektiven Beinschlag, und wenn dann noch der Armzug dazukommt bzw. „aufgeschaltet" wird, bricht er vollends zusammen.

Man sollte sich die geradezu verzweifelte Lage solcher Schüler einmal konkret vor Augen führen: Sie sollen etwas, was ihnen nur Mühe macht, aber nichts bringt, mit etwas anderem, was ihnen aus verschiedenen Gründen gleichfalls (noch) recht schwer fällt, kombinieren. Dies schließt zwar nicht aus, dass andere Schüler dieses Problem relativ mühelos bewältigen, doch sollte es Anlass genug sein, über die Methodik des Kraul- und Delphinschwimmens etwas differenzierter nachzudenken.

Diesen Überlegungen ist zunächst ein weithin übersehenes *allgemeines schwimmmethodisches Problem* voranzustellen: Das korrekte und rationelle Erlernen der beiden genannten Schwimmarten ist ganz entscheidend dadurch beeinträchtigt, dass viele Schüler nicht fähig oder willens sind, unter Wasser die Augen aufzumachen.

Die damit verbundenen Orientierungsprobleme und der Verlust der optischen Bewegungskontrolle sind mitschuldig an den geradezu chaotischen Bewegungen, die hier bisweilen produziert werden.

Man sollte die Schüler also mit allen Mitteln dazu anhalten, es doch einmal mit offenen Augen zu probieren oder sich eine Schwimmbrille anzuschaffen.

Kraulschwimmen

Eine methodische Konzeption für das Erlernen des Kraulschwimmens muss von folgenden *Vorüberlegungen* ausgehen:

(1) Der *Vortrieb* wird ganz überwiegend durch den Armzug erzeugt. Der Anteil des Beinschlags ist je nach Streckenlänge und spezieller Technik gering bis unbedeutend. Dennoch trägt der Beinschlag einiges zur jeweils erzielten Schwimmgeschwindigkeit bei: Er verbessert – bei Vortrieb – die Wasserlage und die Strömungsverhältnisse, und somit schwimmt im sportlichen Schwimmen jeder Kraulschwimmer mit Beinschlag – im Durchschnitt etwa zehn Prozent – schneller als ohne ihn (1).

Für die Praxis bedeutet dies, dass die Hauptlast des Antriebs von einer Muskelgruppe getragen werden muss, nämlich der Arm-, Schulter- und Brustmuskulatur, die beim Schwimmanfänger in der Regel schwach entwickelt ist und dass dieses Problem auch durch eine Verstärkung des Beinschlags nicht wesentlich entschärft werden kann.

(2) Im Sportschwimmen ist Kraul die einzige *Dauerschwimmart*. Es ist dies die rationellste und ökonomischste Schwimmart, weil mit dem Einsatz einer vergleichsweise geringen Muskelmasse – und damit entsprechend vermindertem Energieumsatz und Sauerstoffverbrauch – ein effektiver Vortrieb erreicht werden kann. Ein forcierter Beinschlag würde dieses günstige Verhältnis nur verschlechtern.

Außerhalb des Sportschwimmens ist jedoch das Brustschwimmen die bevorzugte Dauerschwimmart, weil hier der Vortrieb hauptsächlich durch die auch beim sportlich weniger geübten Menschen genügend ausgebildete Beinmuskulatur erzeugt wird.

Für die Praxis bedeutet dies, dass beim Kraulschwimmen eine besondere Betonung des Beinschlags gerade bei Anfängern und weniger Geübten auch aus energetischen Gründen recht problematisch ist.

(3) Bei den Kraulschwimmarten besteht, anders als bei den Gleichzugschwimmarten, *keine Zwangskopplung zwischen Armzug und Beinschlag*. Dementsprechend sind auch die verschiedensten Koordinationsmuster im Gebrauch.

Die Feinabstimmung zwischen Armzug und Beinschlag stellt in jedem Fall einen langwierigen Einregelungsprozess dar, der zwar bewusstseinsfähig, aber nicht unbedingt bewusstseinspflichtig ist.

Für die Praxis bedeutet dies, dass man Kraulschwimmen nicht einfach im landläufigen Sinne lernen kann – man „lernt" die Bewegung und „kann" sie dann –, sondern *dass Lernen und Üben zu einem einheitlichen Prozess werden,* der sich über viele Schwimmkilometer hinzieht.

Aus diesen Vorüberlegungen lassen sich zwei wesentliche Folgerungen ziehen:

– *Kraulschwimmen ist für den Anfänger ein vorwiegend konditionelles Problem, das sich nicht von jetzt auf nachher lösen lässt.*

- *Methodischer Schwerpunkt muss das Erlernen eines effektiven und kraftsparenden Armzugs sein.*

Die beiden Probleme sind in folgender Weise miteinander verknüpft: Notwendige Voraussetzung für das Kraulschwimmen ist eine gewisse Kraft, vor allem eine entsprechend entwickelte Kraftausdauer der Arm-, Schulter- und Brustmuskulatur. Das aber ist eine Frage der speziellen Kondition, die wiederum eine entsprechende Bewegungstätigkeit voraussetzt. Etwas überspitzt formuliert, könnte man auch sagen: Kraulschwimmen lernt man nur durch Kraulschwimmen.

Hier liegt auch das *methodische Schlüsselproblem* des Kraulschwimmens. Es hat, wie dargelegt, einen konditionellen und einen technischen Aspekt, die sich jedoch nur getrennt darstellen lassen:

Das *konditionelle Problem* wird am ehesten dadurch gelöst, dass die Schüler veranlasst werden – zumeist entgegen der von ihnen ausgehenden Tendenz – langsam, dafür aber *längere Strecken* zu schwimmen.

In einer ersten Stufe geschieht dies dadurch, dass zunächst in Querbahnen oder, je nach Beckengröße, gleich in Längsbahnen nach dem Prinzip des extensiven Intervalltrainings mit geringer Intensität und relativ kurzen Pausen geschwommen wird.

Die organisatorische Form hierfür ist das *Schwimmen in Wellen* (Abb. 1): Die einzelnen Gruppen starten, aus dem Wasser heraus, in kurzen Abständen nacheinander und schwimmen zum gegenüberliegenden Beckenrand. Wichtig ist dabei, dass die Schüler während der gesamten Übungszeit im Wasser bleiben. Es ist dies die kraftsparendste Übungsweise. Außerdem friert man dabei auch nicht so schnell, falls die Wassertemperatur nicht den idealen Werten entsprechen sollte.

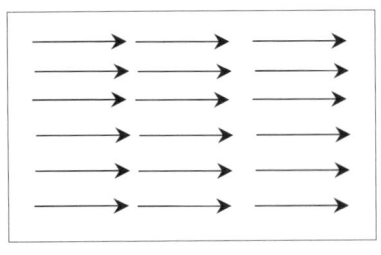

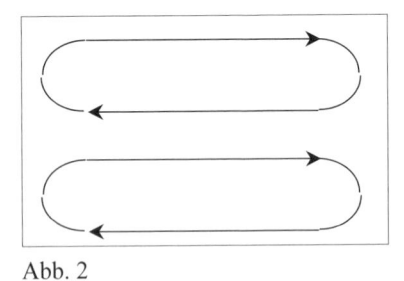

Abb. 1   Abb. 2

Mit steigendem konditionellen Niveau wird zum kontinuierlichen Schwimmen über längere Strecken übergegangen.

Die organisatorische Form hierfür ist das *„laufende Band"* (Abb. 2): Die Schüler der einzelnen, möglichst nach dem aktuellen Könnens- und Leistungsstand gebildeten Gruppen schwimmen dabei fortlaufend und dicht hintereinander auf jeweils nebeneinanderliegenden Bahnen hin und her. Anfangs sollten sie sich an den Umkehrpunkten am Beckenrand etwas zur Seite hangeln und später auch eine Wende mit schrägem Abstoßen versuchen.

Das *technische* und damit das im engeren Sinne methodische Problem wird dadurch gelöst, dass zunächst *nur mit Armzug* geschwommen wird. Das mag auf den ersten Blick als Zumutung erscheinen, ist es aber nicht,
- wenn langsam genug geschwommen wird,
- wenn jeder Armzug ganz zu Ende geführt wird und
- vom Schwimmenden optisch, d.h. mit offenen Augen, kontrolliert wird.

Von Anfang an wird auch die *Atmung* dazugenommen. Auch das ist kein Problem, wenn die Schüler gelernt haben, unter Wasser die Augen aufzumachen und ins Wasser hinein auszuatmen.

Die Schüler werden also angewiesen, sich „mit langem Armzug durch das Wasser zu ziehen" und dabei „die Beine locker im Wasser liegenzulassen". Es wird sich herausstellen, dass es gar nicht möglich ist, gänzlich ohne Beinbewegungen zu schwimmen. (Wenn man das will, muss man die Beine über Kreuz legen.) Fast jeder macht irgendwelche Ausgleichsbewegungen, die sich in einem individuell sehr unterschiedlichen Zeitraum zu einem konkreten *Beinschlag* entwickeln, der alsdann zu einem bestimmten, vom Bewusstsein kontrollierten *Beinschlagmuster*, z.B. dem Sechserschlag, ausgebaut werden kann.

Diese Entwicklung sollte man nicht bewusst beschleunigen; im Gegenteil, wenn sich bei jemandem ein technisch unzweckmäßiger, unrhythmischer oder verkrampfter Beinschlag herausbildet, sollte man zur Basisanweisung: „Lass deine Beine locker im Wasser liegen", zurückkehren.

Im Vergleich zu einem „gelernten" Beinschlag ist nach den bisherigen Erfahrungen ein solcher „automatischer" Beinschlag effektiver (2), und zwar sowohl im Hinblick auf die Leistung im Schnellschwimmen als auch im Dauerschwimmen, und auch technisch besser, was die formalen Kriterien betrifft.

Wie man sieht, handelt es sich hier um eine *Ganzheitsmethode* und zugleich um eine Methode, die weniger als andere die Schüler überfordern dürfte. (Dass dies in vereinzelten Fällen doch der Fall sein kann, liegt in der Natur der Sache.)

Was müssen die Schüler über den Armzug wissen?

Wir möchten dies nicht in Form einer Bewegungsbeschreibung geben (die sich bei Bedarf in der zuständigen Literatur nachlesen lässt), sondern durch die mögliche Abfolge der *Bewegungsanweisungen* veranschaulichen:

1. „Ziehe dich mit langen Armzügen durch das Wasser."

Mit dieser Basisanweisung wird zunächst ein sprachliches Bild gegeben, das sich durch Demonstrationen und die nachfolgenden Bewegungsanweisungen in der Vorstellung konkretisieren und allmählich in ein reales Bild überführen lässt. Man könnte dieses Bild noch weiter ausdifferenzieren, z.B. durch die Anweisung: „Ziehe dabei den Körper über Hand und Unterarm hinweg."

2. „Ziehe dich mit langem Armzug durch das Wasser und bringe den Arm locker und mit hohem Ellbogen wieder nach vorn. Dabei wird bei jedem zweiten Arm-

zug, also immer auf derselben Seite, zur Seite hin eingeatmet. Ausgeatmet wird ins Wasser hinein."

Das ist zwar recht viel auf einmal, aber überwiegend das, was die Schüler schon wissen oder von außen sehen können. Dennoch sollte man diese Anweisungen durch eine „Trockendemonstration" ergänzen, bei der die Schüler den Lehrer möglichst von der Seite sehen sollten.

3. „Ziehe nach dem Wasserfassen so nach innen-unten, dass die Hand möglichst bald den Ellbogen einholt."

Ergänzend dazu eine Lehrerdemonstration, bei der weiterhin deutlich werden kann, dass dabei der Ellbogen gebeugt wird und der Unterarm um den Oberarm rotiert.

4. „Ziehe den Arm so nach innen-unten, dass Hand und Unterarm unter Brust und Bauch hindurchgehen."

Ggf. Lehrerdemonstration, möglichst so, dass die Schüler den Lehrer von vorn sehen.

5. „Ziehe unter Brust und Bauch durch, drücke weiter, bis die Hand am Oberschenkel angekommen ist."

Ggf. Lehrerdemonstration von der Seite.

Im weiteren Verlauf des Übens genügen meist die Stichworte: *„Wasserfassen – ziehen – drücken – hoch vor!"*

Es ist nach unseren Erfahrungen nicht unbedingt ratsam, ein spezifisches Armzugmuster vorzugeben („S", „umgekehrtes Fragezeichen" u. Ä.). Dies ist für jüngere Schüler zu abstrakt und wirkt eher verwirrend.

Alles weitere ist Übungssache nach dem Motto: „Langsam schwimmen – kontrolliert schwimmen – nicht gleich aufgeben, wenn etwas nicht klappt."

Auch für den Lehrer gilt: Zeit lassen – nichts überstürzen – Geduld haben. Methodik ist kein Trick, der den Erfolg sozusagen garantiert, sondern eher ein System von Aushilfen, um Schwierigkeiten zu überwinden. Und Schwierigkeiten gibt es bei jedem Schüler (sofern er nicht schon als Könner zu uns kommt), bei dem einen mehr, bei dem anderen weniger.

Bei dem hier angesprochenen *Übungsprozess* muss es zunächst darum gehen, die *Effektivität* des einzelnen Armzugs zu verbessern, z.B. mit den Anweisungen: „Versucht, mit möglichst wenigen Armzügen eine Bahn zu schwimmen", „Versucht, mit derselben Zahl von Armzügen etwas schneller voranzukommen", bevor eine Geschwindigkeitssteigerung durch Erhöhung der Zugfrequenz angestrebt wird.

Wer die Schüler vorzeitig unter Zeit- oder Wettkampfdruck setzt, was z.B. bei den allseits beliebten Staffelspielen unausweichlich ist, riskiert nur, dass die noch nicht gefestigten Bewegungsstrukturen wieder zusammenbrechen.

Delphinschwimmen

Die *Vorüberlegungen* zum Delphinschwimmen gehen in eine ähnliche Richtung wie die zum Kraulschwimmen. Auch hier wird der *Vortrieb* ganz überwiegend vom Arm-

zug erzeugt. Der Beinschlag ist zwar etwas effektiver, trägt zur Schwimmgeschwindigkeit aber nicht wesentlich mehr bei als dort. Die *konditionellen Anforderungen* sind zwar von ähnlicher Art, aber um einiges höher als beim Kraulschwimmen,
- weil durch den Gleichzug der Arme die Schwimmgeschwindigkeit, ähnlich wie beim Brustschwimmen, sehr stark schwankt,
- weil der Armgleichzug mehr „Kraft verbraucht" als der Wechselzug,
- weil der Kopf beim Atmen aus dem Wasser gehoben werden muss,
- weil Delphinschwimmen somit nicht beliebig verlangsamt werden kann.

Im Unterschied zum Kraulschwimmen setzt das Delphinschwimmen aber ein *abgestimmtes Koordinationsmuster* zwischen Armzug und Beinschlag voraus. Vereinfachend könnte man sagen, dass von Delphinschwimmen erst dann die Rede sein kann, wenn das Zusammenspiel der beiden Antriebsquellen stimmt.

Daraus folgt eine enge Verknüpfung des konditionellen und des technischen Problems, dergestalt, dass eine konditionelle Entlastung nur durch eine „gekonnte" Koordination von Armzug und Beinschlag erreicht werden kann.

Die Konsequenz aus diesen Vorüberlegungen kann nur darin liegen, nach einer Methode zu suchen, die das technische Problem der Koordination von Armzug und Beinschlag löst und zugleich die konditionellen Anforderungen reduziert.

Da Delphinschwimmen üblicherweise als letzte Schwimmart gelehrt wird, bietet es sich an, von dem bekannten Koordinationsmuster des *Brustschwimmens* auszugehen und dieses durch bestimmte *Formveränderungen* allmählich in das Delphinschwimmen zu überführen (3).

Diese „Überleitung" erfolgt in drei Schritten, wobei Zwischenschritte möglich sind:

1. „Schwimmt mit Brustarmzügen und Delphinbeinschlägen."

Diese Aufgabe wird den Schülern umso leichter fallen, je öfter sie zuvor schon entsprechende Kombinationen (z.B. Kraulbeinschlag und Brustarmzug, Rückenkraulbeinschlag und Armgleichzug) versucht haben.

Dabei gibt es zwei Koordinationsmuster:
- Armzug und Beinschlag erfolgen, wie im herkömmlichen und nach wie vor „klassischen" Brustschwimmen, nacheinander,
- Armzug und Beinschlag werden gleichzeitig ausgeführt.

Man kann beide Möglichkeiten ausprobieren lassen oder aber einfach dem nächsten Schritt überlassen:

2. „Schwimmt so, dass auf einen Armzug zwei Beinschläge kommen, und zwar der erste Beinschlag beim Durchziehen, der zweite beim Vorbringen der Arme."

Diese Aufgabe wird von manchen Schülern auf Anhieb, von anderen erst nach einigen Versuchen bewältigt. Entsprechend kann man die beiden Teile der Anweisung auch nacheinander in den Übungsprozess einbringen.

Es mag als Übertreibung erscheinen, aber wer diesen Lernschritt bewältigt hat, kann im Grunde schon Delphinschwimmen. Alles weitere ist Übungssache.

3. „Fangt mit Brustarmzügen an und schaltet dann auf Delphinarmzüge um."
Diese Aufgabe fällt den meisten Schülern etwas leichter, wenn sie auf jeder Bahn nur einmal „umschalten", und zwar je nach Können etwas früher oder später, und die Bahn dann mit Delphinarmzügen zu Ende schwimmen. Das „Hin- und Herschalten" zwischen den beiden Armzugmustern ist etwas anspruchsvoller, erlaubt aber ein kontinuierliches Schwimmen, was wiederum dem „Einspielen" der Gesamtbewegung zugute kommt.

Was müssen die Schüler über die Technik des Delphinschwimmens wissen?

Hinsichtlich des *Beinschlags* genügt die Anweisung: „Macht einen Kraulbeinschlag mit beiden Beinen gleichzeitig." Der für den Delphinbeinschlag typische „Unterschenkelkick" wird sich im Verlauf des Übens von selbst herausbilden, ebenso eine eventuelle unterschiedliche Betonung der beiden Beinschläge im Rahmen der Gesamtbewegung. Man kann diesen Beinschlag gesondert üben lassen – im Gleiten in Brust-, Rücken- und Seitenlage, auch unter Wasser – oder aber den oben beschriebenen Lernschritten 1 und 2 überlassen (4).

Auch hinsichtlich des *Armzugs* ist ein Rückgriff auf das Kraulschwimmen angebracht, etwa in folgender Weise: „Macht mit beiden Armen zugleich einen Kraularmzug, aber so, dass ihr zuerst in weitem Bogen nach außen zieht" (5).

Dieses Armzugmuster kann man durch Demonstration und bildhafte Beschreibung („Wie zwei Fragezeichen, die einander anschauen", „Schlüssellochmuster" u. Ä.) recht einprägsam noch weiter verdeutlichen.

Wie man sieht, handelt es sich hier gleichfalls um eine *Ganzheitsmethode*, freilich von anderer Art als beim Kraulschwimmen. Dies ist ein Hinweis darauf, dass allgemeine Begriffe wie „Ganzheitsmethode" bzw. „Ganzmethode" oder „Teilmethode" für sich nur wenig sagen, dass vielmehr bewegungsstrukturelle, biomechanische, trainingsmethodische und lernpsychologische Überlegungen im konkreten Einzelfall in die methodischen Entscheidungen mit einfließen müssen.

„Methodik" ist eben nicht eindimensional, kein Rezept im üblichen Sinne; sie ist ein Theoriefeld, und damit eingebettet in ein Geflecht von Bezügen, Vorüberlegungen und Vorentscheidungen.

Anmerkungen

(1) Vgl. SCHRAMM, E. (Red.): Hochschullehrbuch Sportschwimmen. Berlin (Ost) 1987.
(2) Vgl. VOGELSANG, K.: Ganzheits- oder Teilmethode zur Einführung des Kraulschwimmens in der Schule? In: sportunterricht 1/1989, Lehrhilfen.
(3) Vgl. QUITSCH, G.: Ganzheitsmethodik des Delphinschwimmens. In: sportunterricht 2/1979, Lehrhilfen.
(4) Die beliebten „Delphinsprünge" im flachen Wasser fördern sicher die Wassersicherheit, tragen zum Erlernen des Delphinschwimmens aber nur wenig bei.
(5) Die rumpfferne Bewegungsführung von Hand und Unterarm ist eine weitere Ursache dafür, dass Delphinschwimmen gegenüber dem Kraulschwimmen kraftraubender ist.

5 Die Veränderung des Regelwerks der großen Spiele als didaktische und methodische Maßnahme
Versuch einer Systematik

Vorbemerkungen

In der fachdidaktischen und fachmethodischen Diskussion der letzten Jahre wird immer wieder darauf hingewiesen, dass das offizielle Regelwerk der großen Spiele nicht immer und unbedingt in den Sportunterricht, d.h. den Unterricht mit „normalen" Schulklassen, übernommen werden dürfe (1).

Die Gründe hierfür sind sehr vielschichtig. Sie lassen sich auf drei hauptsächliche Anliegen zurückführen:
- Zum einen soll die komplexe Struktur der großen Spiele für den Anfänger durchschaubar werden. Das Spiel soll durch Vereinfachung lehrbar und lernbar gemacht und etwas genauer auf die besonderen Voraussetzungen der Kinder und Jugendlichen ausgerichtet werden.
- Zum anderen sollen auch bei Fortgeschrittenen und Könnern mit Hilfe methodisch begründeter Veränderungen bestimmte Fertigkeiten, Fähigkeiten und Verhaltensweisen gezielt geschult werden.
- Schließlich soll das Spiel durch die Veränderung der offiziellen Regeln „sozialer" gestaltet werden. Im Wesentlichen geht es dabei darum, die Spielanteile auf gute und schwächere Mitspieler etwas gleichmäßiger zu verteilen und übermäßige Erfolgsorientierung abzubauen.

Alle drei Aspekte dürften für den Sportunterricht gleich wichtig sein. Sie haben auch über die Schule hinaus ihre Bedeutung.

Im Folgenden soll versucht werden, die möglichen Eingriffe in das Regelwerk der großen Spiele etwas näher zu systematisieren, um sozusagen ein Raster zu schaffen, aus dem nach Bedarf ausgewählt werden kann. Dabei kann es nicht ausbleiben, dass verschiedene, vielleicht auch bedeutsame Möglichkeiten übersehen worden sind.

Ebenso muss auf den unvermeidlichen Nachteil solcher Systematisierungsversuche hingewiesen werden, dass in der Darstellung die einzelnen Gegenstände nur isoliert erfasst werden können, obgleich sie in der Realität zumeist in typischen Komplexen und Kombinationen erscheinen.

In die Überlegungen nicht einbezogen wurden alle Spiele und Spielformen,
- die einen anderen Spielgedanken als das Zielspiel haben (z.B. Passballspiele ohne Tor oder ein anderes Ziel),
- die dem Bereich der kleinen Spiele zuzuordnen sind (z.B. Parteiballspiele, Burgballspiele, Hetzballspiele),
- die nur einen Teilbereich eines großen Spiels berücksichtigen (z.B. reine Torschussspiele und Aufschlagspiele).

Im Einzelfall sind die Grenzen hier freilich fließend.

Ebenso wurde darauf verzichtet, auf die didaktischen und methodischen Effekte sowie die pädagogischen Konsequenzen der einzelnen Eingriffe in das Regelwerk hinzuweisen. Dies wäre die Sache eingehenderer Einzeldarstellungen.

Hier eröffnet sich ein weites Feld für systematische Untersuchungen. Man muss nämlich stets davon ausgehen, dass die Regeln der verschiedenen Spiele nicht ohne Grund so und nicht anders sind und dass jeder Eingriff in das komplexe Regelwerk neben den angestrebten und erwünschten Haupteffekten auch unerwünschte Nebeneffekte hat, die nicht immer auf Anhieb zu erkennen sind.

Schließlich ist darauf hinzuweisen, dass neben didaktischen und methodischen auch organisatorische Gründe für die Veränderung der offiziellen Regeln sprechen, gelegentlich sogar dazu zwingen.

Veränderungen im „äußeren" Regelwerk

Veränderungen an Spielfeld, Spielerzahl und Spielgerät, vor allem durch
- Verkleinerung des Spielfeldes,
- Verringerung der Spielerzahl,
- Verkürzung der Spielzeit,
- Veränderung des Ziels (z.b. verkleinerte Tore durch „Ersatzgeräte", Einbeziehung von Ring und Netz des Basketballkorbes als „Trefferfläche"),
- Veränderung des Spielgerätes (z.B. leichtere – schwerere Bälle, schwach aufgepumpte Bälle, Weichbälle, Zeitlupenbälle).

Veränderungen in der Grundstruktur des Spiels durch
- Spiel auf ein Tor (d.h. beide Mannschaften spielen auf dasselbe Tor),
- Wechselspiel von drei (ggf. mehr) Mannschaften auf zwei Tore (d.h. die jeweils angreifende Mannschaft setzt nach Torschuss oder Korbwurf vorübergehend aus),
- Spiel mit zwei Mannschaften auf je zwei (oder mehr) Tore oder Körbe,
- Spiel auf das „breite Tor" mit mehreren Torleuten bis hin zu einer über die gesamte Spielfeldbreite verteilten „Torwartpartei",
- Spiel mit mehreren Mannschaften zugleich („jeder gegen jeden", z.B. als „Viereckfußball" mit vier Mannschaften auf vier Tore in den Ecken eines möglichst quadratischen Spielfeldes),
- Spiel mit zwei (oder mehr) Bällen.

Zoneneinteilung des Spielfeldes durch
- Querteilung in „Angriffs- und Verteidigungszonen", Festlegung einer „Verteidigungslinie" (einfachste Form: Angriffsspieler müssen stets jenseits, Verteidigungsspieler stets diesseits der Mittellinie bleiben),
- Längsteilung in „Spielfeldstreifen" und „Sektoren" zum Festlegen und Einhalten bestimmter Positionen.

Herstellung eines Überzahlverhältnisses durch
- Zoneneinteilung (wie oben, aber die jeweiligen Angriffszonen einer Mannschaft sind stärker besetzt als die Verteidigungszonen),
- Inaktivierung eines oder mehrerer Spieler der verteidigenden Mannschaft, indem diese das Spielfeld verlassen oder als zusätzliche Torhüter mit ins Tor gehen,
- einen (mehrere) zusätzliche Spieler („Anspieler" oder „Spielmacher"), die beim Angriff ihre Mannschaft aus dem Rückraum unterstützen, in der Verteidigung aber inaktiv sind (beim Spiel auf ein Tor als neutrale Anspieler),
- zusätzliche „Anspieler" außerhalb des Spielfeldes (Seiten- und/oder Torauslinie).

Veränderungen im „inneren" Regelwerk

Veränderungen in der Anwendung der spieltechnischen Mittel, vor allem durch
- Erweiterung und/oder Erleichterung der technischen Mittel (z.B. Doppelpritschen, Volleyballtennis, Anwerfen statt Aufschlag),
- Beschränkung der technischen Mittel (z.B. gänzliches Dribbelverbot, höchstens drei Dribbelschläge beim Basketball, nur einmal Auftippen beim Hallenhandball, nur ein oder zwei Ballkontakte beim Fußball, nur flaches Spiel beim Fußball),
- Einschränkungen im Verhalten zum Gegner (z.B.: Die Verteidiger müssen die Hände auf den Rücken nehmen).

Veränderungen in der Regelanwendung und -auslegung, vor allem durch
- Nichtanwendung bestimmter Regeln (z.B. der Abseitsregel beim Fußball, der Zeitregeln beim Basketball),
- Abmilderung der „Strafbestimmungen" des Regelwerks (z.B. großzügige Handhabung der Schrittregeln und der Foulregeln, besonders bei „unabsichtlichem" Foul),
- Verschärfung der „Strafbestimmungen" (z.B. Zeitstrafe bei jedem Foul),
- Aufhebung des Seiten-, ggf. auch des Toraus, durch das „Spielen mit Bande",
- sonstige Regeländerungen (z.B. Anspiel durch Torabwurf bei kleinen Spielfeldern, Torabwurf nicht über die Mittellinie, Freistoß statt Einwurf u.a.m.).

Veränderungen in der Ermittlung des Spielergebnisses durch andere Zählweise, z.B.
- durch unterschiedliche Gewichtung der Treffer (z.B.: Brett: 1 Punkt, Ring: 2 Punkte, Korb: 3 Punkte),
- als „Belohnung" für bestimmte Aktionen (z.B.: Torerfolge durch Fallwürfe, Korberfolge durch Korbleger, Punktgewinne durch Schmetterschlag zählen doppelt).

Festlegung bestimmter Defensiv- und Offensivstrategien, vor allem durch
- Raumbegrenzung für die Verteidiger (z.B.: Verteidiger dürfen beim Hallenhandball nur innerhalb der Freiwurflinie aktiv werden; vgl. auch oben),
- Vorschrift bestimmter Deckungsformen (z.B. Manndeckung – Raum- bzw. Zonendeckung – kombinierte Systeme),
- Zuspielzwang im Angriff (Beispiel: Bei jeden Angriff muss jeder Spieler mindestens einmal den Ball berührt haben; drei Zuspiele beim Volleyball).

Eingriffe in die spieltaktische Struktur der Mannschaften, vor allem durch
- regelmäßigen Austausch von Spielern bis hin zum „fliegenden Wechsel" von Mannschaftsteilen und ganzen Mannschaften,
- regelmäßigen Wechsel in den Spielerpositionen und -funktionen (z.b. zwischen Angriffs- und Verteidigungsspielern),
- Festlegung bestimmter Spieler auf bestimmte Funktionen (z.b. Verteidigungsspieler – Angriffsspieler, Rückraumspieler – Kreisläufer, Innenspieler – Außenspieler, Aufhebung der Rotation beim Volleyball).

Eingriffe in die soziale Struktur der Mannschaften, z.B.:
- Bestimmte Spieler haben Sonderaufgaben (z.B. als „Ballverteiler"); sie können aber keine gültigen Tore bzw. Punkte erzielen.
- Wer ein Tor geschossen hat, muss für eine bestimmte Zeit oder bis zum nächsten Torerfolg des Gegners aussetzen.
- Wer ein Tor geschossen hat, wechselt zur gegnerischen Mannschaft.

Schlussbemerkung

Abschließend sei noch einmal darauf hingewiesen, dass bei all diesen Eingriffen in das Regelwerk der großen Spiele nicht nur die beabsichtigten, sondern auch die tatsächlich eintretenden Folgewirkungen genau zu bedenken und zu überprüfen sind. Nicht immer lässt sich nämlich voraussehen, was bei einer bestimmten methodischen Maßnahme herauskommt. Jede Klasse reagiert anders und dieselbe Klasse je nach den Umständen unterschiedlich.

So zwingt z.B. ein Fußballspiel auf dem Hallenhandball-Spielfeld, also „mit Aus", zu einem exakten Zusammenspiel, hat aber bei mangelndem technischen Können zahllose Spielunterbrechungen zur Folge. Ein Zuspielzwang („Jeder muss einmal den Ball gehabt haben!") ergibt zwar längere Ballpassagen, führt aber gegenüber schwächeren Mitspielern zu belanglosen „Sicherheitspässen". Ein Spiel 2 : 2 stellt für den Anfänger im Volleyballspiel eine entscheidende Erleichterung, im Fußballspiel eine problematische Erschwerung dar. Überzahlspiele werden gelegentlich als „ungerechte" Vorteilsgewährung empfunden. Vieles, was die Sportlehrer noch als „Spielform" empfinden, wird von den Schülern als „Übungsform" aufgefasst.

Solche Beispiele ließen sich beliebig vermehren. Sie besagen, dass die jeweils „richtige" Maßnahme diejenige ist, die in einer bestimmten Situation mehr Vorteile als Nachteile zu versprechen scheint.

Anmerkung
(1) Vgl. den Beitrag: „Spielvermittlungsmodelle", S. 239.

Kapitel 7

Spiel – Sportspiel – Sport

In diesem letzten Kapitel geht es wieder um Theorie, und dies auf einer recht abstrakten Ebene. Dahinter steht die Überzeugung, dass ein sachgerechter Sportunterricht nicht möglich ist, wenn man als Lehrer nicht weiß, worum es „eigentlich geht". Das aber setzt eine bisweilen recht mühsame, auf das „Wesen" der Sache und den „Sinn" der Auseinandersetzung mit ihr gerichtete Analysetätigkeit voraus. Der hiermit angesprochene „Analyserundgang" beginnt mit dem Spiel, wendet sich dann exemplarisch einigen Sportarten zu, bis er mit einer Begriffsbestimmung des Sports zum Abschluss kommt. Der Grund für diese Abfolge liegt darin, dass „Sport" auch als eine Erscheinungsform des umfassenderen Phänomens „Spiel" gesehen werden kann und dass sich aus der Betrachtung ausgewählter Sportarten einige grundsätzliche Erkenntnisse gewinnen lassen, die schließlich eine Gesamtschau ermöglichen.

Die Annäherung an das Spiel erfolgt in drei Beiträgen. In den beiden ersten wird versucht, anhand der Analyse zweier recht konträrer kleiner Spiele einige grundsätzliche Erkenntnisse zum Spiel im Allgemeinen und zum Sportspiel im Besonderen zu gewinnen. Diese werden im dritten Beitrag unter pädagogischen Aspekten systematisiert und diskutiert. Dabei wird vor allem auf die antithetische Grundstruktur des Spiels als Phänomen und die daraus folgende erzieherische Ambivalenz hingewiesen.

Mit den beiden folgenden Beiträgen zur Leichtathletik und zum Gerätturnen wird eine Sach- und Strukturanalyse zweier Sportarten vorgelegt, die in der Gunst der Schüler nicht unbedingt obenan stehen. Ausgehend von der Bestimmung der konstitutiven

Prinzipien und der elementaren Tätigkeits- und Leistungsziele wird die „Strukturformel" dieser beiden Sportarten erstellt und unter pädagogischen Gesichtspunkten bewertet. Den möglichen unterrichtlichen Folgeproblemen wird genügend Aufmerksamkeit gewidmet. Um die Unmittelbarkeit der Sprache zu wahren, haben wir in diesen Beiträgen auf den originalen Wortlaut zweier Vorträge zurückgegriffen. Der erste von ihnen ist leicht gekürzt, um nicht Dinge zu wiederholen, die an anderer Stelle behandelt werden.

Mit dem Beitrag zu den Trendsportarten ist das derzeit wohl aktuellste sportpädagogische Thema erreicht. Bei genauerem Hinsehen zeigt sich, dass hier nicht nur ein schillernder Begriff, sondern auch ein recht uneinheitlicher Gegenstandsbereich angesprochen ist, der in vieler Hinsicht nicht mehr dem Sport, sondern allenfalls seinen Randbereichen zuzuordnen ist. Entsprechend zurückhaltend wird die pädagogische Relevanz beurteilt; auf die möglichen gesellschaftlichen und institutionellen Folgewirkungen wird eindringlich hingewiesen.

Mit dem Beitrag zur Leistung wird nicht nur das zentrale Strukturelement des Sports behandelt, sondern auch ein bildungspolitisches Reizthema aufgegriffen. Die hier vorgelegten Ausführungen möchten dazu betragen, einerseits einer sachlich falschen und pädagogisch bedenklichen Verengung dieses Begriffs entgegenzuwirken, andererseits diesen Problemkomplex etwas gelassener anzugehen.

Aufbauend auf den Analysen dieses Kapitels wird im abschließenden Beitrag versucht, eine Definition des Begriffs „Sport" vorzulegen und unter pädagogischen Aspekten zu bewerten. Diese Überlegungen münden aus in die Forderung, in der Sportpädagogik am Ideal des „authentischen" oder „klassischen" Sports festzuhalten.

Aktuelle pädagogische und didaktische Probleme des Sportunterrichts werden auch unter dem Stichwort „Inhaltliche Gestaltung" im Kapitel „Unterricht" der „Alltagsprobleme" (S. 186 ff.) behandelt. Fragen der erzieherischen und gesellschaftlichen Funktion des Sports kommen implizit auch beim Überblick über die neueren didaktischen Konzeptionen im entsprechenden Kapitel desselben Buches (S. 249 ff.) zur Sprache. Eine Kurzanalyse der wichtigsten Schulsportinhalte, namentlich der sogenannten Schulsportarten, ist den entsprechenden Kapiteln der „Praxis und Methodik" vorangestellt (S. 11 f., S. 57 f., S. 121 f., S. 155 f., S. 195 f., S. 215 f.).

1 „Fangerles" – Analyse eines „kleinen" Spiels

Der *Grundgedanke* der Fang-, Hasche- oder Zeckspiele (oder wie sie sonst noch heißen mögen) ist denkbar einfach: Es wird ein „Fänger" bestimmt, der einen beliebigen der davonlaufenden Mitspieler einholen und „abschlagen" soll; der Abgeschlagene wird neuer Fänger und verfährt weiter in derselben Weise usw., bis das Spiel aus irgendeinem Grund, vielleicht weil die Spieler müde geworden sind oder die Hofpause zu Ende gegangen ist, aufhört.

Jeder weiß, das ist ein *Spiel*. Aber wie lässt sich das, was sich hier „abspielt", *beschreiben, deuten* und – sozusagen vom „Kern seines Wesens" her – *verstehen?* Dies soll hier in einer Reihe von Analyseschritten, die nicht notwendigerweise in einer logischen Abfolge stehen, versucht werden.

In einem **ersten Durchgang** lassen sich, mit Blick auf das *Spielganze*, folgende Feststellungen treffen:

(1) „Fangerles" beruht wie jedes Spiel auf einer *Vereinbarung*: Wer mitspielen will, verpflichtet sich auf eine *Regel* und ihre *dauerhafte Einhaltung*. Diese Regel kann, wie im vorliegenden Fall, sehr einfach, aber auch höchst kompliziert sein.

(2) Die Spielregel schafft einen bestimmten *Ordnungsrahmen*. Innerhalb dieses Rahmens sind aber freie Entscheidungen möglich: Man ist beispielsweise nicht gezwungen, einen bestimmten Mitspieler abzuschlagen. Zum Wesen des Spiels gehört also eine gewisse *„Freiheit des Handelns"*. Eine genau vorgeschriebene Ablauffolge wäre keine Spielregel, sondern eine Arbeitsanweisung.

(3) Spielregeln sind prinzipiell willkürlich konstruiert: Man könnte beim Fangerlesspielen z.B. auch auf einem Bein hüpfen oder auf allen Vieren kriechen. Selbst wenn man nur die *Basisregeln* betrachtet, gibt es eine unendliche Menge von Spielen mit den unterschiedlichsten „Spielideen" oder „Spielgedanken". Welche davon nun sinnvoll oder unsinnig sind, bemisst sich nur nach dem kulturellen Zusammenhang, in dem ein Spiel steht: Bekanntlich gibt es einige Millionen, wenn nicht Milliarden von Menschen, denen die Spielidee des Fußballspiels nicht so recht einleuchten will.

(4) Fangerlesspielen stellt, wie jedes andere Spiel auch, einen *Geschehnisablauf* dar, der sich fortwährend aus sich selbst heraus reproduziert. Spielen und Spiel sind also in einer eigentümlichen Art *zeitlos* und *endlos*. Natürlich hat ein Spiel in der Realität einen bestimmten Anfangs- und Endpunkt. Aber diese sind entweder von Fall zu Fall vereinbart oder von außen vorgegeben; sie folgen nicht aus der Natur der Sache. Somit ist ein Spiel, und dies ist der praktische Aspekt der beschriebenen „Zeitlosigkeit", *beliebig wiederholbar.*

(5) Sooft man Fangerles (oder Skat oder ein anderes Spiel) aber auch spielt, es ist immer dasselbe Spiel; es verändert weder sich selbst noch seine Umwelt. Spiel ist also in einer spezifischen Weise *folgenlos* und *unproduktiv*. Es genügt sich selbst und bedarf somit keiner weiteren Begründung. Es ist, wie man auch sagt, *zweckfrei*.

(6) Das Spiel schafft sich also, wie gerade die kleinen Spiele zeigen, *eine eigene Welt*, einen „Spielraum" in Ort und Zeit, den man beliebig betreten und verlassen kann. Spiel ist nicht das „wirkliche Leben", aber in eigentümlicher Paradoxie dazu ein „höheres", weil reineres und glücklicheres Leben.

Bei den beiden letzten Punkten der „Folgenlosigkeit" und der „Eigenwelt" des Spiels könnte sich *Widerspruch* erheben, vor allem aus drei Richtungen:

- Man könnte sagen, dass zwar ein Fangerlesspiel folgenlos und unproduktiv sei, dass aber bei einem Bundesligaspiel ein Millionenumsatz erzielt werde. Dazu ist zu sagen, dass hierbei nicht das Spiel als solches produktiv ist, sondern nur dadurch, dass es zum Gegenstand der *Unterhaltungsindustrie* gemacht worden ist. Erst dann werden Werte zwar nicht im eigentlichen Sinne erzeugt, aber doch umgesetzt, also z.b. die immaterielle „Spielleistung" in Spielergehälter. Ähnliches trifft übrigens auch für das „Spiel" des Klaviervirtuosen oder des Schauspielers zu.
- Aber auch Fangerlesspielen ist augenscheinlich nicht gänzlich folgenlos: Die Spieler empfinden Freude und werden müde dabei. Es hat also emotionale und physiologische Auswirkungen. Dazu ist zweierlei zu sagen: Zunächst sind solche Wirkungen an die *Person des Spielers* gebunden; sie lassen sich nicht aus ihm herauslösen und weiterverwenden. Sodann sind die physiologischen Auswirkungen, also die Ermüdung und der daraus folgende Trainingseffekt, nicht an das Spiel an sich geknüpft, sondern an die damit verbundene *Bewegung*. Ein Würfelspiel hätte diese Art von Folgeerscheinungen nicht.
- Wie sieht es aber aus, wenn die Bewegungsspiele eben dieses Trainingseffektes wegen im Sportunterricht geplant und gezielt zur Entwicklung und Verbesserung der Schnelligkeit, der Gewandtheit oder des sozialen Miteinanders eingesetzt werden? Keine Frage, *hier wird das Spiel verzweckt*. Es wird bewusst in den Dienst bestimmter Absichten gestellt. Nebenbei gesagt, sollten wir froh sein, wenn die Schüler diese Absichten nicht allzu deutlich merken; ihre Spielfreude könnte sehr schnell darunter leiden.

Dieser letzte Gesichtspunkt der *„pädagogischen Verzweckung"* des Spiels führt zu einem paradoxen, aber gerade deshalb hochinteressanten Befund: Eben weil das Spiel – und als Beispiel soll hier das Bewegungsspiel und damit letztlich der gesamte Sport dienen – als solches folgenlos und zweckfrei ist, lässt es sich für alle möglichen Zwecke einspannen: zur vormilitärischen Ausbildung, zur Gesundheitsvorsorge, zur Förderung der Geselligkeit oder ganz einfach zum Zeitvertreib.

Welche dieser Verwendungszwecke nun jeweils „Gebrauch" oder „Missbrauch" sind, bemisst sich nur nach dem gesellschaftlichen, politischen und ideologischen Umfeld, in dem das Spiel steht. Entsprechend hat es in der Geschichte der Pädagogik die unterschiedlichsten Bewertungen erfahren, von der rigorosen Ablehnung als einer nutzlosen Zeitverschwendung bis hin zur euphorischen Überhöhung als eines idealen Bildungs- und Erziehungsmittels.

In einem *zweiten Durchgang* soll das Fangerlesspiel weniger als Ganzheit, sondern in seinen *Elementen* betrachtet werden:

(1) Wie jedes Spiel besteht auch das Fangerlesspiel aus einer prinzipiell unendlichen Folge von Einzelaktionen. Und jede dieser Einzelaktionen enthält – wie bei den meisten, aber beileibe nicht allen Bewegungsspielen – eine *Vergleichs- oder Wettbewerbssituation*: Der Fänger versucht, einen Mitspieler einzuholen. Nach heutigem Begriffsverständnis repräsentiert dies das „Sportliche" am Fangerlesspielen. Die Herausnahme jeglicher Wettbewerbssituation würde sozusagen zum „reinen Spiel", ihre isolierte Darstellung zum „reinen Sport" führen. Das Fangerlesspiel nimmt hier eine gewisse Zwitterstellung ein: Im Ganzen gesehen, ist es gewissermaßen nur Prozess; es wird weder nach Mit- und Gegenspielern unterschieden, noch wird ein Ergebnis festgestellt. Im Einzelnen betrachtet, besteht es aus einer Kette von Vergleichssituationen, die jeweils zu einem konkreten Ergebnis führen. In dieser Hinsicht ist es durchaus ein „kleines Sportspiel".

(2) Eine spielerische Wettbewerbssituation hat nur dann einen Sinn, wenn alle Beteiligten eine reelle Chance haben. Man kann sogar sagen, dass die *Ungewissheit, ja Zufälligkeit des Ausgangs* zu den unabdingbaren Kennzeichen aller „Vergleichsspiele" gehören, und letztlich lebt auch der gesamte Sport von dieser Art der Chancengleichheit. Beim Fangerlesspielen lösen Kinder dieses Problem auf ihre eigene, recht kluge Art: Da fast jede Spielgruppe eine deutliche Heterogenität aufweist, wendet sich der Fänger meist einem etwa gleichstarken Mitspieler zu und wechselt erst dann zu einem schwächeren, wenn die Aktion zu lange dauern würde; stärkere Mitspieler versuchen sich gegenüber schwächeren in riskanten Ausweichmanövern, die dementsprechend auch häufig genug misslingen und so das Spiel weitertreiben.

(3) Die prinzipielle Ungewissheit im Ausgang einer jeden Einzelaktion im Rahmen eines Spielablaufs erzeugt eine Spannung, die sich mit ihrem Ende schlagartig wieder löst. Dieser relativ kurzzeitige *Wechsel im Aufbau einer Spannung und in der Lösung einer Spannung* macht das eigentlich Faszinierende und Unwiderstehliche eines Spiels aus. Die so entstehenden „Spannungsbögen" sollten freilich eine optimale Dauer haben: Ein Volleyballspiel, bei dem mit jedem Aufschlag ein Punkterfolg erzielt wird, ist ebenso langweilig wie endloses Ballgeschiebe im Mittelfeld.

(4) Eine spielerische – und damit auch eine sportliche – Wettbewerbssituation muss, wenn sie einen „Sinn" haben soll, *von den Beteiligten akzeptiert* werden: Wer sich bei einem Fangerlesspiel als Fänger nicht wirklich bemüht oder sich als Gejagter widerstandslos abschlagen lässt, zerstört das Spiel ebenso wie derjenige, der vom Spielfeld flüchtet oder sich in seine Ecken verdrückt (oder auch beim 100-m-Lauf lustlos hinterhertrabt). Das Spiel bewegt sich also auf dem schmalen Grat zwischen „nicht ernst genug" und „zu ernst" – es soll ja „Spiel" bleiben.

Spiel ist, um einen weiter oben geäußerten Gedanken wieder aufzunehmen, nicht das „wirkliche", d.h. materielle und damit immer etwas vordergründige Leben, es ist sozusagen ein überhöhtes und reineres Leben. Aber könnte unser wirkliches Leben nicht gerade dadurch eine neue Qualität gewinnen, dass wir es etwas „spielerischer" nehmen? Einem solch optimistischen Ausblick sollte an dieser Stelle wohl nichts weiter angefügt werden.

2 Völkerball – Anmerkungen zu einem beliebten Schulspiel

Wenn man Kollegen (und Kolleginnen) fragt, warum sie mit ihren Klassen Völkerball spielen, geben sie regelmäßig zur Antwort: „Die Schüler (und Schülerinnen) spielen es doch so gerne", und weil heutzutage alles, was man tut, auch einen konkreten Nutzen haben muss, setzen sie gleich hinzu: „und außerdem schult es wesentliche Elemente der großen Spiele, z.b. Werfen und Fangen."

Beginnen wir mit dem zweiten Argument, Völkerballspielen sei ein geeignetes methodisches Mittel, in spielerischer Weise Werfen und Fangen zu üben. *Aber wer wirft und wer fängt denn bei einem Völkerballspiel?* Die Taktik dieses Spiels macht es zwingend erforderlich, dass stets der beste Werfer wirft und der sicherste Fänger fängt. Jede andere Verhaltensweise würde die Erfolgschancen der Mannschaft mindern. *Gerade die also, die es am nötigsten hätten, lernen auf diese Weise nichts.*

Und welche anderen spielerischen Fähigkeiten und Fertigkeiten könnte das Völkerballspiel fördern? Zweifellos wird die ballbesitzende Mannschaft in einem gewissen Umfang zum Zusammenspielen gezwungen, eben um die besten Werfer in Schussposition zu bringen. Die Spieler der anderen Mannschaft werden aber – mit Ausnahme der ganz sicheren Fänger – gerade *nicht* veranlasst, sich auf den Ball, den Mitspieler und Gegenspieler zu orientieren, sondern auszuweichen, zu flüchten und sich möglichst unauffällig in den „sicheren" Bereichen des Spielfeldes zu bewegen. Natürlich gehört auch dazu eine gute Portion Gewandtheit, sonderlich „spielschulend" ist dies jedoch ganz bestimmt nicht.

Aber warum sind die Schüler – und das war das erste Argument – so versessen auf dieses Spiel? Diese Frage ist nicht ebenso leicht zu beantworten wie die vorangegangene und macht einige Vorüberlegungen notwendig:

(1) *Warum heißt dieses Spiel „Völkerball"?* Ganz offensichtlich, weil es sich um zwei Völker handelt, die sich bekämpfen und – symbolisch gesehen – ausrotten. Dabei spielen, um beim selben Bild zu bleiben, einige wenige „Kriegsherren" die Hauptrolle, der Rest der Beteiligten ist „Kanonenfutter". Für den, der meint, dies seien hysterische Unterstellungen, sei ein Text aus dem Jahre 1913 zitiert, der sich auf das Drei-Felder-Ballspiel, eine Variante des Völkerballspiels, bezieht:

„*Kriegsball: Kampf zweier Völker gegen ein drittes, z.B. Russland und Frankreich gegen Deutschland, von denen das eine eingeschlossen ist und von zwei Seiten bestürmt wird ...*"

(2) Dem kann man freilich entgegenhalten, dass dies eine unzulässige, einer verquollenen Ideologie entsprungene Interpretation eines an sich harmlosen Spiels ist. *Worum geht es aber im Völkerballspiel wirklich?* Tatsache ist zunächst, dass auf ein *lebendes Ziel* geworfen (oder, um eine andere Vokabel aus der Sportsprache zu gebrauchen, geschossen) wird.

Ganz offensichtlich steht dahinter ein uraltes *Jagdspiel*. Die Beute wird gehetzt, gestellt und erlegt. Als solches hatte es in der Jäger- und Stammesgesellschaft der Vorzeit, und vielleicht noch einige Jahrtausende länger, eine unmittelbare, weil funktionale, d.h. auf den permanenten Kampf ums Dasein bezogene Bedeutung.

Und vielleicht sind Jagdspiele schon sehr früh als ritualisierte Kriegsspiele verstanden worden. Damit erhebt sich jedoch die gleich unter einem anderen Gesichtspunkt zu behandelnde Frage, welchen Sinn das Völkerballspiel und mit ihm alle Hetzball- und Jägerballspiele (einschließlich ihrer methodisch abgewandelten Formen) unter den heutigen gesellschaftlichen Verhältnissen noch haben können.

Aus diesen Vorüberlegungen lassen sich nun aber, zumindest vermutungsweise, einige Hinweise gewinnen, warum das Völkerballspiel gerade auf unsere jüngeren Schüler (und Schülerinnen!) eine so große, geradezu magische Anziehungskraft ausübt: Es appelliert, wenn dieser Begriff hier statthaft ist, an Urinstinkte, an atavistische Verhaltensweisen, die in aller Regel mit einem Sturm von Emotionen verknüpft sind.

Und in der Tat ist kein anderes Spiel in gleicher Weise wie das Völkerballspiel geeignet, *mit einem Minimum an Aufwand ein Maximum an Emotionen zu erzeugen.*

Nun sind Emotionen ja nichts Verwerfliches. Sie stellen einen wesentlichen, wenn nicht den wesentlichsten Teil unseres Menschseins dar. Das Problem beginnt erst mit der Erkenntnis, dass ein Großteil der beim Völkerballspiel freigesetzten Emotionen etwas mit manifester *Aggression* und *Aggressivität* zu tun hat. Und hier erhebt sich wiederum die alte Streitfrage,

- ob ein Spiel wie das Völkerballspiel eher geeignet ist, das in einem Menschen unvermeidlich vorhandene, weil aus Urzeiten überkommene, Aggressionspotential auf unschädliche Weise abzubauen,
- oder ob es eher dazu beiträgt, durch einen gewissen Lerneffekt ein solches Potential zu verstärken oder überhaupt erst aufzubauen.

Die Wissenschaft hat darauf noch keine eindeutige Antwort gefunden. Vermutlich wird es auch keine geben, weil beides eine Rolle spielt.

Aber abseits von allen Aggressionstheorien tritt bei diesen Überlegungen etwas von der wesensimmanenten Doppelbödigkeit des Spiels zutage: Spiel ist nicht das „wirkliche Leben", also nicht die Wirklichkeit selbst, stellt in irgendeiner Weise aber doch diese Wirklichkeit nach und wirkt möglicherweise auch auf sie zurück.

Somit dürfte es ratsam sein, Aggression und Aggressivität im Spiel und im Sport nur in möglichst ritualisierter und sublimierter Form zuzulassen. Im Hinblick darauf ist beispielsweise die Aufgabe, an einem Torhüter *vorbei* auf ein Ziel zu werfen, „besser" als die Aufgabe, zum Zweck eines Torerfolgs auf ihn selbst zu schießen.

Was in solchen Dingen nun wirklich „gut" oder „schlecht" ist, lässt sich, wie dargelegt, nie endgültig sagen. Insofern ist jeder, der pädagogische Verantwortung trägt, aufgerufen, seine eigene Antwort zu finden.

3 Spiel – pädagogischer Ideal- oder Problemfall?

Die Analyse zweier bekannter kleiner Spiele, des Fangerles- und des Völkerballspiels in den beiden vorangegangenen Beiträgen, hat Anhaltspunkte dafür erbracht, dass das Spiel, als Phänomen betrachtet, eine eigentümliche Doppelnatur hat.

Diese folgt unmittelbar aus der *dialektischen und antithetischen Grundstruktur des Spiels*, zumal des sportlichen Spiels. Das bedeutet, dass das Spiel von einem Spannungsverhältnis sich ergänzender Widersprüche bestimmt ist. Als solche „Gegensatzpaare" haben sich beispielsweise folgende ergeben:
– Spiel ist nicht das „eigentliche Leben", aber doch ein Abbild, eine Widerspiegelung eben dieses Lebens.
– Spiel ist einerseits freies Handeln, andererseits aber auch an die strikte Einhaltung der zugrunde liegenden Regeln gebunden.
– Spiel muss, wenn es „Sinn machen" soll, ernst genommen werden; es darf aber auch nicht zu ernst werden, wenn es nicht von innen heraus zerstört werden soll.

Auf der Basis dieses Denkmusters soll im Folgenden die Frage untersucht werden, ob das Spiel tatsächlich, wie die neuere sportpädagogische Diskussion glauben lässt, den pädagogischen Idealfall schlechthin darstellt oder ob mit ihm nicht doch einige Probleme verknüpft sind.

Damit soll in keiner Weise der pädagogische Wert des Spiels in Frage gestellt werden. Es geht vielmehr um die alte Erkenntnis, dass jedes Ding auf dieser Welt zwei Seiten hat und dass man eine Sache erst dann voll beherrscht, wenn man beide Seiten kennt.

Um jedoch einer allzu vereinfachten und kurzschlüssigen Betrachtungsweise dieses Problemkomplexes entgegenzuwirken, ist eine *Vorbemerkung* angebracht:

Auf einer höheren Abstraktionsstufe ist *Sport auch Spiel*. Spiel als umfassendes menschliches (wenn man so will, sogar biologisches) Phänomen durchdringt alle Lebens- und Kulturbereiche. In dieser Hinsicht geht der Sport definitionsgemäß im Spiel auf. Beide jedoch, sowohl das Spiel als auch der Sport, konkretisieren sich in einer theoretisch und praktisch fast unendlichen Zahl von Erscheinungsformen. Hierbei hat der Sport als kulturgeschichtlich jüngere Erscheinung einen Teilbereich des Spiels, nämlich den der Bewegungsspiele, wenn auch nicht ganz, so doch zu einem erheblichen Teil usurpiert und wesensmäßig verändert. Innerhalb dieses neuen und alsbald recht differenzierten Spektrums von „Sport" lässt sich wiederum ein mehr „spielerischer" Bereich, die Sportspiele, vom „eigentlichen" Sport deutlich abgrenzen.

Die besonderen *Kennzeichen des Sportspiels* (allerdings nicht des Sportspiels allein, sondern einer ganzen Gattung von Spielen) bestehen darin,
– dass es den fortlaufenden Vergleich mit einem direkten Gegenüber zulässt,
– dass es zu einem Ergebnis führt.

Diese beiden Kennzeichen stehen in einem inneren Zusammenhang: Wie jedes Spiel stellt das Sportspiel einen Geschehnisablauf von prinzipiell unbegrenzter Dauer dar.

Im Einzelnen betrachtet, setzt es sich aber aus einer Kette von Wettbewerbssituationen zusammen, wobei die Teilnehmer in einen – im eigentlichen Wortsinne – *unmittelbaren Vergleich* treten. Bildlich gesprochen: die Turner turnen nacheinander, die Leichtathleten laufen nebeneinander, die Spieler spielen mit- bzw. gegeneinander. Wird nun dieser fortgesetzte Vergleich an einer im Prinzip willkürlich gewählten Stelle abgebrochen, lässt sich ein *Ergebnis* feststellen, das zugleich den *Erfolg* der einen und den *Misserfolg* der anderen Partei ausdrückt.

Die Unterscheidung von Siegern und Unterlegenen scheint zwar ein generelles Merkmal des Sports im ganzen zu sein, doch ist auch ein wesentlicher Unterschied festzustellen: Während z.B. Schwimmen, Skilaufen und Surfen, aber auch Langlauf, Reckturnen und Gewichtheben „an sich" schon einen Sinn haben (man kann z.B. in einen „Vergleich mit sich selbst" treten), tendieren die Sportspiele in ganz anderer Weise zum Wettbewerb.

Natürlich gibt es auch „kooperative" Spiele, z.B. die reinen Darstellungs- und Geselligkeitsspiele, und selbstverständlich kann man Federball und Volleyball (zumindest so lange, bis diese Art des Spielens langweilig wird) auch „miteinander" spielen, doch lässt sich dieses Modell nur bedingt auf Basketball oder Fußball übertragen.

Diese Überlegungen führen nun geradewegs, und damit kehren wir zum Thema zurück, zu einem ersten und wesentlichen Problempunkt des Spiels:

(1) Das Sportspiel ist ebenso sehr ein sich selbst genügender Geschehnisablauf wie ein ergebnisorientierter Wettkampf.

Es haftet gleichermaßen am Prozess und am Produkt. Bei einem Spiel – und darüber besteht in der sportpädagogischen Diskussion Einigkeit – kommt es also zunächst darauf an, dass es „zustande kommt" oder „gelingt", bevor es zum Mittel eines irgendwie gearteten Leistungsvergleichs wird. Aus dieser Sicht hat das „Miteinander-Spielen" nicht nur aus methodischen, sondern auch aus pädagogischen Gründen seinen unverzichtbaren Stellenwert.

Dieses Problem lässt sich weiter zurückführen auf das eingangs erwähnte Wesensmerkmal des Spiels, dass es einerseits ernst genug genommen werden muss, andererseits nicht zu ernst werden darf. Natürlich muss sich jeder ernsthaft bemühen, und selbstverständlich will jeder auch gewinnen, aber zunächst geht es um das „Spielen-Wollen" (und -Können!), dann erst um das „Gewinnen".

Bei der heute vorherrschenden Mentalität des „Siegen-Wollens um jeden Preis" (dem wiederum das „Nicht-Verlieren-Können" entspricht) ist das die entscheidende Erfahrung, die unsere Schüler im realen Vollzug des Spiels (wieder?) machen und *emotional akzeptieren* müssen, um richtig „spielen" zu können.

Diesen Überlegungen lassen sich folgende Feststellungen anfügen:

(2) Der Gegner ist ebenso sehr „Gegenspieler" wie „Mitspieler".

Wenn er aus irgendeinem Grund nicht mehr mitspielen will, hört das Spiel auf. Es geht also nicht darum, um Wortschöpfungen aus der Sportsprache zu gebrauchen, einen Gegner „zu überrollen" oder „vom Platz zu fegen", sondern einen Spielpartner zu haben und zu behalten.

Das heißt aber auch:

(3) Ein Sportspiel lebt ebenso sehr vom Sich-Durchsetzen wie von der Rücksichtnahme auf den anderen.

Diese beiden Erkenntnisse führen zum Kernpunkt des gegenwärtig so aktuellen *Fairnessproblems*: Ein Spiel muss neben der äußeren auch eine „innere Form" haben. Hier geht es nicht sosehr um eine – ggf. durch Sanktionen erzwungene – Regeleinhaltung, als vielmehr um eine ganz bestimmte Haltung, die man auch als „informelle Fairness" bezeichnet und die sich wiederum in der Devise: „Spiele so, dass dein Gegner jederzeit wieder mit dir spielen würde", zusammenfassen lässt.

Allseits zufriedenstellend und zugleich erfolgreich zu spielen, stellt also einen stets gefährdeten Balanceakt dar. Das bedeutet aber auch, dass die pädagogische Wirksamkeit des Spiels hinsichtlich der Entwicklung einer „fairen" und „sportlichen" Haltung und Einstellung, etwas überspitzt formuliert, nicht aus dem Spiel selbst folgt, sondern aus der wesensimmanenten Störanfälligkeit des Systems „Spiel".

Direkt mit diesen Überlegungen hängt ein grundsätzliches Problem zusammen:

(4) Ein Spiel wird sinnlos, wenn eine der beteiligten Parteien überhaupt keine reelle Chance auf Erfolg mehr hat.

Das Sportspiel lebt also von einer gewissen Ausgeglichenheit in den Leistungsvoraussetzungen der beteiligten Spieler bzw. Mannschaften.

Im Sportunterricht als einer Pflichtveranstaltung mit prinzipiell heterogenen Gruppen führt dies zu einigen methodischen und pädagogischen Problemen, die in einem anderen Zusammenhang schon dargestellt worden sind (1).

An dieser Stelle geht es darum, dass die Begriffe „Chance" und „Erfolg" im Spiel ihrerseits wieder recht vieldeutig sind:

(5) Erfolg im Spiel beruht ebenso sehr auf Leistung wie auf Zufall.

Im Hinblick auf den prinzipiell offenen Ausgang einer jeden Spielsituation ist dies zunächst ein Problem der statistischen Wahrscheinlichkeit, damit aber auch ein Wesensmerkmal des Spiels.

Und in der Tat weiß jeder aus Erfahrung, dass bei einem Spiel nicht immer der Bessere (was man darunter auch verstehen mag) gewinnt. Für das Sportspiel führt dieser Tatbestand zu einer geradezu paradoxen Situation: „Spielen" bedeutet hier, einerseits die Rolle des Zufalls anzuerkennen, andererseits seinen Einfluss auf das Ergebnis durch Verbesserung der spielerischen Leistung zu minimieren.

Beim weiteren Nachdenken wird aber sehr schnell deutlich, dass „Leistung" im Spiel durchaus kein eindeutiger Begriff ist:

(6) „Spielen" im Sinne des Sportspiels heißt planen, vorausschauen, eine Strategie entwickeln, aber auch improvisieren, das Unerwartete tun, ein Risiko eingehen.

Dieser letzte Aspekt bedeutet, für sich betrachtet, dass sich im Spiel eine „Freiheit des Handelns" manifestiert, wie sie in dieser Form im übrigen Sport nicht gegeben ist. Im Gesamtzusammenhang der Antithese von Leistung und Zufall kann dieser Befund einerseits zu der menschlich bedeutsamen Erkenntnis führen, dass nicht alles auf dieser Welt machbar ist, andererseits aber auch zu der problematischen Einschätzung verführen, dass Spiel – auch das Sportspiel – vorwiegend Glücksspiel sei, dessen Ergebnis man allenfalls manipulieren, aber nicht wirklich beeinflussen könne.

Bei den Mannschaftsspielen kommen im Hinblick auf den hier angeschnittenen Problemkomplex einige spezielle Gesichtspunkte hinzu:

(7) Mannschaftsleistung basiert auf der Einzelleistung, ist aber mehr als die Summe der Einzelleistungen.

Optimale Mannschaftsleistung setzt eine hierarchisch gegliederte Mannschaftsstruktur voraus: Die elf besten Einzelspieler werden mit größter Wahrscheinlichkeit nicht die beste Fußballmannschaft ausmachen.

(8) Mannschaftsdienlich und effektiv zugleich zu spielen, heißt einerseits sich einordnen und auf die Mitspieler eingehen, andererseits Verantwortung übernehmen und Initiative ergreifen.

Dabei ist es nicht immer leicht, die richtige Mitte zu finden. Gerade die Stars unter den Spielern neigen ja dazu, vorwiegend sich selbst in Szene zu setzen und im Spiel eine Schaubühne zur Selbstdarstellung zu sehen.

Mit den beiden letzten Punkten ist unter anderem die Frage des *sozialen Lernens* angesprochen. Auch hier zeigt sich wieder, dass Lerneffekte in dieser Richtung nicht, wie es oft vereinfachend gesehen wird, aus dem Spiel als solchem folgen, sondern aus der Aufgabe, die widersprüchlichen Anforderungen des Spiels in einen allseits befriedigenden Gleichgewichtszustand zu bringen. „Soziales Lernen" ist nicht die gelegentliche gute Tat, sondern, wie oben beim Fairnessproblem bereits formuliert, die Bewältigung eines systemimmanenten Konfliktpotentials.

Die in den vorangegangenen Überlegungen immer wieder aufscheinende Antithese von Leistung und Erfolg führt zu einer weiteren, pädagogisch keineswegs sonderlich beruhigenden Feststellung:

(9) „Leistung" im Spiel lässt sich nur über den Erfolg messen, der damit erzielt wird.

Spielerische Leistung ist nur schwer objektivierbar. Um die beste Mannschaft (oder, z.B. beim Tennis, den besten Spieler) festzustellen, verbleibt nur die Möglichkeit des direkten Vergleichs nach dem Prinzip „jeder gegen jeden". Im Spiel wird also der Erfolg zum Gradmesser der Leistung. Daran hat man sich gewöhnt, zumal auch sonst in der komplexen gesellschaftlichen Wirklichkeit nicht immer scharf zwischen Leistung und Erfolg unterschieden werden kann.

Dennoch liegt etwas Bedenkliches darin, dass damit der immer weiter fortschreitenden Gleichsetzung dieser beiden Begriffe Vorschub geleistet wird. Nach einer mittlerweile gebräuchlichen Formel bezeichnet sich unsere Gesellschaft zwar als „Leistungsgesellschaft", honoriert aber nur den Erfolg. Wer aber bei allem, was er sagt, tut oder unterlässt, immer nur daran denkt, welchen Eindruck er damit machen oder welchen Vorteil er daraus ziehen könnte, verstößt wissentlich oder unwissentlich gegen das Leistungsethos, für das der Sport „als solcher" doch einstehen möchte.

In diesem Zusammenhang ist noch ein letzter Problemkomplex anzusprechen:

(10) Ein Spieler spielt nicht nur, er „wird auch gespielt".

Er agiert also nicht nur, er reagiert auch, und das ganz überwiegend. Er lässt sich von der lebendigen, stets wechselnden Spielsituation gleichsam forttragen. Dieses Aufgehen oder Sich-Verlieren in der „Um-Welt" ist genau der Punkt, der das Spiel zum unmittelbaren und gegenwärtigen Erlebnis werden lässt.

Umgekehrt kann diese besondere Erlebniswelt des Spiels aber auch zum psychischen Stimulans, zur Droge werden, die der Spieler benötigt, um überhaupt aktiv zu werden. Wir alle kennen den Typ des „Spielers", der mit „Sport" (im engeren Sinne) nichts am Hut hat, weil dieser für ihn keinen spezifischen Aufforderungscharakter mehr hat: Es ist schon ein Unterschied, einem dahinrollenden Ball nachzujagen oder auf ein kompaktes Hindernis zuzulaufen, um es zu überspringen.

Indessen ist das „Aufgehen" in der besonderen Welt des Spiels weder moralisch verwerflich noch pädagogisch bedenklich. Es ist dies vielmehr ein durchaus positiver Aspekt unseres Menschseins, solange es nicht zum vorsätzlichen oder fahrlässigen Sich-gehen-Lassen wird.

Darin aber liegt ein besonderes Problem des Sportspiels:

(11) Das Sportspiel ist an sich regelgeleitetes und planvolles Handeln; es kann aber auch zur Regellosigkeit und Hemmungslosigkeit verführen.

Letzteres ist ersichtlich der Fall, wenn Schüler schon vorher erklären (Originalzitate), sie wollten, wenn sie jetzt spielen, „einen draufmachen", „Dampf ablassen" oder „die Sau rauslassen". Ein solches hemmungsloses und triebhaftes Sich-Austoben mag zwar mit der volkstümlichen Version einer bestimmten Aggressionstheorie in Einklang stehen, stellt aber doch den Bildungswert des Spiels in Frage.

Dies ist sicher eine extreme Sichtweise des Spiels, die von der Mehrzahl unserer Schüler nicht geteilt wird. Es besitzt jedoch eine damit vergleichbare, wenn auch harmlosere Eigenschaft:

(12) Das Sportspiel erlaubt dem Mitspieler, beinahe nach Belieben in den Geschehnisablauf „einzusteigen" und aus ihm „auszusteigen".

Der vielfach gegliederte Ablauf macht es möglich, sich entsprechend in Szene zu setzen oder auch abzutauchen. Dem entspricht weiterhin, dass ein Spiel stets eine Vielzahl von Chancen unterschiedlichster Art bietet und dass ein einmal gemachter Fehler sozusagen im Gegenzug wieder gutgemacht werden kann. Aus einem 1000-m-Lauf oder einer Reckübung kann man nur „aussteigen" und eine zweite Chance gibt es vielleicht nicht. Damit erhält das Spiel aber den Anschein der Unverbindlichkeit und Beliebigkeit, den der Sport in dieser Form nicht hat.

Zusammen mit anderen Merkmalen des Spiels führt dieser Tatbestand in den Augen der Schüler zur Gleichsetzung von *Spiel mit Freiheit, Beliebigkeit, Nicht-Arbeit* einerseits und von *Sport mit Zwang, Mühe, Arbeit* andererseits, und damit zu einem „sportpädagogischen Dualismus", der uns Sportlehrern schwer zu schaffen macht. Die Lösung dieses Dilemmas kann nur darin liegen, den Begriff des „Spielerischen" auf einer höheren Ebene anzusiedeln als auf der des erfolgsorientierten Wettspiels. Darüber wurde bereits an anderer Stelle einiges gesagt (2).

Schlussbemerkung

Es war das Anliegen dieses Beitrags, an einigen ausgewählten Merkmalen das Doppeldeutige, Widersprüchliche und in einigen Zügen auch Irrationale des Spiels sichtbar zu machen. Daraus dürfen jedoch keine Argumente gegen seinen pädagogischen Wert abgeleitet werden.

Spiel ist nämlich auch darin eine Widerspiegelung des „wirklichen Lebens", dass es darum geht, unterschiedliche und widerstrebende Anforderungen, sozusagen die „Last und Lust des Daseins", in einen Gleichgewichtszustand zu bringen. Von hier aus erhalten auch die uralten und ehemals volkstümlichen Tugendlehren von der „richtigen Mitte" des Verhaltens, verbunden mit Lebensregeln wie: „Alles zu seiner Zeit und jedes an seiner Stelle", ihren tieferen Sinn. Vielleicht kann die Pädagogik auch heute noch davon profitieren.

Anmerkungen

(1) Vgl. die Beiträge: Gruppenbildung, S. 103, und „Spielvermittlungsmodelle", S. 239.
(2) Vgl. den Beitrag: Was heißt „spielerisch"? S. 141.

Literatur

HAGEDORN, G.: Spiel. In: RÖTHIG, P. (Hrsg.): Sportwiss. Lexikon. Schorndorf 1992.
HUIZINGA, J.: Homo ludens. Vom Ursprung der Kultur im Spiel. Hamburg 1976.
SCHEUERL, H.: Das Spiel. Untersuchungen über sein Wesen, seine pädagogischen Möglichkeiten und Grenzen. Weinheim 1973.

4 Hat die Leichtathletik in der Schule noch eine Chance?

Vortrag beim Kongress „Jugendleichtathletik". Mainz 1987.

Wer ein komplexes Problem angehen will, der sollte beim Nächstliegenden und Selbstverständlichen beginnen. Dies vermeidet Irrwege im Denken und schafft eine solide Grundlage für weitere Überlegungen. Fast immer lassen sich aus einem solchen einfachen Ansatz heraus einige Erkenntnisse gewinnen. In aller Regel sind dies sogar die strukturell bedeutsamen und die didaktisch entscheidenden.

Fragen wir also, was Leichtathletik ist und was sie will.

Was sich hier ergibt, lässt sich zu folgender dreigliedrigen Aussage zusammenfassen, die zugleich die *konstitutiven Prinzipien der Leichtathletik* enthält:

- *Die Leichtathletik hat die einfachen und alltagsnahen Grundtätigkeiten des Laufens, Springens und Werfens zum Gegenstand,*
- *wobei die Intensität der Tätigkeit zu einem Optimum oder Maximum strebt*
- *und die erzielte Leistung in direkter Abhängigkeit von bestimmten körperlichen Grundfähigkeiten steht.*

Das Gesagte erlaubt zwei grundsätzliche Feststellungen:

(1) Der Leistungsaspekt, d.h. die willentlich erbrachte körperliche Leistung, ist für die Leichtathletik konstitutiv.

Allein hierdurch unterscheidet sich z.B. Laufen von Spazierengehen. Dabei ist es nachrangig, wie man „Leistung" genauer definieren möchte.

(2) Wer den unmittelbaren Zusammenhang zwischen bestimmten körperlichen Fähigkeiten oder „physischen Leistungsfaktoren" und der als Ergebnis festgestellten Leistung aufheben will, zerstört die Leichtathletik von ihrem Wesen her.

Wer statt vorwärts und geradeaus rückwärts und in Schlangenlinien läuft, befasst sich mit einem choreografischen Problem, das eher der Gymnastik zuzuordnen ist, ebenso wie das Werfen mit einer Frisbeescheibe ein aerodynamisches Problem aus dem Flugmodellsport ist.

Das strukturbestimmende Bewegungsproblem der Leichtathletik besteht darin, körperliche Leistungsfähigkeit möglichst verlustfrei in „sichtbare", d.h. messbare Leistung umzusetzen. Die hier erreichbare Leistung strebt – das liegt in der Natur der Sache – stets zu einem Maximum.

Leistungssteigerung ist in der Leichtathletik ein prinzipiell unendliches und nie endgültig lösbares Problem. Es geht darum, bestimmte körperliche Leistungsfaktoren, vor allem Schnellkraft, Schnelligkeit und Ausdauer in ihren spezifischen Erscheinungsformen, gezielt zu optimieren oder zu maximieren, um eben diese Leistungssteigerung zu erreichen. Leichtathletik „lebt" geradezu von Training und erst in zweiter Linie von Leistungsvergleich und Wettkampferfolg.

Training bedeutet, sich auf einen systematisch aufgebauten, längerfristigen Prozess einzulassen, gelegentlich auch Bedürfnisaufschub und Konsumverzicht um eines höheren Zieles willen zu üben, also Werte und Normen zu praktizieren, die in der gegenwärtigen hochindustrialisierten und hochspezialisierten Wohlstandsgesellschaft eher im Schwinden begriffen sind.

Und genau an diesem Punkt beginnt das pädagogische Problem. Nicht jeder Schüler mag das, trainieren und Leistung optimieren. Darin sieht er „Arbeit"; und die macht keinen „Spaß", wenigstens nicht in dem vordergründigen und unreflektierten Sinne, in dem dieses Wort gemeinhin gebraucht wird. „Spaß" sieht er schon eher im Spiel, und dazu gehört für ihn auch das Sportspiel.

Was aber ist „Spiel"?

Als komplexes Phänomen lässt sich Spiel und sportliches Spiel nicht eben leicht analysieren. Sein Wesen lässt sich vielleicht in folgender Aussage kurz zusammenfassen: Spiel ist ein vielfach gegliederter Geschehnisablauf, dessen einzelne Handlungsabschnitte jeweils mehrere Handlungsmöglichkeiten offenlassen, die wiederum in ihrem Ausgang prinzipiell ungewiss sind. Damit baut das Spiel fortgesetzt Spannungsmomente auf und löst sie wieder. Dies ist auch das Merkmal, das dem Spiel seine unwiderstehliche Anziehungskraft verleiht. Im Spiel sieht der Schüler primär das Beliebige und Improvisatorische, das Risiko und die Chance, im Sport mehr das Planbare und nur mühsam Erreichbare. Unabhängig davon, dass er sich im Spiel oft mehr anstrengt als im Sport, identifiziert er *Spiel* mehr mit Spaß, Abwechslung, Zerstreuung, *Sport* eher mit Mühe, Anstrengung, Arbeit. An dieser recht vordergründigen Zuordnung lässt sich prinzipiell nicht viel ändern.

Welche Chancen hat die Leichtathletik – nicht nur in der Schule –, aus diesem Dilemma herauszukommen?

Diese Frage gibt dem Problem wieder eine andere Dimension: Es ist seit langem erkannt, dass auf einer höheren Abstraktions- und Reflexionsebene *Sport auch Spiel* ist. Alle Wesensmerkmale des Spiels treffen auch auf den Sport zu; es handelt sich sozusagen um Konkretisierungsmöglichkeiten oder Vollzugsvarianten desselben Phänomens. Vom Spiel weiß man, dass es ernst genug genommen werden muss, damit es nicht öde und langweilig wird, dass es aber nicht zu ernst werden darf, da es sonst von seinem Wesen her zerstört wird. Wenn Sport auch Spiel ist, gilt diese Aussage in gleicher Weise für die Leichtathletik. Nicht zufällig hat sich seit langem das Anliegen, „Leichtathletik spielerisch" zu betreiben, in didaktischen Konzeptionen und methodischen Vorstellungen niedergeschlagen.

Was aber heißt „Leichtathletik spielerisch betreiben"?

„Spielerisch" kann nicht – wie gesagt – bedeuten, rückwärts in Schlangenlinien zu laufen oder mit Frisbeescheiben zu werfen, jedenfalls wenn dies mehr sein soll als methodische Hilfen. Man hätte damit die Leichtathletik durch etwas anderes ersetzt.

„Spielerisch" kann nicht bedeuten, alle theoretisch möglichen Formen der Lattenüberquerung auszuprobieren, wenn dies nicht zur Erkenntnis einer zweckmäßigen Technik führen soll. Es wäre sonst ein Problem der Kunstsportarten, wo es um die Bewegung selbst geht.

„Spielerisch" kann auch nicht meinen, Leichtathletik ausschließlich in Wettbewerbsformen zu betreiben, „spielerisch" also kurzschlüssig als „wettkampforientiert" zu interpretieren und vorwiegend in „Staffelformen" zu praktizieren.

(Es ist bekannt, dass Mannschaftswettkämpfe – zumal in einer Schulklasse als einem sehr heterogenen Teilnehmerfeld – eher „negativ", d.h. vom schwächsten Mannschaftsmitglied entschieden werden. Eine Staffel zu inszenieren, kann *auch* bedeuten, gerade den schwächsten Schüler dem schlimmsten Wettbewerbs- und Umgebungsdruck auszusetzen, den es gibt.)

Da muss man hinter „spielerisch" doch ein Fragezeichen setzen. Spielerisch könnte aber bedeuten, einmal ganz unverbindlich auszuprobieren,
- *wie lange oder wie weit man laufen kann,*
- *wer in einer größeren Gruppe als erster ins Ziel kommt,*
- *wie kraftvoll, wie weit oder wie genau man werfen kann,*
- *ob man eine zuvor anzusagende Höhe überspringen kann.*

Und „spielerisch" kann schließlich bedeuten, all dies noch einmal zu probieren, nachdem man es eingehend geübt hat.

Laufen, Springen, Werfen kann ja jeder von Natur aus. Insofern ist ein spielerischer Ansatz in der Leichtathletik durchaus gerechtfertigt.

„Spiel" bleibt das ganze Tun, solange es mit jener inneren Freiheit, Leichtigkeit und Gelassenheit betrieben wird, die Spiel und Sport gleichermaßen auszeichnen sollten.

Der kritische Punkt bei dieser Angelegenheit, an dem der dialektische Umschlag erfolgt, liegt darin, dass sich das so definierte Spielerische mit dem *Pflichtcharakter des Sportunterrichts* schlecht verträgt. Solches „Spiel" schlägt für den Schüler schnell in „Arbeit" um, wie er ja auch mit einem gewissen Recht alles, was er nicht aus einem elementaren und spontanen Bedürfnis heraus tut, als Arbeit definiert. In einer solchen Situation verbleibt lediglich, dem Schüler beizubringen, eben diese, seine Arbeit, spielerisch zu tun – etwas, was man den Gladiatoren des modernen Schau- und Zuschauersports auf dem Fußballrasen und in den Leichtathletikarenen manchmal auch empfehlen möchte.

An dieser Stelle ist vielleicht eine grundsätzliche Bemerkung angebracht: Wir sollten uns angewöhnen, wieder *in Antithesen zu denken,* d.h. die beiden Seiten einer Sache, das Für und Wider, zu sehen. Wir sollten lernen, Widersprüche zu akzeptieren, auch solche, die unlösbar sind, weil sie in der Natur einer Sache liegen. Dann sind wir auch weniger in Gefahr, auf die „einzige, wahre, richtige Lösung" der Probleme zu warten.

Wenden wir uns nun einer anderen Frage zu, die unser Thema betrifft:

Welchen Stellenwert hat die Leichtathletik aus der Sicht der Schüler? Wie schätzen sie die Schulsportarten überhaupt ein?

Das hängt, so resigniert es klingen mag, von ihrem Anforderungsprofil ab, konkret gesprochen, von der Härte und Konsequenz, mit der sie ihm entgegentreten. Am deutlichsten wird dies am Beispiel des Gerätturnens, weil Misserfolge dort unmittelbar sichtbar sind und sehr schnell als persönliches Versagen gedeutet werden.

Etwas besser scheint es da der *Leichtathletik* zu gehen; sie wird vom Schüler toleriert, vielleicht, weil er einsieht, dass sie als „Sport an sich" zur Schule dazugehört, vielleicht aber auch nur deshalb, weil ein gänzliches Versagen nicht so offensichtlich wird wie in anderen Sportarten, einschließlich der Spiele. Leichtathletische Bewegungsabläufe „gelingen" fast immer, selbst wenn ein Weitsprung eigentlich ein „Nahsprung" wird und man beim Laufen gerade eben noch so „mitmacht".

Einem erfahrenen Lehrer wird das zwar nicht entgehen; aber bis zu welchem Grad sind Anstrengung und Einsatz eigentlich einklagbar? Dass die besagte Toleranz der

Schüler ihre Grenzen hat, beweist die gelegentlich äußerst aggressive Ablehnung des Mittelstreckenlaufs, wo es ganz ohne Anstrengung nicht geht und die Gefahr sichtbaren Versagens wächst.

Vielleicht sollte man an dieser Stelle einmal fragen, ob es einer Sportart überhaupt gut tut, dass sie „Schulsportart" ist und damit einem schleichenden Abnützungsprozess ausgesetzt ist, der schließlich zu dem viel beklagten Motivationsverlust führt.

Nun ist Leichtathletik aber Schulsportart. Wie kann man sie dann – das ist ja eines der Kongressthemen – attraktiver machen?

Wie die vorangegangenen Ausführungen verdeutlichen sollten, *gibt es keinen Trick oder Kunstgriff, der mit einem Schlag der Leichtathletik Attraktivität verleihen könnte, und selbst wenn es ihn gäbe, sollte man ihn nicht anwenden.*

Die Leichtathletik sollte vielmehr ihren *Anspruch* hervorheben, den ganz unmittelbaren und elementaren Anspruch, den sie an jeden zu stellen hat, der über zwei Arme und zwei Beine verfügt. Nur so kann sie innerhalb und außerhalb der Schule noch eine Chance haben, ohne sich selbst aufzugeben.

Diese Chance kann zunächst darin gesehen werden, dass Leichtathletik die Grund- und Trainingssportart schlechthin ist,
- Grundsportart insofern, als leichtathletische Elemente fast alle anderen Sportarten durchziehen,
- Trainingssportart insofern, als alle anderen Sportarten sich leichtathletischer Mittel und Methoden zur eigenen Leistungsoptimierung bedienen.

Indessen sollte die Leichtathletik weniger ihre Hilfsfunktion betonen, als vielmehr – und das ist der zweite, entscheidende Gesichtspunkt – ihren *Eigenwert* herausstellen. Dass dieser Eigenwert primär in dem *Anspruch* liegt, den die Leichtathletik stellt, ist dem Schüler freilich nur schwer zu verdeutlichen. Dazu bedarf es einer gewissen Überzeugungsarbeit, deren Hauptgedanken sich wie folgt zusammenfassen lassen:

Leichtathletik ist sozusagen „Sport an sich" oder „Sport pur". Sie stellt eindeutige und genau definierte Forderungen: Wer höher springen will, muss durch Training seine Sprungkraft verbessern; wer beim 1000-m-Lauf mithalten will, muss so lange trainieren, bis Herzminutenvolumen und Muskelstoffwechsel dies ermöglichen. So einfach und direkt sind die Zusammenhänge.

Man kann natürlich solche Forderungen ablehnen – Sport muss ja nicht sein. Aber wer sich ihnen stellt, kann daraus unmittelbaren persönlichen Nutzen, physischen und psychischen Gewinn ziehen, und zwar durch sich und nur für sich.

Welche Sportart hat solches zu bieten? Selbst wenn man hierin „Arbeit" sieht, ist es Arbeit, die sich lohnt und die man für sich selbst tut.

Freilich kann in der Leichtathletik nicht jeder gleich weit kommen; nur wenige sind zu herausragenden Leistungen fähig, viele kaum zu durchschnittlichen. Dieses Problem ist nur auf einer höheren, gleichsam philosophischen Ebene zu lösen: Wir müssen uns – wieder – daran gewöhnen, *zwischen dem sichtbaren Erfolg und der tatsächlich erbrachten Leistung zu unterscheiden.* Diese aber ist stets in ihrem individuellen Bezug zu sehen, nämlich als Funktion eines persönlichen Gütemaßstabs oder eines bestimmten Anspruchsniveaus.

Letztlich wird dabei Leistung und Leistungsfähigkeit miteinander verglichen. *„Leistung"* wird zum Gradmesser dafür, wie weit man das erreicht hat, was man eigentlich erreichen könnte.

Dies ist der Kernpunkt der Sache: Man muss dem Schüler deutlich machen, ihm sozusagen beweisen, dass nur Leistung in dem letztgenannten Sinne wirkliche Befriedigung bringen kann. Dies gilt sogar für den gewissermaßen „negativen" Fall, dass ein Schüler seine vielleicht recht eng gezogenen Leistungsgrenzen erkennen und lernen muss, sie rational und emotional zu akzeptieren.

Wir möchten zum Schluss die Hauptgedanken dieses Vortrags in drei Sätzen zusammenfassen und jeweils eine – aus langer Unterrichtserfahrung gewonnene – schülergemäße Formulierung danebensetzen:

In der Leichtathletik geht es nicht um den schnellen Erfolg, sondern um die planmäßige *Verbesserung* der messbaren Leistung und der dahinterstehenden physischen Leistungsfaktoren; Leichtathletik „lebt" von *Training.*

Schülergemäß: „Von nichts kommt nichts; wer also zu etwas kommen will, muss erst etwas dafür tun."

Selbst wenn dies Arbeit sein sollte, ist es Arbeit, die sich lohnt; irgendwie kann jeder für sich und auf seinem Niveau von der Leichtathletik profitieren.

Schülergemäß: „Wenn wir etwas tun, tun wir es richtig; ihr tut es für euch, nicht für den Lehrer."

In der Leichtathletik geht es um *Leistung* und *Leistungsverbesserung;* beides muss aber stets in Bezug auf die individuellen *Leistungsvoraussetzungen* gesehen werden.

Schülergemäß: „Wieweit du mit dem, was du erreicht hast, zufrieden sein kannst oder ob nicht doch etwas mehr hätte drin sein können, musst du selbst wissen."

In der Praxis ist das natürlich alles nicht so einfach, wie es sich hier anhört oder in den Büchern liest. Dennoch sollte man sich nicht darüber täuschen, welche erstaunlichen Wirkungen solche einfachen Formulierungen gerade auf jüngere Schüler bisweilen haben – und diese müssen wir ja in erster Linie ansprechen. Sie wirken auf jeden Fall besser als lange „Sonntagspredigten", vor allem, wenn sie mit jenem freundlichen Nachdruck vorgebracht werden, zu dem ein Lehrer fast automatisch fähig ist, wenn er von seiner Sache überzeugt ist.

Und das wäre es eigentlich: *Von seiner Sache überzeugt sein.*

5 Warum Gerätturnen in der Schule?

Vortrag beim 2. „Forum Sportakademie". Ludwigsburg 1989.

Problemstellung

Gerätturnen gilt – mit einigen Einschränkungen bei den Mädchen – als die unbeliebteste Sportart in der Schule. Das weiß man seit langem und darüber ist schon genug gesagt und geschrieben worden.

Aber auch so mancher Sportlehrer hat, vorsichtig ausgedrückt, ein recht indifferentes Verhältnis zum Gerätturnen. Das ist keine bloße Vermutung, auch wenn man darüber nicht so gerne spricht.

Trotz dieser allgemeinen Abneigung hat das Gerätturnen in den Lehrplänen und den ihnen entsprechenden Vorgaben nach wie vor eine zwar recht ausgedünnte, aber immerhin gesicherte Position. Man spürt anscheinend ganz instinktiv, dass man etwas Wesentliches, geradezu Unwiederbringliches verlieren könnte, wenn man dieses Ärgernis des Schulsports vollends abschaffen würde.

Worin liegt nun dieses Besondere und vielleicht Unverzichtbare des Gerätturnens?

Um diese Frage – zumindest vorläufig – zu beantworten, ist zunächst zu fragen, was Schule und Unterricht überhaupt wollen und sollen. Dabei zeigt sich, dass Unterricht, also auch Sportunterricht, abseits aller pädagogischen und ideologischen Theorien, stets eine *dreifache Funktion* hat:
- *eine Ausbildungsfunktion: Sport, konkretisiert in den einzelnen Sportarten, dient gewissermaßen als Ausbildungsinstrument;*
- *eine Bildungsfunktion: Sport erscheint als kulturell bedeutsames Bildungsgut;*
- *eine Erziehungsfunktion: Sport wird sozusagen zur Erziehungsinstanz.*

Im ersten Bereich geht es um die *körperliche, d.h. physische und motorische Ausbildung*, die sich in der Wechselwirkung von Konditionsschulung und Bewegungsschulung verwirklicht.

Im zweiten Bereich geht es um die *Auseinandersetzung mit der Bewegung als einem Kulturgut*, und zwar vorwiegend in der Weitergabe und Weiterentwicklung der traditionellen Bewegungskultur.

Im dritten Bereich geht es um die *Herausbildung sportlicher Einstellungen und Haltungen* als Beispiele für allgemeingültige Normen und Wertvorstellungen.

Unter diesen drei Aspekten wird das Gerätturnen nachher etwas näher zu betrachten sein. Es wird sich zeigen, um diese These gleich vorwegzunehmen, dass das Gerätturnen in einzigartiger Weise die *Einheit der Bildungs-, Ausbildungs- und Erziehungsfunktion repräsentiert* (1).

Zuvor ist aber zu klären, worum es im Gerätturnen überhaupt geht. Das heißt, es ist eine *Strukturanalyse* vorzunehmen. Dabei wird sich herausstellen, dass die *bildenden* und erzieherischen Werte nicht erst in das Gerätturnen hineininterpretiert werden müssen, sondern sich aus der Sache selbst ergeben.

Strukturanalyse des Gerätturnens

Was ist das Gerätturnen und was will es? Das sind die beiden Fragen einer Strukturanalyse dieser Sportart, von denen zunächst die erste zu beantworten ist:

Gerätturnen ist, um gleich zum Kernpunkt zu kommen, durch *drei wesens- und strukturbestimmende Merkmale* gekennzeichnet:
– Der *Geräteeinsatz* im turnerischen Sinne, also die Verwendung bestimmter Großgeräte, ermöglicht es dem Menschen, an einem im Raum fixierten Punkt zuzugreifen, an ihm zu *hängen*, zu *stützen* und zu *schwingen*.
– Der *Kraftansatzpunkt* wird dabei überwiegend von den Händen und Armen gebildet, was auch von den anatomischen Voraussetzungen her einen umfassenden *Bewegungsspielraum* gewährleistet.
– Die Geräte entwickeln keine erheblichen Fremd- oder Reaktionskräfte; *bewegt wird der eigene Körper überwiegend mit eigenen Kräften.*

Diese drei Bedingungen bewirken, dass der menschliche Körper aus eigener Kraft eine beliebige Lage im Raum einnehmen kann. Damit werden raumorientierte Bewegungen im eigentlichen Sinne erst ermöglicht. Es geht, etwas pathetisch ausgedrückt, um die „Eroberung des Raumes", der den anderen Sportarten, von wenigen begrenzten Ausnahmen abgesehen, verschlossen ist. Im Vergleich zum Gerätturnen sind sie sozusagen die „Fußgängersportarten".

Das Gerätumen eröffnet also neue Bewegungsspielräume; es erlaubt Bewegungen, die über das übliche, alltägliche und automatisierte, d.h. verstandes- und vorstellungsmäßig nicht mehr kontrollierte Bewegungsrepertoire des Menschen hinausgehen.

Damit haben wir die erste und didaktisch wichtigste Erkenntnis gewonnen.

Aus dem bisher Dargelegten ergeben sich zwei wesentliche *Konsequenzen:*

Das „Eigentliche" am Gerätturnen wird von den Geräten Reck und Barren, im Mädchenturnen vom Stufenbarren bzw. Stufenreck repräsentiert (Abb. 1).

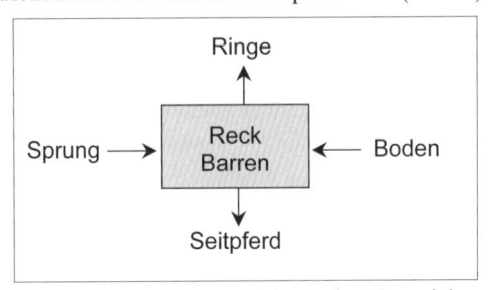

```
                    Ringe
                      ↑
                  ┌────────┐
      Sprung  →   │  Reck  │  ←  Boden
                  │ Barren │
                  └────────┘
                      ↓
                  Seitpferd
```

Abb. 1

Sie sind, unabhängig von der zeitlichen Gewichtung im Unterricht, unverzichtbar und auch gegenseitig nicht austauschbar. Sprung und Boden erlauben sicherlich einen methodisch geeigneten Zugang zum Gerätturnen. Strukturell sind sie als Anlagerungen zu verstehen. Dennoch handelt es sich um echte Geräte, da sie überwiegend im turnerischen Sinne als Stütz- und Abdruckfläche für primär raumorientierte Bewegungen verwendet werden.

(3) Alle Tätigkeiten, Übungen und Geräte, die mit *Steigen, Klettern, Balancieren, Schaukeln* und Ähnlichem zu tun haben, sind *nicht* dem Gerätturnen zuzurechnen. Hier handelt es sich um einen allgemeinen und unspezifischen Bereich, der sich keiner Sportart richtig zuordnen lässt. Folgerichtig fehlte er in den bis vor kurzem gültigen, nach Sportarten strukturierten Lehrplänen der Sekundarstufe I und II fast ganz, obgleich der körper- und bewegungsbildende Wert solcher Grundtätigkeiten unbestritten ist. Hier lag eine unübersehbare Lücke vor, die früher vom „Turnen" im heute historischen Sinne ausgefüllt wurde (2). Auf höherem Niveau betrieben, sind die eben genannten Grundtätigkeiten zu eigenständigen Sportarten oder zur Artistik geworden, nämlich zum Fels- oder Sportklettern einerseits und zur Hochseil- und Trapezakrobatik andererseits, eine Entwicklung, die aus alten Wurzeln heraus im Zuge der „Versportung" unserer Bewegungskultur gegenwärtig zum Abschluss kommt (3).

Kehren wir zur Strukturanalyse zurück, und zwar mit der zweiten Frage:

Was will das Gerätturnen?

Auch hier ist eine eindeutige und, wenn man das Problem einmal durchschaut hat, relativ einfache Antwort möglich:

Im Gerätturnen geht es
- *zum einen um die Ausschöpfung der Bewegungsmöglichkeiten im Raum,*
- *zum anderen um die Orientierung auf die Qualität der Bewegung.*

Es sind dies die *beiden konstitutiven Prinzipien des Gerätturnens,* die wiederum in einem inneren Zusammenhang stehen:

In der praktischen Verwirklichung bedeutet nämlich „Ausschöpfung der Bewegungsmöglichkeiten" die *Lösung einer zunächst unendlichen Folge von Bewegungsproblemen.* Ein turnerisches Bewegungsproblem ist aber prinzipiell lösbar, und zwar endgültig und abschließend, eben dann, wenn die richtige, perfekte und ideale Form gefunden ist. Ein „Darüber-Hinaus" gibt es nicht. Es verbleibt lediglich, die Lösung des nächsten, schwierigeren Problems in Angriff zu nehmen.

Diese Feststellungen gelten für alle Schwierigkeits- und Könnensstufen: Eine Rolle, ein Handstand oder ein Rad können in sich ebenso perfekt sein wie eine Riesenfelge oder ein Doppelsalto.

Das Gerätturnen ermöglicht somit auf jeder Könnensstufe eine perfekte Leistung.

Dies ist die zweite didaktisch wichtige Erkenntnis.

Das Streben nach der Idealform ist allerdings, sowohl logisch als auch historisch gesehen, ein mehr künstlerisches als sportliches Problem.

Wodurch ist nun aber das Turnen zum Sport und in der Konsequenz zur modernen Sportart des Kunstturnens geworden? Eben dadurch, dass diese Idealform auch auf dem höchsten Schwierigkeitsniveau, das individuell oder generell erreichbar ist, noch realisiert werden soll.

Es geht also um die Optimierung der Bewegungsqualität bei gleichzeitiger Maximierung der Bewegungsschwierigkeit. Dies ist gewissermaßen die Strukturformel des Gerätturnens.

Konkret gesprochen, stellt sich für den Turner als Wettkampfsportler also die Aufgabe, bei dem einen, alles entscheidenden Versuch die größtmögliche Schwierigkeit zu zeigen, die er gerade noch perfekt beherrscht. Und *Beherrschen* gilt ja seit langem als didaktischer Schlüsselbegriff des Gerätturnens.

Dahinter erhebt sich jedoch ein nicht unwesentliches praktisches Problem: Ob als Schüler beim Notenmachen oder als Spitzenturner bei der Weltmeisterschaftskürübung, beide müssen sich bei jeder Bewegung, die sie darbieten wollen, immer wieder entscheiden, ob sie mehr „auf Schönheit" turnen wollen, was zumeist gleichbedeutend mit Sicherheit ist, oder mehr „auf Schwierigkeit", was meistens mit einem höheren Risiko verbunden ist.

Es ist dies eine Aufgabe, die eine erhebliche emotionale und kognitive Komponente enthält. *Turnerische Leistung ist grundsätzlich mehrdimensional.*

Dies ist die dritte didaktisch bedeutsame Erkenntnis.

Zusammenfassend lässt sich der „Sinn" des Gerätturnens aus der Sicht der Unterrichtspraxis mit den beiden folgenden Forderungen verdeutlichen:

– *Es ist an jedem Gerät eine nicht zu geringe Zahl von Übungen zu behandeln, um die Bewegungsvielfalt des Gerätturnens darzustellen und dem Leistungsanspruch dieser Sportart gerecht zu werden.*
– *Alle diese Übungen sind – im Rahmen der jeweiligen Könnensstufe – auf dem höchstmöglichen qualitativen Niveau zu lehren und zu lernen.*

Natürlich sind dies Idealforderungen, aber wollte man auch nur auf eine der beiden gänzlich verzichten, würde das Gerätturnen in der eigentlichen Bedeutung des Wortes sinnlos werden, und es wäre nur konsequent, es aus dem – bislang noch gültigen – „Kanon der Schulsportarten" zu streichen.

Fassen wir das Ergebnis der Strukturanalyse zusammen:

1. *Das Gerätturnen befasst sich mit der raumorientierten Bewegung. Die Übungen oder Elemente sind überwiegend von den Grundtätigkeiten des Hängens, Stützens und Schwingens abgeleitet. Inhalt des Gerätturnens ist somit die besondere und außergewöhnliche, zum Teil sogar künstlich ersonnene Bewegung, nicht die alltägliche und automatisierte.*

2. *Vom Prinzip her, das auch historisch wirksam war, ist das Gerätturnen auf die Erprobung aller nur denkbaren Bewegungsmöglichkeiten gerichtet. Gegenstand ist somit die Bewegung selbst und in der Konsequenz daraus ihre Beherrschung und qualitative Perfektionierung.*

3. *Ziel des sportlichen Gerätturnens ist die Optimierung der Bewegungsqualität bei gleichzeitiger Maximierung der Bewegungsschwierigkeit. Turnerische Leistung ist damit grundsätzlich mehrdimensional.*
4. *Unter dem qualitativen Aspekt ist im Gerätturnen auf jeder Könnensstufe eine perfekte und endgültige Leistung möglich.*

Soviel zur Strukturanalyse des Gerätturnens. Mit ihr wäre zugleich auch das Wesentliche gesagt. Alles weitere sind im Grunde Konsequenzen und Folgerungen daraus. Sie betreffen, wie eingangs schon angedeutet, den pädagogischen Stellenwert des Gerätturnens hinsichtlich seiner Bildungs-, Ausbildungs- und Erziehungsfunktion. Einiges davon soll herausgegriffen und in einen größeren Zusammenhang eingeordnet werden. Dabei werde ich versuchen, nicht die üblichen Maximalkataloge vorzulegen, sondern nur den jeweils springenden Punkt aufzuzeigen.

Zum Bildungsgehalt und Bildungswert des Gerätturnens

Gerätturnen ist, das hat die Strukturanalyse gezeigt, *die perfekte Synthese von Kunst und Sport*. Es ist auf Grund der Spannweite des Bewegungsrepertoires und der individuellen Entfaltungs- und Leistungsmöglichkeiten, die es bietet, *die Kunstsportart schlechthin*. Und es ist, was für unser Thema bedeutsam ist, die einzige in den Lehrplänen und Bildungsstandards ausgewiesene. Denn die moderne Gymnastik, die in diesem Zusammenhang stets genannt wird, ist nicht Sport; historisch ist sie sogar als Gegenbewegung dazu entstanden.

Man kann sie zum Sport machen, wie es die Rhythmische Sportgymnastik tut, aber ihrem Wesen nach ist sie der darstellenden Kunst zuzuordnen, wie z.B. die Bezüge zum Tanz, zum Ballett und zur Pantomime aufzeigen.

Um die Zusammenhänge hier etwas näher zu verdeutlichen, ist mit einigen Stichworten weiter auszuholen (4):

Die Auseinandersetzung mit der Bewegung an sich, also der sogenannten zweckfreien, nicht auf Lebenserhaltung und Existenzsicherung gerichteten Bewegung, *ist ein Kulturphänomen*. Diese Erkenntnis ist nicht neu, und insofern kann man durchaus von *Bewegungskultur* sprechen.

Bewegungskultur verwirklicht sich nicht nur im *Sport*, sondern auch in der (darstellenden) *Kunst* – auf Tanz, Ballett und Pantomime wurde soeben schon hingewiesen – und auch im *Spiel* – Kinderspiele z.B. sind zumeist Bewegungsspiele. Von diesen drei Bereichen ist freilich nur der Sport ausschließlich auf die Bewegung orientiert und zwar stets in einer irgendwie auf Leistung, Leistungsoptimierung und Leistungsvergleich gerichteten Weise.

Die genannten Bereiche überschneiden sich, und so lassen sich im Sport *drei Grundverhaltensweisen in der Auseinandersetzung mit der Bewegung* relativ deutlich voneinander unterscheiden:

- eine *künstlerische*, bei der das Tätigkeits- und Leistungsziel, wie oben dargestellt, die Bewegung selbst ist,

- eine im *engeren Sinne sportliche,* bei der mit der Bewegung eine durch ein Außenkriterium nachweisbare Leistung angestrebt wird,
- eine *spielerische,* bei der ein Geschehnisablauf in Gang gesetzt wird, der den fortlaufenden Vergleich mit einem unmittelbaren Gegenüber erlaubt.

Aus der Sicht eines Lehrplans könnte sportliche Bewegungskultur also durch *drei Sportarten,* eine Kunstsportart, eine „Sport"-Sportart und ein Sportspiel ausreichend repräsentiert werden. Für einen dieser drei Plätze wäre das Gerätturnen wohl erste Wahl, oder umgekehrt ausgedrückt, es würde mit Sicherheit etwas fehlen, wenn es nicht oder nicht mehr berücksichtigt würde.

Zur Ausbildungsfunktion des Gerätturnens

Was unter Ausbildungsfunktion – gemeint ist hier die körperliche und motorische Ausbildung – zu verstehen ist, lässt sich am besten mit einer einfachen Frage umschreiben, nämlich: *Was fordert und fördert das Gerätturnen?* Es ist dies ja die uralte und unaufhebbare pädagogische Antithese, dass man beim Schüler nur das fördern kann, was man von ihm fordert.

Hierzu ist zunächst eine generelle Aussage zu machen: Das Gerätturnen stellt in der Regel ganz bestimmte *Mindestanforderungen* und erfordert somit bestimmte *Mindestvoraussetzungen.* Ein Weitsprung beispielsweise kann auch beliebig kurz sein; ein Kasten hat immer eine bestimmte Höhe. Und wer nicht die notwendige Kraft besitzt, hat auch bei einer so primitiven Übung wie dem Hüftaufschwung keine Chance.

Die Mindestvoraussetzungen betreffen nun – und das ist der springende Punkt – *die Bewältigung des eigenen Körpergewichts, auch und vor allem mit Hilfe der Arm-Schulter-Muskulatur.* Notwendig ist also ein *zureichendes Last-Kraft-Verhältnis,* wobei hohes Körpergewicht schädlicher ist als mangelnde Kraft. Gerätturnen wirkt also in die gesundheitspolitisch durchaus erwünschte Richtung einer Gewichtsreduktion einerseits und einer gleichmäßigen muskulären Ausbildung andererseits.

Über den hier angesprochenen Punkt hinaus stellt das Gerätturnen, zumindest in dem an der Schule möglichen Leistungsbereich, *keine speziellen oder extremen Anforderungen,* z.B. hinsichtlich des Reaktionsvermögens, der Schnelligkeit oder der Schnellkraft. Man kann auch sagen, *dass die Breite der Fähigkeiten entscheidet und nicht ihr spezieller Ausprägungsgrad.*

Dem entspricht auch die Beobachtung, dass sportlich durchschnittliche und schwache Schüler ihre relativ beste Note sehr oft im Gerätturnen haben.

Dies zum konditionellen Bereich, der trotz der unausweichlichen Last-Kraft-Problematik allgemein etwas überschätzt wird. Gerätturnen ist von seiner Struktur her eine vorwiegend *koordinative Angelegenheit,* und hier stellt es recht konkrete Anforderungen. Als zentrales Problem erscheint die *bewusste Bewegungssteuerung auf Grund einer klaren Bewegungsvorstellung.* Da hierin eine bedeutende kognitive Komponente enthalten ist und zudem die Konzentrationsfähigkeit angesprochen wird, ist dies ein im wörtlichen Sinne sensomotorisches und psychomotorisches Problem.

Ein Turner muss weiterhin fähig sein, je nach Bedarf im gesamten Körper oder in den einzelnen Körperteilen Muskelspannungen aufzubauen und beizubehalten, und er muss auch in jeder Situation die Lage des Körpers und der einzelnen Körperteile zueinander kontrollieren können. Hier geht es um das, was man gemeinhin unter *Körperbeherrschung* versteht.

Auf weitere Details soll hier verzichtet werden, denn die unterrichtspraktische Konsequenz ist klar: *Das Gerätturnen erfordert eine sorgfältige und gezielte konditionelle Vorbereitung,* vor allem hinsichtlich der erwähnten Mindestvoraussetzungen. Diese muss auch koordinative Anforderungen enthalten.

Ist aber auf dieser Basis der Unterricht im Gerätturnen auch nur halbwegs erfolgreich, lässt sich der körper- und bewegungsbildende Wert dieser Sportart in einem Satz zusammenfassen: *Wer turnen kann, findet sich überall zurecht*, weniger vielleicht als Spezialist in anderen Sportarten, als vielmehr in den vielfältigen Anforderungen von Beruf, Alltag und Freizeit.

Aber selbst wer solchen Transfererwartungen skeptisch gegenübersteht, muss einräumen, dass das Gerätturnen Fähigkeiten und Erfahrungen vermitteln kann, die anderwärts nicht zu gewinnen sind.

An dieser Stelle erhebt sich aber eine oft gestellte Frage: *Ist das Gerätturnen nicht zu schwer, zu mühsam und zu gefährlich,* und damit zu abschreckend, als dass es in der Schule noch eine Chance hätte?

Auch darauf ist eine eindeutige Antwort möglich: Entgegen der landläufigen Meinung sind die in der Schule praktizierten Bewegungen des Gerätturnens, von ihrer Struktur her gesehen, *nicht schwer.*

Ihre Schwierigkeit resultiert eher aus den Umgebungs- und Ausführungsbedingungen. Es handelt sich überwiegend um groß- und grobmotorische Bewegungen; ausgesprochene Schnelligkeits- und Präzisionsleistungen fehlen so gut wie ganz. Gerätturnen ist also, und die Erfahrung bestätigt das, durchaus *kindgemäß.*

Jedenfalls können, wie die Praxis zeigt, die Grundübungen des Gerätturnens schon von Kindern problemlos erlernt werden.

Warum es heute offenbar nicht mehr *jugendgemäß* ist, muss andere Gründe haben. Einige Anhaltspunkte werden sich vielleicht ergeben, wenn wir die erzieherischen Potenzen des Gerätturnens betrachten.

Zur Erziehungsfunktion des Gerätturnens

Ausgangspunkt ist hier die Feststellung, *dass im Gerätturnen nichts von selbst läuft, dass alles, was in ihm vorkommt, erst gelernt werden muss und dass dabei eines auf dem anderen aufbauen muss.* Und selbst wenn man schon einiges kann, muss man sich bei jeder einzelnen Aktion immer wieder von neuem aufraffen. All dies setzt eine überdurchschnittliche *Lern-, Leistungs- und Arbeitsfähigkeit* voraus, die bei der heutigen gesellschaftlichen und ideologischen Bewertung des Sports nicht immer und überall selbstverständlich ist.

Es kommt hinzu, dass die meisten Gerätübungen einem „*Alles-oder-Nichts-Gesetz*" gehorchen, d.h. sie gelingen entweder zufriedenstellend oder misslingen völlig. Wer turnen will, muss eine gewisse *Beharrlichkeit und Frustrationstoleranz* aufbringen.

Die Tatsache nun, dass Gerätturnen dem Schüler als „harte" Sportart mit unausweichlichen Anforderungen gegenübertritt, bringt zwar eine Menge unterrichtlicher Probleme, ist aber pädagogisch nicht durchweg als negativ anzusehen. *Denn gerade hier, in der darin enthaltenen Herausforderung, liegt der Ansatzpunkt für die erzieherische Einwirkung.* Und in der Tat hat schon so mancher, der das Gerätturnen ursprünglich gar nicht mochte, es im Nachhinein als Erziehungsinstanz ersten Ranges anerkannt, bietet es doch die Chance, *eine klar definierbare Leistung zu erbringen, die mehr als anderwärts auf eigene Anstrengungen und konsequentes Bemühen zurückgeht.*

Der eben aufgezeigte Tatbestand hat aber auch einen für die Praxis nicht unbedeutenden Nebenaspekt: Der typische *Sportstar* nämlich verliert, zumindest anfänglich, seinen oft naturgegebenen Vorsprung. Und tatsächlich kommen, wenn man etwas genauer hinschaut, die Widerstände gegen das Gerätturnen weniger von den durchschnittlichen oder schwächeren Schülern, als vielmehr von einer bestimmten Gruppe, die ansonsten auf einem recht hohen Ross sitzt.

Gerätturnen ist aber nicht durchgängig so hart und abweisend. Gewissermaßen im Gegenzug eröffnet es auch, vor allem auf Grund des erwähnten „Alles-oder-Nichts-Gesetzes", die Möglichkeit zu *sofortigen und überraschenden Erfolgserlebnissen* gerade auch für Schüler, die sonst eher benachteiligt sind. Auf jeden Fall besitzt es eine ganze Reihe von attraktiven und geradezu faszinierenden Bewegungen, die sich mit relativ einfachen Mitteln bewältigen lassen.

Die unterrichtlichen Konsequenzen aus der hier vorgelegten Analyse sind klar:

Auf der einen Seite muss es darum gehen, die strukturell bedeutsamen Grundübungen des Gerätturnens systematisch zu erarbeiten und bis zu einer gewissen technischen Perfektion zu entwickeln.

Auf der anderen Seite sollte man, sozusagen als „Gelegenheitsübungen", an den vielen „kleinen Kunststücken" nicht vorübergehen, die leicht und einfach genug sind, um auf Anhieb bewältigt zu werden.

Leider bieten die alten Lehrpläne, abgesehen von einigen entsprechenden Hinweisen in der Unterstufe, in dieser Hinsicht kaum eine Hilfe. Dagegen zeigen die neuen „Bildungsstandards" – bei richtiger Auslegung – durchaus beachtenswerte Ansätze (5).

Hinsichtlich der Erziehungsfunktion des Gerätturnens ist schließlich darauf hinzuweisen, dass viele Gerätübungen sich ohne *fremde Hilfe und Absicherung* nicht oder nicht ohne Risiko erlernen lassen. Hier ist also das soziale Lernen angesprochen. „Sich sozial verhalten" heißt letztlich doch, *sich in den anderen hineinzuversetzen, mit ihm mitzudenken und für ihn Verantwortung zu übernehmen.* Wenn dieser Bereich des Sportunterrichts aber erziehungswirksam werden soll, muss die *Hilfe notwendig* und die *Verantwortung echt* sein. Dies bedeutet, dass der Unterricht im Gerätturnen nicht zu einem vordergründigen Hilfestellungsbetrieb herabsinken darf.

Vielleicht ist an dieser Stelle ein Wort zum *erziehenden Unterricht* angebracht. Darüber wird gegenwärtig viel geredet, und was in der Praxis dabei herauskommt, ist meist ein Verschnitt zwischen einer Art Sozialtherapie und einer oft recht penetranten Selbstdarstellung. *Erziehender Unterricht ist aber ein Prinzip*, keine neue pädagogische Masche und auch keine bestimmte Unterrichtsform. Es ist ja gar nicht möglich, im Unterricht *nicht* zu erziehen.

Erziehender Unterricht hat, um das Grundsätzliche anzusprechen, etwas mit der Vermittlung von *Einsichten, Einstellungen und Verhaltensweisen von grundlegender individueller und sozialer Bedeutung* zu tun. Solche einfachen, auch dem jüngeren Schüler unmittelbar verständliche Einsichten können beispielsweise sein:
Wenn ich zu etwas kommen will, muss ich erst etwas dafür tun.
Wenn ich etwas tue, versuche ich, es möglichst gut zu tun.
Je härter ich etwas erarbeitet habe, desto tiefer ist die Befriedigung darüber.
Wer sich richtig anstrengt, hat mehr Spaß an der Sache.

Erziehender Unterricht ereignet sich also *auch und vor allem in der Auseinandersetzung mit der Sache*, d.h. dem Unterrichtsgegenstand. Es ist somit grundsätzlich nicht zulässig, den Sport fortlaufend zu verändern, ihn endlos an die oft nur scheinbaren Bedürfnisse der Schüler anzupassen und ihn immer weiter zu denaturieren. Wir sollten uns vielmehr bemühen, unsere Einstellung zum Sport wieder in Ordnung zu bringen, und ihm mehr den *Anspruch* sehen, den er an uns stellt, und die *Herausforderung*, die er für uns darstellt (6).

Einer der schon legendären englischen Bergsteiger der „klassischen Zeit" des Alpinismus, George Mallory, soll auf die Frage, warum er auf einen Berg steige, gesagt haben: „Weil er da ist." Es ist dies die einfachste Definition des Begriffs Herausforderung. Allein die Tatsache, dass ein Berg da ist, dass man 42 Kilometer am Stück laufen kann oder dass eine Riesenfelge denkbar ist, genügt als Herausforderung. *Stelle ich mich einer solchen Herausforderung und versuche dabei, einem bestimmten Anspruch zu genügen, handle ich sportlich.* Wenn nicht, verbleibt allenfalls eine Art Pseudo- oder Alibisport.

Wenn wir nun zum Schluss versuchen, das Wesen des Gerätturnens, stellvertretend für die Gruppe der eigentlichen, der „harten" Sportarten, auf einer höheren ideologischen oder philosophischen Ebene zu beschreiben, ist in der Tat ein Vergleich mit dem Bergsteigen angebracht: In beiden Fällen geht es um die selbstgestellte Herausforderung, die ich allein und mit meinen Mitteln lösen muss. Und hinter jedem bewältigten Problem lauert sozusagen das nächste, noch zu bewältigende. Hier wie dort kann ich scheitern und muss dieses Scheitern allein mir selbst anlasten. Beide Male verbleibt ein Risiko; ich könnte stürzen. Die von mir erbrachte *Leistung* lässt sich nur indirekt mit der eines anderen vergleichen, und mein *Erfolg* wird auch nicht dadurch größer, dass ein anderer zugleich und um denselben Betrag verliert.

Was soll dieser Vergleich sagen? Etwas Grundsätzliches und deshalb auf den ersten Blick vielleicht nicht gänzlich Zufriedenstellendes:

Gerätturnen ist eine extreme Individualsportart. Maßgeblich ist zunächst und in erster Linie die Leistung, die ich erbringe, und erst dann der Erfolg, den ich – vielleicht – damit erziele. Und das Gerätturnen verlangt, das ist offensichtlich, schon eine erhebliche „Vorleistung", bevor ich an den ersten Erfolg überhaupt nur denken kann.

Wir müssen in der Tat wieder lernen – und damit ist ein gesellschaftliches Problem ersten Ranges angesprochen –, schärfer zwischen Leistung und Erfolg zu unterscheiden. Dazu bedarf es einfacher und einsichtiger Definitionen, z.B.:

Leistung ist das, was ich im Vergleich zu mir selbst bringe.

Erfolg ist das, was ich im Vergleich zu einem anderen bringe.

Als so verstandene Individualsportart wendet sich Gerätturnen nicht an den „Null-Bock-Schüler", der sich vom Sport bestenfalls unterhalten lässt, und auch nicht an den nur ehrgeizigen und auf schnellen Erfolg bedachten, sondern an den, der bei allem, was er tut, etwas von sich verlangt.

Anmerkungen

(1) Vgl. dazu: SÖLL, W.: Vom Bildungswert des Gerätturnens. In: sportunterricht 9/1973.
(2) Besonders deutlich wurde dies im Lehrplan 1984 von Baden-Württemberg, während in der „Fortschreibung" von 1994 einige Ansätze erkennbar sind, diesen Bereich der Grundtätigkeiten – wieder – dem Gerätturnen zuzuordnen. In diesem neueren Lehrplan ist, wie auch in einigen anderen Bundesländern, nicht mehr von Gerätturnen, sondern von „Turnen" die Rede. Noch deutlicher wird die damit verbundene Tendenz z.B. in den neuesten Lehrplänen von Niedersachsen und Nordrhein-Westfalen (und ebenso in den heutigen „Bildungsstandards"). Hier werden diesem Lehrplanbereich auch Bewegungstätigkeiten zugerechnet, die weit über das heutige Verständnis von „Turnen" hinausgehen. Damit ist aber – bisweilen sogar im betonten Gegensatz zu den übrigen Lehrplanbereichen – der Charakter des Gerätturnens als definierte, nach bestimmten (z.B. den in diesem Beitrag verwendeten) Kriterien beschreibbare Sportart in Frage gestellt. Dies trifft sich mit einigen neueren, pädagogisch orientierten Konzeptionen des Deutschen Turnerbundes, der nicht nur einen „zweiten", sondern auch einen „dritten Weg" zum Gerätturnen proklamiert. Ob damit der erste Schritt zu einer Renaissance des Gerätturnens als Volkssport oder aber zu seiner endgültigen Eliminierung aus dem allgemeinen Bewusstsein getan wird, muss offenbleiben.
(3) Diese innere Konsequenz in der Entwicklung des sportlichen Gerätturnens wurde von U. GÖHNER (Gerätturnen. In: sportunterricht 10/1981) deutlich herausgestellt. Dass Balancieren nicht mehr zum Strukturbereich des Gerätturnens gehört, geht auch daraus hervor, dass man am Schwebebalken, der das Frauenturnen als historisches Relikt mehr belastet als bereichert, im höheren Leistungsbereich zu „turnen" versucht, also Bodenturnen unter artistischen Bedingungen darbietet.
(4) Vgl. den Beitrag: Das „Sportartenkonzept" in der Sportdidaktik, S. 28.
(5) Der pauschale Hinweis auf das „normfreie Turnen" hilft in diesem Zusammenhang nicht viel weiter.
(6) Vgl. den Beitrag: Hat die Leichtathletik in der Schule noch eine Chance? S. 347.

6 „Trendsportarten" in die Schule – und dann?

Zur *Einstimmung* in die nachstehenden Ausführungen folgen Sie mir bitte auf eine kurze *Zeitreise in die nähere Zukunft*:

Nach drei Runden Einrollen auf der durch fugenlos verlegte Bohlen zur Skating-Bahn umgebauten Rundbahn holt der Lehrer die Stoppuhren hervor zur Zeitnahme im 60-m-Skating-Sprint („Ich brauche noch ein paar Zeiten für die Noten"). Anschließend wird auf dem Skating-Parcours eine Komplexübung für das Rollhockeyspiel eingeübt: Slalomdribbling, Doppelpass an die Bande, Torschuss, je nach Ansage in die obere oder untere Hälfte des Tores. Mit den Worten: „Das nächste Mal schaue ich mir das an", wird die Klasse zum Geräteschuppen entlassen („Bitte die Skates auch richtig einräumen!"). Auf dem Rückweg zum Umkleideraum kommen die Schüler an der offenen Tür der Sporthalle vorbei und erblicken darin einige Turngeräte, die eine Klasse vor vielen Jahren dort unaufgeräumt zurückgelassen hat. Voller Begeisterung hängen, schwingen, schaukeln, steigen und balancieren sie an den Geräten, bis es dem Lehrer endlich gelingt, sie mit sanftem Nachdruck zum Verlassen der Halle zu bewegen.

Sicher sind Sie, liebe Kollegen und Kolleginnen, etwas ungehalten über diese Situationsbeschreibung: Wer wird denn einen so phantasielosen und formalistischen Sportunterricht halten? Aber steckt in ihr, wenn wir an so manche Leichtathletik- oder Spielstunde denken, nicht doch ein Körnchen Wahrheit?

Darum soll es im Folgenden aber nicht gehen, sondern um das dahinter stehende Problem, konkretisiert in der Frage: *Was geschieht – mehr oder weniger zwangsläufig – mit den Trendsportarten und all den vielen Freizeit- und Schönwetteraktivitäten der Kinder und Jugendlichen, wenn wir sie „verschulen" und „vermethodisieren"?*

Dies führt weiter zu der Frage: *Was ist das, was wir da in die Schule holen wollen? Welche Merkmale sind festzustellen, welche Tendenzen lassen sich erkennen?*

Trendsportarten: Charakteristika, Entwicklung, Inhalte

Die *Charakteristika* der Trendsportarten werden von LAMPRECHT/STAMM (1998, 570) recht prägnant wie folgt beschrieben:

„Trendsportarten sind dadurch gekennzeichnet, dass sie nicht nur neue Bewegungsformen mit neuen Sportgeräten kreieren, sondern auch ein Sportverständnis propagieren, das teilweise quer zum traditionellen Sportbegriff steht. Statt Leistung wird Spaß proklamiert, an die Stelle der Vereine und Verbände tritt die informelle Gruppe, die Sprache ist Englisch und das Medienecho gewaltig."

Hinsichtlich der *Entstehung* und *Entwicklung* der Trendsportarten unterscheiden die genannten Autoren *fünf Entwicklungsstufen*, die von der Erfindung durch einige wenige Pioniere über ihre allmählich Verbreitung bis zur Einverleibung in die etablierten Sportorganisationen reichen.

Für eine pädagogische Bewertung der Trendsportarten dürften vor allem die dritte und vierte dieser Stufen von Bedeutung sein:

In der *dritten Phase der Entfaltung und des Wachstums* (nach „Invention" und „Innovation") stellt sich der Trend als Absetz- und Gegenbewegung zur bestehenden Sportwelt dar. Träger sind vor allem bestimmte jugendliche Subkulturen und spezifische Lebensstilgruppen.

In der *folgenden Phase der Reife und Diffusion* wird der Trend zum Allgemeingut. Er findet Eingang in die Lehrpläne und entwickelt feste organisatorische Strukturen. Zugleich sorgt die industrielle Massenproduktion der entsprechenden Geräte und Ausrüstungen für eine flächendeckende Ausbreitung.

Ganz offensichtlich bewegt sich die fachinterne Diskussion um die Trendsportarten – in Übereinstimmung mit ihrer Darstellung in den Werbebroschüren und Versandhauskatalogen der Sportartikel- und Freizeitindustrie – *im Grenzbereich der beiden dargestellten Entwicklungsstufen:*

Einerseits sind sie noch „neu" und „modern" genug, um auf erhöhtes Interesse, ja Begeisterung zu stoßen, andererseits gelten sie bereits als so selbstverständlich, dass sie, unter Berufung auf ihre Aktualität und Attraktivität für die Schüler, ihren Anteil am Schulsport fordern. Unterstützt wird dies dadurch, dass viele Sportlehrer sich einer solchen „Modernisierung" des Schulsports nicht verschließen wollen (oder können).

Stellt man nun die Frage, was denn als Trendsportart gilt, findet man in allen einschlägigen Auflistungen, so auch bei LAMPRECHT/STAMM, *drei Gruppen von körperlich-sportlichen Betätigungen:*

- Natursportarten oder „Outdoor-Aktivitäten", wie Snowboardfahren, Windsurfen und Rafting, die auf der Nutzung von natürlichen Gegebenheiten beruhen,
- „Trendvarianten" traditioneller Sportarten, wie Streetball und Beach-Volleyball, die nur geringe Umweltansprüche stellen,
- körperliche Aktivitäten, wie Sportklettern und Inline-Skating, die sich in dieser Hinsicht ambivalent verhalten.

Diese drei Gruppen werden im Folgenden getrennt behandelt, bevor eine allgemeine Zusammenfassung versucht wird.

Natursportarten

Die Natursportarten bedingen, wie der Name schon sagt, die *Inanspruchnahme der „freien Natur"*, und dies mit allen problematischen Folgen einer erhöhten *Umweltbelastung*. Umgekehrt bedeutet dies, dass sie sich, von einigen wenigen, durch die örtlichen Gegebenheiten begünstigten Ausnahmefällen abgesehen, nicht in den „allgemeinen Schulbetrieb" integrieren lassen, sondern besonderer organisatorischer Formen, wie Projekten, Exkursionen oder Landheimaufenthalten, bedürfen.

In diesem Rahmen sind die Natursportarten seit langem *Bestandteil des Schulsports*. Die Frage ist lediglich, ob man nunmehr von den gewohnten und eher traditionellen auf die modernen Formen umsteigen, also z.B. vom Radfahren zum Mountainbiking, vom Segeln zum Surfen, vom Kanufahren zum Rafting oder vom Bergwandern zum Canyoning überwechseln sollte.

Wie man sich hier entscheidet, wird wohl von den Interessen der Schüler (und nicht weniger der Lehrer), von den jeweils gegebenen Möglichkeiten und von den vorzufindenden Angeboten abhängen. Eine Grundsatzfrage für den Schulsport ist das nicht. Von konkreter Bedeutung für viele Schulen sind jedoch die Überlegungen zur künftigen Gestaltung von *Skiaufenthalten*: Soll man hier vom „konventionellen" Skilaufen zum Snowboardfahren übergehen, die Schüler mit beiden Techniken konfrontieren oder ihnen die Wahl freistellen?

Selbst die Fachleute sind sich hier nicht einig: Die einen argumentieren vom „Erlebniswert" her und wollen, auch um die Jugend „beim Wintersport zu halten", lieber zum Snowboard greifen, die anderen gehen vom „Freizeitwert" als „Lifetime-Sportart" aus, favorisieren den Skilauf und möchten zugleich das Fahren mit Carving-Skiern – im wörtlichen und übertragenen Sinne – als etwas völlig Neues, eben als Trendsportart, verkaufen.

Hier werden sich, ebenso wie in allen ähnlich gelagerten Fällen, pragmatische Lösungen finden lassen. Dabei wird sich wahrscheinlich herausstellen, dass die Trendsportarten zunächst den größeren Anklang finden. Sie sind modern und werden allein schon deshalb als besonders attraktiv empfunden.

Man kann aber ebenso davon ausgehen, dass sie ihre besondere Anziehungskraft verlieren, wenn sie zur Normalität werden. *Trendsportarten sind der Mode unterworfen.* Und wenn eine Modeerscheinung, gleich in welchem Lebensbereich, ein gewisses Extrem erreicht hat, springt sie unversehens zum anderen Extrem um. Sobald jeder sein Snowboard hat, wird aller Wahrscheinlichkeit nach das „beidbeinige" Skilaufen wieder interessant.

Man darf einen solchen Modewechsel aber nicht durchweg als negativ beurteilen. Er bewirkt, dass Altgewohntes immer wieder neu und begehrenswert wird und sich auf längere Sicht auch an die veränderten gesellschaftlichen Verhältnisse anpasst: Zwischen den Freiübungen aus alter Zeit und einer Aerobic-Folge von heute liegen sozusagen Welten, obgleich sie auf demselben Prinzip des Gleichtakts nach einer rhythmisch gegliederten Musik aufbauen.

Grundsätzlich ist dazu jedoch anzumerken, dass es sich in diesem wie in den übrigen hier angesprochenen Fällen um eine Veränderung innerhalb desselben Bereichs körperlich-sportlicher Betätigung handelt, *nicht um einen generellen Umbruch.* Es ist aber ein Unterschied, ob man z.B. vom Ski zum Snowboard übergeht oder ob man Geräteturnen und Leichtathletik durch Jonglieren und Inline-Skating ersetzen will. Diese Frage einer allgemeinen Umorientierung des Schulsports soll weiter unten wieder aufgegriffen werden.

Zuvor ist aber eine – wenigstens auf den ersten Blick – unproblematische Gruppe von Trendsportarten zu betrachten.

Streetball und Beach-Volleyball

Das besondere Kennzeichen dieser beiden Trendsportarten liegt darin, dass sie sich im Wesentlichen der *Elemente entsprechender konventioneller Sportarten* bedienen. So bleiben in beiden Fällen sowohl die Spielidee als auch die konstitutiven Regeln erhalten; verändert werden lediglich einige Regelkomponenten und Regelauslegungen. Von dieser Seite stünde, sofern man die dadurch bedingte Einschränkung in den taktischen Handlungsmöglichkeiten zu akzeptieren bereit ist, einer generellen Übernahme in den Schulsport nichts im Wege, wenn dies nicht mit einem grundsätzlichen Problem verbunden wäre:

Wie bereits angemerkt, sind die Trendsportarten, allen voran die sogenannten Straßenspiele, *an ein bestimmtes Umfeld, meist eine jugendliche Subkultur, gebunden*. Sie werden in diesem Zusammenhang weniger als „Herausforderungs- und Bewährungssituation" zum Erbringen einer sportlichen Leistung, sondern mehr als eine Gelegenheit zur *Selbstdarstellung* und *Selbstinszenierung* verstanden.

Sie tendieren dazu, sich eine eigene „Szene" zu schaffen, in der die Jugendlichen ihren besonderen Lebensstil entwickeln und ausleben können. Werden sie aus diesem Zusammenhang herausgelöst, verlieren sie ihre Exklusivität. Das Reservat wird allmählich zum Alltag, die Lust nur allzu schnell zur Last.

Verpflanzt man Streetball und Beach-Volleyball in die Schule, werden sie unversehens zu einer methodischen Spielform, zum Spiel 3 : 3 auf einen Korb und zum Spiel 2 : 2 auf einem relativ großen Feld, und dies auch dann, wenn man im ersten Fall den direkten Körpereinsatz zulassen würde und es im zweiten Fall gelingen würde, jede Schule mit einer entsprechenden Sandaufschüttung zu versorgen.

Die didaktisch relevante Erkenntnis aus diesem Befund kann nur darin liegen, solche Formen bei der Vermittlung der Sportspiele noch stärker zu berücksichtigen, als dies ohnehin schon geschieht.

Für das vorliegende Thema sind solche Erwägungen allerdings von nachrangiger Bedeutung. Es geht um das dahinter stehende, eingangs bereits angesprochene pädagogische und psychologische Problem, das sich in der einfachen Frage zusammenfassen lässt, *ob man den Kindern und Jugendlichen nicht eher etwas nimmt als gibt, wenn man ihre bevorzugten Freizeitaktivitäten „in die Schule holt"*.

In der Praxis wird man auch hier zu tragfähigen Kompromissen kommen müssen. Den grundsätzlichen *Unterschied, ja Widerspruch zwischen Schule und Freizeit* werden aber auch sie nicht lösen können.

Klettern und Inline-Skating

Klettern, verstanden als Sportklettern an künstlichen Kletteranlagen, und Inline-Skating sollen hier für eine Gruppe von Trendsportarten stehen, die durchaus geeignet sind, *neue Inhalte in den Sportunterricht einzubringen*. Zumindest auf den ersten Blick scheinen sie auch leicht realisierbar zu sein: Eine ebene Fläche zum Skaten sollte sich überall finden lassen, und eine Kletterwand könnte in fast jede Sporthalle eingebaut werden.

Die genauere Analyse wird zu einigen differenzierteren Ergebnissen führen. Hierfür sollen die beiden Phänomene jeweils für sich betrachtet werden.

Klettern

Die besondere Attraktivität des Kletterns, gleich welcher Spielart, liegt in der Exposition, dem Gefühl des Ausgesetztseins in der Senkrechten. Damit vermittelt es Bewegungserfahrungen, die in anderen sportlichen und nichtsportlichen Bereichen nicht gewonnen werden können. So wird es für jeden, der bereit ist, sich darauf einzulassen, zu einem besonderen, ja *einmaligen und nicht austauschbaren Erlebnis*. Soviel zum Klettern als Phänomen. Wie aber steht es um das hier angesprochene „Sportklettern"?

Zunächst kann kein Zweifel daran bestehen, dass das Klettern an künstlichen Anlagen und erst recht an den „Indoor-Kletterwänden" *nicht mehr als ein schwacher Abklatsch des „wahren" Kletterns* in der freien Natur, vor allem im Hochgebirge, wo seine Ursprünge liegen, sein kann. Dort ist Klettern aber eine mühselige Angelegenheit, oft verbunden mit langen Anstiegen in weglosem Gelände. Für den ambitionierten Bergsteiger liegt aber gerade darin die eigentliche Herausforderung: *Klettern als eines der letzten wirklichen Abenteuer in einer zivilisierten Welt*. Die gleichsam domestizierten Formen des Kletterns bieten demgegenüber nur ein relativ müheloses *„Instant-Erlebnis aus der Retorte"*.

Es kommt hinzu, dass an öffentlichen oder kommerziell betriebenen Kletteranlagen – und erst recht in der Schule – *jegliches Risiko ausgeschlossen* werden muss. Der Kletternde muss also gesichert werden, üblicherweise nach der Toprope-Methode. Was bleibt, ist der *Nervenkitzel bei vollkommener Absicherung*. Damit ist aber ein psychologischer Prozess angebahnt, der nach immer stärkeren Reizen strebt, eine Entwicklung, die in direkter Linie zum Bungee-Springen und ähnlichen, neuerdings aktuellen und spektakulären Betätigungen führt.

Die hier beschriebene Reduktion des Kletterns auf eine artifizielle Tätigkeit hat einen kennzeichnenden *Kompensationsmechanismus* in Gang gesetzt, die *ungebremste Schwierigkeitssteigerung* bis in Bereiche, die unter normalen Bedingungen außerhalb menschlicher Möglichkeiten liegen. So wird es sehr schnell zu einer *pseudoartistischen Schau von begrenztem Bildungswert*.

Die Kinder früherer Zeiten, die (in der Halle) eine Gitterleiter oder (auf dem Bauernhof) eine Scheunenleiter hinauf- und hinabgestiegen sind, haben sicher ebensoviel oder gar mehr über Selbsteinschätzung, Selbstüberwindung und Selbstverantwortung gelernt als so mancher Kletteranfänger von heute.

Damit soll keineswegs die Leistung der „echten" Sportkletterer, seien es Amateure oder Profis, herabgesetzt werden; es soll lediglich versucht werden, *den pädagogischen und didaktischen Stellenwert des Kletterns* im Schulsport, und hier vor allem im obligatorischen Sportunterricht, etwas näher einzugrenzen.

Klettern ist nämlich nicht nur Sportklettern, sondern stellt einen umfassenden Bereich körperlicher Betätigung dar. Es ist die Fortsetzung des Steigens an natürlichen und künstlichen Hindernissen unter dem Aspekt der Schwierigkeitssteigerung. So darf man wohl die Frage stellen, warum das früher obligatorische *Klettern an Stangen und Tauen* außer Gebrauch gekommen ist. Die Antwort ist einfach: weil die Schüler es nicht mehr können. So tummelt sich an den modernen Kletteranlagen so mancher, der nicht einen einzigen Klimmzug zustande bringt. Obgleich die Armkraft beim Klettern nicht die Rolle spielt, die ihr gemeinhin zugeschrieben wird, liegt hier doch ein kennzeichnendes körperliches Defizit vor.

Man wird hier einwenden, dass diese „allgemeinen Formen" des Kletterns in die „methodische Erarbeitung" des Sportkletterns einbezogen seien, doch werden die ursprünglichen Zusammenhänge dadurch geradezu auf den Kopf gestellt. Was herauskommt, ist nicht viel mehr als ein *verkrampftes Herummethodisieren an einer an sich natürlichen und selbstverständlichen Sache.*

Man sollte auch die *unterrichtsökonomische Seite* nicht außer Acht lassen: Klettern ist eine „langsame" Angelegenheit, die kein schnelles Drankommen erlaubt und mit der Unterrichtszeit nicht sonderlich sparsam umgeht.

Mit diesen Ausführungen ist auch etwas über den möglichen Standort des Kletterns in der Schule ausgesagt: Es hat seinen Platz im *außerunterrichtlichen Schulsport*, wo es auf der Grundlage der Freiwilligkeit in kleinen Gruppen betrieben werden kann.

Auch bei Projekten, auf Klassenfahrten und Landheimaufenthalten bietet es gute und, wie die Erfahrung zeigt, von den Schülern mit Begeisterung aufgenommene Möglichkeiten. Man sollte es dann aber, wie so vieles, was die Schule „auch tun könnte", *in jenem Schwebezustand halten, der die Erwartungen der Schüler nicht zu sehr festlegt, aber noch genügend Neugier weckt, sich privat darin zu engagieren.*

Inline-Skating

Inline-Skating hat in den vergangenen Jahren einen geradezu rasanten Aufschwung erlebt, und das nicht nur bei Kindern und Jugendlichen. Es hat Eingang in die Lehreraus- und -fortbildung gefunden; in den neueren Lehrplänen ist es genannt oder doch zusammen mit ähnlichen Unterrichtsinhalten berücksichtigt. All dies erfolgte unter tätiger Mithilfe der Sportartikel- und Freizeitindustrie. Man will ja neue Märkte für Produkte und Dienstleistungen erschließen. Selbst die Ständige Konferenz der Kultusminister hat 1998 für einen Großversuch an den Schulen 18 Millionen DM zur Verfügung gestellt, allerdings mit dem vorrangigen Ziel, die als zu hoch empfundenen Unfallzahlen zu senken.

Die *Faszination des Inline-Skatings* liegt zweifellos in dem relativ *mühelosen Geschwindigkeitserlebnis*. Durch Geräteeinsatz ist es dem Menschen möglich, Geschwindigkeiten zu erreichen, die ihm mit nur körperlichen Mitteln versagt sind. Damit entspricht Inline-Skating der *allgemeinen Tendenz der Trendsportarten nach „immer mehr Erlebnis bei immer geringerer Anstrengung".*

Nun ist aber Inline-Skating als solches, ebenso wie bloßes Radfahren- oder Schwimmenkönnen, *noch nicht Sport*, sondern wird erst dazu, wenn man sich dem Rollschnell- oder -dauerlauf, dem Rollkunstlauf oder dem Rollhockey zuwendet.

Aus dieser Sicht könnte Inline-Skating in der Tat einen *repräsentativen Querschnitt durch wesentliche sportliche Handlungsmuster* bieten, wenn dem nicht ein anderes

Argument entgegenzuhalten wäre: Inline-Skating ist, um ein altes Schlagwort zu gebrauchen, eine extreme „Fußgängersportart". Damit sind körperlich-sportliche Aktivitäten, die sich vom Hängen, Stützen, Schwingen, Rollen, Überschlagen, aber auch vom Heben, Stoßen und Werfen ableiten, von vornherein ausgeblendet.

Fragt man nach der *körper- und bewegungsbildenden Funktion*, die dem Inline-Skating zugeschrieben wird, stößt man in der Literatur (und in mündlichen Diskussionen) auf die immer gleiche Formulierung, dass es „wesentliche Erfahrungen im Hinblick auf den Erhalt des Gleichgewichts in ungewöhnlichen Situationen" vermittle.

Geichgewichtsschulung, d.h. die Verbesserung des Gleichgewichtsvermögens, ist aber ein sehr differenzierter Bereich der körperlichen Ausbildung. Sie beginnt mit dem Stehen auf einem Bein (was viele Kinder nicht können) und endet mit der Bewahrung des Gleichgewichts unter schwierigen Bedingungen, z.B. beim Balancieren und natürlich auch beim Fahren, Rollen und Gleiten.

Im letzteren Falle ist darauf hinzuweisen, dass das Gleichgewichtsproblem so gut wie gelöst ist, sobald es gelingt, Geschwindigkeit aufzunehmen. Es entsteht also die fast paradoxe Situation, dass *gerade der Anfänger mit den größten Schwierigkeiten* zu kämpfen hat, zumal sehr bald das Problem der Richtungsänderung und der Geschwindigkeitskontrolle hinzukommt.

In dieser Hinsicht geht das Inline-Skating konform mit vielen, wenn nicht den meisten Trendsportarten, dass sie nach dem Überwinden einer „Einstiegsschwelle" – zunächst wenigstens – ein relativ problemloses und nur mäßig anstrengendes „Mitmachen" versprechen. Dies ist sozusagen die ehrenwerte (und damit zweifellos sehr reizvolle) Variante des oben bereits angesprochenen Strebens nach dem „Sofort-Erlebnis".

Betrachtet man die „sportliche Realität" des Inline-Skatings, stellt man fest, dass die Möglichkeiten des Schnell- und Dauerlaufens nicht systematisch genutzt werden, zumal sich sehr schnell orts- und geländebedingte Schwierigkeiten ergeben, dass Rollkunstlauf und Rollhockey eine Beherrschung des Gerätes voraussetzen, die nicht jeder Schüler erreichen kann.

Angesichts dieser Überlegungen stellt sich unter didaktischen Gesichtspunkten die nur auf den ersten Blick unbedarfte Frage, ob es dazu überhaupt der Skates bedarf, *da man doch dies alles auch zu Fuß tun könnte*, was ersichtlich einfacher, in vielen Fällen effektiver und – besonders für ängstliche und unsichere Schüler – auch ungefährlicher (und damit zumutbarer) wäre.

Für einen *anspruchsvolleren Umgang mit den Skates* wird, wie ein Blick auf die „Szene" zeigt, vor allem eine Möglichkeit genutzt: beim Rollen von Boden abzuheben, also zu springen, und dies auch mit Drehungen. Hierfür strebt man durch apparativen Aufwand, z.B. Rampen und Half-Pipes, die Nutzung der Schwerkraft an.

Die „sportliche Welt" des Inline-Skatings ist also reduziert auf einen zwar höchst attraktiven, aber doch recht *spezialisierten Ausschnitt*. In ihrer Konsequenz läuft diese Entwicklung darauf hinaus, dass *das sportliche Handlungsmuster verlassen und durch ein anderes, ein artistisch geprägtes, ersetzt wird*.

Das hiermit angesprochene *artistische Handlungsmuster* unterscheidet sich vom sportlichen durch folgende Merkmale:
- der Reduktion der körperlichen Anforderungen auf einen eng begrenzten Bereich, z.b. Geschicklichkeits- und Gleichgewichtsaufgaben,
- der Ausrichtung der Aktivitäten auf einen „zentralen Trick", eine bestimmte Fertigkeit, die es zu beherrschen gilt,
- der Tendenz zur Schwierigkeitssteigerung bis in Dimensionen, die unter normalen Bedingungen nicht erreichbar sind und im höheren Leistungsbereich ein Höchstmaß an Übungs- und Trainingsaufwand erfordern,
- der Einbeziehung überraschender und verblüffender Schaueffekte.

Die hier vorgenommenen definitorischen Zuordnungen machen deutlich, dass den Trendsportarten, was die Grundstrukturen betrifft, auch eine Reihe von Sportarten zuzurechnen ist, die bereits als konventionell gelten.

Es zeigt sich, dass die oben beschriebene Tendenz zu einem relativ kurzfristigen Modewechsel überlagert wird von einer *langfristigen, bereits historisch zu nennenden Entwicklung, die sich als Auflösung des sportlichen Handlungsmusters und seine Ablösung durch neue, „postmoderne" und*, wie eben gerade gezeigt, *vorwiegend artistisch ausgerichtete Bewegungsaktivitäten bezeichnen lässt.*

Dies ist weitgehend identisch mit der Überschreitung einer – allerdings nie genau festzulegenden – Grenzlinie zwischen „einfach, grundlegend, elementar" und „speziell, artifiziell, spektakulär". Es ist schon ein Unterschied, ob sich der Schulsport beispielsweise auf Geräteturnen und Leichtathletik mit einer Fülle von Bewegungsmöglichkeiten und unterschiedlichen Anforderungen oder auf die Beherrschung eines bestimmtes Gerätes oder einer speziellen Situation orientiert.

Bei diesen Erwägungen sollte man auch die *Schülersicht* nicht vergessen:

Trendsportarten gelten zwar als höchst attraktiv, aber wie so oft wird auch hier die „öffentliche Meinung" von einer *aktiven Minderheit* bestimmt. Für die übrigen Schüler stellt sich sehr schnell das Problem der *Zumutbarkeit*. Man kann wohl mit Recht von jedem verlangen, dass er einen Dauerlauf absolviert, über einen Balken balanciert oder einen Klimmzug probiert. Kommen aber Buckelpiste, Half-Pipe und Kletterwand ins Spiel, ist die Lage nicht mehr so eindeutig.

In diesem Zusammenhang ist auch darauf hinzuweisen, dass die meisten Trendsportarten sich nur auf der Grundlage von neuen *technischen und zivilisatorischen Entwicklungen* etablieren konnten. Sie setzen durchweg eine hohe Mobilität voraus und bedingen einen erhöhten Materialaufwand, was sehr schnell die gewohnten Etansätze einer Schule überschreitet.

Zusammenfassung

Es verbleibt, die aus der Analyse der Trendsportarten gewonnenen Erkenntnisse in einigen pointierten Aussagen zusammenzufassen und mit einem kurzen Kommentar zu versehen. Abschließend sollen die Konsequenzen aufgezeigt werden.

(1) Trendsportarten sind zugleich Modesportarten.
Dieser Zusammenhang wird in der allgemeinen Diskussion grundsätzlich nicht bestritten. Nicht vorauszusehen ist aber, wie lange ein Trend, sozusagen bis zum nächsten Modewechsel, andauert. Es lassen sich lediglich kurz- und langfristige Zyklen unterscheiden. Von ihnen laufen stets mehrere nebeneinander her, so dass sich ständig neue Konstellationen ergeben.

Wollte man die Trendsportarten in den Schulsport, und hier in den Pflichtbereich einbeziehen, wäre eine vorausschauende *Planung für die Sportlehrerausbildung* so gut wie nicht mehr möglich.

Ein Sportlehrer ist zwischen 30 und 40 Jahren im Dienst. Während dieser Zeit sieht er mehrere solcher Zyklen kommen und gehen. Hätte er den Ehrgeiz, dabei immer mitzuhalten, würde er, um ein etwas gewagtes Bild zu gebrauchen, *ständig dem jeweils letzten Trend hinterherhetzen, ohne die dort bereits etablierten, meist professionellen Trendsetter jemals einholen zu können.*

Auch der ständige Verweis auf die Lehrerfort- und -weiterbildung kann hier nicht überzeugen. Wie die Realität zeigt, ist es auf diesem Weg nicht einmal möglich, alle Sportlehrer in ihren angestammten Tätigkeitsbereichen auf dem Stand der aktuellen Entwicklung zu halten.

Dem widerspricht es keineswegs, dass viele Sportlehrer Experten in einer Trendsportart sind. Es handelt sich aber, von wenigen „Alleskönnern" abgesehen, immer nur um einzelne, die sich in einer bestimmten Sportart engagieren.

Die Sportlehrerschaft als Ganzes würde ihre Kompetenz verlieren, und sie würde, was schwerer wiegt, *keinen eigenen Zuständigkeitsbereich* mehr haben.

(2) Als Pflichtgegenstand verliert eine Trendsportart ihre Attraktivität.
Begehrenswert ist immer das, was man haben könnte, aber gerade nicht hat. Als obligatorischer „Unterrichtsgegenstand" *verändert eine Sportart,* gleich ob sie den „modernen" oder „althergebrachten" zuzurechnen ist, *zwangsläufig ihre Qualität*; jedenfalls ist sie einem psychologischen *Abnützungsprozess* unterworfen.

Man kann nun annehmen, dass dieser *Abnützungs- und Veralterungsprozess bei Trendsportarten noch schneller verläuft* als bei Unterrichtsinhalten, die durch die Tradition legitimiert sind. Damit ist aber eine sich immer schneller drehende Innovationsspirale in Gang gesetzt, bei der kein Lehrer mehr mithalten kann, die Schüler aber zu einer ebenso hektischen wie oberflächlichen Betriebsamkeit verleitet werden.

(3) Trendsportarten definieren sich weitgehend über ihren „Erlebniswert". In diesem Umkreis sind sie auf möglichst umgehende Bedürfnisbefriedigung angelegt.

In dieser Hinsicht entsprechen sie einem allgemeinen, nicht nur bei jungen Leuten feststellbaren, gesellschaftlichen *Normen- und Wertewandel,* der durch eine aggressive, mehr auf Animation als auf Information angelegte Werbung noch verstärkt wird. So darf sich beispielsweise nach der aktuellen, von der Freizeitindustrie übernommenen Sprachregelung jeder, der an einer geführten Canyoning-Tour teilgenommen hat, als „Extremsportler" bezeichnen. Damit aber werden altvertraute Zuordnungen in geradezu grotesker Weise auf den Kopf gestellt.

Dem ist vielleicht entgegenzuhalten, dass Kinder und Jugendliche den Begriff „Spaß", der für sie das *Leitmotiv sportlicher Betätigung* darstellt, durchaus mit dem der Anstrengung verbinden. *Langfristige Bindungen* sind jedoch eher im Schwinden begriffen. Damit ist aber die generelle Fluktuation unter den Sportarten angesprochen, nicht das spezielle Überwechseln von konventionellen zu aktuellen Formen. Im letzteren Falle dürften die zahlenmäßigen Verschiebungen eher gering sein. Nach wie vor ist die Mehrzahl der Kinder und Jugendlichen wohl in den traditionellen Sportarten tätig. Die Trendsportarten werden von ihnen eher nebenbei „mitgenommen".

Wenn diese als vorrangige Inhalte des Schulsports hier abgelehnt werden, *geht es also nicht darum, „den Kindern ihren Spaß zu nehmen", sondern im Gegenteil ihn da zu belassen, wo er sich am ehesten entfalten kann, im freien und selbstbestimmten Tun.*

(4) Trendsportarten tragen deutliche Zeichen eines artistischen Handlungsmusters.

Auf der einen Seite werden die körperlichen Anforderungen reduziert auf einen zwar reizvollen, aber doch recht speziellen Ausschnitt, auf der anderen Seite zeigt sich eine gewisse Übersteigerung in der selbstdarstellerischen Präsentation.

Dies spricht nicht gegen die Trendsportarten als Bestandteil unserer *gegenwärtigen und zukünftigen Bewegungskultur.* Aus pädagogischer Perspektive sollte man jedoch über ihre körper- und bewegungsbildende Funktion – und nicht zuletzt auch über ihr tatsächliches erzieherisches Potential – etwas genauer nachdenken.

Es geht nämlich nicht, wie so oft recht vordergründig argumentiert wird, um eine „Erweiterung der Schulsportinhalte", sondern um einen kulturellen Umbruch. Selbst wer einen solchen Paradigmenwechsel für unausweichlich hält, wird eines Tages erkennen müssen, dass *wir nicht nur etwas gewonnen, sondern auch verloren haben.*

Diesen analytisch aus der Sache abgeleiteten Gesichtspunkten sind zwei allgemeine, durch die Gegebenheiten der Schule bedingte, hinzuzufügen:

(1) *Trendsportarten überschreiten in aller Regel die organisatorischen Möglichkeiten der Schule.* Sehr oft müssen bestimmte örtliche oder materielle Bedingungen erfüllt sein. Dies zwingt dazu, sie dorthin auszulagern, wo entsprechende Möglichkeiten gegeben sind, z.B. in die Surf- und Tauchschulen, Sportparks und Skater-Discos. Damit werden sie aber *kaum noch als eine Angelegenheit der Schule* wahrgenommen.

Mit einer solchen Auslagerung an bestimmte „Anbieter" ist aber auch der *Grundsatz der Verbindlichkeit* in Frage gestellt. Die allgemeine Teilnahmepflicht wird sich nicht mehr durchsetzen, jedenfalls aber nicht mehr kontrollieren lassen. Sobald auch nur ein Teil der Sportlehrerschaft auf diese Linie einschwenkt, um von unmotivierten und widerwilligen Schülern entlastet zu werden, *kann von Sportunterricht im heutigen Sinne nicht mehr die Rede sein.*

(2) *Eine Umorientierung des Schulsports auf Trendsportarten und in diesem Zusammenhang zwangsläufig auch auf entsprechende, als besonders motivierend empfunde-*

ne sportliche Betätigungen führt zu einer fast unendlichen Fülle von möglichen Schulsportinhalten. Es wird keiner Schule mehr möglich sein, ein „komplettes Angebot" vorzulegen. Man wird *auswählen* müssen, und zwar in einem gegenüber den theoretischen Möglichkeiten geradezu *radikalen Ausmaß*. Diese Auswahl wird von Schule zu Schule, wahrscheinlich sogar von Klasse zu Klasse eine andere sein, ohne dass der einzelne Schüler die Garantie hätte, dabei sein „Wunschangebot" zu finden.

Damit wird aber genau das fragwürdig, was „Schule" eigentlich ausmacht und was sie im gesellschaftlichen Auftrag zu leisten hat, nämlich die *langfristige, kontinuierlich aufeinander aufbauende „Arbeit an der Sache"*, und dies vor allem anhand von Gegenständen, die als allgemein gültig und grundlegend anzusehen sind.

Konsequenzen

Sollte der eben beschriebene, derzeit möglicherweise anstehende Paradigmenwechsel im allgemeinen Sportverständnis zur ideologischen Grundlage des Schulsports werden – und gemeint ist hier in erster Linie sein Kernbereich, der obligatorische Sportunterricht –, hätte dies einige Konsequenzen, die in der öffentlichen und fachinternen Diskussion bislang nicht genügend beachtet worden sind:

Der Schulsport wird seine Identität verlieren. Er wird sich nicht mehr grundsätzlich von den entsprechenden Angeboten der Vereine, der Sportschulen, der Fitnessstudios und der Freizeitindustrie unterscheiden. Und die Sportlehrer werden, wie schon gesagt, keinen eigenen Zuständigkeitsbereich mehr haben.

Wenn nun aber der Schulsport dasselbe tut, was die anderen Sportanbieter auch tun, dann muss sich bei allen „Betroffenen", den Schülern und Eltern, den kommunal- und bildungspolitischen Entscheidungsträgern, zwangsläufig die Frage stellen, *ob er überhaupt noch notwendig ist, da ja ein scheinbar vollgültiger Ersatz gegeben ist*. Entsprechende Überlegungen gibt es ja schon.

Und wir Sportlehrer werden, wenn wir uns auf diese Entwicklung einlassen, eines Tages feststellen, dass wir den Ast abgesägt haben, auf dem wir saßen.

Dem kann der Schulsport und können wir Sportlehrer nur entgehen, wenn wir das tun und leisten, was andere nicht leisten können, sei es, dass sie andere Ziele haben oder unter eigenen Zwängen stehen.

Der Schulsport muss also, wie an anderer Stelle schon versucht (SÖLL/KERN 2005, 306), eine *eigenständige Begründung* vorweisen können, dies aber nicht nur in Form eines aufgesetzten „pädagogischen Überbaus", sondern auch im Hinblick auf seine konkrete inhaltliche Gestaltung.

Literatur

LAMPRECHT, M./STAMM, H.: Vom avantgardistischen Lebensstil zur Massenfreizeit. Eine Analyse des Entwicklungsmusters von Trendsportarten. In: Sportwissenschaft 1998, 3/4.
SÖLL, W./KERN, U.: Alltagsprobleme des Sportunterrichts. Schorndorf 2005[2]. Vgl. auch: Das „Sportartenkonzept" in der Sportdidaktik, S. 28.

7 „Leistung" im Sport

„Leistung" ist, was gerne übersehen wird, durchaus kein eindeutiger, sondern ein sehr vielschichtiger und komplexer Begriff (1). So kommt es in der allgemeinen Diskussion immer wieder zu Missverständnissen, Unterstellungen und – teilweise recht aggressiven – Auseinandersetzungen. Auch die Sportpädagogik bleibt davon nicht verschont, weil man zu oft einen wissenschaftlichen Grundsatz, nämlich nur über Dinge zu reden, die man zuvor definiert hat, außer Acht lässt.

Im Folgenden soll aber nicht die Leistungsproblematik in ihrem vollen Umfang aufgerollt werden; es soll vielmehr versucht werden, anhand einiger ausgewählter Beispiele aufzuzeigen, *welche Bedeutungen der Leistungsbegriff im Sport annehmen kann und wie er mit dem Erfolgsbegriff verknüpft ist.*

(1) Wenn ein Lehrer zu einem Schüler sagt: „Deine Leistungen im Weitsprung sind 3,44 und 3,28 Meter", benutzt er – zunächst wenigstens – einen *offenen und wertneutralen Leistungsbegriff*. Leistung wäre demnach alles, was oberhalb einer Nullmarke liegt, ebenso wie bei der physikalischen Temperaturmessung oberhalb des absoluten Nullpunkts von minus 273 Grad nur von „Wärme" die Rede ist.

(2) Wenn jemandem mitgeteilt wird, die für das Sportabzeichen notwendigen Leistungen seien 4,75 Meter im Weitsprung, 8,00 Meter im Kugelstoßen usw., werden die gemessenen Leistungen – relativ willkürlich – in zureichende und nicht zureichende aufgeteilt, ähnlich wie man bei der üblichen Temperaturmessung in Plus- und Minustemperaturen unterscheidet. *„Leistung" wird hier zur Qualifikationsschwelle, die in Erfolgreiche und Erfolglose aufteilt.*

(3) Man kann die qualifizierende Funktion der Leistung noch weiter ausdifferenzieren, wenn man sie auf eine gleitende Skala, z.B. eine Notenskala, bezieht: *„Leistung" wird hier zur Maßeinheit für eine auf gesellschaftlichen Konventionen beruhende Qualifikations- und Erfolgsskala.* Formulierungen wie: „Mit diesen Leistungen ist der Schulerfolg gefährdet", bestätigen dies nur allzu deutlich.

(4) Man kann nun noch einen Schritt weitergehen – und dafür bietet der Sport eine nahezu einzigartige Möglichkeit –, indem man die gemessenen (mit Einschränkungen auch die auf andere Art, z.B. durch Wertung, festgestellten) Leistungen auf die Gesamtzahl aller gleichgelagerten Fälle bezieht und damit *zur Maßeinheit einer als absolut gedachten Leistungsbewertung macht.*

Dabei kann man sich darüber streiten, ob dies eine Leistungs- oder Erfolgsskala ist: Einerseits wird die festgestellte Leistung durch den Bezug auf einen statistischen Nullpunkt objektiviert und wieder in eine wertneutrale Größe zurückverwandelt, andererseits kann jeder Beteiligte anhand einer solchen Skala feststellen, wo er im Vergleich zu seinen Mitbewerbern steht, wie „erfolgreich" er also ist.

Damit ist aber ein „Problem im Problem", nämlich das einer *allgemeinen „Notentheorie"* angesprochen, auf das hier kurz eingegangen werden soll:

Der bisher interessanteste Versuch einer pädagogischen Verwendung von solchen absoluten Wertungstabellen ist mit der ehemaligen, für die leichtathletischen und schwimmsportlichen Disziplinen gültigen 100-Punkte-Wertung der *Bundesjugendspiele* unternommen worden. Man hat dabei den 50-Punkte-Wert mit der in Massenuntersuchungen ermittelten Durchschnittsleistung der jeweiligen Altersstufe gleichgesetzt, während der 0- und 100-Punkte-Wert den Übergang zu den extrem schlechten und guten Leistungen kennzeichnete. Damit musste zwar für jeden Geburtsjahrgang eine eigene Tabelle erstellt werden, doch konnte sich auf diese Weise jeder Schüler ohne Umrechnung mit der Gesamtpopulation seiner Altersstufe vergleichen.

Indessen bleibt eine absolute *Wertungsskala*, wie gesagt, ein relativ abstraktes Gebilde, solange sie nicht in eine *Notenskala* umgesetzt wird. Allen Notenskalen, gleich in welchem Schulfach, liegt aber letztlich die Vorstellung einer statistischen Normalverteilung nach Art der bekannten „Glockenkurve" zugrunde: Die größte Häufigkeit ist um einen Mittelwert herum anzutreffen, während nach außen hin, also auf die Extremwerte zu, ein steiler Abfall zu verzeichnen ist.

Es besteht kein Zweifel darüber, dass z.B. die Weitsprungleistungen aller Schüler der Bundesrepublik einer Normalverteilung folgen – in ihr drückt sich eine biologische und in weiten Bereichen auch soziologische Gesetzmäßigkeit aus –, doch muss dies innerhalb einer einzelnen Schulklasse keineswegs der Fall sein. Außerdem ist man bei allen Unterrichtsgegenständen, für die sich eine solche, auf objektive Messwerte zurückgehende statistische Grundlage nicht schaffen lässt, auf irgendwelche „Erfahrungswerte" angewiesen. Dennoch geht man bei allen Schulnoten – und darin liegt ein nie endgültig lösbares Problem – von einer solchen Anbindung an eine „überindividuelle Norm" aus (2).

Damit sind wir unversehens zum Kernpunkt der Leistungsproblematik vorgedrungen:
Was hat die Tatsache, dass die Messwerte beim Weitsprung einer Normalverteilung folgen und dass sich darauf Wertungssysteme und Notenskalen aufbauen lassen, mit „Leistung" zu tun? Geht es denn nicht darum, dass die Schüler etwas lernen oder durch Training besser werden, also gewissermaßen aus der Normalverteilung ausbrechen? Oder umgekehrt gefragt, ist das, „was man sowieso kann" (und was für sportlichen, schulischen und gesellschaftlichen Erfolg vielleicht schon ausreicht), allein schon deshalb als „Leistung" zu bewerten?

Eine erste Antwort darauf kann der *allgemeine Sprachgebrauch* geben, der hier – wie in vielen anderen Fällen – auch eine gesellschaftliche Wertvorstellung ausdrückt.

(1) Leistung bezeichnet, wie alle Substantive auf -ung, nicht nur das Produkt, sondern auch den Prozess. Gerade im Sport ist mit „Leistung" also sowohl das (gemessene oder gewertete) *Ergebnis* als auch das dahin führende *Bemühen* gemeint.

(2) Dem entspricht, dass Leistungen, die auf besondere Anstrengungen zurückgehen, in der allgemeinen gesellschaftlichen Einschätzung höher bewertet werden als solche, die Ausdruck besonderer, vielleicht naturgegebener Fähigkeiten sind. Auch im pädagogischen Bereich lässt sich beobachten, dass Leistungen nur dann als solche wirklich

anerkannt werden, wenn sie einen auf sichtbares Bemühen zurückgehenden *Leistungsfortschritt* ausdrücken (3). Der begabte, aber lässige Schüler wird vom Lehrer stets mit einem gewissen – vielleicht sogar berechtigten – Misstrauen betrachtet.

(3) Im Leistungs- und Hochleistungssport finden durchweg nur solche Leistungen Beachtung, die ersichtlich das Ergebnis eines langfristigen Übungs- und Trainingsprozesses darstellen. Die *„Trainingsleistung"* als der zu diesem Ergebnis führende Aufwand genießt eine besondere Wertschätzung. Auch im sogenannten Freizeitsport wird von „Leistung" nur dann gesprochen, wenn eine über das Normalmaß hinausgehende physiologische Beanspruchung vorliegt.

(4) Dieser dynamische, auf den Prozess und das darin enthaltene Bemühen gerichtete Leistungsbegriff hat eine lange Tradition: Bereits in der Zeit um 1900 wurde in der Diskussion um den „turnerischen" (die breite Durchschnittsleistung betonenden) und den „sportlichen" (auf Überbietung bedachten) Leistungsbegriff die *„persönliche Bestleistung"* als der eigentliche, dem Sport seinen Wert verleihende Leistungsbegriff der in den Rekordlisten aufgeführten „Maximalleistung" gegenübergestellt.

Es zeigt sich in der Tat, dass das, was ohne jedes Bemühen von der Hand geht, im allgemeinen Bewusstsein nicht als Leistung anerkannt wird, dass vielmehr das erzielte Ergebnis in einem angemessenen Verhältnis zu den individuellen Fähigkeiten stehen muss. Dieser *relative Leistungsbegriff* hat, wie eben gezeigt,

– sowohl eine „objektive" Seite, die darin besteht, dass man bestrebt ist, auf einer wertneutralen, nach oben offenen Leistungsskala (und zugleich auf einer auf Grund gesellschaftlicher Vereinbarungen darauf bezogenen Erfolgsskala) so weit wie möglich nach oben zu klettern (und dabei, wenn möglich, auch gute Noten, Urkunden und Medaillen einzuheimsen),
– als auch eine „subjektive" Seite, die darin besteht, die „persönliche Bestleistung" anzustreben, also zu versuchen, die individuellen Leistungsmöglichkeiten auszuschöpfen und dabei auch seine Leistungsgrenzen zu erfahren.

Über diesen zweiten Aspekt kann *die psychologische Theorie der Leistungsmotivation* weitere Auskunft geben (4):

(1) *Leistungsmotiviert* zu sein, bedeutet, volkstümlich ausgedrückt, „bei allem, was man tut, seine Sache so gut wie möglich zu machen".

(2) Das Leistungsmotiv kann allerdings nur in *Leistungshandlungen* zum Tragen kommen. Eine solche liegt vor,
– wenn ein Ergebnis erzielt wird,
– wenn dieses Ergebnis sich auf einen „Gütemaßstab" beziehen lässt, also mehr oder weniger gut ausfallen kann,
– wenn dem Gütemaßstab auch ein „Schwierigkeitsmaßstab" entspricht, „mehr oder weniger gut" also zugleich „mehr oder weniger schwierig" bedeutet.

(3) Der Handelnde muss sich jedoch mit der durch die Leistungshandlung ausgedrückten Sache identifizieren und die ihr immanenten Güte- und Schwierigkeitsmaßstäbe akzeptieren. Ansonsten ist er eben „nicht motiviert". Er muss ferner bestrebt

sein, innerhalb dessen, was hier gut und immer besser getan werden kann, ein realistisches *Anspruchsniveau* zu entwickeln, d.h. er muss herausfinden, welchen Schwierigkeitsbereich er sich selbst als „Leistung" attestieren kann. Es dürfte einleuchten, dass dies – zumal im Umkreis von Schule und Unterricht – ein höchst komplizierter und differenzierter Prozess ist.

(4) Das Spezifische am Leistungsmotiv liegt also darin, dass jemand, der leistungsmotiviert ist, in allen Situationen, die eine Leistungshandlung ermöglichen, auch bestrebt ist, *„Leistung zu zeigen"* oder, wie schon gesagt, „so gut wie möglich zu sein", es sei denn, die Sache stößt ihn aus anderen Gründen ab.

(5) Vielleicht sollte das Gesagte an einem Beispiel verdeutlicht werden: Ein Weitsprung ist sicher eine Leistungshandlung. Es wird ein Ergebnis erzielt, das mehr oder weniger gut ausfallen kann, und das bessere Ergebnis ist auch schwieriger zu erreichen. Wer aber von der Leichtathletik (oder auch von Musik oder Mathematik) gar nichts hält, dem kann es auch gleichgültig sein, wie gut oder schlecht er darin ist. Wer nicht fähig ist, das seinen Fähigkeiten angemessene Anspruchsniveau zu finden, der bleibt entweder unter seinen Möglichkeiten (er „leistet" nicht eigentlich) oder er scheitert an irrealen Erwartungen.

Beim Würfelspiel wird zwar auch ein Ergebnis erzielt, und dieses kann mehr oder weniger gut, aber nicht mehr oder weniger schwierig ausfallen. Es wäre töricht, beim Glücksspiel einen bestimmten Gütemaßstab als für sich verbindlich zu erachten, und die Frage eines realistischen Anspruchsniveaus erledigt sich von selbst.

Nicht jede Handlung ist also eine Leistungshandlung, aber Leistungshandlungen werden für unser Gesellschaftssystem als typisch angesehen und genießen eine besondere Wertschätzung. Nur unter diesem Aspekt lässt sich verstehen, dass der Sport als das Tun des eigentlich Überflüssigen in unserer Gesellschaft einen so hohen Stellenwert einnehmen kann (5).

Die Leistungsthematik im Sport ist also gekennzeichnet durch die geradezu ungeheuerliche Spannung zwischen „Leistung" als Maßeinheit für eine absolute Skala und „Leistung" als Entwicklung eines individuell angemessenen Anspruchsniveaus.

Aber gerade in der Bewältigung dieser Spannung konkretisiert sich das, was man als „sportliche Haltung und Einstellung" bezeichnet. „Sportlich" zu sein, und dies nicht nur im äußeren Aussehen, stellt nach wie vor ein gesellschaftliches Ideal dar. Jedoch wird dieses Ideal im Zuge einer sich ausbreitenden Wohlstandsmentalität, die auf unmittelbare Befriedigung aller, auch der eingebildeten Bedürfnisse gerichtet ist, die der Utopie eines mühelosen Wohlergehens für alle nachhängt und die alle natürlichen und sozialen Unterschiede unter Menschen als „ungerecht" empfindet, in zunehmenden Maße in Frage gestellt. „Leistung" und „Leistung bringen" geraten mehr und mehr ins gesellschaftliche Abseits, ja man distanziert sich geradezu davon.

Es erhebt sich somit zum Schluss die Frage, ob es neben dem als traditionell angesehenen „Leistungssport" auch einen dem „postmodernen Lebensgefühl" entsprechenden „Nichtleistungssport" gibt (6).

Diese Frage ist – auch abseits der hier angedeuteten ideologischen Implikationen – durchaus ernst zu nehmen und soll deshalb an einem *Beispiel* verdeutlicht werden:

Ein Leichtathlet beim 400-m-Lauf und ein Skiläufer bei der Skiabfahrt kommen am Ende ihres Tuns in gleicher Weise wieder an den Ausgangspunkt zurück; beide Handlungen sind in einer eigentümlichen Weise folgenlos und können beliebig wiederholt werden. Prinzipiell können beide als sportliche Handlungen angesprochen werden.

Es gibt aber auch Unterschiede. So ist beispielsweise die erreichbare Geschwindigkeit beim 400-m-Lauf ausschließlich von den körperlichen Fähigkeiten, bei der Skiabfahrt vorwiegend von der Hangneigung abhängig.

Der wesentliche Unterschied liegt aber darin, dass ein 400-m-Lauf unsinnig wird, wenn die Teilnehmer nicht versuchen, die Strecke so schnell wie möglich zurückzulegen, während eine Skiabfahrt auch dann noch als sinnvoll empfunden wird, wenn die Beteiligten z.B. alle 20 Meter stehen bleiben, vielleicht, weil sie sich unterhalten oder die Landschaft und die Sonne genießen wollen.

Leichtathletik ist eben nur als Sport denkbar, Skilaufen kann Sport sein, hat aber auch als „Nichtsport" noch einen Sinn. Dennoch wird Skilaufen in der allgemeinen Einschätzung pauschal als „Sport" bezeichnet. Wie ist das zu erklären?

Man kann den Sport als objektives Gebilde betrachten und versuchen, ihn zu definieren und sein Wesen zu ergründen, wie dies im anschließenden Beitrag versucht wird. Man kann aber auch ganz einfach fragen, *was allgemein unter Sport verstanden wird*. Dabei zeigt sich, dass Sport sozusagen „in den Köpfen der Leute entsteht", indem bestimmte Handlungszusammenhänge eben als „sportliche" empfunden werden.

Die Sportsoziologie spricht hier von – individuellen und kollektiven – *„Bedeutungszuweisungen"* oder *„Sinnzuschreibungen",* durch die bestimmte Situationen als „Sport" wahrgenommen werden, während sie in anderem Zusammenhang vielleicht als „Arbeit" erscheinen.

Ganz offensichtlich ist der hier gegebene Interpretationsspielraum bei den traditionellen und zumeist auch „härteren" Sportarten erheblich geringer als bei den modernen und vielfach auch „weicheren".

In diesem zweiten Bereich gelten – unter tätiger Mithilfe der Sportartikel- und Freizeitindustrie – auch Dinge noch als Sport, die ersichtlich über den Grenzbereich dessen, was Sport sein kann, hinausgehen und eigentlich „Unsport" sind, zumindest in dem Sinne, dass der sportimmanente Leistungsaspekt aus dem Blickfeld gerät.

Solange man Sport als eine Privatangelegenheit betrachtet, ist dies auch keineswegs zu beanstanden. Schließlich soll jeder den Sport haben, den er sich vorstellt und der ihm, wie die gängige Formel lautet, „Spaß macht". Jedoch wird es immer schwerer, daraus eine Legitimation für den obligatorischen Schulsport abzuleiten, und dies vor allem dann, wenn man seine Inhalte als frei wählbar ansieht.

Es wurden ja bereits Überlegungen darüber angestellt, ob man den Sport nicht besser den Vereinen und kommerziellen Sportanbietern überlassen oder in ein neues Superfach „Gesundheitserziehung" einbringen sollte. Es spricht einiges dafür, dass man dem nur entgegensteuern kann, wenn man „Sport" wieder mehr in seinem eigentlichen und ursprünglichen Sinne versteht.

Anmerkungen

(1) Zu einer ersten Information darüber sei verwiesen auf das Stichwort „Leistung" in: RÖTHIG, P. (Red.): Sportwissenschaftliches Lexikon, Schorndorf 1992.
(2) Es kommt hinzu, dass die Schulnoten im Verlauf der beiden letzten Jahrzehnte eine deutliche Verschiebung zum positiven Bereich hin erfahren haben, und dies besonders deutlich im Sport: Nach unseren Feststellungen erhält etwa die Hälfte der Schüler die Note 2; die Note 1 macht etwa ein Fünftel, die Note 3 ein Viertel aus, während die Note 4 bei fünf Prozent liegt. (In den nur selten vergebenen Noten 5 und 6 drücken sich im Fach Sport ganz andere Probleme und Konflikte aus.) Das Kennzeichnende an diesem Befund liegt weniger in den guten Noten, die im Fach Sport vergeben werden, sondern darin, dass sich innerhalb der statistischen „Linksverschiebung" der Notenkurve wieder eine annähernde Normalverteilung ergibt.
(3) Daraus darf nicht gefolgert werden, dass die Leistungsbewertung im Schulsport vorwiegend oder gar ausschließlich auf dem Leistungsfortschritt beruhen sollte. Vgl. den Beitrag: Leistungsbewertung und Notengebung im Fach Sport, S. 168.
(4) Hier dargestellt in Anlehnung an: GABLER, H.: Motive und Motivationen im Sport. In: GRUPE, O. (Hrsg.): Sport. Theorie in der gymnasialen Oberstufe. Schorndorf 1988. Vgl. auch den Beitrag: Motivation – was ist das eigentlich? S. 52.
(5) In den „offiziellen" Begründungen für den Sport traut man sich freilich nicht, diesen Tatbestand offen zuzugeben. Hier beruft man sich vorwiegend auf den Nutzen, den der Sport für den einzelnen und die Allgemeinheit erbringen kann. Vgl. die Beiträge: Ziele und Inhalte im Sportunterricht, S. 17, und: Lernziele oder Bildungsziele? S. 23, und: Das „Sportartenkonzept" in der Sportdidaktik, S. 28.
(6) Vgl. den anschließenden Beitrag: Was ist Sport?

8 Was ist Sport?
Eine Begriffsbestimmung unter pädagogischen Aspekten

Vorbemerkungen

Wie gegen Ende des vorangegangenen Beitrags dargelegt, könnte es für den Fortbestand des Schulfaches Sport von entscheidender Bedeutung werden, dass die Sportdidaktik sich mehr mit ihrem eigentlichen Gegenstandsbereich, dem Sport, auseinandersetzt. Es muss doch auffallen, dass die Fachdidaktiken aller anderen Fächer – neben anderem – sich intensiv mit der Bestimmung strukturell bedeutsamer und unterrichtlich unverzichtbarer Elemente ihrer Fächer befassen, während die Sportdidaktik sich auf die Konstruktion von übergeordneten didaktischen Konzepten und die Darlegung ihrer pädagogischen Bedeutung zurückgezogen hat. Wo überhaupt Inhalte genannt werden, kommt man über die Auflistung denkbarer Möglichkeiten nicht hinaus; die weitere Auswahl wird den Lehrplanautoren und Sportlehrern überlassen. Dies führt zu der geradezu schizophrenen Situation, dass einerseits diese Auswahl als beliebig angesehen wird, andererseits bestimmte, meist als „Sportartenkonzepte" bezeichnete Positionen als überholt gelten.

Es dürfte also an der Zeit sein, dass die Sportdidaktik, repräsentiert durch ihre maßgeblichen Vertreter, auch in dieser Frage endlich „Farbe bekennt".

Voraussetzung hierfür ist eine *Definition des „Bedeutungsfeldes Sport"* mit dem Ziel, das „Eigentliche" am Sport aufzufinden und herauszustellen. Darin nämlich unterscheidet sich der Sport als Fach von den übrigen Fächern, deren Gegenstandsbereich sehr viel weniger umstritten ist.

Von einer solchen Definition ausgehend, können in einem zweiten Schritt die *fachlich und unterrichtlich bedeutsamen Gegenstandsbereiche* festgelegt werden.

Dazu soll im Folgenden ein erster Versuch unternommen werden.

Sport in der Gesellschaft

Sport ist ein Produkt der modernen Industriegesellschaft, namentlich in ihrer europäisch geprägten Form. So wurde er für mehr als ein Jahrhundert in allen Ländern der Erde, die direkt oder indirekt von dieser – heute als „westlich" bezeichneten – Kultur- und Wirtschaftsexpansion erfasst wurden, zur beherrschenden *Erscheinungsform der Bewegungskultur*, jedenfalls was aktive Teilnahme und öffentliches Interesse betrifft. Diese Tendenz hält in den Grundzügen bis heute an.

In jüngster Zeit ist jedoch eine *Ausweitung des Begriffs- und Gegenstandsbereichs „Sport"* festzustellen, die man nur als maßlos bezeichnen kann. Auf der einen Seite wird jede auf Bewegung und Fortbewegung bezogene Neuerung, die durch den technischen Fortschritt und den wachsenden Wohlstand möglich geworden ist, als Sport ausgegeben, auf der anderen Seite wird dieser Begriff auch auf Bereiche übertragen, die bis in die Anfänge der menschlichen Bewegungskultur zurückreichen, als von Sport noch nicht die Rede sein konnte. Die letztgenannte Ausweitungstendenz ging vor allem in zwei Richtungen:
– auf Tanz, Pantomime und Bewegungstheater, also zur *darstellenden Kunst* hin,
– auf akrobatische und circensische Kunststücke, also zur *Artistik* hin.

Sicher gibt es zwischen diesen Kulturbereichen und dem Sport sowohl im Bewegungsrepertoire als auch in den Tätigkeitszielen und Gestaltungsprinzipien einige Gemeinsamkeiten. Dennoch liegen hier verschiedene und deutlich voneinander abgrenzbare historische und kulturelle Erscheinungen vor.

Vorliegende Definitionsversuche

„Sport" lässt sich nur schwer definieren. Das liegt daran, dass er nur einen *Teilbereich umfassenderer, ihm übergeordneter Phänomene* darstellt. Neben den eben genannten

Berührungspunkten sind vor allem die beiden folgenden *begrifflichen Überschneidungen* festzustellen:
- Sport ist ein Teil der menschlichen *Bewegungskultur*. Wie jede kulturelle Tätigkeit ist er auf „höherwertige", „ideale", über die Notwendigkeiten des Alltags hinausgehende Bedürfnisse ausgerichtet.
- Sport ist ein Teilbereich des *Spiels*. Wie dieses genügt er sich selbst und bedarf keiner weiteren Begründung.

Mit diesen Zuordnungen ist zugleich die Beziehung zwischen „Kultur" und „Spiel" angesprochen: Man kann das Spiel als eine Kulturerscheinung deuten oder in ihm den Ursprung der Kultur sehen, je nachdem was man unter „Kultur" versteht.

Diese Problemlage ist zu beachten, wenn hier einige der bislang vorliegenden Definitionen betrachtet werden sollen:

(1) Die *Sportsoziologie* geht von der Feststellung aus, dass bestimmte Tätigkeiten in einem bestimmten Zusammenhang als Sport wahrgenommen werden:

„Nicht der Bewegungsablauf – Laufen, Springen, Werfen usw. – *ist bereits Sport ..., sondern er wird es erst durch eine situationsspezifische Rezeption und Bedeutungszuweisung durch den Handelnden ..."* (HEINEMANN 1980, 203).

Diese Definition besagt nicht mehr und nicht weniger, als dass unter Sport das zu verstehen ist, „was die Leute dafür halten". Wenn also die Sportartikelindustrie einen modifizierten Kinderroller als „Sportgerät" verkauft, ist damit – vorausgesetzt, dass diese Zuordnung von der Allgemeinheit akzeptiert wird – aus einem Freizeitvergnügen für Kinder eine „Sportart" geworden und möglicherweise findet sich auch ein geschäftstüchtiger Veranstalter für eine Deutsche Meisterschaft.

Dies ist eine *pragmatische Definition*. Sie geht davon aus, wie eine Sache „wahrgenommen" oder „verstanden" wird. Die Sache selbst wird weitgehend ausgeblendet und auch nicht auf ihre pädagogische und bildungstheoretische Relevanz befragt.

Dennoch finden solche Vorstellungen auch unter Fachleuten großen Anklang. Hier liegt nämlich die Keimzelle der gegenwärtig festzustellenden Tendenzen, unter Berufung auf die „Freizeitrelevanz", „Motivation" und „Attraktivität" für die Schüler, den Sport „in die Schule zu holen", der gerade populär ist (1).

(2) Nach VOLKAMER besteht *Sport in der Schaffung von willkürlichen Hindernissen, Problemen und Konflikten, die vorwiegend mit körperlichen Mitteln gelöst werden und in ihrem Ergebnis nicht unmittelbar zu materiellen Veränderungen führen*. Aus der prinzipiellen Willkür sportlicher Handlungen folgt weiterhin, dass sie nach bestimmten, vorher *vereinbarten Regeln* ablaufen und mit einer gewissen *Ernsthaftigkeit*, die sich in einem *Streben nach Optimierung* ausdrückt, betrieben werden müssen, damit sie nicht – im Gegensatz zur Alltagsbewegung – im wahren Sinne des Wortes „unsinnig" werden.

Hier handelt es sich um eine *phänomenologische Begriffsbestimmung*, die nach dem „Wesen der Sache" fragt. Das Problem liegt darin, dass sie den Sport nicht trennscharf von verwandten Phänomenen abzugrenzen vermag. Sie lässt sich auf alle Tätigkeiten übertragen, die einer willkürlichen, mit körperlichen Mitteln vorgenommenen Optimierung zugänglich sind. Die Art der Sache bleibt auch hier außer Betracht, ebenso ihre weitere pädagogische und didaktische Einordnung.

Konsequenterweise führt diese Position auch zu der (umstrittenen) Forderung nach einer „Entpädagogisierung des Sports" und seiner Ausrichtung auf den „Spaß", d.h. den Bedeutungs- und Erlebniswert für den Handelnden.

(3) Nach der vom Wissenschaftlichen Beirat des DSB 1980 vorgelegten Begriffsbestimmung ist Sport gekennzeichnet durch

- *motorische Aktivität*, die für eine bestimmte Sportart konstitutiv sein muss,
- einen *eigenen Bedeutungsinhalt*, der darin wurzelt, dass sportliche Handlungen prinzipiell unproduktiv sind und keinen existentiellen Zwängen unterliegen,
- *Leistung*, die sich in dem Bemühen ausdrückt, bestimmte Gütemarken zu beachten oder zu übertreffen,
- *ethische Werte und Leitideen* wie Fairplay, Partnerschaft und Chancengleichheit,
- besondere *Erlebnis- und Erfahrungsformen*, die Vitalität, Risiko und Spannung ebenso beinhalten wie Selbstbeherrschung und Selbsteinschätzung, Bewegungsgestaltung und ästhetische Anmutung.

Dies ist eine *hermeneutisch gewonnene Definition*. Sie versucht, den Sport als historisches Phänomen aus seinen zeitbedingten Bezügen zu lösen, in seinen allgemeinen Merkmalen möglichst genau zu beschreiben und in seinem Bedeutungsgehalt zu erfassen. Die Frage ist nur, ob auf diese Weise die „Werthaftigkeit" der Sache, d.h. ihre Anbindung an gesellschaftlich anerkannte Normen und Wertvorstellungen gegenüber den individuellen Bedürfnissen nicht überbetont ist.

Ungeachtet der Tatsache, dass alle hier vorgelegten Definitionen „richtig" sind, führt an einer Begriffsbestimmung der letztgenannten Art kein Weg vorbei: Sport als Bestandteil unseres Bildungswesens wirft zwangsläufig die Frage nach seinen bildenden Gehalten und erzieherischen Potenzen auf, wobei ebensosehr auf die gesellschaftlichen Ansprüche wie auf den individuellen Nutzen abzuheben ist.

(4) Aus diesen Überlegungen ergibt sich die weitere Frage, *welcher Sport aus dem gegenwärtigen, fast unübersehbaren „Angebot" als pädagogisch relevant anzusehen ist*. Bei ihrer Beantwortung kann vielleicht das von HÄGELE (1982, 195) entworfene, hier nur sehr verkürzt wiedergegebene Modell zur *„Konstitutionsproblematik des Sports"* eine Hilfe sein.

Danach ist zu unterscheiden:
- in einen *Kernbereich*, der den „authentischen Sport" repräsentiert, auf den alle genannten Definitionskriterien zutreffen,
- in einen *Randbereich*, in dem die sportlichen Sinnelemente, sozusagen nach außen hin, von nichtsportlichen immer deutlicher überlagert werden.

Entsprechend diesem Modell wird im Folgenden von der These ausgegangen, dass der Sport in seiner authentischen Form auch den Kernbereich des Schulsports, im Wesentlichen also den obligatorischen Sportunterricht, einnehmen sollte, während er in seinen übrigen Erscheinungsformen eher den Randbereichen, z.b. dem außerunterrichtlichen Schulsport, zuzuweisen wäre.

Eine darauf aufbauende Begriffsbestimmung kann auch die Grundlage für die weitere, didaktisch begründete Strukturierung des „Lernfeldes Sport" abgeben, wie sie an anderer Stelle bereits vorgenommen worden ist (2).

Sport: Versuch einer Begriffsbestimmung

Sport beruht im Wesentlichen auf vier konstitutiven Prinzipien, die sich wie folgt formulieren lassen:

1. Sport ist motorische Aktivität, verstanden als tendenziell ganzkörperliche und anspruchsvolle Bewegung.

Sport hat immer etwas mit Bewegung zu tun, doch muss die Bewegung einen bestimmten Umfang haben und eine angemessene Intensität aufweisen: Sie muss für die sportliche Tätigkeit konstitutiv sein. „Schachsport" und „Denksport" können demgegenüber nur Metaphern sein. Einige Zweifelsfälle verbleiben allerdings, z.B. Schießsport oder (Pferde- und Motor-)Rennsport, die man wohl so stehen lassen muss.

2. Sport genügt sich selbst. Er ist nicht auf eine bestimmte Funktion festgelegt und ist prinzipiell folgenlos.

Sport ist also nicht produktiv im Sinne der unmittelbaren Befriedigung von Lebensnotwendigkeiten. Materielle Auswirkungen ergeben sich nur aus dem Verwendungszusammenhang, in dem er bisweilen steht. Die „Bewegungsprobleme" des Sports, d.h. die Ziele und Inhalte sportlicher Handlungen, sind prinzipiell willkürlich gewählt und bedürfen keiner besonderen Begründung. Dieses Merkmal bedingt aber auch die Einhaltung bestimmter Regeln, deren Rahmen normalerweise recht eng gesteckt ist.

3. Sport ist auf Optimierung angelegt, und dies in zweierlei Hinsicht:
– als das Bestreben, bestimmte selbstgesetzte Gütestandards zu erreichen oder zu übertreffen, was dem Begriff der *Leistung* entspricht,
– als das Bestreben, in diesem Rahmen „immer besser zu werden" oder einen bestimmten Stand zu erhalten, was dem Begriff des *Trainings* entspricht.

Kennzeichen sportlicher Betätigung ist es, sich – wenn auch noch so bescheidene – Ziele zu setzen, die durch Verbesserung der Bewegungsabläufe und der konditionellen Fähigkeiten angestrebt werden. Formal gesehen wäre es zwar auch Sport, ein einziges Mal im Jahr so schnell wie möglich eine Aschenbahn zu umrunden oder einen Skihang hinunterzufahren, doch würde dies dem Sinn sportlicher Handlungen widersprechen: „Leistung" als Produkt genügt nicht, es geht auch, wie im vorausgegangenen Beitrag bereits dargelegt, um Leistung als Prozess.

4. Sport ist zur Offenlegung der Leistungsfaktoren verpflichtet. Dies betrifft sowohl die körperlichen und bewegungsmäßigen Mittel, mit denen die Leistung angestrebt wird, als auch die Bedingungen, unter denen sie erbracht wird.

Dieses Merkmal ist keineswegs aus der gegenwärtigen Doping-Diskussion hergeleitet; es ist vielmehr ebenso konstitutiv wie die bisher genannten, zumal ein Großteil der ethischen Werte des Sports, z.b. Verantwortungsbewusstsein, Chancengleichheit und Fairness, hier seine Grundlage hat.

Mit diesem Kriterium lässt sich der Sport auch von der *Artistik* abgrenzen: Der Artist erbringt sicherlich, wie jeder Künstler, eine Leistung; er übt und trainiert vielleicht mehr als mancher Sportler, doch ist er nicht verpflichtet, über den tatsächlichen Schwierigkeitsgrad seiner Darbietung Auskunft zu geben; er kann offene oder verdeckte Hilfsmittel und Absicherungen einsetzen und darf sich zusätzlicher Effekte bedienen. Was wäre die Artistik ohne einen Hauch von Geheimnis und Extravaganz!

Umgekehrt kann man Tätigkeiten, die an sich dem Bereich der Kunst oder des Spiels zuzuordnen sind, z.b. Rhythmische Sportgymnastik, Turniertanz oder Sportakrobatik, dadurch zum Sport machen, dass man die Bedingungen egalisiert, Wertungssysteme erstellt und Meisterschaften organisiert.

Es verbleibt, auf ein weiteres Merkmal des Sport, seine *Wettbewerbsorientierung*, etwas näher einzugehen:

Sportliche Leistungen lassen sich nach einfachen und einsichtigen Kriterien messen und beurteilen. Dies fordert zum Leistungsvergleich geradezu heraus. Beim Sportspiel wird dieser Vergleich mit einem „unmittelbaren Gegenüber" sogar zum strukturbestimmenden Merkmal (3).

Wettkampf und Wettbewerb werden damit zu einem hervorstechenden Kennzeichen des Sports, nicht aber zu einem durchgehenden Definitionskriterium. Sport bleibt auch dann Sport, wenn man ihn nicht wettkampfmäßig, sondern aus anderen Gründen, z.B. zur Verbesserung der eigenen Leistungsfähigkeit, betreibt.

Wollte man nämlich die aus dem Wettkampfprinzip folgende Alternative Sieg – Niederlage zum bestimmenden Merkmal des Sports, zu seinem „Code", erheben, so müsste, wie STICHWEH (1990, 373) angemerkt hat, ein Marathonläufer, der unter 16000 Teilnehmern den 8000. Platz belegt hat, sich 7999 „Niederlagen" und 8000 „Siege" attestieren. Unbestritten ist aber, dass sich darin eine beachtenswerte sportliche Leistung ausdrückt, unabhängig davon, ob sie vor den Augen anderer erbracht worden ist oder nicht. Insofern ist es auch nicht gerechtfertigt, „Leistung" mit „Präsentation" und öffentlicher Anerkennung gleichzusetzen.

Man sollte im sportlichen Wettkampf, ungeachtet der hier vorgenommenen Einstufung als Sekundärmerkmal, aber auch keinen Auswuchs eines fehlgeleiteten Konkurrenzprinzips sehen. In ihm dürfte sich, sofern kein materieller Gewinn damit angestrebt wird, eine recht sublimierte und idealisierte Form menschlichen Gewinnstrebens ausdrücken. Dies ist auch der Kernpunkt des lange Zeit als besonderes Merkmal des Sports herausgehobenen Amateurprinzips.

Wie diese Ausführungen zeigen, *ist das zentrale Definitionskriterium des Sports in der Leistung zu sehen, ebenso verstanden als Leisten-Können wie als Leisten-Wollen*.

Dem widerspricht es keineswegs, dass dieses Kernelement des Sports von anderen „Sinngebungen", zum Teil sogar dominierend, überlagert werden kann. Es verbleibt aber die – hier mit den Worten von KURZ (1977, 93) wiedergegebene – Feststellung, „dass wir Handlungssituationen, die überhaupt nicht mehr nach Gütekriterien bewertet werden können, auch nicht mehr als sportliche begreifen".

Aber selbst diese, an sich schon recht zurückhaltende Position wird zunehmend in Frage gestellt, und dies auch von Sportpädagogen und Sportlehrern. In zahlreichen Veröffentlichungen und ebenso in einigen neueren Lehrplänen und Bildungsstandards erscheint „Leistung" nur noch als mögliches, alternatives und anderen deutlich nachgestelltes „Sinnelement", das mit unterschwelliger, aber wahrnehmbarer Abneigung behandelt wird (4).

Damit wird aber der Geltungsbereich des Sports verlassen. „Sport" wird, wie der allgemeine Sprachgebrauch zeigt, immer mehr zu einer leeren Worthülse zur Bezeichnung einer völlig anderen Sache, für die eine ähnlich griffige Bezeichnung noch nicht gefunden ist und die ihre pädagogische Relevanz erst noch zu erweisen hätte.

In einem gewissen Gegensatz zu der hier vorwiegend angesprochenen Ausweitung des Sportbegriffs auf unverbindliche Hobby- und Freizeitbeschäftigungen jeder Art ist seit längerem auch eine Übertragung auf Bereiche festzustellen, die zwar durchaus leistungsorientiert, aber dennoch nicht Sport sind. Gemeint ist die eingangs erwähnte Begriffserweiterung auf Gegenstände der darstellenden Kunst und der Artistik.

Diese beiden Kulturphänomene sollen im Folgenden unter pädagogischen und didaktischen Aspekten etwas genauer eingeordnet werden. Abschließend wird ihnen der „klassische Sport" gegenübergestellt. Dabei ist allerdings zu bedenken, dass zwischen diesen Bereichen Überschneidungen bestehen, so dass die vorgenommen Abgrenzungen nicht immer völlig trennscharf sein können.

Sport und darstellende Kunst

Wie ein Blick auf die Lehrpläne und die Unterrichtspraxis zeigt, enthält der Schulsport seit langem Inhalte, die der darstellenden Kunst zuzuordnen sind, im Wesentlichen den *Tanz* und mit ihm *Teile der Gymnastik*.

Diese Allianz zweier historisch und systematisch selbständiger Bereiche der menschlichen Bewegungskultur hat eine lange Tradition: Bereits im 19. Jahrhundert waren Tanzschritte und Reigentänze Bestandteile des „Schulturnens" der Mädchen; die „Leibeserziehung" sah (nach MESTER) im Tanzen – neben Üben, Kämpfen und Spielen – eine „Grundform des Verhaltens"; im „Sportunterricht" neuerer Prägung erscheint „Gymnastik/Tanz" als eigenes „Fach- oder Übungsgebiet".

Es kommt hinzu, dass der künstlerische Umgang mit der Bewegung in den letzten Jahrzehnten deutlich an allgemeinem Interesse gewonnen hat, und dies vor allem bei den Jugendlichen. Dies hat sich im Schulsport in einer deutlichen Expansion dieses Fachbereichs niedergeschlagen. Das aber muss das Schulfach „Sport", wie gewisse Spezialisierungstendenzen zeigen, auf Dauer überfordern. Es ist also eine Grundsatzdebatte angesagt, zu der hier mit allen Vorbehalten folgendes angemerkt sei:

Eine allgemeine körperliche Grundausbildung kann auf sportliche Mittel, seien sie nun sportartspezifisch oder sportartübergreifend angelegt, nicht verzichten. Ein nur künstlerischer Umgang mit der Bewegung hätte stets einige Defizite zur Folge.

Andererseits ist es unübersehbar, dass viele Jugendliche – nicht nur Mädchen, sondern auch Jungen – über die künstlerische Bewegung einen leichteren Zugang zur körperlichen Aktivität finden als über die sportliche.

Es wäre also naheliegend, ab einem bestimmten Alter – sicherlich in der Sekundarstufe II, aber auch in den letzten Klassen der Haupt- und Realschule – diese beiden Möglichkeiten zur Wahl zu stellen, vielleicht sogar mit Hilfe eines neuen Faches „Darstellende Kunst", das zudem eine unübersehbare Lücke im Bereich der musischen Fächer der Schule füllen würde.

Will man aber auch weiterhin an der Integration der künstlerischen Bewegung in das Fach Sport festhalten, sollte man auch die *Gesetzmäßigkeiten* beachten, denen diese Form des Sich-Bewegens unterliegt. Diese bestehen, auf den kürzesten Nenner gebracht, darin, dass *die künstlerische Bewegung „von der Perfektion lebt".*

Defizite in diesem Bereich können nicht, wie sonst im Sport, an anderer Stelle, z.B. durch bessere Kondition, ausgeglichen werden. Wer sich gekonnt, rhythmisch und elegant bewegen kann, hat einen kaum aufzuholenden Vorteil.

Einen solchen Vorwurf, so es denn wirklich einer ist, kann man natürlich in entsprechend modifizierter Form gegen jede Art von körperlich-sportlicher Tätigkeit erheben. Es soll damit lediglich gesagt werden, dass eine einseitige Orientierung des Schulsports auf künstlerisch geformte Bewegungen keineswegs den Bedürfnissen aller Schülerinnen und Schüler entsprechen würde.

Das in besonderer Weise motivierende Element der gymnastisch-tänzerischen Bewegung liegt wohl darin, dass sie in der Regel mit *Musik* verknüpft ist.

Damit diese „Trumpfkarte" auch wirklich sticht, wird in der Unterrichtspraxis im Allgemeinen darauf geachtet, dass die Musik dem jeweils unter Jugendlichen *populären Musikstil* entspricht. Auch dies ist nicht angreifbar – erlaubt ist ja, was nützt –, doch stellt sich sehr schnell auch die skeptische Frage, was die Schülerinnen und Schüler nun mehr interessiert, die Musik oder die Bewegung.

Vielleicht um von diesem Problem etwas abzulenken, wird von der Sportpädagogik immer wieder auf die besondere Bedeutung der künstlerischen Bewegung für die Entwicklung der *Kreativität* hingewiesen. Das ist sicher richtig, doch sollte man auch diesen Gesichtspunkt nicht absolut setzen, sondern bedenken,
- dass bloße Kreativität ohne das entsprechende „handwerkliche" Können sehr schnell zu leerer Betriebsamkeit führt,
- dass Kreativität sich an einer fast beliebigen Zahl von Tätigkeiten aus allen Bildungsbereichen festmachen lässt.

Etwas Zurückhaltung gegenüber einer allzu optimistischen Beurteilung des hier angesprochenen Problemkomplexes erscheint also angebracht.

Sport und Artistik

Wie die Bewegungskunst reicht auch die Artistik bis in die Anfänge der menschlichen Bewegungskultur zurück. Ursprünglich wurden wohl beide auch als Einheit gesehen, bis sich sowohl im Bewegungsrepertoire als auch in den Gestaltungsprinzipien deutliche Unterschiede herausbildeten. Beiden gemeinsam blieb jedoch die vorwiegend auf Außenwirkung bedachte Art der *Präsentation*.

Im Verlauf dieses Differenzierungsprozesses entwickelte sich die *Artistik zur Profession*, zu einem Beruf mit einem eigenen Berufsethos.

So würde sich ein Artist dagegen sträuben, als „Sportler" bezeichnet zu werden. Das wäre für ihn eine zu „unernste" Tätigkeit.

Seit einiger Zeit wird der Teil der Artistik, der sich explizit mit der Bewegung befasst, als *Akrobatik* (was ursprünglich „Seiltanzen" bedeutete) von den übrigen Bereichen abgegrenzt. Diese Akrobatik in all ihren Formen, ob Gruppenakrobatik, Jonglieren, Balancieren oder Einradfahren, sei für die Schüler, so ist immer wieder zu hören und zu lesen, besonders „motivierend". Auch die *Trendsportarten* folgen, wie oben dargestellt, einem mehr artistischen als sportlichen Handlungsmuster.

Aber bei aller Attraktivität, die alles Neue, allein schon deshalb, weil es neu ist, vor allem auf Kinder und Jugendliche ausübt, sollte man die Folgeprobleme nicht übersehen. Und diese liegen, wie schon bei der Bewegungskunst, in den *strukturellen Gesetzmäßigkeiten* der Sache:

Auch die Artistik steht unter dem Gesetz der *Perfektion*, jedoch nicht nur in der Darbietung als „vollendete Schau", sondern auch in der *Präsentation eines Schwierigkeitsgrades*, der – zumindest für den Zuschauer und auf den ersten Blick – außerhalb des aktuellen Vorstellungsvermögens liegt.

Aus didaktischer und unterrichtspraktischer Sicht bieten artistische Bewegungsprobleme in der Regel einen relativ leichten Einstieg, dem alsbald aber ein geradezu exponentieller Schwierigkeitsanstieg folgt: Jonglieren mit drei Bällen kann wohl jeder lernen, mit vier Bällen wird der Übungs- und Trainingsaufwand bereits unübersehbar. Eine Sache, die zunächst für sich einnimmt, wird sehr schnell die große Masse der Interessierten wieder ausgrenzen.

In diesem Punkt verhält sich die Artistik geradezu gegenläufig zum Sport, der sich betont an alle wendet, die guten Willens sind, und jeden dazu auffordert, auf seinem individuellen Niveau mitzumachen.

Sicher ist dies eine idealisierte Sichtweise des Sports, und man könnte hier einwenden, dass auch die Artistik so betrieben werden könnte. Aber ob dies auf Dauer ebenso zufriedenstellend ist wie Sporttreiben, muss offenbleiben.

Wie nämlich ein Rückblick zeigt, waren Teile der Akrobatik, z.B. die Partner- und Gruppenakrobatik (als „Pyramidenbauen"), Turnen am Trapez und Sprünge mit dem Federbrett, Bestandteil des Turnens („Turnen" im historischen Sinne), bis sie wieder in Vergessenheit gerieten, doch wohl, weil sie ihre Attraktivität verloren hatten.

Dies spricht, um eine weiter oben getroffene Feststellung zu wiederholen, nicht im geringsten gegen die Artistik als Teil unserer Bewegungskultur, auch nicht gegen ihre Einbeziehung in den außerunterrichtlichen Schulsport, wohl aber gegen eine schwerpunktmäßige Berücksichtigung im allgemeinen und verbindlichen Sportunterricht.

Damit wird die oben bereits formulierte These wieder aufgegriffen, dass der „authentische", im Folgenden als „klassisch" bezeichnete Sport auch den Kernbereich des Schulsports bilden sollte. Welche besonderen Kennzeichen, die eine solche Entscheidung rechtfertigen könnten, unterscheiden diesen „echten" vom „anderen" Sport?

Der „klassische Sport"

Wenn hier vom klassischen Sport gesprochen wird, geschieht dies in dem Bewusstsein, dass es sich um ein *Konstrukt* handelt, das in dieser Form zu keiner Zeit Wirklichkeit war. Aber solche *Idealbilder* sind notwendig, nicht nur als Grundlage gesellschaftlicher Wertvorstellungen, sondern auch als allgemeine Richtschnur didaktischer Überlegungen und pädagogischen Handelns.

Genau hier liegt allerdings auch der Grund, weshalb man nach wie vor im Sport einen – geradezu unangreifbaren – *Wertbegriff* sieht, den man sich in vielerlei Hinsicht, ob ideell oder kommerziell, zunutze machen will.

Betrachtet man die oben referierten Definitionen, zeigt sich, dass sie relativ weit gefasst sind, wohl um die Vielfalt sportlicher Betätigungsmöglichkeiten abzudecken. Wir haben versucht, durch den Bezug auf Leistung, Training und Transparenz der Leistungsfaktoren den Begriffsumfang etwas einzuengen.

Es verbleibt aber die Frage, ob sich innerhalb dessen, was zweifelsfrei Sport ist, ein *Kernbereich* abgrenzen lässt, den man als „klassisch" bezeichnen kann.

Dies erscheint durchaus möglich, und zwar anhand folgender Kriterien:

Kennzeichen des klassischen Sports ist der direkte Zusammenhang von *körperlicher Leistungsfähigkeit* und (gemessener oder auf andere Art ermittelter) *Leistung*. Dabei bilden die konditionellen Fähigkeiten die unverzichtbare Grundlage.

Dies trifft immer dann zu, wenn der eigene Körper oder ein Gegenstand nur mit Hilfe der Muskelkraft bewegt oder fortbewegt wird, wie dies z.B. in der Leichtathletik, der Schwerathletik, im Schwimmen und im Gerätturnen der Fall ist.

Die *Intensität der Tätigkeit* muss dabei einen bestimmten, recht anspruchsvollen Schwellenwert überschreiten und eine *Optimierung* mit der Tendenz zur Maximierung zulassen.

So wird beispielsweise in den Fällen, in denen ein Gerät zur Fortbewegung benutzt wird (Fahrrad, Schlittschuhe, Boot usw.), eine gegenüber dem Laufen entsprechend höhere Intensität vorausgesetzt, um die Grenzlinie zwischen Alltagsbewegung und Sport zu überschreiten.

Werden erhebliche *Fremdkräfte* (Pferde- oder Motorkraft, aber auch Schwerkraft- und Federwirkungen) herangezogen, wird der Kernbereich des Sports – zumeist in Richtung auf die Artistik – verlassen. In diesem Punkt verbleiben zwar einige „Grenzüberschreitungen" (z.b. aerodynamische Einflüsse auf Speer und Diskus, Federwirkungen von Reckstange und Sprungbrett), ebenso wie es auch innerhalb einer Sportart gelegentlich Elemente gibt, die als „Fremdkörper" zu bezeichnen sind (z.B. Stabhochsprung in der Leichtathletik, Schwebebalken im Gerätturnen), doch haben diese keine strukturelle Bedeutung.

Wie diese definitorischen Abgrenzungen zeigen, sind auch einige althergebrachte Sportarten, z.b. Kunstspringen oder Trampolinturnen, eher dem artistischen als dem sportlichen Handlungsmuster zuzurechnen.

Solche Zuordnungen werden zwar Widerspruch auslösen, doch sollte man an ihnen festhalten, nicht nur der gedanklichen Klarheit wegen, sondern auch als Argumentationshilfe bei pädagogischen Entscheidungen.

Ähnliches gilt für den *Vorrang der konditionellen Fähigkeiten vor den „technischen" Fertigkeiten.* Ein Hochsprung über eine anspruchsvolle Höhe oder eine schwierige Reckübung gelingen nicht allein auf Grund der „Technik", sondern setzen ein hohes Maß an Kraft voraus. Bei Sportspielen ist dieser Zusammenhang weniger ausgeprägt, doch gehören auch hier Schnelligkeits- und Ausdauerfähigkeiten sowie eine gewisse Gewandtheit und Geschicklichkeit zu den Grundvoraussetzungen.

Damit ist die Bedeutung der *Technik* keineswegs in Frage gestellt. In allen Sportarten hat sie die Aufgabe, die – möglicherweise gravierenden – „Umsetzungsverluste" zwischen körperlichen Fähigkeiten und sportlicher Leistung zu minimieren. In den Kunstsportarten ist sie darüber hinaus die Grundlage für eine vollendete Darbietung, in den Sportspielen die Voraussetzung für ein zufriedenstellendes „Mitmachenkönnen" auf der entsprechenden Leistungsstufe.

Aus dem Gesagten geht hervor, dass der klassische Sport stets *zwei Möglichkeiten der Leistungssteigerung* bietet, durch *Verbesserung der Kondition* und durch *Optimierung der Technik*, wobei die jeweiligen Anteile am Zustandekommen der Leistung von Sportart zu Sportart und von Disziplin zu Disziplin variieren.

Verfolgt man diesen Argumentationszusammenhang sozusagen in umgekehrter Richtung, zeigt sich, dass der klassische Sport eine hervorragende *Bildungs- und Ausbildungsinstanz mit unübersehbaren erzieherischen Potenzen* darstellt, vor allem deshalb, weil die *„Ursache-Wirkungs-Zusammenhänge"* unmittelbar einsichtig sind: Für eine bessere 1000-m-Zeit muss man mehr trainieren, für eine schönere Kippe mehr üben, von den notwendigen *Mindestvoraussetzungen* ganz abgesehen.

Damit kann ein so verstandener klassischer Sport die beiden – sich zugleich als „didaktische Zielbereiche" darstellenden – *Hauptaufgaben des Sportunterrichts* am ehesten erfüllen, nämlich:
- *Körperbildung* im Sinne einer allgemeinen körperlichen Grundlagenbildung durch Entwicklung und Verbesserung der konditionellen und koordinativen Fähigkeiten,
- *Bewegungsbildung* als Einführung in die Bewegungskultur durch Vermittlung grundlegender und übertragbarer sportlicher Handlungsmuster.

Diese Aufgabe – oder besser Verpflichtung – kann nur vom Schulsport geleistet werden. Sie kann von keiner anderen Institution, seien es die Vereine oder kommerzielle Anbieter, übernommen werden. Nur der Schulsport kann alle Kinder und Jugendlichen, unabhängig von ihren körperlichen Voraussetzungen und ihrer sozialen Lage, erreichen. Und darauf haben sie einen Anspruch.

Anmerkungen

(1) Vgl. die Beiträge: „Spaß- und Funsport" in der Schule? und: Welche Bedeutung hat der „Freizeit- und Lifetimesport" für die Schule? „Alltagsprobleme" S. 195 und 199, sowie: Trendsportarten in die Schule – und dann? S. 363.
(2) In dem Beitrag: Das „Sportartenkonzept" in der Sportdidaktik, S. 28.
(3) Dies trifft auch auf die Zweikampfsportarten zu, die als „ritualisierter Ernstfall" den Regeln und Bedingungen des Spiels folgen, wie z.B. ein Vergleich das Fechtens mit dem Tennisspiel zeigen kann.
(4) Vgl. den Beitrag: Die neue Lehrplangeneration, „Alltagsprobleme" S. 301.

Literatur

HÄGELE, W.: Zur Konstitutionsproblematik des Sports. In: Sportwissenschaft 1982/2.
HEINEMANN, K.: Einführung in die Soziologie des Sports. Schorndorf 2006 (1. Auflage 1980).
KURZ, D.: Elemente des Schulsports. Schorndorf 1977.
STICHWEH, R.: Sport – Ausdifferenzierung, Funktion, Code. In: Sportwissenschaft 1990/4.
VOLKAMER, M.: Zur Definition des Begriffs „Sport". In: Sportwissenschaft 1984/2.
WISSENSCHAFTLICHER BEIRAT DES DSB: Zur Definition des Sports. In: Sportwissenschaft 1980/4.

Stellennachweis

Kapitel 1: Zum Verhältnis von Theorie und Praxis: sportunterricht 6/1993, Lh.: Was hat die Theorie der Praxis zu sagen? **Ziele und Inhalte im Sportunterricht:** sportunterricht 1/1994, Lh. **Lernziele oder Bildungsziele?** sportunterricht 2/1994, Lh. **Das „Sportartenkonzept"** in der Sportdidaktik: Unter Verwendung von: Sportunterricht ohne Sportarten? In: ZEUNER, A. u.a. (Hrsg.): Sport unterrichten – Anspruch und Wirklichkeit. St. Augustin 1995. Und: Sportunterricht ohne Sportarten? In: Körpererziehung 10 u. 11/1995. Und: Das Sportartenkonzept in Vergangenheit und Gegenwart. In: sportunterricht 1/2000. Und: Zur eigenständigen Begründung des Sportunterrichts. In: Körpererziehung 2/2000. **Lehrpläne – moderne Märchenbücher?** sportunterricht 11/1994, Lh. **Unterrichtsbeobachtung – Unterrichtsbeurteilung:** Unter Verwendung von: KERN, U./SÖLL, W: Ein Modell der Unterrichtsbeurteilung. In: Seminar 1/1996 (Nachdruck 2/1999).
Kapitel 2: Wann fängt eine Sportstunde an? sportunterricht 7/1992, Lh. **Müssen die Schüler im Sportunterricht mitmachen?** sportunterricht 11/1993, Lh. **Entschuldigungen und Atteste – das ewige Ärgernis:** sportunterricht 12/1993, Lh. **Die organisatorische Gestaltung des Sportunterrichts:** Unter Verwendung von: Zur Organisation des Übens. In: Die Leibeserziehung 9/1970, Lh.
Kapitel 3: Was heißt „Unterricht planen und vorbereiten"? Unter Verwendung von: Unterrichtsvorbereitung im Sportunterricht. In: sportunterricht 9/1978, Lh. Und: Unterrichtsplanung und Stundenaufbau. In: sportunterricht 6/1977. **Allgemeine Leitsätze für das unterrichtliche Handeln:** Unter Verwendung von: Didaktische Vorüberlegungen als Grundlage methodischen Handelns. In: CZWALINA, C. (Hrsg.): Methodisches Handeln im Sportunterricht. Schorndorf 1988. **Differenzierung im Sportunterricht:** Unter Verwendung von: Differenzierung als Alltagsproblem des Unterrichts im Gerätturnen. Sport Praxis 6/1988. **Leistungsbewertung und Notengebung im Fach Sport:** sportunterricht 11/1985, Lh. *(Neubearbeitung).*
Kapitel 4: Methoden: Unter Verwendung von: Zur Methodik des motorischen Lernens und Übens. In: Die Leibeserziehung 6/1972. **Zum Medienbegriff im Sport:** sportunterricht 7/1988. *(Neubearbeitung).* **Methodische Hilfen:** In: KOCH, K. (Hrsg.): Motorisches Lernen – Üben – Trainieren. Schorndorf 1972. *(Neubearbeitung).*
Kapitel 5: Lernen: Unter Verwendung von: Zur Methodik des motorischen Lernens und Übens. In: Die Leibeserziehung 6/1972. Und: Unterrichtsplanung und Stundenaufbau. In: sportunterricht 6/1977.
Kapitel 6: Wurf und Stoß: sportunterricht 5 und 6/1985, Lh. *(Neubearbeitung).* **Die Stützsprünge:** sportunterricht 10/1981, Lh. *(Neubearbeitung).* **Der Handstand:** sportunterricht 2/1977, Lh. *(Neubearbeitung).* **Methodische Probleme im Anfänger-Schwimmunterricht:** sportunterricht 9/1994, Lh. **Die Veränderung des Regelwerks der großen Spiele:** sportunterricht 8/1978, Lh. *(Neubearbeitung).*
Kapitel 7: „Fangerles" – Analyse eines „kleinen" Spiels: sportunterricht 2/1995, Lh. **Völkerball – Anmerkungen zu einem beliebten Schulspiel:** sportunterricht 10/1994, Lh. **Spiel – pädagogischer Ideal- oder Problemfall?** sportunterricht 6/1995, Lh. **Hat die Leichtathletik in der Schule noch eine Chance?** In: AUGUSTIN, D./JOCH, W. (Red.): Jugendleichtathletik. Kongreßbericht. Niedernhausen 1988. (Zusammen mit KERN, U.). **Warum Gerätturnen in der Schule?** sportunterricht 3/1990. **Trendsportarten in die Schule – und dann?** Unter Verwendung von: Zum pädagogischen Stellenwert von Trendsportarten. In: sportunterricht 12/2000. **Was ist Sport?** Unter Verwendung von: Sport – Begriffsabgrenzung und Merkmalsbestimmung unter pädagogischen Aspekten. In: sportunterricht 12/1991.

Die übrigen Beiträge sind Originalbeträge.

Änderungen gegenüber der 1. bis 4. Auflage

Um den gleichzeitigen Gebrauch mit diesen älteren Auflagen zu erleichtern, hier die wichtigsten Änderungen der Neubearbeitung im Überblick:

Kapitel 1:
Der Beitrag „Sportunterricht ohne Sportarten?" ist durch „Das ‚Sportartenkonzept' in der Sportdidaktik" ersetzt und etwas weiter oben eingeordnet. Der Beitrag „Unterrichtsbeobachtung – Unterrichtsbeurteilung" ist neu hinzugekommen.

Kapitel 2:
Der Beitrag „Was hat der Sportlehrer in seiner Sporttasche" ist weiter oben eingeordnet. „Sehen, was wirklich läuft!" ist in den Beitrag „Unterrichtsbeobachtung – Unterrichtsbeurteilung" im Kapitel 1 integriert.

Kapitel 3:
Die Beiträge „Gibt es einen Standardablauf methodischen Handelns?" und „Vorsicht, methodische Übungsreihe!" sind in umgekehrter Reihenfolge angeordnet und durch den neuen Beitrag „Allgemeine Leitsätze für das unterrichtliche Handeln" ergänzt. Der anschließende Beitrag „Was heißt spielerisch?" ist aus dem Kapitel 4 hierher übernommen. Der Beitrag „Differenzierung im Sportunterricht" ist erweitert und – als übergeordnetes Thema – zusammen mit dem Beitrag „Leistungsbewertung und Notengebung" an das Ende des Kapitels gestellt worden.

Kapitel 4:
Der Beitrag „Zum methodischen Stellenwert von Imitationsübungen" ist aus dem Kapitel 5 hierher übernommen worden. Der Beitrag „Was heißt spielerisch?" ist in das Kapitel 3 eingeordnet.

Kapitel 5:
Der Beitrag „Zum methodischen Stellenwert von Imitationsübungen" ist in das Kapitel 4 übernommen worden.

Kapitel 6:
Der Beitrag „Gewandtheit und Geschicklichkeit im Umgang mit dem Ball" ist entfallen. Zu diesem Thema wird auf den Beitrag „Grundfertigkeiten der großen Spiele" in „Praxis und Methodik" (S. 211 ff.) verwiesen.

Kapitel 7:
Der Beitrag „Trendsportarten in die Schule – und dann?" ist neu aufgenommen. Der Beitrag „Der Sportlehrplan im Spannungsfeld von Tradition und Innovation" ist, da zu speziell auf ein einzelnes Bundesland bezogen, entfallen. An seine Stelle ist der Beitrag „Was ist Sport?" getreten, der an den weiter unten eingeordneten Beitrag „Leistung im Sport" anschließt.